Karl Moersch
Geschichte der Pfalz

KARL MOERSCH

GESCHICHTE DER PFALZ

VON DEN ANFÄNGEN BIS INS 19. JAHRHUNDERT

PFÄLZISCHE VERLAGSANSTALT

2. Auflage 1987
Alle Rechte vorbehalten
© 1987 by Pfälzische Verlagsanstalt GmbH,
Landau/Pfalz
Unterstützende Beratung: Dr. Klaus-Dieter Sorg,
Freinsheim
Umschlaggestaltung: Rainer F. Stocké, Frankenthal
Umschlagabbildung: Klosterruine Limburg bei
Bad Dürkheim (Foto Stocké)
ISBN 3-87629-121-6

Inhalt

Zum Geleit

Die Geschichte der heutigen Pfalz unterscheidet sich von der Geschichte anderer deutscher Regionen in vielen Punkten, beginnend mit der Römerzeit, über die Frankenzeit, das Hochmittelalter bis zur Reformationsepoche und – nicht zu vergessen – bis zu jenen zwei Jahrzehnten, in denen das revolutionäre Frankreich tiefe Spuren rechtlicher und organisatorischer Art hinterlassen hat. Überall in der Pfalz findet man die Zeugnisse, die uns an die vielfältigen Verknüpfungen unserer Heimat mit der nationalen deutschen Geschichte und darüber hinaus an die gemeinsame europäische Vergangenheit erinnern.

Viele an Geschichte interessierte Pfälzerinnen und Pfälzer, nicht zuletzt solche Bürgerinnen und Bürger, die keine gebürtigen Pfälzer sind, möchten darüber mehr wissen, als sie aus den bisher vorliegenden, die Lokalgeschichte oft recht eindrucksvoll darstellenden Büchern erfahren können. Aus dieser Überlegung heraus ergab sich die Frage, ob sich ein Autor finden lasse, der sich dieses umfassenden Stoffes annehmen und in eine allgemein verständliche Form bringen könne. Die Publikation eines informativen und zugleich unterhaltsamen Buches über württembergische Geschichte lenkte die Aufmerksamkeit auf Karl Moersch, einen Journalisten, der früher in der Pfalz als Redakteur gearbeitet hatte und mit unserer Region auf vielfältige Weise verbunden ist.

Das Ergebnis dieses Versuches liegt nun nach mehrjähriger Arbeit vor. Er habe, so meint der Autor, nicht belehren, sondern eine Hilfe zur Orientierung geben wollen. Für den Bezirksverband Pfalz hoffe ich, daß gerade die jüngere Generation durch diese historische Darstellung zum Nachdenken über das Leben unserer Vorfahren und zur Beschäftigung mit der Vergangenheit als der Grundlage für die Gegenwart und für die Zukunft angeregt wird. Man muß die Heimat kennen, wenn man die Welt verstehen will.

Den Pfalzwerken gilt unser Dank dafür, daß sie sich bereit erklärt haben, die Verbreitung dieses Buches in Schul- und öffentlichen Büchereien zu fördern.

Dr. Werner Ludwig
Vorsitzender des Bezirkstags Pfalz

I
Kein Land vergleichbar ...

Der Blick von der Limburg ins weite Pfälzer Land hat Eduard Jost einst zu seinem „Pfälzerlied" inspiriert. Der im Jahre 1902 in Neustadt verstorbene Dichter, der als Dreißigjähriger von Trier in die Pfalz gekommen war, hat vor allem an die Schönheiten der Landschaft, der Dörfer und der Städte gedacht, als er seine Lobeshymne niederschrieb. Ein anderer Dichter, Konrad Krez aus Landau, den in der amerikanischen Emigration nach der mißglückten 48er Revolution das Heimweh nie verlassen hat, besang aus der Ferne das Land zwischen Blies und Rhein, zwischen Wasgau und Donnersberg nicht weniger emphatisch als Eduard Jost in seinem „Pfälzerlied". In der lesenswerten Gedichtsammlung des Juristen, Politikers und – amerikanischen – Bürgerkriegsgenerals Konrad Krez finden wir als Erinnerung an die geliebte Pfalz die Zeile: „Kein Land vergleichbar weit und breit". Weilte Konrad Krez in Gedanken ebenfalls auf der Limburg, schweifte seine Phantasie von der Kalmit aus über die ganze heimatliche Region oder erinnerte sich der emigrierte Dichter an einen Besuch auf dem Trifels? Wir wissen es nicht. Dennoch dürfen wir vermuten, daß der geschichtskundige politische Feuerkopf Konrad Krez, der wegen seines Aufrufes zum „Tyrannenmord" von der bayrischen richterlichen Obrigkeit in Abwesenheit zum Tod verurteilt worden war, bei der Niederschrift seiner Heimatsehnsucht an beides gedacht hat: an die Gegenwart in der Pfalz und an deren ebenso reiche wie oftmals dramatische Vergangenheit, an das Besondere und Unvergleichbare in der Geschichte des Pfälzer Landes.

Es war länger römisch regiert und von römischer Lebensart bestimmt als die rechtsrheinischen Regionen des heutigen Deutschland. In den Jahrhunderten, in denen die Franken mit den Königsgeschlechtern der Merowinger und der Karolinger im frühen Mittelalter das Abendland beherrschten, entwickelte sich die heutige Pfalz zu einem Kernland fränkischen Königtums. Die Legenden vom guten König Dagobert erinnern uns ebenso daran wie die alten waldgenossenschaftlichen Rechte, an die wir bei den Begriffen „Geraiden" oder „Haingeraiden" denken müssen. Bald nach dem Beginn einer ostfränkisch-deutschen Kaiserherrschaft an der Jahrtausendwende war die Pfalz wiederum ein Zentrum der Macht, nicht zuletzt im Jahrhundert der salischen Könige und Kaiser und in der hochmittelalterlichen Zeit der Staufer. Der Speyerer Dom ist neben den Ruinen der Limburg dafür ebenso ein Zeugnis wie der Trifels oder die alten pfälzischen „Reichs"-Städte, allen voran die Stadt Friedrich Barbarossas: Kaiserslautern. König Rudolf, der Gründer der Habsburger Dynastie, wollte der Nachwelt seine Legitimität als Erbe der Salier und Staufer dadurch einprägen, daß er als Sterbender noch den Weg in die alte Kaiserstadt wählte und den Speyerer Dom zu seiner Grabstätte bestimmte.

Als die mittelalterlichen Herzogtümer ihre Bedeutung verloren und regionale Fürsten das Erbe der Stammesherzöge beanspruchten, war im späten Mittelalter der „Pfalzgraf bei Rhein" – der „Pfälzer" – im Kreise der Kurfürsten für eine lange Zeit der erste und vornehmste unter den weltlichen Herren; er amtierte in einer königs- und kaiserlosen Zeit oder in der Abwesenheit des Kaisers als Verwalter des Reiches. Wer – wie der Pfalzgraf – im Kernland des alten fränkischen Herzogtums der Mächtigste war, dem gebührte auch der oberste Platz an der Tafel der Fürsten. Das Herrschaftsgebiet des Pfälzers, lange Zeit weit über die heutige Pfalz hinausreichend – man denke nur an die rechtsrheinischen Gebiete mit Heidelberg, dem Land am mittleren Neckar und dem Kraichgau sowie an die (ferne) Oberpfalz – übertraf nach Umfang und auch nach Reichtum die meisten anderen Territorien im Reich. In den Jahrzehnten zwischen Reformation und Dreißigjährigem Krieg schien es sogar, als könne die Kurpfalz neben dem habsburgischen Österreich zur anderen großen Macht im Reich aufsteigen und werde als ein Hort des Calvinismus die europäische Geschichte entscheidend mitbestimmen. Als „die Pfalz nach Böhmen ging" und dort die Habsburger und die anderen katholischen Fürsten des Reiches herausforderte, kam das schlimme Ende einer großen Epoche. Nun wurden die pfälzischen Territorien allesamt zum Spielball der Mächtigen, zum Objekt europäischer Auseinandersetzungen. Das 17. Jahrhundert blieb in der Erinnerung der Pfälzer noch für eine lange Zeit das Jahrhundert des Schreckens, der Leiden, der Zerstörungen. Manche Burgruine am Rande der Haardt, die nie wieder aufgebaut worden ist, gibt uns noch heute Zeugnis von einem Jahrhundert der fortdauernden Not und Verwüstung. „Kein Land vergleichbar..." – für das 17. Jahrhundert, für den Dreißigjährigen Krieg und die Franzosenkriege bis hin zum Spanischen Erbfolgekrieg ist dies eine bittere Wahrheit.

Merkwürdig und mit kaum einer anderen deutschen Region vergleichbar waren oftmals auch die Folgen dieser europäischen Machtkämpfe. Kein anderes Territorium im Reich war wie die Pfalz einmal Einwanderungsland und bald darauf ein Auswanderungsland. In Teilen Nordamerikas hat die pfälzische Emigration bis in unsere Zeit tiefere Spuren hinterlassen als die Auswanderung aus anderen Teilen Europas, ausgenommen vielleicht die irische und die schottische Emigration in die „neue Welt". Schließlich, womit ließe sich die besondere und zugleich verwirrende Situation vergleichen, die während der napoleonischen Zeit in der Pfalz bestand? Die Franzosen – sie waren als Verkünder der Menschenrechte, als Bannerträger der Volkssouveränität einerseits Vorbild, andererseits wurden sie als fremde Herren wenig geschätzt und abgelehnt. „Westlich" – im Sinne der Aufklärung und der Menschenrechte – wollte man in der Pfalz durchaus sein und bleiben, aber man wollte auch jenem Deutschtum angehören, das sich im Kampf gegen französische Hegemonialpolitik erstmals erkennbar ausgeprägt hatte. Die von den Siegern über das Frankreich Napoleons vorgenommenen Entscheidungen über die pfälzischen Territorien, deren Zuordnung als linksrheinischer Bezirk des Königreiches Bayern, entsprach dann allerdings kaum den Erwartungen der pfälzischen Patrioten. Die Beweise dafür lieferten alsbald das Treffen von Hambach im Jahre 1832 und die 48er-Revolution. Nicht zufällig focht man gerade in der Pfalz und auf der badischen Seite des Oberrheins so entschieden für Freiheit und Menschenrechte, hier hatte die Aufklärung stärkere Wurzeln geschlagen als in anderen Teilen des Deutschen Bundes.

Fast bei jedem Zeitabschnitt, den wir betrachten, entdecken wir für die Pfalz das Besondere, das historisch nicht Vergleichbare. Wir entdecken es auch, wenn wir uns mit dem Namen des Landes befassen. Ganz anders als die Namen anderer Gebiete oder Länder benötigen wir für die Pfalz stets den bestimmten Artikel. Man reist nach Bayern, Hessen, Württemberg, überquert die Rheinbrücke in Ludwigshafen oder Maxau, um nach Baden hinüberzugehen, aber man kommt stets in *die* Pfalz. Nur das südliche Nachbarland, das Elsaß, teilt mit der Pfalz diese sprachliche Besonderheit: ebenso wie in die Pfalz fährt man in *das* Elsaß, obwohl man – ohne bestimmten Artikel – von der Pfalz nach Lothringen wandern kann.

Die „Pfalz", das ist ursprünglich weder der Name einer Landschaft noch der Name einer Dynastie oder eines dynastischen Wohnsitzes. Wir verdanken diese Bezeichnung niemand anders als den alten Römern und ihrer Stadt, möglicherweise sogar einer Göttin.

Die Sprachforscher sagen uns, daß „Pfalz" aus dem lateinischen Wort „Palatium" abgeleitet sei. Das „Palatium" oder die „Pfalz" erkennen wir auch in dem Wort „Palast", das Haus, in dem die Herrscher wohnten, der Regierungssitz oder Königshof, im Mittelalter auch als Königspfalz bezeichnet. Nicht immer und überall war jedoch die Pfalz das Haus oder die Residenz des Königs. Auch den befestigten, ummauerten Wohnsitz eines mittelalterlichen Bischofs nannte man einst eine Pfalz. Speyer und Worms geben davon Zeugnis. Am Ende des Mittelalters wurde oftmals aus der „Pfalz" des Bischofs der Palast des Kirchenfürsten. Die Nobilität der italienischen Stadtrepubliken erbaut sich Paläste. Später wurde bei uns kein Palast mehr errichtet, reiche Leute bauten sich nun – vor allem in der Gründerzeit – ein Palais. Der „Palast" und das „Palais" kamen auf dem Umweg über Frankreich in unsere Sprache. Das Palais war einst in deutschen Städten wie Bonn oder Köln das, was es heute noch in Paris ist: die prächtige Stadtwohnung eines Adeligen oder eines Industriellen.

Vom römischen Altertum haben sich die Abwandlungen des Wortes „Palatium" allesamt weit entfernt. „Palatium" – das war in der vorchristlichen Epoche der römischen Stadtrepubliken nichts anderes als der Name eines Hügels, genauer gesagt: einer der sieben Hügel der Stadt Rom hieß „Palatium". Dreißig Meter ragte er über das Forum Romanum hinaus, rund zehn Hektar maß seine Fläche. Nach Meinung der Archäologen stand die älteste Siedlung, also der Ursprung der ewigen Stadt Rom, auf diesem Hügel. In ihm manifestierte sich demnach die Verbindung zwischen der etruskischen Epoche und der eigentlichen Römerzeit. Noch immer weiß man allerdings nicht ganz sicher, ob der Name „Palatium" das ist, was manche Namensforscher vermuten, nämlich eine Ableitung von dem Namen der Göttin „Pales", die in altitalischer Zeit als Schutzgöttin der Hirten verehrt worden ist.

In der vorchristlichen, republikanischen Zeit erbauten die Römer auf dem Palatium mancherlei Tempel. Sie waren unter anderem dem Kriegsgott Mars und den Göttinen Venus und Juno geweiht. Im Palatium-Bezirk fand man im ersten vorchristlichen Jahrhundert die Villen der vornehmen Familien Roms. Dort traf man die reichen Leute an, die ihren Ruhm durch die Anlage schöner Gärten mehren wollten. Cicero, der vertraute Freund unzähliger Generationen von Lateinschülern, gab einst für den Erwerb eines Wohnhauses auf dem Palatium viel Geld aus. Der spätere Kaiser Augustus war im Bezirk Palatium zur Welt gekommen. Man könnte ihn deshalb einen „pfälzischen" Römer nennen.

Bei Augustus finden wir die Anfänge einer doppelten Bedeutung des Begriffes „Palatium"; der zu Macht und Reichtum gelangte Sohn des Gaius Octavius kaufte mehrere Grundstücke in der Umgebung seines väterlichen Anwesens und erbaute dort ein großes, imposantes Wohnhaus, einen „Palast". Er ergänzte diesen Palast durch eine Tempelanlage, die Apollo geweiht war. Die Römer nannten diese Anlage „Apollo Palatinus". Durch Augustus wurde das Palatium für mehrere Jahrhunderte zum Wohnsitz der römischen Kaiser. Unter Palatium verstand man seit der von Augustus begründeten Tradition den – römischen – Herrschersitz.

In der Spätantike sind die „Palatini" Hofbeamte oder Offiziere der Palastwache, zuweilen wurden auch die Kommandeure des kaiserlichen Heeres als „Palatini" bezeichnet. Im frühen Mittelalter, beim Übergang von der Römerzeit zur Frankenzeit, finden wir die Bezeichnung „Palatinus" in verschiedenen Variationen und Zusammensetzungen. Der Hofarzt wird zum „Medicus Palatinus", der Hofrichter zum „Judex Palatinus". In einer längeren Entwicklung entstand dann am Königshof der Franken der als Namensgeber für die Pfalz verantwortliche „Pfalzgraf", zunächst ein wichtiger Hofbeamter mit richterlicher Befugnis, später auch ein Territorialherr.

Davon soll in späteren Kapiteln ebenso die Rede sein wie von dem Umstand, daß die heutige Pfalz nicht nur ihren Namen auf die römische, ja sogar auf die etruskische Geschichte zurückführen kann, sondern auch bis heute neben dem Wein noch viele andere römische Spuren aufweist.

II.
Die unbekannten Vorfahren

Wie lange schon leben Menschen in der Pfalz? Die Forscher meinen, seit mindestens 100 000 Jahren, wahrscheinlich sogar seit 120 000 Jahren, denn aus dieser Epoche der Altsteinzeit stammen die ältesten Menschenspuren, die man in der Pfalz entdeckt hat. Noch älter sind die Menschenspuren, die auf der rechten Seite des Rheines, in Mauer bei Heidelberg und in Steinheim an der Murr, im Neckarland nördlich von Stuttgart, gefunden worden sind. Es scheint, daß die Menschen, die in der Zeit zwischen 120000 und 30000 vor Chr. in Teilen der Pfalz, in der Vorderpfalz und in der Nordpfalz gelebt haben, Verwandte des Neandertalers gewesen sind. Knochenfunde im Rheinkies bei Altrip, Entdeckungen im südpfälzischen Hügelland bei Ilbesheim und Leinsweiler sowie im nordpfälzischen Eilenbis und im Kaspartal bei Bolanden stützen die Thesen der Vorgeschichtsforschung. Heute nimmt man an, daß der im Neandertal bei Düsseldorf erstmals entdeckte Schädel eines Steinzeitbewohners kein direkter Vorläufer des heutigen Menschen, des Homo sapiens, gewesen ist, sondern auf eine besondere altsteinzeitliche Entwicklungslinie verweist, die sich nicht fortgesetzt hat.

Erdgeschichtlich betrachtet bedeuten die neunzig oder hunderttausend Jahre der frühen Steinzeitmenschen nicht viel, sie sind, gemessen am Alter der Erde, sogar eine kurze Zeit. Dennoch übersteigt diese Zeitspanne der Menschengeschichte unser Vorstellungsvermögen. Rechnet man eine Menschengeneration mit dreißig Jahren, so bedeuten 1 000 Jahre etwa dreißig Generationen, 100 000 Jahre wären demnach etwa 3 000 Generationen. Wer sich je einmal mit der Geschichte der eigenen Familie befaßt hat, der weiß, wie schwierig es ist, sich über mehr als fünf oder sechs Generationen hinweg ein einigermaßen klares Bild vom Leben und vom Schicksal der Vorfahren zu machen.

Zurück zur Steinzeit. In der Zeitspanne zwischen 30000 und 10000 vor Chr. haben in der Pfalz Menschen gelebt, die dem heutigen Homo sapiens weit ähnlicher waren als die Neandertalmenschen der Altsteinzeit. Man kann diese Menschen wohl zu unseren – mittelbaren – Vorfahren zählen. Die Kenntnisse, die wir über sie besitzen, verdanken wir unter anderem der Entdeckung von bearbeiteten Tierknochen und von menschlichen Knochenresten im Rheinschotter bei Roxheim und an Fundstellen bei Bolanden. Wichtige Aufschlüsse über diese Epoche ergaben sich für die Pfalz außerdem durch Funde in den Kalksteinhöhlen bei Kallstadt und Asselheim, in der Buntsandsteinhöhle Winterkopf bei Trulben sowie einer als Behausung dienenden Sandsteinhöhle bei Wilgartswiesen im Weidenthal.

Eine weitere Siedlungsepoche, während der Mittleren Steinzeit, wird auf Grund der bisherigen Entdeckungen für die Zeit zwischen 8000 und 4600 vor Chr. vermutet. Die Fundorte liegen unter anderem bei Limburgerhof, bei Waldfischbach und auf der Kleinen Kalmit. Hier, mitten im Pfälzer Wald, sind die Vorgeschichtsforscher auf ein Jägerlager gestoßen, bei Waldfischbach und Limburgerhof auf Wohnplätze. Die Rastplätze dieser Jäger fand man in einigen Fällen an den gleichen Orten, an denen sich schon die altsteinzeitlichen Nomaden aufgehalten haben.

Die Zahl der bisher registrierten Hüttenplätze und Raststationen in der Epoche der Mittleren Steinzeit läßt vermuten, daß in dieser Zeit, die immer noch weitgehend im Dunkel liegt, schon wesentlich mehr Menschen in der Pfalz gelebt haben als in den vorhergehenden Jahrtausenden. Wieviele es gewesen sein mögen, das weiß indes niemand auch nur ungefähr anzugeben. Nur eines ist sicher: alle diese Menschen der Alt- und Mittelsteinzeit waren Jäger und Sammler.

Der große Einschnitt geschieht in der Jungsteinzeit etwa um 4600 – 4500 vor Chr. Hier, vor nunmehr 6 500 Jahren, beginnt nach der Jägerkultur die bäuerliche Kultur. Das Leben der Menschen ändert sich damit von Grund auf. Bezeichnungen wie „Revolution", als Umwälzung verstanden, oder „Fortschritt" haben hier einen Sinn. Von nun an registriert die Vorgeschichtsforschung eine Bevölkerung, die den Gartenbau und den Ackerbau betreibt, man baut Nutzpflanzen an und hält sich Vieh. Der Wille ist deutlich zu erkennen, sich von der Natur unabhängiger zu machen, als es die Vorfahren gewesen sind. Ein entscheidender Schritt zu einer anderen Lebensweise ist die Vorratshaltung, das Planen für die kargen Jahreszeiten. Menschen, die in gemäßigten und nördlichen Klimazonen siedeln, sind auf Vorräte angewiesen. Das unterscheidet ihr Verhalten und ihr Denken von den Menschen und Völkern, die in subtropischen und tropischen Regionen, Inseln zumal, leben. Bis heute bestätigt sich diese Erfahrung, wenn außerhalb der gemäßigten und der nördlichen Klimazonen der Versuch gemacht wird, moderne Wirtschaftsformen einzuführen.

Die Fundstücke aus jener frühgeschichtlichen Zeit, die bisher in der Pfalz geborgen werden konnten, zeigen bereits eine hohe Stufe der handwerklichen Fertigkeiten. Das gilt für Töpferwaren und Webwaren ebenso wie für Waffen und Geräte aus Holz.

Manche Funde von ortsfremden, bearbeiteten Steinen weisen auf Handelsbeziehungen mit Regionen im heutigen Ostfrankreich hin. Es gibt andererseits auch Anzeichen dafür, daß wichtige und enge Verbindungen zu den Kulturen des Vorderen und Mittleren Orients bestanden haben. Die Benutzung von Pflügen für den Ackerbau geht möglicherweise auf Kontakte mit den orientalischen Kulturen zurück. Die Bauernvölker des vierten und fünften vorchristlichen Jahrtausends seien, so meinen die Frühgeschichtsforscher, hauptsächlich aus dem Osten in unsere Heimat gekommen.

Der Osten – das waren unter anderem die frühen Kulturen in Vorder- und Mittelasien, man denke nur an das alte Ägypten, an das ebenfalls dicht besiedelte und sorgfältig genutzte Indus-Gebiet im heutigen Pakistan und vor allem an die schon frühzeitig hochentwickelten Kulturen und Staatsordnungen im Zweistromland zwischen Euphrat und Tigris (Mesopotamien), das heute weitgehend identisch mit dem irakischen Staatsgebiet ist. Die zentralasiatische Region, die mehrere Republiken der Sowjetunion umfaßt, dürfte der vielleicht wichtigste Ausgangspunkt von vorgeschichtlichen Wanderungsbewegungen gewesen sein. Der Zug ging nach Westen, nach Europa. Man nimmt an, daß es bei diesen Völkerwanderungen der Jungsteinzeit gerade im Oberrheingebiet mit seinen klimatisch günstigen Bedingungen immer wieder zu Zusammenstößen und zum Kampf um Siedlungsgebiete gekommen ist.

Neben der Ost-West-Wanderung vermutet man auch eine West-Ost-Wanderung und eine Nord-Süd-Wanderung in Europa. Spuren aus jener Epoche fanden sich in der Pfalz an mehreren Orten und aus verschiedenen Zeitabschnitten, unter anderem auf dem Donnersberg, oberhalb der Altenbaumburg in der Nordpfalz, auf dem Kästenberg bei Bad Dürkheim, am Rehbach bei Iggelheim, am Dörrenberg über dem Tal der Queich in der Nähe von Landau und am Steckeneck bei Wilgartswiesen. Immer wieder stießen die Archäologen bei ihrer schwierigen Arbeit auf Gräber und auf Hausreste sowie auf Reste von Befestigungen. Es könnten, so schließt der Vorgeschichtsforscher Karlwerner Kaiser, Weidebauern gewesen sein, die sich an solchen Orten niedergelassen hatten. Jedenfalls werden sie, da man als Ausgangsort ihrer Wanderungen im wesentlichen das Donaugebiet vermutet, der sogenannten „Donaukultur" zugerechnet und deshalb auch als „Donauleute" bezeichnet.

Bekannt geworden sind diese frühen Bauern jedoch hauptsächlich unter der Bezeichnung „Bandkeramiker", weil man an mehreren, weit verstreuten Fundorten Gefäße mit Bandverzierungen gefunden hat. Insgesamt dürften diese Bandkeramiker fast zweitausend Jahre lang in Teilen der Pfalz seßhaft gewesen sein, denn erst im 3. Jahrtausend vor Chr. verlieren sich ihre Spuren. Am Ende des 3. Jahrtausends, zu einer Zeit also, aus der wir über die orientalischen Völker und Kulturen schon recht genau Bescheid wissen, vermutet man den Einbruch nomadischer Volksgruppen in das Oberrheingebiet. Sie seien, so meinen die Experten, wahrscheinlich aus dem Bereich der Pyrenäenhalbinsel zugewandert, aber ihre eigentliche Heimat könnte in Nordafrika gewesen sein. Erwogen wird allerdings auch, daß diese Eindringlinge, deren kurze Köpfe sich, wie man aus Skelettfunden weiß, von den Kopfformen der früheren Bewohner deutlich unterscheiden, ursprünglich aus dem zentralasiatischen Völkerzentrum in den Mittelmeerraum und nach Südeuropa gelangt sind. Die Experten sprechen von der „Glockenbecherkultur", entsprechend einigen typischen Funden aus jener Zeit. Freilich bieten die an verschiedenen Orten der Pfalz gemachten Funde aus der Übergangszeit vom dritten zum zweiten vorchristlichen Jahrtausend alles andere als ein einheitliches Bild. So weist zum Beispiel die Entdeckung eines Rechteckkeiles aus Flint (Feuerstein) beim Potzberg unweit von Jettenbach auf die Anwesenheit eines Volkes hin, das zum „Nordischen Kreis" mit seiner „Großsteingräberkultur" gerechnet wird.

Ein klarer Einschnitt zeigt sich im zweiten Jahrtausend an. Es ist die Zeit, die uns Grabhügel überliefert hat, in denen die Toten hockend begraben sind – die Männer in ost-westlicher Richtung, die Frauen in west-östlicher Richtung, jeweils mit Blick nach Süden. Man fand in diesen Gräbern Beigaben wie Becher und Amphoren aus Ton, zuweilen auch Streitäxte und Steingeräte. Die Verzierungen der Becher weisen Schnur-Eindrücke auf, daher der Name „Schnurkeramiker". Allerdings gibt es bis jetzt in der Pfalz nur schwache Spuren (im Bereich Ludwigshafen zum Beispiel) dieser vorwiegend zwischen Rhein und Bug, aber auch, in etwas abweichenden Formen, in anderen Teilen Europas verbreiteten Kultur. Da verwandte Kulturen, nach den archäologischen Funden zu schließen, ungefähr zeitgleich auftreten, glauben einige Forscher, daß sich in diesen Funden die Wanderungen der ältesten indogermanischen, oder richtiger gesagt, indoeuropäischen Stämme und Völker manifestieren. („Indogermanisch" ist ein sprachwissenschaftlicher Begriff, geprägt im Jahre 1823 von dem in Paris lebenden, preußischen Orientalisten Heinrich Julius Klaproth. Von der Sprachfamilie, die in den verschiedensten Variationen vom indischen Subkontinent bis nach Irland verbreitet ist, wird angenommen, daß sie in einer indogermanischen Grundsprache den gemeinsamen Ursprung besitzt.) Die vergleichende Sprachforschung hat ermittelt, daß diese Indoeuropäer, die vor rund 4 000 Jahren erstmals in unserer Heimat vermutet werden dürfen, zwar den Ackerbau kannten, aber doch die Viehzucht bevorzugten. Auch im Oberrheingebiet haben diese indoeuropäischen Vorfahren große Tierherden gehalten. Das Pferd war zum Haustier geworden, Schafe hatten eine große Bedeutung, nicht zuletzt als Opfertiere. Die nomadisierenden, indoeuropäischen Stämme oder Sippen herrschten über das Land. Sie machten sich die unterworfenen, als Ackerbauern seßhaft gebliebenen Bewohner dienstbar. Das Eindringen dieser neuen Herren des Landes hat sich nach Meinung der Vorgeschichtsforschung über längere Zeiträume hinweg in mehreren, sich verdichtenden Vorstößen vollzogen.

Aus der Bronzezeit, die etwa von 1800 bis 1200 vor Chr. datiert werden muß, existieren in der Pfalz nur relativ wenige Funde. Typisch ist für diese Epoche das Hügelgrab. Der bedeutendste Fund in der Pfalz ist in Schifferstadt geborgen worden: ein Goldblechkegel, genannt der „Goldene Hut".

Am Ende dieser Epoche, im zweiten vorchristlichen Jahrtausend, vollzieht sich für unser Wissen der Übergang von der Vorgeschichte zur Frühgeschichte. Die – geschichtliche – Keltenzeit kündigt sich an, eine Zeit, die in Teilen Europas zumindest sprachlich noch fortbesteht – man denke nur an das Bretonische, an das Gälische in Irland und Schottland oder an das Walisische im britischen Fürstentum Wales, ganz abgesehen von den zahlreichen Bezeichnungen in den europäischen Verkehrssprachen, die auf eine keltische Wurzel hinweisen.

18

III.
Das keltische Erbe

Die Erfindung des Asterix hat die alten Kelten der jungen Generation auf unterhaltsame Weise nähergebracht. Die Erinnerung der älteren ehemaligen Lateinschüler an Caesars Kriegszüge in Gallien und an den ebenso tapferen wie klugen Keltenfürsten Vercingetorix ist fast überall im alten Europa, auch bei uns, von den phantasievollen Asterix-Autoren aufgefrischt worden. Die Auvergne, das Bergland mitten im heutigen Frankreich, am Oberlauf der Loire, war dies die Urheimat der „Celtae" oder „Galli", wie die Römer in ihrer lateinischen Sprache die Kelten nannten? Die Kriegsberichte, in denen der große Caesar seinen eigenen Ruhm durch Mitteilungen über die erstaunliche Tapferkeit und Klugheit der keltischen Gegner zu erhöhen versuchte, sprechen auf den ersten Blick dafür, daß das alte Gallien die eigentliche Heimat der Kelten gewesen sei. Doch darf man nicht vergessen, in welcher Zeit Caesar seinen Gallischen Krieg geführt hat, nämlich in der Mitte des ersten vorchristlichen Jahrhunderts.

In jener Zeit gab es fast in ganz Europa schon längst eine keltische Herrschaftstradition. Auch in unserem Land. Ausgrabungen und Funde an den verschiedensten Orten der Pfalz beweisen dies. Bereits vor der Jahrtausendwende, dem Übergang vom zweiten zum ersten vorchristlichen Jahrtausend, haben in der Pfalz Menschen gelebt, die man zwar nicht eindeutig den keltischen Völkern zurechnen kann, die von der Wissenschaft jedoch als Frühkelten oder Protokelten eingruppiert werden. Die große Zeit der Kelten hat dann am Rhein von der Mitte des ersten vorchristlichen Jahrtausends bis zur Römerzeit rund fünfhundert Jahre gedauert. Die keltischen Völker und Stämme blieben auch noch in der Römerzeit präsent, so daß man die keltische Epoche mit insgesamt mehr als tausend Jahren oder rund 30 Generationen veranschlagen kann. Die Begriffe „deutsch" und „Deutschland" sind inzwischen ebenfalls etwas mehr als tausend Jahre alt – dies zum Vergleich, damit man besser versteht, wie wichtig die keltische Epoche für unser Land gewesen ist.

Die Wissenschaft sieht in den Kelten ein westindogermanisches oder westindoeuropäisches Volk. Seit dem 6. und 5. vorchristlichen Jahrhundert gibt es bei griechischen Schriftstellern wie Herodot und bei römischen Chronisten Nachrichten über dieses Bauern- und Kriegervolk. Seine Herausbildung wird neuerdings allgemein für das zweite vorchristliche Jahrtausend vermutet. Die Urheimat lag, nach den bisherigern Bodenfunden zu schließen, im süddeutsch-bömischen Raum. Wichtige, altbekannte Fundstätten, die Aufschluß über die Kelten geben, sind Hallstatt im Salzkammergut für das achte vorchristliche Jahrhundert (woraus sich der Name Hallstatt-Kultur ableitet), und La-Tène im schweizerischen Kanton Neuenburg.

Die La-Tène-Zeit, die etwa 300 Jahre nach der ostalpenländischen Hallstatt-Zeit beginnt, verweist auf einen kulturellen Schwerpunkt im Westalpenvorland. Die Vorstellung jedoch, daß, ausgehend von diesen beiden Fundstätten am Rande der Alpen, die wichtigsten Standorte der Kelten im Voralpenland gesucht werden müßten, hat sich als nicht ganz stichhaltig erwiesen. Die Regionen an der oberen Donau, am Oberrhein, an der Mosel und am Neckar dürften kaum geringere Bedeutung gehabt haben als etwa die Siedlungsgebiete der Helvetier. Diese Annahme ist erst vor kurzer Zeit erneut erhärtet worden, als man bei dem Ort Hochdorf, nordwestlich von Stuttgart, ein reich ausgestattetes keltisches Fürstengrab fand, dessen Größe und dessen prunkvolle Beigaben alles übertreffen, was bisher von keltischer Handwerkskunst bekannt war. Das Hochdorfer Grab liegt nur wenige Kilometer vom Hohen Asperg entfernt, einem in die Ebene aufragenden Klotz, den man aus der spätmittelalterlichen und aus der neueren Geschichte als Festung und als Verbannungsort für Demokraten kennt. Rund um diesen Asperg fand man andere, weniger große und meist schon beraubte Keltengräber. So liegt die Schlußfolgerung nahe, daß dieser Hohe Asperg in der Mitte des ersten vorchristlichen Jahrtausends, etwa am Beginn der La-Tène-Zeit, ein Zentrum keltischer Herrschaft in Süddeutschland gewesen ist.

Ein anderes Zentrum darf mit guten Gründen in der Pfalz vermutet werden – auf dem Donnersberg. Anders als der Hohe Asperg, dessen mittelalterliche Festungsbauten uns bis heute die keltischen Anfänge und Ursprünge verbergen (so daß man auf Indizien angewiesen ist, die von den benachbarten Gräbern stammen), hat der Donnersberg seine Geheimnisse den Frühgeschichtsforschern zumindest teilweise direkt preisgegeben. Die Ausgrabungen haben gezeigt, daß die Kelten auf diesem beherrschenden Höhenzug einst einen ungewöhnlich ausgedehnten Versammlungsort geschaffen haben, auch eine wichtige Zufluchtsstätte für die Bewohner in der näheren und der weiteren Umgebung. Insgesamt zehn Kilometer lang war die mehrfach gegliederte und in mehreren Bauphasen immer wieder ergänzte Ringmauer. Sie ist eine der größten keltischen Anlagen, die bisher in Europa nachgewiesen worden ist.

Aus Caesars Berichten weiß man, daß die Kelten in Gallien sich immer wieder in derartige Befestigungsanlagen auf den Bergen zurückgezogen haben, wenn Gefahr drohte. Der Römer Caesar nannte solche stadtähnlichen Gebilde „oppidum". Nichts anderes dürfte die Anlage auf dem Donnersberg gewesen sein.

Da am Donnersberg und in der weiteren Umgebung – etwa in Eisenberg – Erz abgebaut und Eisen sowie andere Metalle für die Waffen- und Geräteherstellung gewonnen wurden, kann als sicher gelten, daß das Donnersberg-Oppidum eine besondere Schutzfunktion für das pfälzische Bergbaurevier besaß. Ganz sicher war es auch eine Kultstätte für den Stamm der Treverer, dessen Gebiet – mit dem Hauptort Trier – von der Mosel bis an die Isenach reichte. Südlich der Isenach, im Osten begrenzt durch den Rhein, begann das Stammesgebiet der Mediomatriker, ein ziemlich ausgedehntes Gebiet, das auch das Unterelsaß umfaßte und seinen Mittelpunkt an der oberen Mosel hatte. Hauptort war Metz, ursprünglich wohl ein keltisches Oppidum, das in den Berichten der Römer Divodurum genannt wird. Der Name „Metz" selbst wird von einigen Sprachforschern als veränderte Form des Stammesnamens „Mediomatriker" erklärt, ähnlich wie sich Trier und „Treverer" auf die gleiche Sprachwurzel zurückführen lassen.

Im Land der Mediomatriker hat man bis jetzt kein Oppidum, keine Zufluchts- und Kultstätte von ähnlich imposanten Ausmaßen wie die Anlage der Treverer auf dem Donnersberg entdeckt, wenngleich die Anlage auf dem Maimont im Wasgau sehr eindrucksvoll gewesen sein muß. Kleinere oppida waren überall in den Stammesgebieten der Kelten anzutreffen. Reste von Ringwällen, die man auf dem Merialskopf bei Medard an der Gemarkungsgrenze von Lauterecken und auf der Heidenburg bei Kreimbach gefunden hat, weisen auf derartige keltische Zufluchtsstätten hin. Im übrigen sind die Vorgeschichtsforscher ziemlich sicher, daß die alten römischen Befestigungsanlagen in Speyer, zur Römerzeit „Noviomagus" genannt, keineswegs auf bis dahin freiem Feld errichtet worden waren. Wahrscheinlich befand sich dort zuvor ein Oppidum der Kelten, das den Rheinübergang zu sichern hatte.

In der Gegend von Bad Dürkheim, wo in der späteren Keltenzeit die Stammesgebiete der Treverer und der Mediomatriker aneinanderstießen, müssen keltische Krieger und Bauern schon am Beginn der Hallstatt-Zeit gesiedelt haben. Keltische Siedlungsspuren sicherte man unter anderem auf dem Limburg-Berg, an der Heidenmauer und auf dem Michelsberg. Eines der wichtigsten Dokumente, das die Pfalz aus keltischer Zeit besitzt, fand man im „Haidfeld". Ein reich ausgestattetes Grab wurde von Dr. Friedrich Sprater, dem verdienstvollen Vorgeschichtsforscher unserer Heimat, als ein Fürstengrab identifiziert. Zu den überraschenden Inhalten dieses Fürstengrabes gehört ein Bronzedreifuß. Er stammt aus einer etruskischen Werkstatt, kam also einst aus Mittelitalien in die Pfalz. Dieser Fund, der heute im Historischen Museum der Pfalz in Speyer aufbewahrt wird, lieferte für Dr. Sprater, der sich in den zwanziger Jahren als Verfasser des grundlegenden Werkes „Die Römer in der Pfalz" weit über seine engere Heimat hinaus einen Namen gemacht hat, den Beweis dafür, daß die Kelten einen regen Kultur- und Handelsaustausch mit dem Süden, speziell mit dem vorrömischen Italien gepflegt haben.

Spraters grundlegende Entdeckungen über die Kelten- und Römerzeit in der Pfalz, haben vor Jahrzehnten immer wieder Aufsehen erregt und die Frühgeschichtsforschung weithin populär gemacht. So populär, daß der vom Forscherdrang über die Keltenzeit erfaßte Dr. Sprater zuweilen auch auf eine falsche Fährte gelockt wurde. Eine der Sprater – und Kelten – Anekdoten aus den zwanziger und dreißiger Jahren betrifft den Ort Haardt bei Neustadt. Man rief Dr. Sprater zu einer Baugrube, wo er alsbald einen mit original Haardter Letten verschmierten Gegenstand aus dem Schutt zog. Ein Keltenschwert, so schien es, ein Fundstück aus Bronze. Die sorgfältige Reinigung begann noch am Fundort. Ganz zufällig hatten sich dort schon einige, an Spraters Arbeit interessierte Freunde und Weinkenner eingefunden. Das Ergebnis der Sprater'schen Reinigungsbemühungen war verblüffend: auf dem Schwert las man die kunstvoll eingravierte Widmung: „Unserem lieben Dr. Sprater, die alten Kelten".

Eine der größten keltischen Anlagen, die bisher in Europa nachgewiesen worden ist, befindet sich auf dem Donnersberg. Auf dem mit 687 Metern höchsten pfälzischen Berg hatten die Kelten einen ausgedehnten Versammlungsort geschaffen, der auch eine wichtige Zufluchtstätte für die keltischen Bewohner der Pfalz war. Unser Bild zeigt einen Teil des Ringwalles, der auf dem Donnersberg freigelegt worden ist. (Foto: Archiv Kreis Donnersberg)

Neben dem Fund eines Bronzedreifußes aus etruskischer Werkstatt gab der pfälzische Boden den Vorgeschichtsforschern auch zahlreiche andere Gegenstände frei, die uns bestätigen, daß schon lange vor der Römerzeit Handelsverbindungen zwischen dem Oberrheingebiet und dem Mittelmeerraum bestanden haben. So entdeckte man in Speyerdorf eine Weinamphore, ein kunstvoll gestaltetes, wertvolles und seltenes Gefäß, das aus einer Werkstatt in Massilia, dem heutigen Marseille, zur Keltenzeit in die Pfalz gelangt war. Massilia war einer der griechischen Handelsstützpunkte im westlichen Mittelmeer, eine der ältesten uns bekannten griechischen „Kolonien" außerhalb der griechischen Territorien. Der Weg solcher Güter aus Massilia führte durch das Rhônetal und die burgundische Pforte, einem der bereits in der Antike wichtigsten Handelswege in Europa.

Nicht immer waren die Begegnungen zwischen Kelten und Etruskern bzw. zwischen Kelten und Griechen friedlicher Art (Im Jahre 279 zerstörten keltische Krieger das antike Delphi). Allerdings findet man in jener Zeit der Vorstöße der Kelten nach Süden und Südosten auch die Anfänge eines offensichtlich von den Etruskern übernommenen Kunsthandwerks bei den Kelten. Die Materialien waren unter anderem Gold, Bronze und Eisen. Geometrische Kompositionen, Kreismuster, mit Zirkelschlägen verfertigt, entstehen nun auch in den Werkstätten der keltischen Handwerker, die in alten keltischen Siedlungsgebieten zwischen Champagne, Rhein und Böhmen leben.

Zur Eisengewinnung dienten in der Pfalz in der frühen La-Tène-Zeit Brauneisenschwarten aus dem Buntsandstein oder der in der Donnersberg-Region abgebaute und verhüttete Roheisenstein. Das Gold, das man zu Schmuckstücken verarbeitete, auch zu Beigaben in Fürstengräbern, wird man wohl, wenn auch nicht ausschließlich, durch Auswaschen von Rheinkies gewonnen haben.

Über den Standort der Werkstätten geben die Gräberfunde allerdings nur unzureichende Auskunft. Das Hochdorfer Fürstengrab aus der Zeit um 500 vor Chr. hat jedoch unsere Erkenntnis erweitert. Man weiß nun, daß ein großer, 500 Liter fassender Bronzekessel, der bei der Bestattung zu gut zwei Dritteln mit Honigmet gefüllt worden war, aus der Werkstatt einer griechischen Kolonie in Unteritalien stammt. Zwei der den Kessel zierenden Bronzelöwen sind ebenfalls in Unteritalien gegossen worden, ein dritter, im Guß besonders gut gelungener Löwe wird einer einheimischen Werkstatt, also einem keltischen Bronzegießer zugeschrieben. In einer physikalisch-chemischen Untersuchung ließ sich nachweisen, daß die Bleifüllung in einem der Löwen genau dem Metall entspricht, das man im Altertum als Nebenprodukt aus einer Silbermine in Laurion, unweit von Athen, gewann. Im übrigen sprechen manche Anzeichen dafür, daß man dem Fürsten in Hochdorf Tücher aus einer kleinasiatischen oder griechischen Weberei mit auf die Fahrt in die Glückseligkeit gegeben hat. Manches an diesem Fund ist allerdings noch rätselhaft. So scheint es, daß man in keltischen Werkstätten damals eine Form der Bastverarbeitung kannte, die uns heute unbekannt ist.

Ob solch spezielle Fertigkeiten in den Mittelmeerraum exportiert wurden, weiß man nicht. Andererseits hat man guten Grund zu der Annahme, daß Handwerkserzeugnisse aus dem italisch-etruskischen Raum und aus dem griechischen Kulturbereich den keltischen Handwerkern als Vorbild für eigene Entwürfe gedient haben. So erklärt sich zum Beispiel die Ähnlichkeit zwischen feinkeramischen Gegenständen aus Griechenland und solchen aus den Werkstätten der pfälzischen Kelten. Manche Schmuckstücke aus Gold, die unsere Forscher mit dem Spaten ausgegraben haben, dürften aus dem Marne-Gebiet importiert worden sein. Man schließt dies aus Fundvergleichen. Sicher ist, daß es neben dem Rhône-Rhein-Handelsweg einen wichtigen Ost-West-Handelsweg gab, der von der Pfalz über Metz in die Seine-Marne-Region und in das Innere des alten Gallien führte. Vielleicht haben die am Rhein siedelnden Kelten die Goldschmiedearbeiten, die sie von ihren Verwandten an der Marne bezogen, mit Rheingold bezahlt.

Der Handelsaustausch dürfte zur Keltenzeit im ganzen europäischen Bereich gut entwickelt gewesen sein, zwischen Nord und Süd wie auch zwischen Ost und West. Neben dem Handel förderten die Wanderungen und die Kriegszüge der Kelten den Austausch von Kenntnissen und Fertigkeiten. Als der Keltenführer Brennus im Jahre 390 vor Chr. in Rom eindrang, erfuhren die staunenden Römer, daß man durch Vergären von Gerste in Wasser ein anregendes Getränk herstellen kann: das Bier. Der römische Schriftsteller Livius, der darüber berichtet, meinte allerdings abschätzig, es handle sich um ein „stinkendes Gebräu". Die Kelten freilich, so scheint es, schätzten ihren Gerstensaft.

Noch höher stand jedoch der Honigmet im Kurs, dessen Spuren man in dem mächtigen Bronzekessel (104 cm Durchmesser, 80 cm Höhe) von Hochdorf entdeckte. Als Grabbeigabe des Fürsten dienten etwa rund dreihundert Liter dieses alkoholischen Honigmets. Allerdings sollten sie nicht nur ihn stärken, sondern auch acht Freunde oder Begleiter. Daß man mit acht Trinkgenossen gerechnet hat, ergibt sich aus den insgesamt neun Trinkhörnern, die in der Grabkammer gefunden und in eindrucksvoller Weise rekonstruiert worden sind. Das größte, aus Eisen gefertigte und mit Goldschmuck verzierte Trinkhorn ist 123 Zentimeter lang und faßt nicht weniger als 5,5 Liter. Die Behauptung, die alten Kelten seien durstig und trinkfest gewesen, drängte sich beim Betrachten dieser fürstlichen Grabausstattung auf.

Die wirtschaftliche Macht der Kelten, die sich die Ureinwohner unterworfen und zu Hintersassen gemacht hatten, gründete sich neben der Salzgewinnung, die noch bis in die Neuzeit hinein überall in Europa eine große Bedeutung hatte, auf die Metallgewinnung durch den Bergbau, aber auch auf eine ausgedehnte Tierhaltung. Weidewirtschaft mit Rindern und Schafen, Pferdezucht und Schweinemast herrschten vor.

Tiere hatten ihren Platz auch in der Mythologie. Der Hirsch, der Stier, der Hund, die Schlange, nicht zu vergessen das Pferd, sind wichtig und verehrungswürdig. Es gibt sogar eine eigene Pferdegöttin, die Göttin Epona. Charakteristisch für die mythologische Ideenwelt der Kelten sind auch einige Vogelarten: der Rabe, die Krähe, der Kranich, der Schwan.

Speziell im westkeltischen Bereich, in Britannien und in Irland, hatten bis zur Christianisierung die Druiden als die Deuter und Vermittler der Religion einen herausragenden Platz. Die Lehre der Druiden verhieß den Menschen ein Weiterleben nach dem Tode, wo sie das Land der Glückseligkeit kennen lernen würden.

Die Götterwelt der Kelten ist reich und ziemlich kompliziert, zumal sich in der späteren Zeit gegen Ende des vorchristlichen Jahrtausends Keltisches und Römisches gemischt haben, auch bei den Namen der Götter. Ganz keltisch war sicherlich der Gott Taranis oder Taranucnus, den man als den Himmels- und Sonnenkönig verehrte. Er galt als der Herr der Gewitter. Verehrt wurde auch die „Große Erdmutter". Variationen dieser Verehrung findet man an manchen alten Keltenplätzen, zum Beispiel im französischen Chartres. Unter dem Hauptschiff der mächtigen, gotischen Kathedrale befindet sich ein Platz, der der Marien-Anbetung dient. Dort habe man, so sagen die Forscher, einst die Keltengöttin Nantosvelta als Muttersymbol und Muttergottheit verehrt. Diese Tradition sei in christlicher Zeit vom Marien-Kult abgelöst worden.

Etwas ähnliches hat es früher wohl auch im Speyerer Dom gegeben, wie man seit dem 16. Jahrhundert weiß. Den eigentlichen Beweis für eine derartige keltisch-christliche Traditionslinie fand man im Jahre 1946. Es ist ein Relief eben jener in Chartres verehrten Göttin Nantosvelta. Der Stein, der dieses Relief trägt, war im Dom vermauert worden. Die Göttin hält einen Tauben-schlag in ihrer Rechten, im Giebelfeld ist ein Sonnengott dargestellt, zu Füßen sitzt das Symbol der Weisheit, ein Rabe (allerdings ist diese Figur des Speyerer Reliefs stark verstümmelt). Zeichen einer Vermischung von keltischer und christlicher Symbolik bietet unsere Region noch an anderer Stelle, in einer eher kuriosen Art der Verbindung oder Anverwandlung. Auf einigen Kruzifixen im pfälzisch-lothringischen Gebiet wird Gottvater mit erhobener Faust dargestellt. Die Volksüberlieferung kennt diese Figur als „Bumberhannes". Es ist niemand anders als der keltische Himmelsgott, der Herr der Gewitter.

Überall in den keltischen Siedlungsgebieten existieren Weihe- und Verehrungsstätten für die Keltengötter, auch in der Pfalz. Eine Besonderheit entdeckte man auf dem Donnersberg: eine Weihestätte als Höhlenheiligtum. Vermutlich war sie dem Himmels- und Sonnenkönig gewidmet. In einem Gräberfeld auf dem Ebersberg bei Bad Dürkheim befand sich eine andere Besonderheit: eine Totenkultstätte. Schließlich muß hier eine weitere Variante genannt werden, eine Verehrungsstätte in freier Natur bei Busenberg im Dahner Bergland. Hier riefen die Kelten ihren Gott des Waldes an, den Vosegus, jenen Waldgott, der Vogesen und Wasgenwald den Namen gegeben hat.

Als keltische Götter sind im übrigen auch Merkur und Minerva überliefert, die wir aus der römischen Götterwelt kennen, dazu Apollo, Mars und Jupiter. Da die Kelten, wie man weiß, schon in frühgriechischer und in etruskischer Zeit nach Süden und Südosten gezogen waren, mag es dadurch relativ frühzeitig zu Namensangleichungen in der Welt der Götter gekommen sein. Daß auch die nordgermanische Mythologie einen großen Einfluß auf die keltischen Symbole hatte, läßt sich unter anderem aus der Überlieferung des Weltenbaumes schließen. Der Weltenbaum bildete nach keltischem Glauben den Mittelpunkt der Erde. In der nordgermanischen Überlieferung ist dieser Baum die Weltesche Yggdrasil. Sie reicht von der Erde bis zum Himmel und stützt dessen Gewölbe.

Als Siedlungsstätten bevorzugten die Kelten in unserer Region im allgemeinen die Hofsiedlungen und den Weiler. Es dürfte jedoch in keltischer Zeit schon dorfartige Siedlungen gegeben haben, besonders in den fruchtbaren Gegenden, wo man zur Versorgung der Familien keine besonders großen Flächen benötigte. Ein Teil der keltischen Einwohner hielt sich allerdings nicht auf dem Lande auf, sondern wohnte dauerhaft in den großen Oppida, den stadtähnlichen Festungsanlagen. Die Häuser waren Viereckbauten, die Flechtwände trugen eine Lehmverkleidung. Daneben existierten jedoch auch atriumartig errichtete Häuser in einer Blockbauweise. Hier, so meinen die Wissenschaftler, müßten wohl die Landadeligen, die großen Bauern gelebt haben. (Das Federsee-Moor bei Buchau in Oberschwaben hat derartige Hausanlagen aus der frühen Hallstatt-Zeit konserviert). Spätestens im zweiten vorchristlichen Jahrhundert dürften dann die ersten Steinhäuser und Fachwerkbauten errichtet worden sein. Ein Zeugnis dafür ist ein bei Katzenbach im nordpfälzischen Bergland entdeckter Gutshof aus der Keltenzeit.

Gibt es in den Nachwirkungen der Keltenzeit einen merklichen Unterschied zwischen der Westpfalz und der Vorderpfalz? Die Art der frühgeschichtlichen Funde läßt einen derartigen Unterschied kaum erkennen, aber einer der Begründer der Volkskunde in Deutschland, Wilhelm Heinrich Riehl, wollte in der Mitte des vergangenen Jahrhunderts derartige Unterschiede beachtet haben. Als Riehl seine Beobachtungen und Studien über das Volkstum der Pfälzer unternahm und sein berühmtes, 1857 erstmals gedrucktes Buch „Die Pfälzer" schrieb, meinte er, der Westrich sei „nachhaltiger keltisch grundiert" als die anderen Teile der Pfalz. Vor allem das Bliesgebiet mit seinen starken Verbindungen zu Lothringen hat Riehl damals beeindruckt. Dort, im Einzugsbereich der Blies, habe sich das Keltentum am längsten gehalten. Riehl wagte im übrigen die Behauptung, daß die Westricher kleiner seien als die anderen Pfälzer und dunkleres Haar hätten.

Man darf Beobachtungen aus unserer Zeit nicht mit dem vergleichen, was Riehl vor mehr als hundert Jahren gesehen hat oder zu sehen meinte. Exakte Forschungen über bestimmte Regionen der Pfalz hat es damals nicht gegeben und gibt es heute nicht. In der Statistik wird der ehemals bayerische Regierungsbezirk stets als Einheit behandelt. Es gilt im übrigen zu bedenken, daß sich in den letzten Jahrzehnten im menschlichen Zusammenleben außerordentlich viel geändert hat. Die Menschen in der Pfalz und überall in Deutschland sind nicht mehr so seßhaft wie in früheren Zeiten. Vor allem der Zweite Weltkrieg mit seinen Folgen – Umsiedlung, Vertreibung, Neuansiedlung – hat für eine neue Art der Durchmischung gesorgt. Heiratete man früher meist einen Partner aus dem eigenen Dorf oder aus der unmittelbaren Nachbarschaft, so ist dies in unserem Jahrhundert nicht mehr die Regel.

Insofern mögen Riehls Beobachtungen über die Besonderheiten des Westrich überholt sein. Etwas anderes aber muß uns immer noch beschäftigen: die offensichtliche Ansicht Riehls, daß sich die Kelten von den in römischer Zeit und während der eigentlichen Völkerwanderungszeit im ersten Jahrtausend n. Chr. hereindrängenden Germanen im Aussehen deutlich unterschieden hätten. Noch heute ist diese Auffassung weit verbreitet – nicht nur in der Pfalz, sondern auch auf der rechten Rheinseite, in Baden und Württemberg zum Beispiel. Dort gelten nach landläufiger Ansicht viele Bewohner des Schwarzwaldes als mögliche Abkömmlinge der Kelten. Da man gerade im Schwarzwald immer wieder auf Flur- und Flußnamen stößt, die auf keltische Herkunft schließen lassen, liegt eine Gedankenverbindung zwischen dem Aussehen der eher dunkelhaarigen und relativ kleinwüchsigen Bewohner der Schwarzwalddörfer und der Keltenzeit nahe, zumal im Schwarzwald auch immer wieder Menschen angetroffen werden, deren Hautfarbe einen Ton dunkler zu sein scheint als die Hautfarbe ihrer Landsleute.

Solchen Beobachtungen entspricht eine Erkenntnis, die vor langer Zeit einmal aus alten Musterungsakten gewonnen worden ist. Ein Vergleich zwischen württembergischen Rekruten und Rekruten preußischer Herkunft soll demnach für die Zeit vor dem Ersten Weltkrieg gezeigt haben, daß die württembergischen Rekruten im Durchschnitt um mehrere Zentimeter kleiner gewesen seien als die norddeutschen. Nun weiß jeder Fabrikant von Herrenkonfektion, daß zum Beispiel auch heute noch in Ostbayern andere Größen gängig sind als in anderen Regionen. Insofern wären die Befunde aus dem Vergleich der alten Musterungsakten nicht erstaunlich. Aber sind sie auch Belege für die These Riehls, daß sich am Körperbau und an der Haarfarbe immer noch ein stärkerer oder ein weniger wirksamer Einfluß der tausendjährigen Keltenzeit erkennen lasse? Gibt es diese „keltische Grundierung", die Riehl gesehen haben will?

Allem Anschein nach existiert sie nicht, jedenfalls nicht als „keltische" Abweichung. Weder nach Größe noch nach Schädelform, Haarfarbe und Körperbau haben sich die Kelten – soweit man das mit wissenschaftlichen Methoden feststellen konnte – von den germanischen Stämmen unterschieden. Dort, wo man in Europa heute noch am ehesten eine direkte, von der Mischung mit anderen Völkern relativ wenig beeinflußte Bewohnerschaft vermuten kann, im schottischen Gebiet und auf einigen britischen Inseln, sind die Menschen eher auffallend groß gewachsen als klein und eher blond oder rothaarig als dunkelhaarig.

Wer meint, diese Schotten, Waliser oder Iren seien doch ganz andere Kelten als die einst in der Pfalz oder in Baden und Württemberg lebenden, dem muß man entgegenhalten, daß die Entdeckung des Hochdorfer Fürstengrabes diese Annahme nicht im mindesten stützt. Das gut erhaltene Skelett des Keltenfürsten zeigt: es handelte sich um einen stattlichen Mann von 1,87 Meter Körpergröße. Wahrscheinlich hat er seine Landsleute um Haupteslänge überragt. Aber selbst wenn diese Annahme zutrifft, dürften diese Kelten im Durchschnitt alles andere als kleinwüchsig gewesen sein. Schon gar nicht im Vergleich zu unseren mittelalterlichen Vorfahren, deren Ritterrüstungen jedermann verdeutlichen, daß in diese Rüstungen kaum noch ein Zeitgenosse hineinpaßte, weil sich die Durchschnittsgröße der meisten Europäer in den letzten hundert Jahren beträchtlich erhöht hat.

Seit Riehl seine Beobachtungen niederschrieb, sind außer dem Hochdorfer Keltengrab auch zahlreiche andere Keltenfunde gemacht und von der Wissenschaft sorgfältig ausgewertet worden. Von Hinweisen auf relativ kleinwüchsige Menschen ist nirgends die Rede. Alles spricht deshalb dafür, daß die vor mehr als hundert Jahren von Riehl beobachteten Unterschiede zwischen der Westpfalz und der Vorderpfalz nichts mit den Kelten, sondern mit Menschen zu tun haben, die einst den Kelten und nachher deren germanischen Vettern weichen mußten. Man zog sich, als die neuen Herren kamen, in die abgelegenen, weniger fruchtbaren Gebiete, in das Wald- und Bergland zurück.

So geschah es einst wohl auch im Schwarzwald und ganz gewiß in den Alpen, wo man in den abgeschiedenen Tälern in der Schweiz oder in Österreich oft heute noch den Eindruck gewinnt, man begegne den Nachfahren von Völkern, die schon *vor* den großen Wanderungen der Kelten und Germanen im Alpenraum gelebt haben könnten. Gewiß, der Vergleich mit dem pfälzischen bzw. südwestdeutschen Gebiet ist nur mit Vorbehalt erlaubt, da hier, vor allem nach dem Dreißigjährigen Krieg und den darauffolgenden Notzeiten, ganze Landstriche neu besiedelt werden mußten, so daß die Frage nach den Vorfahren der heutigen Pfälzer wie auch ihrer rechtsrheinischen Nachbarn kaum zu beantworten ist. Allerdings weiß man gerade aus den Erfahrungen mit der Eingliederung der Vertriebenen nach dem Zweiten Weltkrieg, wie stark sich diese Neubürger im ganzen deutschen Südwesten den Sitten und Gebräuchen, den Verhaltensweisen und auch der Sprache der Einheimischen schon in der zweiten Generation angepaßt haben. Das könnte bei der großen Zuwanderung im 17. Jahrhundert ähnlich gewesen sein; selbst vor mehr als zweitausend Jahren mögen die Zuwanderer und Eroberer vieles von der Urbevölkerung übernommen haben. Die allmähliche Überwältigung neuer Herren durch die zu Hintersassen degradierten Einheimischen ist in der Geschichte jedenfalls nichts Außergewöhnliches; mehr als einmal schon zeigte sich hierin die List der Geschichte.

28

IV.
Germanische Anfänge

Es ist der Wissenschaft bisher nicht gelungen, genügend Licht in die keltisch-germanisch-römische Übergangsepoche am Oberrhein zu bringen. Die Chancen, daß wir eines Tages wirklich genau über das Eindringen germanischer Stämme und Völker in dies Gebiet der heutigen Pfalz Bescheid wissen werden, sind eher gering. Was uns die antiken Schriftsteller, angefangen mit Caesars Selbstdarstellungen, überliefert haben, wurde von der Wissenschaft gründlich geprüft. Mehr an schriftlichen Zeugnissen ist kaum noch zu erwarten. Wir müssen daher mit den dürftigen Fakten vorlieb nehmen, wenn es um die Anfänge der germanischen Landnahme geht.

Unstrittig ist, daß die Römer bei der Besetzung des ganzen linksrheinischen Gebietes in der heutigen Pfalz vier Stämme oder Völker vorgefunden haben, die das Land beherrschten. In der westlichen und südwestlichen Pfalz waren dies die keltischen Mediomatriker mit ihrem Hauptsitz Metz, im Nordwesten die ebenfalls keltischen Treverer, mit dem Hauptsitz Trier, nördlich der Isenach hatten sich die germanischen Wangionen niedergelassen, in der Vorderpfalz südlich der Isenach trafen die Römer auf die ebenfalls germanischen Nemeter, deren Gebiet bis ins Unterelsaß reichte. Noch weiter im Süden befand sich der Herrschaftsbereich der germanischen Triboker. Das heutige Straßburg – von den Römern „Argentorate" genannt – muß nach römischen Berichten der Mittelpunkt des tribokischen Landes gewesen sein.

Hauptort der Nemeter war Noviomagus, das heutige Speyer. (Der Name Noviomagus bedeutete „Neufeld"). Erstaunlich und ein wenig verwirrend ist, daß die allgemein als Germanen bezeichneten Nemeter ihren Namen aus der keltischen Sprache entliehen haben. Eben dies treffe sogar auf den allgemeinen Begriff „Germanen" zu, behaupten einige Historiker. Andere sind da nicht so sicher. Immerhin gibt es Hinweise darauf, daß einst ein aus Nordwestdeutschland an die Maas vordringender Germanenstamm von den im belgischen Gebiet wohnenden Kelten den Namen „Germanen" erhalten hatte und daß dieser Name dann im allgemeinen Sprachgebrauch auf alle mit diesen Germanen verwandten Stämme und Stammesverbände übertragen worden ist.

Diese Vermutung wird durch jüngere Erfahrungen gestützt. Für den Schweizer Volksmund sind alle Deutschen, nicht nur die unmittelbaren Nachbarn, die „Schwaben", für den französisch Sprechenden sind alle Deutsche „Les Allemands", die Alemannen, in Südosteuropa nannte man einst die deutschsprechenden Mitbürger ohne Rücksicht auf deren Herkunft die „Sachsen".

Die Germanen, so erfahren wir von der Wissenschaft, seien „eine Gruppe untereinander sprachverwandter Völkerschaften in Nord- und Mitteleuropa". Die germanischen Stämme fühlten sich miteinander verbunden, aber von einem gemeinsamen Volksbewußtsein im modernen Sinne kann man ebenso wenig sprechen wie bei den Kelten. Eine strenge Abgrenzung zwischen germanischen und keltischen Stämmen hat es im übrigen allem Anschein nach nie gegeben; schon lange vor der Römerzeit haben nach Meinung von Experten enge Beziehungen zwischen Germanen und Kelten bestanden. Man schließt dies unter anderem aus dem Umstand, daß die germanischen Sprachen wichtige Begriffe, wie zum Beispiel „Eisen", „Lot" oder „Blei" von den Kelten übernommen haben.

Was nun die Germanenstämme betrifft, die im 1. Jahrhundert vor Chr. in das pfälzische Gebiet eingedrungen sind, so glaubt man auf Grund neuerer Forschung, daß es sich bei den Nemetern und Wangionen, also den Stämmen, die sich in der Vorderpfalz und in Rheinhessen niedergelassen hatten, ebenso um keltisierte Germanenstämme gehandelt habe wie bei den im Elsaß ansässigen Tribokern.

Alle drei werden am Oberrhein und in der Geschichte überhaupt erstmals im Jahre 71 vor Chr. genannt. Sie gehörten damals zu dem Verband des Heerkönigs Ariovist, den uns Caesar als den Führer einer swebischen Streitmacht überliefert hat. Demnach müßte man annehmen, daß sich Nemeter und Wangionen, ebenso wie die Triboker einem germanisch-swebischen Stammesverband oder Volk zugerechnet haben. Die Sweben haben nach allgemeiner Ansicht ursprünglich, das heißt bevor sie auf der Suche nach neuen Siedlungsgebieten nach Süden und Westen aufbrachen, zwischen Elbe und Ostsee gesessen und müssen deshalb zu den sogenannten Elbgermanen gezählt werden.

Soviel scheint gewiß: die Völkergruppe der Germanen hat sich, ähnlich wie die der Kelten, in der Mitte des 2. Jahrtausends vor Chr. herausgebildet. Die Heimat dieser Germanen war ursprünglich das skandinavisch-norddeutsche Gebiet an der Ostsee. Eine gemeinsame Selbstbezeichnung existiert nicht, aber man fühlte sich doch zusammengehörig.

Wie aber gelangte nun der swebische Heerkönig Ariovist mit seinen Tribokern, Nemetern und Wangionen an den Oberrhein? Er sei, so sagen die römischen Quellen, von den keltischen Sequanern zu Hilfe gerufen worden, die mit den Äduern im Streit lagen. Dieser Streit wiederum dürfte im Zusammenhang mit den römischen Eroberungen im südlichen Gallien entstanden sein, denn die römischen Eroberer drängten keltisch-gallische Stämme nach Norden. Jedenfalls soll Ariovist im Jahre 71 vor Chr. die Sequaner im linken Oberrheingebiet, im Elsaß, mit 15 000 Mann unterstützt haben. Insgesamt, so glauben die Historiker, habe Ariovist schließlich 120 000 Mann über den Oberrhein geführt. Auf diese Weise seien die Nemeter und die Wangionen in das Gebiet der heutigen Pfalz und Rheinhessens gelangt. Ariovist wäre demnach nicht nur ein Helfer der keltischen Sequaner sondern auch ein Eroberer gewesen. Diese Version ist ziemlich plausibel, wenn man bedenkt, daß Caesar dreizehn Jahre nach seinem Vorstoß an den Oberrhein einem Hilferuf der Gallier gefolgt sein will, die sich von den swebischen Stämmen bedroht fühlten. Caesar blieb, wie man weiß, im Jahre 58 vor Chr. siegreich. Er schlug die 25 000 Mann starke Streitmacht des Heerkönigs Ariovist bei Mühlhausen (oder bei Schlettstadt) und verwehrte dadurch den swebischen Stämmen ein Vordringen nach Süden und Westen. Nach dem Sieg zog sich der römische Feldherr wieder vom Oberrhein in die gallisch-römische Provinz zurück.

Auf die Frage, was denn nach der Niederlage von Mühlhausen oder Schlettstadt mit den swebischen Stämmen geschehen sei, gibt es keine genaue Antwort. Man weiß, daß der geschlagene Heerkönig Ariovist seine Niederlage nicht lange überlebt hat. Ein beträchtlicher Teil der swebischen Gruppen ist damals nach Osten gezogen und schließlich im heutigen Böhmen und Mähren seßhaft geworden. Zuverlässiger sind Berichte, aus denen hervorgeht, daß einige Gruppen am Neckar geblieben sind, auch am unteren Neckar; die sogenannten „nemetischen Neckarsweben". Ein Hauptort dieser Gruppe war das alte keltische Oppidum Ladenburg, das römische Lopodunum. Tatsache ist auch, daß man rund vierzig Jahre nach Ariovists Niederlage Nemeter und Wangionen im Gebiet der heutigen Vorderpfalz und Rheinhessens findet.

Als die Römer unter Kaiser Augustus am Oberrhein eine Militärzone einrichteten und damit das gesamte Rheinufer gegen germanische Eindringlinge absicherten, gehörten die auf der linken Rheinseite verbliebenen oder dorthin zurückgekehrten Nemeter und Wangionen zu den Verbündeten der Römer, den „foederati". Sie hatten unter römischer Oberhoheit den Status eines „Hilfsvolkes", durften im Römergebiet siedeln und mußten im Bedarfsfalle Hilfstruppen zur Verteidigung des römischen Imperiums stellen.

Den gleichen Status wie Nemeter und Wangionen in der Pfalz und in Rheinhessen hatten ihre nahen Verwandten, die Triboker im heutigen Elsaß. Man schließt aus germanisch-tribokischen Fundstücken, die man in Straßburg entdeckt hat, daß die Triboker oder Teile der Triboker am Ende des ersten vorchristlichen Jahrhunderts noch oder wieder im Elsaß gesiedelt haben, also rund siebzig Jahre nach dem großen Aufbruch und nach dem Versuch, über den Oberrhein nach Westen und nach Süden zu gelangen.

Es scheint, daß die swebischen Verbände unter Ariovist den Spuren der Kimbern, Teutonen und Ambronen gefolgt waren. Diese germanischen Stämme befanden sich in der Zeit von 113 – 109 vor Chr. auf einem Wanderzug, der sie von Norddeutschland bis an die untere Rhône führte. Dort in der Provence sind sie dann von den Römern aufgehalten und bei Aix en Provence besiegt worden. Manches deutet daraufhin, daß diese erste große Germanen-Wanderung auch das Gebiet der nachmaligen Pfalz berührt hat. Bei Wollmesheim und am keltischen Oppidum Limburg-Berg hat man Hinweise auf diese Wanderung gefunden. Es könnte sein, daß einige dieser Kimbern, Teutonen oder Ambronen, des Wanderns müde, damals in unserer Heimat geblieben sind.

Wie groß die Zahl der seßhaft Gewordenen gewesen sein könnte, ist ganz und gar unklar. Auch für die Zahl der linksrheinisch verbliebenen Triboker, Nemeter und Wangionen gibt es keinerlei sichere Anhaltspunkte. Alle diese Eindringlinge haben sich nach Meinung von Wilhelm Heinrich Riehl schließlich mit den keltischen Bewohnern und mit den Römern verschmolzen; so sei, wie Riehl meinte, ein Mischvolk entstanden, das römisch sprach. Diese Romanisierung habe in der Zeit des Kaisers Tiberius begonnen.

Ob Riehls Ansicht zutrifft, ist kaum zu entscheiden. Sicher ist allerdings, daß nicht nur keltische Mediomatriker und keltische Treverer neben Nemetern, Wangionen und Römern der verschiedensten Herkunft am Beginn unserer Zeitrechnung in unserer Heimat gelebt haben, sondern auch Menschen, die vor dem Eindringen der Kelten als Urbevölkerung in dem Land zwischen Rhein und Saar eine Heimat gefunden hatten. Und sicher ist auch, daß die Römerzeit mit ihrer Militär- und Zivilverwaltung tiefe geschichtliche Spuren hinterlassen hat.

V.
Die römische Pfalz

In den meisten westeuropäischen Regionen geben uns zahlreiche Ortsnamen einen Hinweis auf die Römerzeit und damit auch auf das Alter von Städten und Dörfern. Die pfälzische Tradition weicht von dieser Regel deutlich ab. Nirgends in unserer Heimat haben wir eine große Stadt, die uns durch ihren Namen sogleich an das halbe Jahrtausend römischer Herrschaft und Anwesenheit erinnerte, wie es bei Mainz, Koblenz, Bonn, Köln oder Aachen der Fall ist. Selbst ehemals erfolgreiche Lateinschüler finden im allgemeinen nur mühsam heraus, daß in den Ortsnamen „Zabern"(Rheinzabern, Bergzabern, Zabern im Elsaß) das römische „Tabern" steckt, das wir als Lehnwort, als „Tafel", ins Deutsche übernommen haben. Wer dächte im übrigen bei der Erwähnung des Ortsnamens „Neupotz" an das lateinische „portus"? Und doch hat dieses südpfälzische Neupotz, nur wenige Kilometer von Rheinzabern entfernt, einst den Römern als „portus", als Hafen, gedient und diesen alten Namen bis in unsere Zeit im Prinzip beibehalten. Am leichtesten erkennbar ist die römische Namenswurzel bei „Altrip". Vor zweitausend Jahren hieß der Ort „alta ripa", zu deutsch „hohes Ufer". Dabei ist es geblieben.

Wie aber steht es mit der ältesten Stadt in der Pfalz, mit Speyer? Schließlich weiß man, daß dieses Speyer ein wichtiger römischer Stützpunkt gewesen ist und in unserer Zeit schon manches im Boden versunkene Geheimnis aus der Zeit der Antike freigegeben hat. „Spira", später „Speier", ist dieser Ort erstmals nach dem Ende der Römerzeit, im 6. Jahrhundert, genannt worden. Wahrscheinlich ist der Name des Speyerbaches, der im Pfälzer Wald entspringt und bei Speyer in den Rhein mündet, älter als der Ortsname. Getäuscht werden wir bei der Suche nach den Urspüngen des Namens allerdings durch das Ypsilon: Speyer. Dieser, im Deutschen so seltene Buchstabe, läßt uns an einen griechischen Namensgeber denken, jedenfalls an einen antiken. Die Lösung des Rätsels findet man tatsächlich in der Antike, freilich auf eine absonderliche Weise. Die Stadt Speyer verdankt das vornehm-altertümliche Ypsilon in ihrem Namen dem Bayernkönig Ludwig I., einem Herrscher, dessen Vorliebe für prunkvolle Bauten und für weibliche Schönheit – Lola Montez – einst den Bürgerprotest provozierten. Des Bayernkönigs Griechenland-Träume haben uns Nachfahren außer einigen tempelähnlichen Bauten in München auch ein Ypsilon in den Namen „Bayern" und „Speyer" beschert. Die Hauptstadt des pfälzischen Regierungsbezirkes in einem von „Baiern" zu „Bayern" verbesserten Königreich sollte nach Ludwigs Meinung fortan auf die simple, althergebrachte Schreibweise „Speier" verzichten.

Wenn der Bayernkönig erreichen wollte, daß sich mit der neuen Schreibweise eine Gedankenverbindung zu der langen, ins Altertum zurückreichenden Geschichte einstelle, dann ist ihm dies in gewissem Sinne gelungen. Kein anderer Platz war in der Römerzeit wichtiger für die Pfalz als dieses Speyer. Anfangs hieß der Ort bei den Römern, der keltischen Tradition folgend, „Noviomagus", später findet man den Namen „Nemetis", Stadt der Nemeter. Insgesamt drei ganz verschiedene Bezeichnungen für diese Stadt – das deutet auf eine bewegte Geschichte hin, die man inzwischen zwar, ähnlich wie die Frühgeschichte der Pfalz, einigermaßen kennt und überschaut, die aber auch für die Römerzeit noch manches Geheimnis verbirgt. Einige Historiker und Archäologen würden wohl am liebsten endlich einmal die ganze alte Stadt Speyer samt dem Domhügel umgraben lassen, um mehr Licht in die frühen Epochen der Stadt und unserer ganzen Region bringen zu können. Man hätte bei einer derartig umfassenden und gründlichen Spurensuche sicherlich Mühe, keine Scherben, keine Denkmale, keine Mauerreste aus der Römerzeit zu finden. Jedenfalls lassen die Erfahrungen dies vermuten, die man in den letzten Jahrzehnten beim Wiederaufbau kriegszerstörter Römerstädte wie Mainz, Köln oder Aachen gemacht hat.

Betrachtet man die Zeitspanne der römischen Anwesenheit, dann besteht guter Grund, noch reichliche, im Boden verborgene Schätze zu erwarten. Immerhin haben sich römische Legionäre und römische Bürger etwa vom Jahre 10 vor Chr. an bis zum Jahre 454 in der Pfalz und in Speyer aufgehalten – fast ein halbes Jahrtausend lang, wenn man unterstellt, daß der römische Einfluß in der Pfalz wohl schon in der Mitte des ersten vorchristlichen Jahrhunderts mit der Eroberung ganz Galliens durch Caesar begonnen hat. Die Römerzeit dauerte in der Pfalz also etwa so lange, wie wir *die* Epoche unserer Geschichte ansetzen, die wir die Neuzeit nennen. Sie beginnt am Ende des Mittelalters mit der Erfindung des Buchdruckes, mit der Entdeckung Amerikas durch Columbus, mit dem Nachweis einer Planetennatur der Erde im Sonnensystem durch Galilei und mit der Reformation Luthers.

Ähnlich einschneidende Veränderungen im Leben und Denken der Menschen wie im 15. und 16. Jahrhundert gab es auch in jener geschichtlichen Epoche, die ihren Namen von der Stadt Rom erhalten hat. Geschriebenes Recht, hoheitliche Verwaltung, bürgerliche Selbstregierung, eine Amtssprache, das sind, um nur einige Beispiele zu nennen, jene Neuerungen, die einst mit den Römern auch in unserem Land zur Tradition geworden sind und sich, wenn auch mit mancherlei Unterbrechungen und zahlreichen Veränderungen, bis auf den heutigen Tag behauptet haben.

Was wir heute das christlich-abendländische Erbe nennen, das ist einst mit den römischen Legionären an den Rhein gekommen. Zunächst und vor allem mit der Eroberung Galliens in das ganze Gebiet links des Rheines, wobei gesagt werden muß, daß das Land am Oberrhein, obwohl näher bei Rom gelegen als die Gebiete am unteren Mittelrhein und am Niederrhein, den Kaiser in Rom und dessen Feldherren weniger interessiert haben als die Regionen am unteren Rhein, die den Weg in die norddeutsche Tiefebene öffneten. Nach Caesars Sieg über die nach Süden und Westen vorgedrungenen swebischen Germanenstämme unter Ariovist drohte dem römischen Imperium in Südwestdeutschland allem Anschein nach für lange Zeit keine Gefahr mehr. Deshalb sicherte man in der Zeit des Kaisers Augustus die Grenze des römischen Weltreiches am Oberrhein nur mit relativ schwachen Kräften. Gebaut wurden in diesem Gebiet unter dem Oberbefehl des Feldherrn Drusus etwa im Jahre 10 vor Chr. zunächst zwei befestigte Lager, zwei Kastelle, eines in Speyer und eines in der Nähe von Rheingönheim. Mit diesen beiden Stützpunkten begann die eigentliche Römerzeit in unserer Heimat.

Der Bau eines Kastells in Speyer lag nahe. Hier hatten allem Anschein nach die Kelten schon seit langem ein Oppidum unterhalten, zu dessen wichtigen Aufgaben es gehörte, den Rheinübergang zu sichern, der bei Speyer durch eine Furt erleichtert wurde. Die gleiche Funktion war auch der römischen Besatzung im Speyerer Kastell zugedacht. Weniger einsichtig als der Bau einer römischen Truppenstation in Speyer ist aus heutiger Sicht der Bau eines befestigten Lagers in der Nähe von Rheingönheim. Diese Standortwahl – es handelt sich um einen flachen Höhenrücken – erscheint jedoch sogleich plausibel, wenn man bedenkt, daß sich in der Nähe einige Tonlager befanden und daß der Rhein vor seiner Regulierung in der Neuzeit immer wieder das Strombett verändert und gewechselt hat. (Das heutige Rheingönheim dürfte im Altertum an einer Stromschleife gelegen haben). Zu bedenken ist außerdem, daß der Neckar, oder doch ein Hauptarm des Neckars, damals weiter südlich in den Rhein mündete als heute, nicht allzuweit von Rheingönheim entfernt. Offenbar hielten die römischen Befehlshaber das Gebiet um Rheingönheim für strategisch besonders wichtig und geeignet zum Schutz des Rhein-Neckar-Gebietes und entschieden sich deshalb für den Bau eines Kastells, das etwa doppelt so viel Truppen aufnehmen konnte wie die Speyerer Anlage.

Die Historiker sind sich dank zahlreicher Bodenfunde und nach der Prüfung mancher schriftlicher Zeugnisse ziemlich sicher, daß die Rheingönheimer Anlage etwa fünf Hektar groß gewesen sein muß. Zu der 1 000 Mann starken Garnison gehörten allem Anschein nach auch Reitereinheiten. Für Speyer nimmt man eine Garnison von rund 500 Mann an. Nach der vermuteten Größe des Kastells schließt man auf Infanterie, da berittene Verbände für ihre Pferdeställe mehr Platz benötigt hätten. Als Baumaterial benützte man im wesentlichen Holz und Erde. Hinter Gräben und Erdwällen lagen Fachwerkbauten, gedeckt mit Ziegeln.

Wie überall, wo die Legionäre ein Kastell bauten, entstand auch bei Rheingönheim ein Lagerdorf, eines der sogenannten Canabae, eine Siedlung für Zivilisten. Bei manchen Ausgrabungen, unter anderen in der Frankfurter Römerstadt, hat man in solchen Lagerdörfern Werkstätten und Werkstattgeräte nachweisen können. Schmiede und Sattler zum Beispiel dürften in solchen Siedlungen gewohnt und gearbeitet haben. Stets führten Armeen bei ihren Eroberungszügen Hilfskräfte in ihrem Tross mit sich, so auch schon in römischer Zeit. Da die Einheiten in Rheingönheim aus der Alpenregion gekommen waren, wie man an Hand von Funden annehmen darf, werden auch die Hilfskräfte, die Handwerker mit ihrem Anhang im Lagerdorf aus der Alpenregion in die Pfalz gekommen sein.

Das Lagerdorf von Rheingönheim endete mit dem Kastell. Dessen Aufgabe bei der Grenzsicherung war erledigt, als sich die römischen Herrschaftsgebiete über den Rhein hinweg bis an die obere und mittlere Donau ausdehnten und der große Grenzwall, der Limes, von nun an das neue Zehntland vor Einfällen der germanischen Nachbarn schützte. Sieben oder acht Jahrzehnte lang dürfte die Garnison im Rheingönheimer Kastell verblieben sein. Die Archäologen konnten die alte Anlage auf Grund zahlreicher Funde recht gut rekonstruieren. Vom Lagerdorf dagegen, das mit dem Ende der Truppenstationierung seine Aufgabe verlor, gibt es nur schwache Spuren.

Ganz anders verlief die Entwicklung in Speyer. Als die militärische Aufgabe des Kastells erledigt war, nutzte man die alten Anlagen am Rhein für den Aufbau einer zivilen Siedlung. So wurde das Kastell zum Kern der römischen Stadt. Mit der Entwicklung einer zivilen Verwaltung (anstelle der bis dahin dem jeweiligen Garnisonskommandanten unterstehenden Militärverwaltung) begann für das römische Speyer und für die Pfalz eine Blütezeit. Sie hat fast zweihundert Jahre lang gedauert. Ihr Anfang und ihr Ende wird von zwei Daten markiert, vom Ende der Rheingrenze im Jahre 74 n. Chr. und vom Eindringen alemannischer Krieger im Jahre 260 n. Chr. Zu jener Zeit zerstörten die alemannischen Verbände erhebliche Teile des Limes. Der Rhein, schon lange nicht mehr durch Garnisonen gesichert, bot ihnen kein Hindernis. So gelangten die Alemannen rasch in die Pfalz und verwüsteten beträchtliche Teile der blühenden römischen Teilprovinz. Damals hat die lange Reihe der historisch belegten Pfalz-Verwüstungen begonnen. Das plötzliche Eindringen der „Barbaren", wie die Römer einst die germanischen Krieger nannten, muß bei den Bewohnern einen Schock verursacht haben. Krieg, Raub, Brandschatzung, Verwüstung – all das war den keltisch-germanisch-römischen Bewohnern seit der zweiten Hälfte des ersten Jahrhunderts, also fast zweihundert Jahre lang erspart geblieben. Man kannte dieses Übel wohl nur noch vom Hörensagen. Fast sechs Generationen hatten in einer Friedensepoche gelebt. Vergleicht man diese Zeit mit der Neuzeit, in der wir leben, dann ist es so, als hätte bei uns seit den napoleonischen Kriegen nur noch Friede geherrscht. Kein Zweifel, daß in einer so lang andauernden Friedensperiode das Land aufblühte und sich der Hauptort der römischen Verwaltung, das alte Noviomagus, zu einer ansehnlichen, wenn auch im Vergleich zu einigen anderen Römerstädten wie Trier und Köln nicht besonders großen Stadt entwickelte.

Die Einrichtung einer zivilen Verwaltung hob Noviomagus-Speyer in den Rang einer Gau- oder Bezirkshauptstadt in der 83 n. Chr. neugeschaffenen Provinz Obergermanien, Germania Superior. Niedergermanien – Germania-Inferior – wurde von Köln aus regiert, der für Obergermanien zuständige Dux residierte in Mainz.

Bis Mitte der achtziger Jahre des ersten Jahrhunderts gehörte die ganze Pfalz zur Provinz Gallia Belgica, zu Belgisch-Gallien, einer Provinz mit der Hauptstadt Reims, die nicht nur das heutige Belgien umfaßte, sondern auch große Teile Nord- und Ostfrankreichs sowie die linksrheinischen deutschen Gebiete. Ein Teil der südwestlichen und westlichen Pfalz blieb bei der Provinz Gallia Belgica, nämlich das Gebiet der Mediomatriker. Der Bezirk oder Gau, dessen Hauptort Noviomagus-Speyer war, hieß Civitas Nemetum. Diese römische Civitas begann im Norden an der Isenach und reichte im Pfälzer Wald bis an die mittelalterliche Grenze des Bistums Speyer. Jenseits der Isenach befand sich der Bezirk oder Gau der Wangionen, die Civitas Vangionum mit dem Hauptort Borbitomagus-Worms. Die vierte Civitas, im Nordwesten der Pfalz, gehörte zum Gebiet der Treverer. Ihr genauer Name ist ebensowenig bekannt wie ihr Hauptort. Vielleicht, so meinen manche Historiker, müsse man in Eisenberg diesen Hauptort vermuten. Auch über den Hauptort des mediomatrischen Bezirkes existieren keine verläßlichen Hinweise, obwohl allgemein angenommen wird, daß Metz der Mittelpunkt und Verwaltungssitz dieser Civitas gewesen sei. Da man im saarländischen Schwarzenacker eine Römersiedlung entdeckt hat, nach baulicher Anordnung und Ausdehnung mit dem alten Speyer vergleichbar, könnte das Zentrum dieses Bezirkes der Provinz Gallia Belgica auch unweit der heutigen pfälzisch-saarländischen Grenze gelegen haben.

Ziemlich sicher ist indes, daß die römische Bezirkseinteilung alles andere als willkürlich gewählt war, sondern auf die alten keltischen oder keltisch-germanischen Stammesgebiete Rücksicht nahm. Die Civitas Nemetum in der Vorderpfalz entsprach so dem Gebiet der Nemeter, die Civitas Mediomatricorum umfaßte den alten Herrschaftsbereich der keltischen Mediomatriker und die Siedlungen der Wangionen gehörten nun zur Civitas Vangionum. Diese Bezirkseinteilung der Römer hat die römische Zeit lange überdauert. Aus den civitates der Römer wurden in fränkischer Zeit die Gaue: der Speyergau, der Bliesgau, der Wormsgau, der Nahegau. „Gau", das bedeutete so viel wie „Land" oder „Landschaft", auch „Gegend". Gemeint war eine in sich geschlossene Landschaft, auch ein nach Stämmen abgegrenzter Bezirk.

Auf den ersten Blick verwundert es, daß die Römer bei ihrer Verwaltungsabgrenzung so stark die keltisch-germanischen Traditionen berücksichtigt haben. Sucht man nach Erklärungen dafür, so stellt man fest, daß in den nordgallisch-belgischen und in den germanischen Gebieten nur wenige italische Bürger sich dauerhaft niedergelassen und „Kolonien" gebildet haben. Die italisch-römische Präsenz beschränkte sich auf die Verwaltungskräfte, auf das Militär mit seinem Gefolge und auf eine relativ geringe Anzahl italischer Zuwanderer, die sich unter anderem als Händler, Kaufleute und Gutsbesitzer in den nördlichen Provinzen niedergelassen hatten. An der ursprünglichen Siedlungsstruktur werden diese Zuwanderer nicht viel geändert haben. So blieb es bei den althergebrachten Bezirken.

Wie dauerhaft solche Einteilungen sein können, hat man vor einiger Zeit in Frankreich erfahren, als man bei der Regionalreform den alten, von den Zentralisten der französischen Revolution einst beseitigten oder vernachlässigten Provinzgrenzen wieder Geltung verschaffen wollte, um die Gewichte im Land besser zu verteilen. Man fand rasch heraus, daß diese wiederentdeckten Provinzgrenzen aus römischer Zeit stammen und sich später meist mit den Bistumsgrenzen gedeckt haben. Aber es zeigte sich auch, daß man in Teilen des Landes damit den Stammesbezirken der alten Gallier oder Kelten nahe gekommen war, Abgrenzungen, die einst von den Römern in diesem Teil ihres

Imperiums ebenso respektiert worden waren wie in Ober- und in Niedergermanien.

So einfach wie in Frankreich ist die Freilegung alter Traditionslinien und Gebietsabgrenzungen in der Pfalz allerdings nicht. Betrachtet man die Regionalgeschichte unter dem Gesichtspunkt der heutigen Grenzen der Pfalz, die mit Ausnahme der beiden saarländischen Kreise Homburg und St. Ingbert im wesentlichen dem Zustand entsprechen, der am Ende der Napoleonischen Aera geschaffen wurde, so erweist sich, daß aus der römischen Zeit nur die Civitas Nemetum, der alte Speyergau der Franken, dem pfälzischen Bezirk in vollem Umfang angehört. Daß die Pfalz bis heute keinen eigentlichen Hauptort besitzt, mag mit der einstigen Zugehörigkeit zu vier verschiedenen römischen Civitates und fränkischen Gauen zusammenhängen. Immerhin hat der Hauptort der nemetischen Civitas, die Stadt Speyer, als Sitz des katholischen Bischofs und der protestantischen Landeskirche auch nach dem Verlust der Bezirksverwaltung eine besondere Stellung in der Pfalz behaupten können.

Die Geschichte Speyers in römischer Zeit ist beispielhaft für die Entwicklungen und Ereignisse in großen Teilen der Pfalz. Die ganze Region, soviel weiß man von der Regierungs- und Verwaltungspraxis in den römischen Provinzen, hat für den Aufbau und den Ausbau des Hauptortes in der Civitas bezahlen müssen. Das unter Drusus erbaute Kastell, der Kern der späteren Römerstadt, wurde im Jahre 43 n. Ch. unter Kaiser Claudius erweitert, jenem Claudius, den Robert von Ranke-Graves in seinem historischen Roman „Ich, Claudius, Kaiser und Gott" populär gemacht hat. Nach dem Vorstoß der Römer über den Rhein ließ sich die Speyerer Garnison fürs erste in Hockenheim, auf der rechten Seite des Stromes, nieder. Das geschah im Jahre 74 n. Chr. Einige Jahre später erhielten Noviomagus und die Region dann einen zivilen Status.

Die Bezirks-Verwaltung bestand aus einem Rat, dem „Decuriat", dessen Mitglieder „Decurionen" hießen. Aus dem Rat wählte man jeweils zwei Spitzen, die „duumviri", also eine Doppelrepräsentanz wie es der römischen Tradition mit den jeweils zwei Konsuln entsprach. Der jährliche Wechsel an der Verwaltungsspitze bedeutete eine frühe Form der Ämter-Rotation. In einer Darstellung der Geschichte von Speyer meint Helmut Bernhard, daß der römische Verwaltungsbezirk in den 260 Jahren, in denen dieses Rotationsprinzip wirksam gewesen ist, 520 Decurionen im Amte der Duumvirn, der „Zweierherrschaft", gesehen habe.

Wer ein öffentliches Verwaltungsamt erstrebte, der mußte ein Mindestvermögen nachweisen. Alle fünf Jahre fand diese „Schätzung" der Vermögen statt, die uns auch von den Evangelisten im römischen Palästina überliefert ist. Man erstellte so die Grundlagen für die Besteuerung und gewann durch die Zählung zugleich einen genauen Überblick über die Bevölkerungsentwicklung. In den Rat gelangten die Bewerber über die wichtigen Ämter des Quästors, der die Finanzen verwaltete und des Aedilen, der die Polizeigewalt ausübte und für die öffentliche Ordnung und für die Gerichtsbarkeit zuständig war. Die Quästur und die Aedilitas wurden, wie auch die Verwaltungsspitze, doppelt besetzt. Einer Alleingeschäftsführung mißtrauten die Römer.

Der Status der italischen Bewohner, die das Bürgerrecht besaßen, unterschied sich rechtlich von dem Status der Einheimischen und der anderen Nicht-Römer. Die sogenannten Peregrinen, die unter Fremdenrecht stehenden Bewohner, mußten Vermögenssteuer und eine Kopfsteuer bezahlen, die Landbesitzer entrichteten eine Grundsteuer. (Auch der römische Finanzprokurator, der seinen Sitz in Trier hatte, war an den Steuereinnahmen der Civitas beteiligt). Die Verwaltung amtierte in der Basilika des Marktforums. Dort wurde von den Duumvirn auch Recht gesprochen.

An der Spitze der Verwaltung zu stehen gereichte jedem römischen Bürger nicht nur zur Ehre, sondern wurde dem Duumvirn auch im eigentlichen Sinne des Wortes teuer. Er mußte nämlich als Stifter auftreten und öffentliche Bauten und Einrichtungen finanzieren. Üblich war in der Blütezeit des römischen Imperiums die Errichtung eines Tempels, eines Tores oder ähnliches. So legte man Ehre ein, „Honos", ein Vorgang, der über die Zeiten hinweg in dem Wort „Honoratioren" oder „Honoratioren-Parlament" sprachlich überliefert ist, auch wenn man heute kaum mehr weiß, daß die Vergabe von Titeln wie „Kommerzienrat" – zuweilen auch Adelsprädikaten (man denke an den „Edlen" in der Donaumonarchie) – in der Zeit der Monarchie hierzulande oft von der Finanzierung wohltätiger Werke abhängig war.

Die Bewohner einer von den Römern eroberten Region galten ebenso wie die Angehörigen angesiedelter, verbündeter Stämme und Völker, der Foederaten, als freigeborene Ausländer. Zu ihren Pflichten gehörte gegebenenfalls der Kriegsdienst bei den sogenannten Hilfstruppen, also nicht in den römischen Legionen. Der militärische Dienst in den Hilfsverbänden eröffnete dem Peregrinen, dem nichtrömischen Einwohner, den Weg zum Bürgerrecht. Allerdings bedurfte es dazu einer gewissen Ausdauer, denn erst nach 25-jährigem Militärdienst erhielt man einen Bürgerbrief. Diese wichtige Urkunde bestätigte ein vererbliches Recht. Daß sich diese Art der Einbürgerung bis in die moderne Staatenwelt (man denke an die preußische Tradition) fortgesetzt hat, soll hier nicht unerwähnt bleiben: die Amerikaner erleichtern die Einbürgerung in Kriegszeiten durch den Militärdienst, zu dem im Ausnahmefall, wie bei den alten Römern, nicht nur die Bürger sondern die Einwohner verpflichtet werden; in Frankreich führt ein möglicher Weg zur Staatsbürgerschaft über die Fremdenlegion.

Ein wichtiges Überbleibsel aus alter Zeit sind die Römerstraßen. Noch heute folgen manche Hauptverbindungslinien den Wegen aus römischer Zeit. Wieviel große Römerstraßen durch die Pfalz geführt haben, ist unklar. Zwei kennt man in ihrem Verlauf ziemlich genau: die Straße am linken Ufer des Rheines, die von Basel über Straßburg, Speyer und Worms in die Hauptstadt der Provinz Obergermanien, nach Mainz, führte und die Ost-West-Verbindung von Worms über Eisenberg, Kaiserslautern nach Metz und weiter ins Herzland der Gallier. Diese Straße vereinigte sich in der Westpfalz mit der Straße Mainz-Metz. Die dritte große Römerstraße, die unter anderem Friedrich Sprater entlang dem Gebirge als eine Art römischer Weinstraße am Haardtrand vermutet hat, konnte bisher nicht eindeutig nachgewiesen werden. Sprater stützte seine Vermutung auf die beiläufige Erwähnung in einem römischen Reisehandbuch des beginnenden dritten Jahrhunderts, wo von einer „Straße am Fluß und am Gebirge" die Rede ist. Hat es diese Römerstraße gegeben, so muß sie von Straßburg (Argentarato) über Brumath (Brocomogo), Weißenburg (Concordia) durch die Pfalz nach Bingen (Vingio) geführt haben.

Das am besten erhaltene Teil der römischen Rheinuferstraße fand man im Bienwald zwischen Neuburg am Rhein und Jockgrim. Der Straßendamm ist zwischen drei und dreieinhalb Meter breit, die Sohle mißt sechs Meter. Erde und Kies waren etwa einen halben Meter hoch aufgeschüttet. Da dieser Straßenzug mancherlei Krümmungen aufweist, hat Sprater vermutet, daß man dort, wo es möglich war, beim Bauen dieser Straße den Wegen gefolgt ist, die schon in vorrömischer Zeit benutzt wurden. Die Bäche hat man an einigen Stellen an Furten durchquert, doch gibt es auch Hinweise auf Brücken. Neben dem Straßendamm entdeckt man ziemlich flache, manchmal kaum erkennbare Gräben; möglicherweise sind sie entstanden, als man Material zum Bau der Straße benötigte. Spuren dieser Straße fanden sich außerhalb des Bienwaldes noch an mehreren Orten, so bei Lingenfeld, Speyer, Limburgerhof, Mutterstadt und Oggersheim.

Zu den Hinweisen, die uns den ungefähren Verlauf dieser Rheinuferstraße zeigen, gehören auch mehrere römischen Meilensteine. Einer dieser Steine wurde im Bienwald entdeckt: eine runde Säule von 33 Zentimeter Höhe auf einem viereckigen Sockel. Der ganze Stein ist 1,77 Meter hoch. Die angegebene Entfernung nach Speyer sind 13 gallische Meilen, 13 Leugen. Eine Leuge entsprach 2,25 Kilometer. Meilensteine, deren Reste in Altrip geborgen wurden, geben ebenfalls die Entfernung nach Speyer an. Alle diese Steine sind in der späteren Kaiserzeit gesetzt worden. Die Verwendung der gallischen Meile ist für den Anfang der Römerzeit noch nicht bekannt. Auf den ältesten in der Provinz Obergermanien üblichen Meilensteinen war die Entfernung in römischen Meilen angegeben. Diese römische „milia", die Meile, entsprach tausend Doppelschritten der Soldaten und maß rund 1,5 Kilometer.

Da man überall in der Region Siedlungsreste aus römischer Zeit nachgewiesen hat, muß es außer den wenigen großen Verbindungsstraßen auch zahlreiche lokale Straßen oder Wege gegeben haben. Diese Lokalstraßen waren sicherlich weit weniger ausgebaut als die Rheinuferstraße oder die Ost-West-Straße vom Rhein nach Gallien. Ein Straßen- und Wegbau mit Pflastersteinen, wie man ihn aus Italien kennt, war anscheinend in unserem Gebiet nicht üblich. Von den verwendeten Steinbrocken, dem Kies und Lehm sind oftmals nur kaum erkennbare Spuren übrig geblieben.

Eine feste Brücke über den Rhein hat es in der Pfalz nicht gegeben. Die Römer galten zwar als Meister im Brückenbau, sie hinterließen in manchen ihrer Provinzen, zum Beispiel in den Alpen, eindrucksvolle Beispiele, aber der Oberrhein lud nicht zum Brückenschlag ein. Der Strom war zu unberechenbar. Deshalb überquerte man ihn meist mit Fähren und Schiffen.

Zum Gütertransport auf dem Lande benutzte man Ochsengespanne. Einer der üblichen Wagentypen ließ sich mit 200 bis 400 Kilogramm Fracht beladen, das größte Wagengespann, Angaria genannt, transportierte bis zu 750 Kilogramm Nutzlast. Zum Schnellverkehr eigneten sich die Ochsenwagen nicht. Ein Gespann schaffte in der Stunde durchschnittlich etwas mehr als eine römische Meile, rund 1,6 Kilometer. Pferdegespanne, die rascher vorankommen als Ochsengespanne, sind erst seit dem 10. Jahrhundert üblich.

Wo immer es möglich war, benützten die Römer statt der Straßen einen Wasserweg. Nicht nur der Rhein und andere große Flüsse trugen Transportschiffe, sondern auch kleinere Flüsse, ja sogar Bäche. So weiß man, daß in der Pfalz die Isenach, der Speyerbach und die Queich dem Gütertransport dienten. Möglicherweise wurden diese Bäche an geeigneten Stellen aufgestaut oder kanalisiert. Der Kanal, der von Geinsheim-Hanhofen nach Speyer führt, könnte von den Römern erbaut worden sein. Die Transportleistung war im übrigen überraschend groß; man vermutet, daß die Kähne, die man auf den kleinen Nebenflüssen des Rheines benützte, bis zu zwei oder drei Tonnen getragen haben, etwa dreimal soviel wie einer der großen Ochsenwagen.

Die großen Flußschiffe, von denen man in Nordwestdeutschland Reste ausgegraben hat, konnte man mit etwa 30 Tonnen Fracht beladen. Im allgemeinen wurde getreidelt: Tiere oder Menschen zogen einen Kahn auf dem Leinpfad flußaufwärts. Auf dem Rhein haben die Römer übrigens auch gesegelt, wenn es die Umstände ermöglichten.

Die wichtigste Schiffsfracht dürften Nahrungsmittel wie Getreide und Öl, auch Wein, gewesen sein. Holz wurde geflößt. In den pfälzischen Rheinhäfen verlud man außerdem in beträchtlichem Umfang Baumaterialien, die in den Militärlagern und Städten rheinabwärts benötigt wurden. Die Steinbrüche in der Dürkheimer und Kallstadter Gegend lieferten unter anderem für Bauten in Mainz große Steine; die Isenach diente als Transportweg. Betreiber der Steinbrüche waren die in Mainz stationierten Legionen. Am Kriemhildenstuhl müssen, so hat man entdeckt, in der römischen Zeit etwa 10 bis 12 000 Kubikmeter Bausteine gebrochen worden sein. Das ist auf den ersten Blick eine erstaunliche Menge, aber die Römer verbrauchten für manche ihrer Bauten auch große Mengen von Natursteinen. So läßt sich nachweisen, daß allein für den Bau des großen Amphitheaters in Xanten am Niederrhein über 20 000 Kubikmeter Naturstein benötigt worden sind. Manch spätere Generation hat von dem Stein-Reichtum der Römer profitiert: man bediente sich der Ruinen aus der Römerzeit als Steinbruch, auch für den Kirchenbau.

Römische Legionäre nutzten nicht nur die Steinbrüche in der Pfalz sondern in großem Umfang auch die Tonlager, vor allem die verkehrsgünstig, ganz in der Nähe des Rheines gelegenen Lager bei Jockgrim/Rheinzabern am nördlichen Rande des Bienwaldes. Die Tradition des Ziegelbrennens ist an diesem Ort uralt. Das Holz, das man als Brennmaterial benötigte, lieferte der nahe Bienwald den Römern. Der Bedarf – neben Backsteinen vor allem Dachziegel – war in den römischen Kastellen und Siedlungen beträchtlich. Das Verladen der Rheinschiffe machte keine besondere Mühe. Noch heute kann man von

Terra-Sigillata-Gefäße aus Rheinzabern

Sigillata-Brennofen während der Ausgrabung in Rheinzabern (Fotos: R. Trauth)

der Bundesstraße 9 aus erkennen, wo sich einst die westliche Uferböschung des Stromes befunden haben muß – nicht allzuweit entfernt von den Tongruben.

Neben den Militär-Ziegeleien, deren Existenz auch durch Ofenfunde bei Ausgrabungen belegt ist, florierte bei Rheinzabern/Jockgrim in bemerkenswerter Weise die Geschirr-Produktion. Die Manufakturen von Rheinzabern stellten hauptsächlich Tafelgeschirr her, das man unter dem Namen „Terra Sigillata" kennt, eine rotglänzende Ware. Die Teller, Tassen, Näpfe, auch die verzierten Gefäße aus den verschiedenen Werkstätten der römischen Siedlungen müssen sehr begehrt gewesen sein. Da es üblich war, die Produkte einer Werkstatt zu kennzeichnen, weiß man, daß das gute Geschirr aus der Pfalz in großen Teilen des römischen Imperiums verbreitet war. Die Fundstätten reichen vom römischen Britannien bis in die Schwarzmeer-Provinzen. Selbst im freien Germanien, in Skandinavien und in der Weichselgegend hatte das feine Geschirr aus Rheinzabern seine Abnehmer. Es wird angenommen, daß die römischen Kaufleute dieses Exportgut einst gegen Eisenwaren eingetauscht haben, die man aus den germanisch-skandinavischen Gebieten importierte.

Manche Kenntnis über die alten Ziegeleien und über die Geschirr-Produktion verdanken wir den Grabungen, die der Jockgrimer Unternehmer Dr. Ludowici einst begonnen hat. Der Direktor des Historischen Museums der Pfalz in Speyer, Dr. Otto Roller, erhofft sich von Grabungen bei Rheinzabern weitere Aufschlüsse, auch über die Wohnanlagen der römischen Handwerker und Kaufleute.

Ebenso wie Rheinzabern hatte auch Eisenberg in römischer Zeit einen Ruf als industrielles Zentrum, der weit über die Pfalz hinausreichte. Die Schlakkenhalden in Eisenberg und Umgebung haben der Forschung den Weg zur Aufdeckung der alten Produktionsstätten gewiesen. Man verhüttete einst in beträchtlichem Umfang die eisenhaltigen Erze des unteren Buntsandsteins. Das geschah in ziemlich kleinen Schmelzöfen, die man im Historischen Museum in Speyer betrachten kann, mit Hilfe von Holzkohle und der Luft- bzw. Sauerstoffzuführung durch Blasebälge. Temperaturen von 1 300 bis 1 400 Grad Celsius dürften die Obergrenze des Erreichbaren gewesen sein. Hatten die Kelten, die in Eisenberg ebenfalls ihre Hüttenbetriebe unterhielten, die anfallenden Eisenstücke zur weiteren Bearbeitung und zum Versand in Barren zusammengeschmolzen, so stellten die Römer an Ort und Stelle auch Hämmer, Ambosse und halbfertige, von Schmiedewerkstätten noch weiter zu bearbeitende Eisenteile her, Nageleisen zum Beispiel.

Geschützt wurden die Eisenberger Produktionsstätten und die Straße Worms-Metz unter anderem durch einen sogenannten Burgus, eine kleine Befestigung. Diese Burgi dienten neben den großen Befestigungen, den Kastellen, in den eroberten Gebieten als Zufluchtstätten in Kriegszeiten. Das rechteckige oder quadratische Bauwerk, im Innern mit einem Lichtschacht versehen, war mehrere Stockwerke hoch. Es diente der Rundumverteidigung. Der Eingang, den man mit einer Leiter erreichte, lag im allgemeinen im ersten Stock. In den einzelnen Etagen befanden sich Schießscharten.

Möglicherweise haben die Römer in Eisenberg auch kupferhaltiges Erz (Malachit) verarbeitet, das in der Umgebung von Göllheim gefördert wurde. Außer dem Tagebau war dort auch ein Abbau in Schächten üblich. Nachgewiesen sind zwölf Schächte, bis zu 26 Meter tief.

Der Bergbau, so wichtig er gewesen sein mag, ließ sich in seiner Bedeutung sicherlich nicht mit dem wichtigsten Wirtschaftsfaktor, der Landwirtschaft, vergleichen, die schon bei der Ankunft der Römer gut entwickelt war. Die ertragreichen Böden in großen Teilen der Pfalz veranlaßten die Römer zum Bau vieler Gutshöfe. Man findet sie an der Haardt, wie Helmut Bernhard nachgewiesen hat, im allgemeinen in der Nähe von Gewässern und an Hängen mit Südauslage, an sonnigen Plätzen also. Als Durchschnittsgröße nimmt man für einen Gutshof 150 Hektar Bodenfläche an. Üblich war die Dreifelderwirtschaft, bei der jeweils ein Drittel des Bodens in jedem Jahr brach liegt. Der Anbau von Getreide herrschte im allgemeinen vor, doch darf man auch den Umfang an Viehwirtschaft nicht unterschätzen. Es ist im übrigen ziemlich wahrscheinlich, daß die in Gallien übliche Schweinezucht als Grundlage der Herstellung von Schinken und Würsten zu römischer Zeit auch in der Pfalz florierte. Die berühmte Hausmacher Wurst der Pfalz – ein gallisch-römisches Erbe? Sollten die alten Rezepte und Erfahrungen all die widrigen Zeiten und die großen Veränderungen überdauert haben? Man weiß es nicht genau, darf es aber vermuten.

Anders als bei den Würsten ist die ungebrochene Traditionslinie bei einer anderen Besonderheit der Pfalz, beim Wein, nicht im mindesten fraglich. Die Römer begannen in der Pfalz, auch in der Umgebung von Speyer, mit dem Weinbau, importierten allerdings auch Wein aus Südfrankreich und Spanien. Als Beweis für die Einführung des Weinbaus in der Pfalz dienen unter anderem einige Winzermesser, die bei Ausgrabungen geborgen wurden. Das eine, die heute noch bekannte, kleine, sichelförmige „Sesel" kam aus Italien, ein stärkeres, ebenfalls in der Pfalz entdecktes Winzermesser war in Griechenland und in Südfrankreich üblich.

Man liebte schon zu römischer Zeit in der Pfalz nicht nur den Wein, sondern verehrte auch Bacchus, den Gott des Weines, wie man von mehreren Reliefs weiß, die Bacchus zeigen. Fundorte dieser Reliefs sind Kerzenheim, Hambach und Arzheim.

Die eigentliche Sensation bei der Fahndung nach frühen Zeichen des Weinbaues lieferten vor mehr als hundert Jahren, im Jahre 1867, zwei Steinsärge, die man bei der Rodung eines alten Weinberges bei Speyer entdeckte. Insgesamt fand man damals in den Särgen 13 Glasgefäße, zwölf von ihnen waren leer, im dreizehnten Gefäß aber befand sich noch der Inhalt. Die Chemiker wiesen nach, daß in die Flasche einst ein mit Honig gesüßter Wein eingefüllt worden sein muß. Man hatte diesen Wein mit Olivenöl abgedeckt und die Flasche mit Wachs verschlossen. Als Zeit der Abfüllung wird die Mitte des dritten Jahrhunderts vermutet.

Schon im Jahre 1838 war bei Großkarlbach in einem Steinsarg eine Glasflasche gefunden worden, die Wein aus der Römerzeit enthalten haben dürfte.

Leider läßt sich darüber nichts Genaues mehr feststellen: die Finder, von Neugierde überwältigt, tranken den Inhalt sogleich aus.

Zur Aufbewahrung des Weines benützte man meist große, schlanke, zweihenkelige Tongefäße, die sogenannten Amphoren oder die bauchigen Dolien. Da diese porösen Gefäße einen Teil der Flüssigkeit verdunsten ließen, dickte der so aufbewahrte Wein ein. Man verdünnte ihn deshalb vor dem Trinken mit Wasser.

In Gallien wie in Germanien hatte man – anders als in Italien – auch schon Holzfässer im Gebrauch, in denen der Wein transportiert wurde. Reste von solchen Fässern fand man in fünf Ziehbrunnen der Lagersiedlung beim Kastell Rheingönheim. Die Fässer dienten der Brunnenverschalung. Das Grundwasser konservierte das Holz so gut, daß man unter anderem eine Faßgröße von 2,10 Meter Höhe und 1,10 Meter Durchmesser nachweisen konnte.

Ist das Kastell Rheingönheim kennzeichnend für die Anfänge einer römischen Besatzung in der Pfalz, so kann Altrip den Ruhm für sich beanspruchen, diejenige römische Befestigungsanlage in unserer Heimat zu sein, über die wir Hinweise in den Schriften des Altertums finden. Zu den Dokumenten, die Altrip betreffen, gehört vor allem die Lob- und Festrede des Symmachus vom 1. Januar des Jahres 310 n. Chr. In seiner literarisch-politischen Chronik des Jahres 369 n. Chr. würdigte Symmachus in Trier den Kaiser Valentinian I., der sich um die Abwehr der alemannischen Bedrohung verdient gemacht hatte, als er den Ausbau der Festung Altrip veranlaßte und leitete. Auf feindlichem Gebiet sei dies geschehen, hebt Symmachus hervor.

Die auf den ersten Blick überraschende Behauptung des Symmachus regte die Archäologen schon vor Jahrzehnten rund um Altrip zu gründlichen Forschungsarbeiten an. Auf Grund der Grabungsergebnisse wird vermutet, daß der Stützpunkt Altrip aus insgesamt drei Kastellen bestand, nämlich zwei befestigten Anlagen auf dem rechten Ufer des Rheines, die eine nördlich, die andere südlich der damaligen Neckarmündung und einem linksrheinischen Kastell als einer Art Mittelpunkt der dörflichen Siedlung.

Das Besondere waren also die beiden rechtsrheinischen Anlagen. Für sie benötigte man gegen das Neckarhochwasser besondere Schutzbauten, vor allem Mauern. Die Steine dafür holte man nicht aus den Steinbrüchen an der Haardt sondern aus Ladenburg, das zu jener Zeit schon zerstört war und nur noch aus einem Ruinenfeld bestand. Verwirrend ist aus heutiger Sicht der Umstand, daß sich die Neckarmündung inzwischen weiter nördlich befindet und daß der Rhein schon vor der großen, künstlichen Korrektur in den vergangenen 1 500 Jahren wiederholt sein Strombett geändert hat, so daß man sich die im Altertum vorhandenen Rheinschleifen kaum noch vorstellen kann.

Über einen anderen wichtigen Platz an einem Rheinübergang, über Germersheim, wissen die Historiker bisher nur wenig. Man kennt den Namen dieser römischen Siedlung als „Vicus Julius", als „Dorf des Julius", und besitzt aus der Literatur Hinweise auf eine Garnison, die vermutlich in einem

Beinschiene mit Darstellung des Mars, von einer römischen Prunkrüstung (Bestand und Foto: Historisches Museum der Pfalz, Speyer)

46

spätrömischen Kastell stationiert war. Hauptzweck dürfte die Sicherung des Rheinüberganges gewesen sein.

Andere bedeutsame römische Niederlassungen wie die Heidelsburg bei Waldfischbach über dem Tal des Schwarzbaches werden auf Grund von Münz- und Gerätefunden ebenfalls als spätrömische, aus dem Anfang des vierten Jahrhunderts stammende Anlagen datiert. Das Besondere an den Funden bei der Heidelsburg, die schon in vorrömischer Zeit als Zufluchtsort geschätzt war, sind die dort und in der Umgebung entdeckten Hinweise auf eine Domänenverwaltung. Zwei Grabdenkmäler von Ehepaaren, die man auf der Heidelsburg fand, zeigen Männer, die eine Axt in der Hand halten. Da in einer Inschrift ein „Saltuari" genannt ist, schloß Friedrich Sprater daraus, daß hier der „Saltuarius", der kaiserliche Forstverwalter, seinen Sitz gehabt haben könnte, die Heidelsburg also eine Art römisches Forstamt gewesen sein muß.

Im Bergland der Nordpfalz und im Pfälzer Wald entdeckte man neben der Heidelsburg noch einige andere Befestigungen aus der späteren Römerzeit, die allesamt nach dem Alemanneneinfall in der zweiten Hälfte des dritten Jahrhunderts entstanden sind, etwa die Heidenburgen bei Kreimbach und bei Oberstaufenbach, der Maimont bei Schönau im Wasgau und der Große Berg bei Kindsbach. Auch der Drachenfels bei Bad Dürkheim ist in der Spätphase der römischen Herrschaft ausgebaut worden, vermutlich wie ähnliche Anlagen, die man im linksrheinischen Gebiet bis nach Belgien hinein nachgewiesen hat, auf kaiserlichen Befehl.

Über die römische Besiedlung im Süden und Westen des Kreises Kusel besitzt man schon seit dem Ende des letzten Jahrhunderts einige wichtige Hinweise. In den „Blättern für die Geschichte des Glan- und Lautertales", Jahrgang 1894/95, erschien ein „Fundbericht Berschweiler", datiert vom Juni 1894. Ein Landwirt namens Kohl berichtete, daß noch zu Lebzeiten seines Vaters ein Acker gerodet werden mußte, weil Mauersteine und Fundamente das Wachstum behinderten. Dabei habe man in Gegenwart eines in Geschichtsfragen sachverständigen Bürgers aus Offenbach eine steinerne Treppe freigelegt, die zu einem viereckigen Gemach führte, „Es ergaben sich dabei", heißt es in dem Fundbericht, „mehrere große Ziegel mit den Stempeln der legio XII, Bruchstücke von Säulen, sowie tönerne Röhren, welche letztere von einem Heizapparat herrührten, und eine Anzahl römischer Münzen, darunter solche von Constaninus".

In den alten Ortschroniken sind immer wieder solche lokalen Fundberichte aus der Römerzeit zitiert und noch immer werden irgendwo Münzen aus römischer Zeit, Scherben aus den Manufakturen von Rheinzabern oder Mauerreste eines Gutshofes entdeckt, dessen Eigentümer ein römischer Bürger gewesen sein dürfte. Da liegt die Frage nahe, wieviele Menschen damals in den einzelnen Regionen unserer Heimat gelebt haben.

Eine genaue Antwort zu geben ist schwierig, ja sogar unmöglich. Man bleibt auf Schätzungen angewiesen, die allesamt ziemlich gewagt erscheinen. Wenn in mancher Heimatgeschichte geschrieben steht, die Pfalz sei damals stark besiedelt gewesen, so hilft uns das nicht weiter. Man müßte zum Beispiel wissen, wieviel Gutshöfe in der römischen Pfalz bewirtschaftet worden sind. In der „Civitas Nemetum“, also in der Vorderpfalz, werden rund 1 000 dieser Gutshöfe vermutet. Das ist, zugegeben, ziemlich vage und läßt sich nur an Hand der bisherigen Fundstellen ungefähr ermitteln. Die römische Siedlung in Speyer, die nur relativ kurze Zeit eine „Colonia“ mit eigenem städtischem Recht war wie Köln oder Mainz, verfügte auch in den Blütezeiten nur über eine relativ geringe Zahl von Einwohnern, geschätzt höchstens etwa 10 000. Rechnet man dazu, wie es Helmut Bernhard in der „Geschichte der Stadt Speyer“ versucht hat, die Landbewohner in der Vorderpfalz mit 20 000 plus die Bewohner der römischen Dörfer (wie Germersheim und Rheinzabern), so ergibt sich für die ganze Pfalz eine Zahl von vielleicht 50 000 Einwohnern. Dabei ist unterstellt, daß uns die bisherigen Fundstellen höchstens auf ein Fünftel der tatsächlich einmal vorhandenen Höfe oder Weiler hinweisen.

Es mußte demnach in dem überwiegend fruchtbaren Gebiet noch viel Platz für neue Siedlungen gewesen sein, ein Umstand, der sicherlich bald nach dem Beginn des dritten Jahrhunderts für Unsicherheit sorgte, denn von dieser Zeit an bedrohten elbgermanische Stämme aus dem swebisch-alemannischen Verband das römische Zehntland rechts des Rheines und auch die linksrheinischen Regionen der Provinz Obergermanien. Seit dem Jahre 213 n. Chr. sind die nach neuem Siedlungsraum Ausschau haltenden und deshalb nach Süden und Westen drängenden Alemannen (so werden diese elbgermanischen Stämme nun allgemein genannt) auch für die römische Pfalz zur Gefahr geworden.

Die Daten dieser Bedrohung sind bekannt: im Jahre 213 n. Chr. besiegte der römische Feldherr Caracalla zunächst noch die Alemannen, im Jahre 233 n. Chr. durchbrachen sie jedoch den Limes und verwüsteten die rätischen Lande in der Hochrhein-Region am Bodensee; kaum 25 Jahre danach (259/60 n. Chr.) fiel der Limes endgültig. Man nimmt an, daß in jener Zeit ein Teil der im Zehntland lebenden Bevölkerung vor den neuen alemannischen Herren in das linksrheinische Obergermanien, vor allem das Gebiet der heutigen Pfalz, geflohen ist.

Der Rhein, der nun wieder die Grenze bildete, verschaffte Speyer eine besondere Stellung als Vorposten des römischen Herrschaftsbereiches. Der Versuch, die pfälzische Region verstärkt zu schützen, mißlang indes. Es kam zu Verwüstungen durch einfallende Alemannen auf dem Lande und auch in der Stadt Speyer. Vor allem um das Jahr 270 n. Chr. muß es eine Katastrophe in Speyer gegeben haben, denn aus dieser Zeit fand man überall Brandschutt und zahlreiche Skelette. Ein Vergleich mit der Zerstörung der Stadt im Jahre 1689 durch die Soldaten des französischen Königs Ludwig XIV. liegt, was den Umfang der Verwüstungen betrifft, durchaus nahe.

Als der Sturm der Alemannen abgeflaut war, begann man mit dem Wiederaufbau in der Pfalz, auch in Speyer selbst. Es entstanden die schon erwähnten befestigten Anlagen an der Haardt und im Pfälzer Bergland. Die Rheinuferstraße wurde, wie man aus Daten weiß, die auf Steinen festgehalten waren, in den Jahren 282/283 n. Chr. wieder instandgesetzt. In jenen Jahren kam es im übrigen zu Verwaltungsänderungen in Obergermanien: das südliche Elsaß wurde nun ein Teil der – gallischen – Provinz Hoch-Sequanien.

Als das vierte Jahrhundert begann, hatten Speyer und die Pfalz die schweren Rückschläge überwunden. Ein Ort wie Rheinzabern, der beim Alemannen-Einfall ebenfalls schwer gelitten hatte, exportierte nach dem Jahre 275 n. Chr. wieder feines Geschirr nach Norden, Westen und Süden. Auch, wie es scheint, nach Osten, ins alemannische Gebiet.

In der Mitte des vierten Jahrhunderts, um 352 n. Chr., kam es erneut zu Kämpfen zwischen Römern und Alemannen. Fünf Jahre lang setzten sich die Eindringlinge auf dem linken Rheinufer fest und beherrschten die rheinhessischen, pfälzischen und elsässischen Regionen der Provinz Obergermanien. Die Verwüstungen auf dem Lande sind nicht geringer gewesen als beim ersten großen Einfall der Alemannen. Als den Römern schließlich im Jahre 361 n. Chr. die endgültige Sicherung der Rheingrenze gelungen war, dauerte die Ruhe nicht lange. Schon im Jahre 366 n. Chr. unterstützte ein kalter Winter die eroberungslustigen Alemannen. Ihre Kriegerscharen überquerten den zugefrorenen Oberrhein und drangen bis nach Gallien vor.

Daß die Alemannen, als sie im Jahre 352 n. Chr. in die römischen Gebiete einbrachen, nicht nur Beute machen, sondern Siedlungsland erobern wollten, mußten die Römer bei ihrer Rückkehr feststellen. Unter dem Kommando von Kaiser Julian fanden sie bei ihrem Rückeroberungsfeldzug kein verwüstetes Land vor sondern Äcker und Felder, die von alemannischen Bauern bestellt worden waren.

Von jenen Kampf- und Kriegszeiten hat sich das römische Speyer, anders als im Jahrhundert zuvor, allem Anschein nach kaum mehr erholt. Man hat die ausgedehnte Straßensiedlung im Hauptort der Civitas wegen der großen Zerstörungen nicht mehr aufgebaut. Entstanden sind jedoch, wie wir am Beispiel Altrip gesehen haben, unter dem Kaiser Valentinian I. neue Befestigungen zur Sicherung der Rheingrenze. Bei Speyer, das im Jahre 369 n. Chr. wieder eine Garnison erhielt, ist zu jener Zeit, wie man dem Trierer Preisgesang des Symmachus auch entnehmen kann, von Kaiser Valentinian I. ein Hafen errichtet worden. Er diente sicherlich als Versorgungsbasis für die Truppen, die man nun in einer großen Befestigungsanlage im Bereich des heutigen Domes stationiert hatte.

Es schien, als seien die römischen Herrscher entschlossen, die ihnen verbliebenen obergermanischen Gebiete gegen jede weitere Bedrohung zu sichern. Man dachte nicht an Rückzug. Das muß bei den Einwohnern, speziell bei den römischen Bürgern, Vertrauen erweckt haben, sonst wäre es kaum zu einem Neubau großer Herrensitze an bevorzugten Plätzen in der Pfalz gekommen. Der markanteste Bau aus dieser spätrömischen Epoche ist die Anlage, deren Fundamente man bei Bad-Dürkheim-Ungstein gefunden hat. Das Herrenhaus allein maß 60 Meter in der Länge.

Noch einmal, so läßt uns dieser prächtige römische Herrensitz an einem der schönsten Plätze des Pfälzer Landes vermuten, wollten die Großen des Landes ihre Macht und ihren Reichtum zeigen. Doch der Höhepunkt römischer

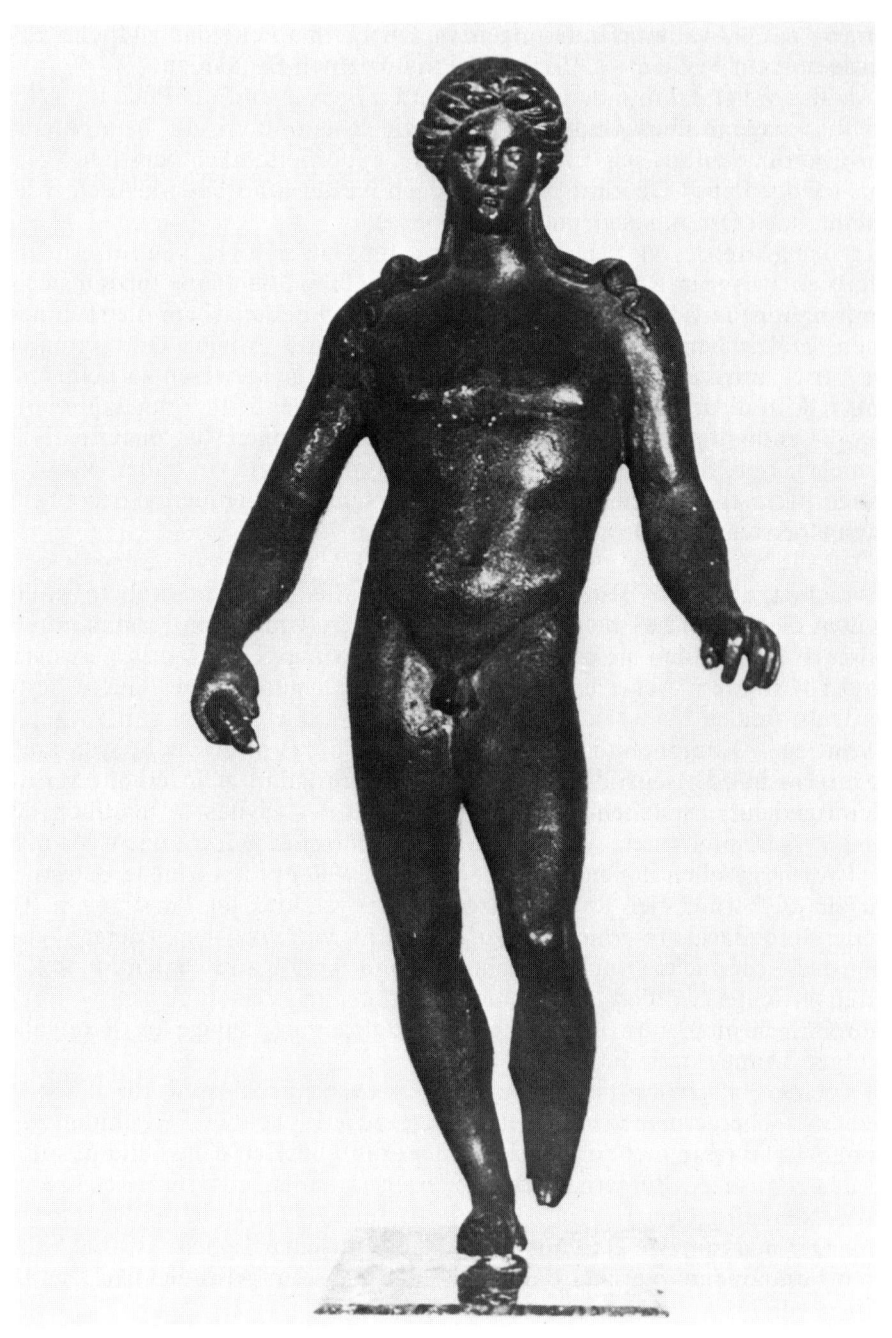

Statuette des Apoll. Römischer Fund aus Speyer (Bestand und Foto: Historisches Museum der Pfalz, Speyer)

Macht war in der zweiten Hälfte des vierten Jahrhunderts endgültig überschritten. Daran änderten auch die Initiativen Kaiser Valentinians I. zur Sicherung des Rheines als der Ostgrenze nichts mehr.

Zwei Daten muß man als Anstoß der großen Veränderung im Auge haben: den Vorstoß der Hunnen im Jahre 375 nach Chr., der zunächst die gotischen Siedlungsgebiete in Südrußland betraf und die dadurch ausgelöste erneute Wanderung germanischer Völker. Es galt, dem Druck der Hunnen auszuweichen. Die bereits von Ulfila christianisierten, mit einer gotischen Bibelübersetzung versehenen Westgoten arrangierten sich auf dem Balkan zunächst mit dem oströmischen Kaiser als einem Glaubensgenossen, siegten dann aber im August 378 n. Chr. in der großen Schlacht von Adrianopel und demonstrierten damit erstmals, daß die „Barbaren" den römischen Truppen nicht mehr länger unterlegen seien. Die Westgoten durften nun als ein autonomes Volk im römischen Ostreich an der unteren Donau siedeln. Ein Foederaten-Status verpflichtete sie zu militärischer Hilfeleistung.

Hier nun beginnt jene Epoche, die wir als die eigentliche Völkerwanderung kennen. Unter Ausnutzung von oströmischen und weströmischen Rivalitäten führten germanische Fürsten wie der Gotenkönig Alarich ihre kriegerischen Scharen bald schon ins Herzland des römischen Imperiums, nach Italien. Unter dem Germanen Stilicho wehrten die Römer bei Pollentia und Verona diese Gefahr noch einmal ab, mußten sich aber kurz darauf schon gegen einen neuerlichen Germanenzug, bestehend aus Wandalen, Burgundern und Ostgoten zur Wehr setzen. Dank Stilichos Können und Entschlossenheit behielten die römischen Verbände auch diesmal die Oberhand. Immerhin waren diese Germanen bis in die Gegend von Florenz vorgedrungen. Die Abwehr kam Rom allerdings teuer zu stehen: schon im Jahre 402 n. Chr. beorderte Stilicho Verbände aus Britannien nach Italien, nun, im Jahre 406 n. Chr., blieb ihm nichts anderes übrig, als auch noch die Garnisonen am Rhein zur Verteidigung des Kernlandes zurückzurufen. (Die weströmische Verwaltung hatte man schon zehn Jahre zuvor von Trier nach Arles an der unteren Rhône verlegt, in die heutige Provence, die in ihrem Namen immer noch an die erste und wichtigste römische „Provincia" jenseits der Alpen erinnert).

In Obergermanien selbst hatten sich die römischen Herren zuvor schon, während der zweiten Hälfte des vierten Jahrhunderts, gegenüber germanischen Gruppen kompromißbereit gezeigt, wenn diese im römischen Reichsgebiet siedeln wollten oder wenn sie in die linksrheinischen Regionen eingedrungen oder eingesickert waren. Man schloß, wie man aus einigen Teilen Ober- und Niedergermaniens weiß, Verträge mit diesen germanischen Gruppen und verpflichtete sie als Foederaten zu militärischer Hilfeleistung.

Dennoch kann der germanische Einfluß selbst am Ende der römischen Herrschaft, an der Wende vom vierten zum fünften Jahrhundert in den linksrheinischen Gebieten noch nicht bedeutend gewesen sein. Folgt man den Berichten des Kirchenvaters Hieronymus, dann schrieb man zu jener Zeit in Trier, wo Valentinian II. noch in den Jahren 389/390 n. Chr. als letzter römischer Kaiser residierte, zwar in lateinischer Sprache, die Bewohner der Stadt bedienten sich jedoch ihrer einheimischen keltischen Sprache. Von einem germanischen Idiom berichtet Hieronymus nichts. Es scheint demnach als habe beim Einströmen germanischer Siedler in die linksrheinischen Gebiete lange Zeit eine stetige Keltisierung stattgefunden.

Sollte es die Absicht der Römer gewesen sein, die nach Westen und Süden ins römische Imperium vordringenden germanischen Stämme und Völker durch Siedlungsangebote und Foederaten-Verträge an sich zu binden und das römische Herrschaftsgebiet durch eine derartige Bündnis- und Integrationspolitik zu sichern, so scheiterte diese Politik endgültig am Beginn des fünften Jahrhunderts. Nach der schon erwähnten Entblößung der am Rhein liegenden Garnisonen durch Stilicho kam es im Jahre 409 n. Chr. zu verheerenden und folgenschweren Einfällen germanischer Kriegerscharen in Obergermanien. Mainz hielt dem Angriff der Germanen nicht lange stand. Einige tausend Einwohner sind damals in die Kirche geflüchtet und dort von den heidnischen Germanen getötet worden. Worms wurde nach einer Belagerung ebenfalls zerstört. Auch Straßburg und Speyer konnten dem Ansturm nicht trotzen. Von den Festungslagern des Hauptortes der „civitas nemetum" blieben nur Brandschutt und Ruinen.

Wichtige, aber nicht alle Spuren der Römerzeit enden mit diesem Zusammenbruch der römischen Herrschaft in Obergermanien. Erst zwanzig Jahre nach dem Einbruch der Germanen wurden die burgi, die kleinen Befestigungen und Zufluchtsstätten in Ungstein und in Eisenberg von den Römern aufgegeben. In dieser Zeit, um das Jahr 430 n. Chr., enden auch andere Spuren römischer Besiedlung in der Pfalz. Es ist ziemlich sicher, daß es um 430 n. Chr. kaum noch eine funktionierende römische Zentralgewalt gegeben hat, sondern eher lokale Verwaltungen, die nicht imstande waren, Eindringlinge oder durchwandernde germanische Stämme fernzuhalten.

Auch Gallien selbst stand trotz der fortbestehenden römischen Oberhoheit den Germanen offen. Sonst hätten westgotische Gruppen und swebische Stämme nicht im Jahre 411 n. Chr. über die Pyrenäen auf die iberische Halbinsel ziehen können, um dort eigene Königreiche zu gründen. (Die Sweben, möglicherweise aus der Region am Neckar aufgebrochen, ließen sich im heutigen Nordportugal und in Nordwestspanien nieder).

Am Rande der Pfalz zeichnete sich zu jener Zeit eine der Tragödien ab, deren ganzes Ausmaß wir nur erahnen können, obwohl uns der Verfasser des Nibelungenliedes darüber berichtet hat – allerdings nicht als Zeuge der Ereignisse, sondern im Abstand von mehreren hundert Jahren auf Grund einer mündlichen Überlieferung, in der sich Begebenheiten und Legenden vielfältig gemischt haben dürften. Sicher ist, daß die Burgunder, die zuvor mit Goten und Sweben oder mit Teilen dieser Stammesverbände durch Europa gewandert waren, dem großen Zug durch Gallien nach Spanien nicht gefolgt sind. Sie wurden vielmehr im Jahre 413 n. Chr. von Kaiser Constantin III. auf dem linken Rheinufer in Worms und dessen Umgebung angesiedelt.

Mit der römischen Herrschaft schlossen sie den üblichen Foederaten-Vertrag und verpflichteten sich damit zu militärischen Hilfediensten. Doch dieses

Bündnis hielt nur wenig mehr als zwanzig Jahre. Man weiß, daß im Jahre 435 n. Chr. ein blutiger Kampf zwischen burgundischen Kriegern unter dem König Gunther und einer gallo-römischen Streitmacht unter dem römischen Heermeister Aetius stattfand. Ob Aetius dabei auch von hunnischen Hilfstruppen unterstützt wurde, ist nicht eindeutig zu klären. Mit dieser Niederlage endete das burgundische Königtum am Oberrhein. Man weiß auch, daß die Reste des burgundischen Stammes oder Stammesverbandes im Jahre 443 n. Chr. an die obere Rhône gezogen sind oder, wie es in einigen Darstellungen heißt, dorthin umgesiedelt wurden. So entstand dann schließlich erneut eine burgundische Herrschaft; als Königreich Burgund und auch als Freigrafschaft Burgund hat sich zumindest der historische Name erhalten.

Sind die Spuren der Hunnen im Burgunderkrieg des römischen Heermeisters Aetius noch unscharf, so kann kaum ein Zweifel daran bestehen, daß die Reiterscharen des Königs Attila in der Mitte des fünften Jahrhunderts aus der ungarischen Tiefebene und aus Süddeutschland kommend über den Oberrhein nach Gallien geritten sind. Dieser Hunnenzug dürfte wohl über den Pfälzer Wald an die obere Mosel und an die Marne geführt haben. Er endete in der Gegend von Troyes in der sogenannten Schlacht auf den Katalaunischen Feldern, etwa halbwegs zwischen Nancy und Paris.

Wiederum war es der römische Heermeister Aetius, dem der Sieg gelang, allerdings entscheidend unterstützt von den mit Rom verbündeten Westgoten unter deren König Theoderich I.

Der Hunnenkönig, den wir auch als „Etzel" kennen, nicht nur unter dem gotischen Namen Attila (das bedeutet „Väterchen"), überlebte die Niederlage durch Aetius und Theoderich. Er gab zunächst noch nicht auf, sondern versuchte, mit einem Zug nach Rom das weströmische Reich seinem Einfluß zu unterwerfen. Papst Leo I. bewog den Hunnenkönig jedoch zur Umkehr. Bei der Vorbereitung eines Feldzuges gegen Ostrom starb Attila im Jahre 453 n. Chr. in seinem ungarischen Feldlager. Die Herrschaft der Hunnen zerfiel nun rasch. Aber Attilas plötzlicher Tod und der Sieg des Aetius retteten das römische Reich nicht mehr vor seinem Ende.

Der von Kaiser Valentinian III. im Jahre 425 n. Chr. im Alter von 35 Jahren zum Feldherrn für Gallien ernannte Flavius Aetius erregte das Mißtrauen des stadtrömischen Senates, als er nach seinem Sieg über Attila angeblich versuchte, seinen Sohn mit der Tochter des Kaisers zu verheiraten. Im Jahre 454 n. Chr. starb der 64 Jahre alte Aetius durch Mörderhand.

Mit seinem Tod gab es praktisch kein römisches Gallien und keine römische Rheingrenze mehr. Für ein halbes Jahrhundert beherrschten nun die Alemannen das Oberrheingebiet. Dann begann unter der Führung merowingischer Könige in unserer Heimat die Zeit der Franken.

VI.
Als die Pfälzer fränkisch wurden

Im Freistaat Bayern, so sagt man in München, leben derzeit vier Stämme: die Altbayern, die Franken, die Schwaben und die Sudetendeutschen. Als Bayern noch ein Königreich war, zählte man ebenfalls vier Stämme; damals bildeten nach offizieller Lesart nicht die Vertriebenen aus Böhmen den vierten Stamm im Bayernland sondern die Pfälzer. Aber war dies korrekt? Sind denn die Pfälzer ein eigener Volksstamm im Sinne des bayerischen Sprachgebrauches? Sind sie nicht eine Gruppe, die man zum fränkischen Volksstamm zählen muß, verwandt zumindest mit den in Nordbayern lebenden Franken? Einerseits ja, andererseits nein, könnte man auf diese Fragen antworten.

Die Sache, um die es geht, ist nicht erst seit hundert oder zweihundert Jahren verwirrend. Die Konfusion begann schon in einer Zeit, in der römische Chronisten zum erstenmal über die gefährlichen „Franken" berichteten. Das war im dritten nachchristlichen Jahrhundert, auf dem Höhepunkt römischer Machtentfaltung. Damals in einer Zeit, in der germanische Heerscharen wieder einmal einen Drang nach Süden verspürten und in das gallisch-römische Gebiet an Rhein, Maas und Schelde vorzudringen versuchten, verwandte man den Begriff „Stamm" oder „Volksstamm" in einem viel engeren Sinne als es heute in Bayern oder auch in der Präambel des Bonner Grundgesetzes geschieht. Unser Gebrauch des Wortes „Stamm" oder „Volksstamm" ist im Hochmittelalter erstanden, als es unter den deutschen Königen üblich war, von den Herzogtümern der Baiern, der Thüringer, der Sachsen, der Sweben oder Schwaben und – mit gewissen Einschränkungen – vom fränkischen Herzogtum zu sprechen.

„Franken", das war nach ziemlich übereinstimmender Ansicht der Historiker am Beginn der großen germanischen Völkerwanderung ein Sammelname für mindestens drei miteinander verwandten Germanen-Stämmen: für die Salier, die Chattuarier und die Brukterer. Man müsse sich in den Anfängen unter dem Begriff „Franken" einen Stammes-Verbund vorstellen, eine Zusammenfassung von ursprünglich selbständig operierenden, in den heutigen Niederlanden am Rande des römischen Herrschaftsbereich lebenden germanischen Stämme, so lautet eine wissenschaftliche Definition. Nach den Vorstößen dieser miteinander verbundenen Stämme ins heutige Belgien, nach Nordfrankreich und ins Moselgebiet bildete sich dann in der Mitte des fünften Jahrhunderts ein eigenes fränkisches Königstum heraus. An seiner Spitze stand das salische oder, genauer gesagt, das salfränkische Herrschergeschlecht der Merowinger. Die salfränkischen Merowinger verstanden es, durch Anwendung von List und auch durch Anwendung von Gewalt ihrem Herrschaftsbereich alsbald auch andere mit Salfranken, Chattuariern und Brukterern verwandte Stämme, nämlich die Rheinfranken – im heutigen rheinisch-westfälischen Gebiet – ihrer Herrschaft anzugliedern. In einer späteren Phase der merowingischen und der darauf folgenden karolingischen Herrschaft sind diese Rheinfranken dann auch einige Zeit als „Ripuarier" bezeichnet worden.

Was hat das alles mit der Pfalz zu tun? Eine ganze Menge, denn nach der Befestigung der salfränkisch-merowingischen Position im heutigen Rheinland – der Mittelpunkt war Köln, das römische Colonia Agrippina – gerieten die Franken unter dem Merowingerkönig Chlodewech in einen schweren Konflikt mit einem anderen, mächtigen germanischen Stammesverbund, mit den Alemannen. Das führte im Jahre 496 n. Chr. zunächst zu einer großen und die Geschichte mitbestimmenden Schlacht bei Zülpich, unweit von Köln. Chlodewech, den man in unseren Schulbüchern meist Chlodwig nennt, blieb Sieger. Damals dürften die von rheinfränkischen Stämmen beherrschten Gebiete schon bis an die Mündung des Maines gereicht haben. Nach der Abwehr des alemannischen Vorstoßes drängten allem Anschein nach fränkische Verbände weiter rheinaufwärts in das heutige südliche Rheinhessen und in die Pfalz.

Man kennt die Ereignisse bis heute nicht ganz genau. Als ziemlich sicher gilt jedoch, daß es Chlodwig etwa zehn Jahre nach der Schlacht von Zülpich gelungen sein dürfte, den Alemannen im Elsaß, vermutlich in der Nähe von Straßburg, eine zweite, diesmal besonders schwere und folgenreiche Niederlage beizubringen. Die Alemannen mußten größere Teile des heutigen Südwestdeutschlands aufgeben, im wesentlichen wohl die nördlich des römischen Limes gelegenen Regionen im heutigen Württemberg und das nördlich der Oos gelegene, heute badische Gebiet.

Mit diesen beiden Siegen über die Alemannen festigte der fränkische Stammes-Verbund unter der Führung der salfränkischen Merowinger seine Vormachtstellung zwischen Ärmelkanal, südlicher Nordsee und Voralpenland. Die Alemannen mußten sich nun den fränkischen Ansprüchen beugen. Viele von ihnen zogen es vor, in den Einflußbereich der im Alpengebiet dominierenden gotischen Könige auszuweichen. Sie wanderten südwärts in das Gebiet des einst römischen Rätien an Hochrhein und Bodensee und schufen dort neue Siedlungen. Das Elsaß blieb auch nach Chlodwigs zweitem Sieg alemannisch. In der Pfalz aber endete die alemannische Periode, die heutige Pfalz gehörte spätestens vom Jahre 506 n. Chr. an zum unmittelbaren Bereich fränkischer Herrschaft und wurde nun auch von den Franken besiedelt, oder richtiger gesagt, mitbesiedelt.

Wie groß der Anteil fränkischer Siedler in jener Zeit gewesen ist, wieviele alemannische Bauern auch nach Chlodwigs Siegen in der Pfalz geblieben sind, wieviele Römer oder romanisierte Kelten im sechsten Jahrhundert in der heutigen Pfalz gelebt haben, das alles ist kaum noch zu ergründen. Was wir jedoch sicher wissen, ist dies: die neue fränkisch-merowingische Herrschaft hat von nun an die Lebensweise und die Siedlungsformen in der Pfalz dauerhaft geprägt.

Eineinhalb Jahrtausende nach der Schlacht von Zülpich und nach Chlodwigs zweitem Sieg über die Alemannen bei Straßburg sind in der Pfalz noch deutliche Spuren aus der Frühzeit der fränkischen Herrschaft vorhanden – man denke nur an die zahlreichen Ortsnamen oder Flurnamen fränkischen

Ursprungs. Allerdings fehlt es für den Anfang dieser Frankenzeit in der Pfalz, für die rund vierhundert Jahre dauernde merowingische und karolingische Epoche, an verläßlichen historischen Zeugnissen. In den Berichten der fränkischen Hofchronisten, wie etwa des Bischofs Gregor von Tours, ist von den pfälzischen Gebieten kaum die Rede. Auch andere Quellen aus dem Frankenland und dem weit über das fränkische Siedlungsgebiet hinausreichenden fränkischen Reich befassen sich meist nur beiläufig mit den Gauen am Oberrhein. Das ist leicht zu erklären: das Gebiet der heutigen Pfalz befand sich in der großen Epoche der fränkischen Herrschaft nicht im Mittelpunkt der Konflikte und Auseinandersetzungen, unsere Heimat lag in jener Übergangsepoche zwischen Antike und Hoch-Mittelalter eher am Rande des Geschehens, auch am Rande der bald nach Chlodwigs Tod beginnenden, fast permanenten Nachfolgekämpfe und Erbauseinandersetzungen in den Königsgeschlechtern der Franken. Die eigentlichen Kraftfelder des Frankenreiches findet man im Gebiet zwischen Mosel und Seine, im heutigen Nordfrankreich. Paris oder das nahe bei Paris gelegene St. Denis gewannen zusammen mit Reims und Soissons eine überragende Bedeutung. Neben diesen Königssitzen entwickelte sich auch die alte Kelten- und Römerstadt Metz mit dem heutigen Lothringen zu einem Schwerpunkt fränkischer Macht und Herrlichkeit, vor allem, nachdem das fränkisch-merowingische Reich wegen seiner Größe und wegen der auf altem fränkischen Recht beruhenden Erbansprüche der Königssöhne geteilt worden war, unter anderem in ein Westreich, „Neustrien" genannt, und in „Austrasien" oder „Austrien", wie das Ostreich der Franken hieß.

In den neustrischen Gebieten romanisierte sich die fränkische Herrschaft zunehmend, in großen Teilen des Ostreiches, in Austrasien dagegen, paßten sich die gallorömischen Einwohner eher den germanischen Traditionen an, vor allem in der Sprache. Die jeweiligen Aufteilungen des Frankenreiches in Herrschaftsgebiete von Unterkönigen folgten indes keineswegs irgendwelchen Sprachgrenzen oder ethnischen Unterschieden.

Eine wesentliche Klammer für die trotz aller inneren Machtkämpfe fortdauernde Einheit des fränkischen Gesamtreiches bildete das Bekenntnis zum römisch-katholischen Christentum. Der Merowinger Chlodwig hatte sich als erster Frankenkönig (wohl bald nach der Schlacht von Zülpich) taufen lassen, ein Vorgang von einschneidender Bedeutung für die Entwicklung der fränkischen Herrschaft, auch für die Entwicklung in einem durch Chlodwig fränkisch gewordenen Gebiet wie der Pfalz.

Die Franzosen, die nicht nur Karl den Großen als den direkten Vorläufer einer französischen Staatsidee betrachten, sondern auch den Merowinger Chlodwig bereits zu den Ahnherren des von der Isle de France sich ausbreitenden französischen Königtums zählen, sind sich ziemlich sicher, daß der berühmte, allerdings nach Zeit und Ort eher legendäre Taufakt in Reims stattgefunden habe, vermutlich dort, wo heute die riesige Kathedrale steht, in der sich de Gaulle und Adenauer nach dem Abschluß des deutsch-französischen Vertrages zur symbolischen Erinnerung an die gemeinsamen fränkischen Vorfahren zum feierlichen Gottesdienst getroffen hatten. Chlodwigs Taufe, der

Beginn einer christlich-abendländischen Tradition, die Franzosen und Deutsche in Europa besonders verbindet, so wollte der geschichtskundige und geschichtsbewußte Charles de Gaulle das Treffen in der Kathedrale von Reims verstanden wissen.

Läßt man eine zu allen Zeiten und je nach Bedarf von Politikern gerne bemühte historische Symbolik beiseite, so bleibt Chlodwigs Übertritt zum römisch-katholischen Christentum unzweifelhaft ein wegweisendes Ereignis für die Machtbehauptung und Machtentfaltung der Franken. Chlodwigs Taufe im Jahre 498 oder 499 n. Chr., die er angeblich der Königin Chrodechilde, seiner katholisch-christlichen Ehefrau aus burgundischem Königsgeschlecht für den Fall eines Sieges über die Alemannen in Aussicht gestellt hatte, erleichterte die Zusammenarbeit mit den römischen und gallorömischen Bewohnern in den von den Franken besetzten oder eroberten Gebieten des zerfallenen römischen Imperiums. Die Besetzer, so muß man wohl sagen, paßten sich den Besetzten an.

In den gallorömischen Gebieten hatte das Christentum, das sich dank der Anerkennung und Förderung durch Kaiser Konstantin dem Großen in der spätrömischen Epoche rasch ausbreiten konnte, das Ende der römischen Herrschaft weitgehend überdauert; Chlodwigs Entscheidung für den Christenglauben sorgte insofern für eine Kontinuität und sicherte dem Frankenkönig das Wohlwollen des Papstes. Wie es sich zu jener Zeit mit der Kontinuität des Christentums in den von Chlodwig eroberten und erworbenen Gebieten am Oberrhein verhielt, ist indes immer noch ziemlich unklar. Man hat zwar in Speyer bei Ausgrabungen einige Spuren entdeckt, die den Beweis dafür liefern, daß es schon im vierten Jahrhundert in der Pfalz eine Christengemeinde gegeben hat, und man weiß auch aus schriftlichen Quellen von einem Speyerer Bischof namens Jesse, der im Jahre 343 n. Chr. amtiert haben muß. Was jedoch im fünften Jahrhundert, nach dem Vordringen der Alemannen geschah, ob das Christentum damals ganz verschwand oder ob wenigstens eine kleine Gruppe in einer überwiegend heidnischen Umgebung die christliche Überlieferung bis in die Frankenzeit bewahren konnte, das weiß man nicht. Selbst die ersten hundert Jahre der fränkischen Herrschaft, beginnend mit Chlodwig und dessen Bekehrung, sind, was die römisch-katholische Kirche in der Pfalz betrifft, in ein Dunkel gehüllt. Erst für den Beginn des siebenten Jahrhunderts weisen die Quellen auf einen Bischof Hilderich von Speyer hin.

Es ist durchaus denkbar, daß große Teile der Franken noch längere Zeit nach der Taufe des Merowingers Chlodwig durch einen römisch-katholischen Priester (vermutet wird der Bischof Remigius von Reims) mit der Annahme des Christentums gezögert haben. Allerdings existieren keinerlei Hinweise auf einen Widerstand der Franken gegen die Annahme des christlichen Glaubens durch ihren König. Chlodwig war kein Risiko eingegangen. Er hatte seine Absicht zuerst einer Heeresversammlung vorgetragen, die ihr Einverständnis durch Zurufe kundtat. Dreitausend fränkische Krieger hätten dann zusammen mit ihrem König die heilige Taufe empfangen, heißt es in dem Bericht des

Gregor von Tours, der freilich kein Augenzeuge gewesen ist, sondern siebzig Jahre später über Chlodwig das notierte, was mündlich überliefert worden war.

Wenn es stimmt, daß Chlodwig die Annahme des Christenglaubens vom Ausgang des Kampfes gegen die Alemannen abhängig gemacht hat, dann wird die berichtete spontane Zustimmung des fränkischen Heeres als einer Versammlung heidnischer Krieger ziemlich plausibel. Nach germanischer Anschauung bedeutete der Ausgang des Kampfes ein Gottesurteil. Der Sieg bei Zülpich hatte somit Chlodwigs Vorhaben bestätigt. Die Kirche ihrerseits ließ keinen Zweifel, wie man unter anderem aus einem Schreiben des im Burgundergebiet residierenden Bischofs Avitus von Vienne weiß, daß man von dem katholisch gewordenen Frankenkönig eine Förderung der Heidenmission erwartete. „Euer Glaube ist unser Sieg" heißt es in dem Glückwunschschreiben des Avitus von Vienne an Chlodwig.

Für Chlodwig selbst erwies sich der Übertritt zum Christentum als politisch außerordentlich vorteilhaft. Knapp ein Dutzend Jahre nach der Bekehrung anerkannte der byzantinische Kaiser offiziell das fränkische Königtum. Chlodwig sicherte sich bald darauf in Köln auch die Königswürde der Rheinfranken durch Schilderhebung. Vorausgegangen war eine blutige Familientragödie, bei der Chloderich, der Sohn des rheinfränkischen Königs Sigibert, seinen Vater getötet und daraufhin von Chlodwigs Boten erschlagen worden sein soll. Der König Sigibert hatte zusammen mit Chlodwig bei Zülpich die Alemannen besiegt und war in dieser Schlacht schwer verwundet worden.

Daß Chlodwig schon als junger Herrscher – er war im Jahre 482 n. Chr. mit 16 Jahren zum König erhoben worden – die kraftvollste Gestalt des fränkischen Stammes-Verbundes gewesen ist, kann kaum bezweifelt werden. Die Unterstützung durch die römische Kirche und die Anerkennung seines fränkischen Königtums durch Byzanz hat dann diese, wie ein Historiker meinte, „mit barbarischer Kraft handelnde Herrscherpersönlichkeit", diesen „verschlagenen, energischen König" in großen Teilen Mittel- und Westeuropas vollends zum Erben des römischen Imperiums werden lassen.

Als Chlodwig nach fast dreißigjähriger Regentschaft im Jahre 511 n. Chr., erst 45 Jahre alt, starb, teilte man sein Reich entsprechend dem salischen Volksrecht unter seine vier Söhne auf. Die Residenzen dieser Teilkönige standen in Reims, Soissons, Paris und Orleans. Was auf den ersten Blick wie eine Zersplitterung der Macht und der fränkischen Herrschaft erscheinen mag, erwies sich prinzipiell als durchaus vorteilhaft, weil das Imperium, das Chlodwig hinterlassen hatte, durch die Einrichtung von Teilkönigtümern wesentlich leichter zu verwalten war als von einer zentralen Stelle aus. Der nun in Reims sitzende König Theuderich verfügte über einen Teil des östlichen Frankenreiches, zum Beispiel über das Rheinland und über fränkisch Alemannien. Auch die Pfalz unterstand seiner Herrschaft.

Diesen Theuderich wiederum beerbte im Jahre 533 n. Chr. dessen Sohn Theudebert. Von ihm weiß man, daß er anfing, in seinem Teilkönigreich nach römischer Art Steuern zu erheben. Die Untertanen, so haben die Chronisten einst notiert, hätten diese Steuern nur höchst widerwillig bezahlt. Diese Feststellung wird nicht eingeschränkt, wird also auch für die Pfalz zutreffend gewesen sein. Gregor von Tours weiß über den Merowinger Theudebert auch viel Gutes zu berichten: er habe die Kirche bei der Besteuerung und bei den Abgaben geschont, er habe gerecht regiert, die Bischöfe geehrt, die Kirchen beschenkt und habe den Armen geholfen. Im übrigen sei er ein kühner, wenn auch unruhiger Geist gewesen. Vermerkt wird auch der besondere Familiensinn des Königs Theudebert: die Verwandten, so heißt es, seien von ihm zielbewußt gefördert worden.

Wie weit Theudeberts Verständnis für die Kirchen damals schon die ehemals römisch-obergermanischen Gebiete und damit auch die Pfalz betroffen hat, verschweigt uns Gregor von Tours bedauerlicherweise. Es scheint jedoch, als habe dieser Theudebert in seiner knapp 15 Jahre dauernden Regentschaft (522 – 547 oder 548) ziemlich intensiv gewirkt und sei auf eine gewisse selbständige Entwicklung in seinem Herrschaftsbereich bedacht gewesen, eine Annahme, die sich nicht nur auf die Wiederanknüpfung an römische Verwaltungs- und Besteuerungspraktiken stützt, sondern auch auf Theudeberts Versuch, durch das Prägen von Münzen (eigentlich ein Privileg des Kaisers) den wirtschaftlichen Austausch zu erleichtern.

Theudebert bemühte sich wie sein Vater Theuderich nach allem, was man über die Verhältnisse im Ostland des Frankenreiches, in Austrasien, bis heute weiß, recht intensiv um die wirtschaftliche Entwicklung der im Vergleich zu den Regionen im heutigen Mittel- und Nordfrankreich schwach besiedelten Gebiete zwischen Pfälzer Bergland, Hunsrück, Taunus und Odenwald. Das Ziel war die Festigung der fränkisch-merowingischen Herrschaft. Man holte unter anderem Beamte aus den südlichen Reichsteilen, aus Aquitanien zum Beispiel, und machte Landschenkungen aus Königsgut an die Bistümer. Genannt werden in diesem Zusammenhang die Bistümer Trier und Mainz. Diese Schenkungen aus Königsgut haben dem König Theudebert das Lob des Gregor von Tours eingebracht. Daß einer der Steuerbeamten, die Theudebert aus dem gallisch-römischen Süden in das Ostland geholt hatte, der Senator Parthenius, nach dem Tode seines Protektors von den germanischen Untertanen erschlagen worden ist, gibt einen Hinweis auf die Konflikte, die Theudeberts Regiment heraufbeschwor.

Jenseits des Rheines praktizierten die Merowinger-Könige andere Formen der Herrschaft als in ihren linksrheinischen Gebieten. Bei der eher lockeren Herrschaft über die rechtsrheinischen Germanen-Stämme stützte man sich auf die Zusammenarbeit mit Herzögen aus dem Stammesadel und verzichtete auf die Entsendung von Beamten, wie es der römischen Tradition entsprach.

In der pfälzischen Überlieferung ist die Merowinger Zeit vor allem durch den Namen *eines* Königs, des Königs Dagobert, gekennzeichnet. Er hat den Historikern manche Rätsel aufgegeben, weil kaum zu entscheiden ist, was an dieser Gestalt als beweisbare Überlieferung und was als Legende oder gar als Volkssage angesehen werden muß. Insgesamt gab es im Frankenreich drei Dagoberte. Für die Pfalz – und auch für das Elsaß – ist jedoch mit großer Sicherheit zu sagen, daß der legendäre „gute König Dagobert", von dem uns auch August Becker in seinem berühmten Werk über die „Pfalz und die Pfälzer" manches zu berichten wußte, der erste Dagobert, der Sohn des Königs Chlothar II., gewesen sein muß.

Im Jahre 623 n. Chr. erhielt er als ältester Sohn dieses Chlothars zunächst die Regentschaft in Austrasien, allerdings in einem Gebiet, dessen Umfang im Westen und im Süden gegenüber dem vorhergehenden Teilkönigtum reduziert war. Die Austrasier, so wird berichtet, hätten Chlothar veranlaßt, ja gezwungen, seinen 20 Jahre alten Sohn als Unterkönig einzusetzen. Dagobert war mit dem Zugeständnis, das sein Vater dem austrasischen Adel gemacht hatte, nicht zufrieden. Er wollte auch Herr über das Gebiet westlich der Vogesen und über die Ardennen sein; deshalb trat er sein Königtum unter Protest an. Eine Versammlung von fränkischen Hochadeligen unter dem Vorsitz des Bischofs Arnulf von Metz (einem Stammvater des Karolingergeschlechtes) entschied zugunsten Dagoberts. Nur Aquitanien blieb ihm zunächst weiterhin vorenthalten.

Dagoberts Hausmeier, der Leiter des Hofes und der Verwaltung, war Pippin von Landen. Arnulf von Metz und Pippin gewannen so starken Einfluß im Ostland, daß Dagobert bei seinen Entscheidungen von diesen beiden Ratgebern und Hofbeamten abhing. Die enge Zusammenarbeit von Arnulf und Pippin dokumentierte sich im übrigen in der Heirat zwischen Arnulfs Sohn Ansegisel und Pippins Tochter Begga, den direkten Vorfahren Karl Martells und Karls des Großen.

Trotz einer gewissen Beschränkung seiner Herrschaft durch den Hausmeier und den Bischof von Metz gilt Dagobert I., der nach dem Tod seines Vaters im Jahre 629 die Regierung im Gesamtreich übernahm, als der letzte Merowinger, der noch faktisch und nicht nur dem Namen nach König der Franken war. Im Elsaß, in Rheinhessen und ganz besonders in der Südpfalz hat dieser König Dagobert über Jahrhunderte hinweg die Phantasie der Menschen beschäftigt. Man sprach von dem „alten, guten Dagobert", von dem „gewaltigen Helden", von dem großen „Wohltäter". Weißenburg, Klingenmünster, Göcklingen sind Orte, in denen man immer wieder Spuren dieses Königs gefunden hat oder zu finden glaubte.

Was weiß die historische Forschung von ihm und über ihn? Zunächst dies: er ist von den bereits oben genannten Arnulf von Metz und Pippin von Landen erzogen worden, die nach Meinung des Biographen von Arnulf zu den „bedeutendsten Männern ihrer Zeit" gehörten. Für die guten Erzieher dürfte Dagoberts Vater Chlothar gesorgt haben, der als „gottesfürchtig und gebildet in den Wissenschaften" geschildert wird. Dagoberts Mutter war eine burgundische Königstochter namens Bertetrude. Sie hat Chlothar nur diesen einzigen Sohn, Dagobert, geboren. Als Unterkönig in Austrasien ehelichte Dagobert die Schwester der zweiten Gemahlin seines Vaters, Gomatrud mit Namen.

Während seiner Regentschaft im Ostland erwarb sich der jugendliche Dagobert den Ruf, ein Hüter der Gerechtigkeit zu sein, denn er sorgte mit Hilfe von Arnulf und Pippin sowie mit Unterstützung des Bischofs Chunibert von Köln für die Neuordnung des Rechtswesens in Austrasien. Nach dem Tode seines Vaters dehnte er diese Tätigkeit auch auf das Westland aus, auf Neustrien. Überallhin mache er Umritte und überall sitze er selbst zu Gericht, hat sein Biograph Fredegar zum Ruhme Dagoberts notiert. Er sei durch sein Bemühen um Gerechtigkeit bald schon zum Schrecken der Großen, auch der Bischöfe geworden und habe zur Freude der Armen für Milde und Gerechtigkeit gesorgt. Rücksichten auf Personen seien ihm fremd gewesen, Bestechungen habe er nicht geduldet, heißt es in den Hof- und Reiseberichten des Fredegar.

Ob und wieweit solch hohes Lob berechtigt war, muß offen bleiben. Vermutlich maßen die Zeitgenossen die Tatkraft des Königs Dagobert auch an dem, was dessen offensichtlich träger und gutmütiger Vater Chlothar in der Zeit seiner Regentschaft versäumt hatte. Sicher ist, daß die Großen im Westland von der Strenge Dagoberts und dessen stets präsentem Hausmeier Pippin nicht gerade begeistert waren. Ihnen mißfiel solche Aktivität. Sie war denn auch nicht von Dauer, nachdem sich Dagobert für St. Denis bei Paris als Hauptresidenz entschieden hatte.

Die Mönche des Klosters von St. Denis beeindruckten den König vor allem als Künstler, deren Fertigkeiten im Bearbeiten von Gold, Silber und Edelsteinen in Metz oder in anderen Residenzen des austrasischen Teilreiches kaum populär waren. Es scheint, daß Dagobert rasch Gefallen an Luxus und an einem fröhlichen Hofleben fand, so daß der ihm gewiß wohlgesinnte Biograph, peinlich berührt von solcher Veränderung, mitteilt: „er vergaß alle Gerechtigkeit, die er vormals geliebt hatte." Fredegar nahm offensichtlich ganz besonderen Anstoß an Dagoberts Begeisterung für ein Kammermädchen namens Nanthild, das der König in St. Denis der Gemahlin Gomatrud vorzog. Die bei den Merowingern und auch bei den Karolingern nicht gerade seltene Bevorzugung von Nebenfrauen – deren Söhne nach salisch-fränkischem Königsreich ebenfalls königlichen Geblütes und dementsprechend erbberechtigt waren – hat im Falle Dagoberts nicht nur den frommen Fredegar irritiert sondern auch Arnulf von Metz. Er wandte sich im Jahre 629 n. Chr., ein Jahr nach Dagoberts Vermählung mit Nanthild, vom Hof in St. Denis ab und ging nach Remiremont in die Vogesen. Die Familienverhältnisse Dagoberts wurden nach Arnulfs Abreise eher noch komplizierter, denn die Austrasierin Ragnetrude gebar ihm 630 n. Chr. einen Sohn, Siegbert genannt.

Dagoberts Entscheidung für Paris und St. Denis als Hauptresidenz hatte unter anderem zur Folge, daß der westliche Reichsteil mehr und mehr ein Übergewicht über das Ostland erhielt. Wie schon zu Zeiten von Dagoberts Vater Chlothar drängten nun wiederum die Großen in Austrasien auf eine stärkere Beachtung Austrasiens. So wurde das Kind Siegbert in Metz zum Unterkönig für Austrasien ausgerufen. Die Regentschaft lag unter anderem in den Händen Chuniberts von Köln.

Vom Ansehen, das sich Dagobert als junger Unterkönig in Austrasien erworben hatte, blieb am Ende seiner Regierungszeit nicht mehr viel übrig. Es

heißt, die Austrasier hätten ihn wegen der Hinwendung zu Neustrien zunehmend abgelehnt, ja gehaßt. Wie weit diese Behauptungen stimmen, ist schwer
zu sagen. Daß Dagoberts Ansehen litt, weil er mit einem austrasischen Heer
bei der Verteidigung der östlichen Reichsgebiete in Böhmen eine schwere
Niederlage gegen die Slawen hinnehmen mußte, kann man sich vorstellen. Es
scheint, daß man ihn auch des Wortbruches gegenüber einer Gruppe von Bul-
garen bezichtigt hat, die in Baiern, in Dagoberts Herrschaftsbereich, zunächst
Aufnahme gefunden hatten, dann aber getötet worden waren.

Folgt man Fredegars Bericht, so hat Dagobert schließlich seine Schwächen
(„Schlemmerei, Völlerei") und seine Verfehlungen bereut und war bereit, die
Schuld zu sühnen, indem er sich verstärkt der Kirche widmete, Stiftungen aus
Königsgut machte und ganz besonders das Kloster St. Denis reich bedachte.
Er starb im Alter von 35 Jahren auf einem Königsgut in Epiney an einer
schweren Bauch-Krankheit. Begraben wurde er in St. Denis. Die Inschrift sei-
nes Grabes nennt ihn einen „Schirmer des Rechts und für alle ein reichlicher
Spender". Er sei ein „Gründer der Kirche" gewesen, wird zu seinem Nachruhm gesagt. Dargestellt ist dieser Merowinger in St. Denis „mit dem Hauch
der Güte im Antlitz", wie ein Historiker angemerkt hat.

Soweit die wesentlichen Fakten, die hauptsächlich in Fredegars Chronik
überliefert sind. Im 9. Jahrhundert, lange nach Dagoberts Tod, haben Mönche
im Kloster von St. Denis durch die Verbreitung von Legenden zu einer Art
Dagobert-Kult beigetragen, der dann zahlreiche – gefälschte – Dagobert-Ur-
kunden und Dagobert-Dokumente hervorbrachte. Die Original-Urkunden,
genauer gesagt: die Original-Fälschungen, sind zum größten Teil in der Zeit
der Französischen Revolution vernichtet worden, so daß es schwierig, ja unmöglich ist, die tatsächlichen Dagobert-Stiftungen von *den* Werken zu unterscheiden, die diesem Merowinger im Laufe der Zeit, vor allem im Hoch-Mittelalter zugeschrieben worden sind.

Zu den Dagobert-Legenden gehörte lange Zeit die Behauptung, daß dieser
König nicht nur die Klöster Weißenburg und Klingenmünster gestiftet habe,
sondern auch der Wiederbegründer des Bistums Speyer gewesen sei. Nun
weiß man, daß schon einige Jahre vor Dagoberts Einsetzung als Unterkönig
in Austrasien ein Bischof in Speyer amtierte, nämlich der Bischof Hilderich
oder Childerich, seinem Namen nach ein Merowinger und wahrscheinlich ein
Verwandter des Königs Chlothar II. In den schriftlichen Zeugnissen aus jener
Zeit ist aus dem Jahre 614 n. Chr. – Dagobert war damals erst neun Jahre alt
und noch ohne Amt – ein Kontakt zwischen Hilderich und seinem Amtskolle-
gen in Chartres, dem Bischof Theobald, verzeichnet. (Heute sind die Städte
Speyer und Chartres durch einen Partnerschaftsvertrag verbunden.)

Was Weißenburg betrifft, so ist die Frage nach Dagoberts Wirken nicht so
eindeutig zu klären wie im Falle des Speyerer Bistums. Die Benediktiner-Ab-
tei in Weißenburg gehörte einst zum Bistum Speyer. Von dieser Abtei existiert
eine Gründungslegende, die Dagobert betrifft. Der junge Merowinger habe
gerne auf Burg Landeck Hof gehalten, er sei „leichtsinnig und weltlich ge-
sinnt" gewesen, ja sogar „grausam und zuchtlos". Bei einer Jagd habe er sich

62

im Tal von Klingenmünster verirrt. Erschöpft sei er schließlich auf einem moorigen Felsblock liegend eingeschlafen und habe geträumt, er stehe als Angeklagter vor Gottes Richterstuhl. Der Erzengel Michael habe ihn mit dem Flammenschwert töten wollen. Da sei der Schutzpatron Dagoberts, der Heilige Dionysius, erschienen und habe den Königssohn gerettet. Aufgeschreckt durch diesen Traum im Wald bei Klingenmünster habe Dagobert gelobt, seine Sünden zu sühnen. Als Beispiel seiner Dankbarkeit habe er dann die Klöster Weißenburg, Klingenmünster und Blidenfeld gegründet.

Ein Gründungsdiplom für Weißenburg, das die Jahreszahl 623 enthält, gilt als höchst zweifelhafter Beweis für Dagoberts Klostergründung, weil es sich wohl um eine Fälschung handelt, die im 12. Jahrhundert angefertigt wurde. Eine Urkunde aus dem achten Jahrhundert, die einen Zusammenhang zwischen Rechten an den Baden-Badener Quellen und Weißenburg herstellt und aus der Zeit Dagoberts III. stammt, hat die Historiker ebenfalls beschäftigt. Ein besonders wichtiger Hinweis auf Dagoberts Wirken in der Südpfalz und im Elsaß ist bedauerlicherweise im Jahre 1793 in der Zeit der Französischen Revolution zerstört, aber später entsprechend dem Original-Text wiederhergestellt worden: eine Inschrift an der Mauer eines Hauses an der Stiftskirche von Weißenburg. Sie lautet: „Im Jahre 623 hat Herr Dagobert, König der Franken, gegründet das Kloster Weißenburg, dem eben derselbe König und mehrere römische Bischöfe und Kaiser auch die Privilegien der Steuer und anderer Freiheiten zugewandt haben". Ob diese Inschrift tatsächlich aus dem siebenten Jahrhundert stammt, geht aus den Angaben der elsässischen Historiker nicht eindeutig hervor.

Der andere Teil des Traumes im Wald bei Klingenmünster betrifft ein Kloster „Blidenfeld". Angeblich ist dies nichts anderes als eine Umschreibung des alten Klosterstandorts von Klingenmünster, es solle bedeuten „blühendes, lachendes Feld". Es handle sich also nur um *eine* Klostergründung, die von Klingenmünster. Hier führt ein Diplom über die Stiftung vollends in die Irre, denn es enthält die Jahreszahl 655. Dagobert I. ist jedoch 638 in Epinay gestorben und sein Enkel, Dagobert II., hat erst im Jahre 673 die Herrschaft angetreten. Alle zuverlässigen Hinweise deuten im übrigen auf eine Gründung des Klosters Klingenmünster im neunten Jahrhundert hin, auf die Endphase des fränkischen Königstums, wie es sich mit und nach Chlodwig herausgebildet hatte.

Wie sehr sich die wohl im neunten und zehnten Jahrhundert entstandenen oder zusätzlich ausgeschmückten Dagobert-Legenden vermischen, zeigt ein Vergleich der Stiftungslegende von St. Denis mit der Legende vom Traum des jungen Dagobert im Pfälzer Wald. Es heißt, Dagobert habe in St. Denis Zuflucht gefunden, als ihn sein Vater verfolgte. Der Heilige Dionysius habe ihn jedoch beschützt. Deshalb habe er zu dessen Ehre zwei Wegsteine von Paris entfernt ein prächtiges Bauwerk errichtet: St. Denis oder Sankt Dionysius. Auch das Datum dieser Gründung ist umstritten. Eine Urkunde weist auf das Jahr 630 hin, nach anderen Quellen beteiligte sich jedoch schon im Jahre 541 ein Abt von St. Denis am Konzil von Orléans.

Die Burg Landeck oberhalb von Klingenmünster, eine der größten stauferzeitlichen Anlagen der Pfalz, wird im Volksmund noch heute mit dem „guten König" Dagobert in Verbindung gebracht. (Foto: Alf Rapp)

In der Pfalz und im Elsaß gilt Dagobert auch als wichtiger Burgengründer und als Liebhaber schöner und schöngelegener Burgen. Sein bevorzugter Platz in der Pfalz, so die Legende, sei die Burg Landeck gewesen, das angeblich älteste Schloß des Landes. Die Gründung Landecks wird im übrigen Chlodwig zugeschrieben, der aus einem ehemals römischen Kastell einen Palast gemacht haben soll. Dagobert I. habe dann Landeck als bleibende Residenz für sich und für seine Schwester erwählt.

Auch diese Version der Verbundenheit Dagoberts mit der Pfalz entstammt einer Chronik, die der pfälzische Amtsschreiber Jakob Beverlin in der Zeit vor dem Dreißigjährigen Krieg verfaßt hat. Beverlin notierte damals alles, „was im Volke über den guten König Dagobert geredet werd", auch das, was er in Büchern über Dagobert fand. „Austrasien" heißt in Beverlins Version „Kleinfrankreich", für ihn war der junge Dagobert deshalb der „König von Kleinfrankreich".

Noch immer von Bedeutung und Interesse ist die Version, die der Amtsschreiber Beverlin über die Entstehung der Waldgenossenschaften in der Pfalz und im Elsaß mitteilt. Als die Großen des Frankenreiches mit Dagobert in Streit geraten waren, hätten sie ihn auf der Burg Landeck eingeschlossen. Ein Bauer aus der Umgebung der Burg – nach einer anderen Lesart war es eine Frau – habe Dagobert einen Fluchtweg gezeigt. Er sei über das Siebeldinger Tal nach Frankweiler geflohen und habe sich dort hinter einem Busch verborgen, bis die Bauern genügend Hilfe geholt, um Dagoberts Sieg über die Feinde zu ermöglichen. (So erklärt sich der Name „Dagobertshecke" für einen in der pfälzischen Sage wichtigen Weißdorn, der an der Gemarkungsgrenze von Siebeldingen und Godramstein stand.) In Göcklingen, ursprünglich Gamphoringen genannt, soll Dagobert nach dem Sieg über seine Feinde bei Landeck ein Testament diktiert haben. Darin – so hat Beverlin nach angeblichen Quellen berichtet, in denen als ein Geheimschreiber Dagoberts Ernfericus Morolius genannt wird – soll Dagobert den Bauern zum Dank für ihre Hilfe die großen Wälder der Umgebung, die „Geraiden", geschenkt haben. Dies also wäre der Anfang jener pfälzischen „Hain-Geraiden", die unter französischer Herrschaft im Jahre 1792 für erledigt erklärt und den Bauern an der Haardt auch unter der neuen bayerischen Herrschaft nicht mehr zurückgegeben wurden.

Seit undenklichen Zeiten hießen die großen Wälder des Haardtgebirges nun schon „die Haingeraiden", hat August Becker in der Mitte des letzten Jahrhunderts geschrieben. Die Bewohner der Orte an der oberen Haardt und des vorderen Queichtales habe man die „Haingeraidebauern"genannt. Becker verweist auf sechzehn derartige Waldgenossenschaften, die vom heutigen Elsaß bis an die Grenze des alten Wormsgaues bei Bad Dürkheim existierten. Ob sie tatsächlich auf Dagobert I., auf ein in Göcklingen diktiertes Testament des Merowingers zurückgehen, bleibt wohl auch weiterhin im Dunkel der Geschichte verborgen. Man weiß jedoch, daß diese Waldgenossenschaften, die man in ähnlicher Form auch im alemannischen Gebiet kannte, im zwölften Jahrhundert schon existiert haben. Als es um das Jahr 1150 zu einem Streit kam, weil die Mönche im neugegründeten Kloster Eußertal auch Waldrechte für sich in Anspruch nahmen, wehrten sich die Bauern gegen den Eingriff in ihre genossenschaftlichen Rechte. Der Widerspruch der Bauern führte zu einem langdauernden Streit. Nach mehr als hundert Jahren kam es schließlich zum Vergleich mit dem Kloster. Aber die Bauern in dieser Gegend erinnerten sich noch nach vielen Generationen an diesen Streit. Das erste Kloster, das sie im Bauernkrieg zerstörten, war das Kloster Eußertal.

Hundert Jahre nach dem Bauernkrieg, im Jahre 1613, wurden in einer Schenkungsurkunde des Grafen von Leiningen-Dagsburg die Gerechtsame der Geraidebauern ausdrücklich verbrieft. Die Gemeinden, so heißt es in dieser Urkunde, besäßen diese Rechte schon seit Jahrhunderten. Ein genaueres Ursprungsdatum fehlt in der Urkunde, aber der Hinweis auf „jahrhundertalte Rechte" soll wohl besagen, daß das Bauernrecht schon seit grauer Vorzeit bestehe. Nach August Beckers Ansicht war es sogar ein „seit Jahrtausenden bestehendes urgermanisches Rechtsinstitut, das auf unsere Zeit kam". Diese Haingeraide-Genossenschaften waren bis zur Neuverteilung der Wälder in der bayerisch gewordenen Pfalz in den zwanziger Jahren des vergangenen Jahrhunderts der wichtigste Bestandteil des „königlichen Forstes Vogesus". Der alte Name erhielt sich allerdings nicht überall, sondern im wesentlichen nur für die „Haingeraiden" zwischen Queich und Speyerbach.

Über die Herkunft des Wortes herrscht keine volle Klarheit. Man kennt die Begriffe „reuten" oder „ausreuten", das „Gereut" oder „Gereutte" noch im Alemannischen, sie bedeuten „roden" oder „Rodung". Ein elsässischer Historiker glaubt, daß auch ein Anklang an das oberdeutsche Wort „raiten" (gleich „rechnen") denkbar sei. Im übrigen sei „Hain" nichts anderes als der Name eines Flüßchens. – Diese Deutung will nicht so ganz einleuchten. Ein „Hain" kann auch ein lichter Wald sein, ein Wald übrigens, den man im fränkisch-alemannischen Grenzgebiet, in Württemberg, als einen „Hardtwald" kennt, in dem die Bauern ihre Streu für den Viehstall geholt haben. Mancher Ortsname mit der Endung „-hardt" gibt davon Zeugnis, und im Schwäbischen Wald nordöstlich von Stuttgart kennt man noch heute eine Hardtwald-Genossenschaft.

Die größte unter den Haingeraiden war die obere Haingeraide, die den Gemeinden des Siebeldinger Tales gehörte. Einige dieser Waldgenossenschaften kannten übrigens Hauptorte mit besonderen Rechten, in anderen waren alle Gemeinden gleichberechtigt. Ganz besonders wichtig dürfte das Recht auf eine eigene Gerichtsbarkeit gewesen sein. Die Genossenschaft, so berichtet August Becker, „hatte einen „Geraidestuhl", wo Versammlungen unter freiem Himmel und öffentlich Gericht gehalten wurden. Es war „ein auf Säulen stehendes Häuschen im freien Feld, in dessen oberen Raum sich bei stürmischen Versammlungen die Vorstände zurückgezogen; unten war die steinerne Bank als Rednerbühne". Diese Gerichtsstätten fand man unter anderem in der „Tannenhard" zwischen Frankweiler und Siebeldingen, im Feld zwischen Böchingen und Walsheim und bei Venningen.

Im Gebiet der Haingeraiden anerkannte man nur die Oberhoheit des Kaisers, nicht aber – als Gerichtsherren – den Landesherren. Der Schultheiß, die Dorfmeister und die Beisitzer oder Geschworenen wurden auf Lebenszeit als Geraidevorstände gewählt. In einigen der Geraiden besaß der Bischof von Speyer Fisch- und Jagdrecht. Eine richterliche Gewalt hatte der Kirchenfürst nicht. Berufungsfälle wurden vor dem kaiserlichen Gaugericht auf dem Stahlbühl zu Luitramsforst verhandelt, jenem Gericht, das auch mit dem Streit zwischen den Geraidebauern und dem Kloster Eußertal befaßt war. Wer zu den Geraidegenossen zählte, hatte das Holzrecht für den eigenen Bedarf, nicht jedoch für einen Verkauf.

August Becker meint, schon die Nemeter hätten hier wohl ihren „heiligen Hain" gehabt; die Tradition müßte demnach noch viel älter sein als Dagoberts legendäres Göcklinger Testament. Für den Begriff „Hain" hat Becker im übrigen eine simple Deutung: er glaubt, daß es besser „Heimgeraiden" heißen müsse, wobei das altdeutsche „Heim" für „Dorf" stehe. Dagobert, davon war der in Klingenmünster und damit im Zentrum der Dagobert-Legenden aufgewachsene August Becker überzeugt, habe den Bauern einst diese Wälder nicht geschenkt, er habe vielmehr die uralten Rechte auf ewig bestätigt. Nun, dieses „ewig" endete in der Französischen Revolution, wie man weiß, und schließlich durch einen Richterspruch im Königreich Bayern. Daß dieses Ende der alten Rechte, seien sie nun von Dagobert geschaffen oder nur erneut verbrieft worden, die betroffenen Geraidebauern empört hat, ist ziemlich gewiß. Das Mißtrauen mancher Pfälzer gegen Staatsautorität, das sich im vergangenen Jahrhundert zweimal ganz deutlich manifestiert hat, dürfte durch das als Rechtsverletzung empfundene Ende der Waldgenossenschaften eher vergrößert als gemildert worden sein. Schließlich brachten diese alten Rechte der Geraidebauern neben materiellen Vorteilen auch Unabhängigkeit und Selbstbestimmung.

Es gibt außer den Haingeraiden noch andere an Dagobert erinnernde historische Bezüge, die bis in die Neuzeit, ja sogar bis in unsere Gegenwart reichen. Das Stichwort heißt „Mundatwald". Viele Jahre lang war dieser unter anderem für die Wasserversorung der Stadt Weißenburg wichtige Wald an der elsässisch-pfälzischen Grenze ein strittiger Fall in den Beziehungen zwischen Paris und Bonn. Mehr als *ein* Bundeskanzler mußte sich damit befassen und mußte sich einprägen, wo man Schweigen, Weißenburg, den St. Germanshof und den Mundatwald auf der Landkarte findet. Nirgends in den Bonner Akten war indes vermerkt, daß die deutsch-französische Geschichte dieses Waldes viel älter ist als Frankreich oder ein deutscher Staat.

Die Geschichte dieses Waldes gehört zu der Geschichte des Klosters und der Stadt Weißenburg. Nach der Legende hat König Dagobert dem Kloster Weißenburg bei dessen Gründung auch Teile des „königlichen Forstes Vogesus" gestiftet. So jedenfalls notierte August Becker die Überlieferung. Bis zum Schloß Berwartstein reichte einst die Weißenburger Mundat (Emunitas). Der größte Teil dieses Waldes lag auf dem heute pfälzischen Gebiet. Mundat, Haingeraiden und Münsterer Abtswald, so scheint es, sind in der gleichen

Zeit entstanden. Alle drei wurden jedenfalls dem König Dagobert zugeschrieben. Die Grenze zwischen Mundatwald und Münsterer Abtswald war durch eine Reihe von „Lagersteinen", auch „Mundatssäulen" genannt, markiert.

Gemarkungs- und Staatsgrenzen decken sich in unserer Zeit längst nicht mehr mit den alten Waldgrenzen der frühkirchlichen Epoche. Immer noch heißt freilich ein beträchtliches Waldstück auf der pfälzischen Seite „Mundatwald". Dies veranlaßte die französischen Behörden nach dem Zweiten Weltkrieg zu einer Gebietsforderung – der einzigen übrigens – an die Bundesrepublik Deutschland.

In der Frankenzeit verlief die Grenze zwischen den Gauen anders als heute die Staats- oder Landesgrenze, auch im Bereich des Mundatwaldes. Weißenburg zählte zum Speyergau, die heutige Pfalz unterstand insgesamt vier königlichen Beauftragten, den Grafen im Bliesgau, im Nahegau, im Wormsgau und im Speyergau. Diese Gaugrafen waren bis in die Zeit von Dagoberts Vater Chlothar II. keine eingesessenen Grundherren, sondern glichen eher den römischen „comes civitatis", doch setzte im siebenten Jahrhundert eine Germanisierung dieses Amtes im Sinne eines „Grafio" ein. Der Gaugraf ist nun auch ein „Fürst", ein Teilhaber der Herrschaft im Reich. Die Gaugrafen besaßen die allgemeine militärische und richterliche Gewalt im Gau, waren jedoch nicht zuständig für die großen geistlichen Güter und die großen weltlichen Grundherrschaften. Aus der Merowingerzeit kennt man noch keine Namen der in der Pfalz residierenden Gaugrafen, erst für das späte achte Jahrhundert ist im Speyergau ein Graf Baugulf urkundlich überliefert, im Nahegau wird im neunten Jahrhundert ein Graf Alberich erwähnt, im Bliesgau versah das Grafenamt ein Wigbertus.

Ein neu auf den Thron gelangter fränkischer König begann seine Regentschaft im allgemeinen mit einer Umfahrt durch sein Reich und bestätigte dadurch überall das geltende Recht und sein eigenes Königsrecht. Man leistete ihm den Treueid, der in Vertretung des Königs auch von den Grafen oder von anderen Würdenträgern abgenommen werden konnte, die das Volk zu diesem Zwecke versammelten. Nicht nur die Vornehmen, so scheint es, leisteten den Eid. Einer Pflicht der Untertanen zur Treue gegenüber dem König entsprach dessen Schutzpflicht. Die Niederschrift der fränkisch-salischen Rechtsüberlieferung, die in der ersten Hälfte des sechsten Jahrhunderts, noch zu Lebzeiten des Reichsgründers Chlodwig, begonnen wurde, bekannt als „Pactus legis Salicae", läßt keinen Zweifel, daß der König der Hüter der öffentlichen Ordnung ist. Diese salisch-fränkische Rechtsordnung enthält neben den überlieferten Elementen germanischen Volks- und Königsrechtes auch Vorschriften, die dem christlichen Denken entsprochen haben. So zum Beispiel die königliche Schutzpflicht auch gegenüber denen, die nicht wehrfähig waren. Dazu gehörten die Geistlichkeit, die Witwen und die Waisen.

Die königliche Gewalt kam unter anderem darin zum Ausdruck, daß der Herrscher nicht nur das Heer befehligte und die Außenpolitik bestimmte, sondern auch die Besetzung der wichtigsten weltlichen und kirchlichen Ämter. Die Ernennung eines neuen Bischofs betrachteten die Könige als ihr Vorrecht. Sie dürften dieses Recht überall, so auch in der Pfalz bei der Besetzung des Speyerer Bischofstuhles, zur Festigung ihrer Macht genutzt haben, wie man unter anderem aus dem merowingerischen Namen des im Jahre 614 erstmals aktenkundig gewordenen Speyerer Bischofs Childerich (oder Hilderich) schließen kann.

Eine absolute Königsherrschaft oder eine absolute Herrschaft der in der späteren Merowingerzeit an Stelle des Königs regierenden Hausmeier hat es trotz dieser Machtfülle nicht gegeben. Die Heeresversammlungen, die Versammlungen der Freien, hatten stets einen gewissen Einfluß, zumindest auf die Verteilung des Beutegutes nach einem erfolgreichen Kriegszug. Die Großen des Reiches, die „proceres", wie sie in den lateinischen Niederschriften genannt werden, wirkten an der Gesetzgebung mit, jedenfalls muß man dies aus den frühen schriftlichen Fassungen der „Lex Salica" schließen. Es scheint, daß diese „proceres" auch die Tischgenossen des Königs gewesen sind. Zu den eigentlichen Hofleuten oder Hofbeamten gehörten schon in recht früher Zeit des fränkischen Königtums die Pfalz-Grafen, die in den Quellen „Comites palatii" heißen. Sie dürften wohl als Hofrichter amtiert haben. Ihr Name ist jedenfalls auf den im lateinischen „Palatium regis" „oder Palatina aula" genannten Königshof zurückzuführen. Verantwortlich für die richtige Ausfertigung der königlichen Urkunden war der Leiter der Königskanzlei, der „referendarius", den wir heute in ganz anderer Funktion als Referendar kennen. Das Urkundenwesen selbst ist römischen Ursprungs.

Den Zentenar, der bei den Waldgenossenschaften, den pfälzischen Haingeraiden, offensichtlich als eine Art Verwaltungsbeamter fungierte, findet man schon in der „Lex Salica". Er war demnach zur Ansetzung eines Things, einer Gerichtsversammlung, berechtigt. Nach salisch-fränkischem Recht gehörten neben den richterlichen auch die polizeilichen Aufgaben, die Aufklärung von Verbrechen, zum Amt eines Zentenars. Er war insofern eine Art Hilfsorgan des Gaugrafen.

Das Königsgut, das immer wieder zu Schenkungen an die Kirche, speziell zu Klostergründungen herangezogen wurde, wie es unter anderem in der Dagobert-Legende überliefert ist, war in den neu erworbenen fränkischen Herrschafts- und Siedlungsgebieten vor allem durch die Übernahme römischer Ländereien entstanden. Die einst kaiserlichen Wälder und Ländereien, verwaltet von römischen Fiskalbeamten, sind in der Merowingerzeit auch in der Pfalz zu Königsgut geworden, wobei man vor der Karolingerzeit keinen Unterschied zwischen Hausgütern der Könige und staatlichem oder öffentlichem Eigentum machte. Beschenkt wurden aus diesem Königsgut neben der Kirche auch Gefolgsleute des Königs. Auf diese Weise entstand neben dem Kirchenvermögen auch mancher Adelsbesitz. Die Gefolgschaftsdienste, die fränkische Freie dem König leisteten, belohnte dieser allerdings in erster Linie aus dem königlichen Schatz. Die Schatztruhe füllte man einerseits durch Erbschaft, andererseits durch Kriegsbeute, durch Tributleistungen der Unterworfenen und Besiegte, durch Enteignungen, auch durch Geschenke fremder Herrscher und der eigenen Untertanen. Zuweilen haben Plünderungen von

Kirchengut den Königsschatz vermehrt. Vom Herrscher erwarteten seine Gefolgsleute, daß er freigiebig sei. Ein geiziger König lebte gefährlich. Es heißt, daß Chlodwig seinen geizigen Vater Sigibert auch „um des Schatzgewinnes willen ermorden ließ". Chlodwig, so wird berichtet, „empfing Sigiberts Reich und die Schätze".

Nach germanischer Rechtstradition unterschied man bei den Franken zwischen drei Ständen: den Freien (Franci), den Halbfreien oder Liten (Liti) und den Knechten, den servi. Wie die Freien waren auch die Liten waffenfähig, sie konnten vor Gericht als Zeugen auftreten und durften schwören. Man gliederte diese Liten, die im allgemeinen eine nicht allzu hohe Abgabe in Form von Grundzinsen („Litinarum") entrichten mußten, immer mehr in das Herrschaftsvolk ein. Im allgemeinen dürfte sich die Gruppe der Liten aus ansässig gebliebenen Galloromern oder Römern und aus freigelassenen Knechten gebildet haben. Der Status hatte manche Ähnlichkeit mit den „colonen" der Römerzeit, Einwohnern, die kein römisches Bürgerrecht besaßen.

Bei den Knechten, die nach altem germanischem Recht gleich dem Vieh und anderen Haustieren als Sachen galten, unterschied das salisch-fränkische Recht zwischen verschiedenen Arten. Wer als Knecht – oft ein Kriegsgefangener – auf den Hufen, den großen Höfen angesiedelt wurde, der blieb dem Grundherrn zu Dienst und Zins verpflichtet. Er durfte jedoch selbständig wirtschaften. Eine andere Knechts-Kategorie bildeten die Landarbeiter bei einem Bauern. Eine höhere soziale Stellung als diese Bauern- oder Ackerknechte hatten Knechte in einem Herrenhaus. Sie verband mit ihrem Herrn ein besonderes Treueverhältnis. Im übrigen kamen die sozialen Rangunterschiede in der Höhe der Summe zum Ausdruck, die ein Totschläger dem Herrn eines Erschlagenen oder den Verwandten des Getöteten zahlen mußten. Dieses sogenannte Wergeld, das der Sühne eines Totschlagverbrechens diente, war genau abgestuft. Die Verwandten eines Freien hatten doppelt so viel Wergeld zu beanspruchen wie die Verwandten eines Liten, eines Halbfreien. Der Knecht des Herrenhauses war teurer als der Bauernknecht.

Mit dem Erstarken der Reichsgewalt verminderten sich besonders unter den karolingischen Königen die Rechte der Sippe – als einer Gemeinschaft von Blutsverwandten – auf Fehde zum Zwecke der Rache. Auch wenn das überlieferte Volksrecht die Fehde noch erlaubte, konnten nun die fehdelustigen Parteien von dem Beauftragten des Königs, etwa dem Gaugrafen, zu einem Sühnevertrag gezwungen werden. Im übrigen verschwand offensichtlich in der Karolingerzeit gerade im oberrheinisch-süddeutschen Frankenland die Haftungspflicht der Sippe für einen Angehörigen, der Wergeld als Sühne an die Verwandten seines Opfers zu entrichten hatte.

Wenn die Könige mit ihren Beamten durch ein Zurückdrängen der Sippenrechte im Falle eines Streites zur Festigung des inneren Friedens beigetragen haben, so sicherlich auch deswegen, weil sie nur allzuoft mit dem Kampf gegen äußere Feinde beschäftigt waren. In der frühen Zeit der Merowinger, in der alle Freien des fränkischen Reiches heerespflichtig waren, unterschied man bezeichnenderweise noch nicht zwischen den Begriffen „Heer" und

„Volk". Zum „Volk" gehörten alle waffenfähigen, freien Männer fränkischer Herkunft. In späterer Zeit beteiligten sich in den neuerworbenen, ehemals römischen Gebieten auch Gallorömer an den Kämpfen. Die Alemannen und die Thüringer fochten in geschlossenen Kontigenten auf der Seite der Franken.

Im wesentlichen bestand das fränkische Heer aus Fußvolk. Als wichtigste Waffe diente den Franken die Wurfaxt, die sogenannte „Francesa". Der König, in merowingischer Zeit von weitem schon an seinem lang herabwallenden Haar zu erkennen, zog beritten und durch einen Harnisch geschützt in den Kampf. Das Symbol seiner Herrschaft und Befehlsgewalt war der Speer, vielleicht eine Erinnerung an den Wotansspeer der germanischen Götterwelt.

Den Chronisten der Frankenzeit ist besonders aufgefallen, daß sich die fränkischen Krieger mit einem ungeheuren Feldgeschrei in die Schlacht stürzten. Man rätselte darüber, ob dieses Geschrei hauptsächlich die eigene Furcht verdrängen oder ob es den Feinden Angst machen sollte.

Das Heerwesen reflektierte wohl am längsten die altgermanischen, auch die heidnischen Überlieferungen im fränkischen Herrschaftsvolk. Hier waren denn auch die Interessen der römisch-katholischen Kirche weniger berührt als bei den Sitten und Gebräuchen des täglichen Lebens. Immer wieder haben die Synoden, auf denen sich die Repräsentanten der Abteien und Bistümer versammelten, Beschlüsse gefaßt, in denen sie die Neuchristen ermahnen und auffordern, endlich von den Opfermahlzeiten zu lassen und auf die alten, heidnischen Trinksitten zu verzichten, jene Trinksitten also, die, allem Anschein nach uralt, bereits in früher keltischer Zeit geschätzt worden sind. Einer der merowingischen Könige, Childebert, warnte seine Untertanen und die fränkischen Genossen vor heidnischen Idolen, vor kultischen Tänzen und Liedern, auch vor den schlimmen Saufgelagen. Über die Ergebnisse all dieser Bemühungen um Umerziehung und Respektierung christlicher Tugenden – wie der Mäßigung – schweigen die Chronisten, die im übrigen als Kleriker bei ihren Beobachtungen und Mitteilungen parteiisch gewesen sein dürften.

Die Veränderung alter Gewohnheiten und Sitten war zu allen Zeiten, auch in der Zeit der fränkischen Herrschaft und der damit verbundenen Einführung des Christentums, ein schwieriges Unternehmen. Die Menschen wehren sich meist ziemlich beharrlich gegen den Versuch der Umerziehung, auch wenn diese eine Verbesserung verspricht. Falls sich an Gewohnheiten und Sitten etwas ändert, dann eher aus Furcht vor Unheil oder Strafe als aus Einsicht. Die häufig wiederholten Klagen der fränkischen Kleriker bestätigen insofern den scharf beobachtenden Wiener Bühnenautor Johann Nestroy, der in einem seiner Couplets feststellt: „Alles ist alt, nur in neuer Gestalt". Freilich: mit dem Christentum und mit der Kirche begann im Land der Franken und bald danach auch in den Siedlungsgebieten der anderen germanischen Stämme und Völker eine Verschmelzung altgermanischer Vorstellungen und Traditionen mit den christlichen und den antiken Überlieferungen.

In den linksrheinischen Gebieten waren die Veränderungen bei der Einführung des Christentums allerdings weniger tiefgreifend als in den rechtsrheinischen Gebieten des heutigen Deutschland, die ja nur relativ kurze Zeit oder überhaupt nicht von römischer Herrschaft und Verwaltung geprägt gewesen waren. Allerdings reduzierte sich auch links des Rheins die Bedeutung der einst römischen Siedlungen, wenn von ihnen überhaupt etwas übrig geblieben war, ganz erheblich. Nur wenige der einst römischen Städte gewannen erneut Bedeutung und zwar als Bischofssitz. Speyer gehört dazu, das alte Noviomagus der Kelten und Römer, das eine zeitlang Nemetum geheißen hatte und nun im siebenten Jahrhundert in den lateinisch geschriebenen Urkunden den Namen Spira, Speyer, führte.

Neben den Bischofssitzen entwickelten sich in der Frankenzeit vor allem die neuen Klöster zu geistig-kulturellen und auch wirtschaftlichen Mittelpunkten der fränkischen Gaue. Die Zeit der Städtegründungen ließ noch auf sich warten. Die Franken bevorzugten eine Siedlung in Einzelgehöften, in Weilern oder Dörfern.

Mit der fränkischen Herrschaft und der fränkischen Besiedelung begann auch in unserer Heimat eine Epoche der Dorfgründungen. Auf den eher kargen Böden im klimatisch rauheren Teil der Pfalz findet man aus jener Zeit die nach ihrer Größe eher bescheidenen Siedlungen mit der Endsilbe „– weiler". Die größeren, in manchen Teilen sogar ziemlich großen dörflichen Siedlungen aus der Frankenzeit liegen in den fruchtbaren und klimatisch günstigen Regionen. Es sind die Orte mit der Endsilbe – „– heim", oder „– ingen". Zu den frühen fränkischen Siedlungen, wo man möglicherweise an römische Traditionen angeknüpft hat, gehören, vor allem in der Rheinebene gelegen, die Orte, die auf „– stadt" enden.

Die Franken, das weiß man aus dem salisch-fränkischen Recht, schätzten das Haus, den eigenen Hof, besonders hoch ein. Wer zum Beispiel einen Stein gegen einen Mann wirft, der sich in seinem Haus aufhält, wird hart bestraft. Ebenfalls unter harter Strafandrohung steht das Erbrechen eines Haustür-Schlosses oder das Öffnen der Haustüre mit Hilfe eines Nachschlüssels. Die höchste Strafe droht dem, der einen freien Mann in seinem Haus überfällt und ihn tötet. Sechshundert Schilling Buße kostete die Tötung eines Freien in seinem Hause, das Dreifache, nämlich 1 800 Schilling, mußte für dieses Delikt als Buße entrichtet werden, wenn das Opfer des Verbrechens ein Angehöriger der königlichen Gefolgschaft war. Diese Strafen galten als fast unerschwinglich hoch. Deshalb drohte der Verlust des Hauses; das war gleichbedeutend mit dem Verlust der Existenz.

Das Haus als Friedensbezirk wurde ergänzt durch eine Abgrenzung der Grundstücke mit Hilfe von Zäunen. Das Öffnen eines fremden Zaunes und das Treiben des Viehs auf ein fremdes Grundstück konnte ziemlich teuer werden. Neben den Holzzäunen dienten Hecken als natürliche Abgrenzungen, die vom Nachbarn zu respektieren waren. Daß es im übrigen auf dem Lande nach germanischer Rechtstradition genossenschaftliche Formen des Landbesitzes und vor allem des Waldbesitzes gegeben haben muß, zeigt die im salisch-fränkischen Recht vorgesehene Möglichkeit des Einspruches gegen den Zuzug eines neuen Bewohners.

Die Viehzucht gehörte sicherlich zu einer Haupterwerbsquelle der Franken. In ihrer Rechtsordnung sind für alle Arten von Viehdiebstählen genaue Strafen vorgesehen, so für das Stehlen von Rindern und Schafen, Schweinen, Ziegen und Pferden; übrigens wird auch der Diebstahl von Hunden und Vögeln (Federvieh) genau aufgeführt. Man erfährt aus dem Strafkatalog außerdem, daß das Entwenden von Bienenkörben zu den verbreiteten Straftaten gehört haben muß.

Neben Viehzucht und Ackerbau dienten auch die allem Anschein nach mit Leidenschaft betriebene Jagd und das Fischen der Ernährung. Hirsch, Reh, Wildschwein und Hase, dazu Wildgeflügel wurden geschätzt. Der Bericht des griechischen Arztes Anthimus über eine Reise durchs Land der Franken informiert uns darüber, daß die Franken neben dem einheimischen Obst, das mit Honig und Gewürzen eingekocht oder durch Dörren haltbar gemacht wurde, auch Datteln, Mandeln, Feigen und Reis aus der Mittelmeerregion verzehrt haben. Speck, so behauptete Anthimus, sei eine Leibspeise der Franken, rohen Speck benütze man auch als Heilmittel. Den Met, dessen übermäßiger Genuß neben dem allzu reichlichen Weingenuß die kirchlichen Konzilien beschäftigt hat, trank man als Wassermet, aus Wasser und Honig zubereitet, oder als Weinmet. Dieser enthielt einen Zusatz von Wein. Das Süßen des Weines mit dem Naturprodukt Honig war allem Anschein nach bei den Franken beliebt, auch den Zusatz von Wermut kannte man. In der kälteren Jahreszeit schätzte man den Glühwein.

Einer der merowingischen Könige, Chilperich, hatte die gleiche Idee wie im Verlaufe der folgenden Jahrhunderte mancher Herrscher und mancher Finanzminister: er besteuerte den Wein. Mit einer Genuß- oder Luxussteuer wollte er sicherlich wie die meisten seiner Nachahmer einen doppelten Effekt erzielen: die Mäßigung im Verzehr sollte begünstigt und die Kasse des Herrschers mit dem Leeren der Fässer besser gefüllt werden.

Wie viele Menschen in der merowingischen Zeit im Frankenland gelebt haben, ist aus den überlieferten Urkunden, Berichten und Dokumenten nicht zu errechnen, ja nicht einmal halbwegs zuverlässig zu schätzen. Als ungefährer Anhaltspunkt für Vermutungen dient den Historikern die überlieferte Zahl von 80 000 Wandalen, die in der Zeit der Völkerwanderung nach Afrika übergesetzt haben sollen. Es wird angenommen, daß die Zahl der Franken gegen Ende der Völkerwanderung etwa fünf- bis zehnmal größer war als die Zahl der Wandalen. Das ergäbe maximal 800 000 Franken. Rechnet man diese Ziffer auf die Gaue in der Pfalz um, so müßten im fünften Jahrhundert nur wenige tausend Franken in die Pfalz eingedrungen sein und hier gesiedelt haben. An Siedlungsraum dürfte da kaum Mangel gewesen sein, trotz der Anwesenheit von Alemannen und trotz der Bewohner, die als Nachfahren der Urbevölkerung und der Kelten, auch als Nachfahren germanischer Stämme und der Römer in der Pfalz verblieben waren. Selbst die nach heutigen Maßstäben schwache Besiedlung in fränkischer Zeit hat nicht verhindern können, daß im Jahre 585 eine schwere Hungersnot die fränkischen Gebiete heimsuchte. Die

Menschen hätten sich in diesem Hungerjahr sogar von Farnwurzeln und von Haselblüten zu ernähren versucht, heißt es in einer der alten Chroniken.

Im Jahre 585 lebten auch in der Pfalz schon wesentlich mehr Menschen als in der Zeit Chlodwigs und der fränkischen Landnahme. Mancherlei Anzeichen sprechen dafür, daß sich unter den neuen Macht- und Herrschaftsverhältnissen im sechsten Jahrhundert ein beträchtliches Bevölkerungswachstum entwickelte. Die westpfälzische Region blieb allerdings auch im siebenten Jahrhundert noch weitgehend unbesiedelt. Gegen Ende des siebenten und vor allem im achten Jahrhundert kam es dann in dem fast menschenleeren Land jenseits des Vogesenkammes und des Pfälzer Waldes zu Klostergründungen auf Königsgut. In jene Zeit (748) fallen auch die Anfänge des Klosters Hornbach bei Zweibrücken, einem Mittelpunkt der Entwicklung.

Damals begann im Frankenreich die Epoche der Karolinger. Karl Martell, der mächtige Hausmeier und Nachfahre Arnulfs von Metz hatte mit seinem Sieg bei Tours und Poitiers über die aus Spanien vordringenden Mauren im Jahre 732 die arabisch-islamische Expansion eingedämmt. Allgemein gilt dieser Sieg in der europäischen Geschichtsdarstellung als ein Wendepunkt in der Auseinandersetzung der Weltreligionen Islam und Christentum. Der aus dem arnulfingischen Geschlecht stammende Karl Martell wird als der Retter des Abendlandes und des Christentums gefeiert. Bei dieser im Prinzip richtigen Deutung übersieht man allerdings, daß der im maurischen Reich praktizierte Islam die Städte Cordoba, Granada und Sevilla zu kulturell-wissenschaftlichen Zentren der damaligen Zeit gemacht hat, in denen die Angehörigen der drei großen, auf den Stammvater Abraham zurückgehenden Religionen, die Juden, die Christen und die Muslime, friedlich miteinander gelebt und gearbeitet haben.

Als Karl Martell am 15. Oktober 741 starb, setzte man seinen Leichnam im Kloster St. Denis unweit von Paris an jener Stelle bei, die seit langem schon die Grabstätte der Merowinger und – entgegen einer südpfälzischen Legende – auch die Grabstätte Dagoberts I. war. Nicht als den Hausmeier des schwach gewordenen Königsgeschlechts der Merowinger bestattete man den „Retter des Abendlandes" sondern als den „König Karl". Die Söhne Karlmann und Pippin, später genannt der „Kleine" oder der „Kurze", setzten Karl Martells Herrschaft im Frankenreich fort. Gleich am Beginn ihrer Amtszeit bemühten sie sich um eine Reform der fränkischen Kirche und beauftragten damit den zu jener Zeit schon 70 Jahre alten Missionar und Bischof Bonifatius, jenen „Apostel der Deutschen", der von der römisch-katholischen Kirche als Heiliger verehrt wird. Karlmann und Pippin besaßen nicht nur einen ausgeprägten Sinn für weltliche Herrschaft sondern auch ein starkes Sendungsbewußtsein. Ihr Herrschertum betrachteten sie als „ein von Gott verliehenes Amt".

Als Karlmann nach sechsjähriger Regierungszeit ins Kloster ging und Pippin in einer noch andauernden Erbauseinandersetzung mit seinem Halbbruder Grifo die Oberhand behielt, war Pippin der alleinige Herrscher im Reich der Franken, allerdings ohne offiziell als König zu gelten oder anerkannt zu sein. Ihm sollte die Kirche nun jene Legitimation und damit auch die magische Heilskraft verschaffen, die der Abkömmling aus einer Königssippe nach fränkischer Vorstellung mitbrachte. Pippin ließ durch den Abt von St. Denis und durch den Würzburger Bischof in Rom beim Papst nachfragen: „betreffs der Könige im Frankenreich, die damals nicht die königliche (Amts-) Gewalt besaßen, ob das gut sei oder nicht". Die Antwort des Papstes lautete: „es sei besser, daß *der* König heiße, der die Gewalt habe, als der, dem keine königliche Gewalt verblieben sei". Pippin, so die Weisung des Papstes, solle zum König erhoben werden. In Soissons ließ sich Pippin daraufhin nach altem fränkischen Vorbild im Jahre 751 zum König wählen, nachdem er den nominellen König, den Merowinger Childerich, ins Kloster geschickt hatte. Zur Huldigung durch die Franken kam nun als neues Element des Königtums die Salbung durch Bonifatius. Als „Gesalbter des Herrn" rückte der König nach alttestamentarischem Vorbild in die Nähe Gottes. Das am Beginn unseres Jahrhunderts mit Kaiser Wilhelm II. fast zu einer Karikatur gewordene „Gottesgnadentum" hat hier in der Neubegründung einer fränkischen Königssippe der Karolinger eine ihrer Wurzeln. Pippins Sohn, Karl der Große, übernahm denn auch schon die Devotionsformel „Dei Gratia" – von „Gottes Gnaden" – in seinen Titel. Wie sehr sich Pippin seiner historischen Rolle bewußt war, zeigt sich im übrigen darin, daß er die Vorrede zum salisch-fränkischen Recht, der „Lex Salica", ändern und ergänzen ließ. Gerühmt wird nun das „durch Gott selbst begründete Frankenvolk". Es sei frei von Ketzerei, habe tapfer das Joch der Römer abgeschüttelt und habe die Reliquien der von den Römern gemarterten Heiligen mit höchster Verehrung aufgenommen.

Ob die karolingischen Könige, ob ein Pippin oder ob Karl der Große mehr zur französischen oder eher zur deutschen Geschichte gehören, ist ein alter und zugleich ein müßiger Streit. Pippin und sein Sohn Karl sind als fränkische Herrscher die Vorfahren der Franzosen wie der Deutschen. Daß die Karolinger – Karl bevorzugte, wie man weiß den Aufenthalt in Aachen und in den Kaiserpfalzen am Rhein – nach ihrer Herkunft aus dem Moselgebiet eher dem austrischen, dem östlichen Teil des Frankenreiches verbunden waren als dem neustrischen, dem westlichen Reichsteil, fällt in diesem Zusammenhang nur insofern ins Gewicht, als nun mehr und mehr die fränkischen Gaue am Mittel- und Oberrhein an Bedeutung gewannen.

Für die Geschichte unserer Heimat und auch für die Geschichte der Deutschen und der Europäer sind die kulturellen Veränderungen, die Karl der Große eingeleitet und bewirkt hat, rückblickend betrachtet besonders wichtig. Karl versuchte, seinen Hof zu einem geistigen Mittelpunkt zu machen. Er schuf zum Beispiel eine Bibliothek am Hof und er ließ an der Hofschule in Tours durch gelehrte Kleriker eine geistliche Führungsschicht heranbilden. In Karls Regierungszeit findet man die Anfänge einer eigenen deutschen Sprache. Sie ist unter dem mittellateinischen Begriff „Theodisca lingua" erstmals im Jahre 786 als fränkische Heeres- und Gerichtssprache belegt. Die „gentes theodisca" waren die nicht romanisch oder lateinisch sprechenden Leute oder Völker. Karl ließ für diese fränkische Heeres- und Gerichtssprache eine Grammatik bearbeiten. Otfried von Weißenburg hat freilich die Ungepflegtheit dieser Sprache beklagt, die sich wohl aus allgemein germanischen und spezifisch fränkischen Elementen herausgebildet hatte und deshalb mehr das Attribut „fränkisch" als die Kennzeichnung „deutsch" verdient.

Ein politisch und sprachgeschichtlich herausragendes Ereignis in der Zeit der Karolinger sind die Straßburger Eide, die am 14. Februar 842 das Bündnis zwischen Karl dem Kahlen und Ludwig dem Deutschen besiegelten. Die beiden Karolinger, Erben Ludwigs des Frommen, bekräftigten nach heftigen Bruderkriegen ein Jahr vor der Reichsteilung von Verdun ihr Bündnis in Anwesenheit der bei Straßburg versammelten Heere. Um von Ludwigs Kriegern verstanden zu werden, schwor Karl in fränkisch-althochdeutscher Sprache, Ludwig aber sprach den Eid mit Rücksicht auf den Anhang Karls in altfranzösisch. Dieses Ereignis darf indes nicht so verstanden werden, als seien im Jahre 842 bereits Deutsche auf der einen Seite und Franzosen auf der anderen Seite als Völker und als selbständige politische Einheiten zu registrieren. Als die beiden Brüder Karl und Ludwig mit Hilfe des fränkischen Reichsadels ihren Bruder Lothar ein Jahr nach ihrem Straßburger Bündnis zum Nachgeben und zum Teilungsvertrag von Verdun veranlaßten, geschah die Dreiteilung der fränkischen Herrschaft ohne Rücksicht auf Sprach- oder Volksgrenzen. Noch betrachtete man das Frankenreich als eine politisch-ideelle Einheit, wenn gleich nun die drei Herrscher nicht, wie in den Anfangszeiten der merowingischen Könige als Nebenkönige in einem Ostland oder in einem Westland Regierungsgewalt ausübten, sondern als gleichrangige Herrscher in ihren Königreichen galten. Auch nach der Teilung von Verdun bemühte man sich um eine gemeinsame Politik der Franken.

Dieser Wille zur Gemeinsamkeit erklärt, weshalb etwa das mittlere der drei Reiche, Lotharingen, eine so merkwürdige schmale Gestalt erhielt und sich von Italien bis nach Friesland ausdehnte. Ludwig der Deutsche sicherte sich außer den rechtsrheinischen Gebieten auf der linken Rheinseite die Bischofssitze Mainz, Worms und Speyer mit den dazugehörenden Gauen. Hier befand sich in der karolingischen Epoche eine „wirtschaftsstarke fränkische Kernlandschaft mit wertvollem Königsgut". Die Grenze, die Ludwigs Gebiet von Lothars Machtbereich trennte, verlief allerdings quer durch die heutige Pfalz. Der Bliesgau gehörte (von 843 – 870) zu Lotharingen. Die wirtschaftliche Bedeutung der rheinhessischen und pfälzischen Gebiete, die in Verdun dem Ostreich Ludwigs zugeschlagen worden waren, hat der Abt Regino von Prüm in seiner Chronik verdeutlicht. Ludwig der Deutsche, so meinte der Abt Regino, habe diese Gaue „wegen der Menge des Weines begehrt", die sie seinem Ostreich bieten konnten.

VII.
Speyer – Zentrum des mittelalterlichen Reiches

Eine der großen Ost-West-Straßen des späten Mittelalters und noch der Neuzeit führte von Prag über Nürnberg nach Speyer. Die Route, einst mühsam zu Pferde oder mit Pferdegespannen bereist, ist in unserer Zeit als europäische Ost-West-Autobahnverbindung neu erstanden. Man nähert sich heute auf einer Fahrt gen Westen dem Rhein mit großer Geschwindigkeit. Aber kaum anders als der Reisende im Mittelalter ist auch der moderne Autotourist überrascht und beglückt, wenn bei Hockenheim plötzlich am Horizont die Silhouette des Speyerer Domes in sein Blickfeld gerät. Bei jeder Annäherung fasziniert uns dieses Bauwerk aufs Neue. Es lädt selbst den Eiligen ein zur Besinnung. Steht man dann auf dem Domplatz oder betritt das Innere des majestätischen Baues, dann ist es, als ob die Steine, von Natur aus stumm, plötzlich zu reden begännen und aus der tausendjährigen Geschichte der Stadt und des Pfälzer Landes erzählten: von den salischen Kaisern, die in der Krypta des Domes in mächtigen Steinsärgen ruhen, von den Zeiten, da hier im Dom zum Zug nach Jerusalem aufgerufen wurde, von Reichstagen und Religionskämpfen, von Hungersnot und Pestjahren, von Kriegen und Brandschatzungen, von den großen und guten und von den bösen Zeiten. Die Chroniken, das muß man stets bedenken, vermelden hauptsächlich die außergewöhnlichen Ereignisse, als da sind: Krieg, Not und Rechtlosigkeit. Die friedlichen, die guten Zeiten, werden von den Chronisten meist am Rande und eher pauschal registriert.

Das Schlimme bewegt die Erinnerung der professionellen Beobachter mehr als das Gute. So verzerrt sich rückblickend zuweilen das geschichtliche Bild. Freilich – eine bewegtere Geschichte als die Geschichte des Speyerer Domes und die Geschichte des Pfälzer Landes hat es seit dem Mittelalter nur an wenigen Orten in Deutschland und Europa gegeben.

Wer es nicht weiß oder gewußt hat, der mag es ahnen, wenn er in die Krypta des Domes hinabsteigt. In der Gruft unter dem Hochaltar findet er siebzehn Särge. Neunhundertfünfzig Jahre alt ist der Steinsarg, in dem die Gebeine Kaiser Konrads II., des Domgründers, ruhen. Alle vier salischen Herrscher sind hier bestattet, dazu die beiden Kaiserinnen Gisela und Berta, die Gemahlinnen Konrads II. und Heinrichs IV. Neben ihnen der Sarg der zweiten Gemahlin des Staufers Friedrich Barbarossa, der Kaiserin Beatrix, und die Särge von vier deutschen Königen: Philipp von Schwaben, Rudolf von Habsburg, Adolf von Nassau und Albrecht von Österreich. Die Grabplatten und Inschriften geben Kunde von zweihundert Jahren Geschichte, von deutscher und europäisch-abendländischer Geschichte, aber auch von der Geschichte der Pfalz. Man kann da nicht säuberlich trennen, denn die salischen Kaiser, die einst diesen Dom gebaut und zu ihrer Grabstätte bestimmt haben, fühlten sich als Nachfahren der Grafen des Speyergaues, im Herzen des fränkischen Königslandes zu Hause.

Acht deutsche Kaiser fanden im Dom zu Speyer ihre letzte Ruhestätte: Konrad II. (1024 – 1039), Heinrich III. (1039 – 1056), Heinrich IV. (1056 – 1106), Heinrich V. (1106 – 1125) – obere Reihe –, Philipp v. Schwaben (1198 – 1208), Rudolf v. Habsburg (1273 – 1291), Adolf v. Nassau (1292 – 1298), Albrecht v. Österreich (1298 – 1308).

In Speyer und im Speyergau hat sich mit den Saliern einst besonders deutlich der Übergang vom Reich der Franken zu einem Staatsgebilde der Deutschen und zugleich der Übergang zu einem neuen „Imperium Romanum", zum „Heiligen Römischen Reich" vollzogen. In der Zeit des ersten salischen Königs und Kaisers, während der Regentschaft Konrads II., wird in den Dokumenten und Berichten der Zeitgenossen, anknüpfend an das Altertum, dieses „Imperium Romanum" wieder erwähnt, ein Name als Programm und als Verpflichtung. Von einer „deutschen Nation", die auch heute noch in vielen Geschichtsbüchern diesem „Heiligen Römischen Reich" hinzugefügt wird, ist freilich nirgendwo, weder in salischer noch in staufischer Zeit die Rede gewesen. Nur vom Ende des 15. Jahrhunderts bis zur Mitte des 16. Jahrhunderts, als im Jahre 1555 mit dem Augsburger Religionsfrieden die Konfessionsspaltung in Deutschland definitiv geworden war, existierte offiziell der vielgebrauchte und meist falsch interpretierte Staatsname „Heiliges Römisches Reich deutscher Nation". Wer diese Fakten in den Bezeichnungen des mittelalterlichen Reiches nicht beachtet, der geht bei den Deutungen unserer Geschichte leicht in die Irre. Am Beginn unseres Jahrtausends existierte noch keine spezifisch deutsche Staatlichkeit oder gar eine deutsche Nation im modernen – wenn auch immer noch unklaren – Wortsinne.

Die Grundlage der Königsherrschaft im ehemaligen ostfränkischen Reichsteil, in den austrasischen Gebieten, waren die Stammesherzogtümer. Diese, im Grunde selbständigen Herzogtümer besaßen durch den Gebrauch der sich herausbildenden deutschen Sprache und durch den Einfluß der germanischen Rechtstraditionen eine gewisse sprachlich-kulturelle Gemeinsamkeit. So fühlten sie sich lose aneinander gebunden, blieben aber zugleich auch Rivalen, wenn es um die Führungspositionen in dem Verband der fünf Herzogtümer Sachsen, Thüringen, Schwaben, Bayern und Franken ging, nicht zu vergessen auch den Sonderfall Lothringen, das im Gegensatz zu den anderen fünf Herzogtümern nicht aus der Gemeinsamkeit von Volksstämmen entstanden war, sondern, wie schon der Name ausweist, seine Existenz einer Personalentscheidung in fränkisch-karolingischer Zeit verdankt. Die Geschichte der heutigen Pfalz wurde von dieser Sonderstellung des Herzogtums Lothringen schon in salischer Zeit nicht mehr berührt, denn der kirchlich zum Bischof von Metz gehörende Bliesgau zählte seit dem Ende des neunten Jahrhunderts unbestritten zum fränkischen Herzogtum. Für die südwestliche Pfalz und für das heutige Saarland hatte der Vertrag von Meersen aus dem Jahre 870 weitreichende Bedeutung. In diesem Vertrag grenzten die Karolinger Karl der Kahle und Ludwig der Deutsche die westfränkische Herrschaft und das ostfränkische Gebiet voneinander ab.

Die Anfänge der Salier

Das Adelsgeschlecht der Salier, aus dem die Kaiser Konrad II., Heinrich III., Heinrich IV. und Heinrich V. hervorgegangen sind, findet man schon in den noch erhaltenen Urkunden der merowingischen und karolingischen Epoche. Der uns bekannte, von der historischen Forschung mühsam rekonstruierte

Stammbaum der Salier hat allerdings im achten und neunten Jahrhundert einige Lücken. Dennoch ist das meiste an dieser Sippengeschichte ziemlich unbestritten. Man weiß zum Beispiel sicher, daß die Vorfahren der salischen Kaiser im siebten Jahrhundert, also in der merowingischen Zeit, im Moselgebiet begütert gewesen sind; um 700 erscheinen sie unter anderem auch als Grundherren im Gebiet zwischen Mosel und Rhein, speziell im Bliesgau. Angehörige dieser Adelssippe leiteten bis über die Mitte des achten Jahrhunderts hinaus das Erzbistum Trier. Zwei wichtige Klöster sind von dem fränkischen Geschlecht damals gegründet worden: Mettlach an der Saar und – im Jahre 742 – Hornbach in der Pfalz. Begütert waren die Vorfahren der salischen Herrscher in der Zeit der Gründung ihres Eigenklosters in Hornbach bereits im Speyergau, im Wormsgau und im Nahegau, also in der ganzen heutigen Pfalz.

Über den weit verstreuten Besitz dieser Adelssippe weiß man viel genauer Bescheid als über die Herkunft des Namens „Salier". Es läßt sich vermuten, daß der Geschlechtername vom Stammesnamen „Salfranken" abgeleitet worden ist, man kann aber auch annehmen, der althochdeutsche Rechtsbegriff „Sal" (das bedeutet: „Herrschaft") habe direkt diese Benennung beeinflußt. Bemerkenswert bleibt, daß dieser Geschlechtername während der ganzen Herrschaftsepoche der vier salischen Kaiser allem Anschein nach noch gar nicht gebräuchlich war, sondern erst lange nach deren Tod im 14. Jahrhundert allgemein zur Unterscheidung von den Herrschergeschlechtern der Ottonen und der Staufer benutzt worden ist. Von einem salischen König, von einem „Rex Salicus" oder von den „reges Salici" liest man in den überlieferten Dokumenten erstmals im 12. Jahrhundert. Man hätte diese Salier, so meinen die Experten, auch Widonen oder Lambertiner nennen können, weil Sippenangehörige mit dem Namen Wido und Lambert sich in der zweiten Hälfte des neunten Jahrhunderts in der abendländischen Politik hervorgetan hatten, unter anderem in Burgund, in Italien und als Herzöge von Spoleto an der Adria. Andere Angehörige des salischen Geschlechtes amtierten in jener karolingischer Zeit als Grafen im Wormsgau und im Nahegau; alsbald findet man die Salier auch als Herren des Speyergaues. Sie festigten schließlich ihre herausragende Position im Herzogtum Franken – neben den hochadeligen Familien der Konradiner und der Babenberger – durch den Erwerb der Grafschaft in einigen rechtsrheinischen Gauen wie dem Elsenzgau, dem Kraichgau und dem Niddagau.

Die große salische Zeit beginnt im 10. Jahrhundert mit Konrad dem Roten. Dieser Konrad verdankt seinen ungewöhnlichen Beinamen einer auffallend roten Gesichtsfarbe, ohne daß uns die Zeitgenossen überliefert hätten, ob dies ein angeborenes oder durch reichlichen Weingenuß erworbenes Merkmal gewesen sei. Der Lebenslauf dieses Saliers ist in mancherlei Hinsicht bemerkenswert und außergewöhnlich. Schon als junger Mann erwarb sich Konrad im Kreise der Fürsten ein hohes Ansehen und machte auf seine Talente aufmerksam. Der zweite König aus dem sächsischen Geschlecht der Liudolfinger, Otto I., dem die Geschichte den Beinamen „der Große" gegeben hat, machte Konrad, den Grafen aus dem salischen Hause, im Jahre 944 zum Herzog von Lothringen und verheiratete im Jahre 947 (oder 949) seine Tochter Liudgard aus der Ehe mit der Prinzessin Edgitha (der Tochter Königs Edwards von England) mit diesem Fürsten aus salischem Geschlecht. Als Otto seinen Schwiegersohn in Italien mit einer besonders schwierigen Mission betraute, nämlich mit der Niederwerfung des unbotmäßigen Markgrafen Berengar II. von Ivrea, legte Konrad der Rote seinen Auftrag anders aus als es seinem Schwiegervater genehm war. Der Salier versuchte es mit einem Kompromiß: er versprach dem markgräflichen Gegner seines Schwiegervaters, daß er im Falle der Unterwerfung die italienische Königskrone als Lehen erhalten werde und seine markgräflichen Güter nicht angetastet würden. Dieser Handel verärgerte Otto, der eine andere Italienpolitik ins Auge gefaßt hatte, und er ließ es Konrad spüren. Doch der Salier reagierte keineswegs zerknirscht. Er fühlte sich im Recht und schmiedete alsbald mit seinem Schwager Liudolf ein Komplott. Liudolf versuchte im – erzwungenen – Vertrag von Mainz seine Erbansprüche gegen seine Stiefgeschwister aus der zweiten Ehe seines Vaters mit der langobardischen Königswitwe Adelheid und vor allem gegen Ottos Bruder Heinrich durchzusetzen, der als Herzog in Bayern seine Ambitionen auf die Königswürde nicht aufgegeben hatte. In diesem Konflikt erwies sich Otto schließlich als der Überlegene. Die Schwäger Liudolf und Konrad mußten sich im Dezember 954 dem König und späteren Kaiser unterwerfen. Konrad der Rote kam noch einigermaßen glimpflich davon; er verlor zwar seine Herzogswürde in Lothringen, erhielt aber die salischen Eigengüter im fränkischen Herzogtum zurück, darunter alle salischen Eigengüter in den pfälzischen Gauen.

Seinen guten Namen stellte Konrad bald darauf im Kampf gegen die nach Westen vorgedrungenen ungarischen Reiterheere wieder her, als er in der großen, für die abendländisch-mittelalterliche Geschichte entscheidenden Schlacht auf dem Lechfeld bei Augsburg tapfer an der Seite des Königs Otto kämpfte. Den Beweis seiner Treue gegenüber dem König und Schwiegervater bezahlte Konrad freilich mit dem Tode. Er starb in der Ungarnschlacht am 10. August 955. Die Chronisten jener Zeit haben das genaue Datum von Konrads Tod sorgfältig überliefert. Seine Gemahlin, die sächsische Königstochter Luidgard, hat Konrad der Rote nur um zwei Jahre überlebt. Die Tochter Ottos des Großen und der englischen Prinzessin Edgitha war schon 953, in ihrem zwanzigsten Lebensjahr, gestorben. Nun erbte ein kleines, unmündiges Kind, der Sohn Otto, die salischen Güter in den fränkischen Gauen auf beiden Seiten des Oberrheines. Dieser nach altem Brauch den Namen des Großvaters tragende Otto nannte sich „von Worms" – auch zur Unterscheidung von seinem Onkel, dem späteren König und Kaiser Otto II., einem Sohn Ottos des Großen aus der Ehe mit Adelheid.

In jener Zeit, in der Mitte und in der zweiten Hälfte des 10. Jahrhunderts, befand sich ein Hauptwohnsitz des salischen Geschlechtes in Worms. Der Enkel Ottos des Großen erhielt im Jahre 978 von Kaiser Otto II., dem Stiefbruder seiner Mutter, das Herzogtum Kärnten, das vom Alpenkamm bis an die Adria reichte. Es war im Jahre 976 durch eine Abtrennung vom Herzogtum Bayern und durch die Angliederung von Gebieten geschaffen worden, die heute zu Slowenien und zu den italienischen Provinzen in julisch Venetien gehören. Der eigentliche Mittelpunkt des salischen Geschlechtes änderte sich mit dieser Auszeichnung für Otto von Worms durch den königlich-kaiserlichen Verwandten allerdings nicht. Die Salier sind im Südosten und an der Adria nicht heimisch geworden. Nur sieben Jahre amtierte Otto von Worms fürs erste in dem neuen Herzogtum, wo er im übrigen die Aufgabe hatte, das Reich vor den Ungarn zu schützen und die Position des Kaisers in Italien abzusichern.

Die Herzogswürde in Kärnten erwies sich nach dem frühen Tode des Kaisers Otto II. als eine unsichere, zum Tauschobjekt geeignete Pfründe. Als es zwischen dem in Bayern regierenden Familienzweig der sächsischen Könige und der Kaiserinwitwe Theophano wegen der Vormundschaft und damit wegen der faktischen Königsgewalt zum Streit kam, sicherte sich die aus dem byzantinisch-griechischen Herrscherhaus stammende, von den Verfassern historischer Romane viel bewunderte Kaiserin Theophano die Vormundschaft für ihren kleinen Sohn, dem späteren Kaiser Otto III. Der Bayernherzog Heinrich II., überall wegen seiner Streitsuch als „Heinrich der Zänker" bekannt, bekam als Lohn für sein Nachgeben das Herzogtum Kärnten. Die Kaiserin Theophano entschädigte den Salier Otto von Worms im Namen des noch unmündigen Otto III. zunächst mit der reichen Markgrafschaft von Verona, die er zum Lehen erhielt. Nach dem Tode Heinrichs des Zänkers kehrte Otto nach Kärnten zurück.

Ein Papst aus salischem Geschlecht

Diese im Jahre 995 wiedergewonnene Herzogswürde sollte sich für das salische Adelsgeschlecht, das der Kaiserenkel Otto von Worms repräsentierte, als wichtig erweisen. Ein Herzog gehörte zu den Großen im Reich, deren Wort und deren Handeln die Politik in der Mitte und im Süden Europas mitbestimmten. So kann es denn auch nicht allzusehr verwundern, daß einer der vier Söhne des Kärntner Herzogs Otto von Worms, der im Jahre 970 geborene Hofgeistliche Brun oder Bruno, als Kirchenmann Karriere machte. Der jugendliche König Otto III. ernannte seinen gerade 26 Jahre alten Verwandten im April 996 in Ravenna zum Papst. Bald darauf wurde Bruno unter dem Namen Gregor V. als Bischof von Rom ordiniert. Mit diesem Herzogssohn und Urenkel Ottos des Großen aus dem salischen Geschlecht gelangte erstmals ein Deutscher auf den Stuhl Petri.

Gregor V. revanchierte sich für die Gunst und Auszeichnung, indem er dem damals gerade 16 Jahre alten König Otto III. in Rom die Krone des römischen Kaisers aufs Haupt setzte. Die Harmonie zwischen Kaiser und Papst schien gewährleistet. Doch schon unter dem nur knapp drei Jahre dauernden Pontifikat Gregors V. – dieser salisch-deutsche Papst starb am 18. Februar 999 als 29jähriger in Rom – deuteten sich die künftigen Konflikte zwischen kaiserlich-weltlicher Gewalt und päpstlichem Machtanspruch an, die dann in der

Zeit der salischen Kaiser Heinrich IV. und Heinrich V. zu einer großen und fortwirkenden Veränderung im Verhältnis von weltlicher und geistlicher Herrschaft geführt haben.

Gregor V. war ein Vertreter des klösterlich-mönchischen Lebens, der von der Heilsmission der Kirche überzeugt war und nach einem einvernehmlichen Zusammenwirken der beiden obersten Gewalten strebte. Seine Autorität als Papst und römischer Bischof litt indes unter dem Widerstand, ja der feindseligen Haltung römisch-italienischer Nobilitäten. Nach einer Vertreibung aus Rom, wo man im Jahre 997 Johannes XVI. zum Gegenpapst ausgerufen hatte, kehrte Gregor V. 998 dank kaiserlicher Hilfe und mit kaiserlichem Schutz in die Ewige Stadt zurück. Trotz dieser Hilfe durch Otto III. machte Gregor V. eine selbständige Kirchenpolitik. Er stellte sich gegen den vom Kaiser gestützten Erzbischof Giselher von Magdeburg und setzte sich für die Wiederherstellung des für die Slawen-Mission der Kirche wichtigen Bistums Merseburg ein, so die abweichenden Interessen der Kirchenleitung in Rom gegenüber den regionalen Gewalten demonstrierend. Otto III. andererseits unterstrich seinen Anspruch auf die umfassende, auch Rom einschließende Herrschaft, indem er sich nach der Kaiserkrönung mit dem Titel „Romanorum Imperator augustus" schmückte. Der von Gregor V. gekrönte Otto III. wählte nach der Niederwerfung des römischen Aufstandes von 998 die Ewige Stadt zu seiner Residenz. Der Sohn der Kaiserin Theophano führte altrömisches und auch byzantinisches Hofzeremoniell ein und straffte die Reichsverwaltung durch ein Zusammenlegen der deutschen und der italienischen Hofkanzleien. Altrömische, karolingisch-fränkische und ottonisch-sächsische Traditionen sollten Grundlage für ein erneuertes, von Kaiser und Papst gemeinsam geleitetes Weltreich sein. Der Schwerpunkt der königlich-kaiserlichen Herrschaft, der nach der Ablösung des karolingischen Hauses durch die sächsischen Liudolfinger, die Ottonen, in Deutschland gelegen hatte, schien sich mit Otto III. und einem von ihm gestützten Papst aus dem salischen Geschlecht mehr und mehr in das vergleichsweise reiche Nord- und Mittelitalien zu verlagern. Doch mit dem frühen Tod Ottos III. kam die Verbindung von Reichsidee und Papsttum, die mit dem Zusammenspiel von Otto III. und Gregor V. so deutlich sichtbar geworden war, erheblich ins Wanken.

Die Politik des Otto von Worms

Das Reich befand sich beim Tode Otto III. in einer Führungskrise, denn der Kaiser und König hinterließ keinen Erben. Zwei Urenkel des Königs Heinrich I. standen als Nachfolger Ottos III. zur Debatte: Otto von Worms als Oberhaupt des salischen Geschlechtes und der Bayernherzog Heinrich als Repräsentant der bayerischen Linie der ursprünglich sächsischen Liudolfinger. Die Großen des Reiches entschieden sich für Heinrich, der nun als Heinrich II. die Königskrone erhielt. Otto von Worms hatte auf die Königswürde von sich aus verzichtet und seinem jüngeren Verwandten den Vortritt gelassen. Dieser Verzicht auf einen offenen Nachfolge-Wettstreit geriet Otto von Worms und dem salischen Geschlecht nicht zum Nachteil, wie sich rasch zeigen sollte, sondern begünstigte den weiteren Ausbau der salischen Hausmacht in den Stammlanden des Geschlechtes. Otto von Worms machte die Salier zum unbestritten wichtigsten Adelsgeschlecht im fränkischen Herzogtum.

Der auch „Herzog von Worms" genannte Salier Otto hatte schon im Jahre 985, als er seine Herzogswürde in Kärnten wieder an den bayerischen Herzog Heinrich den Zänker abgeben mußte, eine Entschädigung im Gebiet der heutigen Pfalz erhalten: er erwarb damals aus Reichsgütern den „Königshof Lautern", das spätere Kaiserslautern, und den großen „Forst Wasgenwald". Die Kaiserin Theophano, die im Jahre 985 im Namen ihres noch unmündigen Sohnes Otto III. handelte, als sie Otto von Worms die Markgrafschaft Verona zum Lehen gab, kompensierte gegenüber Otto von Worms auch mit diesen beiden großen Gütern in der heutigen Pfalz den Verlust des Herzogsamtes in Kärnten. Im Jahre 1002 sorgte Otto von Worms nach der Wahl Heinrichs II. für eine weitere Vermehrung der salischen Hausgüter und stärkte so die Macht und das Ansehen des salischen Geschlechtes, allerdings unter Verzicht auf die Burg in Worms. Diese tauschte Otto gegen den Königshof in Bruchsal und den ebenfalls rechtsrheinischen Forst Lußhardt. Für die Entwicklung im Speyergau war noch etwas anderes besonders wichtig: Otto sicherte sich die Vogteirechte in Weißenburg und brachte so große Teile der ausgedehnten Weißenburger Klostergüter unter seine Herrschaft. Einfluß und Besitz des salischen Hauses rundeten sich dadurch gerade im Speyergau mehr und mehr ab.

Zwei Konrade

Zwanzig Jahre dauerte die Herrschaft Heinrichs II. Als er im Jahre 1024 starb, endete die Linie der direkten, männlichen Nachkomen des sächsich-liudolfingischen Geschlechtes. Nun waren, falls man die Gesichtspunkte der Blutsverwandtschaft weiterhin berücksichtigen und nicht zur reinen Wahlmonarchie zurückkehren wollte, die salischen Nachkommen Heinrich I. und Ottos des Großen an der Reihe. Doch hier gab es innerhalb des salischen Geschlechtes eine Komplikation: inzwischen hatte sich eine Kärntner-Wormser und eine Speyerer Linie herausgebildet. Als sich die Großen aller Herzogtümer und Stämme bei Oppenheim versammelten, um den neuen König zu bestimmen, stellte sich rasch heraus, daß es nach Ansicht der Mehrheit nur zwei aussichtsreiche Bewerber gab, beide Konrad mit Namen, beide Urenkel Ottos des Großen, beide Enkel Ottos von Worms aus dem salischen Geschlecht. Der ältere der beiden Konrade war der Sohn des früh verstorbenen Grafen Heinrich von Speyer (des ältesten Sohnes Ottos von Worms), der jüngere Konrad stammte aus der Kärntner Linie des salischen Geschlechtes und war Graf im Wormsgau. Die Entscheidung der Rechsversammlung betraf also zwei Vettern ersten Grades.

Es bedeutete für die Großen des Reiches eine große Erleichterung, daß die beiden Konrade der Versammlung erklärten, sie seien zwar Rivalen, würden aber die Wahl des anderen akzeptieren. Ein langandauernder Streit, wie ihn

Königswahlen in der deutschen Geschichte oftmals ausgelöst haben, war in diesem Falle also nicht zu befürchten. Schon bald zeigte sich, daß die Aussichten für Konrad dem Älteren, Sohn und Erbe des Grafen Heinrich von Speyer, günstig waren. Allerdings fehlte ihm die Unterstützung der Lothringer, also der Repräsentanten *des* Herzogtumes, zu dem unter anderem auch die wichtige Region am Mittel- und Niederrhein gehörte. Erzbischof Pilgrim von Köln ergriff die Partei Konrads des Jüngeren. Das machte Eindruck auf die Versammelten, denn ein Konflikt zwischen dem neuen König und dem lothringischen Herzogtum hätte dem französischen Nachbarn, dem kapetingischen Königshaus, neuen Einfluß verschafft.

Erzbischof Pilgrim von Köln, einer der Sprecher der lothringischen Minderheit, dürfte vor allem aus kirchenpolitischen Gründen gegenüber Konrad dem Älteren gezögert haben. Pilgrim von Köln gehörte zu der kirchlichen Reformpartei, die auf eine stärkere Trennung von kirchlicher und weltlicher Gewalt abzielte. – Der wichtigste Fürsprecher Konrads des Älteren war der Mainzer Erzbischof Aribo. Ihn zählte man zu den mehr konservativen, der Reichskirche besonders verbundenen Repräsentanten des hohen Klerus. Am 4. September 1024 fiel die Entscheidung zugunsten Konrads des Älteren. Die Großen des Reiches hätten dem 34jährigen wegen seiner Tüchtigkeit und Rechtschaffenheit den Vorzug gegeben, heißt es in einem nach zeitgenössischen Quellen verfaßten Bericht.

Ein großer Zug folgte Konrad II., dem ersten der vier salischen Könige, auf seinem Weg nach Mainz zur Königsweihe am 8. September, dem Feste von Mariä Geburt. Erzbischof Aribo soll dabei unter anderem zu Konrad II. gesagt haben: „Vieles verlangt Gott von Dir, der sein Auge immer auf Dich richtet, vor allem daß Du Recht, Gerechtigkeit und Frieden im Vaterlande walten lassest, daß Du ein Verteidiger der Kirchen und Klöster, ein Schirmer der Witwen und Waisen seiest . . .“ Der Erzbischof, so wird berichtet, habe Konrad schließlich um Gnade und Milde für alle diejenigen gebeten, die sich gegen ihn verfehlt und „durch irgendeinen Anstoß Deine Huld verloren haben.“ Der König sei von den Worten des Priesters tief gerührt worden: „er seufzte tief und vergoß unglaublich viel Tränen.“

Der Chronist, der uns diesen Bericht aus dem mittelalterlichen Mainz überliefert hat, verschweigt einen Vorgang, der damals einiges Aufsehen erregt haben muß. Der Mainzer Kirchenfürst Aribo versäumte es nämlich, auch der Gemahlin des Königs, Gisela mit Namen, die Krone aufs Haupt zu setzen. Für Erzbischof Aribo war die Ehe Konrads mit der Tochter des Herzogs Hermann II. von Schwaben, einem Angehörigen des fränkischen Geschlechtes der Konradiner, nach kanonischem Recht nicht zu billigen. Die offizielle Version für diesen kirchenrechtlichen Vorbehalt lautete: Konrad und Gisela seien zu nahe miteinander verwandt. Die Ehe mit dem Salier Konrad war Giselas dritte Ehe. Ihre zweite Ehe hatte Gisela mit dem 1015 verstorbenen Herzog Ernst I. von Schwaben aus dem Hause der Babenberger geschlossen, neben den Saliern und Konradinern das dritte der großen fränkischen Adelsgeschlechter. Sowohl mütterlicherseits – ihr Großvater war König Konrad von

Hochburgund – als auch väterlicherseits gehörte Karl der Große zu Giselas direkten Vorfahren. Gerühmt wurde an ihr auch die hohe Bildung, die sie auszeichne.

All diese Vorzüge scheinen den Mainzer Erzbischof Aribo nicht von seiner Meinung über Giselas kanonisch zweifelhafte Ehe mit Konrad abgebracht zu haben, denn Gisela, die im Speyerer Dom neben Konrad II. beigesetzt ist, erhielt die Krone nicht in Mainz sondern erst am 21. September 1024 in Köln. Kein anderer als der Kölner Erzbischof Pilgrim krönte die Gemahlin Konrads II. und setzte sich damit über die kanonischen Bedenken seines Mainzer Amtsbruders hinweg.

Die Krönung Giselas in Köln kann durchaus als eine politische Demonstration verstanden werden. Erzbischof Pilgrim, einer der Sprecher der niederlothringischen Großen, der bei der Reichsversammlung in Oppenheim den jüngeren der beiden Konrade favorisiert hatte, bewies mit der Krönung Giselas, daß er zu den politischen Realisten gehörte. Er respektierte die neu entstandenen Machtverhältnisse und signalisierte mit der Krönung Giselas in Köln seine Ergebenheit gegenüber dem deutschen König. Das bedeutete für Konrad II. einen verheißungsvollen Auftakt im Herrscheramt. Auch künftig, so schien es nun, werde das lothringische Herzogtum ein gesicherter Teil des deutschen, des östlichen Reiches sein und sich dem Werben der französischen Könige aus dem kapetingischen Hause nicht öffnen. Eine Aktualisierung der „lothringischen Frage" war fürs erste nun nicht mehr zu befürchten. Das Gebiet der heutigen Pfalz würde nicht zum Grenzland werden.

Die immer aktuelle „lothringische Frage"

So klar, wie sich die Situation im Jahre 1024 in Bezug auf das Herzogtum Lothringen (seit 1012 zweigeteilt in Nieder- und Oberlothringen) und die alte „lothringische Frage" nach der Wahl Konrads II. darstellte, war sie hundert Jahre zuvor bei der Herausbildung des mittelalterlichen deutschen Reiches nicht gewesen. Lange Zeit blieb das Kernland des fränkisch-karolingischen Reiches, das alte Lothringen, zwischen den westfränkischen und den ostfränkischen Erben und Nachfolgern umstritten. Als nach der Übergangszeit unter dem im Jahre 911 zum ostfränkischen König gewählten Frankenherzog Konrad im Jahre 919 erstmals ein Sachse, Heinrich I., die Königswürde erhielt, signalisierte dies das Ende der fränkisch-karolingischen Tradition im Ostreich. Aber noch pochte der Westfranke Karl der Einfältige, ein Karolinger, auf die Oberhoheit auch im ostfränkischen Reich. Heinrich I. widersetzte sich diesem Anspruch mit Erfolg. Die Geschichte eines deutschen Königtums und eines deutschen Staatsverbandes begann. Zunächst blieb jedoch unklar, was aus dem Herzogtum Lothringen mit Metz, mit Trier, aber auch mit dem niederlothringischen Aachen werden solle. In diesem Bereich wollte Karl der Einfältige nicht auf seine Ansprüche verzichten. Er setzte deshalb Giselbert, den lothringischen Herzog unter Druck: Dieser wandte sich hilfesuchend an den Nachbarn im Osten, an Heinrich I. Der Sachse Heinrich war gerne zur Hilfe gegen den westfränkischen König bereit. Karl der Einfältige wiederum schien entschlossen, die „lothringische Frage" zu seinen Gunsten zu beantworten. Er reagierte rasch und setzte sich an die Spitze einer Streitmacht.

Das westfränkische Heer blieb nicht in Lothringen stehen, sondern marschierte ostwärts, um dann im Herzland des fränkischen Herzogtums, in Pfeddersheim unweit von Worms halt zu machen. Von dort aus nahm Karl der Einfältige mit seinem Widersacher, dem König Heinrich I., Kontakt auf. Er vermutete zutreffend, daß Heinrich I. nicht ernsthaft an einem Konflikt mit dem westfränkischen König interessiert war, da er zunächst ganz andere, besonders schwierige Auseinandersetzungen mit den Slawen in Thüringen und an der Elbe, aber auch im Norden mit den dänischen Nachbarn zu bestehen hatte. Andererseits bedrohten im Westen die wilden Normannen die westfränkischen Gebiete, so daß auch Karl der Einfältige eine Einigung mit Heinrich I. wünschen mußte. Zum erstenmal zeichnete sich hier eine Grundkonstellation der nun mehr als tausendjährigen deutsch-französischen Beziehungen ab, ausgelöst durch die „lothringische Frage".

Diese Phase des so oft wiederkehrenden Lothringen-Streites endete – man könnte es rückblickend fast seltsam nennen – mit einer „Bonner Konferenz". Am 7. November des Jahres 921 trafen sich die beiden Könige Karl und Heinrich nach einem sorgfältig vereinbarten und geregelten Zeremoniell auf einem Schiff, das in Bonn genau in der Mitte des Rheines verankert war. Die Strom-Mitte markierte zu dieser Zeit die Grenze der Herrschaftsgebiete zwischen Heinrich und als dem „rex Francorum orientalium" (dem König der Ostfranken) und Karl als dem „rex Francorum occidentalium" (dem König der Westfranken). Unter Eid schloß man einen Freundschaftsvertrag, den die Großen im Gefolge ihrer Könige beschworen.

Die heute noch oft diskutierte Frage, wer denn nun das Erbe Karls des Großen hauptsächlich beanspruchen dürfte, ist damals schon beantwortet worden: beide – die Westfranken und die Ostfranken, die Franzosen und die Deutschen. Karl der Einfältige behielt in diesem (deutsch-französischen) Freundschaftsvertrag die Oberhoheit über Lothringen, aber Heinrich I. bekam als Nicht-Karolinger eine Garantie für das selbständige deutsche Königtum. Das bedeutete die Anerkennung eines gleichberechtigten deutschen – mittelalterlichen – Reiches. Die Erben des merowingisch-karolingischen Frankenreiches entschieden sich – nach dem Austausch von Drohgebärden, wie dem westfränkischen Marsch nach Pfeddersheim – für die Partnerschaft trotz der strittigen „lothringischen Frage". Als die lothringischen Großen sich bald darauf der – immerhin beim Bonner Treffen von Heinrich I. bestätigten – westfränkischen Oberhoheit erneut widersetzten und in die Herrschaftskämpfe im westfränkischen Reich eingriffen, folgte Heinrich I., ungeachtet des Bonner Freundschaftsvertrages, einem Hilferuf des Herzogs Giselbert von Lothringen und des Erzbischofs von Trier. Er eroberte schließlich ganz Lothringen, gliederte das Herzogtum dem Reich an und versuchte diese Erwerbung durch Heiratspolitik vollends zu sichern. Dieses von Heinrich I. unter Ausnutzung

Der Speyerer Dom, Symbol salischer Machtfülle (Foto: Alf Rapp)

der Schwächen des karolingisch-westfränkischen Königtums im Jahre 925 geschaffene Faktum überdauerte die Zeit der ottonischen Könige.

Der Umstand, daß mit dem Tode Karls des Einfältigen auch im westfränkischen Reich die fränkisch-karolingische Tradition zu Ende gegangen war und die nun regierenden Kapetinger genauso um eine Anerkennung ihrer Herrschaft besorgt sein mußten wie im Jahre 919 der Nicht-Franke Heinrich I., dieser Umstand hat die Zugehörigkeit des lothringischen Herzogtums zum mittelalterlichen deutschen Reich begünstigt. Aber die Sorge wegen der „lothringischen Frage" und der Anziehungskraft eines stärker werdenden französischen Königtums existierte auch noch (wie die Oppenheimer Reichsversammlung zur Königswahl im Jahre 1024 gezeigt hat) hundert Jahre nachdem Heinrich I. diese „lothringische Frage" für sich und für die deutschen Nachfolger Karls des Großen entschieden hatte. Umso mehr durfte sich der Salier Konrad II. dazu beglückwünschen, daß am Ende alle Herzogtümer, auch das lothringische, mit ihm als dem König einverstanden waren. Die heutige Pfalz, in der sich die meisten Hausgüter des salischen Geschlechtes befanden und in der Konrad vor seiner Erhebung zum König hauptsächlich gelebt hatte, sollte und konnte nun auch zum Herrschaftsmittelpunkt des salischen Königtums werden.

Kloster Limburg und Speyerer Dom

Es scheint, daß das Königspaar Konrad und Gisela von Anfang an gewillt war, Macht und geschichtliche Größe weithin sichtbar zu demonstrieren. Zwei Bauentscheidungen markieren den Beginn der salischen Periode: der Bau des Domes zu Speyer und die Errichtung des Klosters Limburg am Rande des Haardtgebirges bei Dürkheim. Das Kloster Limburg hat nur als Ruine überdauert, es gehört jedoch immer noch zu den erhabenen Zeugnissen mittelalterlicher Größe. Man kennt das Datum der Grundsteinlegung ziemlich genau: es soll der 12. Juli des Jahres 1025 gewesen sein, der gleiche Tag, der auch für die Grundsteinlegung beim Dom zu Speyer angenommen wird. An diesem Sommertag sei der seit September 1024 amtierende König mit seiner Gemahlin zu Pferd von dem einen zum anderen Ort geeilt, um selbst das Zeichen zum Beginn der Bauten zu geben.

An beiden Orten, auf der Limburg und in Speyer hatten Konrad und Gisela schon nach ihrer Heirat – neun Jahre vor der Königswahl von Oppenheim – die meiste Zeit gelebt. Der bevorzugte Aufenthaltsort des Saliers Konrad war jedoch allem Anschein nach die Limburg, die nun einem Klosterbau Platz machen sollte. Die Burg diente der Sicherung der salischen Güter in diesem Teil der heutigen Pfalz. Das waren nicht wenige. Schon Konrads Großvater, der Herzog Otto von Worms, besaß als salisches Hausgut etwa 50 Orte, außerdem hatte er mit den Weißenburger Vogteirechten 34 Orte unter seine direkte Herrschaft gebracht, ein Vorgang, der von Chronisten zuweilen auf der Negativseite von Ottos historischem Konto verbucht und als „Weißenburger Kirchenraub" abqualifiziert worden ist. Neben der Limburg besaßen die Salier noch die Burgen Stauf und Otterburg. Außerdem gehörten ihnen – als Eigenklöster – Hornbach, Münsterdreisen und Lambrecht.

Die Gründung des nach dem Maastrichter Martyrerbischof, dem Heiligen Lambertus benannte Kloster Lambrecht im Tale des Speyerbaches geschah in der Zeit des Herzogs Otto von Worms, im Jahre 977 oder 987. Zuvor war schon dort im Tal ein gräfliches Jagdhaus gestanden, das den Saliern als Stützpunkt für die Sauhatz, für die Rotwild- und für die Bärenjagd diente. Durch Rodung, durch Bachregulierung und durch Entsumpfung gewann man Wiesen und Felder für das neue Männerkloster im (ehemals) königlichen Lutramsforst, über den das salische Familienoberhaupt als Gaugraf wie über einen Eigenbesitz verfügte. Ein anderer Salier, der König Heinrich IV. hat das Kloster Lambrecht dann samt dem inzwischen entstandenen Ort Grevenhausen – dem „Hause der Grafen" – an Bischof Einhard von Speyer gegeben. Als diese königliche Schenkung im Jahre 1086 auf den Lutramsforst ausgedehnt wurde, betrachtete sich der Bischof auch als Gerichtsherr in dem ganzen Gebiet. Das führte zu einem lang andauernden Streit zwischen Lambrecht und Grevenhausen über die Abgrenzung von weltlicher und kirchlicher Herrschaft. Die Schenkung Heinrichs IV. hatte im Lambrechter Tal und in diesem Teil des Pfälzer Waldes eher Probleme geschaffen als gelöst. Das freilich dürfte nicht die Absicht der salischen Stifter gewesen sein, auch nicht die Absicht Ottos von Worms, als er den Anstoß für die Klostergründung gab.

Für Otto von Worms, der sich, wie sein Zugriff auf die Weißenburger Vogteirechte zeigt, durchaus auch als Herr über kirchliche Güter verstanden hat, bedeutete eine Klostergründung im Waldgebiet zweierlei: zum einen bot sie die Möglichkeit, einen ausgedehnten, ziemlich unwegsamen und fast gar nicht besiedelten Forst zu erschließen, zum anderen zählte eine derartige Gründung zu den Gott wohlgefälligen Taten. Und eben dies dürfte dem Ältesten des salischen Hauses wichtig erschienen sein. Sein Geschlecht hatte nämlich speziell gegenüber der Kirche einiges gutzumachen. Der Fall betraf den Großvater des Herzogs und Grafen Otto von Worms, den Grafen Werner von Speyer, der auch im Wormsgau das Grafenamt innehatte. Dieser Gaugraf Werner war mit dem Speyerer Bischof, Einhard I. mit Namen, wegen der Hoheitsrechte in der Stadt Speyer in Streit geraten. Diese Hoheitsrechte hatten auch eine finanzielle Seite, denn sie bedeuteten unter anderem das Recht zur Erhebung verschiedener Steuern. In diesem Streit setzte der Bischof allem Anschein nach auf die Hilfe des Königs Konrad I. Dieser war im Jahre 911 gegen den Widerstand einflußreicher Adeliger zum König im Ostreich gewählt worden. Die Wahl verdankte der aus dem konradinischen Geschlecht stammende Frankenherzog Konrad vor allem den geistlichen Würdenträgern, auch dem Bischof Einhard I. von Speyer, die sich vom König eine Hilfe gegenüber der Macht des Adels, speziell der Gaugrafen, erhofften. Die Lage im Speyerer Streit scheint noch dadurch kompliziert worden zu sein, daß der König Konrad I. und der Gaugraf Werner von Speyer miteinander verwandt waren, jedoch zwei rivalisierenden Geschlechtern – den Konradinern und den Saliern – im fränkischen Herzogtum angehörten. Über den genauen Grad der

Verwandtschaft herrscht keine Klarheit. Es ist vermutet worden, daß der Graf Werner von Speyer mit einer Tochter Konrads verheiratet gewesen sei. Nun sind Verwandtschaften und Familienbande auch im Mittelalter kein Hindernis für Streitigkeiten gewesen, zumal dann nicht, wenn es, wie im Speyerer Streit, um Hoheitsrechte und Finanzen ging, wahrscheinlich auch um das Einlösen von Zusagen, die Konrad I. dem Bischof für die Wahlunterstützung gemacht hatte. Sicher ist, daß der Streit zwischen Gaugraf und Bischof schrecklich endete: zusammen mit seinem Bruder Bernhard raubte Graf Werner dem Bischof Einhard I. das Augenlicht: die beiden Salier blendeten den Kirchenfürsten. Fünf Jahre lebte Einhard noch unter Qualen, ehe er am 29. Juni des Jahres 918 durch den Tod erlöst wurde. Seit dieser Untat findet man in der salischen Hauschronik den Namen „Werner" – in der früheren Zeit schon als „Warnari" im Zusammenhang mit dem Kloster Hornbach bekannt – nirgends mehr. Dieser Name verschwand bei den Saliern nach dem Jahre 913 ebenso wie nach 1945 in Deutschland der Name „Adolf" verschwunden ist.

Als Konrad der Rote, der Sohn des Grafen Werner, seinen Vater in Amt und Besitz beerbte und damit über die salischen Hausgüter verfügen konnte, bemühte er sich gegenüber der Speyerer Kirche um ein gutes Verhältnis. Er wollte die Untat des Vaters und des Onkels durch Schenkungen an die Kirche wiedergutmachen, ja sühnen. Dazu bediente er sich der Vermittlung des Bischofs Richgowo von Worms. So kam es dann im Jahre 946 zu einem sogenannten Tauschvertrag zwischen Konrad dem Roten und Bischof Reginbald von Speyer. Der Tausch war allem Anschein ziemlich einseitig, er ging vorwiegend auf Kosten der Salier. Sie erhielten ein Lehen in Dürkheim, das zuvor zwei bischöfliche „Vasallen" innehatten, allerdings verblieb den Geistlichen der Bischofskirche weiterhin das Recht auf den Zehnten; außerdem bekam Konrad eine Mühle in Erpolzheim, drei Bauerngüter sowie die Kirche samt Zehntrecht in Rödersheim. Die Gegenleistung Konrads war beträchtlich. Der Salier verzichtete zugunsten des Speyerer Bischofs auf wichtige Hoheitsrechte in Speyer, zum Beispiel auf das Münzregal, auf Handelssteuern wie den Salzpfennig, den Pechpfennig, den Wein- und Ohmpfennig; auch das Aufsichtsrecht über fremde Kaufleute ging an die Speyerer Kirche, ebenso die Hochgerichtsbarkeit in der Stadt, und schließlich übereignete Konrad dem Bischof in der Tauschurkunde noch ein Grundstück in Speyer und einige Bauerngüter in Altlußheim. Wie groß der Grundbesitz war, der dem salischen Geschlecht in der Stadt Speyer nach diesem Tausch noch verblieb, ist nicht genau bekannt. Einige Häuser und Grundstücke werden sie sicherlich behalten haben. Aber nun konzentrierten sich die Hausgüter mehr als vordem auf Dürkheim und Umgebung, so daß die Limburg an Bedeutung gewann. Etwa zwei Jahrzehnte nach dem Vertrag mit Konrad löste sich der Bischof von Speyer noch von weiteren Mitspracherechten des Gaugrafen. Seit dem Jahre 969 hatte, dank dem sogenannten Immunitätsprivileg, nur noch der König selbst Rechte in der Stadt, nicht mehr der Graf; das bedeutete die faktische Alleinherrschaft des Bischofs. Die Königswahl von Oppenheim brachte mit

Konrad II. dem salischen Haus in Speyer dank der Königsrechte einige jener Kompetenzen zurück, die es im 10. Jahrhundert verloren hatte.

Konrads Hauspolitik

Mit Konrad II. trug im Jahre 1024 erstmals ein Salier die deutsche Königskrone. Seine Hausgüter lagen zu einem großen Teil im Speyergau, in dem er und viele seiner Vorfahren das Grafenamt versehen hatten. Der Speyerer Domkapitular Philipp Weindel reklamiert diesen König aus dem Geschlecht der Salier in einer Beschreibung des Domes und der Domgeschichte sogar ausdrücklich als „Speyerer". Unbestritten ist, daß die Grafen des Speyergaues nicht nur auf der Limburg sondern auch in der Bischofsstadt Speyer einen Wohnsitz besaßen. Nun erst gehörte dem Salier die oberste Herrschaft in der Stadt und nun war er auch Herr über die Kirche, weil der König zu jener Zeit noch über die Einsetzung eines Bischofs, über dessen „Investitur", bestimmte. Der Beschluß Konrads II., in Speyer einen neuen, gewaltigen Dom bauen zu lassen, unterstrich sicherlich den Willen des neuen Königs, Speyer als den zentralen Platz des salischen Hauses zu verstehen. Es kam Konrad II. allerdings auch darauf an, im Zentrum der salischen Hausgüter, auf der Limburg bei Dürkheim, den hohen Rang der Salier zu demonstrieren. Deshalb veranlaßte Konrad II. den Bau eines Klosters an diesem Platz unweit der alten Grenze zwischen Speyergau und Wormsgau.

Über die Baumeister des Klosters Limburg kann die historische Forschung keine exakte Auskunft geben. Als Erbauer der Kirche gilt ein Mönch namens Gumbert; für die Planung der neuen Anlage und für die klösterliche Organisation holte sich Konrad II. Poppo von Stablo und Malmedy, einen Kleriker, der als „Reformabt" in der Kloster- und Kirchengeschichte verzeichnet ist. Dieser Poppo stammte aus flandrischem Ritteradel. Er war zunächst Angehöriger der Abtei Thierry in der Champagne und ging dann nach Verdun. In Lothringen verfügte Poppo über erheblichen Einfluß. Dadurch gelang es ihm, eine Reihe der gegenüber dem neuen König aus salischem Hause zögernden, mehr dem französischen Königtum zuneigenden Großen der lothringischen Gebiete für Konrad II. zu gewinnen. Da der tatkräftige und organisatorisch begabte Poppo gute Kontakte zum französischen Herrscherhaus unterhielt, diente er Konrad II. auch als eine Art Sonderbotschafter und Vermittler in der „lothringischen Frage". Durch Poppos diplomatische Fähigkeiten kam ein Treffen zwischen Heinrich I. von Frankreich und Konrad II. zustande, das den Status quo, die bestehenden Macht- und Herrschaftsverhältnisse zwischen dem französischen Königtum und der deutschen Seite bestätigte, so daß sich Konrad II. ohne Furcht vor einer neuerlichen lothringischen Krise vor allem dem inneren Ausbau seiner Herrschaft widmen konnte.

Eine der Gegenleistungen Konrads für solche Dienste war der Auftrag an Poppo von Stablo und Malmedy, auf der Limburg ein Kloster des Benediktinerordens zu gründen. Außerdem sollte Poppo die alten Klöster Hersfeld, Weißenburg und St. Gallen reformieren. Dabei stieß der flandrisch-lothringische Kleriker allerdings auf erheblichen Widerstand; nach Meinung der deut-

schen Mönche gab es bei ihnen nichts zu erneuern und zu verbessern, jedenfalls nicht in der Art, die Poppo aus der lothringischen Reformbewegung der
Benediktinerabtei Gorze in Metz mitgebracht hatte, eine Reformbewegung,
die sich zum Teil an das burgundische Cluny anlehnte, ohne es zu kopieren.
Inhalt dieser lothringischen Lehre waren die „Consuetudines", die „Gewohnheiten". Das bedeutete: Genaue Vorschriften für das mönchische Leben, eine
Art von Ausführungsbestimmungen zu den allgemeinen Ordensregeln, zur Li-
turgie, aber auch zur Verwaltung der Klöster, zur Organisation. Der Grundgedanke war die Anpassung an die veränderte, moderne Zeit. Das Kloster Limburg bot als Neugründung eine Gelegenheit zur Anwendung der Reformideen, aber zum Zentrum der Reformbewegung in Deutschland ist es nicht
geworden. Solcher Ruhm gebührte den an Cluny orientierten Mönchen von
Hirsau im Nordschwarzwald (mit ihrem Abt Wilhelm), einem mittelalterlichen Kloster, das bei der alten Grenzziehung der Stammesherzogtümer noch
auf der fränkischen Seite und im Bereich des Bistums Speyer lag, auch wenn
es heute im allgemeinen als schwäbisches Kloster angesehen wird.

Ein Konflikt zwischen kirchlichen Einrichtungen und weltlicher Gewalt
zeichnete sich am Beginn der salischen Epoche noch nicht ab. Konrad II.
zeigte Interesse an der Stärkung der Klöster und Bischöfe. Der Klerus war zu
jener Zeit noch eine Stütze der königlichen Herrschaft, vor allem wenn es
galt, die immer stärker werdenden Sonderinteressen der großen Adelsfamilien
in den Herzogtümern einzudämmen. So haben denn auch Konrad II. und die
anderen salischen Könige ganz besonders das Bistum Speyer mit Schenkungen und Lehen aus dem Königsgut gestärkt und die wirtschaftliche Macht
und den Einfluß dieses im Vergleich zu manchem der alten Reichsklöster bis
dahin eher armen oder bescheidenen Bistums nachhaltig vergrößert. Die
schon erwähnte Schenkung des Lutramsforstes durch Heinrich IV. im Jahre
1086 diente ebenso wie andere Schenkungen dazu, aus dem Bistum Speyer
ein salisches Hausbistum zu machen.

Der Bau des Domes in Speyer gehört in einer besonderen Weise zu dieser
Haus- und Familienstrategie der salischen Herrscher. Wohl sollte auch dieser
– neue – Dom als Bischofskirche dienen, doch der eigentliche Grund für dieses riesige Bauprojekt Konrads II. war nicht kirchenpolitischer, sondern
machtpolitischer Art. Hier sollte nichts anderes entstehen als der steingewor-
dene Herrschaftsanspruch des Königs Konrad II. aus dem salischen Hause,
der Kaiser werden wollte. Der am Anfang des 11. Jahrhunderts noch existierende Dom aus karolingischer Zeit, von dem man heute fast nichts mehr
weiß, weil er offensichtlich dem Neubau Platz gemacht und auch die Steine
dazu geliefert hat, dieser karolingische Dom dünkte dem König Konrad und
der Königin Gisela nicht angemessen. Man sollte, so entschied Konrad II.,
die Bauwerke der Vorgänger als Vorbild und Beispiel nehmen: die Palastka-
pelle Karls des Großen in Aachen, den Dom zu Quedlinburg, den Heinrich I.
hinterlassen hatte, den Dom Ottos des Großen in Magdeburg und – nicht zu

vergessen – den unter Konrads Vorgänger, Heinrich II., in Bamberg errichteten Dom im Stammland der fränkischen Babenberger.

Auch Konrad II., so viel stand nach der ottonischen Tradition fest, würde nicht nur deutscher König sein, sondern bald auch die römische Kaiserkrone tragen. Das Kaisertum aber besaß einen nicht nur weltlich-machtpolitischen Charakter, sondern hatte auch eine sakrale, eine heilsgeschichtliche Bedeutung. Tatsächlich war Konrad II., ein kirchlicher Laie, bei der Kaiserkrönung im Jahre 1027 in Rom als Diakon gekleidet, weil er eine liturgische Funktion ausübte. Der Gedanke, daß der Kaiser im göttlichen Auftrag handle, dieser sakrale Charakter des Kaisertums bedeutete, um wiederum den Speyerer Domkapitular Philipp Weindel zu zitieren, „die geistesgeschichtliche Voraussetzung des Dombaus". Für den König der Deutschen, der die römische Kaiserwürde erhalten hatte, sollte „die größte Kirche des Abendlandes" errichtet werden. In dieser Haus- und Eigenkirche manifesterte sich am Beginn unseres Jahrtausend die damals noch von keinem Papst und von keinem anderen geistlichen Würdenträger bestrittene Macht und allgemeine Autorität des Herrschers.

Domgeschichte und Familiengeschichte

Zu allen Zeiten galt, man kann es in jedem Teil der Welt an den baulichen Hinterlassenschaften von Königen, aber auch von Diktatoren ablesen, daß Architektur als eine gebaute Weltanschauung verstanden werden muß. Die Errichtung des Speyerer Domes durch Konrad II. und dessen Nachfolger aus dem salischen Hause macht da keine Ausnahme. Zwei Gesichtspunkte verbanden sich am Beginn unseres Jahrtausends bei dem Speyerer Baubeschluß: der Wille, von der Macht und Herrlichkeit eines deutsch-abendländischen König- und Kaisertums zu künden und das Verlangen, eine Eigenkirche für das salische Geschlecht zu erbauen. Die Kapellen im Speyerer Dom unterstreichen sinnfällig diesen Wunsch nach der Eigenkirche. Die verschiedenen Domkapellen erzählen den Nachfahren fast eine detaillierte Hausgeschichte der Salier, angefangen mit der nicht mehr vorhandenen, dem Heiligen Laurentius geweihte Kapelle, die an den 10. August 955, den Todestag Konrad des Roten erinnerte. Die Martinskapelle verdankt ihre Errichtung und ihren Namen dem Umstand, daß der Geburtstag der Königin Gisela auf den Martinstag, den 11. November, fiel. So kam im Speyerer Dom auch der Heilige Martin von Tours zu Ehren, ein Bischof, der in fränkisch-merowingischer Zeit auch im Gebiet der heutigen Pfalz nicht wenig zur Ausbreitung des Christentums beigetragen hat. Eine der Domkapellen zu Speyer erinnert an eine besonders dramatische Epoche der mittelalterlichen Geschichte in unserem Land: die Afrakapelle. Hier war der Sarg des vom Papst mit dem Bannstrahl belegten Kaisers Heinrich IV. fünf Jahre lang provisorisch beigesetzt – in der noch ungeweihten Kapelle. Heinrich V., der seinen Vater Heinrich IV. vom Thron gestoßen und in die Verbannung geschickt hatte, war am Tag der Heiligen Afra geboren, deshalb erhielt diese Kapelle den Namen Afra-Kapelle. Doch die Familiengeschichte der Salier kennt noch ein zweites Ereignis, das mit dieser Namensgebung verbunden ist: der gebannte Heinrich IV. starb am Geburtstag seines Sohnes, am Tage der Heiligen Afra. Als nach fünf Jahren der Bann über Heinrich IV. endlich gelöst war, setzte man den großen Widersacher des Papstes Gregor VII. schließlich in geweihtem Raume, in der Krypta des Domes bei und weihte die Afra-Kapelle.

Jeder Stein dieses mächtigen Speyerer Domes könnte, so scheint es, von ungewöhnlichen Ereignissen und von seltsamen Zusammenhängen berichten, auch wenn wir über die eigentliche Baugeschichte nur lückenhaft unterrichtet sind. Selbst das Jahr und genaue Datum des Baubeginns, das im allgemeinen mit der Grundsteinlegung am 12. Juli 1025 sowohl für das Kloster Limburg als auch für den Speyerer Dom als gesichert gilt, wird von einigen Historikern angezweifelt. Unstrittig ist jedoch, daß dieser salische Kaiserdom eine große, Deutschland und ganz Europa verändernde geschichtliche Epoche symbolisiert.

Die neue Zeit

Man kann für den Beginn einer neuen Zeit kaum je ein exaktes Datum finden. Dennoch wird man sagen können, daß jenes Jahr 955 mit der Ungarnschlacht auf dem Lechfeld bei Augsburg, in der Konrad der Rote als Stammvater des sieben Jahrzehnte später zur Königs- und Kaiserwürde gelangten salischen Adelsgeschlechtes sein Leben ließ, eine deutliche historische Wende anzeigt. Von da an ebbte die Unruhe, die Mitteleuropa jahrhundertelang wegen der ständigen Wanderung zahlreicher Stämme und Völker erfaßt hatte, vollends ab. Auch die Einfälle der Normannen hörten endlich auf, zumal deren Eroberungsdrang im Verlaufe des 11. Jahrhunderts in England Erfolg beschieden war. Noch im 10. Jahrhundert, in der Zeit der sächsisch-luidolfingischen Könige, hatten die Normannen neben den westfränkisch-französischen Städten Paris und Tours auch die zum Herzogtum Lothringen gehörenden Gebiete am linken Niederrhein heimgesucht und Städte wie Aachen und Köln in Schrecken versetzt.

Das Gebiet der heutigen Pfalz lag während des 10. Jahrhunderts glücklicherweise eher im Schatten solcher Auseinandersetzungen mit slawischen, mit ungarischen und mit normannischen Eindringlingen. Es blieb in dieser Zeit von Plünderungen und Brandschatzungen weitgehend verschont. Von gelegentlichen Einfällen fremder Völker zeugen jedoch heute noch die Heidenlöcher oberhalb von Deidesheim. Erst als der Friede im neuen ostfränkisch-deutschen Reich nicht mehr von außen bedroht war, zeichnete sich auch in den fränkischen Gauen am Oberrhein eine neue, die Menschen von immer wiederkehrender Not befreiende Entwicklung ab. Es gab am Ende des zehnten Jahrhunderts keine ausgeraubten Abteien mehr, keine fliehenden, umherirrenden Mönche.

Die immer wiederkehrenden Hungerjahre, die in der ganzen merowingischen und karolingischen Epoche eine ständige Angst der Menschen gewesen waren, schienen der Vergangenheit anzugehören. Man begann, die großen

Schrecken allmählich aus dem Gedächtnis zu verdrängen. Doch im Jahre 1033, etwa in der Mitte der Regierungszeit Kaiser Konrads II., wurde Europa erneut von einer großen Mißernte heimgesucht. Eine Hungersnot breitete sich aus, die den Menschen als eine Strafe Gottes erschienen sein muß, wie man den „Historiae" des Mönches Radulfus Glaber aus dem burgundischen Cluny entnehmen kann. Fast sechzig Jahre lang herrschte daraufhin allem Anschein nach keine Not mehr. Aber am Ende des 11. Jahrhunderts kam es wieder zu einer Periode der „mageren Jahre". Ein Hirsauer Mönch notierte für das Jahr 1090, daß das Land diesmal vom Hunger heimgesucht worden sei, obwohl „kein großer Ernteausfall vorhergegangen war". Diese Bemerkung läßt darauf schließen, daß nun die Ernten nicht mehr zur Ernährung der rasch wachsenden Bevölkerung ausgereicht haben. Diese Ausnahmesituation beschränkte sich keineswegs auf ein oder zwei Jahre, denn für das Jahr 1094 verzeichnet der Hirsauer Chronist unter anderem „ein großes Sterben in Bayern". In den Annalen von Lüttich, das zum lothringischen Gebiet zählte, wird für das Jahr 1095 vermerkt, die „schon länger anhaltende Hungersnot hat sich noch verstärkt". Auch die Folgen dieser Not in der Maas-Region sind in den Annalen genannt: „Arme bedrängen die Reichen durch Diebstahl und Brandstiftung". Man versuchte damals allem Anschein nach, durch Vorschriften über einen verstärkten Anbau von preiswerten Erbsen und Saubohnen – für Flandern ist dies belegt – die Ernährung der Armen zu erleichtern.

Über einen Zusammenhang der damaligen Notlage mit dem nun aufkommenden Kreuzzugsgedanken – der erste Kreuzzug begann im Jahre 1095 – kann man nur Vermutungen äußern. Möglich, daß sich da und dort in den Hungergebieten West- und Mitteleuropas der Wunsch nach einer Eroberung reicher Länder im Südosten des Kontinents und im Orient mit dem Wunsch nach einer Rückeroberung der heiligen Stätten der Christenheit verband. Zumindest für die Zeit des zweiten Kreuzzuges, den Bernhard von Clairvaux im Jahr 1146 im Speyerer Dom erfolgreich propagiert hat, existieren Hinweise darauf, daß nicht allein die Sehnsucht nach einem von Christen beherrschten Jerusalem dem Kreuzzugsgedanken viele Anhänger gebracht hat. Angesichts der durch Seuchen und Hunger hervorgerufenen Not, der schließlich im Jahre 1151 zahlreiche Menschen und viel Vieh zum Opfer fielen – hauptsächlich in Lothringen –, scheint in jener Zeit eine allgemeine Aufbruchstimmung geherrscht zu haben. Vor allem die ungarische Tiefebene galt als ein verlockendes, fast paradiesisches Ziel für die Hungernden in den deutschen Herzogtümern.

So einschneidend einige der hier genannten Not- und Hungerepochen in der salischen und auch noch in der darauffolgenden staufischen Epoche gewesen sein mögen, insgesamt hatte sich die Situation im Vergleich zur zweiten Hälfte des ersten Jahrtausends doch stabilisiert. Wichtig war vor allem, daß nach dem Ende der Völkerwanderung die von außen drohenden Gefahren allmählich aufhörten und der Landfrieden im Reich und seinen Herzogtümern nun einigermaßen wirkungsvoll gesichert war. Über eine längere Zeit hinweg scheint es auch wärmere Sommer und weniger kalte Winter gegeben zu haben, was den Kampf gegen den Hunger begünstigte.

Der Mensch schuf seinerseits mancherlei Voraussetzungen für eine dichtere Besiedlung, denn er war dank neuer Techniken bei der Bearbeitung des Bodens in der Lage, die Erträge zu steigern. Man verfügte nun über neue Geräte für den Ackerbau: über den Eisenpflug zum Beispiel und über die Egge. Das Pferd ergänzte den Ochsen mehr und mehr als Zugtier, wobei man als Neuerung das Kummet für die Pferde und das Stirnjoch für die Ochsen einführte. Auch durch das Bekanntwerden neuer Nahrungsmittel änderte sich die Landwirtschaft: so baute man nun immer mehr Hülsenfrüchte an, die das für die Ernährung wichtige pflanzliche Eiweiß lieferten. Auch der Obstbau verbreitete sich zunehmend, wobei sich das Kloster Reichenau als eine der Zentren für die Ausbreitung des Kernobstes erwies. Der Weinbau, in der Pfalz schon in der Römerzeit bekannt und geschätzt, wurde nun – auch dank des milderen Klimas – in Regionen heimisch, die bis dahin keine eigene Weinwirtschaft gekannt hatten.

Die Menschen lernten in dieser Zeit, daß man auf das Anlegen von Vorräten für schlechte Zeiten besonderen Wert legen müsse und handelten dementsprechend. Ganz entscheidend verbesserte sich die Nahrungsgrundlage nun auch in der Pfalz dadurch, daß man in der ottonisch-salischen Kaiserzeit und in der darauffolgenden Stauferzeit neben einer intensiveren Nutzung der seit altersher bearbeiteten Äcker und Felder auch mit der Gewinnung neuen Acker- und Weidelandes begann. In den westpfälzischen Regionen kam es zu ausgedehnten Rodungen sowie zur Landgewinnung durch das Trockenlegen von Sumpfgebieten, begünstigt wiederum durch die – eine Zeitlang – nachlassenden Niederschläge. So entstanden neue Weiler und Dörfer in der bis dahin ziemlich menschenleeren westlichen Pfalz. Auch der Pfälzer Wald wurde nun – das Beispiel der Klostergründung von Lambrecht hat es gezeigt – zunehmend besiedelt.

Allerdings diente diese Erschließung in erster Linie zur wirtschaftlichen Nutzung der wertvollen Wälder und zielte weniger auf die Gewinnung von Acker- und Weideland. Rund um die alten Burgen, an den großen Straßenverbindungen nach Westen, entstanden Siedlungen und Märkte, aus denen schließlich Städte wie Kaiserslautern hervorgingen. Das einst keltische, dann römische und schließlich fränkische Speyer gewann im Verlaufe des zehnten Jahrhunderts neue Bedeutung. In der salischen Zeit wurde es vollends zu einer „deutschen Stadt". Dieser Prozeß der Stadtwerdung ging nach heutigen Begriffen langsam voran. Bei Speyer zum Beispiel rechnen die Fachleute mit einer Zeitspanne von insgesamt 200 Jahren, bis diese nun deutsche oder „ottonische Stadt" (wie man die neuen, in der Zeit der sächsisch-ottonischen Kaiser entstandenen Zentren nannte), eine feste, von Mauern geschützte Gestalt angenommen hatte.

Mit den besseren allgemeinen Lebensbedingungen kam der seit der Römerzeit fast darniederliegende Fernhandel wieder in Gang. Der Rhein war als Verkehrsweg erneut hoch geschätzt. Die Vorderpfalz lieferte Wein und Getreide für den Export. Im „ottonischen Speyer" bildete sich eine im Jahre 946, also in der Zeit Konrads des Roten und Ottos des Großen, erstmals urkundlich nachweisbare Kaufmannschaft, speziell für den Handel mit Wein. Die Handelsbeziehungen Speyers reichten bis nach Verden an der Aller in Niedersachsen und Utrecht in den Niederlanden. Duisburg war ebenso ein Handelspartner der Kaufleute von Speyer, wie Köln, Trier, Mainz und die benachbarten Bischofssitze Worms und Straßburg. Nicht zu vergessen der Handel mit den Städten in der Champagne, deren Messen die Speyerer Kaufleute regelmäßig besuchten. Schließlich muß noch erwähnt werden, daß es gute Beziehungen und einen ansehnlichen Warenaustausch mit den linksrheinischen Märkten des Bistums Speyer, mit den Orten im Kraichgau und mit Handelsherren im Neckartal gab. In der alten römischen Siedlung Cannstatt fanden die Speyerer Kaufleute ebenfalls wichtige Partner. Dieses Cannstatt, heute ein Vorort von Stuttgart, lag bereits im Herzogtum Schwaben und gehörte zum Bistum Konstanz. Es hatte im ganzen Mittelalter eine große Bedeutung für den Fernhandel mit dem südöstlichen Teil des Reiches, weil sich in Cannstatt eine der großen Ost-West-Handelsstraßen mit einer wichtigen Nord-Süd-Handelsstraße kreuzte. Speyer andererseits bildete einen Ausgangspunkt für den Warenverkehr auf dem Rhein und für den Handel mit der Champagne, die ihrerseits wieder in regem Austausch mit dem reichen Flandern stand.

Die allgemeine Verbesserung der Lebensgrundlage sorgte nach der Herausbildung des deutschen Königtums vom 10. Jahrhundert an auch für eine stetig ansteigende Einwohnerzahl. Jahrhundertelang hatte es keinen Zuwachs an Bevölkerung gegeben. Nun verdreifachte sich die Einwohnerzahl im Oberrheingebiet und in Westeuropa. Im Herzogtum Sachsen, registrierte man zwischen 110 und 1300 gar eine Verzehnfachung der Bevölkerungsdichte. Den Höhepunkt erreichte dieser Anstieg der Einwohnerzahl zunächst im elften und zwölften Jahrhundert nach dem Übergang von der salischen zur staufischen Epoche, in jener Zeit also, in der mit den Kreuzzügen – der Aufruf Bernhards von Clairvaux im Jahre 1146 im Speyerer Dom bildete den Auftakt des Zweiten Kreuzzuges – eine neue Form des kriegerischen Aufbruches entstanden war.

Daß die Menschen diese sächsisch-salische Epoche des zehnten und elften Jahrhunderts als eine glückliche Zeit empfunden haben, ist uns unter anderem durch die Chronik des Bischofs Thietmar von Merseburg überliefert. Er schrieb: „Kaum war das tausendste Jahr nach der Geburt des Erlösers Jesus Christ durch die Sündlose Jungfrau gekommen, erstrahlte die Welt in hellem Morgenglanze". Manche Historiker meinen, dieser helle Morgenglanz habe im Grunde nur eine Minderheit erreicht, vor allem den Adel, der nun zunehmend davon profitierte, daß die königlichen Lehen zu erblichen Lehen wurden und so eine neue Form des Grundbesitzes und der damit verbundenen wirtschaftlichen Macht entstand.

Diese sozial-wirtschaftliche Seite ist sicherlich wichtig, wenn man die Zeit der Salier verstehen und in die Geschichte des Landes einordnen will. Kaum weniger wichtig für das Bewußtsein und das Lebensgefühl der Menschen erscheint indes eine kirchlich-religiöse Besonderheit am Beginn der salischen Geschichtsepoche. Man habe am Anfang des zweiten Jahrtausends an vielen Orten mit dem nahen Ende der Welt gerechnet, genauer gesagt: mit der im Johannes-Evangelium angekündigten Endzeit, dem Weltuntergang und der Wiederkehr des gekreuzigten Christus als Richter „der Lebenden und der Toten" beim Jüngsten Gericht. Wieweit diese, auch in späterer Zeit, zuletzt in den dreißiger Jahren des letzten Jahrhunderts, immer wiederkehrende Endzeiterwartung sich nur aus der Beschäftigung mit dem Evangelium entwickelt hatte oder auch durch besondere, auffallende Himmelszeichen gefördert worden war, läßt sich aus den überlieferten Chroniken nicht mehr zuverlässig interpretieren. Sicher ist allerdings, daß auch im zehnten und elften Jahrhundert der schon im Altertum beschriebene, alle 76 Jahre für einige Zeit am Nachthimmel hell aufleuchtende Halleysche Komet die Phantasie der mittelalterlichen Menschen nicht weniger beschäftigt hat als die Phantasie unserer Vorfahren vor hundertfünfzig Jahren. Man sah in dieser ungewöhnlichen Himmelserscheinung zu allen Zeiten ein Zeichen göttlichen Waltens. So auch in dem Kometenjahr 998, das die Vorstellungskraft der Menschen in ungewöhnlicher Weise angeregt haben muß, weil man ohnedies von der bevorstehenden Jahrtausendwende etwas ganz Besonderes erwartete. Der Gedanke an den Weltuntergang erzeugte, wie sollte es anders sein, Ängste und förderte die Bereitschaft zur Reue. Die Kirche profitierte davon auf ganz irdische Weise, denn die Schenkungen an den Klerus, speziell an die Klöster als den wichtigen Zentren des Glaubens nahmen in jener Epoche erheblich zu. Die Magie der Zahl – in diesem Fall der Zahl „tausend" – produzierte kirchlichen Besitz.

Folgt man den überlieferten Berichten aus jener Zeit um die Jahrtausendwende, so findet man als Charakteristikum des menschlichen Denkens und Verhaltens eine weitverbreitete Todesseligkeit, vielleicht auch ein erstes Anzeichen für eine in unserer Neuzeit oft als typisch deutsch empfundene Neigung zur sogenannten Innerlichkeit. Noch etwas anderes muß aus jener Zeit am Beginn der salischen Epoche registriert werden: das Bewußtsein, daß nun die wahrhaft barbarischen Zeiten der Vergangenheit angehörten, jene Zeiten, in denen Kriegszüge, Plünderungen, Raub und Brandschatzungen die Menschen in fast unaufhörlicher Folge heimgesucht hatten. Ein „neues Menschentum", so die allgemeinen Erwartungen, werde sich herausbilden, Erwartungen, zu denen ein Teil der Geistlichkeit erheblich beigetragen hat.

In diesem großen Prozeß der Veränderung, der sich vor nunmehr tausend Jahren abspielte, hatten die Geistlichen eine wichtige Funktion. Sie amtierten nicht nur als Priester, sondern wirkten als Lehrer, als Künstler, Baumeister, Dichter und Geschichtsschreiber, auch als Ärzte. Sie waren die Ratgeber der vornehmen Frauen, lehrten an den Höfen und Adelshäusern und sorgten so für Bildung und feinere Sitten. Die Mönche kopierten Bücher und legten Bibliotheken an. In unserer Heimat machte sich vor allem die alte, enge Beziehung zu einem der geistig-kulturellen Zentren im Gebiet nördlich der Alpen bemerkbar, die Verbindung zum Kloster St. Gallen. Eine Urkunde, die man im Archiv des Stiftes St. Gallen gefunden hat, informiert uns zum Beispiel darüber, daß dieses Kloster seit der Mitte des neunten Jahrhunderts in Dürkheim, dem späteren Hauptsitz des ersten Salierkönigs Konrad II., und in anderen Orten des damaligen Wormsgaues dank der Schenkung eines Adeligen begütert gewesen sein muß. Auf die Verbindung zum Kloster St. Gallen weisen auch die Galluskirchen in der Pfalz hin, unter anderem in den Orten Busenberg, Birkenhördt, Haßloch und Großfischlingen.

Das andere geistig-kulturelle Zentrum im Bodenseegebiet, das Kloster Reichenau, unterhielt ebenfalls schon früh enge Beziehungen mit der Pfalz, unter anderem mit Meckenheim. War der allgemeine – kulturelle – Einfluß von Klöstern wie St. Gallen und Reichenau in der ersten Zeit eines deutschen Königtums im Oberrheingebiet auch beträchtlich, so machte sich am Beginn der salischen Epoche bereits jene kirchliche Reformbewegung bemerkbar, die ihren Namen von dem burgundischen Kloster Cluny erhalten hat. Die Forderung nach einem gottgefälligen Leben, nach Askese, der Appell an den Verzicht auf irdische, diesseitige Freuden fand ein erstaunlich starkes Echo, nicht zuletzt in den süddeutschen Herzogtümern. Es scheint, daß die neu entstehende Oberschicht, die von den verbesserten Lebensbedingungen am meisten profitierte, ein besonderes Ziel der Aufforderung zur Askese gewesen ist. Im Volke, bei den ärmeren oder armen Schichten, hörte man den Mönchen, die als Wanderprediger durchs Land zogen, aufmerksam zu. Die Klosterleute, die meistens selbst aus armen Familien stammten, redeten und predigten in einer allgemein verständlichen Sprache. Das machte sie populär. Eine religiöse Volksbewegung breitete sich aus; die Klöster verloren zunehmend ihre Funktion als Hochburgen des Adels. Die urchristliche Idee der Gleichheit veränderte die Kultur und die Lebensformen. Zu den Neuerungen auf dem kirchlich-religiösen Gebiet gehörte in der Zeit nach der Jahrtausendwende auch das Aufkommen der Scholastik, die ihre Wurzeln hauptsächlich in Frankreich hatte. Die Glaubenswahrheiten wollte man nun auch verstandesmäßig begreifen; ein Versuch, der innerhalb der Kirche heftige Auseinandersetzungen provozierte. Einer der Gegner der Scholastik war der Abt Bernhard von Clairvaux, ein hochgeachteter und wortgewaltiger Prediger.

Die neue Zeit machte sich auch auf dem Gebiet der Wissenschaften bemerkbar. Die Anstöße hierzu kamen aus Andalusien, wo die islamischen Mauren ihre Herrschaft ausgebaut und gefestigt hatten. Schon im neunten Jahrhundert knüpfte man in den kulturellen Zentren des Maurenreiches, vor allem in Cordoba, an die alte griechische Wissenschaftstradition an. Die Naturwissenschaften, die Mathematik, die Medizin, die Astronomie, die Philosophie erlebten in Andalusien eine neue Blüte. Lehrbücher für Naturwissenschaften und Medizin aus dem islamischen Kulturkreis wurden vor allem in der zweiten Hälfte des elften Jahrhunderts, in der Zeit Heinrichs IV., zunächst für die Medizinschule im italienischen Salerno ins Lateinische übersetzt, unter anderem von Constantinius Africanus und gelangten so auch an die kulturellen Zentren nördlich der Alpen, an Klöster, aber auch an Domschulen. Die Dichtkunst, die seit dem Ende des Karolingerreiches keinen bekannten Namen mehr verzeichnet hatte, begann – nach fast 150jähriger Pause – in der

Mitte des elften Jahrhunderts wieder aufzublühen. Vor allem eine religiös-lehrhafte Dichtung, in einem frühen Mittelhochdeutsch von Geistlichen verfaßt, wurde da und dort populär. Die Werke der bildenden Kunst, die uns aus dieser mittelalterlichen Epoche überliefert sind, hatten allesamt eine wesentliche Funktion: sie sollten dem Allmächtigen die Reichtümer der sichtbaren Welt darbieten, sollten Gottes Zorn besänftigen. Sie waren gedacht als Symbole einer Unterwerfung des Menschen. Kunst ist deshalb weniger als Ästhetik, vielmehr als Opfer zu begreifen. Sie war magische Beschwörung des Allmächtigen, dem sich die Christen des 11. Jahrhunderts ausgeliefert fühlten. Kunst war vollständig abhängig von denjenigen, die sich mit Gott in Verbindung setzen wollten. Kunst ist deshalb nur sakral zu verstehen.

Konrad II. – „Mann des Diesseits"

Der entscheidende Anstoß für die meisten Veränderungen und Neuerungen, seien sie kultureller oder religiöser Natur, kam aus den Klöstern als den wichtigsten Bildungszentren jener Epoche. Die nachhaltige politische Wirkung in jener Zeit des Umbruchs ging dabei sicherlich von der bereits erwähnten Reformbewegung des burgundischen Klosters Cluny aus. Mancher hohe Adelige im Reich empfand Sympathie für die neuen Lehren, die aus dem reichen Burgund in die wirtschaftlich viel weniger entwickelten Regionen an Rhein, Main und Donau drangen. Konrad II. war indes der Reformbewegung von Cluny, die sich auf Grund der Aktivitäten der Hirsauer Mönche in ganz Süddeutschland ausgebreitet hatte, von Herzen abgeneigt. Der sogenannte „Zeitgeist" berührte ihn nicht. Askese oder Mystik gehörten nicht zu seinen Vorlieben. Die Historiker halten diesen Konrad II. für einen „Mann des Diesseits", einen hochbegabten Herrscher, der sich jedoch seinen Platz erst durch Taten sichern mußte, dem nichts geschenkt wurde. Besonders beliebt ist dieser König und Kaiser allem Anschein nach – zumindest außerhalb seiner engeren Heimat – nicht gewesen. Man sagte von ihm, er verfüge über einen grimmigen Humor und liebe derbe Späße. Daß er ein erfolgreicher Regent war, im Reich für Frieden sorgte und auch machtpolitisch, etwa bei der Bindung des bis in die Provence reichenden burgundischen Gebietes an das deutsche Königtum, durchaus erfolgreich operierte, machte manchen anderen Fürsten in den deutschen Herzogtümern eifersüchtig auf diesen König aus dem salischen Geschlecht. Mit harter Hand trat Konrad seinen Widersachern entgegen. In der Legende, vor allem derjenigen, die sich im Herzogtum Schwaben ausbreitete, wird von Konrad II. ein wenig freundliches Bild gezeichnet. Das Schauspiel, das der Schwabe Ludwig Uhland in der Zeit der deutschen Romantik unter dem Titel „Herzog Ernst von Schwaben" publizierte (es hat einst in manchen deutschen Schulen zur Pflichtlektüre gehört), diese Uhland'sche Dichtung trug sicherlich dazu bei, daß der Schwaben-Herzog Ernst, der Stiefsohn Konrads II. aus einer früheren Ehe der Königin Gisela, in seinem Aufbegehren gegen die königliche Gewalt als der Gute idealisiert worden ist. Da mußte Konrad II., der Stiefvater, als der Bösewicht erscheinen – als der Antiheld in einem Familiendrama.

Die gleiche Härte, die Konrad II. gegenüber dem Stiefsohn zeigte, um die dominierende Position des Königs zu verteidigen, wandte er auch gegenüber der Kirche an, wenn sich dort irgendwelche Zeichen der Selbständigkeit regten. Die Ernennung der Bischöfe hielt er für das selbstverständliche Vorrecht des Königs und Kaisers, ein Vorrecht, das später dem Enkel Konrads II., dem König Heinrich IV., von dem aus Cluny kommenden Papst Gregor VII. so vehement und folgenreich streitig gemacht worden ist. Für die Ernennung eines Bischofs verlangte und erhielt Konrad II. die zu jener Zeit allgemein üblichen materiellen Leistungen. Der alsbald so heftig befehdete „Ämterkauf", die „Simonie", hatte Tradition und galt als Finanzierungsquelle für die Herrschaft. Anrüchig oder gar unehrenhaft empfand man diese Form der Einsetzung kirchlicher Würdenträger in jener Zeit keineswegs.

Kirchenpolitik war für Konrad II. in erster Linie eine Frage der Sicherung königlicher Macht und königlichen Einflußes, nicht Rücksichtnahme auf religiöse Strömungen oder auf besondere Wünsche des Klerus. Anders als Otto III. interessierte sich Konrad II. im Grunde wenig für den Glanz und die Tradition, ja Mystik der Stadt Rom, auch wenn er ganz zielstrebig die machtpolitische Erbschaft des römischen Imperiums für sich in Anspruch nahm und diesem Anspruch schon in den ersten Jahren seiner Herrschaft Geltung verschaffte. Die Oberhoheit im Königreich Burgund mit seinen wichtigen Alpenpässen, die den Weg nach Italien öffneten, setzte Konrad II. gegen die Ansprüche des französischen Königs durch. Die lombardisch-italienische Königskrone begehrte er entsprechend der mit Otto dem Großen beginnenden, nunmehr schon hundertjährigen Tradition. Der Erzbischof von Mailand erfüllte dieses Begehren, indem er Konrad II. in der Hauptstadt der Lombardei krönte. Die Kaiserkrönung im Jahre 1027 durch Papst Johannes XIX. führte ihn nach Rom, wo er gemeinsam mit dem Papst die Lateransynode abhielt. Dies war sein einziger Aufenthalt in der Ewigen Stadt.

Es scheint, als habe dieser machtbewußte Praktiker des Regierens sich in einer fremden Umgebung nicht besonders wohl gefühlt und deshalb den Aufenthalt in den angestammten Gebieten am Rhein, Main und Donau vorgezogen. Immer wieder kehrte Konrad II. in die heutige Pfalz und nach Speyer zurück, wenn er, damaligem Brauch entsprechend, mit seinem ganzen Hofstaat die einzelnen Königspfalzen in den verschiedenen Herzogtümern besucht hatte. In Italien sorgte Konrad recht geschickt für eine Balance zwischen den kirchlichen und den weltlichen Gewalten. Durch klug berechnete Anwendung von Strenge und Milde sei es ihm ohne allzu große Schwierigkeit gelungen, den Frieden in Italien zu sichern, schrieb einer seiner Biographen. Eine friedliche Entwicklung in Italien, speziell in der Lombardei, war die Voraussetzung für das Wohlergehen und das Aufblühen des ganzen mittelalterlichen Reiches. Die italienischen Gebiete verfügten zu jener Zeit im Vergleich zu den deutschen Herzogtümern über einen beträchtlichen Reichtum. Sie waren in der wirtschaftlichen und auch kulturellen Entwicklung dem Königreich der Deutschen weit voraus. Das Ansehen des Königs und Kaisers hing von den Verhältnissen in Norditalien ab. Es war nicht irgendeine undefinierbare Sehnsucht, die die deutschen Könige nach Italien schauen und gen Mailand und Rom ziehen ließ, sondern in erster Linie der Wunsch nach Teilhabe an den Schätzen der zu jener Zeit durch Handel, Handwerk und auch Künstlertum relativ wohlhabenden (und überdies, verglichen mit den Regionen nördlich der Alpen, dicht besiedelten) italienischen Bistümer, Grafschaften und Städte.

Bei kaum einem anderen aus der Reihe der mittelalterlichen deutschen Könige und Kaiser wird der Gesichtspunkt der wirtschaftlichen und kulturellen Nützlichkeit einer erfolgreichen Italienpolitik so deutlich wie bei dem oft als Emporkömmling apostrophierten Salier Konrad II. Es kann nicht überraschen, daß Konrad II. auch das bei den Königsgeschlechtern seit langem übliche Mittel der Heiratspolitik anwandte, um die Herrschaft in den italienischen Gebieten zu sichern. So entstanden Familienverbindungen der Salier mit den Markgrafen von Turin, mit den Markgrafen von Tuszien-Canossa und auch – über die italienische Heiratspolitik – mit der lothringischen Herzogsfamilie.

Die wachsende Bedeutung Speyers

Dieser Konrad II. besaß ganz sicherlich das, was man in der Politik – auch in unserer Zeit – so oft vermißt: ein auf lange Sicht angelegtes strategisch-politisches Konzept. Daß der heutigen Pfalz und speziell der Stadt Speyer in diesem Konzept eine zentrale Funktion zugedacht war, zeigt uns noch heute der Dom, dessen Bau Konrad II. veranlaßt hatte. Auf der von Konrad II. getroffenen Grundlage wird in Speyer im wörtlichen und im übertragenen Sinne im Verlauf des elften Jahrhunderts weitergebaut, so daß die Stadt in der Regierungsepoche Heinrichs III., des Sohnes von Konrad II., zu den wichtigsten Plätzen des Reiches gehört. Die Domschule zu Speyer nimmt einen großen Aufschwung. Immer mehr bedeutende Lehrer sind hier tätig, Kleriker aus allen Teilen des Reiches wandern zu.

Von Heinrich III. wird im Codex aureus, einem heute im spanischen Escorial aufbewahrten, besonders wertvollen mittelalterlichen Evangeliar, rühmend gesagt, daß Speyer durch das fördernde Werk König Heinrichs ausgezeichnet und erhöht worden sei. Das bezieht sich auch auf die Domschule von Speyer. Aus ihr gingen in der salischen und in der darauffolgenden staufischen Zeit zahlreiche Kleriker hervor, die in der Verwaltung des Reiches, in der Reichs-Kanzlei, der königlich-kaiserlichen Herrschaft gedient haben. Vollends unter den Staufern habe sich diese Domschule von Speyer zu einer „Diplomatenschule des Reiches" entwickelt, heißt es in der „Geschichte der Stadt Speyer", in Anspielung auf die ursprünglich in Speyer eingerichtete Diplomatenschule der Bundesrepublik Deutschland. Als der letzte der salischen Herrscher – Heinrich V. – starb, rühmte der in einem Kloster in der Normandie lebende englische Mönch Ordericus Vitalis die Stadt Speyer beiläufig als die „metropolis Germaniae", die Hauptstadt Germaniens oder Deutschlands. Man darf derart schmückende Beiworte in den Chroniken des Mittelalters sicherlich nicht allzu wörtlich nehmen, aber das Jahrhundert der salischen Könige und Kaiser hat doch entscheidend dazu beigetragen, daß Speyer und das Gebiet der heutigen Pfalz als ein Zentrum der imperialen Macht und des geistig-kulturellen Lebens betrachtet worden sind. Mit italienischen Städten wie Mailand oder gar mit Rom konnte sich das Speyer der mittelalterlichen Kaiser freilich in der Einwohnerzahl so wenig vergleichen wie andere deutsche Städte der damaligen Zeit. Es scheint, daß die Stadt Speyer, die im späteren Mittelalter auf etwa 15 000 Einwohner geschätzt wird, in der salischen Epoche kaum mehr als 10 000 Seelen zählte, sicherlich eine recht bescheidene Ziffer. Dennoch ist der Glanz, den die salischen Herrscher der Stadt verschafft haben, von den Zeitgenossen als außerordentlich empfunden worden. Der Aufschwung, den der Bischofssitz in jener Zeit erlebte, wurde besonders von den Klerikern mit Staunen registriert, die in einer gegen Ende des zehnten Jahrhunderts verfaßten Schrift eines Angehörigen der Speyerer Domschule, des späteren Bischofs Walther von Speyer, gelesen hatten, daß sich der Sitz des Bischofs und des Gaugrafen in einem ländlichen Ort, in einer „Kuhstadt" befinde.

Auch nach dem Ende der salischen und der staufischen Herrschaftsepoche bildete die mit eigenem Recht ausgestattete, durch König Heinrich IV. in ihren Privilegien bestätigte, ummauerte Stadt Speyer einen Mittelpunkt des mittelalterlichen Reiches, sei es als Versammlungsort der Reichtstage, sei es als Gerichtsort des Reiches oder – an der Schwelle zur Neuzeit – als ein Ort, der Reformationsgeschichte gemacht hat. Daß man in Chroniken des Mittelalters auch den Begriff oder die Formel „sancta spira" – „heiliges Speyer" – findet, bedeutet indes nichts anderes als den Versuch, die Grabstätte der Salier kultisch zu überhöhen. Immerhin – derartige Überhöhungen sind ein wichtiges Zeichen für die Bedeutung, die das mittelalterliche Speyer im Bewußtsein der Deutschen besaß. Niemand konnte sich vor tausend Jahren – als die „lothringische Frage" klar beantwortet schien – vorstellen, daß diese Stadt am Oberrhein und mit ihr die Pfalz in späteren Epochen nicht mehr das Herzland deutscher Staatlichkeit, sondern ein umkämpftes Grenzland sein werde.

Der asketische Heinrich III.

Tatsächlich erreichte das mittelalterliche Reich unter der salischen Dynastie mit Konrad II. und mit dessen Sohn, dem Kaiser Heinrich III., „den Punkt seiner größten Machthöhe", geriet aber unter den folgenden salischen Herrschern in der zweiten Hälfte des elften Jahrhunderts auch in eine schwere, ganz Europa für lange Zeit verändernde Krise. Was man später in der Geschichte der europäischen Revolutionen die „Papst-Revolution" genannt hat, die Herausbildung einer sich unabhängig fühlenden römisch-katholischen Kirche mit einem universalen Anspruch unter der Führung des Papstes als dem Bischof von Rom und Inhaber des Stuhles Petri, diese Umwälzung aller bis dahin allgemein respektierten Machtverhältnisse bleibt das besondere Merkmal der salischen Herrschaftsepoche.

Als der zupackende, in Machtfragen eher bedenkenlose Konrad II. im Alter von 50 Jahren als ein respektierter, aber kaum sonderlich beliebter König und

Kaiser an der Gicht starb, folgte ihm sein gerade 22 Jahre alter Sohn Heinrich III. Dieser jugendliche, schon als Elfjähriger in Aachen zum König gekrönte Salier übernahm 1039 eine gefestigte Herrschaft. Er war der erste König im ostfränkisch-deutschen Reich, dessen Amtsantritt nicht von irgendwelchen Aufständen in einem der Herzogtümer oder der mit dem Reich verbundenen Vasallen-Könige überschattet war. Das Erbe, das Heinrich III. antrat, schien machtpolitisch abgerundet und gesichert. Der junge König, nach Wesensart ganz verschieden von seinem Vater, fühlte sich als ein geistig-sittlicher Erneuerer des römischen Reiches. Er setzte sich eine „Renovatio imperii romanarum" zum Ziel. Heinrich sah sich als weltlichen Herrscher und zugleich als einen „Gesalbten des Herrn", als den „Vicarius Christi". Von bedeutenden Klerikern erzogen, entwickelte er eine große Liebe zu den Büchern und zeigte viel Verständnis für die Baukunst – die von ihm in Auftrag gegebene Kaiserpfalz in Goslar bietet dafür einen eindrucksvollen Beweis – sowie für die Musik. Er war, darüber sind sich seine Biographen einig, ein vorzüglich gebildeter und auch ein sehr frommer Herrscher. Kirchliche Kultur und christliche Sittenlehre prägten seinen Charakter. Daß er, wie sein Vater, derbe Späße geliebt hätte, ist nirgends vermerkt. Überall wird Heinrich III. von den Chronisten seiner Epoche eine „priestergleiche Würde" und hohes Pflichtbewußtsein bestätigt. Er sei eine ganz und gar nicht heitere oder gar fröhliche, sondern eine ernste Natur gewesen. Seinen selten erwähnten, aber bezeugten Beinamen „der Schwarze" mögen Zeitgenossen erfunden haben, weil Heinrich III. durch sein dunkles Antlitz auffiel. Doch mag diese Kennzeichnung auch in einem Doppelsinn verstanden worden sein, hinweisend auf die melancholische Natur dieses Saliers.

Heinrich III. besaß den Ruf eines Idealisten, der von sich und von anderen viel verlangt. Ganz im Gegensatz zu seinem Vater Konrad II., den man sicherlich zur Kategorie der Realpolitiker rechnen muß, hielt Heinrich III. nur wenig vom Zwang der Macht, obwohl auch er wiederholt bei der Verteidigung seiner Herrschaft diesem Zwang nicht ausgewichen ist. Vor allem anderen vertraute er dem sittlichen Aufschwung, der Erziehung der Menschen zur Gerechtigkeit und Gottesfurcht. Er fühlte sich, um einen modernen Begriff zu gebrauchen, einer geistig-moralischen Erneuerung des Abendlandes verpflichtet, und er handelte auch diesem Gebot entsprechend. Die Reformideen burgundischer Klöster – an erster Stelle des Klosters Cluny – und der lothringischen Mönche machte er sich zu eigen. Seine zweite Gemahlin Agnes, die Tochter des aquitanischen Königs Wilhelm V. aus dem Hause Poitou, gehörte zu den erklärten Anhängern der Reformbewegung von Cluny. Heinrich III. selbst besaß schon von Kind an eine direkte Beziehung zu dem einflußreichen burgundischen Kloster: Sein Taufpate war der Abt Hugo von Cluny gewesen. Daß sich Konrad II. für diesen Taufpaten entschieden hatte, muß man freilich mehr unter machtpolitischen als unter religiösen Gesichtspunkten sehen, galt es doch, das blühende Königreich Burgund so eng wie möglich an das ostfränkisch-deutsche Königtum zu binden. So ist es denn auch nicht überraschend, daß Heinrich III. noch zu Lebzeiten seines Vaters im Jahre 1038 die burgundische Krone erhielt.

Nichts war Heinrich III. so wichtig wie die Sicherung des Friedens in seinem Reich. Aus der Heimat seiner Gemahlin Agnes übernahm er schon bald nach der Übernahme der Herrschaft im ganzen Reich den Gedanken des Gottesfriedens oder der Gotteswaffenruhe, der „Treuga Dei". Durch die Verkündung des Gottesfriedens versuchte die Kirche im südlichen Frankreich jener die Menschen peinigenden Gewalt zu wehren, die in den ständigen Fehden der verschiedenen Ritter- und Adelsgeschlechter schlechter Brauch geworden war. Von Mittwoch bis am Montagmorgen blieb nun jede Fehde, jede kriegerische Gewalt bei strenger Kirchenstrafe untersagt. Heinrich III. wollte allerdings noch mehr: sein Ziel war ein allgemeiner Reichsfriede. Dies zu erreichen hielt er für seine Königspflicht. Der König selbst, so die Überzeugung Heinrichs III., mußte hier ein Beispiel geben. Als Heinrich III. die Konstanzer Synode im Jahre 1043 von der Kanzel herab an die allgemeine Friedenspflicht erinnerte, verband der König diese Mahnung damit, daß er allen seinen Schuldnern vergab. Ein Jahr nach der Konstanzer Synode wiederholte Heinrich III. diese allgemeine Vergebung – eine Art der Amnestie. Anlaß war der Sieg über die aufständischen Ungarn. Barfuß, im härenen Büßergewand, einen Splitter des Heiligen Kreuzes in der Hand warf sich dieser salische König aufs Knie, um diese Vergebung zu verkünden.

Das Erstaunen über diesen König, der soviel von sich und von anderen verlangte, mag groß gewesen sein. Größer sicherlich als seine Popularität. Denn Heinrich galt auch als unnahbar und ungesellig. Diesen Ruf bestätigte er im rheinischen Ingelheim bei seiner Vermählung mit der aus Südwestfrankreich kommenden Agnes. Als bei der Hochzeitfeier, wie üblich, die fahrenden Sänger, Musiker und Gaukler in großer Zahl erschienen, um aus dieser Hochzeit ein allgemeines Freudenfest mit Musik und Tanz zu machen, untersagte ihnen Heinrich III. den Auftritt und verwies sie vom Hofe. Da diese Spielleute, meist aus dem südlichen Frankreich stammend, im ganzen Reich ihre Künste anboten, übten sie im Umherziehen auch die Funktion von Nachrichtenübermittlern aus. Dieser sittenstrenge Heinrich III. gehörte mit seiner nicht weniger strengen und frommen Gemahlin Agnes fortan nicht zu den Großen des Reiches, deren Ruhm die Spielleute im Abendland verbreiteten. Doch die negative Mundpropaganda, die in unserer Zeit fast jeder Politiker fürchtet, mag Heinrich III. wenig gekümmert haben. Er traf seine Entscheidungen ohne den Seitenblick auf die jeweilige Opportunität, auf vordergründige Zweckmäßigkeit.

Seine hohe Meinung vom Auftrag der Kirche veranlaßte diesen Herrscher aus dem salischen Geschlecht unter anderem, die allgemein übliche Simonie, den sogenannten „Verkauf kirchlicher Ämter" aufzugeben und damit auf wichtige Reichseinnahmen zu verzichten. Für Heinrich III. war es wichtig, daß ein Bischof nicht nur als ein Verwaltungsbeamter der Regierung tüchtig war, sondern auch als Geistlicher die notwendige Befähigung zur Erfüllung des kirchlichen Auftrages mitbrachte. In der Reinheit der Kirche sah Heinrich III. die Voraussetzung dafür, daß sie ihre Aufgabe als treue Gehilfin des Staates erfülle. Diese Art der Kirchenpolitik, bei der Heinrich III. durchaus an der Oberhoheit des Königs und Kaisers gegenüber Bischöfen und Reichsäbten festhielt, wich ganz erheblich von der Kirchenpolitik seines Vaters ab. Konrad II. hatte im Streit mit dem Erzbischof von Mailand diesen Kirchenfürsten ohne Zögern einfach des Amtes enthoben und als Gegenmacht zu den Kirchenfürsten den niederen Adel gestärkt, indem er dessen Lehen für erblich erklärte. Das festigte Konrads Position als König, vor allem im reichen Oberitalien. Da Heinrich III. indes überzeugt war, daß sein Vater den Mailänder Erzbischof gegen die Vorschriften des kanonischen, für Kirchenangelegenheiten verbindlichen Rechtes abgesetzt hatte, gab er dem Mailänder Kirchenfürsten sein Erzbistum zurück. Dem Adel, vor allem dem niederen Adel, mißfiel diese Form der Wiedergutmachung an einem selbstherrlichen Erzbischof. Mit Recht argwöhnten die neuen ebenso wie die alten Adelsgeschlechter, daß Heinrichs III. Begünstigung der kirchlichen Territorialgewalten am Ende zu einem Übergewicht des hohen Klerus in der Reichsverwaltung und in der Reichspolitik führen werde.

Heinrich III. dürfte die Gefahren, die der weltlichen Gewalt durch die Stärkung der kirchlichen Einrichtungen entstand, durchaus erkannt haben. Ihn interessierte indes nicht in erster Linie das altvertraute, oft praktizierte Machtspiel, das Ausbalancieren der verschiedenen Kräfte und Gewalten im Staatsverband, ihm kam es vor allem darauf an, daß die Kirche ihren sittlich-religiösen Auftrag erfülle. Um dieses Ziel zu erreichen, mußte man in Rom selbst vieles ändern. Zum Beispiel war es notwendig, den dominierenden Einfluß der alten römischen Geschlechter auf die Papstwahl und auf das Verhalten der Kurie zu brechen. Diese selbstgestellte Aufgabe erfüllte Heinrich III. kühl und entschlossen, indem er bei seinem ersten Romzug den Papst Gregor VI. auf der Synode von Sutri absetzte und nach Köln in die Verbannung schickte, wohin diesen abgesetzten Papst einer seiner Verwandten, der aus der südlichen Toskana stammende, dem Kloster Cluny verbundene Kaplan Hildebrand begleitete, jener Hildebrand, der als Papst Gregor VII. zum erbitterten Widersacher des Königs Heinrich IV. geworden ist. Den Bamberger Bischof Suidger machte Heinrich III. zum Papst. Von diesem Papst erhielt er die Kaiserkrone. Wie in ottonischer Zeit sollten Papsttum und Kirche, befreit aus den Verstrickungen der römischen Adelsparteien, unter dem Schirm und Schutz des Kaisertums zu der notwendigen sittlichen Höhe und zu einer universalen Bedeutung gelangen. Doch die Befreiung der Kirche aus Intrigen und Ämterschacher stärkte ziemlich rasch diejenigen Kräfte des Klerus, die sich mit der Erneuerung auch eine größere Unabhängigkeit vom Kaisertum wünschten. Daran änderte auch der Umstand nichts, daß Heinrich III. bei der Besetzung des Stuhles Petri Angehörige der Reichskirche, deutsche Bischöfe, bevorzugte.

Der Aufstieg des Papsttums und die Entwicklung einer kirchlichen Gegenmacht begann gerade mit einem Papst, dem Heinrich III. zum höchsten Amt in der Kirche verholfen hatte, mit Leo IX. Dieser Papst stammte aus einem elsässischen Grafengeschlecht und war mit den Saliern verwandt. Als Bischof

Bruno von Toul gehörte er in Lothringen zu den entschiedenen Befürwortern der Kirchenreform. Seinen Reformeifer brachte Bruno vom alten Reichsbistum Toul nach Rom mit. Als Papst Leo IX. schuf er einige der Grundlagen, die heute noch die Kirchenverfassung bestimmen. Unter anderem veränderte er das Kardinalskollegium zu einer Art Senat der Kirchenregierung. Bei seinen Reformen stützte sich Leo IX. hauptsächlich auf lothringische und burgundische Kleriker. Der Kaplan Hildebrand kehrte aus Köln nach Rom zurück und übernahm das Amt eines Subdiakons. Auf Initiative des Papstes Leo IX. faßte man in der Kirche Beschlüsse gegen den Verkauf kirchlicher Ämter und gegen die Priesterehe. Geistliche, die ihrem Auftrag nicht gewachsen waren, verloren ihre Ämter. Man stellte höhere Ansprüche als zuvor an die Qualifikation der Kirchenleute. Beim Konzil von Reims im Jahre 1049 wurde die Annahme eines kirchlichen Amtes ohne eine Wahl nach kanonischem Recht untersagt. Die römisch-katholische Kirche distanzierte sich auf solche Weise von den Einflüssen der weltlichen Gewalten. Unter dem Papst Leo IX. bildete sich der universale Charakter des Papsttums immer deutlicher aus. Die Bischöfe büßten gegenüber Rom an Selbständigkeit ein, sie mußten sich in das neue päpstliche Regiment einfügen, ein Vorgang, der dem elsässisch-lothringischen Papst Leo IX. viel Bewunderung und Popularität beim Mönchtum, aber auch beim einfachen Volke verschaffte. Als Leo IX. versuchte, seine neu gewonnene kirchliche Macht im Kampf gegen die Normannen auch in weltliche Macht umzusetzen, scheiterte er allerdings.

Die Niederlage im normannischen Feldzug überlebte dieser Reformpapst nicht mehr lange. Nun entschied sich Heinrich III. wieder für einen Nachfolger aus dem deutschen Klerus, für den Bischof Gebhard von Eichstätt, der als Papst Viktor II. in Rom amtierte. Dieser Viktor II. war ein dem König und Kaiser treu ergebener Bischof. Auf ihn konnte sich Heinrich III. verlassen. Die Idee jedoch, daß die kirchliche Freiheit den Vorrang besitze, breitete sich immer mehr aus. Noch war die Kirche dem Kaiser „nicht über den Kopf gewachsen, hatte aber in der Zeit Heinrichs III. schon die Schulterhöhe erreicht", wie einer der Biographen des salischen Herrschers meinte. Das Wort des Bischofs Wazo von Lüttich, im Jahre 1046 an Heinrich III. gerichtet, wurde registriert: „Dem Papste sind wir Gehorsam, Euch Treue schuldig". So kann man sagen, daß Heinrich III. dem Papsttum zur Macht im Abendland verholfen hat.

Dieser Heinrich III., der im noch jugendlichen Alter von 39 Jahren starb, mußte in den letzten seiner insgesamt 17 Regierungsjahre erleben, daß sich in seinem Imperium immer wieder Unfriede und Mißstimmung ausbreitete. Sein hochgestecktes Lebensziel, nämlich den allgemeinen Reichsfrieden durchzusetzen und zu wahren, hat dieser durchaus tatkräftige, aber oft durch Krankheit gehemmte Herrscher aus dem salischen Geschlecht nicht erreicht. Zu groß und zu schwierig waren die Aufgaben, die sich der pflichtbewußte Mann gestellt hatte. Er mag sich auch, wie man rückblickend erkennen kann, darin geirrt haben, daß er meinte, er werde die Kirche im Sinne der Reformpartei umgestalten, aber dennoch die Herrschaft über sie behaupten. Freilich – Alternativen hätte es auch für einen Herrscher kaum gegeben, der die Macht zynisch gebraucht hätte. Die Idee der kirchlichen und sittlichen Erneuerung, der großen Wende, hatte sich schon vor dem Machtantritt des salischen Geschlechtes ausgebreitet und immer mehr Anhänger gefunden. Ein Herrscher, der sich als ein Freund der Reformpartei verstand und entsprechend handelte, entschied sich *für,* nicht gegen den Zeitgeist. Insofern erscheint dieser Heinrich III. keineswegs als ein weltfremder Schwärmer, wie zuweilen vermutet worden ist. Er war sogar, wenn man seine Politik des Aufbaus und des Ausbaus der Bistümer in Ostdeutschland und Norddeutschland wertet, ein hervorragender politischer Praktiker, der zur Stabilisierung des ostfränkisch-deutschen Königtums und zur Stärkung der christlichen Mission im Norden und Osten viel beigetragen hat. Der deutsche Südwesten war zwar die Heimat seines Geschlechtes, aber Heinrich III. demonstrierte noch im Angesicht des Todes, daß er gerade im alten sächsischen Herzogtum, in Goslar, eine große Aufgabe und zweite Heimat gefunden hatte. Sein Herz, so verfügte er, solle man in Goslar beisetzen, seinen Leib im Speyerer Dom. So geschah es.

Von Speyer nach Canossa

Ein sechsjähriger Knabe erbte im Jahre 1056 die Krone des Reiches: Heinrich IV., der Sohn Heinrichs III. und der frommen Königin Agnes aus dem aquitanischen Geschlecht der Poitou. Die Mutter übernahm die Regentschaft für den noch unmündigen, aber bereits drei Jahre vor dem Tode des Vaters von einer Reichsversammlung in Tribur zum König gewählten und dann in Aachen gekrönten Heinrich IV. Der Treueid, den die Großen des Reiches bei der Königswahl ablegten, war bemerkenswerterweise an eine Bedingung geknüpft; der König müsse der Gefolgschaft „ein gerechter König sein". Genau ein halbes Jahrhundert dauerte das Königtum dieses Saliers, wenn man die Zeit der mütterlichen Regentschaft und die letzte Lebensetappe mitrechnet, in der Heinrich V. dem Vater die Macht entwunden hatte. Heinrich IV. sei von allen deutschen Herrschern der unglücklichste gewesen, heißt es in Veit Valentins „Geschichte der Deutschen". Man wird diesem Urteil kaum widersprechen können. So ist es denn auch nicht verwunderlich, daß Heinrich IV. in einer Zeit der literarischen Deutschtümelei und der germanischen Heldenentdeckung dem Publikum auf den Bühnen der staatlichen Theater als tragische Gestalt nahe gebracht werden sollte. Zwei Barden der NS-Zeit wetteiferten miteinander: Erwin Guido Kolbenheyer – mit einem Schauspiel „Gregor und Heinrich" – und Georg Schmückle, der sich von seinem Gesinnungsgenossen Kolbenheyer herausgefordert fühlte. Schmückles Salier-Drama hatte nur *einen* wahren Helden, der Titel kündigte es an: „Heinrich IV.". Da Schmückle in Stuttgart eine hohe Parteifunktion besaß, wurde das dramatisierte Geschichtsbild auf der Bühne der württembergischen Staatstheater uraufgeführt. Vielen Schülern, damals klassenweise ins Theater geschickt, ist eine Sentenz besonders im Gedächtnis geblieben, der Ausspruch des Papstes Gregor: „Ich will dem Knaben überm Berg schon noch den Fußfall lehren". Nun, der „Knabe" war Heinrich IV., zur Zeit des dramatisierten Höhepunktes ganze 27 Jahre alt, aber schon fast 12 Jahre als König amtierend, weil frühzeitig für mündig erklärt. Bevor es zu dem historischen Bußgang Heinrichs auf die toskanische Burg Canossa kam, wartete Heinrich IV. mehrere Monate in Speyer auf die Antwort des Papstes, dem Heinrich ein Zusammentreffen vorgeschlagen hatte. Insofern ist der Text des Dramatikers Georg Schmückle richtig, denn „überm Berg", das war jenseits der Alpen im fränkischen Stammland. Auch die Bezeichnung „Knabe" trifft auf Heinrich IV. als einem 27jährigen zu, vor allem, wenn man das Alter seines päpstlichen Widersachers Gregor VII. zum Vergleich nimmt. Immerhin war dieser Papst, in der Canossa-Krise etwa doppelt so alt wie der Salier Heinrich IV.

Die beiden Schauspiele über Gregor und Heinrich sind nach dem Ende der NS-Zeit nicht mehr aufgeführt worden. Sie haben ihre Autoren nicht überdauert. Bis zum heutigen Tage erinnert uns jedoch der Speyerer Dom an den großen mittelalterlichen Konflikt zwischen Kaisertum und Papstum, denn Heinrich IV. hat, so vermuten die Kirchenhistoriker, bei seinem Bußgang in Canossa ein Gelübde geleistet, das diesen Kirchenbau des salischen Geschlechtes betraf. Doch, um diesen Zusammenhang zu verstehen, muß man die Gegenspieler Heinrich und Gregor und die Zeit, in der sie gelebt und miteinander gestritten haben, näher betrachten.

Die schriftlichen Zeugnisse, die wir aus jener mittelalterlichen Epoche besitzen, sind fast ausschließlich von Parteigängern des einen oder des anderen verfaßt. Sie verzerren deshalb das Bild. So wird zum Beispiel in römisch-kirchlichen Darstellungen von Heinrich IV. behauptet, er sein grausam und wollüstig gewesen, auch unbeherrscht. Eine nach Heinrichs Tod von einem deutschen Kleriker (wahrscheinlich von dem Würzburger Bischof Erlung, dem zeitweiligen Kanzler Heinrichs IV. verfaßte Lebensbeschreibung, eine „Vita", idealisiert dagegen den Salier. Ganz sicher ist, daß Heinrich IV. der kirchlich-ethischen Reformbewegung jener Zeit ziemlich fern stand und in der Auffassung von Staat und Kirche, von weltlicher Herrschaft und geistlichem Anspruch, eher seinem Großvater Konrad II. glich als Heinrich III., seinem Vater. Erzogen von hochrangigen Klerikern, geistlichen Fürsten, die in der Zeit der Regentschaft seiner Mutter Agnes auch politisch einen großen Einfluß besaßen, erwarb sich Heinrich IV. schon frühzeitig eine gute literarische Bildung. Er verfügte über bemerkenswerte Lateinkenntnisse, las gerne Bücher und interessierte sich für wissenschaftliche Dispute, die in jener Zeit vor allem im Zentrum der islamisch-jüdischen-christlichen Gelehrsamkeit, im maurischen Andalusien, gepflegt wurden. Heinrich IV. liebte Musik und hatte, wie man aus verschiedenen Quellen weiß und am Speyerer Dom immer noch feststellen kann, ein für die Baukunst geschultes Auge. Der hochgewachsene Jüngling, eine „einnehmende Erscheinung", sei ziemlich frühreif gewesen und recht selbstbewußt aufgetreten, wird übereinstimmend berichtet. Das darf angesichts der Lebensumstände, die Heinrich IV. schon als Kind geprägt haben, kaum verwundern. Als Fünfzehnjähriger übergaben ihm die Regenten – seine Mutter Agnes hatte den Schleier genommen, Erzbischof Aribo von Köln hatte auf der Rheininsel Kaiserswerth den 12 Jahre alten unmündigen König in seine Gewalt gebracht – die Insignien der Herrschaft. Nun sollte dieser Jüngling ein Imperium regieren, sollte den Frieden im Reich sichern, Recht sprechen und für Gerechtigkeit sorgen. Dazu brauchte ein so junger König viel Selbstbewußtsein. Daß dieser Salier sich nicht unterkriegen ließ, sondern viele Jahrzehnte lang zäh sein Königtum und seinen Herrschaftsanspruch verteidigt hat, ist hinreichend durch die historischen Fakten belegt. Nach Niederlagen, an denen im Leben dieses Heinrich IV. gewiß kein Mangel war, kam er immer wieder empor. „Lieber sterben als unterliegen" soll seine Devise gewesen sein.

Der hauptsächliche Gegenspieler Heinrichs, Papst Gregor VII., war klein von Gestalt aber groß im Wollen. Rauh wie der Nordwind sei er gewesen, ein stürmisches Temperament, beseelt, ja besessen von dem Willen, die römisch-katholische Kirche zur entscheidenden Macht in der – damals bekannten – Welt zu erheben, berichten zeitgenössische Biographen. Da dieser glaubensstarke Mönch aus dem Kloster Cluny ganz sicher war, daß er im Auftrag Gottes und der Heiligen handle, erschreckte er mit solcher Selbstgewißheit auch nicht wenige seiner Amtsbrüder, die in ihm gar dämonische Züge entdeckten. Einer von ihnen nannte ihn einen „heiligen Satan". Gregor VII. selbst sah sich als „Knecht der Knechte Gottes". Auf seinem Totenbett sagte er: „Ich liebte die Gerechtigkeit und haßte die Ungerechtigkeit, deshalb sterbe ich". Es gibt Kenner der Geschichte des Papsttums, die diesen Gregor VII. als „beunruhigend rein" charakterisiert haben. Der hohe Klerus war offenbar lange Zeit im Zweifel, welchen Platz man dem Revolutionär auf dem Stuhle Petri in der Tradition der Kirche zuweisen solle, denn erst nach langem Zögern, 500 Jahre nach seinem Tode, wurde dieser Papst heilig gesprochen. Solch langandauernde Zurückhaltung der Nachfolger auf dem Stuhle Petri ist bemerkenswert, da Gregor VII. in der Geschichte der Päpste einen herausragenden Platz einnimmt. Er war es, der nach den vom Papst Leo IX. unternommenen Anstrengungen die Kirche wieder mehr aus der Laiengewalt befreit und den Vorrang der Kirche und des Papsttums gegenüber der weltlichen Gewalt für alle Welt sichtbar gemacht hat, besonders deutlich in Canossa. In seinem berühmten Dictum von 1075 verlangte Gregor VII., daß alle Fürsten dem Papst die Füße zu küssen hätten. Der Papst kann und darf, so Gregors Ausdeutung seiner Amtsgewalt, einen Kaiser absetzen und er darf Untertanen des weltlichen Herrschers von ihrem Treueid entbinden. Die Strenge dieses Papstes ging manchem Bischof viel zu weit, zumal Gregor VII. strikt die Ehelosigkeit aller Priester verlangte, jede Art von Ämterkauf ablehnte und sich selbst als der Vorgesetzte und Kontrolleur aller Bischöfe verstand.

Unter den Klerikern waren damals viele beweibt. Die Forderung nach einem zölibatären Leben griff tief in die bestehenden Verhältnisse ein. Das Verbot der Einsetzung von Laien in kirchliche Ämter, das Gregor unter Berufung auf das göttliche Recht verlangte, bedeutete ebenfalls eine Umwälzung, denn diese Laien-Investitur entsprach einem staatlichen Gewohnheitsrecht, zumal die Kirche ja auch in beträchtlichem Umfang irdische Güter verwaltete, nicht zuletzt Lehen aus dem Königsgut. Die Doppelfunktion der Bischöfe als geistliche Herren und als weltliche Verwalter ignorierte Gregor. Die Bischöfe, so seine Forderung, seien nur dem Papst verpflichtet. Der Papst maße sich an, den Bischöfen zu befehlen, klagte man deshalb in der Reichskirche. Heinrich IV. wußte, daß diese Ansprüche des Papstes, der – folgt man einem der Chronisten – in Rom die Erzbischöfe wie die Schulbuben antreten ließ, an die Wurzeln der weltlichen Gewalt im Reiche rührten. Es scheint, daß Heinrich im Jahre 1075 – er war gerade 25 Jahre alt – die Kraftprobe wagen wollte. Einen Anlaß bot die Neubesetzung des Erzbistums Mailand. Heinrich IV. verfügte über das Erzbistum nach altem Gewohnheitsrecht auf Grund seiner königlichen Gewalt. Der offene Streit mit dem Papst begann, als Gregor die Einsetzung eines Erzbischofs durch Heinrich IV. für illegal erklärte und Konsequenzen androhte. Auf einer Synode der Reichskirche in Worms, die sich am 24. Januar 1076 erstmals versammelte, kündigten unter der Führung des Erzbischofs Siegfried von Mainz 24 der anwesenden 36 deutschen Kirchenfürsten dem Papst den Gehorsam auf. Heinrich IV. schickte den Römern und dem Papst sogleich ein Absetzungsdekret. Da Gregor VII. nicht durch das vorgesehene Wahlverfahren, sondern durch Akklamation der Volksmenge vom Stande des Kardinals zum Papst erhoben worden war, behauptete Heinrich IV., auch gestützt durch das Wormser Votum der 24 deutschen Kirchenfürsten, daß das Papsttum Gregors illegal sei. Das Dekret Heinrich IV. richtete sich deshalb an „Hildebrand, den falschen Mönch" und forderte ihn auf: „Steige herab, steige herab." Es fehlte Heinrich IV. indes an der Macht, seinen Willen in Rom militärisch durchzusetzen. Sein Absetzungsdekret blieb Papier. Gregor VII. reagierte prompt. Er wagte die Anwendung einer bis dahin gegenüber einem König und Kaiser nie praktizierten Waffe: er verhängte über Heinrich IV. den Kirchenbann und entband die Untertanen von ihrem Treueid gegen den König und Kaiser.

Vom Papst gebannt sein – als König und als Kaiser des Reiches – das war ein unerhörter, beispielloser Vorgang. Heinrichs Situation erschien alles andere als günstig, denn er sah sich nicht nur im Gegensatz zum Papst und zur kirchlichen Reformpartei, sondern auch bedrängt von einigen der einflußreichen Fürsten in den Herzogtümern des Reiches. Einige der Herzöge wollten ihre Macht und ihre Einkünfte auf Kosten des Königs und der Reichsgewalt ausdehnen. In Tribur, dem heutigen Trebur bei Groß-Gerau, beriet im Oktober 1076 ein Fürstentag, an dem auch päpstliche Legaten teilnahmen. Heinrich IV. war in Gefahr, einen großen Teil seines Anhanges zu verlieren. Um dies und die Wahl eines Gegenkönigs zu verhindern, machte er große Zugeständnisse. Die Stadt Worms, deren Bürger bis dahin für Heinrich IV. zuverlässige Helfer gewesen waren, wollte er zugunsten des alten bischöflichen Regiments preisgeben. Einige seiner Ratgeber, die Papst Gregor VII. schon vor der Wormser Synode als Reaktion auf Heinrichs Kirchenpolitik und als Warnung für den König und Kaiser gebannt hatte, würden, so versprach Heinrich IV. den Legaten aus Rom und den oppositionellen Fürsten, künftig keine Funktion bei Hofe mehr wahrnehmen. Er werde also insofern dem Papst Gehorsam leisten. Diejenigen unter den Fürsten, die den Salier am liebsten durch einen anderen König ersetzt hätten, verlangten jedoch noch mehr von Heinrich IV. Sie gaben ihm eine Frist von einem Jahr. Er müsse, wenn er König bleiben wolle, innerhalb des folgenden Jahres vom Banne der Kirche gelöst sein. Den Papst luden die Fürsten in Tribur ein, nach Augsburg zu kommen, und dort den Streit zwischen den Großen des Reiches und dem Salier zu schlichten. Gregor VII. sollte, das war der Sinn dieses Beschlusses, der Schiedsrichter des Reiches sein.

Heinrichs IV. Macht und Ansehen hatte mit dem Fürstentag von Tribur einen Tiefpunkt erreicht. Die Position, die Heinrichs Großvater Konrad II. und sein Vater Heinrich III. stets behauptet hatten, schien verspielt. In Speyer grübelte Heinrich IV. viele Wochen lang über die Möglichkeiten, die ihm noch verblieben waren, um seine Krone zu retten. Mitten im Winter entschloß er sich, zusammen mit seiner Familie und einigen Ratgebern dem Papst, der nun nach Augsburg aufbrechen würde, im Sinne des Wortes „entgegenzukommen", ihm irgendwo südlich der Alpen zu begegnen. Über den verschneiten Mont Cenis gelangte Heinrich IV. nach Turin, der Heimat seiner Gemahlin Bertha. Als Gregor VII. von dem Speyerer Aufbruch und der Alpenüberquerung Heinrichs hörte, wurde er unsicher und kehrte in Oberitalien um. Die Burg Canossa, am Nordrand des Apennin gelegen und im Besitz der päpstlichen Verbündeten Mathilde von Toskana, bot dem Papst Schutz. Doch Heinrich IV. hegte keineswegs finstere Absichten. Er wollte als Büßer vor den Papst treten, denn einem Sünder, der Buße tut, mußte der Mann vergeben, der in Rom auf dem Stuhle Petri saß. Gregor VII. zögerte. Er wollte den sündigen Heinrich nicht empfangen, auch nicht als einen Bußfertigen. Abt Hugo von Cluny bemühte sich um eine Vermittlung. Er riet dem Papst zum Kompromiß. Ähnlich verhielt sich auch die Gräfin Mathilde, auf deren Territorium sich die beiden Widersacher befanden. Die toskanische Gräfin, der einige Kleriker ein mehr als freundschaftliches Verhältnis zu Gregor VII. angedichtet haben, überzeugte schließlich, unterstützt von Hugo von Cluny, den Papst mit dem Argument, daß er in seiner Funktion als Priester den Bußfertigen empfangen, ihm vergeben und ihn vom Banne lösen müsse. Der Fußfall, den der Papst Gregor in dem Schauspiel des Georg Schmückle verlangt, entsprach keineswegs dem Wunsch Gregors VII. Der Papst befürchtete diesen Fußfall oder Kniefall sogar, weil Heinrich IV. dann wieder in die Gemeinschaft der Gläubigen, in die Kirche aufgenommen werden mußte. „Es ist mehr Freude im Himmel über einen Sünder der Buße tut . . ." dieses christliche Gebot paßte in Canossa keineswegs in das politische Kalkül des Papstes und Bischofs von Rom. Nur widerstrebend folgte Gregor VII. schließlich seinen Ratgebern Hugo und Mathilde.

Der Streit, wer denn am 28. Januar 1077 in Canossa gesiegt habe, dauert nun schon neunhundert Jahre. Sicher ist, daß Heinrich mit dem Bußgang seine Krone gerettet hat, aber ebenso sicher ist, daß Canossa die neue, überragende Machtposition des Papstes für alle Welt sichtbar werden ließ. Das von Otto dem Großen begründete, machtvolle Kaisertum existierte nach Canossa nicht mehr. Der Papst Gregor VII. hatte die Verhältnisse entscheidend zugunsten der römischen Kirche verändert. Im Reich selbst bewunderte man vielerorts den Salier, der das Unerwartete gewagt und seine Krone gerettet hatte. Die Fürstenopposition freilich überwand ihre Verblüffung ziemlich rasch und wählte bald nach Heinrichs Canossa-Gang mit Rudolf von Rheinfelden einen Gegenkönig, wohl darauf vertrauend, daß das Ansehen eines Königs, der sich im Büßergewand vor dem Papst aufs Knie geworfen hatte, erheblich beschädigt sei. Diese Spekulation auf ein vermindertes Prestige erwies sich nur teilweise als zutreffend. Jedenfalls gelang es Heinrich IV., auch über diesen Gegner wie über andere zu obsiegen, allerdings um den Preis einer friedlosen Zeit in Deutschland, so daß er im Jahr 1104 vom eigenen Sohn, für abgesetzt erklärt und darauf auf der Burg Böckelheim bei Bingen festgehalten wurde. Einer der Nachfolger des 1084 verstorbenen Gregor VII. hatte Heinrich IV. erneut mit dem Bann der Kirche belegt. Schließlich war Heinrich IV. am Ende des Jahres 1105 in Ingelheim bereit, zugunsten seines Sohnes Heinrich V. auf den Thron zu verzichten. Er wußte wohl, daß der Sohn nicht allein aus finsterer Machtgier gehandelt hatte, sondern weil nur ein vom alten Streit mit den Fürsten und der Kirche unbelasteter Herrscher im Reich den Frieden sichern konnte.

Die Absolution, die sich Heinrich IV. von seinem Thronverzicht erhoffte, hat man ihm in Ingelheim nicht erteilt, weil er sich standhaft weigerte, auch noch ein Sündenbekenntnis abzulegen. Beim Versuch, nach gelungener Flucht in die Stadt Köln doch noch militärisch sein Königsrecht gegen den eigenen Sohn durchzusetzen, starb Heinrich IV. im Jahre 1106 in Lüttich. Im Angesicht des Todes verzieh er seinem Sohn. Der Sterbende sandte ihm Ring und Schwert als die Zeichen einer legitimen Erbfolge. Dem Wunsch des Toten entsprechend brachte man den Sarg mit dem Leichnam von Lüttich nach Speyer. Er wolle, so hatte Heinrich IV. erklärt, einmal neben seinen Vorfahren im Dom die letzte Ruhe finden. Doch niemand wagte es, den toten Heinrich IV. in einem geweihten Raum beizusetzen. So blieb der Sarg fünf Jahre lang in der noch ungeweihten Afra-Kapelle, bis der Papst in Rom aus Anlaß der – erzwungenen – Kaiserkrönung Heinrichs V. den Bann von dessen verstorbenem Vater gelöst hatte.

Wer im Speyerer Dom den mächtigen Steinsarg betrachtet, in dem die Gebeine dieses Königs und Kaisers seitdem ruhen, der mag daran denken, wie sehr geschichtliche Größe und geschichtliche Tragik verschwistert sind. Noch etwas muß bei einem Besuch des Domes als einem unvergleichlichen historischen Denkmal bedacht werden: ohne Canossa sähe dieser Kaiserdom vermutlich ganz anders aus. Genau genommen ist der Speyerer Dom nämlich zweimal gebaut worden: einmal von den Baumeistern, die Konrad II. beauftragt hatte, zum anderen von den Baumeistern Heinrichs IV., von Benno von Osnabrück (er war bis 1088 mit dem Dombau befaßt) und von Otto von Bamberg, der sich bis 1102 in Speyer aufhielt. Man vollendete den Dombau schließlich im Jahre 1111 im wesentlichen nach den Plänen, die auf Wunsch Heinrichs IV. von den beiden Baumeistern Benno von Osnabrück und Otto

114

von Bamberg ausgearbeitet worden waren. Geweiht wurde der Dom schon 1061 in der Zeit der Regentschaft für den noch unmündigen Heinrich IV. Allerdings scheint es da noch statische Probleme gegeben zu haben, so daß ein Weiterbauen notwendig erschien. Es spricht einiges dafür, daß das Erlebnis des Canossa-Ganges bei Heinrich IV. den Wunsch geweckt oder entscheidend verstärkt hat, nun mit einem sakralen Bauwerk die dem salischen Geschlecht zugefügte Demütigung zu verdrängen und sich selbst mit einem derartigen Bau in der Geschichte einen unübersehbaren Platz zu sichern. Auf Grund seines in Canossa geleisteten Gelübdes hat Heinrich IV. nach Ansicht des Speyerer Prälaten Philipp Weindel damals den „grandiosen Neubau" des Domes in die Wege geleitet. Im Jahre 1080, drei Jahre nach Canossa, also nach einer auch für heutige Verhältnisse relativ kurzen Planungszeit, ließ Heinrich IV. die Mauern des bereits vollendeten Domes weitgehend abtragen. Der Wiederaufbau schuf den Dom so, wie wir ihn heute noch im Wesentlichen sehen, in – verglichen mit dem Bau Konrads II. – „reiferen und reicheren Formen". Das mächtige Querhaus entstand, ebenso der Stiftschor. Das Mittelschiff erhielt anstelle des Flachdaches ein Kreuzgewölbe. – Der Dombau zu Speyer bedeutet einen Höhepunkt der romanischen Baukunst im ganzen Abendland. Noch heute, am Ende des zweiten Jahrtausends der christlichen Zeitrechnung, kündet dieser Speyerer Dom von der geschichtlichen Größe der salischen Könige und Kaiser.

Heinrich V. – der Realpolitiker

Der Vierte unserer salischen Könige und Kaiser, Heinrich V., ist von den Historikern nie besonders freundlich beurteilt worden. Geldgierig, kleinlich, machtbesessen, auch bedenkenlos in der Wahl seiner Mittel, kurzum unsympathisch als Mensch sei er gewesen, liest man in den verbreiteten Darstellungen der deutschen Geschichte. Es wird kritisch angemerkt, daß er auch für den Speyerer Dom und für die in Speyer tätigen Künstler und Handwerker nicht viel oder gar nichts übrig gehabt habe. Man weiß, daß die von Heinrich IV. in die Pfalz gerufenen Steinmetze in der Zeit Heinrichs V. nach Mainz und Quedlinburg weitergezogen sind. Für Geld und Macht, soviel ist sicher, hat sich der Sohn Heinrichs IV. aus dessen Ehe mit Bertha von Turin mehr interessiert als für Architektur und Kultur. Das bewies dieser König schon, als er sich in seinem 30. oder 25. Lebensjahr – das Geburtsjahr Heinrichs V., 1081 oder 1086, ist nicht zweifelsfrei feststellbar – in Lüttich mit der erst acht Jahre alten Tochter Mathilde des englisch-normannischen Königs Heinrich I. verlobte. Man schrieb das Jahr 1110. Vier Jahre später fand in Mainz die Vermählung mit der nun zwölfjährigen Braut statt. Der Handel, den Heinrich V. als ostfränkisch-deutscher König mit dem englischen König einging, schien sich politisch und finanziell zu lohnen. Die Verbindung mit den Nachfahren Wilhelms des Eroberers bedeutete einen Zuwachs an Einfluß für den Salier, nicht zuletzt gegenüber den westfränkisch-französischen Nachbarn, und außerdem erhielt die Königstochter aus England noch eine Mitgift in barem Geld: 10 000 Mark Silber, eine für damalige Verhältnisse ganz beträchtliche Summe, die Heinrich V. für den Ausbau seiner Streitmacht gut zustatten kam.

Dank seiner materiell und militärisch gefestigten Position konnte Heinrich V. nun jenen Kampf wieder aufnehmen, in dem sein Vater – Heinrich IV. – erfolglos geblieben war: den Kampf gegen die Machtansprüche der Kirche und der Stammesfürsten. Daß er als Besitzer der Krone gerade die Kräfte im Reich herausforderte, die ihm gegen den eigenen Vater zu dieser Krone verholfen hatten, focht Heinrich V. nicht an. Von Skrupeln war dieser Salier nicht geplagt, wenn es galt, ein politisches Ziel zu erreichen. Er versuchte, einen Sinneswandel gegenüber früheren Freunden und Verbündeten auch gar nicht zu verbrämen, sondern operierte stets ganz offen. Deshalb wirkte er, wie man von Zeitgenossen weiß, auf Freunde wie auf Gegner oftmals aufreizend. Über das Verhältnis von Kirche und Staatsgewalt, über die Beziehungen zwischen Papsttum und Kaisertum dachte Heinrich V. – wie man nun erfuhr – nicht anders als sein unglücklicher Vater. Als ein Herrscher voller „Machtsinn, Kühnheit, Willenskraft und Überlegung", wie ihn der Historiker Karl Hampe in seiner „Deutschen Kaisergeschichte" einmal charakterisiert hat, wußte Heinrich V. allerdings genau, daß er für die Fortsetzung des Kampfes mit der Kirche, auch des Kampfes mit einigen, auf große Selbständigkeit bedachten Stammesherzögen, in jeder Weise gerüstet sein müsse, politisch und materiell. Der Heiratsvertrag mit dem englisch-normannischen Königshaus gehörte in dieses Machtkalkül. Heinrich V. verschaffte sich freilich noch auf andere, viel Ärger und Anstoß erregende Weise einen materiellen Rückhalt für den unausweislichen Streit mit seinen Konkurrenten. Er zog bedenkenlos diejenigen Güter zugunsten der Reichsgewalt ein, bei denen keine Erben aus direkter Nachkommenschaft vorhanden waren. Die Seitenverwandten eines begüterten Verstorbenen gingen leer aus. Das Königsgut sollte gemehrt, die Königsmacht gestärkt werden.

Der rüde Rückgriff auf alte Königsrechte wirkte schockierend und vermehrte die Feinde Heinrichs V. überall, auch im neuen, kleinen Adel, der sich in der ottonischen und vor allem in der salischen Epoche dank der Lehenspolitik der Herrscher herausgebildet hatte. Solche, wie der Biograph Karl Hampe meint, „Habsucht einer rechnerisch, verschlagenen, unzuverlässigen, unedlen Natur" mag dem Wesen Heinrichs V. entsprochen haben, doch bestimmten keineswegs irgendwelche Emotionen dieses Verhalten, sondern der politische Zweck: Stärkung der Königsmacht hieß das Ziel. Dieser letzte der vier salischen Herrscher war ein kühler, sicherlich gefühlsarmer Rechner, ein Staatsmann, den man im neunzehnten Jahrhundert in Deutschland vielleicht als einen Realpolitiker gepriesen hätte. Sein Machtkalkül verschaffte dem Reich am Ende der relativ kurzen Lebenszeit und 20 Jahre dauernden Regentschaft – Heinrich V. starb im Jahre 1025 an Krebs – immerhin eine Grundlage, auf der sich die viel bewunderte Stauferzeit im Abendland entwickeln konnte. Zwar ließ sich die alte ottonische Zeit im Verhältnis von Kaisertum und Papsttum nicht wiederherstellen, doch mit dem Konkordat von Worms erzielte Heinrich V. einen Kompromiß mit der Kirche, der den Bewunderern und

Anhängern der gregorianischen Politik als Rückschlag für die Macht der Kirche und des Papsttums erscheinen mußte. Worms, die Stadt, in der ähnlich wie in Speyer immer wieder deutsche und abendländische Geschichte, vor allem Kirchengeschichte geschrieben worden ist, dieses Worms feierte unter lautem Jubel einer auf dem freien Feld am Rande der Stadt versammelten Menge am 23. September des Jahres 1122 das Ende des Investiturstreites.

Wer setzt die Bischöfe ein? Wie werden sie berufen? Wer setzt sie wieder ab? Wie steht es mit dem Treueid? Wie ist die Pflicht zum Gehorsam zu verstehen? Gilt sie zuerst gegenüber dem König und Kaiser oder hat der Papst in allen Fällen einen Vorrang? Das waren einige der besonders strittigen Fragen in jener Zeit. Daß diese Fragen bis in die Gegenwart noch Bedeutung haben können, wissen wir nicht nur seit dem Abschluß des umstrittenen Reichskonkordates durch Hitler, sondern auch vom Konflikt bei der Besetzung von Bischofsstühlen in den ost- und südosteuropäischen Staaten. Die Bundesrepublik ist von solchen Konflikten bisher verschont geblieben, weil das Zusammenwirken von Kirche und Staat bei der Berufung von Bischöfen in fast allen Bundesländern durch ein Konkordat geregelt ist.

Was damals den Streit in der Zeit der Salier so sehr kompliziert hat, das war die Doppelfunktion der Bischöfe. Sie versahen einerseits unzweifelhaft ein kirchliches oder geistliches Amt, andererseits besaßen sie jedoch eine weltliche Funktion als Verwalter des Kirchengutes, verbunden meist mit dem Amt des Gerichtsherren, auch des Stadtherren mit dem Vorrecht der Steuer- und Gebührenerhebung. „Spiritualien" – so nannte man die kirchlichen Aufgaben, „Temporalien" die weltlich-verwaltenden. Diese, so viel schien sicher, waren vom König verliehene. Das Gut, das die Kirche besaß, hatte, so jedenfalls die Meinung eines Heinrich V., nur die Eigenschaft eines königlichen Lehens. Der Papst Gregor VII. indes wollte gerade dieses Königsrecht, das durchaus einer germanisch-fränkischen Tradition entsprach, nicht einfach gelten lassen. Über dem Königsrecht existierte für ihn ein göttliches Recht, dessen Anwendung Sache der Kirche und des Papstes sein mußte. Dieser Streit über den Ursprung und die Verfügungsgewalt von irdischem Kirchengut, etwa von Wäldern, von Äckern und Feldern, auch von Weinbergen im Kirchenbesitz ist damals in Worms geschlichtet, aber er ist nicht wirklich beendet worden. Noch zweimal in unserer Geschichte stellte sich die Frage nach dem Ursprung und dem Eigentumsrecht an den irdischen Gütern der Kirche ganz dringlich: in der Reformationszeit, als sich die evangelisch gewordenen Fürsten direkt oder indirekt in ihren Territorien an dem Kirchengut, vor allem an den Klostergütern bereicherten, und dann in der napoleonischen Zeit, in der wiederum und noch viel gründlicher als in der Zeit der Kirchenspaltung säkularisiert, also „verweltlicht" oder „verstaatlicht" wurde. Die strittige Frage hieß jedesmal: Eigentum? Wessen Eigentum? Lehen? Geliehenes Gut? Von wem verliehen? Mit welchem Recht? Auf Zeit? Es ist viel leichter, solche Fragen zu stellen als darauf irgendeine befriedigende und allgemein akzeptierte Antwort zu finden. Immerhin hat ein führender Mann der württembergischen

Diözese Rottenburg in einer wissenschaftlich-historischen Darstellung noch vor wenigen Jahren ganz ernsthaft die These vertreten, daß die Rechtsansprüche der Kirche an bestimmten, vor zweihundert Jahren der Kirche weggenommenen Güter prinzipiell keineswegs erledigt seien. Käme es je zu einem Gerichtsverfahren darüber, dann wäre es unvermeidbar, weit zurück in der Geschichte nach den Anfängen zu suchen. Das Konkordat von Worms in der Zeit Heinrich V. müßte dann wohl auch berücksichtigt werden – als Zwischenstation in einem wahrhaft geschichtlichen Prozeß.

Der Streit über die Investitur der Bischöfe hat in der Zeit der Salier nicht nur das Verhältnis zwischen dem Papsttum und dem ostfränkisch-deutschen Königtum bestimmt, sondern auch den englischen und den westfränkisch-französischen König betroffen. Deren Auffassungen von einem prinzipiellen Königsrecht an kirchlichen Gütern – und damit von dem Recht auf Mitsprache und Mitbestimmung an den Personalentscheidungen der Kirche – unterschieden sich nur wenig von den Ansichten der ostfränkisch-deutschen Herrscher. Als Heinrich V. den Kampf gegen die neuen Ansprüche der Kirche und des Papstes begann – 15 Jahre vor dem Kompromiß von Worms –, beharrte er unter Verweis auf eine Abmachung des Papstes mit dem französischen König zunächst darauf, daß das herkömmliche Verfahren beibehalten werde. Das bedeutete: vor der Bekanntgabe der Wahl, etwa eines Bischofs, muß die Zustimmung des Kaisers vorliegen. Der neugewählte Geistliche begibt sich dann zum Kaiser. Dieser setzt ihn mit Ring und Stab in sein Amt ein, „investiert" ihn, und nimmt den Treueid für die Regalien entgegen. Regalien – das sind Städte, Burgen, auch Brücken und Zölle sowie alle anderen kaiserlichen Rechte, die an den Kirchenmann weitergegeben werden, all das, was man unter den Begriff „Temporalia" als den irdischen Gütern der Kirche zusammengefaßt hat. Diese Forderung Heinrichs V. entsprach der Tradition der Eigenkirche, einer Tradition, die auf die Anfänge der Christianisierung in merowingischer und karolingischer Zeit zurückging, wo man zum Beispiel Haus- oder Eigenklöster wie Hornbach gegründet hat. Doch eben diesen mit der Überlieferung begründeten Auffassungen Heinrichs V. widersprach der Papst entschieden. An der von den Päpsten Leo IX. und Gregor VII. begonnenen Veränderung sollte – so der feste Wille des Papstes Paschalis II. – festgehalten werden.

Der Konflikt brach bei diesen ersten, ergebnislosen Verhandlungen im Jahre 1107 noch nicht offen aus, war aber unübersehbar, zumal Heinrich V. nun beschloß, die Sache auf seine Weise, nämlich durch einen Zug nach Rom mit großer Streitmacht zu klären. Die militärische Drohung wirkte. Papst Paschalis II. sann auf einen Ausweg. Er schlug, ganz überraschend, den königlichen Beauftragten eine radikale Lösung des Konfliktes vor. Die Kirche, so das Angebot, werde, um frei zu sein von allen Einflüssen und Ansprüchen der königlichen oder kaiserlichen Gewalt bei der Investitur der hohen Geistlichkeit im gesamten Reich all die Güter zurückgeben, die sie jemals von den Königen oder Kaisern erhalten hatte. Auch die großen Abteien und die Bischofskirchen sollten künftig nur noch den Zehnten behalten und jene Güter, die ihnen von nichtköniglichen Stiftern gegeben worden waren oder in der Zukunft gegeben würden. Nur für den römischen Bischof selbst, für den Papst und das von ihm verwaltete Erbe des Heiligen Petrus sollte diese Regelung nicht gelten.

Das kühne Angebot des Papstes Paschalis II. hätte, wäre es verwirklicht worden, im Grunde nichts anderes bedeutet, als eine Vorwegnahme der Säkularisation in der Reformationszeit und in der napoleonischen Epoche. Der Papst, der so auf die militärische Drohung Heinrichs V. reagierte hatte – Paschalis II. war von Hause aus ein Mönch – gehörte zu den Anhängern der Armutsbewegung in der Kirche. Nur so ist dieser überraschende, im Prinzip konsequente Vorschlag zu verstehen, den Heinrich V. sogleich akzeptierte. Da das Angebot des Papstes Paschalis II. jedoch tief in die Ordnung der Reichskirche eingriff und die Existenzgrundlage sowie die Herrschaftsrechte der meisten aus dem Adel kommenden Bischöfe und Äbte nahezu zerstört hätte, stieß dieser Vorschlag in der Kirche auf erbitterten Widerstand. Der Papst betreibe Ketzerei, behaupteten einige der betroffenen Äbte und Bischöfe der Reichskirche, als man sie – am 12. Februar 1111 – in der Peterskirche zu Rom von dem bereits vereinbarten Vertrag informierte. Der Tumult in der Peterskirche war so groß, daß man auf die für den gleichen Tag vorgesehene Kaiserkrönung verzichten mußte. Heinrich V. löste den Konflikt sogleich auf seine Weise: er ließ den Papst, die anwesenden Kardinäle und andere Geistliche, die sich in Rom eingefunden hatten, gefangennehmen. Im April 1111 zwang er dem gefangengesetzten Papst einen neuen Vertrag auf, der dem König das Recht auf Investitur mit Ring und Stab vor der Weihe eines Bischofs oder Abtes zugestand, also das Vorrecht der weltlichen Gewalt bestätigte. Auch die Krönung zum Kaiser trotzte Heinrich V. dem – unfreien – Papst ab, dazu den Schwur, daß er, Papst Paschalis II., diesen König und Kaiser nie mit dem Bann belegen werde.

An dieses Versprechen hat sich Paschalis II. gehalten. Der erzwungene Vertrag über die Investitur wurde jedoch bald von einer Lateransynode dadurch als unwirksam erklärt, daß sie erneut das Verbot einer Laien-Investitur bekräftigte. Heinrich V., in den folgenden Jahren mit einer heftigen Adels-Opposition in einzelnen Reichsteilen konfrontiert, war nun soweit wie vor seinem Zug nach Rom. Als das kaiserliche Heer im Jahre 1115 in den Auseinandersetzungen mit deutschen Fürsten bei Mansfeld eine Niederlage erlitt, mußte sich Heinrich V. zum Einlenken, auch gegenüber der Kirche, bereitfinden. Dank der Vermittlung einiger Fürsten verzichtete der König und Kaiser dann im Jahre 1122 in Worms gegenüber dem Beauftragten des Papstes Calixtus II. auf die Investitur der Bischöfe mit Ring und Stab. Nach kanonischem Recht sollten die Bischöfe fortan gewählt werden; diese Wahl werde jedoch in Anwesenheit des Königs oder eines königlichen Bevollmächtigten stattfinden. Der Papst andererseits gestand zu, daß Heinrich V. den neu gewählten Bischof – oder Abt – vor der kirchlichen Weihe mit dem weltlichen Besitz, den sogenannten Regalien belehne und dies durch die Überreichung eines Szepters öffentlich kundtue. Allerdings galt dies nur für das deutsche

Königreich, nicht für Italien und für das Königreich Burgund. In Italien und Burgund hatte der König und Kaiser keine derartigen Rechte bei der Investitur. In einem gewissen Umfang sicherte dieser Kompromiß, der im Konkordat von Worms niedergelegt ist, den Einfluß des Königtums auf die deutsche Geistlichkeit, auf die Besetzung der wichtigsten Kirchenämter. Aber die Tatsache, daß der König und Kaiser nun doch einige der wesentlichen Forderungen aus dem weitreichenden Katalog Gregors VII. nicht nur stillschweigend gebilligt, sondern in einem Vertrag sogar schriftlich bestätigt hatte, dokumentierte die neue, weltgeschichtlich bedeutsame Rolle einer universalen Kirche und ihrer römisch-päpstlichen Zentralgewalt. Die alte Reichskirche hatte aufgehört zu existieren. Diese Legalisierung der gregorianischen Papst-Revolution wollte Papst Calixtus II. für die Nachwelt auch bildlich dokumentieren: er gab für den Lateran ein monumentales Gemälde in Auftrag. Es zeigt den Tag von Worms, die Unterzeichnung des Konkordats, und erinnert den Betrachter an einen Wendepunkt der deutsch-abendländischen Geschichte am Ende der salischen Epoche.

120

VIII.
Die pfälzische Staufer-Epoche

Wer seine pfälzische Heimat kennenlernen will, indem er sich die Pfalz er-
wandert, der begegnet auf nahezu allen Touren, die der Wanderführer ausweist, den Spuren der Stauferzeit – am Trifels und in dessen Umgebung ebenso wie in Kaiserslautern, vor allem aber bei den Ruinen, die von den
zahllosen mittelalterlichen Reichsburgen übrig geblieben sind. Kaiser und
Könige haben hier im 12. und 13. Jahrhundert gebaut, Herrscher aus dem Geschlecht der Staufer. Wie kommt es, so fragt man sich angesichts der langen
Liste des staufischen Erbes in der Pfalz, daß dieses schwäbische Geschlecht
im fränkischen Teil des alten Reiches so aktiv gewesen ist? Warum machte es
einst gerade den Trifels im südpfälzischen Bergland zur ersten Burg, zum
Machtzentrum des Imperiums und nicht den Hohenstaufen, am Rande der
Schwäbischen Alb gelegen, mit den alten Besitzungen im Remstal? Die Antwort ergibt sich aus der Reichsgeschichte ebenso wie aus der Familiengeschichte. Die Herrscher aus dem staufischen Geschlecht waren allesamt auch
salischen Geblütes, denn die Schwester Agnes des kinderlos verstorbenen
letzten salischen Königs und Kaisers, Heinrich V., war mit dem schwäbischen
Herzog Friedrich I., einem Staufer, verheiratet. Die Söhne aus dieser Ehe der
Agnes erbten die salischen Familiengüter in der Pfalz. Einer dieser Söhne regierte als Friedrich II. das Herzogtum Schwaben, der andere Sohn – Konrad –
aus der Ehe der Salierin Agnes mit dem Staufer Friedrich, sicherte sich im
Jahre 1138 als Konrad III. endgültig die Krone des Reiches und damit auch
die Verfügung über das Reichsgut.

Das ausgedehnte salische Familiengut, vor allem in der heutigen Vorderpfalz gelegen, und das umfangreiche, zum Teil noch aus der merowingischen
und karolingischen Epoche stammende Reichsgut in der Pfalz und im benachbarten Elsaß, verschafften den staufischen Königen und Kaisern einen
starken Rückhalt in der ganzen oberrheinischen Region. Überdies, das wird
oft übersehen, gehörte zum Herzogtum Schwaben, das die Staufer zur Zeit der
familiären Verbindung mit dem salischen Geschlecht schon mit fester Hand
regierten, auch das ganze Elsaß. Dieses „Schwaben" beschränkte sich keineswegs auf die Region am mittleren Neckar oder auf das heutige südliche und
mittlere Württemberg, es reichte vom Lech und der alten Römerstadt Augsburg bis in die Vogesen, große Teile der Schweiz und das heute österreichische Vorarlberg eingeschlossen. Zürich, Basel, Straßburg und das von den
Staufern gegründete Hagenau galten im Hochmittelalter als „schwäbische"
Städte. Herzog Friedrich I. von Schwaben saß keineswegs ständig auf dem
heute württembergischen Hohenstaufen oder in der Stauferstadt Waiblingen,
er fühlte sich im Elsaß recht wohl und kümmerte sich allem Anschein nach
tatkräftig um die Mehrung des staufischen Familienbesitzes in der oberrheinischen, speziell in der elsässischen Region. Die Staufer waren seit dem Aufstieg zum führenden Geschlecht im Herzogtum Schwaben die unmittelbaren

Nachbarn des salisch-pfälzischen Herrschergeschlechtes. Heinrich V. setzte, als er einst nach Italien zog, auf die Söhne seiner Schwester Agnes, auf Friedrich und Konrad von Schwaben, und machte sie für die Zeit seiner Abwesenheit zu Statthaltern im deutschen Teil des Reiches.

Der dreifache Fels

Die Verbindung zwischen dem salischen und dem staufischen Hause, so hatte es Heinrich IV. bei der Verheiratung seiner Tochter Agnes mit dem schwäbischen Herzog Friedrich I. geplant, sollte die Konzentration der Reichsmacht am Oberrhein verstärken und die alten Herzogtümer Franken und Schwaben noch enger miteinander verbinden. Die Reichsburg oder Reichsfeste Trifels, einst nicht weit von der alten Grenze der Herzogtümer Schwaben und Franken errichtet, erinnert uns noch heute an diese salisch-staufische Reichs- und Familienpolitik. Ähnlich wie der Speyerer Dom ist der Trifels ein Symbol der hochmittelalterlichen, europäischen Herrschaftsidee. Mehr als irgendwo sonst nördlich der Alpen findet man auf dem Trifels und in der ganzen pfälzischen Region die Spuren einer Vergangenheit, die bis heute in mancherlei Weise fortwirkt.

Was bedeutet der Name „Trifels"? Viele Landeskundler haben sich darüber schon den Kopf zerbrochen. Man weiß, daß im Hochmittelalter die drei Burgen Trifels, Anebos und Scharfenberg, genannt die „Münz", eine Festungs-Einheit gebildet haben und daß die Burg Trifels der eigentliche Kern dieser südpfälzischen Bastion gewesen ist. Da liegt gewiß die Vermutung nahe, daß der Name Trifels auf das Dreifache dieser Bastion hinweisen wollte, auf die drei Burgen bei Annweiler. Der große pfälzische Volkskundler und Namensforscher Ernst Christmann hat diese Version einst erwogen und schließlich verworfen. Für ihn war sicher, daß mit dem Namen Trifels nichts anderes gemeint war als der „dreifache Fels", auf dem die Hauptburg gebaut worden war. Der Anebos und die Burg Scharfenberg oder „Münz" konnten demnach nicht gemeint sein. Ein anderer großer Erforscher der Pfälzischen Geschichte und Frühgeschichte, Friedrich Sprater, hat sich der Christmann'schen Ansicht vom „dreifachen Fels" angeschlossen. Es scheint, daß man es dabei belassen muß, weil es für die Entstehung des ungewöhnlichen Namens keine schriftlichen Zeugnisse gibt. Diese mächtige Festung, rund 300 Meter über dem Annweiler Talgrund gelegen, hieß schon Trifels, als sie im Jahre 1081 erstmals in einem der alten Dokumente erwähnt wurde. Wir wissen auf Grund dieses Hinweises, daß die Burg Trifels nicht erst in der Stauferzeit, im 12. und 13. Jahrhundert ein wichtiger Platz gewesen ist, sondern bereits in der salischen Epoche, zur Zeit Heinrichs IV., existierte und eine Bedeutung für die Herrschaft des salischen Geschlechtes hatte.

Freilich – nicht die Salier haben diesen hochgelegenen, dreifachen Fels entdeckt. Schon die Kelten ließen sich im ersten Jahrtausend v. Chr. auf dem Trifels nieder. Bruchstücke von Gefäßen, die in der keltischen Zeit im Gebrauch waren, verschafften den Erforschern der Frühgeschichte darüber Gewißheit. Vielleicht befand sich auf dem Trifels in keltischer Zeit eine Zufluchtsstätte. Auch ein keltisches Fürstengeschlecht könnte hier oben gewohnt haben. Die – bisherigen – Funde geben darüber keine Auskunft. Auch nicht über die Funktion, die der Trifels in römischer Zeit hatte. Sicher ist jedoch, daß die Römer auf dem Trifels irgendwelche Bauten errichtet haben müssen; man fand dort nämlich römische Münzen, die im vierten nachchristlichen Jahrhundert als Zahlungsmittel benutzt worden sind. Außerdem entdeckte man bei Grabungen Gefäßscherben aus dem dritten und vierten Jahrhundert sowie Werkzeuge aus römischer Fertigung. Nach dem Abzug der Römer am Beginn des fünften Jahrhunderts war der Trifels, so scheint es, für längere Zeit unbewohnt. Aus der merowingischen und karolingischen Epoche, als die südliche Pfalz und das Elsaß im austrasischen, östlichen Teil des großen fränkischen Reiches ein Zentrum königlicher Herrschaft bildeten – man denke nur an das wichtige Kloster Weißenburg oder an die Burg Landeck bei Klingenmünster –, aus dieser Epoche existieren vom Trifels weder schriftliche Überlieferungen noch Bodenfunde, die Hinweise auf eine Besiedlung oder Nutzung geben könnten. Bis zum Beginn eines eigenständigen ostfränkisch-deutschen Königtums in der Epoche der Sachsenkaiser wäre demnach auf dem Trifels nichts geschehen, der Berg wäre fünfhundert Jahre lang „geschichtslos" geblieben. Dies jedenfalls nehmen die Experten an; sie vermuten auf Grund von Hinweisen aus alten Dokumenten, daß der Trifels etwa in der Zeit Ottos des Großen wieder als Bergfeste entdeckt worden ist. Einer der Ahnen des Königs Konrad II., vielleicht einer der Grafen des Speyergaues, habe damals auf dem Trifels eine Holzburg bauen lassen. Reste von Mauern, die man bei Grabungen gefunden hat, geben Hinweise darauf, daß der Holzbau zwischen 1040 und 1060, also schon in der salischen Epoche, durch einen Steinbau ersetzt worden ist.

Die dokumentarisch nachweisbare Geschichte des Trifels beginnt in der Zeit des Saliers Heinrich IV. Damals – im Jahre 1081 – besaß ein Diemar von Trifels die Burg. Der Burgherr Diemar war ein Anhänger des Papstes Gregor VII., ein Gregorianer, und trat in das Kloster Hirsau ein, das, südlich von Pforzheim im Nagoldtal gelegen, zu jener Zeit in Süddeutschland ein Zentrum der Klosterreform nach den Grundsätzen des burgundischen Klosters Cluny gewesen ist. Dieser Diemar von Trifels schenkte einen Teil seines Besitzes dem Kloster Hirsau und den Trifels selbst dem König. Das geschah in Anwesenheit von Repräsentanten der sogenannten gregorianischen Partei, wie man den überlieferten Dokumenten entnehmen kann. Die Schlußfolgerung, daß Diemar den Trifels damals keineswegs dem vom Papst gebannten Heinrich IV. übergeben habe sondern dem von den Gregorianern in Deutschland gestützten Gegenkönig Hermann von Salm, liegt unter diesen Umständen nahe. Ausgerechnet der Trifels wäre demnach bei seiner ersten schriftlich überlieferten Nennung ein Hort der Kräfte gewesen, die im Streit mit dem salischen Herrschergeschlecht lagen. Mit dem Trifels wechselte damals die benachbarte, mächtige Madenburg den Besitzer. Auch sie fiel an den „König", an Hermann von Salm, wie vermutet werden muß, denn auf der Madenburg

Mehr als irgendwo sonst nördlich der Alpen findet man auf dem Trifels (hier eine Zeichnung aus dem 19. Jahrhundert) und in der gesamten pfälzischen Region die Spuren einer Vergangenheit, die bis heute fortwirkt.

wollten die Gregorianer über den – rechtmäßigen – König Heinrich IV. zu Gericht sitzen. Das hätte den Salier sicherlich schwer getroffen; denn dieser Teil der heutigen Pfalz gehörte seit langem schon zum Stammland des salischen Adelsgeschlechtes. Heinrich IV. gelang es, diese von seinen Gegnern geplante Aktion zu verhindern. Die Verhandlungen fanden nicht auf der Madenburg sondern in Tribur statt.

Daß die Salier auf den Besitz des Trifels erpicht waren, darf als sicher gelten. Heinrich V. brachte die Burg im Jahre 1113 in seine Hand. Vorbesitzer war der Mainzer Erzbischof Adalbert. Ihn hatte Heinrich V. im Jahre 1112 gefangengesetzt und erst 1115 aus der Haft entlassen. Ob der Erzbischof damals unfreiwillig auch die Tradition eines „Reichs-Gefängnisses Trifels" begründet hat, weiß man nicht ganz genau.

Einiges spricht für diese Vermutung, zumal Heinrich V. im Jahre 1113 einen anderen seiner Gegner, den Grafen Wiprecht von Groitzsch, auf dem Trifels einsperrte. Irgendwelche Skrupel plagten Heinrich V. bei derartigen Aktionen nicht. Ihm, dem König und Kaiser, kam es darauf an, seine Gegner aus dem alten Stammland des salischen Geschlechtes so rasch wie möglich zu verdrängen und die Positionen wiederzugewinnen, die Heinrich IV. in seinem langen Kampf mit den deutschen Gregorianern und mit der römischen Kurie verloren hatte. Diesem Ziel Heinrichs V. diente es, daß sein Neffe, Herzog Friedrich II. von Schwaben – der Vater Barbarossas und des Pfalzgrafen Konrad – sich um eine Bereinigung der Besitzverhältnisse rund um den Trifels bemühte und den Ort Annweiler gegen das elsässische Dorf Moosbrunn tauschte. Auf diese Weise gelangte Annweiler zwischen 1116 und 1118 wieder in die Verfügungsgewalt des Königs. Es hatte eine Zeit lang zur Straßburger Bischofskirche gehört. Nun wurde der Bischof von Straßburg von Friedrich II. von Schwaben mit Moosbrunn entschädigt. Die Vermutung liegt nahe, daß der oben erwähnte Diemar von Trifels, der zur gregorianischen Partei zählte, den Ort Annweiler ursprünglich in Besitz genommen und in der Zeit der Auseinandersetzungen mit Heinrich IV. an die Kirche weitergegeben hatte.

Der Tausch Annweiler – Moosbrunn festigte die königliche Herrschaft in der ganzen südpfälzischen Region. Dem Trifels drohte nun, so scheint es, keine Gefahr mehr. Diese Gewißheit veranlaßte Heinrich V. zu einer folgenreichen Verfügung, die er kurz vor seinem Tode erließ. Die Insignien des Reiches, die Symbole der königlichen Gewalt und Herrschaft, sollten, so wies Heinrich V. seinen Neffen Friedrich II. von Schwaben an, auf die Burg Trifels gebracht und an diesem sicheren Ort aufbewahrt werden.

Als der Salier Heinrich V. die Reichsinsignien seinem Neffen aus dem staufischen Geschlecht übergab, wollte er damit eine Vorentscheidung über die Nachfolge treffen und dem Sohn seiner Schwester die Krone des Reiches sichern. An die Stelle des salischen Herrscherhauses sollte nun das staufische Geschlecht treten, begünstigt durch die Blutsverwandtschaft mit den Saliern, aber auch begünstigt durch die Besitz- und Machtverhältnisse in der oberrheinisch-süddeutschen Region, denn das salische Hausgut würde nun an die staufischen Enkel Heinrichs IV. übergehen und zusammen mit dem Königsgut, das hauptsächlich aus der fränkisch-karolingischen Epoche stammte, einen wichtigen Rückhalt für ein Königtum der Staufer bilden.

Die von Heinrich V. gewünschte und geplante Kontinuität der Herrschaft im Reich scheiterte zunächst an dem Widerstand der alten Gegner des salischen Geschlechtes und der schwäbischen Stauferherzöge. Die Großen des Reiches entschieden sich gegen diese Form einer Erbmonarchie. Sie wollten an der alten Wahlmonarchie festhalten. Die Königskrone des – ostfränkisch-deutschen – Reiches sollte künftig der Sachse Lothar tragen. Dieser besaß in den Augen seiner Wahlmänner einen wichtigen Vorzug im Vergleich zum Schwabenherzog Friedrich II.: er war bereits 50 Jahre alt und hatte keine Söhne, die einmal Erbansprüche geltend machen konnten. Die salisch-staufische Partei, im Besitz der Reichsinsignien, wehrte sich zwar gegen die Entscheidung der Großen des Reiches zugunsten des Sachsenherzogs Lothar, drang aber nicht durch. So kam es zu Nachfolge-Auseinandersetzungen. Erst 13 Jahre nach dem Tod Heinrichs V. gelangten die Staufer in einer allgemein anerkannten Weise in den Besitz der Krone und des Königsgutes, nachdem Lothar III. im Dezember 1137 gestorben war. Allerdings wählte man nun nicht den Herzog Friedrich II. zum König; die Wahlversammlung entschied sich für den jüngeren der beiden staufischen Agnes-Söhne, für Konrad, der schon im Jahre 1127 vom staufisch-salischen Anhang zum Gegenkönig erhoben worden war und sich in Oberitalien frühzeitig die italienisch-langobardische Königskrone gesichert hatte. Mit der Krönung Konrads im Dom zu Aachen zum König Konrad III. erfüllte sich endlich der Wunsch des sterbenden Königs Heinrich V.; nun bewahrheitete sich auch ein Wort, das später in den Geschichtsbüchern oft zur Charakterisierung der hochmittelalterlichen Machtverhältnisse zitiert worden ist: „Wer den Trifels hat, der hat das Reich".

Die mit der Aachener Krönung Konrads III. beginnende Stauferzeit in der mittelalterlichen Reichsgeschichte schloß – nach der dreizehn Jahre dauernden Unterbrechung durch das Königtum Lothars III. aus dem sächsischen Grafengeschlecht Süpplingenburg bei Braunschweig – an die über ein Jahrhundert während salische Epoche an. Die Staufer waren nicht nur im materiellen Sinne die Erben des salischen Geschlechtes, sie machten sich auch die politischen Ziele, die weit ausgreifende Herrschaftsidee ihrer Vorgänger und Ahnen zu eigen, nicht zuletzt den Gedanken, daß die Herzogtümer Franken und Schwaben eine feste Stütze des deutschen Königtums bilden sollten und daß sich am Oberrhein und im alten salischen Stammland, der heutigen Pfalz, das Machtzentrum des Reiches befinden müsse.

Die Verwahrung der Reichsinsignien auf dem Trifels machte deutlich, daß dieser befestigte Ort in der Südpfalz nun als die Hauptburg des Reiches zu betrachten sei, als der eigentliche Sitz der im übrigen nicht ortsgebundenen Königsmacht. So ergänzte der Trifels in der staufischen Zeit die beiden anderen Hauptorte der salischen Epoche, das salische Hauskloster Limburg und die Stadt Speyer mit dem Dom. Der Neffe und Nachfolger des Staufers Konrad III., der König und Kaiser Friedrich I., allgemein wegen seiner rötlichen Haare „Barbarossa" genannt, erweiterte die Zahl seiner Pfalzen und Hauptorte in der oberrheinischen Region im 12. Jahrhundert durch den Bau von Kaiserpfalzen in Hagenau und Kaiserslautern, verbunden mit der Stadterhebung der alten Burgorte.

Die Reichsinsignien

Doch blicken wir noch einmal auf die seit dem Ende des alten Reiches im Jahre 1806 in der Wiener Schatzkammer aufbewahrten Reichsinsignien. Man kann diese Herrschaftssymbole, wie die Pfälzer wissen, auf der – nach vermutetem altem Vorbild – wieder aufgebauten Burg Trifels bestaunen, seitdem ein Mainzer Goldschmiedekünstler durchaus echt erscheinende Nachbildungen angefertigt hat. Zwar hat die Geschichte der Reichsinsignien Lücken, aber es gilt als ziemlich sicher, daß sich die Reichs- oder Königskrone, der Reichsapfel, das Szepter, das Reichsschwert, das Reichskreuz mit den daran befindlichen Reliquien sowie die heilige Lanze in der ottonisch-sächsichen und in der salischen Epoche zumindest für längere Zeit in kirchlicher Obhut befunden haben. Wir wissen zum Beispiel aus einer Chronik, Speyer betreffend, daß der Bischof Einhard von Speyer, der zugleich auch Abt des Klosters Limburg gewesen war, „große Schätze in den Speyerer Dom" bringen ließ, unter anderem eine goldene Königskrone und ein goldenes Szepter. Das geschah 1065, vier Jahre nach der Fertigstellung und Weihe des Domes. Es fällt auf, daß der Chronist den Reichsapfel nicht erwähnt. Möglicherweise existierte er im Jahre 1065 noch nicht. Das Reichskreuz mit den Reliquien, darunter ein Stück Holz vom Kreuze Christi, ist anscheinend nicht nach Speyer gelangt, sondern blieb weiterhin auf der Limburg. Von Speyer und der Limburg brachte man dann die Reichsinsignien oder Reichskleinodien auf die Burg Hammerstein bei Andernach, bis sie, wie vermutet wird, im Zusammenhang mit dem Wormser Konkordat des Jahres 1122 aus der Obhut der Kirche in die Obhut der weltlichen Reichsherrschaft übergingen und im Jahre 1125, veranlaßt von Heinrich V., auf dem Trifels aufbewahrt wurden.

Das Reichskreuz nahmen auf dem Trifels die Mönche des nahegelegenen Zisterzienserklosters Eußerthal in ihre besondere Obhut. Sein Platz war in der Burgkapelle, nicht in der darüber liegenden Schatzkammer. Dort sammelten sich in der Stauferzeit aus dem vom Barbarossa-Sohn Heinrich VI. in Unteritalien und Sizilien halb erheirateten, halb erkämpften Schatz der normannischen Könige am Ende des 12. Jahrhunderts noch weitere Kostbarkeiten an. Man denke nur an den prächtigen Ornat, der in einem Inventar der Reichskleinodien aus dem Jahre 1246 zusammen mit anderen Gegenständen normannisch-sizilianischen Ursprungs und den traditionellen Insignien registriert ist. Dieses Verzeichnis des Jahres 1246 beeindruckt. Erwähnt wird unter anderem „ein Zahn von Johannes dem Täufer", ein „Armknochen der Heiligen Kunigunde", ein Gürtel, ein Hemd, drei Sporen, ein Fingerring, sieben goldene Nadeln, ein Balsambehälter, zwei Armspangen, dazu die Dalmatika (ein ursprünglich liturgisches Gewand, das zum mittelalterlichen Krönungsornat gehörte), die Strümpfe, die Schuhe, die Handschuhe und zwei Gürtel. In dem Verzeichnis aus dem Jahre 1246 wird kein Szepter erwähnt. Der Grund dafür ist unbekannt. Möglicherweise war ein Szepter zu jener Zeit nicht vorhanden. Die beiden erhalten gebliebenen Szepter in der Sammlung der Reichsinsignien stammen nicht aus der früheren ottonischen oder salischen Kaiserzeit sondern aus der späteren gotischen Epoche.

Die alten Zeichen der Herrschaft, die man einst auf dem Trifels aufbewahrt hat, weisen sowohl auf einen germanisch-fränkischen Ursprung als auch auf bestimmte christlich-biblische und römisch-antike Traditionen in der königlichen Symbolik des deutschen Mittelalters hin. So stammt zum Beispiel das vermutlich älteste Stück in der Sammlung, die Reichslanze, aus der karolingischen Zeit. Es handelt sich um eine germanische Königslanze, dem Herrschaftszeichen der Heerkönige in der Zeit der großen Wanderungen. Nach der Legende hätte diese Lanze jedoch einst dem Kaiser Konstantin dem Großen gehört. Auch dem heiligen Mauritius, oder Moritz, dem Namenspatron von Sankt Moritz, der im vierten Jahrhundert sein Leben für seinen Glauben opferte, wird diese heilige Lanze zugeordnet. Aus der Zeit Ottos des Großen stammen wahrscheinlich der Reif der Kaiserkrone, die beiden Armspangen und der Gürtel, denn hier findet man den Namen „Otto". Der Bügel der Kaiserkrone und das Reichskreuz müssen wohl der salischen Epoche zugeschrieben werden; sie tragen den Namen Konrads II. Ob der Reichsapfel schon zu den Insignien eines Heinrich II. gehörte, also noch in der sächsisch-ottonischen Epoche entstanden ist, oder ob er erst unter einem der Nachfolger Konrads II. im 11. Jahrhundert geschaffen wurde, hat sich nicht eindeutig klären lassen. Die Ursprünge dieses Symbols muß man in der griechischen und römischen Antike suchen. Dort kannte man das Symbol des „globus", des Himmelskörpers. Es findet sich auch auf Darstellungen aus der karolingischen Zeit; später hat man es dann, so wird angenommen, zum Apfel umgedeutet.

Aus der Elsässer Chronik wissen wir, daß die Reichsinsignien im Jahre 1153 in das Herzogtum Schwaben, nach Hagenau, gebracht wurden. Friedrich Barbarossa ließ in jener Zeit zu Hagenau eine Kaiserpfalz bauen. Drei Kapellen dieses Barbarossa-Baues bestimmte der Kaiser zur Aufbewahrung der Reichsinsignien. Für kurze Zeit befanden sie sich nach dem Tod Philipps von Schwaben, des Staufers, der im Speyerer Dom beigesetzt worden ist, wieder auf dem Trifels. Nach der Krönung des Welfen Otto IV. bewahrte man die Reichsinsignien von 1221 − 1226 auf der oberschwäbischen Waldburg bei Ravensburg auf, dem ursprünglichen Zentrum des Welfengeschlechtes. Nach der Wahl Rudolfs von Habsburg diente die Kyburg im heutigen Kanton Zürich unweit dem Stammland des Habsburger Grafengeschlechtes als Aufbewahrungsort. Nur noch für kurze sechs Jahre – 1292 bis 1298 – ist in der Chronik der Reichsinsignien noch einmal der Trifels genannt. Adolf von Nassau besaß damals die Krone des Reiches. Sein Nachfolger entschied sich wieder für die Kyburg und von dort gelangten die Krone und die anderen Reichsinsignien nach Nürnberg.

Die alten Herrschaftssymbole, die dem Trifels im Mittelalter zu so viel Ruhm verhalfen, haben immer erneut und bis in unsere Gegenwart die Phantasie der Menschen beschäftigt. In den Liederbüchern unserer Väter und Großväter fand man als Beitrag zur Rheinromantik und zur Kaiserromantik ein Lied, das mit den Worten begann: „Es liegt eine Krone im tiefen Rhein". Wer sie aus dem tiefen Grund des Rheines emporhebe, den kröne man damit in Aachen, versprach der Textdichter. Nach dem Zweiten Weltkrieg hat man das einst populäre Lied nur noch selten gehört. Aber geblieben ist doch die Faszination, der sich kaum ein Besucher des Trifels entziehen kann, wenn er die Nachbildungen der Reichsinsignien staunend betrachtet.

Des Kaisers Lautern

Zum staufischen Erbe der Pfalz gehören neben zahlreichen Burgen auch einige Städte. Neustadt und Kaiserslautern vor allem. Burgenbau und Stadtentwicklung hängen zusammen. Man sieht es am Beispiel Annweiler-Trifels ebenso wie an der Gründungsgeschichte von Kaiserslautern. Ursprünglich befand sich an diesem Schnittpunkt wichtiger Verkehrswege mitten im alten fränkischen Königsgut ein merowingischer Königshof, Lutra genannt. Er dürfte im 7. Jahrhundert, vielleicht sogar schon im 6. Jahrhundert gebaut worden sein. Ludwig der Fromme habe den Königshof Lutra im Jahre 822 besucht, wird vermutet. In einer alten Urkunde fand man für das Jahr 882 Hinweise auf den Ort. Damals regierte Karl III., ein Urenkel Karls des Großen, im fränkischen Ostreich. In einem Dokument aus dem Jahre 985, der sächsisch-ottonischen Epoche, ist dann erstmals ein Marktort Lautern ausdrücklich erwähnt. Der entscheidende Anstoß zur Stadtentwicklung kam in der Mitte des 12. Jahrhunderts, als Friedrich I. im Jahre 1152 beschloß, an diesem alten fränkisch-merowingischen Platz eine Kaiserpfalz zu bauen. Die Entscheidung Barbarossas entsprach der Politik, die sein Vater praktiziert hatte: durch den Bau von befestigten Plätzen, von Burgen an strategisch wichtigen Orten, sollte die Herrschaft der Staufer besser gesichert werden.

Von diesem Friedrich II. von Schwaben, dem der Rücktausch des Trifels zu verdanken ist, behaupteten die Zeitgenossen, er habe „am Schwanze seines Pferdes stets eine Burg hinter sich hergezogen". Der Chronist Otto von Freising, ein Halbbruder Friedrichs II., hat uns diese Charakterisierung überliefert. Daß dieser Schwabenherzog seine Vorliebe für den Bau von Burgen auch auf den alten Speyergau ausdehnen konnte und nicht auf die elsässische Region beschränken mußte, erklärte sich aus den angedeuteten Verwandtschaftsverhältnissen: einige der vermutlich von Friedrich II. in der heutigen Südpfalz errichteten Burgen verdanken ihre Gründung wohl dem Umstand, daß Friedrich II. von Schwaben im Jahre 1100 die Vogtei über das Reichskloster Weißenburg erwerben konnte; verbunden damit war eine umfangreiche Grundherrschaft. Als Friedrich Barbarossa die Burgenpolitik seines Vaters fortsetzte, dürfte er damit kaum einen der Zeitgenossen überrascht haben, solange sich diese Entscheidungen, wie im Falle des Pfalzbaues in Hagenau, auf das traditionelle staufische und salische Herrschaftsgebiet konzentrierten. Anders verhielt es sich jedoch mit der Bauentscheidung für eine Pfalz west-

Die „Barbarossaburg" in Kaiserslautern, errichtet auf den Fundamenten der ehemaligen Kaiserpfalz Friedrich Barbarossas (Foto: Verkehrsamt Kaiserslautern)

lich des Haardtgebirges. Damit schuf Barbarossa einen neuen Schwerpunkt neben den südpfälzisch-elsässischen Burgbezirken.

Das hatte großen Einfluß auf die Siedlungsgeschichte der Westpfalz, denn um die Kaiserpfalz herum entwickelte sich nun eine städtische Siedlung. Sie wurde im Jahre 1219 reichsfrei durch die Verleihung des Speyerer Rechtes. Friedrich II., der Enkel Barbarossas, gewährte dem Ort eine eigene Gerichtsbarkeit und befreite ihn im ganzen Reich von Zöllen. Neben der Zollfreiheit im Reich profitierte der Ort vor allem vom Münzrecht, das – wie das Recht auf eigenes Maß und Gewicht – ebenfalls zu den neuen Privilegien gehörte. Seit dem Jahre 1215 kannte man im „Burgus", dem Ort, einen Schultheissen und Schöffen. Die zunehmende Bedeutung dieses „Burgus" zeigte sich unter anderem darin, daß man im Jahre 1234 die Bezeichnung wechselte. Nun war Lautern oder Kaiserslautern ein „Oppidum", 1260 sprach man von einer „Civitas", ebenso wie „Oppidum" ein Begriff aus der römischen Tradition, der bereits den hohen Grad einer Selbstverwaltung ausdrückt, indem er auf eine Gemeinschaft der Bürger abhebt. Die Erhebung zur Stadt, entsprechend dem Speyerer Stadtrecht, geschah dann im Jahre 1276 durch Rudolf von Habsburg. Das Stadtsiegel ist allerdings um einige Jahre älter als die Urkunde Rudolfs, es stammt aus dem Jahre 1262. Das Speyerer Recht bedeutete, daß man zur Verwaltung der Stadt zwölf Männer auswählte; sie bildeten den Stadtrat. Er verwaltete die Stadt und war auch Gerichtsherr.

Noch in staufischer Zeit war dieses Recht auf eine eigene stadtrepublikanische Verfassung der Stadt Speyer durch Kaiser Heinrich VI., dem ältesten Sohn Barbarossas, bestätigt worden. Im Jahre 1198 schlossen die Speyerer einen formellen Vertrag mit dem Bruder Heinrichs VI., mit Philipp von Schwaben, der den wesentlichen Inhalt des von Heinrich VI. gewährten Privilegs enthält und die Grundlage einer bürgerlichen Stadtverwaltung darstellt. Anders als in Kaiserslautern konkurrierten die Rechte der Speyerer Bürger jedoch mit den Ansprüchen der Bischöfe auf Herrschaft oder Mitherrschaft in der Stadt. Die von den Staufern gewährten oder verliehenen Privilegien für die Bürger mußten in der damals größten und wichtigsten Stadt der Pfalz Schritt für Schritt in die Praxis umgesetzt und behauptet werden. Es dauerte etwa eine Generation, bis man dann im Jahre 1230 im sogenannten „Speyerer Stadtrecht" eine Art Hauptsatzung für die Verwaltung der Stadt festlegte. Dieses Speyerer Stadtrecht enthält auch Vorschriften über das Verfahren, das bei Verstössen gegen den Stadtfrieden anzuwenden sei, dazu einen Strafkatalog. Die Wahrung des Friedens im Gemeinwesen erschien den Bürgern als besonders wichtig. Kaiserslautern, dessen Privilegien im Verlaufe des 13. Jahrhunderts in wesentlichen Teilen dem Speyerer Vorbild entsprachen, ist selbst zum Vorbild für die Stadtentwicklung in anderen Orten der Pfalz geworden: für Landstuhl, Kusel, Lauterecken, Obermoschel, Odernheim, auch für Offenbach bei Landau. Allerdings währte die Zeit, in der man in einer freien Reichsstadt Kaiserslautern selbständig und rechtlich privilegiert handeln konnte, nur knapp eineinhalb Jahrhunderte. Im Jahre 1410 wurde die Stadt endgültig kurpfälzisch und blieb es dann für weitere vierhundert Jahre.

Relativ frühzeitig hat auch Annweiler vom Speyerer Vorbild profitiert. Es erhielt im Jahre 1219 durch Friedrich II. die Reichsfreiheit. Der erstmals im Jahre 1081 urkundlich erwähnte Ort dürfte schon im siebenten oder achten Jahrhundert gegründet worden sein. Nachdem die Salier und Staufer den Trifels ausgebaut und in dessen Umgebung zahlreiche andere Burgen errichtet hatten, wuchs die Bedeutung Annweilers ganz erheblich. Der Staufer Friedrich II. verlieh dem Ort neben dem Recht auf eigene Gerichtsbarkeit und den anderen Privilegien, die einer reichsfreien Stadt zustanden, auch das Recht auf Gewährung von Asyl. Das bedeutete, wer sich als Rechtsbrecher, etwa als Totschläger, in die Stadt geflüchtet hatte, wurde nicht ausgeliefert. Er konnte im allgemeinen nur beim Gericht der freien Stadt beklagt werden, wobei die Kläger die Verfahrenskosten zu tragen hatten. Diese Art von Asylrecht existierte in einer der schwäbischen Reichsstädte, in Reutlingen, noch bis zum Ende des 18. Jahrhunderts. Das Privileg der Asylgewährung ging, wie andere Vorrechte, verloren, wenn eine Stadt wie Annweiler in eine Landesherrschaft, in diesem Falle in das Herzogtum Pfalz-Zweibrücken, eingegliedert wurde.

Neben Kaiserslautern und Annweiler zählen auch das schon erwähnte pfälzische Neustadt und Heidelberg zu den wichtigen staufischen Stadtgründungen. Beide gelten als „geplante Neugründungen", für die allerdings kein urkundlich gesichertes Gründungsdatum existiert. Heidelberg ist im Jahre 1225 als „Burgus" erwähnt, zugleich mit einem Hinweis auf die „pfalzgräfliche" Herrschaft. Die Gründung Heidelbergs wird deshalb für die Zeit zwischen 1200 und 1250 angenommen; Neustadt, eine Art Schwestergründung auf dem linksrheinischen Gebiet des Pfalzgrafen, dürfte etwa um 1220 entstanden sein.

Die staufischen Städte hatten durchweg nur eine bescheidene Zahl von Einwohnern. Für Neustadt und Kaiserslautern nimmt man für das 13. Jahrhundert kaum mehr als tausend Einwohner an. Auch Speyer, das am Anfang des 12. Jahrhunderts in der frühen salischen Epoche etwa 3 500 Einwohner zählte, war also alles andere als eine große, bevölkerungsreiche Stadt. Es gehörte nach damaligem Verständnis zunächst noch zu den kleineren Mittelstädten (2 000 bis 5 000 Einwohner) und entwickelte sich dann im 12. und 13. Jahrhundert zu einer Mittelstadt, als sich die Einwohnerzahl auf über 5 000 erhöhte und sich der Grenze von 10 000 näherte.

Dienstleute aus der Pfalz

Die Begriffe „neue Gesellschaft" oder „soziale Aufsteiger" hat es im Mittelalter nicht gegeben, aber die Sache, die heute in der Politik und in den Sozialwissenschaften mit solchen Bezeichnungen beschrieben wird, kannte man in der Salier- und in der Stauferzeit durchaus. Gerade die Pfalz liefert uns einige markante Beispiele für den sozialen Aufstieg von Personen, die im Mittelalter als „Ministeriale" bezeichnet worden sind. Man mag sie auch „Dienstmänner" nennen. Sie waren Bedienstete an den Höfen, Helfer des Königs und Kaisers, Diener der Herrschaft und des Staates. Man könnte sie allgemein als Hofbeamte charakterisieren. Ursprünglich kamen sie aus der „familia" einer

Grundherrschaft, das konnte auch eine Klostergemeinschaft sein oder der Hof eines Bischofs. Sie waren zwar Angehörige einer neuen Führungs- oder Oberschicht, aber doch unfreie Diener an den geistlichen oder weltlichen Höfen. Man fand die Ministerialen im Kriegsdienst ebenso wie im Verwaltungsdienst. Beim Versuch der Staufer, vor allem in der langen Herrschaft Friedrich Barbarossas, aus dem doch ziemlich losen Verband unterschiedlicher Gebietsherrschaften eine neue Form der allgemeinen Staatlichkeit, eine allgemein beachtete gesetzliche Ordnung als Grundlage des Friedens zu schaffen, fiel den Dienstleuten eine wichtige Aufgabe zu.

Man findet diese Ministerialen in auffallend großer Zahl und in herausragenden Ämtern im Gebiet der Pfalz und hier wiederum rund um Kaiserslautern und rund um den Trifels. Daß es unter den Hörigen der Salierzeit schon besondere Rechte von Dienstleuten und auch besondere, jederzeit widerrufliche Lehen, also Landbesitz, für diese Dienstleute gegeben hat, erfährt man unter anderem aus den Verfügungen, die Konrad II. im Jahre 1035 über das Recht der Leute für das Kloster Limburg erlassen hat. Zu den aus salischem Besitz geschenkten Gütern gehörten Hintersassen, deren Sonderrechte als Ministeriale vermerkt sind. Der Abt konnte sie für seine Hofämter auswählen, für den Botendienst, für den Waffendienst, als Schenk – zuständig für den allzeit wichtigen Wein – oder auch als Truchseß. Dieses Hofamt galt schon in der alten germanischen Zeit als ein herausragendes Amt, denn der Truchseß leitete die Hausverwaltung und beaufsichtigte die Tafel am Hofe. Der Truchseß des Königs und Kaisers war ein politisch einflußreicher und mächtiger Mann. Er galt zu Recht als ein Vertrauter des Herrschers und als hochrangiger Staatsdiener mit erheblichen Entscheidungsbefugnissen.

Ein Pfälzer hat als Dienstmann und Reichstruchseß in der staufischen Epoche in besonderer Weise in die Politik des Reiches eingegriffen. Er trug den Namen Markward und nannte sich nach seinem Heimatort „Markward von Annweiler". Über seine genaue Herkunft weiß man wenig. Die Vorfahren könnten zu einem Speyerischen Dienstgeschlecht gehört haben, das vermutlich auf der Burg Lindelbrunn saß. Im Jahre 1184 finden wir diesen Markward von Annweiler als Truchseß am Hofe König Heinrichs VI., der zu jener Zeit erst 17 Jahre alt aber schon im Jahre 1169, als Vierjähriger, zum deutschen König gewählt und in Aachen gekrönt worden war. Als Markward sein Hofamt bei Heinrich VI. antrat, lebte dessen Vater, der Kaiser Friedrich Barbarossa, noch. Barbarossa scheint Markward hoch geschätzt zu haben, denn Markward gehörte zu den Miterziehern Heinrichs VI. Gerühmt wird von den Zeitgenossen das Talent Markwards als Verwalter und sein bemerkenswertes Verhandlungsgeschick. Der Kaiser übertrug ihm Missionen, die als besonders heikel galten. So schickte er ihn zum Beispiel als königlichen Legaten, als Bevollmächtigten und Sonderbotschafter, im Jahre 1186 nach Italien. Ein Jahr später ist Markward als Mitglied der Gesandtschaft des Königs in Hagenau bei Kaiser Friedrich Barbarossa genannt. An dem Kreuzzug von 1189/90, den Barbarossa nicht überlebte, nahm Markward zunächst teil und kehrte dann als Reichstruchseß und Berater Heinrichs VI. nach Deutschland zurück.

Erstaunlich ist auch noch im Rückblick der Umstand, daß dieser Markward von Annweiler zwar über viele Jahre lang eine beträchtliche Macht besaß, aber erst im Jahre 1195, elf Jahre nach der Übernahme des Truchseßamtes bei Heinrich VI., aus dem Stande eines Unfreien entlassen wurde. Das geschah, nachdem er für Heinrich VI. maßgeblich an der Eroberung des normannisch-sizilianischen Königreiches mitgewirkt hatte.

Bei dieser sizilianischen Unternehmung, dem sogenannten Normannen-feldzug, ließ Heinrich VI. sein Heer im Bereich der Südpfalz aufstellen, wie Urkunden belegen, die auf dem Trifels verfaßt wurden. Markward zog als Befehlshaber mit diesem Heer nach Süden. Er unterbrach den langen Marsch zunächst in Oberitalien. Von dort aus gelangten die staufischen Kriegsmannen in einem raschen Siegeszug durch Mittelitalien in den Süden. Eine genuesisch-pisanische Flotte unter Markwards Befehl eroberte dann Palermo. Heinrich VI. zog am 20. November 1194 in die Hauptstadt des normannisch-sizilianischen Königreiches ein und ließ sich an Weihnachten im Dom von Palermo zum König von Sizilien krönen. Den Anspruch auf diese Krone, die im Februar 1194 durch den Tod des Königs Tankred frei geworden war, begründete Heinrich VI. mit dem Erbrecht seiner Gemahlin Konstanze, einer Prinzessin aus dem normannisch-sizilianischen Königsgeschlecht.

Der Normannenfeldzug festigte das ohnehin schon große Ansehen Markwards. Dank der militärischen Leistung dieses Dienstmannes und der von ihm geführten Truppen gelangte der fast legendäre Normannenschatz in die Hände des Staufers Heinrich VI. Er wurde von Palermo aus mit Hilfe von 150 Saumtieren auf den Trifels gebracht. Einige Teile dieses Schatzes gehörten fortan zu den Reichskleinodien. Allerdings fand sich der normannisch-sizilianische Adel nicht mit der Niederlage ab. Wenige Tage nach der Krönung Heinrichs VI. deckte man eine Verschwörung auf. Das gab Anlaß, neben dem Thronschatz der Normannen auch Familienangehörige Tankreds und einige wichtige Anhänger des verstorbenen Normannenkönigs nach Deutschland zu schicken – auf den Trifels. Dort wachte der Burgvogt über den Schatz und über die Verbannten.

Als ein Reichstag in Bari im März 1195 über die neu geschaffenen Machtverhältnisse im Reich Heinrichs VI. befand, übertrug dieser seinem Ratgeber und Vertrauten aus Annweiler eine strategisch besonders wichtige und zugleich schwierige Aufgabe. Als Markgraf von Ancona und Herzog von Ravenna und der Romagna sollte Markward die Verbindung zwischen Oberitalien und dem normannisch-sizilianischen Königreich im Süden der italienischen Halbinsel sichern. Der wichtigste Gegner staufischer Machtentfaltung in Sizilien war niemand anders als der Papst; er betrachtete sich als den Lehensherrn des südlichen Königreiches und wehrte sich entschieden gegen die Ansprüche des Barbarossa-Nachfolgers.

Außer Markward von Annweiler verlegten auch andere pfälzische Dienstmänner ihren Hauptsitz nach Mittelitalien oder nach Sizilien. So übernahm der Schenk Heinrich von Lautern in Sizilien wichtige Ämter und wurde dort auch mit Gütern belehnt. Ein erheblicher Teil der Reichsverwaltung im mittleren und südlichen Italien rekrutierte sich, wie es scheint, aus Ministerialen aus dem schwäbischen und pfälzischen Stammland der Staufer. Gegen diese Angehörigen der Reichsverwaltung, die von der normannisch-sizilianischen Oberschicht als Vertreter einer Fremdherrschaft betrachtet wurden, richteten sich auch Klagen der römischen Kurie bei Heinrich VI. Man behauptete, daß die von Markward geleitete Reichsverwaltung in Mittelitalien sich immer wieder Übergriffe gegenüber dem Kirchenstaat erlaube. Die Spannungen zwischen den „Deutschen" und den alten Führungsschichten entluden sich im Mai 1197 in einem Aufstand in Sizilien. Der Kaiser konnte in Messina noch rechtzeitig gewarnt werden und entging so dem geplanten Anschlag auf sein Leben. Zusammen mit dem Reichsmarschall Heinrich von Kalden schlug Markward von Annweiler den Aufstand im Königreich Sizilien nieder. Es folgte, wie die Chronisten zu berichten wissen, „ein grausames Strafgericht". Heinrich VI. ließ dieses Strafgericht auch an sizilianischen Edelleuten vollziehen, die immer noch auf dem Trifels als Geiseln in staufischer Obhut waren. Einige von ihnen wurden geblendet und in das Burgverlies geworfen. Die Ansicht, Heinrich VI. sei ein bedenkenloser, auch harter und grausamer Herrscher gewesen, der am wenigsten sympathische unter den Staufern, datiert aus jener Zeit. Sizilien ist zwei Jahre nach dem Aufstand doch noch zum Schicksal des jungen Staufers geworden: Heinrich VI. starb – 32-jährig – am 29. September des Jahres 1197 in Messina an der Malaria. Im Dom zu Palermo hat man seinen Leichnam beigesetzt.

Auf dem Sterbebett hatte Heinrich VI. noch versucht, auf die Zukunft des Reiches Einfluß zu nehmen. Vollstrecker eines politischen Testamentes sollte Markward von Annweiler sein. Die Weisung des Kaisers lautete: dem Papst entgegenkommen und einen Interessenausgleich erreichen. Die Kaiserinwitwe Konstanze und der unmündige, noch nicht drei Jahre alte Friedrich sollten dem Papst für das sizilianische Königreich huldigen und ihn damit als Lehensherren anerkennen, wie es die früheren normannischen Könige getan hatten. Wichtig war es für Heinrich VI., daß sein Sohn Friedrich die Kaiserwürde erhalte. Markward, so der Auftrag des sterbenden Kaisers, solle deshalb in der Toskana bei einer Aufteilung des Erbes der Fürstin Mathilde dem Papst Zugeständnisse machen und die besetzten Teile des Kirchenstaates an den Papst zurückgeben. Für die von Markward verwalteten Gebiete von Ravenna und Ancona empfahl Heinrich VI. „seinem getreuen Markward" ebenfalls die Lehenshuld gegenüber dem Papst. Man kann aus diesen Weisungen an den Pfälzer Dienstmann schließen, daß Heinrich VI. seinen alten Vertrauten und Ratgeber als Regenten oder Mitregenten für den minderjährigen Friedrich vorgesehen hatte. Dieser Markward sollte die Verbindung des Reiches mit Sizilien so lange sichern, bis Friedrich II. das Erbe des staufischen Vaters und der normannischen Mutter übernehmen könne.

Das Vorhaben scheiterte am Widerstand der Kaiserinwitwe Konstanze. Sie wollte ihr eigener Herr sein und stellte sich gegen Markward und gegen die anderen Dienstleute, die aus der Pfalz und aus anderen Teilen Deutschlands nach Sizilien gekommen waren. Sie alle mußten das normannisch-sizilianische Königreich verlassen. Im Bündnis mit der Erbin des Königreiches Sizilien kämpfte Papst Innozenz III. auch in Mittelitalien gegen Markward. Er unterlag und wurde vom Papst exkommuniziert und von Konstanze geächtet. Doch er fühlte sich weiterhin an den Auftrag des Staufers gebunden und handelte dabei im Einvernehmen mit Philipp von Schwaben, dem jüngeren der Barbarossa-Söhne, der nun als deutscher König das staufisch-salische Erbe übernommen hatte. Zwei Jahre nach dem Tod Heinrichs VI. kehrte Markward von Annweiler mit einer Streitmacht über die See nach Sizilien zurück. Bei Monreale, unweit von Palermo, und bald darauf bei Randazzo geriet Markward in ein Gefecht mit päpstlichen Truppen. Beide Male verloren die Deutschen den Kampf. Als sich jedoch die Gegner Markwards gegenseitig den Sieg streitig machten, nützte Markward die Gunst der Stunde und bemächtigte sich im Oktober des Jahres 1201 des nun sieben Jahre alten Friedrich II. Nun war der Reichstruchseß aus Annweiler der Herr der Insel und der Erzieher des künftigen Kaisers. Freilich nur für eine kurze Zeit, denn Markward erkrankte und starb im Jahre 1202. Das ungewöhnliche Leben dieses Pfälzers, der sich ganz der staufischen Reichsidee verschrieben hatte, endete im fernen Sizilien. Unter vielen erstaunlichen Karrieren, die uns aus der mittelalterlichen Geschichte überliefert sind, ist die Karriere des Markward von Annweiler eine der erstaunlichsten.

Zu den pfälzischen Dienstleuten, die in der staufischen Zeit hervorgetreten sind, gehören auch die Herren von Bonlanden. Ihr Aufstieg begann bereits im 11. Jahrhundert, in der salischen Epoche. Ein Dokument aus dem Jahre 1128 erwähnt einen Werner von Bonlanden. In den Urkunden findet man Hinweise darauf, daß die Vorfahren dieses Ministerialen ursprünglich in den Diensten des Mainzer Erzbischofs gestanden haben. Für das Jahr 1129 wird vom Mainzer Erzbischof Adalbert die Gründung eines Hausklosters Bonlanden bestätigt. Durch Rodungen im Waldland rund um den Donnersberg haben die Herren von Bonlanden die Grundlage für einen beträchtlichen Reichtum geschaffen. In der Reichspolitik wirkten vier Generationen dieses Geschlechtes mit, beginnend mit Werner II., der in den Diensten Friedrich Barbarossas stand. Als Angehöriger einer Gruppe von Hofleuten, die aus der Umgebung von Kaiserslautern kamen, wird Werner II. von Bonlanden ein großer Einfluß auf die zentrale Regierung des Staufers zugeschrieben. Unter anderem diente Werner II. als Reichsgutsverwalter, als Prokurator. Ihm oblag der Schutz des Reichsgutes am unteren Main und am Mittelrhein. Aus einem erhalten gebliebenen Buch über die Lehen des Werner II. von Bonlanden weiß man, daß dieser Anhänger Barbarossas ein guter Verwalter und Organisator gewesen sein muß.

Das Besondere an dem bonlandischen Geschlecht ist der Umstand, daß es diesen Ministerialen von der dritten Generation an gelang, sich durch Heiraten mit edelfreien oder gräflichen Geschlechtern zu verbinden. In relativ kurzer Zeit bildete sich rund um den Burgsitz bei Kirchheimbolanden in der Nordpfalz und in Rheinhessen eine ansehnliche Territorialherrschaft, darunter ein beträchtlicher vererbbarer Besitz, der teils aus den gerodeten Ländereien bestand, teils erheiratet war. Als besonders umfangreich erwiesen sich jedoch die Lehen der Herren von Bonlanden. Zu den insgesamt 45 Lehensherren der Sippe zählte auch der Kaiser.

Neben der Hauptlinie Bonlanden bildeten sich die Seitenlinien der Herren von Hohenfels und von Falkenstein, deren Repräsentanten ebenfalls im Hofdienst standen. Zu den herausragenden Hofleuten der Herren von Bonlanden gehörte im 13. Jahrhundert Werner III. Er war Reichstruchseß und hatte unter anderem die Reichskleinodien auf dem Trifels zu hüten. Auch der Sohn Werners III., Philipp I. von Falkenstein und dessen Vetter, Philipp I. von Hohenfels, dienten, der Familientradition entsprechend, dem Reich als Truchseß oder als Kämmerer.

War das Geschlecht der Herren von Bonlanden lange Zeit ganz auf der Seite der staufischen Partei, so änderte sich dies, als die Macht der Staufer mit Friedrich II. ein Ende erreicht hatte. Werner IV. von Bonlanden unterstützte die Gegenkönige; der Konflikt trennte die verschiedenen Linien des bonlandischen Geschlechtes. Das schwächte den Einfluß und die Macht dieser Ministerialen. Der Besitz zersplitterte sich durch Erbteilungen immer mehr. Im 14. Jahrhundert war das Geschlecht schließlich ziemlich bedeutungslos geworden. Die Hauptlinie der Herren von Bonlanden starb im Jahre 1376 aus, die Linie Falkenstein-Münzenberg 1407, die Linie Hohenfels endete im Jahre 1602.

Neben den Dienstleuten, die in der Umgebung von Kaiserslautern und in der südpfälzischen Region rund um den Trifels beheimatet waren, rekrutierte sich die Hofbeamtenschaft in der Stauferzeit häufig auch aus Speyerer Kirchenleuten. Der Dienst für das kaisertreue Bistum Speyer und der Dienst für den Kaiser und die Reichsverwaltung wechselten bei manchen dieser Ministerialen miteinander ab oder ergänzten sich. So ist zum Beispiel ein Trushard von Kestenburg bezeugt, der im Reichsdienst stand, sich aber selbst als Speyerer Kämmerer bezeichnete. Der Name „Kestenburg" weist darauf hin, daß dieser Trushard auf dem heutigen Hambacher Schloß seinen Wohnsitz hatte. Allerdings nannte sich dieser Hofbeamte zuweilen auch Trushard von Trifels, ein Hinweis auf den Reichsdienst, den er am Zentralort der staufischen Herrschaft versah. Hervorgetreten ist er unter anderem als Kämmerer des Königs Philipp von Schwaben.

Zu den pfälzischen Reichsministerialen jener Zeit gehörte auch Trushards Bruder Burkard. Unter den Pfälzern standen die beiden „Kestenburger" als Hofleute ein wenig im Schatten ihres Landsmannes Markward von Annweiler. Sie werden an Bedeutung von einem Pfälzer überragt, der sowohl in der Geschichte der Kirche als auch in der Geschichte der Staufer einen festen Platz besitzt. Sein Name ist Konrad von Scharfenberg. Die Biographie dieses Pfälzers zeigt eine enge Verbindung zwischen dem Speyerer Bistum und dem Kaisertum. Konrads Abstammung ist nicht mehr eindeutig zu klären, es gilt jedoch als ziemlich sicher, daß er der Sohn eines im Jahre 1155 bezeugten Berthold war, der als Reichsdienstmann auf dem Trifels zum Kreis der Hofbeamten gehörte, sich aber nicht „Scharfenberg" nannte. Konrad von Scharfenberg besuchte die Speyerer Domschule. Im Jahre 1198 wird er in einer Urkunde zunächst als Protonotar genannt, später als Vorsteher der Kanzlei des Reiches. Dieses Amt verschaffte Konrad von Scharfenberg großen Einfluß auf die Reichspolitik. So gilt denn Konrad in der eindrucksvollen Reihe der pfälzischen Reichsministerialen als nahezu ebenso wichtig wie Markward von Annweiler. Sein Rang als Staatsmann und als Diplomat ist nicht umstritten.

Der Aufstieg dieses Konrad von Scharfenberg in der kirchlichen Hierarchie und die Verflechtung zwischen Reichsdienst und kirchlicher Funktion dokumentierte sich in Konrads Wahl zum Bischof von Speyer im Jahre 1200.

Nach der Ermordung Philipps von Schwaben im Jahre 1208 nahm Konrad von Scharfenberg die Reichsinsignien in Verwahrung und übergab sie dem langjährigen Widersacher Philipps von Schwaben, dem Welfen Otto IV. Diesen Sohn Heinrichs des Löwen, der viele Jahre lang von der antistaufischen Partei als Gegenkönig unterstützt worden war, akzeptierten die Großen des Reiches nach Philipps plötzlichem Tod im November 1208 bei der Frankfurter Wahl einmütig als König. Das Einverständnis der staufischen Partei sicherte sich Otto IV. auch durch die Heirat mit Beatrix, der Tochter Philipps von Schwaben. Als Bischof von Speyer dürfte auch Konrad von Scharfenberg ein gewichtiges Wort zugunsten Ottos IV. mitgesprochen und seine Bedingungen gestellt haben. Otto IV. machte den Speyerer Bischof zum Kanzler des Reiches. In Italien regelte Konrad, der in der Reihe der Speyerer Bischöfe als Konrad III. genannt ist, die Einzelheiten von Ottos Kaiserkrönung. Das Vertrauensverhältnis zwischen dem Welfen Otto IV. und Konrad von Scharfenberg endete im Jahre 1212. Konrad wechselte das Lager und stellte sich auf die Seite des Barbarossa-Enkels Friedrich II. Die Stellung des Welfen untergrub Konrad von Scharfenberg dadurch nachhaltig, daß er enthüllte, Otto IV. wolle eine allgemeine Kopfsteuer einführen und außerdem seine Finanzen durch die Einziehung von Kirchengut stärken. Das sollte sich als Eingriff Konrads zugunsten des salisch-staufischen Geschlechtes erweisen, denn nun traf der Welfe auf heftigen Widerstand im Reich. Die Position Kaiser Ottos IV. war ohnedies dadurch schon ganz erheblich geschwächt, daß Papst Innozenz III., der sich vom Vorstoß des Welfen nach Kalabrien bedroht sah, den damals 17 Jahre alten Staufer Heinrich II. im Jahre 1211 bei der Wahl zum Gegen-König unterstützt hatte.

Für Konrad von Scharfenberg lohnte sich der Parteiwechsel. Er ließ sich in Metz zum Bischof wählen, und der Papst ermächtigte ihn zur Übernahme eines zweiten Bistums. Bald darauf – im Herbst 1212 – regelte sich auch die weltliche Seite dieser Amtsübernahme: anläßlich einer Reise Friedrichs II. an den Oberrhein empfing Konrad von Scharfenberg in seiner pfälzischen Heimat von Friedrich II. für das Metzer Bistum die zum weltlichen Teil der Herrschaft gehörenden Rechte. Der Staufer bestätigte den Speyerer Kirchenfürsten auch im Amt des Kanzlers. Genau genommen dürfte die „Häufung von Pfründen", die von Historikern im Zusammenhang mit dem doppelten Bischofsamt des Konrad von Scharfenberg kritisiert worden ist, nach kanonischem Recht trotz der päpstlichen Zustimmung zumindest fragwürdig gewesen sein. Aber der Papst, der Staufer Friedrich II. und Konrad von Scharfenberg selbst setzten sich über Bedenken gegen eine Ämterhäufung hinweg. Es scheint, daß Konrad die erhöhten Einnahmen für notwendig hielt, damit er seinen als ziemlich großzügig, ja als „fürstlich" charakterisierten Lebensstil aufrechterhalten konnte. In der Kombination von Kirchenamt und Lebensfreude sah dieser mittelalterliche Staatsmann und Diplomat jedenfalls nichts Sündiges. Gefragt werden muß allerdings, wie denn dieser Doppelbischof in Speyer und in Metz überhaupt seine Aufgaben erfüllt habe. Allzu häufig dürfte er an seinen Amtssitzen nicht präsent gewesen sein. Seine Funktionen als Kanzler des Reiches mußte er ambulant, im Herumziehen ausüben, von Pfalz zu Pfalz reitend. Ähnlich verhielt es sich auch mit den Sonderaufgaben, die der Diplomat Konrad von Scharfenberg als Reichslegat, als Bevollmächtigter Unterhändler des Herrschers, vor allem in Italien zu übernehmen hatte, so etwa als er im Jahre 1220 die Krönung Friedrich II. in Rom regelte. In Deutschland selbst fehlte es Konrad von Scharfenberg in der Zeit Friedrichs II. ohnedies nicht an Aufgaben, denn dieser Staufer hielt sich vorwiegend im normannisch-sizilianischen Teil seines Imperiums auf und überließ die Entscheidungen im deutschen Teil des Reiches meist der Vormundschaftsregierung, die für den noch unmündigen Sohn Friedrichs II., für Heinrich VII., eingesetzt worden war und der Konrad von Scharfenberg angehörte.

In das Buch der Kirchengeschichte hat sich Konrad von Scharfenberg dadurch eingeschrieben, daß er Franziskanern und Dominikanern den Weg nach Deutschland ebnete. In Lothringen verewigte er sich durch den Umbau der Metzer Kathedrale. In ihrer heutigen Gestalt geht sie im wesentlichen auf die von Konrad von Scharfenberg veranlaßten Planungen zurück. Auch der Speyerer Dom muß genannt werden, wenn man nach den Spuren dieses Bischofs und Staatsmannes sucht: Konrad von Scharfenberg war es, der am Weihnachtstag des Jahres 1213 die Gebeine des 1208 in Bamberg ermordeten Staufers Philipp von Schwaben in der Kaisergruft beisetzen ließ.

Zur Liste der pfälzischen Dienstleute aus dem Lauterer Reichsland gehört neben dem bereits erwähnten Schenk Heinrich von Lautern, der auch als Marschall und als Kämmerer in der staufischen Italienpolitik hervorgetreten ist, noch dessen Bruder Reinhard. Er amtierte als Schultheiß von Lautern und beaufsichtigte den Reichsgutsbezirk. Unter den Nachfolgern Reinhards findet man im Jahre 1269, also nach dem Ende des staufischen Herrschertums, einen Reinhard II. als Hüter der Reichskleinodien auf dem Trifels. Sein Hauptsitz befand sich offenbar auf der Burg Hohenecken, denn Reinhard II. nannte sich selbst „von Hohenecken". Ein Landolf von Hohenecken, der das Bistum Worms von 1234 bis 1247 leitete, darf als Wegbereiter des sozialen Aufstiegs in damaliger Zeit gelten: er war der erste Wormser Oberhirte, der aus einem ministerialen Geschlecht und nicht aus dem – freien – Adel stammte.

Betrachtet man die eindrucksvolle Liste der Reichsministerialen in der Stauferzeit, so bestätigt sich die These von der Mittelpunktfunktion der Pfalz im hochmittelalterlichen Reich auch im Bereich der Führungskräfte. Die Lebensläufe der Kanzler, Kämmerer, Schenken, Truchsesse, der leitenden Hofbeamten also, beginnen in zahlreichen Fällen in der Region rund um den Trifels, im Reichsland rund um die Kaiserpfalz von Kaiserslautern oder im nahen Umkreis des Speyerer Domes. Der politische Einfluß pfälzischer Dienstleute dürfte insgesamt betrachtet im 12. und 13. Jahrhundert ganz beträchtlich gewesen sein. Als Erben der Salier erstrebten die Staufer den Ausbau ihrer Herrschaft im Reich durch einen neuartigen, vom alten Adel und von den Bistümern und Klöstern, von der Kirche allgemein relativ unabhängigen zentralen Verwaltungsapparat. Bei diesem – nach den Erfahrungen, die ein Heinrich IV. im Investiturstreit mit dem Papst und der Kirche, aber auch mit manchem Stammesherzog gemacht hatte – durchaus verständlichen und naheliegenden Vorhaben, stützten sich die staufischen Herrscher im wesentlichen auf Männer, die ihnen aus dem salischen Stammland am Oberrhein bekannt waren und denen sie, wie die Geschichte beweist, auch in schwierigen Situationen vertrauen konnten. Neben den Pfälzern haben zur staufischen Zeit im wesentlichen nur Dienstleute aus dem Herzogtum Schwaben, aus dem Remstal zum Beispiel, oder auch aus dem elsässischen Teil des Herzogtumes, eine herausragende Rolle gespielt. Den Landsleuten aus den traditionell salischen oder staufischen Regionen gewährten die Staufer Macht und Einfluß. Diese Landsleute wurden so als Dienstmannen die Vorläufer eines späteren deutschen Staatsdienertums, das sich in unserer speziellen beamtenrechtlichen Tradition fortgesetzt hat. Die eigentlichen, immer noch sichtbaren Zeugen dieser Anfänge eines derartigen Staatsdienertums sind zahlreiche Burgen und Burgruinen. Viele dieser Burgen in allen Teilen der Pfalz erinnern uns an die Stauferzeit und an Dienstleute, die einst von diesen Burgen aus nach Ober- und Mittelitalien, ja bis nach Kalabrien und Sizilien gezogen sind. Sie dienten dort einem Kaiser, dessen Anspruch auf eine imperiale, abendländische Herrschaft gerade von den Reichsministerialen als ein göttlicher Auftrag verstanden wurde, wenn auch die Päpste diesem umfassenden Herrschaftsanspruch der mittelalterlichen Kaiser heftigen Widerstand leisteten.

Ein König auf dem Trifels

Zu den schwer verständlichen Ereignissen in jener hochmittalalterlichen Epoche, in der sich christlicher Missionsgedanke und simpler Herrschaftswille oft so untrennbar miteinander verquickt haben, gehört eine Geiselhaft, die bewirkte, daß der Trifels vor allem in den englischen Geschichtsbüchern eine zweifelhafte Berühmtheit erhielt. Man kann den in der Vergangenheit oft und auch heute noch als beispielhaft-abschreckend erwähnten Vorgang wohl als die „Affäre Richard Löwenherz" kennzeichnen. Da dieser englische König auch für die Beziehungen des Inselstaates zum Nachbarn Frankreich eine große historische Bedeutung besitzt, stößt man bei Untersuchungen zur Geschichte der britisch-französischen Beziehungen immer wieder auf Richard Löwenherz und gelangt damit auch zum Stichwort „Trifels". Im Kopf eines englischen Monarchisten verbindet sich mit diesem Stichwort unweigerlich die Vorstellung von „räuberischer Erpressung" und von Geiselnahme. Nach heutigen Maßstäben ist diese Gedankenverbindung gewiß nicht falsch, doch sollte man die berühmte Staatsaffäre aus den Jahren 1192/93 (übrigens nur wenig mehr als zwanzig Jahre bevor bewaffnete englische Ritter ihrem König auf einer Wiese bei Windsor die Unterzeichnung der „Magna Charta" abgepreßt haben) unter den Verhältnissen und Umständen betrachten, die im Hochmittelalter bestanden haben.

Was war geschehen und welche Folgen hatte die Inhaftierung eines englischen Königs auf der Reichsburg der Staufer? Um das zu verstehen, muß man zunächst an die komplizierten mittelalterlichen Herrschafts- und Familienbeziehungen erinnern. Der Engländer hatte gespannte Beziehungen mit seinem französischen Nachbarn, den König Philipp II. aus dem kapetingischen Hause. Richard Löwenherz, Sohn einer Tochter des Herzogs von Aquitanien und durch Erbschaft eine Zeit lang selbst Herzog dieser südfranzösischen Region, war wegen der aquitanischen Erbschaft ein Rivale des französischen Königs. Der Kapetinger Philipp II. wiederum arbeitete mit dem Staufer Heinrich VI. zusammen. Das Bündnis Philipp-Heinrich diente im Verständnis des Staufers einem doppelten Zweck: es sollte ein Gegengewicht zu der Allianz zwischen dem englischen Königshaus und den Welfen bilden und es sollte verhindern, daß Richard Löwenherz das Erbe seines sizilisch-normannischen Verwandten, des Königs Wilhelm II., beanspruchte, denn die sizilische Erbschaft sollte Heinrichs Gemahlin Konstanze und damit schließlich den Staufern zufallen.

Ungeachtet dieser Interessengegensätze der abendländischen Herrscher und Königsgeschlechter kam es zum – gemeinsamen – Dritten Kreuzzug ins Heilige Land. Richard Löwenherz, der 1189 die Krone erhalten hatte, nahm als englischer König an diesem Kreuzzug teil und eroberte im Mai des Jahres 1191 die Insel Zypern. Bald darauf war er an der Niederwerfung der Stadt Akkon im Norden des heutigen Staates Israel beteiligt. Allerdings mußte sich Richard diesen Ruhm mit dem Herzog Leopold von Österreich, einem Angehörigen des Geschlechtes der Babenberger und dessen Rittern teilen. Die Mannen des Babenbergers pflanzten vor der besiegten Stadt das Banner ihres Herzogs auf und erhoben damit, wie zu jener Zeit üblich, Anspruch auf Beute im besiegten Akkon. Richard Löwenherz sah seine Beute gefährdet, ihn packte die Wut. Voller Zorn riß er das Banner des Babenbergers zu Boden und trampelte es in den Staub. Damit beleidigte er den Herzog Leopold, er fügte ihm, wie es in einer historischen Darstellung heißt, „Unbill" zu. Der Wutausbruch vor Akkon kam Richard alsbald teuer zu stehen. Als der englische König auf dem Rückweg in die Heimat in der Adria Schiffbruch erlitt, versuchte er auf dem Landweg und als frommer Pilger verkleidet nach Hause zu gelangen. Dabei wählte er ausgerechnet einen Weg durch das Herzogtum Österreich. In der Nähe von Wien wurde Richard erkannt, von Leopolds Mannen festgenommen und zunächst auf der Burg Dürnstein an der Donau in Haft gehalten. Leopold von Österreich lieferte seinen königlichen Gefangenen im März 1193 auf dem Reichstag zu Speyer an Heinrich VI. aus, und der Staufer befand, daß die Burg Trifels das angemessene Gefängnis für Richard Löwenherz sei. So kam ein englischer König als Häftling in die Pfalz.

Auf den ersten Blick erscheint manches an dem Vorgang ungereimt. Gewiß, der Zufall spielte ein wenig mit, denkt man an den Schiffbruch und an die Entdeckung des als Pilger verkleideten englischen Königs. Die Auslieferung an den Staufer Heinrich VI. entsprach jedoch einer geplanten Staatsaktion, denn Philipp II. von Frankreich und Heinrich VI. hatten sich schon im Jahre 1191 in Mailand getroffen und dort ihr Verhalten gegenüber Richard Löwenherz abgesprochen. Zum Plan der beiden Könige gehörte auch die Gefangennahme Richards bei dessen Rückkehr aus dem Heiligen Land, was man kaum anders als hinterhältiges Verhalten gegenüber einem Kreuzzugspartner bezeichnen kann. Als Richard im Dezember 1192 bei Wien in die Hände des Herzogs Leopold von Österreich fiel, verwirklichte man den Mailänder Plan zur Entmachtung Richards, wobei auch gesagt werden muß, daß Richard mit seinem Bruder Johann über das väterliche und mütterliche Erbe im Streit lag und dieser „Johann Ohneland" sich mit dem Kapetinger Philipp II. verbündet hatte, um sich England zu sichern.

Zunächst wurde Richard auf dem Trifels mit einer Lösegeldforderung Heinrichs VI. konfrontiert. Der Staufer verlangte die für damalige Zeiten gewaltige Summe von 100 000 Mark Silber. Die Hälfte dieses Lösegeldes hatte sich Leopold von Österreich ausbedungen, als er seinen Gefangenen dem Staufer übergab, die andere Hälfte sollte Heinrichs Kasse füllen. Richard war anfangs nicht bereit, sich mit einer so großen Summe freizukaufen, bat aber in einem Brief an seine Mutter, daß man ihm durch Bereitstellung des verlangten Lösegeldes helfen möge. Ihn bedrückte trotz der „würdigen Behandlung", die er auf dem Trifels erfuhr, der Verlust der Freiheit und wohl auch das Heimweh nach so langer Abwesenheit. Sorgen machten ihm außerdem die Ansprüche seines Bruders Johann und dessen Verbindung mit dem französischen König. Wie berechtigt diese Sorge war, zeigte sich, nachdem sich Richard mit dem Staufer schon über das Lösegeld geeinigt hatte. Eine Gesandtschaft des französischen Königs bot nun für die Übergabe Richards an Philipp von Frankreich eine wesentlich höhere Summe.

Es war im übrigen nicht allein das hohe Lösegeld, das Richards Freilassung erschwerte. Heinrich VI. hatte dazu noch eine besonders harte und den Stolz Richards verletzende Bedingung gestellt: der englische König, der sich immer noch Hoffnungen auf das sizilianische Normannenreich machte, sollte nun dem Staufer im Kampf gegen die sizilianischen Aufrührer beistehen, die sich dem Normannenabkömmling Tankred angeschlossen hatten.

Das Angebot des französischen Königs zwang Richard, einer weiteren Erhöhung des Lösegeldes zuzustimmen. Als die vereinbarte Summe schließlich nicht rechtzeitig aus England herbeigeschafft werden konnte, gab es weitere Pressionen. Am Ende mußten Richard und seine Anhänger nicht wie ursprünglich vorgesehen 100 000 sondern 150 000 Mark Silber an Heinrich VI. bezahlen und Richard mußte dazu noch sein Reich dem Kaiser überlassen. Heinrich VI. gab Richard dann – wie vereinbart – das englische Königreich bei einem Zusammentreffen in Mainz am 4. Februar des Jahres 1194 als Lehen zurück. Richard Löwenherz hatte den Lehenseid ablegen und dem kaiserlichen Lehensherrn einen Jahreszins von 5 000 Pfund zusagen müssen. Mitte März 1194 kehrte Richard nach England zurück. Als der Rest des Lösegeldes eingetroffen war, ließ man auch die Geiseln frei, die an der Stelle des Königs in der Pfalz geblieben waren.

Es mag für Richard am Ende eine kleine Genugtuung gewesen sein, daß Heinrich VI. nun nicht mehr länger auf der Teilnahme des englischen Königs an dem Sizilienfeldzug gegen die Normannen unter der Führung Tankreds bestand. Dennoch war der Preis, den Richard für seine Freilassung bezahlen mußte, nicht nur wegen der Summe ungewöhnlich sondern wegen des nun gegenüber dem Kaiser bestehenden Lehensverhältnisses. Nur ein wenig dürfte es Richard Löwenherz in seiner fast ein Jahr dauernden Gefangenschaft auf dem Trifels getröstet haben, daß er sich dort mit seinen Wärtern allem Anschein nach ganz gut verstand. Der gefangene König habe sich, so heißt es, die Zeit mit Spielen vertrieben und er habe auch gemeinsam mit seinen Bewachern dem pfälzischen Wein kräftig zugesprochen. Ob man die Gefangenschaft auf dem Trifels deshalb eine „ehrenvolle Haft" nennen kann, wie das mancher Historiker getan hat, bleibt jedoch auch dann zweifelhaft, wenn sich die pfälzischen Aufseher damals auf ihre Weise bemüht haben, dem reichen königlichen Häftling die Langeweile ein wenig zu vertreiben.

Kreuzzugsstimmung in der Pfalz

Viele Schülergenerationen haben einst ein Gedicht von Ludwig Uhland lernen müssen, das mit den Worten beginnt: „Als Kaiser Rotbart lobesam, ins Heilige Lande gezogen kam..." Die im Uhland'schen Gedicht verklärten Heldentaten, die Barbarossas Ritter im Kampf gegen die türkischen Seldschuken vollbracht haben, endeten nicht immer – oder nur selten – mit einem Erfolg, nämlich mit der Vertreibung der Muslime aus den heiligen Stätten der Christenheit. Friedrich Barbarossa selbst ist von seinem, dem dritten der großen Kreuzzüge nicht zurückgekehrt. Er ertrank in Kleinasien beim Baden in dem Fluß Saleph. Sein Wunsch, daß er einst wie seine Vorfahren und wie seine Gemahlin Beatrix in der Krypta des Speyerer Domes beigesetzt werde, hat sich deshalb für den legendären Kaiser aus staufisch-salischem Geschlecht nicht erfüllt.

Die mittelalterlichen Kreuzzüge, die ins gelobte Land führten und das Heil der Christenmenschen sichern sollten, gehören rückblickend betrachtet zu den Fehlschlägen im politisch-ideologischen Kalkül der Kirche und der abendländischen Herrscher. Mancher pfälzische Ritter und mancher königlich-kaiserliche Dienstmann hat sich neben vielen Außenseitern der Gesellschaft an den Kreuzzügen beteiligt und ist nie mehr in die Heimat zurückgekehrt. Die Malaria, Seuchen aller Art, auch der Hunger erwiesen sich neben den muslimischen Türken, den kurdischen Kriegern und anderen Anhängern des Propheten Mohammed als die schlimmsten Feinde derer, die „das Kreuz nehmend" vom Rhein an die Donau zogen, Ungarn und Bulgarien passierend an den Bosporus gelangten und dort, im Herzen des byzantinisch-oströmischen Reiches erfahren mußten, daß nun erst der gefährliche Marsch durch Kleinasien und Syrien nach Palästina beginne. Wer mag schon geahnt haben, welchen langen Weg, welche Strapazen und Gefahren ihn erwarten, als in der Weihnachtszeit des Jahres 1146 der berühmte Bernhard von Clairvaux nach Speyer kam, um hier, am Hauptort der salischen Herrscher und am Lieblingsplatz des ersten der staufischen Herrscher, des Königs Konrad III., im Namen der Christenheit und im Auftrag seiner Heiligkeit, des Papstes Eugen III., die Deutschen zum Kampf gegen die Muslime aufzurufen, zum erneuten, dem zweiten Kreuzzug nach Jerusalem. „Die irdischen Könige selbst sollten den Kriegszug des ewigen Königs gegen die Feinde seines Kreuzes führen" – das war, wie der Historiker Hampe einst anmerkte, die Quintessenz all der großen Kreuzzugspredigten, die der ob seiner Beredsamkeit im ganzen Abendland gerühmte Bernhard von Clairvaux landauf, landab hielt. Am 27. Dezember des Jahres 1146 sprach er nun auch im Dom zu Speyer.

Lange Zeit zögerte der Staufer Konrad, ob er dem Ruf der Kirche folgen solle. Zunächst hatte der Papst – ursprünglich ein Schüler Bernhards von Clairvaux – seinen Appell an den französischen König Ludwig gerichtet und den Kapetinger aufgefordert, er solle sich, eingedenk der Tatsache, daß sich die Franzosen ja ein halbes Jahrhundert zuvor bereits als die Vorkämpfer der Kreuzzugsidee erwiesen hatten, an die Spitze des neuen Zuges ins Heilige Land setzen. Ludwig, der französische König, erklärte sich dazu bereit. Nun aber ließ sich die durch Bernhard, dem offiziellen päpstlichen Werber und Prediger, entfachte Begeisterung nicht länger auf Frankreich und Burgund beschränken. Sie breitete sich nach Osten aus und erreichte bald den Rhein und die am Rhein gelegenen Städte. Nicht nur Bernhard, auch andere Kleriker und manche Nicht-Kleriker betätigten sich im deutschen Reich als Propagandisten. Einige dieser Werber säten Haß gegen alle Nichtchristen, gegen die Muslime in der Ferne und gegen die Juden, die hier in den Städten am Rhein, am Main, in Franken, in Bayern, in Schwaben wohnten. Konrad III., als König zum Schutze der Juden im Reich verpflichtet, gab sogleich Weisung, daß die jeweiligen Burggrafen den bedrohten Juden Asyl zu geben und deren Leben, auch deren Hab und Gut zu sichern hätten. Bernhard von Clairvaux selbst war alarmiert von den Nachrichten über die Haßpredigten und deren Folgen. Er wollte Einhalt gebieten. Vor allem deshalb ging er an den Rhein und rief dort einerseits zum Kreuzzug, andererseits aber zur Mäßigung auf.

Auch in Speyer predigte Bernhard gegen die Verfolgung der Juden und kam damit dem Staufer Konrad zu Hilfe. Allerdings hatte Konrad nach wie vor Bedenken gegen die Teilnahme an einem Kreuzzug. Seine Herrschaft im Reich war vor allem wegen der Rivalität mit den Welfen noch keineswegs gefestigt. Außerdem war es Papst Eugen III. selbst, der den deutschen König zu einem Zug nach Italien aufgefordert und auch ihm in Rom die Kaiserkrönung in Aussicht gestellt hatte. Der Papst benötigte die Hilfe des Staufers, weil einerseits die sizilianisch-normannischen Herrscher den Kirchenstaat bedrängten und andererseits sich in Rom selbst die Bürgerschaft neu formierte und nachdrücklich ihr Recht auf Einsetzung des Papstes durch die Römer selbst anmeldete. Die Staatsräson, so viel schien klar, gebot den Italienzug, nicht die Teilnahme an einem so gewagten Unternehmen wie einem Kreuzzug. Doch die Staaatsräson wurde in Speyer vollends zurückgedrängt. „Kurz nach dem Weihnachtsfest erlag Konrad unter Tränen einem letzten rednerischen Ansturm Bernhards, der den Lauen drohend an den Schrecken des Todes und den Richterstuhl Christi mahnte und dann seine Umstimmung als das Wunder aller Wunder pries" heißt es bei Karl Hampe. Wo immer Bernhard aufgetreten sei, „raste die Menge in Begeisterung". Das ist umso erstaunlicher, als Bernhard wohl in Französisch oder Latein predigte, so daß viele seinen Worten gar nicht folgen konnten. Die Sprachbarriere war indes nicht hoch genug, um eine Massenhysterie zu verhindern. „Einmal mußte ihn Konrad auf eigenem Arm aus der Kirche hinaustragen, um ihn vor dem Massenandrang zu schützen".

Die Emotionen, die von jenem denkwürdigen 27. Dezember 1146 in Speyer ausgingen, erreichten alsbald alle Teile des Reiches. Auch die fürstlichen Rivalen des Staufers konnten angesichts der Kreuzzugsbegeisterung nicht länger abseits stehen. Man einigte sich darauf, daß während Konrads Abwesenheit Friede gehalten werde. Die Welfen freilich wollten nicht mit ins Heilige Land ziehen. Sie versprachen, daß sie stattdessen im Osten des Reiches eine neue Heidenmission bei den Slawen unternehmen wollten, um so auf ihre Weise dem Christentum und auch dem Reich zu dienen. Zahlreiche andere Fürsten versammelten sich jedoch im Frühjahr 1147 in Regensburg und begleiteten das Ritterheer des Königs Konrad auf dem langen Zug ins Heilige Land. Fast nur Süddeutsche hätten diesem Heer angehört, berichteten die Chronisten. Bernhard von Clairvaux selbst leistete Konrad III. aktive Hilfe bei dem Versuch, die im Reich immer wieder aufflammenden Kämpfe, die Fehden, wenigsten eine Zeit lang zu beenden. Noch ehe man sich in Regensburg zum Abmarsch gen Südosten versammelte, konnte Konrad III. im März des Jahres 1147 in Frankfurt den allgemeinen Reichsfrieden verkünden. Im ganzen Abendland, auch im deutschen Reich, hatte mit dem päpstlichen Aufruf zum Kreuzzug eine erstaunliche Wandlung eingesetzt. Der Stiefbruder Konrads III., der Bischof Otto von Freising, beschrieb diese Veränderung in seiner Chronik: „Plötzlich trat fast im ganzen Abendlande eine solche Stille ein, daß es nicht nur für Frevel galt, Krieg anzufangen, sondern sogar öffentlich Waffen zu tragen".

Wir erfahren aus diesem Bericht Ottos von Freising, daß es zu jener Zeit bereits eine ähnliche Denkart gegeben haben muß, wie wir sie im letzten und noch in diesem Jahrhundert vor allem in den westlichen Teilen der Vereinigten Staaten finden, daß nämlich im Grunde nur der Träger einer Waffe ein freier Mann sein kann, ein Mann, der sich sein Recht, sein Gesetz selber schafft und notfalls erkämpft. Deutlich wird allerdings in den Berichten aus der Zeit des zweiten Kreuzzuges, daß dieses, den späteren Generationen so sinnlos und fast als Abenteuertum erscheinende Unternehmen einen umfassenden, einen universalen Charakter besaß. Nicht nur eine bestimmte Schicht oder gewisse Regionen im Abendland waren von der Idee der Mission und des göttlichen Auftrages im Kampf gegen die Ungläubigen ergriffen, das ganze christliche Abendland mit seinen Bewohnern sah in der Errichtung einer christlichen Herrschaft, eines Königtums in Jerusalem die Zukunftsaufgabe. Am Ende des zweiten Kreuzzuges, der mit einem Fehlschlag endete, war jedoch der mit Macht vordringende und – denkt man nur an das Maurenreich in Spanien – kulturell und wissenschaftlich hochentwickelte Islam gestärkt. Konrad III. verlor den größten Teil seiner Kämpfer in Kleinasien. Er selbst erkrankte an Malaria und mußte zur Erholung einen Winter in Konstantinopel verbringen. Nur auf dem Seeweg gelangte Konrad III. schließlich im Frühjahr 1148 nach Jerusalem. Ein Jahr später kehrte er als kranker Mann in die Heimat zurück. Die Kaiserkrone, die er nicht vom römischen Volk, sondern vom Papst erhalten wollte, hat er nicht mehr getragen. Im September des Jahres 1152 sollte Papst Eugen III. dem Staufer die römische Krone aufs Haupt setzen. Doch am 15. Februar 1152 starb Konrad III. in Bamberg, voller Sorge über die Zukunft des Reiches, denn der älteste seiner Söhne war schon tot und der jüngere Friedrich noch minderjährig. Es bestand also die Gefahr neuer blutiger Machtkämpfe zwischen Staufern und Welfen. Das veranlaßte Konrad III., seinen Neffen, den Schwabenherzog Friedrich als Nachfolger zu empfehlen, eben jenen Friedrich Barbarossa, der, als er schon viele Jahrzehnte die Krone getragen hatte, einen neuen, den dritten Kreuzzug unternahm und dabei vom Tod ereilt wurde.

Verfolgung der Juden

Über die Finsternis im Mittelalter haben sich die Aufklärer und die Fortschrittsgläubigen oftmals ereifert, nicht zuletzt auch jenes Speyerer Kreuzzugspredigers Bernhard von Clairvaux wegen, der zu den Mitbegründern der Mystik gehört und weit über das „Bernhardinische Zeitalter", wie das 12. Jahrhundert auch genannt worden ist, mannigfache religiöse Erscheinungsformen beeinflußt hat. Martin Luther und der Pietismus müssen hier ebenso genannt werden wie ein Meister Eckhart oder ein Savonarola. Bernhard selbst unterschied sich von manchem eifernden Zeitgenossen in der Mönchskutte dadurch, daß er den Frieden im Lande als ein hohes Gut betrachtete und deshalb bei der Werbung für den zweiten Kreuzzug entschieden gegen die Verfolgung Andersgläubiger, speziell der Juden, auftrat. Die Erfahrungen mit dem ersten Kreuzzug hatte der Abt des Klosters Clairvaux gewiß nicht vergessen. Bei Bernhards Auftreten im Speyerer Dom war ja noch in frischer Erinnerung, daß 50 Jahre zuvor allein in Worms 800 Juden, Männer, Frauen und Kinder, von einer tobenden, haßerfüllten Menge erschlagen worden waren und daß selbst in Speyer elf Mitbürger ihres Glaubens wegen das Leben verloren hatten. Mit dem ersten Kreuzzug begann das wohl düsterste Kapitel in der Geschichte des Abendlandes und in der Geschichte der Deutschen. In vielen der älteren Darstellungen der Kreuzzugsgeschichte ist davon kaum oder eher beiläufig die Rede. Heute – nach Auschwitz – weiß man, wie wichtig die Anfänge des Judenhasses und der Judenverfolgung gewesen sind, Anfänge, die aus dem Streit um den „rechten Glauben" entstanden waren.

Blicken wir einen Augenblick zurück ins 10. und 11. Jahrhundert, in die Zeit der sächsischen und salischen Kaiser. Damals bildeten sich in den alten – römischen – Bischofsstädten an Mosel und Rhein, in Metz, in Trier, in Köln, Mainz, Worms und Speyer einige hundert Jahre nach der Römerzeit, in der es in Ober- und Niedergermanien schon jüdische Einwohner gegeben hatte, erneut jüdische Gemeinden. Die Juden lebten nicht in Ghettos, sondern wohnten meist in den Gassen nahe den Burgen oder der Bischofssitze. Vermutlich waren die meisten dieser jüdischen Bewohner aus dem Westen und aus dem Südosten zugewandert, einige auch aus dem – spanischen oder italienischen – Süden. Unter den Fachleuten ist strittig, ob nicht doch einige der jüdischen Sippen, die im zweiten und dritten Jahrhundert mit römischen Truppen aus dem Nahen Osten in die rheinischen Städte gekommen waren, die Zeit der Völkerwanderung überdauert haben und so die eigentlichen Ureinwohner dieser späteren Bischofstädte gewesen sind. Nachrichten über Juden findet man wieder in der Zeit Karls des Großen. An seinem Hof hatten gelehrte Juden wichtige Aufgaben übernommen. Sie waren wegen ihrer Sprachkenntnisse geschätzt, denn sie beherrschten neben Hebräisch, Aramäisch (der Sprache Jesu) und Griechisch auch das Arabische, das die Mauren in Spanien sprachen; manche dieser Juden hatten als Kaufleute auch Kontakt mit dem Osten und sprachen deshalb russisch. In den rheinischen Judengemeinden praktizierte man wohl ein vom örtlichen Dialekt und vom Hebräischen beeinflußtes Althochdeutsch, aus dem sich das Jiddische mit seinen unterschiedlichen Wortfamilien und Lautfärbungen entwickelt hat.

Diese in den rheinischen Städten siedelnden Juden brachten kulturelle und wirtschaftliche Verbindungen in ihre neue Heimat mit. Sie kamen aus den städtischen Zentren des römischen Imperiums im Mittelmeerraum. Dank dieser eingewanderten Juden gelangten begehrte Waren – oft als Luxuswaren apostrophiert – an den Rhein und nach Deutschland; die Juden wurden in Speyer, in Worms, in Mainz, in Köln rasch zu den Lehrmeistern des Fernhandels, auch des Handels mit Sklaven aus den noch heidnischen europäischen Ostgebieten. Zu den Waren, die man durch die Juden aus dem Orient und aus dem Mittelmeerraum beschaffen ließ, gehörten Balsam und Weihrauch (die Weihrauchstraße führte bis an die Südspitze der arabischen Halbinsel in den heutigen Südjemen). Aber auch indische Seide, persischer Brokat, außerdem Farbstoffe und vor allem Gewürze wie Pfeffer waren begehrte Importgüter in jener Zeit. Im übrigen handelten die Juden mit Edelsteinen, mit Goldschmuck, den man unter anderem in dem einstigen afrikanischen Goldland Mali erwerben konnte und – mit den begehrten arabischen Vollblutpferden. Die Geschäftsbeziehungen erstreckten sich selbstverständlich ebenso auf den Handel innerhalb West- und Nordeuropas. Die Engländer kauften Wein von Mosel, Rhein und Pfalz und lieferten dafür Wollstoffe und Tuche.

Die kulturelle Bedeutung der Juden war in jenen mittelalterlichen Zeiten für die deutschen Regionen nicht geringer als die wirtschaftliche. Die Einwanderer aus den ehemaligen Kernbezirken des alten römischen Imperiums brachten eine hochentwickelte Schriftkultur nach Mitteleuropa. Sie besaßen eine lange Schultradition, die man auch in den rheinischen Städten fortsetzte und blieben in Kontakt mit den großen orientalischen und maurischen Zentren der Kultur und der Wissenschaft, wo, wie zum Beispiel in der damaligen Weltstadt Cordoba, arabische, jüdische und christliche Gelehrte in der Mathematik, der Medizin, der Astronomie und der Philosophie miteinander wetteiferten. Mancher gelehrte Jude diente den deutschen Klerikern bei der Übersetzung griechischer Texte als Ratgeber. Der Kontakt mit der arabischen Medizin und Naturwissenschaft verschaffte jüdischen Apothekern und Ärzten in ihren neuen Wohnorten am Rhein großes Ansehen. Schon in der Mitte des 10. Jahrhunderts existierten in Worms und Mainz jüdische Lehrhäuser.

Im Grunde genommen waren diese gelehrten Juden im zehnten und elften Jahrhundert nichts anderes als kulturelle und wissenschaftliche Entwicklungshelfer. In Speyer darf man, abgesehen von der Römerzeit, eine jüdische Einwohnerschaft schon in den Anfängen der mittelalterlichen Stadt, im zehnten Jahrhundert, vermuten. In der Zeit der Sachsenkaiser, im Jahre 960 brachte, wie man aus einem alten Dokument erfährt, ein Isak ben Elasar „aus dem Land der Nemeter" eine Botschaft des Königs der Chasaren von der Wolga in das maurische Zentrum Cordoba. Durch Urkunden nachweisbar sind indes in Speyer die ersten jüdischen Zuwanderer aus dem Mittelmeergebiet in den siebziger Jahren des 11. Jahrhunders, in der Zeit Heinrichs IV. Sie gehörten unter anderm zu einer großen und berühmten Sippe, den Kalonymiden, deren Namensgeber Kalonymus da Lucca einst in Italien den Kaiser Otto II. beraten und nach dessen Niederlage in der Sarazenenschlacht bei Cotrone (982) sein Pferd überlassen und damit gerettet hatte. Wohl als Dank für diese Hilfe erhielt dieser Kalonymus da Lucca das Recht zur Niederlassung in Mainz. Hundert Jahre danach dürften in Mainz wie auch in Worms schon jeweils mehrere hundert Juden gewohnt haben, darunter neben den Kaufleuten und einigen Gelehrten auch zahlreiche Handwerker: Metzger, Bäcker, Schneider, Schuhmacher. Dreimal im Jahr trafen sich die Sprecher, die Ältesten, der deutschen Judengemeinden in Köln bei der Messe. Man tauschte Erfahrungen und besprach rechtliche und religiöse Fragen. Zu den Erfahrungen gehörte sicherlich die Erkenntnis, daß die wegen ihrer alten Beziehungen zum Mittelmeerraum und zum Westen so erfolgreichen Kaufleute da und dort den Neid ihrer christlichen Kollegen hervorriefen und daß die Juden wegen ihrer anderen Lebensvorschriften und religiösen Gesetze – man denke nur an den Sabbat – unter den Einheimischen mancherlei Argwohn erweckten. Die immer stärker sich ausbreitende klösterliche Reformbewegung mit all ihren mystischen Zügen vergrößerte mancherorts die Differenzen zwischen Juden und Christen. In Zeiten der Not richtete sich der Blick der Christen bei der Suche nach dem Bösen allzuleicht auf die zugewanderten Fremden, in diesem Falle auf die Juden, ein Vorgang, der sich fast überall und zu allen Zeiten wiederholt hat. So führte denn auch im Jahre 1084 eine Panik, die in Mainz bei einer großen Feuersbrunst die Bewohner der Stadt erfaßte, zu einem Überfall auf die angeblich schuldigen Juden. Viele von ihnen flohen damals nach Speyer. Der Bischof Rüdiger, der sich selbst den Beinamen „Huozmann" (Hutzenmann) gab, vermittelte den Flüchtlingen gegen jährlichen Zins ein Gelände zur Siedlung in Altspeyer und überließ ihnen einen Platz aus dem Besitz des Domkapitels für die Anlage eines Friedhofes.

Die aus Mainz zugewanderten und die alteingesessenen Juden erhielten vom Bischof Rüdiger ein Privileg, das die Speyerer Juden vom September des Jahres 1084 an Gesetzen unterwarf, die „besser sind als die der Judenschaft in irgendeiner Stadt des deutschen Reiches", wie in einer der alten Darstellungen angemerkt wird. In der Urkunde des Bischofs hieß es: „Ich, Rüdiger, Bischof von Speyer, glaubte in meinem Bestreben, aus der Kleinstadt Speyer eine Weltstadt zu machen, die Ehre unseres Ortes durch Ansiedlung von Juden noch mehr zu heben". Und weiter liest man in der bischöflichen Urkunde: „Ich gewährte ihnen auch in ihrem Siedlungsbereich und außerhalb bis zum Schiffshafen die Freiheit, Gold und Geld zu wechseln, alles und nach Belieben zu kaufen und zu verkaufen... Wenn ein Jude von auswärts bei ihnen zu Gast weilt, soll er keinen Zoll zahlen". Die Juden durften nach dem Speyerer Privileg christliche Knechte und Ammen haben. Es war ihnen ausdrücklich erlaubt, Fleisch „was ihnen nach ihrem Gesetz als unerlaubt erscheint", an Christen zu verkaufen. Zu den besonderen Rechten gehörte auch das Recht der Juden auf eine eigene Gerichtsbarkeit in Streitfällen, die sie unter sich schlichten mußten oder bei Klagen, die gegen Juden gerichtet waren. Der Bischof oder dessen Kammer sollten nur eingreifen, wenn es am jüdischen Gericht nicht zur Einigung kam.

Auf Betreiben des Bischofs Rüdiger bestätigte und ergänzte Kaiser Heinrich IV. die Rechte der Speyerer Juden im Jahre 1090. An den Verhandlungen mit dem Kaiser waren auch Vertreter der jüdischen Gemeinde aktiv beteiligt. Man entnimmt aus den Urkunden, daß es damals einen Judenbischof in Speyer gab, einen Archisynagogos, den die Juden selbst ernannt und den der Bischof als Stadtherr bestätigt hatte. Der Judenbischof stand an der Spitze der jüdischen Gemeindeverwaltung und an der Spitze des jüdischen Gerichtes. Später existierte dann auch ein zwölfköpfiger Rat unter dem Vorsitz des Judenbischofs.

Das kaiserliche Privileg für die Speyerer Juden, das unter anderem neben der unbeschränkten Freizügigkeit auch die Handels-, Zoll- und Steuerfreiheit im ganzen Reich enthielt und die zwangsweise Taufe von Judenkindern verbot, bedeutete für die jüdischen Gemeinden weit über Speyer hinaus einen großen Fortschritt. Die kaiserliche Urkunde erhöhte die Rechtssicherheit für die Juden. Heinrich IV. nahm die in Speyer getroffene Regelung als Vorbild für ein ähnliches Privileg, das er den Juden in Worms, der anderen salischen Bischofsstadt, gewährte. Der Kaiser wollte sicherlich auf diese Weise die Zuwanderung von Juden aus den alten südlichen städtischen Zentren des Imperiums fördern und so zur wirtschaftlichen und kulturellen Entwicklung in den

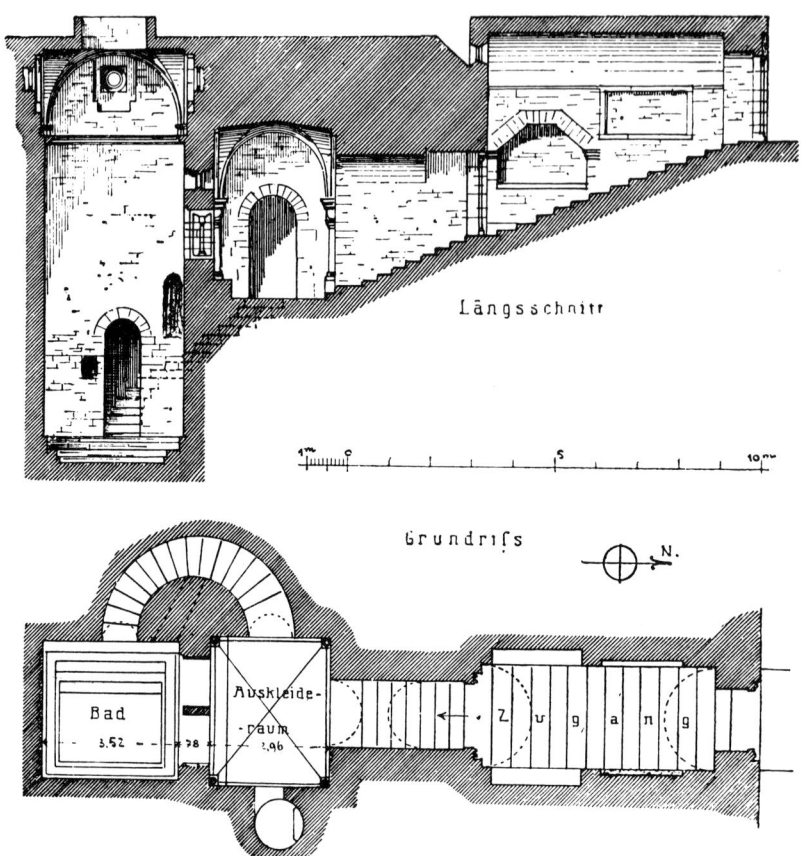

Schnitt und Grundriß des ehemaligen Judenbades in Speyer (Aus: Die Kunstdenkmäler der Pfalz, Stadt und Bezirksamt Speyer. München 1934)

Kernlanden des Reiches beitragen. Gegenüber den Juden in Worms fühlte sich Heinrich IV. zudem besonders verpflichtet: sie hatten auch in schwerer Zeit während des Investiturstreites stets treu zu dem König aus dem salischen Geschlecht gehalten und dessen Herrschaft zusammen mit den anderen Bürgern der Stadt Worms gestützt.

Heinrich IV., der sich durchaus auch als Nachfolger der Karolinger verstand, folgte in Speyer und Worms den Vorbildern, die schon Karl der Große und Ludwig der Fromme in der Behandlung der jüdischen Bewohner gegeben hatten. Ludwig der Fromme zum Beispiel versprach den jüdischen Gemeinden in seinem Herrschaftsbereich freie Religionsausübung und Schutz des Lebens und des Eigentums. Das Speyerer Privileg des Bischofs Rüdiger, das Heinrich IV. bestätigte und ergänzte, entsprach prinzipiell den Zusagen, mit denen schon Ludwig der Fromme für eine Ansiedlung von Juden geworben hatte.

Zwischen den Absichten und dem Willen eines Bischofs Rüdiger – oder des Kaisers Heinrich IV. – und den Emotionen, auch den Vorurteilen zahlreicher Christen im Lande, existierte indes ein großer und für die Juden bedrohlicher Unterschied. Der zeigte sich kaum zwölf Jahre nach den schlimmen Erfahrungen mit der Mainzer Judenverfolgung wiederum in Mainz, aber auch in Speyer und vor allem in Worms, als im Jahre 1096 zum ersten Kreuzzug ins Heilige Land aufgerufen und gepredigt wurde. Papst Urban II. hatte das Zeichen für den Aufbruch am 27. November des Jahres 1095 auf der Synode von Clermont im heutigen Zentralfrankreich gegeben. „Wer sein Leben läßt, dem werden alle Sünden vergeben sein", versprach er den Kreuzfahrern. Folgenreich war es, daß der Abt Pierre vom Kloster Cluny behauptete: „Es ist sinnlos, die Feinde unseres Christenglaubens in der Fremde zu bekämpfen, wenn diese Juden, die schlimmer als die Muslime sind, in unseren Städten ungestraft unseren Herren Jesus Christus beleidigen dürfen". So von einem einflußreichen Geistlichen gebrandmarkt befanden sich die Juden trotz des Schutzes, den ihnen viele Bischöfe gewährten, in höchster Gefahr. Im Reich, speziell in den Städten an der Mosel und am Rhein, begann die todbringende Verfolgung der Juden, als üble Horden ähnlich wie in Frankreich nun auch in Deutschland den Kreuzfahrern vorauszogen und dabei – auch bedingt durch eine damals vorherrschende Teuerung und Hungersnot in weiten Teilen des Reiches – immer wieder von Stadtbewohnern Zulauf erhielten. Die Juden, so riefen die Anführer dieser Horden ihren Mitläufern zu, müßten als Feinde Christi bestraft werden. Einer der größten Demagogen war „Peter der Eremit", ein Wanderprediger aus der Picardie, der, auf einem schmutzstarrenden Esel reitend, zusammen mit einem „Ritter Walter ohne Habe" von Trier aus die Emotionen in den rheinischen Städten anstachelte. Da die staatliche Autorität in jener Zeit durch den andauernden Investiturstreit stark gelitten hatte und noch immer litt (Heinrich IV. befand sich in Italien), hing für die bedrohten Juden alles von dem Verhalten der örtlichen Autoritäten ab. In Speyer bemühten sich die bischöflichen Stadtherren sogleich zusammen mit bürgerlichen Repräsentanten um den Schutz der Juden in der Stadt, so daß ein ähnlich furchtbares Massaker wie in Worms oder in anderen Städten des Reiches verhindert wurde.

Ein Name aus einem einheimischen Geschlecht ist in den Chroniken der Judenverfolgung des Jahres 1096 an herausragender Stelle verzeichnet: der des Kreuzfahrers Emich oder Emicho von Leiningen. Der Graf aus dem Nahegau war hoch verschuldet. In der Pfalz und in Rheinhessen tat er sich bei den Judenhetzen besonders hervor. Seine Scharen waren es, die am 3. Mai 1096 die Juden in Speyer überfielen und elf von ihnen erschlugen, was auch Bischof Johannes nicht mehr verhindern konnte. Zwei Wochen nach ihrer Speyerer Untat wüteten die Horden des Grafen Emich in Worms. Der dortige Bischof Ruthard, ein Gegner Heinrichs IV., zögerte mit dem Schutz für die Juden, so daß nur 20 von ihnen gerettet wurden. In Mainz, wo Emich ebenfalls einfiel, zählte man 1100 getötete Juden.

Als die Eilboten, die beim Beginn der Judenverfolgung zu Heinrich IV. nach Italien geschickt worden waren, mit dem Befehl des Kaisers zurückkehrten, daß alle örtlichen Autoritäten zum Schutz der Juden verpflichtet seien und den Gewalttätern zu wehren hätten, da war es an vielen Orten längst schon zu spät. Man konnte nur noch nach den Schuldigen oder Mitschuldigen fahnden. Dabei erstreckten sich die Untersuchungen auch auf Amtspersonen wie etwa den Bischof von Mainz.

Für den rechtlichen Status der Juden hatten die Verfolgungen, die am Beginn des ersten Kreuzzuges überall in West- und Mitteleuropa zu beklagen waren, erhebliche, bis in die napoleonische Zeit am Beginn des 19. Jahrhunderts andauernde Konsequenzen. Um weitere Gefährdungen der Juden zu verhindern, stellte Kaiser Heinrich IV. im Jahre 1103 alle Juden im Reich unter seinen persönlichen Schutz. Diese positive Mitteilung enthielt auch eine negative Folgerung: fortan durften die Juden keine Waffen mehr tragen, sie durften und konnten sich also gegen Gewalttäter nicht mehr selbst verteidigen und waren damit den Frauen und den Mönchen gleichgestellt. Als Entgelt für den Schutz durch kaiserliche Truppen, den der Kaiser versprach, mußten die Juden ein Schutzgeld entrichten. Später ist diese Verpflichtung zum Schutz der Juden von den Herrschern oftmals an die örtlichen Gewalten, an Fürsten, Bischöfe und Reichsstädte abgetreten worden. Die Juden waren dann „Schutzjuden" der jeweiligen Territorialherren und mußten diesen Herren ein Schutzgeld bezahlen. Wie man aus späteren Judenverfolgungen, etwa aus der Zeit der großen Pest in der Mitte des 14. Jahrhunderts weiß, konnten sich die Juden auf den versprochenen Schutz des Kaisers oder der Territorialherren in Ausnahmesituationen kaum verlassen. Am Beginn des zweiten Kreuzzuges, als wieder eine Judenhetze sich rasch ausbreitete, scheint der von Heinrich IV. zugesagte Schutz allerdings in vielen Orten doch mehr als ein leeres Versprechen gewesen zu sein. So umfangreiche Ausschreitungen wie beim ersten Kreuzzug wurden diesmal – auch in Speyer – verhindert. Gesagt werden muß freilich, daß sich die Regelung, die Heinrich IV. im Jahre 1103 für die Juden erließ, im Verlaufe der Geschichte doch als eine Diskriminirung der Juden erwies, weil sie mit der Pflicht zur Waffenlosigkeit eine andauernde Ausnahmestellung begründete.

Der Graf und seine Pfalz

Die Geschichte des pfälzischen und späteren kurpfälzischen Territoriums beginnt in der Regierungszeit Friedrich Barbarossas, genauer gesagt im Jahre 1156. Der Staufer berief damals seinen jungen, gerade 16 Jahre alten Halbbruder Konrad in das Amt des „Pfalzgrafen bei Rhein". Mit Konrad, so wissen die Chronisten zu berichten, sei eine ganz neue *erste* Pfalzgrafschaft im Reich entstanden. Das Neue betraf vor allem die Region und den Sitz, denn dieser Sitz des Pfalzgrafen Konrad von Staufen war Heidelberg. Mit Neustadt und dessen Umgebung hatte das Herrschaftsgebiet des Staufers noch einen zweiten Schwerpunkt auf der linken Rheinseite. Zum Territorium Konrads gehörten neben den salischen Hausgütern in den alten fränkischen Gauen in der oberrheinischen Region auch die Güter, die Konrad schon zuvor von seiner Mutter Agnes, einer Gräfin von Saarbrücken, geerbt hatte. Der Besitz in Alzey und in Bacharach am Mittelrhein rundete zusammen mit den Vogteirechten über die Reichsabtei Lorsch und das Bistum Worms die neue Herrschaft ab. Als Barbarossa seinen Halbbruder Konrad das Pfalzgrafenamt „bei Rhein" übertrug, sei dieser, so merkte der Pfalz-Historiker Ludwig Häusser an, der „Führer des fränkischen Stammes und der Erbe der alten Herzogsrechte im rheinfränkischen Gebiet geworden". Richtig ist an dieser Feststellung, daß Barbarossa im Jahre 1156 einen entscheidenden Schritt zur Neugliederung und zur Veränderung der Herrschaft im Reich unternahm. Seine Politik zielte darauf ab, die Stammesherzogtümer in ihren Möglichkeiten zu beschränken. So veränderte Barbarossa das bayerische Herzogtum durch die Abtrennung eines Herzogtums Österreich und eines Herzogtums Steiermark. Auch Würzburg, die Bischofsstadt mit ihrem Umland, erhielt in jener Zeit den Rang eines Herzogtums. Anstelle der alten Stammesgliederungen und Stammesverbände entwickelten sich ganz andere Gebilde, nämlich Gebietsherrschaften, an deren Spitze zwar auch „Herzöge" standen, aber nicht mehr als die Sprecher und Führer eines ganzen Stammesverbandes. Der Pfalzgraf bei Rhein, der nun in Heidelberg residierte, war insofern den – neuen – Herzögen und Gebietsherren gleichgestellt, es fehlte ihm nur der offizielle Titel eines Herzogs. Die Bedeutung dieser Pfalzgrafschaft bei Rhein im Kernland der alten salisch-staufischen Herrschaft unterstrich Barbarossa dadurch, daß er seinen Halbbruder mit diesem Amt betraute.

Die Politik Barbarossas, die auf ein Brechen der regionalen Übermacht zugunsten der zentralen Reichsgewalt abzielte, sollte unter seinen Nachfolgern zu einer Staatenvielfalt in Deutschland erheblich beitragen. In ihrer Herrschaftsorganisation folgten die Deutschen nun einem ganz anderen Weg als ihre französischen Nachbarn. Die Geschichte der damaligen Pfalzgrafschaft ist so exemplarisch für die Geschichte der Region und der deutschen Staatlichkeit insgesamt, daß sich ein Blick auf die Ursprünge und Anfänge lohnt.

Im übrigen zeigt uns diese Geschichte noch etwas anderes, nämlich die Bedeutungsveränderungen, die den Begriff „Pfalz" schließlich zum Namen eines eigenständigen Landes werden ließen.

Einen Pfalzgrafen gab es schon in der Epoche der merowingischen und der karolingischen Könige. Ursprünglich war der Pfalzgraf ein Hofbeamter, der am Sitz des Königs, in der Königspfalz – einer Burg also – dem Herrscher diente. Der Pfalzgraf hatte bei Karl dem Großen, der sich hauptsächlich in der Pfalz von Aachen aufhielt oder doch diesen Ort als den Mittelpunkt und Hauptort des karolingischen Reiches betrachtete, die Funktion eines Hofrichters. Er wurde in diesem hohen, im Namen und in der Vertretung des Königs ausgeübten Richteramt von Schöffen unterstützt. Falls in den Verfahren, in denen sich Betroffene um das entscheidende Wort und Urteil des Königs bemühten, der König nicht selbst entschied oder entscheiden konnte, sprach der Pfalzgraf das Urteil im Namen des Königs. Er war damit der oberste Hofrichter und Stellvertreter des Herrschers. Wichtige Streitfälle durften nur vom Pfalzgrafen entschieden werden, nicht von den örtlichen Autoritäten. Aber das Richteramt allein war es nicht, das den Pfalzgrafen gegenüber den anderen Hofleuten heraushob; er übte daneben auch eine Art ministerielle Funktion aus, er unterstützte den König in der Verwaltung.

Nach dem Ende der fränkisch-karolingischen Epoche wurden in der Zeit der Sachsenkönige und Sachsenkaiser im 10. Jahrhundert aus dem *einen* Pfalzgrafen mehrere Pfalzgrafen. Sie amtierten nun in den Herzogtümern, in den einzelnen Regionen oder Provinzen als Stellvertreter des Königs. Ihnen oblag die Entscheidung in all den Streitfällen, die nicht zur Zuständigkeit der Gaugrafen oder Markgrafen gehörten, sondern der königlichen Gerichtsbarkeit vorbehalten waren. Insofern waren die Pfalzgrafen – modern gesprochen – eine Bundes- oder Reichsinstanz, die Gaugrafen oder Markgrafen dagegen die Regionalinstanz. Der Herzog, der nun in den großen Stammesgebieten amtierte, besaß zwar eine ziemlich umfassende Macht in den „Ländern", aber er hatte einen königlichen Pfalzgrafen neben sich als einen „ersten Beamten", der ihn beriet und auch beobachtete. Über Beschwerden, die den Herzog und dessen Amtsführung betrafen, informierte der Pfalzgraf den König.

Die Macht der Pfalzgrafen war in den Herzogtümern besonders groß, in denen sich viel Königsgut befand, denn der Pfalzgraf verwaltete und beaufsichtigte diese königlichen Güter – man denke nur an die großen Reichswälder und an anderen ausgedehnten Grundbesitz, der aus der fränkischen Epoche als Königsgut weiterexistierte. Das mittelalterliche Reich, das manche der alten Historiker ein wenig herablassend als eine bloße Ansammlung miteinander rivalisierender Herzogtümer betrachtet haben, besaß in den Pfalzgrafen eine erste Form der Zentralverwaltung und der Zentralinstanz, die eine Gegenmacht zu den oft recht eigenständig handelnden Herzögen bildete oder bilden konnte. In den Herzogtümern Sachsen, Bayern und Schwaben, sowie in Lothringen amtieren im 10. Jahrhundert derartige Pfalzgrafen. Später findet man sie auch in Kärnten und in Burgund. Einen Sonderfall bildete Franken, also auch die heutige Pfalz. Hier übten die Könige selbst das Herzogsamt aus und regierten mit Hilfe von Hofbeamten, auch und vor allem unterstützt von ihrem Aachener Pfalzgrafen. Für das damalige Niederlothringen – dazu gehörten große Teile der späteren preußischen Rheinprovinz – hatte zum Beispiel Kaiser Otto I. den Pfalzgrafen in Aachen mit der Wahrnehmung der königlichen Interessen beauftragt. Man findet in jener Zeit als Pfalzgrafen in Aachen einen Hermann, der möglicherweise ein Bruder Konrads des Roten gewesen ist, jenes salischen Gaugrafen und zeitweiligen Herzogs von Lothringen, dem Otto der Große seine Tochter zur Frau gegeben hatte und der im Jahre 955 in der Ungarnschlacht auf dem Augsburger Lechfeld sein Leben ließ. Der von Otto dem Großen berufene Pfalzgraf Hermann schuf sich in Aachen eine starke Position. Er sorgte für Gebietserwerb und nutze auch Verwandtschaftsbeziehungen und Heiratspolitik zum Ausbau seines Einflusses. So blieb die – rheinische – Pfalzgrafenwürde auch nach Hermanns Tod in dessen Familie. Man findet unter den Nachkommen Hermanns einen Pfalzgrafen Otto, dem der Salier Heinrich III. „für treue Dienste" das Herzogtum Schwaben übergab und Ottos Vetter Heinrich, der nun in Aachen das Pfalzgrafenamt ausübte. Die Erblichkeit des Pfalzgrafenamtes, die hiermit dokumentiert ist, unterstreicht seine Sonderstellung.

Als Gebietsherren gerieten die Aachener rheinischen Pfalzgrafen jedoch in der salischen Zeit in Bedrängnis. Sie mußten sich vor allem mit den wachsenden Ansprüchen der Kölner Erzbischöfe auseinandersetzen, die als geistliche Fürsten auf einen Ausbau und auf eine Abrundung ihrer Herrschaft im niederlothringischen Rheinland bedacht waren. Nach dem Aussterben der männlichen Erben in der Nachkommenschaft des Pfalzgrafen Hermann entschied sich der Salier Heinrich V. für einen Amtsnachfolger, dem er für sich und seine staufischen Erben, vertrauen durfte. Er holte deshalb den Grafen Gottfried von Calw als Pfalzgrafen nach Aachen. Die Hausburg des Grafen von Calw lag noch im alten fränkischen Gebiet am Ostrand des Nordschwarzwaldes, grenzte allerdings unmittelbar an das Herzogtum Schwaben an. Nach dem Tod Heinrichs V. erwies sich der Pfalzgraf Gottfried als ein treuer Anhänger und wichtiger Verbündeter der salisch-staufischen Partei.

Die Bedeutung des rheinischen Pfalzgrafenamtes veranlaßte nach dem Königtum des Sachsen Lothar auch den ersten der staufischen Herrscher, Konrad III., für das Aachener Amt einen nahen Verwandten als Mann seines Vertrauens auszuwählen. Er berief seinen Halbbruder aus dem Geschlecht der Babenberger, Heinrich II. Jasimirgott, zum Pfalzgrafen. Diesem Babenberger folgte dann wiederum ein naher Verwandter der Staufer: Hermann von Stahleck, bis dann in der Zeit Barbarossas die alte rheinische Pfalzgrafschaft in Aachen endete und im Jahre 1156 mit der Berufung Konrads von Staufen zum „Pfalzgrafen bei Rhein" mit Sitz in Heidelberg ein neuer Abschnitt in der Geschichte der ersten Pfalzgrafschaft des Reiches begann.

Aus Aachen brachten die „Pfalzgrafen bei Rhein" ihre herausragende Stellung mit. Denn nur der Pfalzgraf besaß eine richterliche Gewalt, die er auch gegenüber dem Kaiser geltend machen durfte, wenn mit der Behauptung geklagt wurde, der Kaiser habe sich gegen die Grundgesetze des Reiches vergangen. Andererseits konnte auch der Kaiser in einer Sache, in der er Partei war, die Fürsten vor den Richterstuhl des Pfalzgrafen laden. Herausgehoben war die Stellung dieses Pfalzgrafen auch in Zeiten, in denen sich der Thron durch Tod erledigt hatte. In solchen Fällen amtierten der Pfalzgraf und der Herzog von Sachsen als Stellvertreter. Für Lehenssachen lag die Vertretung der Königsgewalt allein beim Pfalzgrafen. Ihm mußte als Amtsverweser des noch nicht gewählten Königs der Lehenseid geleistet werden. Hier drückt sich recht deutlich die Grundidee aus, die mit dem Amt des Pfalzgrafen von Anfang an verbunden war, daß nämlich durch ihn die königliche Würde vertreten werde. So war es denn auch nur konsequent, daß der Nachfolger – und nicht gewollte Schwiegersohn – des Pfalzgrafen Konrad von Staufen, der Welfe Heinrich von Braunschweig, am Ende des 12. Jahrhunderts mehrfach als Reichsverweser amtierte. Auch in der Zeit des Barbarossa-Enkels Friedrich II. ernannte dieser Staufer für die Zeit seiner Abwesenheit den Pfalzgrafen zum Reichsverweser in Oberdeutschland. Tatsächlich hat König Rudolf von Habsburg einmal mit Hinweis auf die herausragende geschichtliche Rolle der Franken im Reich von einem alten Recht der rheinischen Pfalzgrafen bei der Vertretung des Königs gesprochen. Die hohe politische und protokollarische Bedeutung des „Pfalzgrafen bei Rhein" hat sich im Verlaufe der Zeit auch in der Benennung seines Herrschaftsgebietes gezeigt: die Entwicklung vom königlichen Hofamt des Pfalzgrafen zu einer Gebietsherrschaft im alten Stammland der Ostfranken verschaffte dem Wort „Pfalz" einen neuen Inhalt: neben der Pfalz als Königssitz, abgeleitet aus dem lateinischen „Palatium", verstand man nun die Pfalz – auch die „Kurpfalz" – als das Herrschaftsgebiet des Pfalzgrafen, dem ersten an der Tafel der Fürsten im Reich.

Die ersten Wittelsbacher

Man kann darüber streiten, ob es in der Geschichte einen Zufall gibt, der in entscheidenden Phasen mitbestimmt. Es fehlt jedenfalls nicht an Ereignissen, die uns nachträglich zu der – stets unergiebigen – Frage verleiten: „Was wäre gewesen, wenn...". Bei Konrad von Staufen, dem Begründer der Pfalzgrafschaft in unserer Heimat, drängt sich das Nachdenken über die Mitwirkung des Zufalls in der pfälzischen Geschichte sicherlich auf. Aus der Biographie dieses Staufers erfahren wir, daß die Heiratspolitik in den Fürstengeschlechtern des Mittelalters doch nicht so ausschließlich vom Machtkalkül der Regierenden bestimmt worden ist, wie es im Blick auf die wichtigen Dynastien jener Zeit den Anschein hat. Jedenfalls verzeichnet man in Konrads Familie eine folgenschwere Ausnahme, als seine Tochter Agnes bei der Wahl eines Gatten den eigenen Wünschen folgte und gegen den Willen ihres Vaters und ihres Vetters, des Kaisers Heinrich VI., einen Mann – heimlich – ehelichte, den die Staufer nicht als angeheirateten Verwandten in der Familie haben wollten: Heinrich von Braunschweig, den Sohn Heinrichs des Löwen. Diese Heirat der Agnes von Staufen erhielt eine große Bedeutung, weil ihr einziger Bruder Friedrich schon als Jüngling verstarb.

Wer Agnes zur Frau bekam, würde – als deutscher Fürst – die Pfalzgrafschaft erben. Ein Welfe, gar der Sohn jenes Heinrichs, genannt des Löwen, mit dem die staufische Partei so lange und so heftig im Streit gelegen hatte (getreu dem Schlachtruf „Hie Welf – hie Waiblingen"), war weder vom Kaiser Heinrich VI. noch von Konrad von Staufen als künftiger Herr in Heidelberg und Neustadt vorgesehen. Der Kaiser plante zur Absicherung seiner Italienpolitik eine Heirat seiner Cousine Agnes mit dem französischen König Philipp II. und Konrad von Staufen förderte den Plan des Kaisers, ohne, wie damals üblich, nach dem Willen der Tochter zu fragen. Doch Agnes, in ihren eigenen Wünschen und Neigungen von der Mutter unterstützt, durchkreuzte die Absichten des Kaisers und des Vaters und vermählte sich heimlich mit dem Erben der welfischen Länder. So wurde dann beim Tod Konrads von Staufen der Welfe Heinrich von Braunschweig im Jahre 1195 Pfalzgraf bei Rhein.

Schon bald nach der Eheschließung zwischen Agnes und Heinrich von Braunschweig hatte sich Kaiser Heinrich VI. mit der vollendeten Tatsache abgefunden und sogleich auch politische Konsequenzen aus der neuen veränderten Situation im Verhältnis der staufischen Partei zu den Welfen gezogen. Es kam zu einer Verständigung zwischen Heinrich VI. und Heinrich dem Löwen, so daß beim Tod des Pfalzgrafen Konrad von Staufen keine Streitpunkte mehr bestanden, die eine Übertragung der Pfalzgrafschaft an den Sohn Heinrichs des Löwen ausgeschlossen hätten. Diese unerwartete Wendung in den Beziehungen der beiden mächtigsten deutschen Fürstengeschlechter fordert zu der Frage heraus, wie denn wohl die deutsche und die französische Geschichte, vor allem aber die Geschichte der Pfalz verlaufen wäre, wenn diese Agnes von Staufen sich nicht gegen den Willen des Kaisers und gegen die Absichten ihres Vaters Konrad von Staufen aufgelehnt und den Mann ihrer eigenen Wahl geheiratet hätte. Niemand weiß es, sicher ist nur, daß ein junges Mädchen damals auf unerwartete und ungewöhnliche Weise in die Geschichte der Pfalz eingegriffen hat, obwohl die Pfalzgrafschaft nur für kurze Zeit in welfischer Hand blieb, weil der männliche Erbe, den Agnes ihrem Gatten schenkte, früh starb und selbst keine Erben hinterließ. Nun, im Jahre 1214 lag die Entscheidung über eine Nachfolge in der Pfalzgrafschaft wiederum in der Hand des Kaisers. Die Krone des Reiches trug damals Friedrich II., der Sohn Heinrichs VI. und Enkel Barbarossas. Er übertrug die rheinische Pfalzgrafschaft einem Wittelsbacher, dem Herzog Ludwig I. von Bayern, als dem Angehörigen eines Geschlechtes, das sich in schwierigen Zeiten zur staufischen Partei bekannt hatte. Die Tapferkeit Ottos von Wittelsbach (er war der Vater des nun als Pfalzgraf bei Rhein amtierenden Herzogs Ludwig) hatte unter anderem im Jahre 1155 entscheidend dazu beigetragen, daß Barbarossa in einem schweren Gefecht gegen oberitalienische Städte in der Veroneser Etschklause sein Leben retten konnte. Auf einen Wittelsbacher, so wußte man seitdem, konnten sich die Staufer verlassen.

Doch diese Beziehung zwischen Wittelsbachern und Staufern war es nicht allein und vielleicht nicht einmal in erster Linie, die im Jahre 1214 den Ausschlag für die Besetzung der Pfalzgrafschaft mit einem Wittelsbacher gab. Die Entscheidung Kaiser Friedrichs II., mit der in der Pfalz eine Regentschaft von Fürsten aus dem Hause Wittelsbach begann, die bis zum Jahre 1918, also mehr als 700 Jahre andauern sollte, diese Entscheidung für Herzog Ludwig I. von Bayern gründete sich auch auf Überlegungen der Familien- und Heiratspolitik, mit der man die alten salischen Hausgüter zusammenhalten und absichern wollte. Schon im Jahre 1212 hatte es zwischen den Wittelsbachern und der Familie des Welfen Heinrich von Braunschweig eine Kinderverlobung gegeben. Die Tochter des Welfen, Agnes mit Namen wie ihre Mutter, wurde als künftige Gemahlin dem damals sechs Jahre alten Otto II., dem Sohn und Erben Ludwigs I. von Bayern, versprochen. Als der Bruder der jungen Agnes starb, erbte die Verlobte des Otto II. von Wittelsbach unter anderem den Besitz, den ihre Mutter mit in die Ehe gebracht hatte. Nachdem Otto II. von Wittelsbach 18 Jahre alt geworden war, fand die schon zwölf Jahre zuvor vereinbarte Heirat statt. Die Wittelsbacher, die sich im Jahre 1180 von Heinrich dem Löwen die bayerische Herzogswürde erstritten hatten, festigten damit definitiv auch ihre Position im alten fränkischen Kernland am Oberrhein. Sie waren in der späteren Kurpfalz die eigentlichen Nachfolger der Salier und der Staufer und gingen nun daran, das Territorium, das ihnen mit der Pfalzgrafschaft bei Rhein und mit der Heiratsverbindung zugefallen war, Zug um Zug abzurunden und zu vergrößern. (Wie aktuell und fortwirkend die alte welfisch-wittelsbachische Auseinandersetzung und die ihr nachfolgende – pfälzische – Heiratspolitik des 12. und 13. Jahrhunderts immer noch ist, zeigt übrigens der Eifer, mit dem die Regierung des Freistaates Bayern darauf bestanden hat, das auf mysteriöse Weise verschwundene und dann für sehr teures Geld zurückerworbene Evangeliar Heinrichs des Löwen nicht nur als niedersächsisches, sondern auch als bayerisches Erbe in Anspruch zu nehmen und einem staunenden Publikum in München zu präsentieren). Die Heiratspolitik und die kaiserliche Entscheidung in der Frage der Pfalzgrafschaft schufen im übrigen die Grundlage dafür, daß aus dem Hause Wittelsbach eine der großen europäischen Herzogs- und Königsdynastien werden konnte.

Landesherren durch Friedrich II.

Die Übernahme der Pfalzgrafschaft durch einen Wittelsbacher fällt zeitlich fast zusammen mit der entscheidenden rechtlichen Veränderung im Status der Gebietsherrschaft, die sich im Reich bereits abzeichnete, als Barbarossa die Macht der großen Herzogtümer brechen und im alten salisch-staufischen Kernland – mit der Pfalzgrafschaft seines Bruders Konrad – einen neuen Herrschaftsmittelpunkt für die Reichsgewalt bilden wollte. Was der Kaiser Friedrich II. den Gebietsherren an neuen Rechten zugestand (und wegen seines vorrangigen Interesses für Italien und für sein normannisch-sizilianisches Erbe zugestehen mußte), entsprach freilich keineswegs den Vorstellungen, die gerade die staufischen Könige und Kaiser, die Vorfahren Friedrichs II., für eine Reichsgewalt und den Aufbau einer „Friedensordnung" im Reich entwickelt hatten. Mag dieses Wort auch modern klingen, so hat es in diesem Zusammenhang doch eine Berechtigung. Denn Friedrich Barbarossas Politik gründete sich auf zwei Begriffe, die der große Staufer am Tor der Kaiserpfalz von Kaiserswerth in Stein meißeln ließ: „Pax et justitia", Friede und Gerechtigkeit. Durch das Recht sollte der Frieden im Reich gesichert werden; die Willkür durfte nicht triumphieren. Das war Barbarossas Vorstellung von der Reichsgewalt, die er anstrebte, eine Reichsgewalt, die in der Lage war, durch die Rechtsordnung den Frieden in allen Teilen des Reiches zu sichern. Da war es denn außerordentlich wichtig, daß der Kaiser und König oder an dessen Stelle der Pfalzgraf einen Streit als letzte Instanz entscheiden und das ergangene Urteil durchsetzen konnte.

Die Idee der allgemeinen auf Gerechtigkeit sich gründenden Friedensordnung im Reich hat den großen Staufer Friedrich Barbarossa nicht lange überdauert. Er selbst trug durch eine heiratspolitische Entscheidung zu einer Entwicklung bei, an deren Ende mehr das Faustrecht als das Recht im Reich Geltung bekam, weil die Herrschaft sich zersplitterte und der zentralen Instanz immer mehr entglitt. Diese heiratspolitische Entscheidung betraf den Sohn Barbarossas, Heinrich VI. Seine, von Friedrich Barbarossa veranlaßte, Heirat mit Konstanze, der Erbin des normannisch-sizilianischen Königreichs, führte zu dem, was man eine Süderweiterung nennen könnte. Das Engagement der Kaiser Heinrich VI. und Friedrich II. verlagerte sich mehr und mehr nach Italien und – durch Sizilien – in das Zentrum des Mittelmeerraumes. Die von Barbarossa konsequent ausgebaute Herrschaft im Reich mit den Mittelpunkten Hagenau-Trifels-Kaiserslautern verlor an Stärke und Durchsetzungskraft. Die Macht der Unterzentren im Reich nahm wegen der allzu häufigen Abwesenheit der Kaiser und wegen des Nachfolgestreites nach dem frühen Tod Heinrichs VI. auf Kosten der Reichsgewalt immer mehr zu. Friedrich II., zwar ein Angehöriger der staufischen Dynastie, aber hauptsächlich in Sizilien und Italien aufgewachsen und erzogen, war viel eher ein romanischer Normannenfürst als ein deutscher Monarch. Palermo, Sizilien, Kalabrien hielt er für weit wichtiger als das Land am Oberrhein, als Hagenau, Kaiserslautern, Speyer oder den Trifels.

In Sizilien schuf dieser Staufer die „erste moderne absolutistische Königsmacht", wie der Historiker Veit Valentin einmal zu bedenken gab. Dort regierte Friedrich II. mit Hilfe einer streng gegliederten Beamtenhierarchie. Nördlich der Alpen dagegen mußte er immer mehr Zugeständnisse an die regionalen Gewalten machen. Die Macht der weltlichen und geistlichen Territorialherren wuchs. Im Großen Wormser Privileg des Jahres 1231 erhielten die Fürsten die Gerichtsbarkeit in ihrem Territorium. Sie entschieden nun über die Einsetzung der unteren Gerichte und bestimmten über den Gerichtsort. Die Gerichtsbarkeit der Städte wurde auf die Bannmeile beschränkt. Die Fürsten bekamen ein Münzrecht, das dem kaiserlichen Münzrecht vorangehen sollte. Auch das Recht zur Anlage von Märkten wurde nun zum Fürstenrecht. Die Städte, darauf einigte man sich in Worms ebenfalls, sollten ihre Lehen aus weltlicher oder geistlicher Fürstenhand zurückgeben. Im Privileg von

Worms sind die Reichsfürsten als „Landesherren" bezeichnet. „Territorien" sind nun auch die geistlichen Herrschaften.

Manches, was im Jahre 1231 in Worms über Kompetenzen und über die Abgrenzung von Herrschaftsrechten niedergelegt worden war, entsprach dem Zustand, der sich im Verlaufe der Zeit auf Grund der veränderten Machtverhältnisse ergeben hatte. Aber dennoch bleibt als Fazit, daß in Worms damals ein wichtiger Schritt zu einer Eigenstaatlichkeit der Landesherrschaften, der Territorien, getan und eine Grundlage für eine Entwicklung zur deutschen Kleinstaaterei gelegt wurde. Daß die Neuordnung im übrigen auch auf Kosten der Städte des Reiches ging, sei nur am Rande angemerkt.

Friedrich II. selbst hat die Risiken, die mit dieser Neuordnung und Erweiterung der landesherrschaftlichen Rechte und Zuständigkeiten verbunden waren, keineswegs verkannt. Er bemühte sich deshalb, die Rechtseinheit im Reich so weit wie möglich zu wahren. Auf dem Reichstag zu Worms erließ er im Jahre 1235 das älteste Reichsgesetz in deutscher Sprache, das „Große Reichsgesetz", das der Sammlung der geltenden Vorschriften diente und Ordnung sowie Versöhnung im Reich herstellen sollte. Wichtig war dabei die Regelung des Landfriedens. Die immer mehr ausufernden Fehden schränkte das Gesetz auf das Recht zur Notwehr oder auf den Fall einer ausdrücklichen Rechtsverweigerung ein, wobei es Pflicht war, eine Fehde vorher anzusagen. Für die Rechtssprechung war nun ein Reichsjustitar zu bestellen. Die Rechtseinheit wollte Friedrich II. auf solche Weise über den Partikularismus der Fürsten und über die Sonderinteressen der Stämme stellen. Das Ziel war die Rechtsgemeinschaft – trotz der nun verbrieften landesherrschaftlichen Kompetenzen.

Die Epoche, die den Staufern folgte, hat gezeigt, daß die Idee der Rechtsgemeinschaft im Reich und die Idee der allgemeinen, vom Recht garantierten Friedensordnung angesichts der auseinanderstrebenden Kräfte und Interessen kaum allgemein durchzusetzen war. Der Glanz, den der – normannische – Staufer Friedrich II. als ein Herrscher von ungewöhnlicher Bildung und staunenswerter Sprachbegabung im Abendland ausstrahlte – „verführerisch, unheimlich, gefährlich schritt er durch seine Zeit", schrieb einer seiner Biographen –, dieser Glanz kann nicht über das Maß an Finsternis – bedingt durch Rechtsunsicherheit – hinwegtäuschen, das nun im Reich der Deutschen nach dem großen Aufschwung in der Epoche der salischen und staufischen Epoche eintrat. Viele Herren, auch geistliche Fürsten, regierten fortan, jeder auf seine Weise. Es gehört im übrigen auch ein wenig zur Ironie unserer Geschichte, daß der Herrscher, der die weltliche Macht der Bischöfe in besonderer Weise bestätigt und damit für Jahrhunderte gefestigt hat, von den Repräsentanten der Kirche als der personifizierte Anti-Christ betrachtet worden ist. Das hinderte allerdings im Jahre 1250 die Hofleute in Palermo nicht, den sterbenden Kaiser in eine Franziskanerkutte zu hüllen und ihn so – im Gewande der Armut – beizusetzen.

Cäsar – der Armutsprediger aus Speyer

War dieses Leichenkleid des letzten der großen mittelalterlichen Kaiser nur eine Frivolität oder sollte es etwas Ernsthaftes bedeuten? Wo wäre eine Gemeinsamkeit zwischen Friedrich II. und dem Gründer des Ordens der „Minderen Brüder", Franz von Assisi, gewesen? Auf den ersten Blick existiert nur eine Beziehung zwischen dem sizilianischen Staufer und dem großen Prediger der Armut und Bescheidenheit: die Liebe zu den Tieren, der Wille zum Schutz aller Kreatur, vor allem die besondere Vorliebe für die Vögel. Friedrich, der Verfasser des berühmten Vogelbuches, das zu den großen Schätzen der nun vatikanischen Bibliotheca Palatina gehört, und der fromme Mann aus Assisi, der zum Erstaunen seiner Landsleute die Sprache der Vögel zu verstehen schien – das könnte uns erklären, weshalb die Hofleute zu Palermo die Kutte der „Minderen Brüder" oder Minoriten (des „Ordo Fratrum Minorum" wie der lateinische Namen, abgekürzt OFM, der Franziskaner lautet) als Totenkleid wählten. Eine andere mögliche Verbindung zwischen Friedrich II. und dem Heiligen Franz betrifft die Jugendzeit der beiden. Der Staufer lebte als Kind längere Zeit in der Nähe von Assisi. In jener Zeit könnten sich der Kaisersohn und der Sohn eines wohlhabenden Patriziers zum ersten Mal begegnet sein. Schließlich ist aber auch noch eine dritte Beziehung zwischen dem staufischen Hof und den Minoriten denkbar, eine Beziehung, die in die Pfalz weist, nach Speyer. Im Todesjahr Friedrichs II. mag diese Beziehung gerade bei den Dienstmannen, die aus ihrer pfälzischen Heimat an den Hof von Palermo gekommen waren, noch in recht lebendiger Erinnerung gewesen sein. Einer ihrer Landsleute, der Kleriker Cäsar, nach seinem Heimatort „Cäsar von Speyer" genannt, hatte nämlich in den zwanziger Jahren des 13. Jahrhunderts entscheidend zur Verbreitung der franziskanischen Armutsbewegung in Deutschland beigetragen. Die Pfalz und die Stadt Speyer waren zusammen mit einigen anderen Plätzen wie Salzburg, Augsburg und Worms ein wichtiger Ausgangspunkt für das Wirksamwerden einer Ordensregel, die, entsprechend der Lehre des Mannes aus Assisi, das Evangelium zur Grundlage des Verhaltens machte. „Der erste Minister der Teutonia" wird dieser Cäsar von Speyer in einer Chronik des Minoriten Jordan von Giano genannt, der wir einige, wenn auch spärliche Kenntnisse über die Anfänge der Franziskaner in Deutschland und über den pfälzischen Vertrauten des Franz von Assisi verdanken. „Teutonia", so hieß die Ordensprovinz in den deutschsprechenden Regionen nördlich der Alpen.

Man weiß, daß Cäsar von Speyer in der Regierungszeit Friedrichs II. mit großem Erfolg für die Ausbreitung der Armutsbewegung in „Teutonia" gewirkt hat. Gestorben ist der Ordensmann elf Jahre vor Friedrich II., im Jahre 1239. Über das Jahr seiner Geburt weiß man nichts. Aus den Hinweisen des Jordan von Giano ergibt sich indes die Vermutung, daß Cäsar etwa gleich alt war wie Franz von Assisi und in den achtziger Jahren des 12. Jahrhunders in Speyer geboren worden ist.

Die erste Begegnung Cäsars mit Franz von Assisi fand in der Zeit des fünften Kreuzzuges in Syrien statt. Man weiß, daß Franz damals – im Jahre 1219 – in Ägypten vor dem Sultan gepredigt hat, zehn Jahre nachdem er seine Gefährten als „Mindere Brüder" im Dienst an der Menschheit und an der Kirche „in Armut und Buße" verpflichtet hatte, wobei er die Texte des Neuen Testamentes als erste Regel vorgab. Nachdem Papst Innozenz III. im Jahre 1210 diese von Franz von Assisi gewählten Lebensnormen mündlich gebilligt hatte, bildeten Frauen und Männer im Jahre 1212 den „Dritten Orden" und begannen mit ihrer Mission in aller Welt. Die Zeit war den Ideen des Franz von Assisi günstig. Der Sproß einer wohlhabenden Familie war im Krieg zwischen seiner Vaterstadt Assisi und der Stadt Perugia in Gefangenschaft geraten und hatte sich nach der Genesung von schwerer Krankheit zum Dienst am Evangelium und zu einem Leben in Armut entschieden. Die allgemeine Begeisterung für ein Leben nach dem Evangelium öffnete den „Minderen Brüder" bei ihrer Mission viele Türen, auch nördlich der Alpen. Armutsbewegungen als Gegensatz zu einem Leben in Luxus an den Höfen der Großen und in den aufblühenden Städten waren durchaus attraktiv in jener Zeit.

Der Mönch Jordan von Giano, der in seiner Chronik über die Mission in Deutschland berichtet, amtierte nach seiner Priesterweihe durch den Speyerer Bischof als Guardian, als Vorsteher der Speyerer Niederlassung des Ordens der „Minderen Brüder". Cäsar selbst war damals – im Jahre 1221 – bereits als Minister des Ordens in der Provinz Teutonia. Es scheint, daß Cäsar als Teilnehmer am fünften Kreuzzug im Jahre 1217 in Syrien durch die Predigt des Bruders Elias – als Provinzialminister zuständig für Syrien – zum Eintritt in den Orden veranlaßt worden war.

Dieser Cäsar sei, so wird in der Chronik gesagt, ein Subdiakon und Schüler des Magisters Konrad von Speyer gewesen. In seiner Vaterstadt Speyer hat Cäsar, der sich seine theologische Bildung wohl auch in Paris erwarb, mit einer Predigt für Aufsehen, ja fast für einen Aufruhr gesorgt, weil er bei einem Besuch in seiner Heimat zu einem Leben in Armut und Buße aufrief. Jordan von Giano schildert dieses Ereignis: „Als einige Frauen ihren Schmuck ablegten und demütig gekleidet einhergingen, wollten ihre Männer, die deswegen böse wurden, ihn – Cäsar – wie einen Häretiker auf den Scheiterhaufen bringen. Aber durch den Magister Konrad wurde er befreit und kehrte nach Paris zurück". Die Speyerer Armutspredigt ist in der Chronik nicht näher datiert. Möglicherweise hat Cäsar damals dem Orden noch nicht angehört, denn Jordan berichtet an einer späteren Stelle in seiner Chronik von Cäsars großer Kreuzfahrt über das Meer. Bei der Rückkehr aus Syrien befand sich Cäsar dann zusammen mit einigen anderen Ordensleuten in der Begleitung Franz von Assisis. Der Pfälzer war nicht nur ein großer Prediger, sondern als Schüler Konrads von Speyer „in der Heiligen Schrift bewandert". Deshalb bat ihn Franz von Assisi, er solle an der Reform des Ordens mitwirken, indem er die Regeln, die Franz selbst „mit einfachen Worten verfaßt hatte, durch Worte aus dem Evangelium ausschmücke". Das tat Cäsar. So bestand nun der ergänzte Text zu einem Drittel aus Bibelzitaten.

Das erste Kapitel, das Cäsar für seine Ordensbrüder in der Provinz „Teutonia", in Deutschland, einberief, fand in Augsburg statt. Von Augsburg schickte Cäsar die Brüder in alle Teile Deutschlands zum Bußpredigen aus. Worms und Speyer wurden schon ein Jahr später zu Treffpunkten für die rasch wachsende Zahl der Brüder, Kleriker und Laien. In Speyer fanden im Jahre 1223 auf Cäsars Veranlassung mehrere Priesterweihen statt. Doch nun, schon zwei Jahre nach seinem Amtsantritt in „Teutonia", war Cäsar amtsmüde. Er ließ sich in seinem Ministeramt von Albert von Pisa ablösen. Wo er dann in den folgenden 16 Jahren bis zu seinem Tod gewirkt hat, ist in der Chronik des Jordan von Giano nicht verzeichnet.

Über die große Bedeutung dieses Pfälzers für die Franziskaner insgesamt und speziell für die rasche Ausbreitung der Minoriten in Deutschland zur Zeit der Staufer kann es trotz dieser relativ spärlichen Hinweise in einer der überlieferten Geschichtsquellen kaum einen Zweifel geben. Dafür spricht vor allem jene Passage in der Chronik des Jordan von Giano, in der es heißt: „Bruder Cäsar, der ganz beschauliche Mann, der überragende Eiferer für Evangelium und Armut, der bei den Brüdern so geachtet war, daß sie ihn nächst dem seligen Franziskus als den Heiligsten verehrten . . .".

Wenn in unserer Zeit in großen Ausstellungen an den Glanz der staufischen Epoche und speziell an die große Zeit eines Friedrich II. erinnert wird, so bedarf dieses hier vermittelte Bild doch da und dort der Ergänzung, wie das Beispiel eines Franz von Assisi und eines Cäsars von Speyer zeigt. Nicht nur Macht und höfischer Prunk kennzeichneten jene hochmittelalterliche Zeit, auch die Verkünder eines Lebens in Armut fanden Gehör. Daß die Pfalz und die Stadt Speyer in der Zeit der letzten Staufer ein Ausgangs- und Mittelpunkt der christlich-mittelalterlichen Armutsbewegung gewesen sind, darf man nach den Hinweisen in der Chronik des Jordan von Giano mit einigem Grund annehmen.

IX.
Der Aufstieg der Habsburger

Ein längliches Gesicht, beherrscht von einer leicht geschwungenen, schön geformten Nase und einem kräftigen Kinn, in der Stirn tief eingekerbte Falten, die steinernen Augen in eine unendliche Ferne gerichtet: so prägt sich dem Besucher in der Kaisergruft des Speyerer Domes das Bildnis Rudolfs von Habsburg ein. Der Bildhauer hat auf der Grabplatte einen müde gewordenen, weisen alten Mann porträtiert und dabei auf jede Hautfalte geachtet. Noch kurz vor dem Tode des Königs sei der Künstler zu Rudolf nach Hagenau geeilt und habe dann in Speyer dem schon fertigen Werk „noch eine Runzel" hinzugefügt, erzählt ein zeitgenössischer Berichterstatter.

Kein anderer mittelalterlicher Herrscher ist jemals so naturgetreu in Stein gemeißelt worden wie der Gründer der Habsburger Dynastie hier im Speyerer Dom. Das Meisterwerk aus rotem Sandstein – aus „elsässischem Sandstein" behauptet der Chronist – ist kurz vor Rudolfs Tod im Jahre 1291 vollendet worden. Es hat manchen Krieg und auch die Zerstörung des Domes überdauert. Bewundernd steht der Betrachter davor und fragt sich: weshalb ruhen die Gebeine des ersten in der langen Reihe der habsburgischen Herrscher im Hausdom der Salier und Staufer? Warum ist dieser Rudolf hier im fränkischen Speyergau beigesetzt worden und – als einziger der Könige und Kaiser – so bildhaft gegenwärtig geblieben? Antwort auf diese Fragen findet man in einer siebenhundert Jahren alten Chronik. Es scheint, als sei dieser Rudolf von Habsburg darum besorgt gewesen, daß sein Leben und sein Wirken sorgfältig ins Buch der Geschichte eingetragen werde. Jedenfalls sind die letzten Amtshandlungen dieses deutschen Königs und der Verlauf seiner letzten Lebenstage recht genau notiert worden. Da sie besonders die Pfalz betreffen, sei hier der Bericht des königlichen Chronisten zitiert.

Als König Rudolf, so lesen wir in der Nacherzählung seines Biographen Oswald Redlich, in der ersten Hälfte des Juni 1291 von Mainz über Landau nach Straßburg kam, erfaßte ihn eine solche Schwäche, daß er gar wohl fühlte, er weile zum letztenmale in der altvertrauten Stadt. Und trauernd nahm er Abschied: „Leb wohl, du meine Stadt, lebet wohl, ihr lieben Bürger". Von Straßburg sei Rudolf nun über Hagenau nach Germersheim gezogen. Dort im Schloß, das er selbst erbaut hatte, traf er seine – zweite – Gemahlin, und Agnes, die Witwe seines Sohnes Rudolf. Beide waren von Rheinfelden bei Basel nach Germersheim geeilt, als sie hörten, daß die Kräfte des 73 Jahre alten Königs verfielen. Im Germersheimer Schloß fand sich zudem eine stattliche Zahl von Fürsten und Großen ein, der alte Pfalzgraf Ludwig zum Beispiel, genannt der Strenge, mit seinem Sohn Rudolf, die Bischöfe von Konstanz und Basel und andere. Nocheinmal tagte das königliche Hofgericht unter dem Vorsitz Rudolfs. Er „wahrte des Reiches Rechte, sorgte für des Reiches Gut und Bürgen und ordnete eine Streitfrage im pfalzgräflich-bayeri-

164

schen Haus". In Germersheim sind die letzten, im Namen des Königs Rudolf gefertigten Urkunden gesiegelt worden.

Rudolf, unter Gicht leidend, wie man am Anfang unseres Jahrhunderts bei einer Untersuchung der im Speyerer Sarkophag erhalten gebliebenen Gebeine festgestellt hat, wurde während des Aufenthaltes in Germersheim immer schwächer. Die Ärzte verschwiegen dem König nicht, daß er nur noch kurze Zeit zu leben habe. Da habe „der greise Held" gesprochen: „Wohlauf nach Speyer, wo mehr meiner Vorfahren sind, die auch Könige waren! Daß niemand mich hinzuführen braucht, will ich selbst zu ihnen reiten". Daraufhin habe er „sein Haus bestellt" und seine Ritter und das Hofgesinde entlassen. „Sie nahmen weinend Abschied". Der König aber habe sich aufgemacht und sei am 14. Juli den „kurzen Weg von Germersheim nach Speyer gezogen". Zwei Priester ihm zur Seite, seine Gemahlin und Tochter, Pfalzgraf Ludwig und andere Getreue geleiteten ihn. Das Volk strömte zur Straße herbei, um den König nocheinmal zu sehen. Der Bericht endet: „Am folgenden Tage, es war Sonntag der 15. Juli, empfing Rudolf die geistliche Zehrung auf den letzten Weg. Er blieb seiner Sinne und der Sprache mächtig bis zum Ende. Gegen Abend nahte sich der Tod und die tapfere Seele entfloh dem hinfälligen Körper".

Wir erfahren von dem Chronisten auch, daß man Rudolfs Leichnam schon am Tag darauf, am 16. Juli, in Speyer „mit großem Trauergepränge im Dom" beigesetzt hat – übrigens fürs erste in einem „einfachen Sarge aus Holz". Der König habe sich selbst die Stätte des Grabes ausgewählt, neben Philipp von Schwaben, dem letzten Staufer, der in deutscher Erde begraben worden war. „Er gedachte damit wohl kundzutun, daß er gleich Saliern und Staufern ein Herrschergeschlecht begründen wollte, dem auch im Tod und Grab der Platz neben jenen gebühre", heißt es in der Biographie Oswald Redlichs. Ob die Grabplatte, die den König zeigt, sogleich nach Rudolfs Beisetzung in der Krypta ihren Platz hatte, ist nicht ganz sicher. Man weiß nur, daß sie sich dort schon im 16. Jahrhundert befand.

Der Ton des alten Hofberichtes, den wir in solcher Erzählung vernehmen, sollte uns nicht irritieren. Dieser erste der Habsburger Könige, der seine letzten Tage so trefflich zu inszenieren wußte, gehört zu den bedeutenden Herrschergestalten der deutschen Geschichte. Man darf sich da nicht von einigen der bekannten Historiker des 19. Jahrhunderts täuschen lassen, die über Rudolf von Habsburg oft nur geringschätzig geurteilt und gemeint haben, diesem kleinen Grafen aus dem elsässisch-aargauischen Geschlecht sei die Krone des Reiches entschieden zu groß gewesen. Die Politik und das Verhalten Rudolfs muß man entsprechend den Verhältnissen, den Möglichkeiten und den Umständen der damaligen Zeit werten. Tut man dies, so stellt sich heraus, wie tiefe Spuren dieser König in unserer Geschichte hinterlassen hat, auch in der Geschichte der Pfalz. Scheint es oft, als beginne mit Rudolfs Königtum eine ganz andere Epoche, die gar nicht mit der ottonischen, der salischen und der staufischen verglichen werden könne, so stellt sich bei genauerer Prüfung heraus, daß dieser erste der Habsburger Könige mit beachtlicher

Grabplatte Rudolfs von Habsburg aus der Kaisergruft im Dom zu Speyer, ein Meister-
werk aus rotem Sandstein (Foto: Historisches Museum der Pfalz, Speyer)

Klugheit versucht hat, die von Saliern und Staufern begonnene Entwicklung des Reiches der Deutschen zu einem auf Gerechtigkeit gegründeten Staatswesen fortzuführen und der Willkür, die am Ende der Stauferepoche vorgeherrscht hatte, nach Kräften zu wehren. Und diese Kräfte Rudolfs erwiesen sich als beachtlich stark. Vor allem dort machte sich dies bemerkbar, wo es galt, das alte Reichsgut in Schwaben und Franken, nicht zuletzt im Elsaß und in der Pfalz, wieder unter die Herrschaft des Königs und damit auch des Reiches zu bringen.

Rudolfs Anspruch, im Dom zu Speyer neben den Saliern und Staufern beigesetzt zu werden, war durchaus berechtigt. Stets hatten die Habsburger Grafen im Reich zur „staufischen Partei" gehört, und wenn der Hofchronist den alten König Rudolf von „seinen Vorfahren" sprechen läßt, die im Dom zu Speyer ruhten, mag das überraschen und den Kern der Sache nicht genau treffen, ganz falsch ist es jedoch nicht, denn es existieren mannigfache familiäre Verbindungen zwischen dem Geschlecht der Habsburger und den salischstaufischen Sippen.

Betrachtet man die Herkunft des Gründers der Habsburger Dynastie im Herzogtum Schwaben, so erinnert manches an das Wirken und den Aufstieg der Salier im alten fränkischen Stammland. In der Zeit der salischen Kaiser verfügten die Habsburger, die ihren Namen von der Habsburg im heute schweizerischen Aargau ableiten, über beträchtlichen Besitz im südlichen Elsaß und im Breisgau, waren also rechts und links des Oberrheins begütert; außerdem findet man Güter und Rechte des Habsburger Geschlechtes in der heutigen Nord- und Zentralschweiz.

Der Salier Heinrich V. machte einen Otto von Habsburg zum Landgrafen, der Bischof von Straßburg übergab diesem Habsburger wichtige Vogteirechte im Elsaß. Ausgedehnter eigener Besitz und die Übertragung von öffentlicher Gewalt verhalfen den Habsburgern im südlichen Teil des Herzogtums Schwaben zu Macht und Einfluß. Im Jahre 1135 wurde Werner III. von Habsburg Landgraf im oberen Elsaß. Die Vogtei für das Kloster Murbach, einem mächtigen alten Stift, vergleichbar mit Weißenburg, stärkte die Position des Landgrafen Werner III. von Habsburg auch im Zürichgau und in der Innerschweiz, denn Murbach besaß in Luzern ein Tochterkloster mit 16 großen Höfen im Zürichgau und im Aargau. Daß dieser Landgraf Werner zum engeren Kreis der Mächtigen im Reiche gehörte, bestätigen uns die Chronisten von Speyer und Worms, denn Werner von Habsburg befand sich im Jahre 1150 bei Konrad III., dem ersten in der Reihe der Stauferkönige am Hofe in Speyer, drei Jahre später war Werner von Habsburg in Worms im Kreise Friedrich Barbarossas.

Über die Frauen der Habsburger Grafen weiß man wenig. Bezeugt ist allerdings Werners Heirat in eine Sippe des Speyergaues: seine Gemahlin Judith war eine Gräfin von Osterberg-Hirrlingen. Erwähnt wird in den Chroniken auch, daß ein Rudolf von Habsburg im 12. Jahrhundert eine „Agnes aus dem Hause der Edelherren von Staufen, seßhaft zwischen Worms und Speyer", geehelicht habe. Die Schwester dieses Rudolf von Habsburg vermählte sich mit einem der Leininger Grafen. Auch andere Heiraten zwischen den pfälzischen Leiningern und dem Habsburger Geschlecht werden erwähnt. Sicher ist, daß Friedrich III. von Leiningen eine Udelhild von Kyburg geheiratet hat und daß der König Rudolf von Habsburg über seine Mutter – die Erbin der Kyburg – ein Vetter dieser Gräfin von Leiningen gewesen ist. (Diese Verwandtschaft mit den Leiningern und der Linie Leiningen-Landeck bekam für Rudolfs Entscheidung über Landau eine besondere Bedeutung, die noch in anderem Zusammenhang erläutert werden wird). Soviel ist jedenfalls sicher: Verwandtschaftsbeziehungen der Habsburger mit den führenden pfälzischen Geschlechtern existierten schon in der Salier- und in der frühen Stauferzeit. So kann es denn auch kaum überraschen, daß Rudolf von Habsburg, der am 1. Mai 1218 als Sohn des Grafen Albrecht auf der Limburg im Breisgau geboren worden war, den Staufer Friedrich II. zu seinen Taufpaten zählen durfte.

Gewiß: die Betonung von Verwandtschaftsbeziehungen zu den Saliern und Staufern durch Rudolf – und durch den Hofchronisten – war durchaus auch politisch-zweckgerichtet. Der Habsburger wollte damit seine Legitimität betonen und zugleich den Anspruch seines Geschlechtes, speziell seines Sohnes Albrecht, auf die Krone des Reiches untermauern. Frei erfunden waren diese Verwandtschaftsbeziehungen jedoch nicht. So wird zum Beispiel Rudolf von Habsburg, der im Alter von 22 Jahren seinem Vater als Landgraf nachgefolgt war, in einer königlichen Urkunde des Jahres 1253 als „zur Familie der Staufer gehörig" bezeichnet. Rudolf diente Konrad IV. ebenso wie er dem letzten der Staufer, dem Kaiser-Enkel Konradin, auf dem Italienzug gefolgt ist, bis er in Verona die Aussichtslosigkeit dieses Versuches einer Wiedergewinnung der italienisch-sizilianischen Herrschaft einsehen mußte und in die Heimat zurückkehrte. Unbeirrt sei Rudolf von Habsburg, so sagen die Chronisten jener Zeit, nach dem Tode des von der Kirche gebannten Friedrich II. an der Seite Konrads IV. geblieben. Vor Konrads Abreise nach Italien, wo der Sohn Friedrichs II. den Kampf um sein sizilianisches Erbe aufnehmen wollte, beriet sich der Staufer mit Rudolf von Habsburg in Speyer, einem der Hauptorte des Reiches.

Familienpolitik, Heiratspolitik und Reichspolitik verstand Rudolf von Habsburg wie kaum ein anderer Herrscher miteinander zu verbinden und aufeinander abzustimmen. Vielleicht hat die Behauptung, daß „das glückliche Österreich heirate" (statt Kriege zu führen), ihren Ursprung schon beim Begründer des Hauses Habsburg-Österreich, bei Rudolf. Bezeichnend für das Geschick dieses Fürsten waren jedenfalls schon die Umstände, die seine Wahl zum König begünstigten. Eine seiner sechs Töchter, Mathilde, verheiratete er mit dem ersten im Kreis der späteren Kurfürsten, dem Pfalzgrafen Ludwig, den man als „Ludwig den Strengen" kennt. Auch mit den Geschlechtern der anderen Kurfürsten versippte sich Rudolf durch die Verheiratung seiner Töchter.

Ludwig, elf Jahre jünger als Rudolf, hatte neben der Pfalzgrafschaft zusammen mit seinem Bruder Heinrich auch das Herzogtum Bayern geerbt. Nach einer anfänglich gemeinsamen Regierung teilten die Brüder im Jahre 1255 (entgegen dem Reichsrecht) das Herzogtum: Ludwig behielt die Pfalz und Oberbayern. Als Onkel des unglücklichen Konradin, der im Jahre 1263 den Pfalzgrafen zu seinem Erben eingesetzt hatte, übernahm Ludwig nach dem Tode des letzten Staufers das große staufische Erbe. Dieser Akt bedurfte jedoch einer königlichen Bestätigung. Als sich die Möglichkeit bot, betrieb der wittelsbachische Pfalzgraf und Bayernherzog Ludwig die Wahl Rudolfs von Habsburg ganz entschieden, denn sein Schwiegervater Rudolf war bereit, dem in Heidelberg und nun auch in München residierenden Ludwig den Besitz des staufischen Erbes zu bestätigen. Das Übereinkommen zwischen dem pfälzisch-bayerischen Ludwig und dem oberelsässischen Landgrafen Rudolf erwies sich so als eine Verbindung zum gegenseitigen Nutzen – der Pfalzgraf gehörte fortan zu den wichtigsten Bundesgenossen Rudolfs von Habsburg, vor allem als dieser die Macht des Königs Ottokar II. von Böhmen brach und dem Hause Habsburg das österreich-steirisch-krainische Gebiet sicherte. Rudolf konnte aber auch auf seinen Schwiegersohn Ludwig von der Pfalz zählen, wenn er im Verlaufe seiner fast drei Jahrzehnte dauernden Herrschaft den Versuch unternahm, dem Königtum wieder das alte Reichsgut zu sichern. (Anzumerken ist hier, daß der Böhme Ottokar gegen Rudolf bei der Königswahl unterlegen war, obwohl er eine direkte staufische Abstammung besaß – er war ein Enkel des im Speyerer Dom beigesetzten Philipps von Schwaben und ein Urenkel Barbarossas).

Die damals wittelsbachisch-habsburgische Heiratsverbindung, die Rudolfs Position als König so deutlich gestärkt hat, war allerdings mit einem Makel behaftet, den manche der Zeitgenossen sicherlich mit Unbehagen registrierten. Ludwigs Heirat mit der Habsburgerin war nämlich bereits die dritte Ehe des wittelsbachischen Pfalzgrafen. Zweimal schon hatte Ludwig zuvor eine Ehefrau überlebt, beim ersten Mal unter Umständen, die uns an Shakespeares rasenden Othello oder an den englischen König Heinrich VIII. erinnern. Bei seiner ersten Ehe mit Maria von Brabant machte sich der Pfalzgraf nämlich selbst zum Witwer: er ließ seine Gemahlin hinrichten. Sie sei eine Ehebrecherin, glaubte Ludwig. Der Verdacht erwies sich als falsch. Aber da war es schon zu spät. Rasend vor Zorn hatte Ludwig die Hinrichtung veranlaßt, ehe die Umstände des – falschen – Verdachtes aufgeklärt waren. Der Wittelsbacher hat seine Untat fortan bereut. Durch die Gründung des Klosters Fürstenfeld hoffte Ludwig, der Strafe Gottes zu entgehen. Auch sei Ludwig, so berichten die Zeitgenossen, nach seiner schlimmen Zornestat wie verwandelt gewesen und sehr sittenstreng geworden. So habe man ihm denn auch den ungewöhnlichen Beinamen „der Strenge" gegeben.

Wie Rudolf von Habsburg über den schweren Makel im Leben seines Schwiegersohnes Ludwig dachte, das wissen wir nicht. Sicher ist nur, daß der pfälzisch-bayerische Wittelsbacher in dem Machtkalkül des Habsburgers einen festen Platz hatte. Solche Nüchternheit, die man zu jener Zeit nicht als unmoralisch empfand, ermöglichte denn auch den Heiratsvertrag zwischen dem Habsburger und dem Wittelsbacher.

Rudolf empfing die Königskrone und die Insignien seiner Herrschaft von den mächtigsten und wichtigsten Fürsten des Reiches, den Kurfürsten, die freilich erst im nachfolgenden Jahrhundert mit der „Goldenen Bulle" Kaiser Karls IV. offiziell eine rechtlich klar definierte Funktion übernahmen und nun die entsprechenden Titel führten. Der erste der vier weltlichen Kurfürsten, der Pfalzgraf Ludwig, vollzog am 1. Oktober 1273 in Frankfurt am Main Rudolfs Wahl, nachdem er sich zusammen mit seinen Kollegen – nur der Böhme Ottokar fehlte bei der endgültigen Entscheidung für den Habsburger – Rudolfs Zusagen für seine Amtsführung angehört hatte. Kein Reichsgut, so versicherte Rudolf von Habsburg, werde er ohne Zustimmung der Kurfürsten veräußern. Diese wiederum erhielten von Rudolf eine Garantie ihres Besitzes. Damit war klar, daß der neugewählte und in Aachen zusammen mit seiner Gemahlin Gertrud von Hohenberg gekrönte König nur die seit dem Jahre 1245 der Königsgewalt entfremdeten Reichsgüter rückfordern könne, die nicht in den Besitz der Kurfürsten übergegangen waren.

Die von Rudolf gegebene Garantie des Besitzstandes galt allerdings nicht für das von Ottokar von Böhmen im Herzogtum Österreich, in der Steiermark, in Kärten und in Krain beanspruchte Reichsgut, denn Ottokar hatte sich als Gegner der Rudolfschen Wahl dem Handel zwischen König und Kurfürsten entzogen. Da Rudolfs Versuch, das alte Herzogtum Schwaben wieder herzustellen und mit einem Herzog seiner Wahl zu besetzen, an den inzwischen zu stark gewordenen regionalen und lokalen Gewalten scheiterte – an den schwäbischen Städten und vor allem an den aufstrebenden Grafen von Württemberg –, strebte Rudolf dort nach einer erweiterten Machtbasis, wo er mit keinem der ihm wohlgesonnenen und mit ihm versippten weltlichen Kurfürsten in einen Interessenkonflikt geraten konnte: im Südosten des Reiches.

Der Kampf mit Ottokar von Böhmen dauerte mehrere Jahre. Er war endgültig zugunsten Rudolfs und des Hauses Habsburg entschieden, als der böhmische König Ottokar in der Schlacht auf dem Marchfeld unterlag und auf der Flucht sein Leben verlor. Nach dem (von Franz Grillparzer am Vorabend des Unterganges der Donaumonarchie dramatisierten) „Ende König Ottokars" im Jahre 1278 setzte Rudolf im Jahre 1281 seinen Sohn Albrecht als Statthalter in Wien ein. Für einen dauerhaften Frieden zwischen Böhmen und dem Hause Habsburg sollte die schon in früheren Jahren von Rudolf konzipierte Heiratspolitik sorgen. Das böhmische Herrscherhaus hatte mit Rudolf im Jahre 1276 eine Heirat zwischen Ottokars noch umündigem Erben Wenzel und Rudolfs Tochter Guta vereinbart. Außerdem war ein Sohn Rudolfs mit einer Tochter Ottokars verlobt worden.

Der so demonstrierten Stärke des Habsburgers konnten sich im Jahre 1282 die Kurfürsten nicht mehr widersetzen. Sie stimmten in den sogenannten „Willebriefen" der Neuverteilung des Reichsgutes im Südosten zugunsten des Hauses Habsburg zu. Damit verlagerte sich der Schwerpunkt der Königsherrschaft – dank der neugewonnenen Habsburgischen Hausmacht – nach Wien und Österreich. Aus dem schwäbischen Grafengeschlecht der Habsburger –

mit seinen vielfältigen familiären Beziehungen zur Pfalz als dem fränkischen Kernland – wurde auf diese Weise das Haus Habsburg-Österreich.

Königliche Städtepolitik in der Pfalz

Was den Südosten des Reiches betraf, so vertraute Rudolf nach dem Sieg über den böhmischen Rivalen auf seinen Sohn Albrecht. Ihm oblag die Festigung der neuen österreichischen Machtgrundlage des Hauses Habsburg. Rudolf selbst engagierte sich von jetzt an hauptsächlich in den alten salisch-staufischen Kerngebieten am Oberrhein. Sein wichtigstes Ziel war die Sicherung des noch aus der fränkisch-karolingischen und sogar fränkisch-merowingischen Zeit stammenden Reichslandes diesseits und jenseits des Haardtgebirges.

Mainz, Speyer und Basel galten als die bevorzugten Orte für Rudolfs Hoftage. In diesen drei Städten am oberen Rhein fand in der Regierungszeit des ersten der Habsburger Könige rund die Hälfte aller königlichen Hoftage statt. Neben Speyer bildete Hagenau als der von den Staufern geschaffene Mittelpunkt der unterelsässischen Reichsgüter einen bevorzugten Aufenthaltsort Rudolfs. Aber auch die Burgen von Kaiserslautern und Germersheim schätzte der Habsburger zum Verweilen. Noch ehe Rudolf die Auseinandersetzung mit dem böhmischen König Ottokar zu seinen Gunsten entschieden hatte, sorgte der Habsburger im Jahre 1276 dafür, daß die Reichsburgen Germersheim und Wolfstein durch neu angelegte Städte ergänzt wurden. Der Zweck dieser Stadtgründungen im Schatten der Reichsburgen war eindeutig: Rudolf wollte auf diese Weise den Reichsbesitz in der Pfalz stärken und sichern. In diese Planung zur Sicherung der Reichslande beiderseits des Haardtgebirges gehört auch die von Rudolf vorgenommene Privilegierung von anderen Orten in der Pfalz. Neben Germersheim und Wolfstein verlieh Rudolf die Stadtrechte auch an Neustadt, Kaiserslautern, Hagenbach, Godramstein, Bergzabern und Landau. Im rechtsrheinischen Bezirk des alten Frankenlandes – die Grenzen der Diözesen Worms und Speyer reichten bis ins mittlere Neckarland – schuf Rudolf ähnlich systematisch wie in der heutigen Pfalz mehrere städtische Stützpunkte. Unter anderem profitierten von dieser Politik die Städte Heilbronn und Wimpfen.

Städte- und Reichslandpolitik gehörten in der Regierungszeit des ersten Habsburgers in Südwestdeutschland eng zusammen. Daß sich Rudolf dabei vorwiegend auf die staufischen Burgen- und Städtegründungen stützte, zeigt sich gerade an den Beispielen in der Pfalz. So bestätigte Rudolf der Stadt Annweiler im Jahre 1286, daß die Bewohner dieses Ortes von Martini bis Lichtmeß in der Stadt als Bürger leben sollten. Dann aber könnten sie zum Ackerbau aus der Stadt ziehen, „wohin sie wollten" und dennoch das Bürgerrecht behalten. Die verbliebenen Rechte ließ sich der König von den Städten teils in Geld, teils in Naturalleistungen bezahlen. Für den Salmfang im Rhein mußte Germersheim jedes Jahr fünf Pfund Zins entrichten. Außerdem waren 60 Wagen Heu an die königliche Verwaltung zu liefern. Städte wie Kaiserslautern und Landau waren zur Abgabe von Getreide und von Hühnern verpflichtet, auch von Pfeffer und Salz. Die fälligen Steuern entrichtete das neu gegründete Germersheim nicht in Geld sondern in Korn.

Man sieht an diesen Beispielen, daß im Gegensatz zu Italien, das weitgehend zur Geldwirtschaft übergegangen war, in Deutschland die Naturalwirtschaft am Ende des 13. Jahrhunderts immer noch eine große Bedeutung hatte. Selbst die einst schon von den Römern verwalteten und geprägten Gebiete am Rhein befanden sich in dieser mittelalterlichen Epoche – wirtschaftlich betrachtet – auf einem relativ niedrigen Niveau der Entwicklung. Städteprivilegierung und Stadtgründung dienten zwar vordergründig einem machtpolitischen Zweck, nämlich der Sicherung des Reichsgutes und der Verbesserung der königlichen Einkünfte, aber zugleich begünstigte man mit solchen Maßnahmen auch die Modernisierung des Landes.

Der Begriff „Reichsstadt‟ ist in jener Zeit entstanden. Man bezeichnete die von Rudolf in der Pfalz privilegierten Orte meist als „Reichsstädte‟. Es muß jedoch bedacht werden, daß die Verleihung des „Speyerer Stadtrechtes‟ nicht gleichbedeutend war mit einem Aufrücken in den hohen Rang, den Speyer besaß. Immerhin: die Reichsstädte Annweiler, Kaiserslautern, Wolfstein, Germersheim und Landau hatten keinen Stadtherren. Sie selbst bestimmten über ihre militärische Mannschaft und über ihre Befestigung. Sie durften Bündnisse schließen und besaßen das Fehderecht. Die Stadt Speyer indes war als einzige pfälzische Stadt von der Pflicht zur Heerfahrt und von Steuern befreit. Mit Reichsstädten wie Nürnberg und Köln konnte sich Speyer allerdings nie messen. Es gelang dieser pfälzischen Reichsstadt nicht, sich über ihre ursprüngliche Stadtgrenze hinaus ein eigenes Territorium mit Siedlungen, Dörfern und größerem Landbesitz zu schaffen. Daß Stadtluft frei machte, blieb besonders wichtig. Wer in der Stadt eine neue Heimat fand, der beendete damit seine Leibeigenschaft; kein Wunder, daß die Territorialherren oft gegen die Flucht vom Lande aufbegehrten. Ganz einfach war jedoch eine Aufnahme in der Stadt nicht. Man mußte Haus- oder Grundbesitz erwerben – oder erben –, dann erst erhielt man die politischen Rechte des Bürgers. Im allgemeinen existierte als Aufnahmebedingung die Jahresfrist zum Nachweis für den Grunderwerb.

Rudolf von Habsburg bestätigte schon am Anfang seiner Regierungszeit dem von ihm hoch geschätzten Speyer die alten Privilegien und die Reichsunmittelbarkeit. Die Auszeichnung galt dem „treuesten aller rheinischen Stadträte‟. In jener Zeit, da die Speyerer Bürger dank königlichen Wohlwollens die Einflüsse des Domkapitels und des Bischofs weiter zurückdrängen konnten, veränderte die stets königstreue Stadt auch ihr Aussehen. Nun baute man „steinerne Häuser‟ anstelle der bis dahin dominierenden Häuser aus Lehm und Holz. Die Erdwälle und das Flechtwerk der Befestigungen verstärkte man durch Mauern. Die Türme, aus Stein gebaut, stärkten die Verteidigungkraft der Reichsstadt am Rhein und veränderten deren Silhouette.

Als Rudolf von Habsburg im Jahre 1275 in Hagenau die Errichtung einer Stadt neben der Wolfsteiner Burg im alten Lauterer Reichsland verkündete, verlieh er dieser Neugründung das „Speyerer Recht‟. Wolfstein sollte einen

Markt mit Zollrecht haben und befestigt werden. Zu seinen Privilegien gehörten die eigene Gerichtsbarkeit und die Steuerpräferenz. Allerdings blieb das sogenannte Hauptrecht, die Erhebung einer Kopfsteuer, weiterhin beim König. Dem Umfang nach blieb dieses Wolfstein in seiner Gründerzeit und auch noch in den darauffolgenden Jahrhunderten recht bescheiden. Man glaubt, daß es auch am Ende des Mittelalters kaum mehr als 200 Einwohner zählte.

Germersheim, dessen Gründungsurkunde aus dem Jahre 1276 stammt, war allem Anschein nach schon eine Siedlung, als Rudolf von Habsburg die Stadtgründung anordnete. Nun bildete man einen Rat mit sechs bis zwölf Mitgliedern und außerdem eine Art Stadt-Aufsicht, bestehend aus acht Bürgern. Der Bürgermeister übte zusammen mit dem Rat die niedere Gerichtsbarkeit aus, der Burggraf behielt die höhere Gerichtsbarkeit. Als Germersheim ein halbes Jahrhundert nach der Stadtgründung an die Kurpfalz verpfändet wurde, bekam es statt des königlichen Burggrafen einen Schultheißen, der nun auch bei der niederen Gerichtsbarkeit mitwirkte. Da keiner der Herrscher später das Pfand ausgelöst hat, blieb Germersheim vom Jahre 1330 an eine kurpfälzische Stadt.

Gründungen wie Wolfstein und Germersheim zeigen, daß sich die Herrschaftsformen gegenüber der Stauferzeit gewandelt haben. Wohnten die Ministerialen bzw. die Reichs- oder Staatsdiener unter den staufischen Herrschern gerade in der Pfalz noch auf den Reichsburgen und waren damit auf dem Lande zerstreut, so baute Rudolf von Habsburg nun Burgen in den städtischen Siedlungen oder ließ Städte neben den Burgen errichten. Die alten staufischen Burglehen blieben weiterhin bestehen. Durch sie verpflichtete der König den adeligen Lehensmann zur Verteidigung. Dieser mußte eine Mannschaft unterhalten und hatte in Kriegszeiten die Pflicht zur Anwesenheit. Zu den Aufgaben des Burggrafen – etwa in Germersheim – gehörte auch die Verwaltung des Reichsgutes. Nach einem Kriegszug, den Rudolf von Habsburg gegen Bischof Friedrich von Speyer unternahm – der König ließ den Bischof unter anderem in Lauterburg belagern –, ergab sich eine Gelegenheit zur Verstärkung der Germersheimer Burg, indem Rudolf in den Jahren 1286 und 1287 für Germersheim neue Burglehen schuf.

Zu den Germersheimer Burgmannen gehörte seit Ende des Jahres 1286 auch der Graf Emich von Leiningen als Angehöriger einer Familie, mit der Rudolf durch die Familie seiner Mutter verwandt war. Der Tod dieses Emich von Leiningen und der Tod dessen Sohnes und Erben im Jahre 1289 führte dazu, daß das Lehen des Leiningers, zu dem auch Landau gehörte, an den König zurückfiel. Rudolf gab das Germersheimer Burglehen nun einem Neffen, dem Sohn seiner Schwester, Otto von Ochsenstein mit Namen. Landau aber bestimmte der Habsburger zu einer neuen Reichsburgstadt. Germersheim und Landau sind also, was ihre Anfänge betrifft personell ziemlich eng miteinander verbunden gewesen. Daß Godramstein, das als Dorf schon existierte, im Jahre 1285 durch Rudolf das „Speyerer Recht" erhielt und zu einer „Reichsstadt gleich anderen" erhoben wurde, wie Rudolfs Biograph anmerkt, soll in diesem Zusammenhang nicht vergessen werden.

Neben einigen anderen Orten der Pfalz erhielt auch Neustadt die Stadtrechte unter Kaiser Rudolf von Habsburg. Unsere Abbildung zeigt einen Ausschnitt der Urkunde mit dem kaiserlichen Siegel. (Foto: K. Gräber)

Noch kurze Zeit vor seinem Tod verlieh Rudolf den Bürgern von Landau reichsstädtische Rechte – hier nach dem Vorbild von Hagenau – und setzte in Landau, ähnlich wie früher schon in Germersheim, Burgmannen ein. Sie erhielten in Landau die dortigen Judensteuern als Burglehen. Die letzten von Rudolf von Habsburg gezeichneten Urkunden – vom 24. Juni und vom 11. Juli 1291 – betrafen die Vergabe von Landauer Burglehen an Ritter und Bürger der Stadt: an Eberhard und Berthold von Mühlhofen und Konrad von Altdorf.

Der Ursprung der Landauer Siedlungs- und Stadtgeschichte ist nicht exakt zu bestimmen. Man vermutet die Anfänge in der salischen Kaiserzeit. Am Beginn des 12. Jahrhunderts wird eine Siedlung „auf der Landaue" erstmals erwähnt (1106/08). Ob dort schon eine Reichsburg stand oder ein Fronhof der Leininger, läßt sich nicht nachweisen. Seit der Zeit um 1200 treten in diesem Teil der Südpfalz die Leininger hervor. Sie sind Landvögte, Beamte des Kaisers im Speyergau, und verschaffen sich alsbald einen ansehnlichen Grundbesitz. Graf Emich IV. von Leiningen verfügte über das Reichslehen Landeck (daher auch die Bezeichnung Leiningen-Landeck), sowie die Herrschaft Madenburg mit mehreren Dörfern wie Bornheim mit St. Justin, Dammheim, Eutzingen, Nußdorf, Mühlhausen, Servlingen, Arzheim und Queichheim. Dieser Graf Emich IV. von Leiningen baute sich an der Queich an einem verkehrsgünstigen Platz, am Übergang von Gebirgs- und Hügelland in die eigentliche Rheinebene, einen neuen Sitz und befestigte ihn so, daß nun ein neues Machtzentrum entstand, nämlich das erstmals im Jahre 1268 als „civitas", als Siedlung mit einer Ratsverfassung erwähnte Landau. Die Dörfer Mühlhausen, Oberbornheim und Eutzingen mit ihren Gemarkungen kamen dann zusammen mit Teilen der Gemarkung von Servlingen zur Gemarkung Landau, möglicherweise bestand das Territorium der neuen Stadt sogar aus den Gemarkungen eben dieser Dörfer.

Als Rudolf von Habsburg nach dem Aussterben der Linie Leiningen-Landeck der Stadt Landau die Reichsunmittelbarkeit verlieh – schon im Jahre 1274 hatte Landau vom König die Stadtrechte erhalten und war nun ein „oppidum" – hatte der zentral gelegene befestigte Ort bereits als Mittelpunkt der Region seine Anziehungskraft bewiesen. Allerdings dauerte die reichsstädtische Periode wie bei Germersheim nur relativ kurze Zeit. Einer der Nachfolger Rudolf von Habsburgs, der Wittelsbacher Ludwig, als König und Kaiser „Ludwig der Bayer" genannt, verpfändete die Stadt im Jahre 1324 an den Bischof von Speyer. 5 000 Pfund Heller kamen dadurch in die Kasse des Wittelbachers. Ihn hatte erbost, daß Landau bei der – doppelten – Königswahl des Jahres 1314 nicht auf der wittelsbachischen, sondern auf der habsburgischen Seite stand. Ein Habsburger war es dann, Kaiser Maximilian I., der fast zweihundert Jahre später, 1511, die Landauer aus ihrem Dauerstreit mit der bischöflichen Obrigkeit erlöste, indem er den Freikauf der Landauer ermöglichte. Das Hochstift Speyer erhielt für den Verzicht auf die von Ludwig dem Bayern erkauften Rechte die stattliche Summe von 12 000 Gulden. Kaiser Karl V., Maximilians Enkel, hat der Stadt Landau dann im Jahre 1521 ihre endgültige Zugehörigkeit zur kaiserlichen Landvogtei im Elsaß und die Zugehörigkeit zum elsässischen Zehnstädtebund bestätigt.

Doch mit diesen Hinweisen greifen wir der Entwicklung in der Pfalz unter dem ersten habsburgischen Herrscher weit voraus. Als Rudolf im Jahre 1291 die letzten Landau betreffenden Urkunden seiner Regentschaft ausfertigen ließ, hatte er damit im Land des alten fränkischen Reichsgutes, in der heutigen Pfalz, eine Art Festungskette geschaffen, die sich von Germersheim über Landau, Godramstein und Kaiserslautern bis nach Wolfstein erstreckte, eine wichtige Ergänzung der pfälzischen Reichsburgen aus der salisch-staufischen Epoche. Bleibt an dieser Stelle noch anzumerken, daß Neustadt an der Haardt, das Rudolf von Habsburg ebenfalls in seine Pfalzpolitik einbezog und dem er im Jahre 1275 das „Speyerer Recht" verlieh, einen Sonderfall darstellt, denn in Neustadt mit seiner Burg und seinem Ursprungsort Winzingen blieben die Pfalzgrafen stets die Stadtherren. Im Unterschied zu anderen Reichsstädten fehlte Neustadt die Wehrhoheit. Sie war in der Hand des Landesherrn, der mit seinen Söldnern für die Sicherheit zu sorgen hatte. Aber wie im Speyerer Recht vorgesehen amtierten dank Rudolfs Privileg in Neustadt ein städtischer Rat und ein Bürgermeister. Auch die Zugehörigkeit zum wichtigen rheinischen Städtebund war den Neustädtern nicht verwehrt.

Neue Zentren der Macht

Im allgemeinen gilt die Epoche, die zwischen dem Ende der staufischen Herrschaft unter Friedrich II. und der Königskrönung Rudolfs von Habsburg im Oktober 1273 liegt, als die „kaiserlose, die schreckliche Zeit". Man spricht vom „Interregnum", von einer Zwischenperiode ohne Herrschaft. Diese Kennzeichnungen treffen die Situation in der Mitte des 13. Jahrhunderts nur ungenau. Genau genommen hat die „kaiserlose Zeit" für die Deutschen etwa hundert Jahre lang gedauert. An einem König oder, richtiger gesagt, an Königen, die miteinander rivalisiert haben, war indes auch am Ende und nach dem Zerfall der staufischen Herrschaft kein Mangel. Die im Kampf und Streit mit dem Papsttum lebenden letzten Staufer mußten sich nach dem Jahre 1246 mit Gegenkönigen auseinandersetzen. Zunächst mit dem König Heinrich Raspe, dann mit Wilhelm von Holland, den deutsche Fürsten als gerade 19jährigen gegen den Kaisersohn, König Konrad IV., zum König wählten. Zwei Jahre nur überlebte Wilhelm von Holland den Staufer Konrad IV., der sich vor allem um die Wiedergewinnung seines Erbes in Sizilien bemüht hatte, unterstützt von seinem Halbbruder Manfred. Für einige Zeit gewann Wilhelm Einfluß und Autorität im Reich – die staufertreuen Fürsten und Städte hatten nach dem Tod Konrads IV. ihre Opposition gegen Wilhelm aufgegeben – er starb jedoch im Alter von 28 Jahren bei Kämpfen in Nordholland. Er war, ohne erkannt zu werden, von einem feindlichen Soldaten bei Alkmaar erschlagen worden.

Mit dem Tod Wilhelms von Holland im Januar 1256 wurde die Krone des Reiches wie nie zuvor in der mittelalterlichen Geschichte zu einem Gegenstand machtpolitischer Kalkulationen und Spekulationen der Nachbarn. Die französischen Kapetinger vor allem, die das Erbe des Frankenreiches und das Erbe Karls des Großen unter der Führung eines französischen Königs wiederherstellen und sich die römische Kaiserkrone sichern wollten, bemühten sich um Einfluß in dem nun bestehenden Machtvakuum. Die deutsche, genauer gesagt; die ostfränkische Krone, nicht die französische, die westfränkische, wies im Mittelalter, wie sich seit den Ottonen gezeigt hatte, den Weg nach Rom. Die Krönung in Aachen war immer noch die wichtigste Krönung im Abendland. Das französische Interesse am Reiche der Deutschen weckte indes sogleich das der normannisch-englischen Fürsten, die sich nach dem Ende Friedrichs II. durchaus auch als legitime Erben der staufischen Herrschaft in Sizilien verstanden. Der Sohn des englischen Königs Johann Ohneland, Graf Richard von Cornwall, betrieb nun seine Wahl zum deutschen König. Er war der Schwager Kaiser Friedrichs II. und ein Vetter Konrads IV. Dank ergiebigen Bergbaues in Cornwall fehlte es Richard nicht an Geld. Der Engländer setzte seinen Reichtum bei der Königswahl so hemmungslos ein, daß ein Chronist behauptete, er habe „sein Geld vor die Füße der Fürsten geschüttet".

Als Befürworter Richards traten vor allem der Erzbischof von Köln und jener Pfalzgraf und Herzog von Oberbayern auf, der in der Geschichte des Hauses Wittelsbach als „Ludwig der Strenge" verzeichnet ist. Richards Angebot an den Pfalzgrafen war verlockend: er stellte die Heirat mit seiner Tochter und eine Mitgift von 12 000 Mark Silber in Aussicht. Da die Stadt Frankfurt unter dem Einfluß der Gegner Richards den Anhängern des Grafen von Cornwall den Zutritt verwehrte, indem sie die Stadttore geschlossen hielt, wählte man den Engländer unter maßgeblicher Beteiligung des Pfalzgrafen und des Kölner Erzbischofs *vor* den Toren Frankfurts zum König. Man kam damit der vom Trierer Erzbischof geführten Gegenpartei zuvor, die sich zum Befürworter des Königs Alfons von Kastilien machte. Als Enkel des Königs Philipp von Schwaben hatte der Spanier nach dem Tode Konrads IV. Ansprüche auf das Erbe der Staufer, speziell auf das Herzogtum Schwaben erhoben. Unterstützt wurde die Kandidatur des Königs von Kastilien, der als hochgelehrt galt und deshalb den Beinamen „der Weise" erhielt, von den oberitalienischen Ghibellinen, der dortigen staufischen Partei, und vor allem vom französischen Königshaus, als dessen Verbündeter der Trierer Erzbischof galt.

Der Streit endete damit, daß die „Trierer Partei", zu der auch die Kurfürsten von Brandenburg und von Sachsen zählten, im April 1257 den spanischen Enkel Philipps von Schwaben ebenfalls zum deutschen König wählten. Erst nach der Wahl Rudolfs verzichtete Alfons, der nie in Aachen gekrönt worden war, im Jahre 1275 zugunsten des Habsburgers endgültig auf den deutschen Thron. Der Beiname „der Weise", den Alfons seiner Gelehrsamkeit verdankte, bestätigte sich in dessen Verhalten in der deutschen Königsfrage nicht. Allerdings lagen die Interessen des Königs von Kastilien von Anfang an mehr im reichen Italien und im dortigen Staufererbe als im weit entfernten und nur mäßig entwickelten Deutschland.

Demonstrierte Alfons durch Nichterscheinen sein mangelndes Interesse an königlichen Aufgaben im Reich, so läßt sich auch von Richard sagen, daß er sich in Deutschland nur wenig engagierte. Der Kölner Erzbischof hatte den Engländer zwar an Himmelfahrt des Jahres 1257 in Aachen gekrönt, aber Richard nahm sich für seine königlichen Aufgaben im Reich nur relativ wenig Zeit. In rund eineinhalb Jahrzehnten verbrachte der Engländer ungefähr vier Jahre in Deutschland. Im rechtsrheinischen Teil des Reiches hat er sich, wie die historische Forschung herausfand, überhaupt nie aufgehalten. Seine Stütze waren neben Köln und Aachen einige andere der rheinischen Städte und die am Handel mit England interessierten norddeutschen Städte und Territorien.

Die Wahl von zwei miteinander rivalisierenden und außerdem nur selten oder gar nicht anwesenden Königen erwies sich für die deutsche Entwicklung und auch für die europäisch-abendländische Politik als folgenschwer. Bei der doppelten Entscheidung für die ausländischen Kandidaten Richard und Alfons zeigte sich ganz deutlich die tatsächliche Macht der Kurfürsten, sieben an der Zahl, und auch deren Abhängigkeit von Einflüssen anderer abendländischer Mächte und Interessen. Die erst hundert Jahre später als Reichsrecht schriftlich niedergelegte Funktion der Kurfürsten zeichnete sich mit der Doppelwahl am Ende der Stauferzeit bereits ab. Wenn Rudolf von Habsburg sich im Jahre 1273 veranlaßt sah, den aus eigenem Recht und aus eigener Machtvollkommenheit – nicht nach überliefertem Verfassungsrecht des Reiches – agierenden sieben Kurfürsten deren Besitzstand zu garantieren und sie bei der Vergabe von Reichslehen mitsprechen zu lassen, so handelte der Habsburger als Realist, nämlich entsprechend den Verhältnissen und Umständen, die nach dem Zerfall der staufischen Macht und des staufischen Erbes gegeben waren. Die Sieben-Teilung der Macht im Reich, die Rudolf bei seiner Kandidatur vorfand, konnte er später nur noch teilweise korrigieren, indem er die Übermacht des damaligen mächtigsten der Fürsten des Reiches, des böhmischen Königs, eindämmte. Eine Rückkehr zur alleinigen Königsherrschaft war jedoch trotz aller Bemühungen, die Rudolf zugunsten der alten Reichsgewalt unternahm – in der Pfalz, wie wir gesehen haben, aber vor allem auch in den südöstlichen, österreichischen Herzogtümern –, nicht mehr möglich.

„Deutschland als Ganzes", um es in der Sprache unserer Zeit zu sagen, war seit dieser Epoche des „Interregnums" stets in Gefahr, sich in Neben- und Unterzentren darzustellen, entsprechend der kurfürstlichen Sieben-Teilung der Macht. Vor allem aber zeigte sich nun in bestimmten Regionen die starke Anziehungskraft nachbarschaftlicher Kraftfelder. Gerade die Doppelwahl von Richard von Cornwall und Alfons von Kastilien gab wichtige Hinweise darauf, daß die Erzbischöfe des alten lothringischen Gebietes, der Trierer und der Kölner Kirchenfürst, den Einflüssen des französischen oder des englischen Königtumes in besonderer Weise ausgesetzt waren.

In jener Phase der europäischen Geschichte zeichnete sich im Frankreich der kapetingischen Könige schon eine festumrissene Staatlichkeit ab, ganz im Unterschied zur Entwicklung im deutschen Gebiet des einstigen Frankenreiches. Zum eigentlichen Begründer eines fortdauernden französischen Staatsverständnisses und Staatsdenkens wurde der im Jahre 1268 geborene König

Philipp, dem 1285 – in der Zeit der Regentschaft Rudolfs von Habsburg – die französische Krone zufiel. Man kennt ihn mit dem schmückenden Beinamen „Philipp der Schöne". Diese Anfänge der französischen Staatlichkeit haben sich fortentwickelt und alle geschichtlichen Einschnitte und Epochen, auch die französische Revolution und das Ende der Monarchie, überdauert.

Die Ausbildung einer zentralen Staatsgewalt auf der westfränkischen Seite des alten karolingischen Reiches und die gleichzeitige Neubildung von Territorialherrschaften im ostfränkisch-deutschen Teil blieb in der zweiten Hälfte des 13. Jahrhunderts nicht ohne Folgen für Burgund und Lothringen. Nach dem Ende der staufischen Epoche war es nur eine Frage der Zeit, wie lange der Einfluß des Reiches und des ostfränkisch-deutschen Königs, dessen offizieller Titel übrigens immer noch „Rex Romanorum" lautete, in Lothringen und in Burgund gesichert werden könne. Die wachsende Anziehungskraft des französischen Nachbarn veränderte indes die Lage nicht nur in Lothringen, sondern auch in der Pfalz, dem Herzland der ostfränkischen Herrschaft mit den ausgedehnten Reichsgütern. Als Folge des Machtzerfalls und der Machtverschiebungen, die Rudolf von Habsburg bei seiner Wahl zum König vorgefunden hatte, rückte die Pfalz nun fast schon in jene Grenzsituation, die viele Jahrhunderte lang die Geschichte dieser Region und das Schicksal der Pfälzer bestimmt hat.

Bei seiner Wahl zum König mag Rudolf von Habsburg noch gehofft haben, daß er jene Entwicklung bremsen und korrigieren könne, die Lothringen und Burgund immer mehr dem neuen französischen Kraftfeld aussetzte. Als jedoch Rudolfs Versuch, das alte Herzogtum Schwaben, das vom Lech bis in die Vogesen reichte, wieder zu einer Bastion der Königspolitik zu machen, scheiterte, entschied sich der Habsburger für eine Verlagerung des Machtschwerpunktes in den Südosten. Dort mußte er zwar den Kampf mit Ottokar von Böhmen wagen, aber dieses Unternehmen gelang. Die Hinwendung zum Südosten enthielt allerdings zugleich das Eingeständnis Rudolfs, daß die alte Vormachtstellung des ostfränkisch-deutschen Königtums in Burgund nicht mehr zu den vordringlichen Zielen seiner Politik gehöre. Das wiederum mußte Folgen für die Position des Königtums in Lothringen zeitigen. Daran dürfte der Habsburger angesichts der Interessen und der Möglichkeiten der französischen Könige, die sich ja schon bei der Doppelwahl von Richard und Alfons artikuliert hatten, kaum gezweifelt haben.

Die von Rudolf so konsequent und auch erfolgreich betriebene Wiederherstellung des alten Reichsgutes in der Pfalz und im Elsaß muß man auch unter den hier aufgezeichneten Aspekten beurteilen. In der Pfalz und im Elsaß bot sich für Rudolf die Chance, einem weiteren Abbröckeln der Reichsgewalt im Westen Einhalt zu gebieten, und diese Chance nahm der Habsburger wahr. Die Reichsguts-Politik in Pfalz und Elsaß und die Hinwendung zum Südosten – für Rudolf gehörte dies zusammen. Der für die Zukunft planende Begründer der Habsburger Dynastie wollte den Versuch, der den Staufern am Ende mißglückt war, nämlich eine Erbmonarchie an die Stelle der Wahlmonarchie zu setzen und so auch dem Reich eine Kontinuität der Herrschaft zu geben, auf seine Weise und mit Hilfe der ihm gegebenen oder verbliebenen Machtinstrumente wagen. Dort, wo es möglich war, Reichslehen in Familienherrschaft umzuwandeln, im österreichischen Südosten, bevorzugte Rudolf dieses Verfahren. Dort wo es galt, die einst fränkischen Reichsgüter zu sichern und dem König wieder dienbar zu machen, in der Pfalz, im Elsaß und auch im heutigen Rhein-Main-Gebiet, widmete sich Rudolf dieser traditionellen Form einer Stärkung der Königsherrschaft.

Speyer und der Städtebund

Will man die Handlungsweise und die Leistungen des ersten der habsburgischen Könige beurteilen, so darf man Rudolf nicht, wie das in der Vergangenheit zuweilen geschehen ist, an der Reichs- und vor allem an der Italienpolitik der Salier und der Staufer messen. Rudolf von Habsburg, der die römische Kaiserkrone nicht getragen hat – unter anderem, weil ihm das Geld für den Zug nach Rom fehlte, als die Stunde für den Erwerb dieser Krone günstig war –, konzentrierte sein Wirken auf die Ziele, die ihm vordringlich und erreichbar schienen. In erster Linie galt es, die friedensstiftende Gewalt und Macht des Königtums zu stärken. Eine Lösung der italienischen Probleme und eine aktive Reichspolitik im Westen, in der burgundischen und lothringischen Frage, gehörte nicht zu den Prioritäten, die für Rudolf zählten. Er mußte und wollte vor allem die miteinander streitenden und konkurrierenden Kräfte im Reich in eine sinnvolle Ordnung bringen. Da waren nicht nur die erstarkten Territorialherren zu beachten, auch die Städte hatten sich im Verlaufe des 13. Jahrhunderts zu einer neuen, eigenständigen Kraft entwickelt.

Nicht Machtlüsternheit, sondern der Wunsch, Willkür und Rechtlosigkeit zu begrenzen und wenn möglich zu beenden, bestimmte ursprünglich das Handeln der Städte. Es begann im Jahre 1254 mit der Gründung eines Städtebundes am Oberrhein. Mainz und Worms waren die Initiatoren eines „ewigen Bündnisses", dem sich bald schon Oppenheim und Bingen anschlossen. Speyer folgte, ebenso Straßburg, Basel und Köln. Aus dem „Rheinischen Städtebund" wurde schließlich ein Bund lokaler und territorialer Gewalten. Auch die drei rheinischen Erzbischöfe in Köln, Trier und Mainz sowie die Bischöfe in Worms, Straßburg, Basel und Metz traten als Mitglieder bei. Territorialherren wie der Pfalzgraf Ludwig und eine Reihe von Adeligen ergänzten diese Sonderorganisation innerhalb des Reiches, die schon im Jahre 1255 insgesamt 70 Städte im Norden, Süden und Westen des Reiches zu ihren Mitgliedern zählte. Kaum zwanzig Jahre zuvor waren unter Kaiser Friedrich II. derartige Bündnisse für nicht statthaft erklärt worden. Allerdings hatte dieser Staufer, der im Grunde weniger am Reich, als an Italien und am Ausbau seines normannisch-sizilianischen Erbes interessiert war, die Ausbildung eigenständiger Territorialherrschaften erheblich begünstigt und so selbst eine Versuchung für die Gründung von Sonderbünden geschaffen. Nun, im Jahre 1255, anerkannte der Träger der Königskrone, Wilhelm von Oranien, offiziell diesen Bund der Städte und Territorialherren und veränderte damit das alte Reichsrecht.

Am Anfang der Aktivitäten des Städtebundes stand der Kampf gegen Friedensbrecher in einer Zeit, in der es im Reich am königlichen Schutz und an der königlichen Gerichtsbarkeit zur Schlichtung von Streitfällen mangelte. Als Mainz, Worms, Speyer und zahlreiche andere Städte – auch das pfälzische Neustadt gehörte dem Bund an – zur friedensstiftenden Selbsthilfe aufgerufen hatten, wollten geistliche und weltliche Fürsten nicht zurückstehen, sondern durch den Beitritt zu diesem Bund ihren Willen zum Frieden und zum Recht bekunden. Diese Erweiterung, auch die räumliche Ausdehnung bis zu den Hansestädten und bis nach Regensburg und Zürich, hat den Städtebund am Ende eher geschwächt als gestärkt, weil nun doch relativ unterschiedliche Interessen miteinander in Harmonie gebracht werden sollten. Die Gründerstädte am Oberrhein fühlten sich ganz im Gegensatz zu manchen Territorialherren, durchaus als Wahrer und Treuhänder der Reichsinteressen. Die rasche Anerkennung des Städtebundes durch Wilhelm von Oranien bestärkte die Initiatoren des Bundes in dieser Vorstellung. So kam es, daß der Städtebund im Jahre 1257 verwaistes Reichsgut in seinen Schutz nahm. Ein anderer wichtiger Teil der Selbsthilfe, die von den Städten am Oberrhein begonnen worden war, betraf den Kampf gegen die Zollwillkür, die sich vor allem am Rhein als der großen und wichtigsten Handelsstraße des Reiches ausgebreitet hatte.

Ehe allerdings die Stärke des Bundes weiterhin erprobt werden konnte, schwächte er sich selbst, als die Mitglieder des Bundes bei der Doppelwahl nach dem Tode Wilhelms von Oranien nicht einheitlich votierten. Es gab Anhänger des Engländers Richard und Befürworter des Spaniers Alfons. Worms und Speyer standen ebenso wie die staufisch gesinnten Städte Oberitaliens auf der Seite des Stauferenkels Alfons von Kastilien. Sie befanden sich damit im gleichen Lager wie der Trierer Erzbischof. An der Existenz des Städtebundes änderte sich im Prinzip allerdings durch die Kontroversen bei der Doppelwahl nichts. Gerade die häufige Abwesenheit des immerhin in Aachen gekrönten Richard von Cornwall unterstrich zu jener Zeit die Bedeutung einer Organisation zum Schutz der Schwachen. Die Urteile über den Bund sind freilich insgesamt nicht einheitlich, sie schwanken zwischen der Behauptung, der Städtebund müsse als eine „grandiose Selbsthilfe" verstanden werden, und der Ansicht, daß der Bund seine Chancen nicht genützt habe.

Wie immer man im Rückblick über den Wert oder Unwert eines derartigen Bundes befinden mag, allein seine Gründung zeigte schon, daß in den Städten, vor allem in den rheinischen Städten, ein neues Bewußtsein entstanden war. Auch für Speyer als der wichtigsten und größten pfälzischen Stadt jener Zeit gilt dies. Hier hatten sich die Bürger gegenüber den Herrschaftsansprüchen des Bischofs und vor allem gegenüber dem Domkapitel mehr und mehr durchgesetzt und waren zu einem eigenständigen Machtfaktor geworden. Der Kampf zwischen Kaiser und Papst, der auch in einer so traditionsreichen Stadt wie Speyer tiefe Spuren hinterließ, stärkte am Ende die staufisch gesinnte Stadt mit ihren Bürgern. Das wiederum begünstigte ihren Einfluß im Rheinischen Städtebund. Die Bedeutung und das Ansehen, das Speyer gewonnen hatte, unterstrich im Dezember 1273 der kurz zuvor gewählte und gekrönte Rudolf von Habsburg dadurch, daß er sogleich einen Hoftag in Speyer hielt und das von Barbarossa im Jahre 1182 verliehene Stadtprivileg bestätigte. Allerdings bedurfte es gerade in Speyer zu jener Zeit der königlichen Autorität, um einen Ausgleich zwischen den Wünschen der Bürger und den stadtherrschaftlichen Ansprüchen des Domkapitels zu finden.

Die alte, in der Mitte der sechziger Jahre des 13. Jahrhunderts besonders heftige Auseinandersetzung über Macht und Vormacht endete in Speyer freilich nicht mit Rudolfs Königswahl. Am Beginn der achtziger Jahre entzündete sich der Kampf zwischen Klerus und Bürgern besonders heftig. Eine schlechte Ernte verursachte eine Teuerung. Die Geistlichkeit, im Besitze von Ländereien, speicherte Getreide und wollte nur zu hohen Preisen verkaufen. Ein Streit um den Weinverkauf kam hinzu. Daraufhin verweigerten die Bürger ihrerseits die Abgabe des kleinen Zehnten an die Geistlichkeit. Das wiederum führte dazu, daß diese die Stadt verließ und der Bischof, Friedrich von Bonlanden, kirchliche Amtshandlungen in der Stadt verbot. Rudolf von Habsburg schlichtete schließlich im Oktober 1284 diesen Streit. Dabei berücksichtigte man in einem „Sühnebrief" durchaus die Ansprüche der Bürger in der Versorgung mit Getreide. Weniger klar blieb jedoch die Regelung des Weinschankes. Hier sollten der Bischof und die Geistlichkeit selbst für eine angemessene Lösung sorgen.

Der Konflikt war mit Rudolfs „Sühnebrief" nur vertagt, wie sich zeigen sollte. Die entscheidende Machtprobe fand erst am Beginn des 14. Jahrhunderts statt. Ein fast sieben Monate dauernder Kleinkrieg zwischen Stadt und Klerus endete am 4. Oktober 1302 mit einem Vertrag. Die Bürger setzten dabei die meisten ihrer Forderungen durch. Nur noch zwischen Ostern und Pfingsten, so wurde unter anderem vereinbart, werde die Geistlichkeit in Speyer ihren Wein verkaufen. Der Nachfolger Friedrichs von Bonlanden, Bischof Sigibodo, mußte die Privilegien der Stadt bestätigen und anerkennen. Er verzichtete damit vollends auf die Ansprüche einer bischöflichen Stadtherrschaft. Der schon lange bestehende reichsstädtische Charakter Speyers wurde in diesem Vertrag von 1302 auch rechtlich vollends wirksam.

Wie sehr sich Speyer den Grundsätzen einer eigenständigen Städtepolitik im Reich verbunden fühlte, zeigte die enge Zusammenarbeit mit Worms und Mainz, den Initiatoren des Rheinischen Städtebundes. Zwei Jahre nach dem Tod Rudolfs von Habsburg, im August 1293, vereinbarten diese drei Städte, daß sie sich in Bedrängnis gegenseitig Beistand leisten und künftig dem König und einem Bischof nur noch huldigen wollten, wenn dieser der Stadt zuvor ihre Rechte und ihre Freiheiten bestätige.

Es ist sicherlich kein Zufall, daß gerade die Städte Mainz, Worms und Speyer nach dem Tode Rudolfs darauf bedacht waren, ihre im 13. Jahrhundert gewonnenen Rechts- und Machtpositionen zu sichern und weiter auszubauen. Man wollte sich gemeinsam vor den Folgen eines schwachen Königtumes schützen. Dazu bestand im Jahre 1291 mancherlei Anlaß, denn die Wahl des weitgehend machtlosen Grafen Adolf von Nassau zum Nachfolger Rudolfs verhieß für die Rechts- und Friedensordnung im Reich nichts Gutes.

Unter dem Habsburger hatten die drei verbündeten Städte ihren Einfluß und ihr Ansehen stärken können. Sie standen bei Rudolf auch deshalb in hoher Gunst, weil sie treu zum König hielten, als sich andere Städte im Reich von einem falschen Friedrich blenden ließen, einem Betrüger, der sich als wiedergekehrter Staufer ausgab und damit viel Verwirrung stiftete, bis Rudolf, auch dank der Mithilfe so zuverlässiger Städte wie Mainz, Worms und Speyer, dem seltsamen Spuk ein Ende machen konnte.

Vielleicht war das Erscheinen eines falschen Friedrich in der Mitte der achtziger Jahre des 13. Jahrhunderts auch nur der sichtbare Ausdruck einer Krise im Reich, bedingt durch die großen Veränderungen in der Herrschaft und auch in der Lebensweise. Viel weiß man nicht darüber. Die Quellen der Überlieferung sind spärlich. Sicher ist, daß dem König Rudolf nicht nur von einem Betrüger wie dem falschen Friedrich Gefahr drohte. Nicht alle Adeligen und nicht alle Fürsten schätzten es, daß der Habsburger unermüdlich im ganzen Land gegen Rechtsbrecher vorging, auch gegen Territorialherren, die zu Unrecht Zölle forderten. Ein Dieter Nessel von Mauer bei Heidelberg verlor zum Beispiel durch Entscheidung des König im Februar 1286 seine Güter bei Neckargemünd. Sie fielen als Lehen an den Pfalzgrafen Ludwig. Der Adelige von Mauer habe, so heißt es, eine Verschwörung gegen die Person und das Leben des Königs angestiftet. In eben dieser Zeit kommt es auch zu einem schweren und folgenreichen Konflikt zwischen Rudolf von Habsburg und Friedrich von Bonlanden, dem Bischof von Speyer, so daß Zusammenhänge zwischen dem Lehen von Neckargemünd und dem Kampf Rudolfs gegen den Speyerer Bischof vermutet wurden. Dieser verlor dabei Lauterburg, das Rudolf zum Reichsgut erklärte.

Was Friedrich von Bonlanden, der als Bischof von Speyer den Habsburger um elf Jahre überlebte, verbrochen hatte, wird aus den Chroniken jener Zeit nicht klar. Folgte man den überlieferten Quellen, dann hätte sich der Bischof dadurch schuldig gemacht, daß „der galante Prälat der jungen, schönen Königin, der zweiten Gemahlin König Rudolfs, einen Kuß gegeben habe, als er sie aus dem Wagen hob".Eifersucht als Motiv dafür, daß Rudolf im April 1286 mit einer Heeresmacht den Bischof von Speyer sechs Wochen lang in der Stadt Lauterburg belagerte? Der Biograph des Habsburgers, Oswald Redlich, wollte das nicht glauben. Er meinte nach gründlichem Studium der Quellen, daß Friedrich von Bonlanden wohl zu jenen Kräften gehört habe, die dem König nach dessen Rückkehr vom Kampf gegen den falschen Friedrich nach dem Leben trachteten. Was auch immer den Kampf um Lauterburg veranlaßt haben mag, der Kuß des Bischofs oder dessen verschwörerische Feindschaft gegen Rudolf bezahlen mußten dafür die Bewohner der Südpfalz, denn die Soldaten der streitenden Parteien verpflegten sich aus dem Lande.

Der volkstümliche Rudolf

Es scheint, daß das gewaltsame Einschreiten gegen einen Bischof – in unserem Fall gegen den von Speyer – dem Ruf des Habsburgers nicht geschadet hat. Die Zeitgenossen sahen in ihm einen frommen Mann, der sich seinem

Stand und der Zeit entsprechend verhielt. Daß dieser fromme König auch Klöster niederbrannte, wenn sie sich den Gesetzen des Reiches nicht fügten, hielt man damals für angemessen. Wenn gesagt wurde, dieser Rudolf sei ein unermüdlicher Kriegsmann gewesen, so sollte dies als ein Lob verstanden werden. Den Ruf eines guten Verwalters und eines geschickten Organisators hat sich Rudolf von Habsburg ebenfalls verdient. Im Westen und Süden des Reiches, in Franken und Schwaben vor allem, hielt Rudolf im Umherziehen viele Gerichtstage ab und diente so dem Frieden im Lande. Sein Ruf festigte sich auch dadurch, daß er die Räuber im Lande entschlossen bekämpfte und zum Beispiel im Jahre 1290 in Thüringen an einem Tag 29 Raubritter als Rechtsbrecher hinrichten ließ. Die Volkstümlichkeit Rudolfs, die sich bei seinem letzten Ritt von Germersheim nach Speyer noch einmal zeigte, beruhte auf der Fähigkeit des Habsburgers, mit jedermann ungezwungen zu reden.

Er trieb „gerne einen Scherz", notierte sein Biograph. Beim nächsten Bäcker habe sich dieser König die Hände gewärmt, sein zerissenes Wams habe er sich selbst genäht, weiß der Chronist zu berichten. Man sieht, daß es auch damals schon eine politische Hofberichterstattung gab. Verbürgt ist im übrigen, daß der erste der Habsburger Könige von Prunk nicht viel hielt, durchaus maßvoll blieb im Essen und im Trinken und die Sänger und Spielleute kaum etwas verdienen ließ, weil er kein Freund solcher Unterhaltung war. Dort, wo es der politische Zweck zu erfordern schien, handelte Rudolf allerdings nicht so sparsam. So weiß man, daß er bei einem Zusammentreffen mit Papst Gregor in Lausanne „mit glänzendem Gefolge erschien" und in „Rüstungen und Gewändern eine fürstliche Pracht" entfaltete. Über sein Verhältnis zum Wein erfährt man in den alten Quellen wenig. Vermerkt ist nur, daß der Habsburger einmal hundert Saumlasten Wein aus dem Veltlin an den Hof nach Wien kommen ließ – woraus man schließen kann, daß der Habsburger seinen Gästen den österreichischen Wein nicht anbieten wollte und sich in diesem Falle gar nicht sparsam verhielt, denn ein Weintransport vom Veltlin nach Wien erforderte viel Aufwand.

Zu den bleibenden Leistungen Rudolfs gehört die Einführung von „Reichstagen", später auch „parlamentum" genannt, bei denen nun Vertreter der Städte mitwirkten und ihre Ansichten vorbringen konnten. Im Grunde durften sich die Städte von dem Habsburger begünstigt fühlen. Indes wurde die Sympathie der Städte für Rudolf durch dessen immerwährenden Geldbedarf getrübt. Der Habsburger führte eine besondere Besteuerung ein. In Schwaben verlangte er von den Städten eine direkte Vermögenssteuer von 3,5 Prozent. Die vermögenden Bürger konnten diese Steuer nicht abwälzen. Das wiederum stärkte Rudolfs Ansehen bei den Armen. Daß die Fürsten über die wiedererstarkte Königsmacht nicht froh waren, ergibt sich aus den Umständen, denn jeder Zuwachs an Königsmacht schränkte die Herrschaft der Territorialfürsten ein. Der Pfalzgraf Ludwig, zugleich Herzog in Oberbayern, blieb jedoch stets ein zuverlässiger Bundes- und Weggenosse des Habsburgers.

Daß Rudolf allem Anschein nach weder schreiben konnte noch Latein verstand und sich damit nicht gerade vorteilhaft von den meisten der staufischen

Herrscher unterschied, führt sein Biograph auf die „härtere und rauhere Zeit" zurück, die nach dem Ende der Stauferepoche angebrochen war. Nicht nur der allgemeine Bildungsstand sei als Folge der unendlichen Kämpfe jener Zeit gesunken, auch die sittlichen Maßstäbe seien etwas gelockert worden. Allem Anschein nach hat Rudolf unter seiner mangelhaften Bildung gelitten, war er doch dadurch stets auf schriftkundige Ratgeber angewiesen. So sorgte er denn auch dafür, daß sein Sohn Albrecht, der Verwalter und Erbe Österreichs, eine gute Bildung erhielt. Von Anfang an wollte Rudolf ein neues Königsgeschlecht begründen. Die Heiratspolitik und die Erziehung der Erben gehörten ebenso zu diesem Plan wie die Betonung der Verbundenheit mit Speyer und dem Speyerer Dom. Der Ritt des sterbenskranken Habsburgers nach Speyer und die Vorbereitung eines Grabdenkmals zeigen, wie bewußt Rudolf seine Einordnung in die Geschichte inszeniert hat. Sein Königtum kennzeichnet den Übergang zu einer anderen Epoche. Mit Rudolf von Habsburg beginnt ein neuer Abschnitt in unserer Geschichte.

Die Schlacht bei Göllheim

Zwei Särge in der Kaisergruft des Speyerer Domes machen auch viele geschichtskundige Besucher ziemlich ratlos: die Särge Albrechts von Österreich und Adolfs von Nassau. Im Leben erbitterte Gegner – im Tode vereint, so ließe sich das Schicksal dieser beiden deutschen Könige auf eine kurze Formel bringen. Das Schicksal des einen, Adolfs von Nassau, hat sich in der Schlacht bei Göllheim erfüllt, nur wenige Jahre nach der Königswahl.

Wer war dieser Adolf und weshalb ruhen seine sterblichen Überreste im Speyerer Dom, neben den Saliern, dem Staufer Philipp und den beiden Habsburgern? Diese Frage hat schon mancher Besucher des Speyerer Domes gestellt, denn die verbreiteten Darstellungen der deutschen Geschichte berichten über diesen König nur am Rande. Die Auskünfte über sein Leben und Wirken sind im allgemeinen dürftig. Der Grund dafür ist einleuchtend: die Kurfürsten wählten den Grafen von Nassau nach langem Streit und langem Zögern erst zehn Monate nach dem Tode Rudolfs von Habsburg zum König. Adolf von Nassau verdankte diese Erhebung nicht irgendwelchen herausragenden Leistungen oder einer beachtlichen Hausmacht, sondern dem Umstand, daß die Mehrheit der Kurfürsten den Anfängen einer habsburgisch-österreichischen Erbmonarchie unter allen Umständen wehren wollte und deshalb den Kandidaten Albrecht von Habsburg, Herzog in Österreich und Sohn Rudolfs von Habsburg, entschieden ablehnte. Der Nassauer sei eine Erfindung des Kölner Erzbischofs gewesen, behauptet einer der alten Chronisten. Das ist insofern plausibel, als der Erzbischof, Siegfried von Westerburg, mit dem „machtlosen Grafen von Nassau" verwandt war. An anderer Stelle erfährt man, daß der König von Böhmen den Nassauer Grafen wie „eine Puppe bewegt" und sich dienstbar gemacht habe.

Verbürgt ist die knappe Kasse des Nassauers. Als fahrender Landsknecht hatte er da und dort seine Dienste anbieten müssen. Reich war Adolf von Nassau nur an Kindern, auch an Töchtern. So ergab es sich denn auch, daß sich im Jahre 1294 ein Wittelsbacher, Rudolf, der älteste Sohn Ludwigs des Strengen, mit Adolfs Tochter Mechthild verheiratete. Die Familienbeziehungen unter den streitenden Parteien komplizierten sich durch diese Heirat des Wittelsbachers ganz erheblich. Zusammen mit seinem jüngeren Bruder Ludwig hatte nämlich Rudolf seinen Vater, Ludwig den Strengen, als Pfalzgrafen und als oberbayerischen Herzog beerbt. Die beiden Brüder sollten das Erbe gemeinsam verwalten. Der jüngere, Ludwig, stand noch stark unter der Vormundschaft und dem Einfluß seiner Mutter Mathilde, der Tochter Rudolfs von Habsburg. Nun aber befand sich der ältere Sohn Mathildes und Ludwigs des Strengen, der Pfalzgraf Rudolf, als Schwiegersohn und Gefolgsmann Adolfs von Nassau im Lager der antihabsburgischen Partei, obwohl der verstorbene Vater, Ludwig der Strenge, bei der Königswahl nach dem Tod Rudolfs von Habsburg noch ganz entschieden für Albrecht von Österreich, seinen Schwager, eingetreten war.

Die nassauische Heirat des Pfalzgrafen Rudolf schuf einen doppelten Konflikt, einen Konflikt innerhalb der eigenen Familie, mit der Mutter und dem Bruder, und einem Konflikt zwischen einem Zweig des Hauses Wittelsbach und dem Geschlecht der Habsburger. Einer der beiden wittelsbachischen Enkel König Rudolfs stand nun im Lager der Habsburg-Gegner, der andere, der unter dem Einfluß der Mutter handelnde Ludwig, gehörte fortan ganz entschieden zur habsburgischen Partei. Das verhieß gerade für die Pfalz als dem wichtigsten Erbteil der beiden wittelsbachischen Brüder Rudolf und Ludwig nichts Gutes, auch nachdem der Habsburger Albrecht von Österreich zur Zeit der wittelsbachisch-nassauischen Heirat (1294) seine Niederlage bei der Königswahl akzeptiert und in Hagenau die Reichsinsignien an Adolf von Nassau übergeben hatte. (Das Einlenken Albrechts hatte übrigens viel mit den Schwierigkeiten zu tun, die die Schweizer Bauern dem Habsburger bereiteten.)

Die Verbindung mit Adolf von Nassau brachte den Pfalzgrafen Rudolf bald in Schwierigkeiten. Adolf enttäuschte seine Förderer und Helfer, unter anderem den mächtigen Kölner Erzbischof. Es hieß, er habe diesen Kirchenfürsten geprellt. Den Mangel an Geld versuchte dieser König durch Absprachen mit dem König von Frankreich abzuhelfen. Da er aber auch Kontakt mit den Engländern aufnahm, die in erbittertem Streit mit Frankreich lagen, brachte sich Adolf von Nassau vollends um sein Ansehen. Noch war die Bedenkenlosigkeit, mit der die absoluten Fürsten im 17. und 18. Jahrhundert die Fronten wechselten, wenn bessere Geldangebote (auch „Subsidien" genannt) lockten, nicht die Regel in Deutschland und im Abendland. Das Verhalten Adolfs empfanden die meisten der Fürsten als schädlich für die Interessen des Reiches. Man beschloß, den König vor Gericht zu laden und ihm den Prozeß zu machen – eine ganz ungewöhnliche und erstmals von den Fürsten des Reiches angewandte Prozedur. Als Adolf sich dem Gericht entzog, erklärten ihn die Kurfürsten für abgesetzt. Das wiederum verärgerte die Kurie. In Rom beharrte man auf der Ansicht, daß die Absetzung eines gekrönten Königs nicht Sache der weltlichen Gewalten sondern allein Sache der Kirche sei.

Der Weg war nun frei für Albrecht von Österreich, der zwar schon von einer Minderheit als Gegenkönig gewählt worden war, aber sich gegen Adolf und die Mehrheit der Kurfürsten nicht hatte durchsetzen können. Als einige der einflußreichen Anhänger Adolfs zu dessen Gegner wurden, sammelte Albrecht im Sommer 1298 bei Straßburg eine Streitmacht und marschierte durch die Pfalz in Richtung Mainz. Ende Juni verkündeten die Kurfürsten ihren Urteilsspruch gegen Adolf. Eine wichtige Rolle spielte dabei der Mainzer Erzbischof und Kurfürst. Er war es, der den Spruch verkündete. Albrecht hatte inzwischen südwärts von Alzey sein Heerlager aufgeschlagen, im Territorium des Pfalzgrafen. Diese Bereitstellung bei Alzey sollte den Mainzer Kurfürsten vor einem Angriff Adolfs schützen. Mainzer Bürger unterstützen den Habsburger bei der Belagerung des pfalzgräflichen Alzey. Im Lager von Alzey erhielt Albrecht die Nachricht – die „feierliche Botschaft", wie ein Chronist vermerkte –, daß er nun von der Mehrheit der Kurfürsten an Stelle Adolfs zum König gewählt worden sei. Nun war Albrecht nicht mehr ein rebellierender Reichsfürst, sondern handelte in seinem Kampf gegen Adolf von Nassau als ein Vollstrecker des kurfürstlichen Urteils. Albrecht mußte jetzt die Entscheidung suchen. Da Adolf den Spruch der Kurfürsten nicht akzeptierte, schien der Kampf unausweichlich.

Adolf von Nassau hatte sich darauf vorbereitet. Er war von Speyer nach Worms vorgerückt. Seine Streitmacht, der auch ein Speyerer Kontingent angehörte, verstärkte er durch Truppen seines Schwiegersohnes, des Pfalzgrafen Rudolf, und durch Kontingente des niederbayerischen Herzogs Otto von Wittelsbach. Der Nassauer befand sich gegenüber Albrecht insofern im Vorteil, als ihm die Reichsstädte die Treue hielten und er so die Städte als Stützpunkte benutzen konnte. Andererseits geriet der Habsburger in Bedrängnis, weil es zu dieser Jahreszeit noch an Lebensmitteln fehlte. Er konnte und wollte nicht länger abwarten, zumal sich Alzey schließlich ergeben hatte. Albrecht marschierte mit seiner Streitmacht in südlicher Richtung. Es schien, als wolle er zurück nach Straßburg. Tatsächlich erwartete er einen Flankenangriff, denn er kannte das Ungestüm seines Gegners. Am ersten Marschtage gelangte der Habsburger bis ins Pfrimmbachtal zum Prämonstratenserkloster Münster-Dreisen. Adolf, der zwischen Worms und Heppenheim lagerte, eilte Albrechts Streitmacht entgegen. Auf dem Hasenbühl bei Göllheim stieß man aufeinander.

Albrecht hatte allem Anschein nach seine Truppe so aufgestellt, daß Adolf bergan und gegen die Sonne kämpfen mußte. Man schrieb den 2. Juli 1298. Über die Zahl der Kämpfer, auch über deren Zusammensetzung existieren keine verläßlichen Angaben. Auf beiden Seiten, das darf als sicher gelten, fochten hauptsächlich Ritter.

Bei Albrecht hatten sich die Kirchenfürsten von Mainz, Straßburg und Konstanz versammelt, dazu zahlreiche Adelige aus der Schweiz, vom Oberrhein und aus dem östlichen Schwaben. Adolfs Streitmacht ergänzten die beiden Wittelsbacher mit ihren Rittern. Auch der Abt von St. Gallen, ein alter Gegner der Habsburger, stand am Hasenbühl an der Seite des Nassauers. Auf

Denkmal des Königs Adolf von Nassau in der Vorhalle des Speyerer Domes (Foto: Historisches Museum der Pfalz, Speyer)

habsburgischer Seite führte Heinrich von Kärnten die vordere Streitmacht, auf der Seite Adolfs fiel diese Ehre dem Pfalzgrafen und seinem niederbayerischen Vetter zu.

Die günstigere Aufstellung verschaffte dem Habsburger einen Vorteil. Aber entschieden war die Schlacht erst, als Adolf beim Handgemenge mit seinem Streitroß stürzte und getötet wurde. Ob Albrecht selbst den Rivalen tödlich verwundete oder ob der Raugraf, der zu Albrechts Gefolge gehörte, diesem König den entscheidenden Stoß zufügte – wie es meist berichtet wird –, blieb ungeklärt. Die Schlacht jedenfalls endete mit dem Sieg Albrechts, denn das Heer Adolfs löste sich bei der Kunde von dessen Tod auf. Auf dem Hasenbühl fand man neben der Leiche Adolfs sechs tote Ritter aus dem Gefolge des Nassauers. Die beiden Wittelsbacher und der Abt von St. Gallen retteten sich nach Worms und über den Rhein.

Einer der Chronisten verbreitete die Kunde, daß man bei Göllheim an jenem denkwürdigen Sommertag des Jahres 1298 wesentlich mehr Pferdeleichen als erschlagene Ritter geborgen habe. Es war üblich, nach den Rossen zu stechen und so die schwer gepanzerten Ritter kampfunfähig zu machen. Da es sehr heiß war an jenem Tag, seien manche Ritter in ihrem Panzer auch durch einen Hitzschlag ausgefallen, wird in Berichten über die Göllheimer Königsschlacht vermerkt. Und es wird in diesen Berichten auch betont, daß der umstrittene Adolf von Nassau „einen ehrlichen Soldatentod" gestorben sei. Seine Ehre war damit wiederhergestellt. Noch am Tage der Schlacht brachte man den Leichnam Adolfs von Nassau in das Zisterzienserkloster Rosenthal und begrub ihn dort. Am Morgen hatte Adolf von Nassau in der Stiftskirche zu Zell gebeichtet – wohl wissend, daß er nun einen Kampf auf Leben oder Tod wagen müsse.

Die Umstände seines Todes machen diesen Adolf von Nassau zu einem Symbol der schwach gewordenen königlichen Autorität. Einer seiner Nachfolger, der Luxemburger Heinrich VII., wollte elf Jahre nach der Göllheimer Schlacht dafür sorgen, daß die Geschichte diesen König aus dem Geschlecht der Nassauer Grafen nicht vergesse. Zusammen mit dem Leichnam Albrechts von Habsburg-Österreich ließ Heinrich VII. im Jahre 1309 den König, der auf dem Hasenbühl bei Göllheim sein Leben beendet hatte, in der Kaisergruft des Speyerer Domes „feierlich beisetzen", wie ein Chronist überliefert hat. Durch den Tod in der Schlacht war – so jedenfalls mußte man die Entscheidung des Königs Heinrich VII. verstehen – das negative Urteil der Kurfürsten über diesen König getilgt.

Albrechts unvollendetes Werk

War Adolfs Tod in der Schlacht noch als das konsequente Ende eines alten Kriegsmannes empfunden worden, so galten die Umstände, unter denen das Leben seines Widersachers Albrecht von Österreich erlosch, auch in jener durch Gewalt gekennzeichneten Zeit als ungewöhnlich. Nach zehnjähriger Herrschaft (die Kurfürsten hatten Albrecht nach dem Sieg von Göllheim in rechtlich unanfechtbarer Weise in Frankfurt zum König gewählt, in Aachen war er dann entsprechend der geltenden Tradition gekrönt worden), starb Albrecht bei Brugg in der Schweiz durch Mörderhand. Sein Neffe und Mündel Johann überfiel den König zusammen mit vier Helfern am 1. Mai des Jahres 1308 und erstach ihn. Dieser Johann, der Enkel König Rudolfs von Habsburg und Sohn des 1290 verstorbenen Herzogs Rudolf II., erhielt durch diesen Mord an seinem Onkel und Vormund den Beinamen „Parricida": der Vatermörder. Anlaß des Königsmordes von Brugg war ein Erbstreit. Johann machte gegenüber Albrecht Ansprüche auf wichtige Teile des großväterlichen Erbes geltend, zumal Rudolf von Habsburg ursprünglich seine *beiden* Söhne, Albrecht und Rudolf, als Statthalter in den südöstlichen Herzogtümern eingesetzt hatte. Albrecht wies jedoch die Forderungen seines Neffen zurück. So kam es schließlich zur Bluttat.

Als Heinrich VII. die Beisetzung seines ermordeten Vorgängers im Speyerer Dom veranlaßte, handelte er sicher im Sinne dieses zweiten Königs aus dem habsburgischen Geschlecht. Wie sein Vater Rudolf so bevorzugte auch Albrecht von Österreich in seiner zehn Jahre dauernden Königsherrschaft die Stadt Speyer als Verhandlungs- und Aufenthaltsort. Zusammen mit Wien, dem Hauptort in Albrechts Herzogtum Österreich, sah Albrecht in Speyer einen wichtigen Pfeiler seiner Herrschaft. Im Jahr nach seiner endgültigen Wahl zum König erneuerte Albrecht das Speyerer Privileg und gab dadurch den Handelsleuten einen Rückhalt. (Schon gleich nach der Schlacht bei Göllheim hatte sich Albrecht als Sieger mit den reichsstädtischen Anhängern Adolfs, auch mit den Speyerern, versöhnt und einen Ausgleich hergestellt.) Besonders verbunden fühlte sich Albrecht von Österreich mit der Speyerer Patrizierfamilie Bernbach zur Krone. Bei ihr war er oft Gast. In Albrechts königlicher Kanzlei wirkte als Vertrauter ein Angehöriger dieser Speyerer Sippe, der Magister Nikolaus Bernbach.

Zu den wichtigen Entscheidungen, die Albrecht als König traf, gehörte der Versuch, gegen den heftigen Widerstand der Kurfürsten, des Kölner und des Mainzer Erzbischofs vor allem, den Handel und den Verkehr auf dem Rhein von Zöllen zu befreien, die diese Fürsten eigenmächtig erhoben. Überall, nicht nur am Rhein, hatten die Territorialfürsten nach der Stauferepoche und nach dem Tod Rudolfs von Habsburg die Schwäche des Königtums genutzt, um sich an den Handelsstraßen möglichst hohe Zolleinnahmen zu sichern. Die wichtigste und einträglichste aller dieser Geldquellen war der legendäre „Zoll am Rhein", von dem es im Volkslied hieß: „Hätt' ich den Zoll am Rhein/ Und Venedig wär mein . . .". Das Bürgertum in den Städten, Kaufleute und Handwerker gleichermaßen, lehnte das oft an Erpressertum grenzende Zollwesen der Territorialherren entschieden ab. Albrecht dürfte sich daher mit seinem Kampf gegen die Zollwillkür nicht nur die Sympathien seiner Speyerer Freunde, sondern auch die Bundesgenossenschaft der anderen Handelsstädte gesichert haben.

Für die Gegnerschaft einflußreicher Territorialherren – neben den geistlichen rheinischen Kurfürsten auch die des wittelsbachischen Pfalzgrafen Rudolf – gab es außer der Zollfrage zuerst noch andere Gründe. Bei seiner Wahl nach Adolfs Tod am 27. Juli des Jahres 1298 in Frankfurt war Albrecht den Kurfürsten weit entgegengekommen und hatte ihnen, ähnlich wie im Jahre 1292 Adolf von Nassau, zahlreiche Rechte verbrieft. Das gute Einvernehmen zwischen dem König und den Kurfürsten ging jedoch rasch zu Ende, als Albrecht seine Beziehungen zu Philipp dem Schönen von Frankreich vertiefte.

Der König von Frankreich beglückwünschte den Habsburger sogleich nach dessen Sieg bei Göllheim. Kontakte, die schon einige Jahre zuvor zwischen dem Kapetinger Philipp und dem Habsburger Albrecht geknüpft worden waren, führten nun zu einer Heiratsvereinbarung. Philipps Schwester Blanca sollte Albrechts Sohn Rudolf heiraten. Im Dezember 1299 trafen sich Philipp und Albrecht an der Maasgrenze bei Toul. Nicht zu Unrecht vermuteten die Fürsten des Reiches, daß die beiden Könige längerfristig planten. In geheimen Absprachen ging es um Burgund, wo Albrecht angeblich dem Franzosen freie Hand für die Freigrafschaft versprochen habe, wenn das Reich formell die Oberhoheit behalte. Tatsächlich gab Albrecht jedoch nur ein Stück Land am linken Ufer der Maas bei Verdun preis, das Frankreich besetzt hielt. Dennoch verbreitete sich das Gerücht, daß Albrecht das ganze linke Rheinufer aufgeben wolle und dazu Burgund und Oberitalien, um mit Hilfe des französischen Königs eine habsburgisch-österreichische Erbmonarchie im Reich aufzurichten.

Richtig an diesen Vermutungen und Unterstellungen war nur, daß Albrecht seinem Sohn Rudolf schon frühzeitig die Thronfolge sichern und deswegen den französischen König, der in der Vergangenheit bereits über einzelne Kurfürsten in die deutschen Entscheidungen eingegriffen hatte, zu einem Verbündeten des Hauses Habsburg-Österreich machen wollte. Als Albrecht auch noch in Holland eingriff, um Erbstreitigkeiten zugunsten des Reiches zu regeln, fürchteten die rheinischen Kurfürsten eine Art Umklammerung durch den Habsburger – einerseits von der handelspolitisch so wichtigen Rheinmündung her, andererseits vom Oberrhein her, einer Region, deren Handelswege nach Italien und an die Mittelmeerküste führten. Schon im Jahre 1300 kam es deshalb in Heimbach bei Bingen zu einem Bündnis gegen Albrecht. Wie schon bei Adolf von Nassau planten einige Kurfürsten die Absetzung des Königs. Doch Albrecht erwies sich als kluger Taktiker. Eine seiner Reaktionen bestand darin, daß er Bundesgenossenschaft warb, indem er die Aufhebung aller seit Friedrich II. eigenmächtig errichteten Zölle forderte. So gelang Albrecht die Unterwerfung der rheinischen Kurfürsten mit Hilfe vieler Städte und auch des niederrheinischen Adels. Den Pfalzgrafen Rudolf zwang er im Juni 1301 durch die Belagerung Heidelbergs in die Knie. Am Ende schien die Macht der Kurfürsten gebrochen: sie alle mußten das widerrechtlich erworbene Reichsgut zurückgeben und ihre Zollstätten aufheben.

Sicherlich hat sich Albrecht durch dieses Vorgehen viel Achtung verschafft. So volkstümlich wie sein Vater Rudolf wurde er jedoch nie. Dieser Habsburger sei ein verschlossener Mensch gewesen, ein begabter Verwalter und guter Organisator, aber auch hart im Umgang mit Menschen, berichteten die zeitgenössischen Zeugen. „Rücksichtslose Energie" wurde ihm nachgesagt. Mit geheimen Räten habe er sich umgeben, es habe diesem König an Offenheit gefehlt. Vielleicht könnte man ihn als einen kühlen Rechner kennzeichnen, der, modern gesprochen, allein dem Staatszweck dienen und das Gedeihen des Hauses Habsburg-Österreich fördern wollte. Einig sind sich die pro-habsburgischen und die gegenüber dem Hause Habsburg skeptischen Kritiker in ihrem Urteil darin, daß der Tod Albrechts von Österreich jene Konsolidierung des Reiches und der Königswahl abrupt beendete, die Albrecht mit seinem Kampf gegen die Willkür der Territorialherren und speziell der so mächtig gewordenen Kurfürsten erfolgreich begonnen hatte. Auch der neuerliche Versuch, dem Reich nach dem Ende der Staufer durch eine Erbmonarchie Kontinuität und gesicherte Königsgewalt zu verschaffen, war – nach dem vergeblichen Bemühen Rudolfs von Habsburg – auch unter Albrecht von Österreich mißlungen. Die Mörderhand des Johann Parricida veränderte das Schicksal Deutschlands. Der Steinsarg in der Speyerer Kaisergruft, in dem die Gebeine des Königs Albrecht ruhen, erinnert uns daran.

Entscheidungen in Speyer

Nach dem überraschenden Tod Albrechts von Österreich sah Philipp der Schöne erneut eine Chance, das Reich Karls des Großen wiederherzustellen – diesmal unter der Führung der westfränkischen Erben. Der Kapetinger auf dem westfränkisch-französischen Königsthron, der für sein Geschlecht die Kaiserwürde und den ersten Rang im Abendland erstrebte, schickte Gesandte ins Reich – „mit Geld versehen" – und warb für die Kandidatur seines Bruders, Karl von Valois. Philipp veranlaßte auch den Papst zu einer Parteinahme gegenüber den deutschen Kurfürsten. Im Reich machte sich kein anderer als der wittelsbachische Pfalzgraf Rudolf, der älteste Sohn Ludwigs des Strengen, Hoffnung auf die Krone. Ein anderer Kandidat, Herzog Heinrich von Kärnten, der im Jahre 1307 gegen habsburgischen Widerstand zum Nachfolger seines Schwiegervaters Wenzel II. zum König von Böhmen gewählt worden war, blieb unentschlossen. Der Trierer Kurfürst, Erzbischof Balduin, präsentierte einen eigenen Kandidaten, den Grafen Heinrich von Luxemburg, seinen Bruder. In Boppard traf man sich zur Königswahl. Der Luxemburger setzte sich durch und erhielt so die Krone des Reiches als Heinrich VII.

Durch die Wahl des Luxemburgers verhinderte man die Gefahr, daß ein französischer Fürst zum Nachfolger des Habsburgers wurde, die Luxemburger Grafen galten jedoch als romanisiert. Sie standen im guten Einvernehmen mit Frankreich. Heinrich selbst hatte das Französische als Muttersprache erlernt und war in der Tradition des französischen Rittertums erzogen worden. Mit der Entscheidung für diesen an der Westgrenze des Reiches beheimateten und gebildeten Grafen verlagerte sich der Schwerpunkt des Reiches wieder vom Südosten in den Westen. Allerdings nur für eine kurze Zeit. Weniger durch vorausschauende Planung als durch günstige Umstände kam nämlich das Haus Luxemburg alsbald in den Besitz Böhmens. Die einflußreichen böhmischen Adeligen waren mit Heinrich von Kärnten unzufrieden und drängten Heinrich VII., er solle dem Herzog von Kärnten die Herrschaft in Böhmen entziehen. Böhmische Geistliche und Adelige empfahlen, der König solle seinen einzigen Sohn, Johann mit Namen, mit einer Tochter des früheren Königs Wenzel II. verheiraten. Einen Monat, nachdem ein Reichstag in Speyer dem Kärtner die böhmische Krone abgesprochen hatte, wurde Johann von Luxemburg, ein 14 Jahre alter Knabe, in Speyer mit der böhmischen Krone belehnt und mit der 18 Jahre alten Elisabeth aus dem Geschlecht der Premysliden vermählt.

Auch andere weitreichende Entscheidungen traf man damals in Speyer. Heinrich VII. kündigte dem Reichstag an, daß er nach Italien ziehen wolle. Das Ziel war die Kaiserkrönung in Rom. Seit Friedrich II. hatte kein König mehr die Kaiserwürde erlangt. Nun – fast hundert Jahre nach dem Staufer – griff ein deutscher Herrscher wieder nach der Krone der römischen Kaiser. Zur Vorbereitung schickte Heinrich VII. von Speyer aus Gesandte nach Rom. In Speyer selbst veranlaßte der Luxemburger, wie schon erwähnt, die Beisetzung seiner Vorgänger Albrecht und Adolf in der Kaisergruft des Domes. Diese symbolische Handlung, mit der der von vielen deutschen Fürsten mit Argwohn betrachtete Luxemburger seine Verbundenheit mit der Tradition der Kaiser und Könige des Reiches demonstrierte, war von Heinrich VII. sorgfältig vorbereitet: er fand in Speyer einen Ausgleich mit den Habsburgern und sorgte dafür, daß die Erben Albrechts von Österreich – Herzog Friedrich und seine vier Brüder – ihre Reichslehen erhielten, einschließlich des Erbes, das Johann Parricida zugefallen wäre. Außerdem gab Heinrich VII. den Habsburgern noch Mähren als Pfandschaft für fünf Jahre.

Zu den wichtigsten Voraussetzungen eines Romzuges gehörte auch das Einvernehmen des Königs mit anderen einflußreichen Fürsten im Reich. Die Zusammenarbeit mit dem Pfalzgrafen und Herzog Rudolf, der selbst gerne König geworden wäre, und mit dessen mitregierendem jüngeren Bruder Ludwig war besonders wichtig. Die beiden Wittelsbacher, die als Verwalter des pfälzischen Kernlandes eine Machtposition besaßen, waren zur Teilnahme am Italienzug des Luxemburgers bereit und erhöhten damit das Prestige Heinrich VII. Nach der Ankündigung auf dem Speyerer Reichstag dauerte es bis zum Aufbruch nach Italien noch mehr als ein Jahr. Im Oktober 1310 passierte der König mit seinen Rittern den Mont Cenis. Pfalzgraf Rudolf folgte später nach. Sein Bruder Ludwig tat sich bei Kämpfen vor der Stadt Brescia hervor. Schon im Jahre 1313, knapp ein Jahr nach der Krönung in Rom, starb Kaiser Heinrich VII. im italienischen Siena im Alter von erst 38 Jahren.

Wiederum unternahm jetzt der französische König, unterstützt vom Papst, den Versuch, einem Kapetinger die Krone des Reiches zu verschaffen. Diesmal sollte der spätere Philipp V. – ein jüngerer Sohn Philipps des Schönen – der Kandidat sein, weil er, so die Begründung, die Erbin der Freigrafschaft Burgund geheiratet und somit großen Besitz und Verwandtschaft im Reich habe. Die Kurfürsten hatten jedoch andere Pläne. Allerdings waren sie sich nur in der Ablehnung eines Kapetingers ziemlich einig. Am Ende gab es eine Doppelwahl. Auf der einen Seite stand eine Mehrheit der Kurfürsten, die sich für den Wittelsbacher Ludwig entschied, auf der anderen Seite votierte eine

Minderheit für Friedrich von Österreich, den Sohn König Albrechts und Enkel Rudolf von Habsburgs. Für die Pfalz hatte diese Doppelwahl weitreichende Konsequenzen. Im Lager der Habsburger befand sich nämlich der mit seinem Bruder Ludwig verfeindete Pfalzgraf Rudolf, der die Kurstimme führte und sich dabei gegen seinen Bruder aussprach. Weil der in Heidelberg geborene Ludwig – der jüngere Sohn Ludwigs des Strengen und Enkel Rudolfs von Habsburg – auch Herzog in Oberbayern war, führte er als König (und später als Kaiser) den Beinamen „Ludwig der Bayer". Ob dieser König und Kaiser bei seiner Wahl durch die Mehrheit der Kurfürsten (am 20. Oktober 1314) 31 Jahre oder erst 27 Jahre alt war, weiß man nicht genau. Bekannt ist jedoch der Tag seines Todes: er starb am 11. Oktober 1347 bei Fürstenfeldbruck, ganz in der Nähe des Klosters, das sein Vater gestiftet hatte, weil er Buße tun wollte für die Hinrichtung seiner ersten Gemahlin.

Dieser Wittelsbacher, sein Bruder Rudolf und dessen Söhne haben in der pfälzischen Geschichte tiefe Spuren hinterlassen.

Bruderkriege in der Pfalz

Blicken wir noch einmal zurück auf das Jahr 1294, als der damals 20 Jahre alte Pfalzgraf Rudolf I. die Tochter des Königs Adolf von Nassau heiratete, in das anti-habsburgische Lager überging und damit in Konflikt geriet mit seiner Mutter Mathilde, einer Habsburgerin, und mit seinem jüngeren Bruder und Miterben, Ludwig, dem späteren König und Kaiser. In den zwanzig Jahren von Rudolfs Heirat bis zur Königswahl Ludwigs im Oktober des Jahres 1314 war die Pfalz mehrfach der Schauplatz eines Bruderkrieges. Auf beiden Seiten des Oberrheines, besonders aber in der Vorderpfalz, kam es immer wieder zu Kämpfen. Stand Rudolf im Lager der einen Partei, wie in der Schlacht bei Göllheim, dann befand sich Ludwig, sein jüngerer Bruder, im Lager der anderen Partei. Den Schaden hatten die Pfälzer. Ihre Heimat war in einem schlimmen Zustand, als sich der jüngere der beiden Wittelsbacher schließlich durchsetzte und Rudolf I. im Jahre 1317 zugunsten seines Bruders, des Königs Ludwig IV., auf sein Erbe verzichtete.

Wenn wir heute aus einer der alten Chroniken in knappen Worten erfahren, daß im Sommer des Jahres 1298 ein Ritterheer Albrechts von Österreich auf dem Marsch von Straßburg nach Alzey die Vorderpfalz durchquert habe und daß zur gleichen Zeit die Streitmacht Adolfs von Nassau, verstärkt durch die Ritter des Pfalzgrafen Rudolf, von Speyer nach Worms marschiert sei, dann vergessen wir bei solch dürren Nachrichten allzu leicht die Folgen derartiger Kriegszüge für das Land und seine Bewohner. Die Truppen von Freund und Feind bestanden aus wilden Gesellen; man verpflegte sich aus dem Land, meist auf recht willkürliche Art. Brandschatzen und plündern im Territorium des Gegners gehörte fast zu den Selbstverständlichkeiten. Krankheiten, Seuchen und Hunger waren oft die Begleiter solcher Kriege zwischen verfeindeten Fürstengeschlechtern.

Nur zwei Jahre nach dem Entscheidungskampf bei Göllheim provozierte der Pfalzgraf und Kurfürst Rudolf I. wiederum einen Krieg, in dem die Kurpfalz schwer litt. Diesmal war der Anlaß jenes Bündnis von Heimsbach, in dem die rheinischen Kurfürsten ihre Zollpolitik gegen Albrecht von Österreich, dem König des Reiches, sichern wollten. Wiederum war Rudolf I. der Verlierer, als Albrecht in die kurpfälzischen Gebiete einrückte und im Jahre 1301 Heidelberg erfolgreich belagerte. Rudolfs Bruder Ludwig nahm an diesem Feldzug teil – auf der Seite seines Onkels, des Habsburgers Albrecht. Wilde Massen hätten in diesem Zollkrieg in der Pfalz gehaust, heißt es in Ludwig Häussers Pfalzgeschichte. Beteiligt waren an diesem Feldzug auch Truppen des französischen Königs Philipp IV. Albrecht hatte den Kapetinger um Hilfe gegen die rheinischen Kurfürsten gebeten und diese Hilfe auch erhalten. Philipps Streitmacht fiel in die Pfalz ein und bezog Winterquartier in der Region am Oberrhein. So mußten die Pfälzer für die Fehler und Treuebrüche ihres Fürsten, des Wittelsbachers Rudolf I., büßen.

Neben Albrecht von Österreich war der eigentliche Gewinner in diesem pfälzischen Krieg Rudolfs Bruder Ludwig. Ihn begünstigte Albrecht von Österreich beim Friedensschluß, indem er für den größten Teil der Pfalz und Bayerns eine gemeinschaftliche Regierung der beiden Brüder durchsetzte. Der häusliche Friede dauerte jedoch nur kurze Zeit. Rudolf I. ließ bald darauf die eigene Mutter und den mitregierenden Bruder entführen. Der Mutter Mathilde preßte er so einen Widerruf ihrer Besitz- und Herrschaftsansprüche ab. Wieder in Freiheit widerrief Mathilde. Als sie zwei Jahre später, im Jahre 1304, starb, befand sich der bayerische Teil des wittelsbachischen Besitzes als Folge des langjährigen Familienstreites in einem ziemlich schlimmen Zustand, so daß sich Albrecht von Österreich in Bayern zum Vormund seines immer noch jugendlichen Neffen Ludwig machte und mit Hilfe von Ratgebern die Finanzen in Ordnung bringen ließ.

Der Tod Albrechts von Österreich führte bei den pfälzisch-bayerischen Wittelsbachern zu neuen Auseinandersetzungen, die im Jahre 1310 in München mit einer Teilungsvereinbarung zwischen Rudolf I. und Ludwig endeten. Die Pfalz sollte demnach in der Hand Rudolfs I. bleiben, ungeteilt, wie es ausdrücklich hieß. Ludwig erhielt große Teile des bayerischen Besitzes zugesprochen. Für Ludwig war die Konzentration auf den bayerischen Teil des väterlichen Erbes vorteilhaft, als er, Bundesgenosse seiner wittelsbachischen Verwandten, in Niederbayern erfolgreich kämpfte und dort die Regentschaft übernahm.

Bald nach dieser Zunahme an Macht und Einfluß stimmten die Kurfürsten von Mainz, Trier, Brandenburg und Böhmen für den Jüngeren der beiden pfälzisch-bayerischen Wittelsbacher und machten Ludwig zum König. Nun gehörte Ludwig zum anti-habsburgischen Lager, sein Bruder Rudolf jedoch, der als Pfalzgraf die Kurstimme führte, stand zusammen mit dem Kölner Kurfürsten auf der Seite des Herzogs Friedrich von Österreich. Sogar den Papst bat Rudolf um Hilfe, weil er die Wahl des Habsburgers durchsetzen und eine Krönung seines jüngeren Bruders Ludwig verhindern wollte. Doch dieses Vorhaben mißlang dem Pfalzgrafen. Ludwig der Bayer wurde in Aachen gekrönt. Versöhnung und Streit zwischen den Brüdern folgte. Am Ende blieb

Ludwig der Bayer der Stärkere. Im Jahre 1317 mußte sich Rudolf I. seinem königlichen Bruder unterwerfen. Er behielt nur einen kleinen Rest seines Besitzes für den Lebensunterhalt. Für die rheinische Pfalz setzte Ludwig der Bayer einen Verwalter ein. Dessen Aufgabe war es, das geschundene, vom langen Bruderkampf verarmte Land wieder zu ordnen und aufzubauen.

Rudolf I. führte von da an ein unstetes Leben. Zwei Jahre nach der Unterwerfung starb er im Alter von erst 43 Jahren. Die Dokumente geben über den Tod dieses Wittelsbachers keine sichere Auskunft. Der älteste Sohn Ludwigs des Strengen sei in Österreich gestorben, vermuten die einen, andere meinen, in England habe Rudolf I. der Tod ereilt.

Die Pfälzer haben unter den Streitigkeiten dieses Fürsten viel gelitten. Auch wenn Rudolf I. nicht bösartig gewesen ist, so fehlte ihm doch das Maß und es fehlte ihm ein Prinzip, das sein Handeln bestimmt hätte. Viermal kam es während seiner Regentschaft in der Pfalz zu Kampf und Krieg: 1298, 1301, 1314 und 1315 – eine schlimme Bilanz.

Die Pfalz und Neustadt blühen auf

Mitten im Geschäftszentrum von Neustadt findet man in der Kellereistraße einen alten Torbogen aus Pfälzer Sandstein. Wie ein Monument aus vergangenen Tagen steht dieser Torbogen neben modernen Geschäftsbauten, kaum mehr als hundert Schritte entfernt von der mächtigen Stiftskriche mit ihren beiden ungleichen Türmen. Einst führte dieses Tor in ein Schloß. Es lag am Speyerbach, den man vor einiger Zeit zugedeckt und damit für den Stadtbesucher unsichtbar gemacht hat. Eine Gedenktafel an der Hauswand im Hof hinter dem elegant geschwungenen Torbogen berichtet in knappen Worten von der Geschichte dieses Grundstückes.

Hier, mitten in der alten Stadt, die hundert Jahre zuvor gegründet worden war, hatten sich die Herren der rheinischen Pfalz im 14. Jahrhundert einen Wohnsitz gebaut. Die Burg in Winzingen, der althergebrachte Sitz der Pfalzgrafen am Austritt des Speyerbaches in die Rheinebene, diente den Brüdern Rudolf II. und Ruprecht I. ebenfalls als Aufenthaltsort für die Verwaltung ihrer Güter und Besitzungen. Rudolf II., der ältere der beiden pfälzischen Wittelsbacher, litt schon früh an einer Augenkrankheit und starb erblindet im Alter von 47 Jahren am 4. Oktober des Jahres 1353 in Neustadt. Man setzte ihn in der damaligen Stadtpfarrkirche bei, die noch im romanischen Stil im 13. Jahrhundert errichtet worden war.

Rudolf II., der sich in seinen letzten Lebensjahren häufig in Neustadt aufhielt, hat viel zu der wachsenden Bedeutung dieser pfälzischen Stadt beigetragen. Die für Neustadt vorteilhaften Aktivitäten des rheinischen Pfalzgrafen Rudolf II. und seines jüngeren Bruders Ruprecht I. bestanden unter anderem darin, daß Ludwig der Bayer seinen Neffen im Jahre 1331 die Landvogteirechte im Speyergau verpfändete und Neustadt im Jahre 1333 zum Sitz des Landgerichtes machte. Rudolf II., der die Kurstimme führte, erreichte bei Ludwig dem Bayern im März 1345 eine weitere Vergünstigung für Neustadt. Der Kaiser verlieh der Stadt das Privileg zum Abhalten einer Messe. Damit gewann Neustadt an Anziehungskraft für den Handel. Ebenfalls noch unter der Regentschaft Rudolfs II. und seines Bruders Ruprecht I. zeichnete Karl IV., der Nachfolger Kaiser Ludwigs IV., am 15. September 1349 die Stadt Neustadt mit einem Privileg aus.

Mit der Gründung eines Stiftes und dem Bau der Stiftskirche haben die beiden pfälzischen Wittelsbacher bis zum heutigen Tage das Gesicht und die Silhouette von Neustadt bestimmt. Drei Jahre nach dem Tod Rudolfs II. – sein Bruder amtierte nun als alleiniger Regent in der rheinischen Pfalz – verfügte Kurfürst Ruprecht I. die Gründung eines Kollegialstiftes. Er folgte damit einem Wunsch und den Planungen seines verstorbenen älteren Bruders. An die Stelle der alten Stadtpfarrkirche baute man die Stiftskirche. Ruprecht setzte im Einvernehmen mit Bischof Gerhard von Speyer, der die Errichtung des Stiftes im Jahre 1357 bestätigte, einen Stiftsdekan und zehn Chorherren ein und stattete diese Gründung reich mit Gütern aus. Der Dekan und seine Chorherren hatten die Seelsorge in der Stadt versehen, sollten sich aber auch um die Schule kümmern. In seinem Testament bestimmte Ruprecht I., der ein Alter von 81 Jahren erreichte, die Stiftskirche zu seiner Begräbnisstätte. Sein Grab befindet sich im 1394 vollendeten Chorbau dieser Kirche. Auch der stark beschädigte Grabstein Rudolfs II., den man noch in der alten Stadtpfarrkirche beigesetzt hatte, ist heute im Chor der Neustadter Stiftskirche zu besichtigen.

Als Ruprecht I. die Gründung des Neustadter Stiftes verfügte, war noch nicht entschieden, ob sich der Schwerpunkt der Kurpfalz künftig auf der linken oder auf der rechten Rheinseite befinden werde, obwohl Heidelberg zu jener Zeit als die Hauptresidenz der pfalzgräflichen Wittelsbacher galt. Zwei Kirchen symbolisierten am Ende des 14. Jahrhunderts die Alternativen „Heidelberg oder Neustadt“: die Heilig-Geist-Kirche in Heidelberg und die durch Ruprecht I. in Neustadt errichtete Stiftskirche. Als Ruprecht I. nach dem Prager Vorbild Karls IV. für die Kurpfalz die Gründung einer Universität verfügte und Heidelberg mit der Heilig-Geist-Kirche zu deren Sitz bestimmte, war die Frage nach dem künftigen Hauptort entschieden. Der Anteil, den die kurpfälzischen Besitzungen an der Haardt und im Pfälzer Wald an der neuen Universität hatten, bestand vor allem aus materiellen Leistungen: Erträge aus pfalzgräflichem Besitz in der Umgebung von Neustadt dienten nun der Finanzierung der „Ruperto Carola“. Es gehört zu den Seltsamkeiten in der Geschichte der Pfalz, daß der Kurfürst, der in Neustadt eine mächtige Kirche bauen ließ und sie zu seiner Begräbnisstätte bestimmte, der gleiche war, der mit seiner Universitätsgründung den Wettbewerb zwischen der Residenzstadt am Neckar und der anderen Residenzstadt an der Haardt zugunsten von Heidelberg entschieden hat.

Will man das für die Pfalz so bedeutsame Wirken Ruprechts I. verstehen, so muß man sich auch ein wenig mit der komplizierten Familiengeschichte der pfälzischen Wittelsbacher vertraut machen. Die in Neustadt beigesetzten Brüder Rudolf II. und Ruprecht I. waren die jüngeren Söhne des streitsüchtigen Pfalzgrafen Rudolf I. Sie hatten einen älteren Bruder, Adolf mit Namen, der jedoch in relativ jungen Jahren verstarb. Als Rudolf I. im Jahre 1317 seinen Besitz bis auf wenige Reste an seinen jüngeren Bruder Ludwig – den deutschen König – abgeben mußte, zählten die drei Söhne aus Rudolfs Ehe mit Mechthilde von Nassau 17 Jahre (Adolf), elf Jahre (Rudolf) und acht Jahre (Ruprecht). Zusammen mit einer Schwester wuchsen die drei pfälzischen Wittelsbacher nach dem Tod ihres Vaters (1319) unter der Obhut der Mutter in Heidelberg auf. Für die jüngeren der drei männlichen Erben Rudolfs I. hatte man den Bruder der Mutter, den Grafen Johann von Nassau, zum Vormund bestellt. Ludwig der Bayer, König des Reiches, blickte als Regent in der Pfalz mit wachsamen Augen auf seine Schwägerin und auf seine drei – erbberechtigten – Neffen. Als deren Vormund, der Nassauer Graf, insgeheim gegen Ludwig zu arbeiten begann, griff dieser ein.

Adolf, der ältere der Brüder, starb bereits im Jahre 1329. Er hinterließ als Erben einen Sohn Ruprecht mit Namen, der später als Ruprecht II. in die Liste der pfälzischen Kurfürsten aufgenommen werden sollte. Die beiden jüngeren Söhne Rudolfs I. – Rudolf II. und Ruprecht – begleiteten ihren Onkel, Ludwig von Bayern, auf dessen Zug nach Italien. Sie erwiesen sich als tapfere Helden und Kriegsmannen beim Kampf zwischen Papsttum und Kaisertum. (Nicht der Papst, der Ludwig im Jahre 1324 gebannt hatte, krönte den Wittelsbacher, sondern der Laie Sciarra Colonna in seiner Eigenschaft als „Repräsentant des römischen Volkes"). Ludwig versäumte es allerdings, die beiden Neffen sogleich für ihre Unterstützung zu belohnen. Als sie mit Nachdruck ihr Vatererbe verlangten, bereinigte man schließlich die Familienstreitigkeiten im Hause Wittelsbach noch in Italien – durch den Vertrag von Pavia. Für die Pfalz und für Bayern wurde dieser Hausvertrag zu einem grundlegenden Dokument. Im 18. Jahrhundert, als die männliche Linie der bayerischen Wittelsbacher erlosch, traten dank des Vertrages von Pavia die pfälzischen Linien des alten Geschlechtes mit dem Kurfürsten Karl Theodor an die Stelle ihrer fernen bayerischen Verwandten und begründeten schließlich das bayerisch-wittelsbachische Königtum des 19. Jahrhunderts. Es war deshalb nicht ganz abwegig, wenn man in der Pfalz nach dem Jahre 1777 behauptete, nun sei Bayern durch den Vertrag von Pavia doch noch oder doch wieder an die Pfalz gefallen.

Im Hausvertrag von Pavia, besiegelt am 4. August des Jahres 1328, teilte man das Erbe Ludwigs des Strengen so auf, daß dessen Enkel, Rudolf I. und Ruprecht I., die rheinische Pfalzgrafschaft erhielten und dazu die Gebiete um Amberg, Neumarkt und Sulzbach, die wegen ihres ertragreichen Eisenbergbaues begehrt waren. Die rheinische Pfalz und die obere Pfalz – später zur Rheinpfalz und zur Oberpfalz geworden – bleiben in der Hand des Heidelberger Zweiges der Wittelsbacher; die bayerischen Gebiete mit München als Hauptresidenz behielt Ludwig der Bayer für sich und seine Familie. Fortan existierten im weitverzweigten Geschlecht der Wittelsbacher zwei Hauptlinien: die pfälzische und die bayerische. Während des Dreißigjährigen Krieges (1628) gelangten die oberpfälzischen Bezirke, die in Pavia bei der pfälzischen Linie geblieben waren, an den bayerischen Zweig.

Die Bestimmungen des wittelsbachischen Hausvertrages von Pavia sahen vor, daß beim Erlöschen einer Linie des Geschlechts die andere Linie das Erbe erhalten werde. Wollte einer der wittelsbachischen Zweige Land veräußern, so mußte er nach dem Vertrag von Pavia dem anderen Zweig das Vorkaufsrecht gewähren. Im Grunde lief das nun getroffene Arrangement zwischen Ludwig dem Bayern und seinen pfälzischen Neffen darauf hinaus, daß die Wittelsbacher zwar getrennt ihre Besitzungen regieren oder verwalten, aber möglichst gemeinsam gegenüber Dritten handeln sollten. Dieser Gedanke wurde besonders deutlich bei der Regelung der Kurstimme, also der Mitsprache bei der Königswahl. Man wollte bei der Abgabe dieser Kurstimme abwechseln – einmal sollte der pfälzische Wittelsbacher entscheiden, bei der nächsten Königswahl der bayerische Wittelsbacher.

Die, wie es schien, vernünftige Lösung des Familienstreites, hat bei der Frage der Kurstimme nur knapp 25 Jahre überdauert. Nach dem Tode Ludwigs des Bayern entschied dessen Nachfolger, Kaiser Karl IV. aus dem Hause Böhmen-Luxemburg, im Jahre 1354, daß nur der pfälzische Fürst das Kurrecht besitze. Eine familieninterne Regelung, wie es der Hausvertrag von Pavia gebot, erkannte der oberste Hüter des Reichsrechtes nicht an. In dem grundlegenden Gesetz für die Verfassung des Reiches, in der von Karl IV. im Jahre 1356 verkündeten und von einem Reichstag bestätigten Goldenen Bulle, war das Kurrecht der Pfalz festgeschrieben. Es sollte auf Dauer gelten. So hatte es Karl IV. dem pfälzischen Wittelsbacher Ruprecht I. zugesichert.

Blicken wir noch einmal kurz zurück: In Pavia war zwar der Hauptstreit im Hause Wittelsbach fürs erste geschlichtet worden, aber innerhalb der pfälzischen Linie bestanden nun neue Besitzprobleme. Außer den Brüdern Rudolf II. und Ruprecht I. existierte im Jahre 1329 noch ein zweiter Ruprecht, der unmündige Sohn des verstorbenen Adolf von Wittelsbach, des ältesten der drei Söhne Rudolfs I. Dieser Ruprecht der Jüngere hatte prinzipiell keine geringeren Erbansprüche als die beiden Brüder seines Vaters. Im Jahre 1338, als die pfälzischen Wittelsbacher sich über eine Aufteilung des gemeinsam ererbten und in Pavia zuerkannten Besitzes verständigten, wählte Ruprecht der Jüngere das oberpfälzische Amberg zu seiner Residenz. Rudolf II. übernahm den größeren Teil der rheinischen Pfalz, die beiden Ruprechte erhielten gemeinsam die anderen Gebiete.

Ludwig der Bayer hatte in seinen fortdauernden Konflikten mit dem Papsttum in den pfälzischen Wittelsbachern lange Zeit eine gute Stütze, obwohl Ruprecht I. der Ältere, in seiner Treue zu seinem bayerischen Verwandten eine Zeitlang schwankend geworden war. Nach dem Tode Ludwigs des Bayern standen die pfälzischen Wittelsbacher anfangs im Lager jener Partei, die eine Herrschaft des Luxemburgers Karl IV. verhindern wollte. Doch nahm der Streit um die Nachfolge Ludwigs des Bayern eine überraschende Wendung, als der Wittelsbacher Rudolf II. seine einzige Tochter, Anna mit Namen, am 4. März des Jahres 1349 in Bacharach mit Karl IV. vermählte.

Für die Gegenden am Rhein, besonders auch für die Pfalz, erwies sich diese Heirat als ein Glücksfall. Die Gefahr eines fortdauernden Bürgerkrieges war nun gebannt. Der auch vom pfälzischen Kurfürsten mitgewählte Gegenkönig, Günther von Schwarzburg, ein Graf aus dem thüringischen Blankenburg und Anhänger Ludwigs des Bayern, legte die kurz vor dieser Schwenkung des pfälzischen Kurfürsten erworbene Krone nieder. Der böhmische König, Karl IV. aus dem Geschlecht der Luxemburger, hatte deshalb keinen Anlaß mehr, im Kampf mit seinen Widersachern das Land zu verheeren.

Ruprechts historischer Rang

Über den außerordentlichen Rang Ruprechts I. gab es bei dessen Tod im Jahre 1390 keinen Streit unter den Zeitgenossen und auch die Nachwelt ist sich über die Bedeutung dieses pfälzischen Wittelsbachers stets einig gewesen. Daß er, der selbst kein gelehrter Mann war, die Bedeutung der Wissenschaften und der Gelehrsamkeit erkannte und in der rheinischen Pfalz eine Universität nach dem Vorbild der Sorbonne und der kurze Zeit zuvor von Kaiser Karl IV. in Prag errichteten Universität gründete, hätte allein schon genügt, um diesem Ruprecht I. das Prädikat einer geschichtlich herausragenden Persönlichkeit zu sichern. Doch dies war es nicht allein, was die, für damalige Verhältnisse, ungewöhnlich lange dauernde Herrschaft dieses pfälzischen Wittelsbachers auszeichnete. Durch eine kluge Verwaltung seines Landes und seines eigenen Besitzes festigte und vergrößerte Ruprecht die Macht der rheinischen Pfalz und gab ihr bereits in Umrissen jene Gestalt, die sie am Ende des alten Reiches in der napoleonischen Zeit besaß.

Der Titel „Verweser des Reichs", den ihm Karl IV. ausdrücklich bestätigte, als er nach Italien zog, bedeutet für Ruprecht I. mehr als ein schmückendes Beiwort. Er schuf sich im Verlauf der Zeit auch die Machtgrundlage, die es ihm erlaubte, in Abwesenheit des Königs und Kaisers im Reich den Frieden zu wahren, die Gerichtsbarkeit auszuüben und ungerechte Zölle aufzuheben. Durch die Goldene Bulle war dies seit dem Jahre 1356 zum Reichsgesetz erhoben. Beim feierlichen Zug der Fürsten trage der Pfälzer, so sagte es die Goldene Bulle, den Reichsapfel als Symbol der kaiserlichen Allgewalt. Auch des Kaisers Richter solle der Pfälzer sein, wurde auf dem Nürnberger Reichstag im Januar des Jahres 1356 bestätigt. Allerdings durfte man im Falle einer Klage gegen den König und Kaiser nur in dessen Anwesenheit die Beschuldigung vorbringen und den Fall verhandeln.

Die Ehre und das Ansehen Ruprechts I., dessen weiser Rat, gegründet auf eine lange Erfahrung in der Regentschaft, in der zweiten Hälfte des 14. Jahrhunderts überall im Reich viel galt, zeigten sich freilich nicht zu allen Zeiten so rein, wie es manche Zeitgenossen in den Nachrufen dargestellt haben. Da war vor allem der Konflikt mit den bayerischen Wittelsbachern, den Vettern, den Ruprecht wieder heraufbeschwor, als er veranlaßte, daß der Kaiser den im Heiratsvertrag von Pavia vorgesehenen Wechsel in der Abgabe der Kurstimmen für hinfällig erkläre und das Kurrecht allein dem Pfälzer zuspreche. Außerdem setzte sich Ruprecht I. nach dem Tode seines Bruders Rudolf II.

über den von ihm selbst mitgezeichneten Hausvertrag hinweg. Er übernahm Rudolfs Erbe, auch dessen Schulden und tilgte diese Verpflichtungen dadurch, daß er oberpfälzische Besitzungen an den böhmischen König verkaufte, ohne den zum Verkauf stehenden Besitz den bayerischen Verwandten anzubieten, wie es in Pavia vereinbart worden war. Die Folgen ließen nicht auf sich warten: der alte Streit unter den verschiedenen Linien des wittelsbachischen Geschlechts erneuerte sich. Bayern und Pfalz gerieten wieder miteinander in Konflikt, statt, wie man entsprechend dem Hausvertrag von Pavia hätte erwarten müssen, ihre Interessen zu verbinden und zusammenzuarbeiten. Im weiteren Verlauf der Geschichte sollte sich dieser fortdauernde Zwist unter den Wittelsbachern noch mehr als einmal nachteilig auswirken – man denke nur an die Reformationszeit und an den Dreißigjährigen Krieg. Das Wort „Familienbande" erhielt im Verhältnis der bayerischen und der pfälzischen Wittelsbacher zuweilen einen fatalen Doppelsinn – Ruprecht I. ist daran nicht ganz ohne Schuld.

Sieht man von diesen Folgen der Politik Ruprechts I. einmal ab, so bleibt auch noch ein anderer, ziemlich dunkler Fleck in der Biographie des pfälzischen Wittelsbachers. Ehe Ruprecht I. nach dem Tode seines Bruders Rudolf die pfälzische Kurstimme führte und als Pfalzgraf nach dem Kaiser und König und vor allen anderen Fürsten im Reich für den Landfrieden und für das Recht zu sorgen hatte, gab Ruprecht mancherlei Anlaß zur Klage. Besonders die Speyerer haben ihn nicht in bester Erinnerung. Er habe einst, so wird berichtet, nicht vor Handlungen zurückgeschreckt, die eindeutig dem Recht widersprachen. Eine Zeitlang habe Ruprecht sogar „der wüsten Sitte gehuldigt, im Straßenraub einen offenen Erwerbszweig zu suchen". Von dieser unrechtmäßigen, aber in jener Zeit nicht ungewöhnlichen Art der Mittelbeschaffung waren vor allem die Kaufleute betroffen, wenn sie von Worms nach Speyer zogen oder von Speyer aus ihre Waren nach Norden transportierten. An der Wormser Straße, bei Neuhofen zum Beispiel, unterhielt der Pfalzgraf Ruprecht einmal ein sogenanntes Raubnest, eine befestigte Behausung, von der aus die räuberischen Gesellen ihre Überfälle unternahmen. Der nahe Wald sollte die Untaten decken. Dorthin brachte man die Kaufleute, um sie auszurauben. Kein anderer als Karl IV. beendete schon bald nach seiner Krönung zum König im Jahre 1349 diesen Spuk, indem er die Raubhöhlen des Pfälzers zerstören ließ. (Es gehört zu den Merkwürdigkeiten der Geschichte, daß um die gleiche Zeit, in der Karl IV. bei Speyer den Straßenraub des Pfalzgrafen Ruprecht unterband, in Bacharach die Heirat zwischen Ruprechts Nichte und dem König aus böhmisch-luxemburgischen Hause gefeiert wurde). Durch ein Edikt Karls IV. wurde zugunsten der Speyerer und anderer Kaufleute verfügt, daß im Umkreis von drei Meilen – gerechnet von Speyer aus – keine Burg errichtet werden dürfe. Geschehe dies doch, so hätten die Speyerer das Recht, eine derartige Burg oder ein befestigtes Haus zu zerstören.

Daß Karl IV. später nur noch selten gegen räuberische Adelige oder Territorialherren einschritt und sich ganz auf den Ausbau und die Verwaltung seines böhmischen Königreiches konzentrierte, führte in manchen Teilen des

Reiches zu üblen Zuständen. Einer der Nachbarn der Pfalzgrafen, der württembergische Graf Eberhard (mit dem Beinamen der „Greiner", was gleichbedeutend ist mit „Zänker" oder „Streithansel"), tat sich in jener Zeit ganz besonders durch Überfälle und Räubereien hervor, indem er seinen Besitz in Ladenburg am unteren Neckar als Ausgangspunkt für diese Art einer Waren- und Geldbeschaffung benutzte. Ruprechts frühe Taten- oder Untaten – an der Wormser Straße – passen gewiß nicht in das überlieferte Bild des weisen, maßvollen Kurfürsten, aber sie dürften im Urteil der Zeitgenossen nicht als ungewöhnlich empfunden worden sein. Kennzeichnend für Ruprechts Regentschaft waren nämlich Spannungen zwischen ihm und der Stadt Speyer. Ein offener Krieg ist in Ruprechts frühen Jahren nur mit Mühe verhindert worden. Allerdings wechselten die Interessen zu jener Zeit oft und durchaus überraschend. So findet man Ruprecht I. im November des Jahres 1353 als erfolgreichen Vermittler in einem Konflikt, der zwischen dem bischöflichen Domherren Eberhard von Sickingen und dessen Verwandten, den Ebersteinern, auf der einen Seite und Speyerer Bürger auf der anderen Seite ausgebrochen war. Als einige Verwandte des Domherren schutzlose Bürger der Stadt beraubten, schlugen die Städter zurück. Sie zogen mit einer Streitmacht gegen die Ritter, verwüsteten deren Burgen und einige Dörfer und führten mehrere Ritter als Gefangene nach Speyer zurück. Nun war der Pfalzgraf den streitenden Parteien als Vermittler und Schiedsrichter willkommen.

Über manchen Kleinkrieg, der zu jener Zeit in der heutigen Pfalz geführt wurde, weiß man nur wenig Genaues. So mußte im März 1376 der Kurfürst und Pfalzgraf Ruprecht wieder einmal eingreifen und für den Frieden im Lande sorgen, weil im Jahre 1375 zwischen Emicho von Leiningen und den Städten Speyer, Worms und Mainz ein Streit ausgebrochen war, der die Bewohner der Pfalz als Hauptbetroffene heimsuchte. Ob und wodurch Ruprechts Vasallen damals die Städte herausgefordert haben, ist nicht bekannt. Nur die traurigen Ergebnisse – Verwüstungen, Plünderungen – sind in den Chroniken jener Zeit verzeichnet und die Tatsache, daß im Jahre 1378 die besiegten Städte an den Pfalzgrafen Ruprecht eine Entschädigung von 2 500 Gulden bezahlt haben. Kaiser Karl IV., so heißt es, habe sich aus diesem Streit der Ritter mit den oberrheinischen Städten herausgehalten. Immerhin befand sich das Land damals in einer Art Bürgerkrieg, in dem kurpfälzische Städte wie Neustadt, Oggersheim, Germersheim, Wachenheim besonders zu leiden hatten. Auch Lambsheim, Meckenheim, Friedelsheim, Schwegenheim, Lingenfeld und andere Orte der Pfalz kamen in diesem innerpfälzischen Krieg zu Schaden.

Friedliche Zeiten waren damals überall selten. Da der Kaiser meist untätig blieb, bildeten sich immer wieder Bündnisse, in denen sich die Städte gegen das Raubritterunwesen gemeinsam zu schützen versuchten. Im Jahre 1381 fanden sich zum Beispiel rheinische und schwäbische Städte im „großen Speyerer Bund" zusammen. Die Fürsten und vor allem die Ritter empfanden diesen Bund als eine Gefahr. Ruprecht selbst war den Städten nicht unfreundlich gesonnen. Spannungen gab es jedoch zwischen ihm und einigen der Kirchenfürsten. So kam es denn auch im Jahre 1381 zu einem Kampf zwischen den Bischof Adolf von Speyer, zugleich Erzbischof von Mainz, und dem Pfalzgrafen. Darunter hatten die bischöflichen Orte in der Pfalz ebenso zu leiden wie die pfälzgräflich-kurfürstlichen.

Sieben Jahre später lag der nun schon fast achtzig Jahre alte Ruprecht in Fehde mit den Städten. Der Streit hatte sich zunächst im Schwäbischen entzündet, wo die verbündeten Städte in der Schlacht bei Döffingen, westlich von Stuttgart, der von Eberhard dem Greiner geführten Streitmacht der Fürsten und Ritter unterlagen. Nun rüsteten die Städte „von Straßburg bis zur Wetterau, um das Land des Pfalzgrafen anzugreifen". Speyer, Worms, Mainz und Straßburg sagten dem Kurfürsten den Kampf an. Am linken Rheinufer plünderten und zerstörten die städtischen Truppen Orte wie Germersheim, Landau und Neustadt. Die Pfälzer büßten dafür, daß der württembergische Graf in Döffingen den Städtebund besiegt hatte. Ruprecht reagierte in dieser bedrohlichen Lage erstaunlich rasch und zielstrebig. In kurzer Zeit sammelte er eine Streitmacht. Südlich von Worms traf er auf die städtischen Scharen. Zweihundert Tote zählte man; 300 Städter nahm der Kurfürst gefangen, die anderen flohen. Unter den Gefangenen, die die kurfürstlichen Streiter bei Worms machten, fand man sechzig, die von den Pfälzern als Plünderer und Brandschatzer identifiziert wurden. Unter ihnen, so hieß es, hätten die pfälzischen Untertanen am meisten gelitten. Ruprecht nahm grausame Rache an diesen Feinden: er ließ sie in einen brennenden Kalkofen werfen. „Ihr habt", so soll Ruprecht gesagt haben, „bei Nacht und Nebel meine armen Leute mit Feuer und Brand verheert, so will ich Euch bei hellem Tage in Rauch schikken".

Am Ende des Bürgerkrieges zwischen den verbündeten Reichsstädten und den süddeutschen Territorialherren war die Macht der Städte gebrochen. Der Sohn und Nachfolger Karls IV., König Wenzel, brachte im Jahre 1385 in Eger einen Vertrag zustande, der die einzelnen Bündnisse auflöste und den allgemeinen Frieden herstellte. An Stelle des achtzig Jahre alten Ruprecht I. nahm dessen Großneffe, Ruprecht III., der spätere König, an dem Friedensschluß von Eger teil. Ruprecht selbst überlebte diese Bestätigung seiner Macht nur noch um ein Jahr.

Zum Besonderen in der Biographie dieses pfälzischen Fürsten gehört seine lange Regierungszeit. Nicht weniger als 61 Jahre lang regierte Ruprecht I. in den pfälzischen Territorien, davon 24 Jahre gemeinsam mit seinem älteren Bruder Rudolf II. und mit seinem Neffen, Ruprecht dem Jüngeren, 37 Jahre dauerte die Herrschaft Ruprechts I. als Alleinregent und Kurfürst in der rheinischen Pfalz. Der praktische Sinn für alles Gute und alles Nützliche, der an Ruprecht vor allem gerühmt wurde, verschaffte der rheinischen Pfalz am Ende einen erheblichen Gebietszuwachs. Dieser Wittelsbacher verstand es, den Streit mit der Stadt Kaiserslautern schließlich zugunsten der Pfalzgrafschaft zu entscheiden, nachdem sich die Lauterer oftmals über das Verhalten der Brüder Rudolf und Ruprecht beim Kaiser beschwert hatten. Die pfälzischen

Wittelsbacher setzten sich, so die Beschuldigung, in der Umgebung der Stadt fest und beeinträchtigten die Rechte und das Eigentum von Lautern. Der Sohn Karls IV., der an der allgemeinen Reichspolitik wenig interessierte König Wenzel, ergriff in diesem lang andauernden Streit Partei für die pfälzischen Wittelsbacher. Neben einigen anderen Orten in der Pfalz, die zuvor durch Pfandschaft dem Pfalzgrafen zugefallen waren, huldigte 1379 auch das bis dahin reichsunmittelbare Kaiserslautern dem Kurfürsten Ruprecht I. und anerkannte die Herrschaft der Pfalzgrafschaft. Die Vermutung, daß die Sache mit einem Handel begonnen habe, der dem Kaisersohn bei der Königswahl die pfälzische Kurstimme sichern sollte, ist gewiß nicht abwegig. Auch ein Ruprecht I. war nicht kleinlich. Wenn es um die Belohnung für kurfürstliches Wohlverhalten ging, erschien ihm eine wichtige Stadt wie Kaiserslautern zur Abrundung des pfälzischen Besitzes als angemessene Gegengabe.

Den größten Zuwachs erzielte Ruprecht durch den Kauf der Hälfte von Zweibrücken mit Hornbach und Bergzabern. Der Zweibrücker Garf Eberhard verkaufte (1305) diese Hälfte an den Kurfürsten und Pfalzgrafen für 2 500 Gulden, die andere Hälfte nahm er als Lehen. Damit setzte sich Ruprecht I. in weiten Teilen des alten Speyergaues und des Bliesgaues fest. Sein Territorium in der heutigen Pfalz rundete sich ab. Die Schutzfunktion für die Rechte des kaiserlichen Fiskus, die schon Kaiser Ludwig der Bayer seinen Neffen zuerkannt hatte, sicherte den pfälzischen Wittelsbachern auch die Verfügung über eine ganze Reihe der alten Reichsburgen, darunter der Trifels, Neukastel, die Germersheimer Burg und andere. Die Stadt Germersheim selbst ging ebenfalls an Ruprecht, ebenso ein Ort wie Billigheim. Manche Gemeinde, die ursprünglich an Ruprecht I. nur verpfändet worden war, gelangte im Verlaufe der langen Regierungszeit des Kurfürsten endgültig in dessen Besitz und vergrößerte so das Territorium der rheinischen Pfalz. In Verhandlungen und in Geldsachen nützte der alte Ruprecht I. seine reiche Erfahrung, die er schon als junger Miterbe gesammelt hatte. Zu seinen Stärken gehörte auch ein sicherer Blick für tüchtige Mitarbeiter und Berater. Als Ruprechts erster Beamter und Leiter der kurfürstlich-pfalzgräflichen Kanzlei erwarb sich vor allem Konrad von Alzey große Verdienste.

Kein anderer Pfalzgraf seit Konrad von Staufen hat das Herrschaftsgebiet so sehr erweitert wie Ruprecht I. Zusammen mit der Universitätsgründung bewirkte die Politik der Gebietsabrundung und der Besitzerweiterung, daß Kurfürst Ruprecht I. zu den herausragenden Regenten in der Geschichte der Pfalz gezählt werden muß.

Pfalzgraf und König

Die Stärkung der Pfalzgrafschaft durch Ruprecht I. blieb in der Reichspolitik nicht ohne Folgen. Zehn Jahre nach dem Tode des angesehenen Kurfürsten und Pfalzgrafen bestimmte am 21. August des Jahres 1400 in Rhense bei Boppard am Rhein eine Mehrheit der Kurfürsten den Großneffen Ruprechts I., den Pfalzgrafen Ruprecht III., zum König, genauer gesagt zum Gegenkönig. Einen Tag vor dieser Königswahl hatten die Anhänger des pfälzischen Wittelsbachers den König Wenzel aus dem böhmisch-luxemburgischen Geschlecht für abgesetzt erklärt. Der Hauptvorwurf gegen den Böhmenkönig lautete: er mißachte die Interessen des Reiches, sorge nicht für Recht und Frieden. Er habe teils durch Untätigkeit, teils durch Fehlverhalten seine königlichen Rechte verwirkt. Der Pfälzer, der als Kurfürst sowohl an der Absetzung Wenzels wie an seiner eigenen Wahl mitgewirkt hatte, mag gewußt haben, daß er sein Königtum erst noch durchsetzen, ja sich erkämpfen müsse. Nicht wenige Territorialherren im Reich und vor allem viele Städte standen auf Wenzels Seite. Die Schwäche dieses Königs, sein geringes Interesse für die Situation außerhalb Böhmens, störte manchen Fürsten nicht allzusehr. Im Gegenteil.

Ruprecht war 48 Jahre alt, als ihm die Krone zugesprochen wurde, die sein Urgroßvater Adolf von Nassau und sein Ururgroßvater Rudolf von Habsburg getragen hatten. Ähnlich wie der erste habsburgische König bemühte sich Ruprecht I., der pfälzische Wittelsbacher, die Autorität des Königtums zu stärken, der Anarchie im Reich Einhalt zu gebieten und für Gerechtigkeit zu sorgen. Doch die Zeiten hatten sich geändert. Was Rudolf von Habsburg noch einigermaßen gelungen war, das mißlang seinem pfälzischen Nachfahren. Bis zu seinem überraschenden Tod, der den 58 Jahre alten König Ruprecht im Jahre 1410 auf der Burg Landskron in Oppenheim ereilte, führte der Wittelsbacher einen stetigen Kampf mit seinem Vorgänger Wenzel und mit dessen Anhängern.

Von Anfang an, so scheint es rückblickend, hatte sich Ruprecht zu viel vorgenommen. Er wollte, anders als einst Rudolf, die Autorität des Königtums auch im alten Reichsitalien wiederherstellen und in Rom vom Papst die Kaiserkrone erhalten. Dabei geriet er in die Auseinandersetzungen der oberitalienischen Stadtrepubliken und scheiterte mit seinem Italienzug vor allem an der Gegnerschaft des reichen Mailand, obwohl die Gegner der Mailänder, die Florentiner, dem König am Anfang die Finanzierung einer beachtlichen Streitmacht ermöglicht hatten. Zu wenige der Fürsten und Städte des Reiches befanden sich auf Ruprechts Seite, zu viele standen im gegnerischen Lager oder zeigten kein Interesse an einem Wiedererstarken der Königsmacht. Der Papst, der an der Absetzung Wenzels mitgewirkt hatte, weil dieser zusammen mit dem französischen König auf der Seite des Gegenpapstes operierte, ließ sich fast drei Jahre Zeit, bis er bestätigte, daß der pfälzische Wittelsbacher nach Ansicht der Kirche die Krone zu Recht trage.

Zu den Hauptgegnern Ruprechts im Reich zählten die Nachbarn der Pfalz, allen voran der Graf von Württemberg, der Markgraf von Baden und auch der Mainzer Kurfürst und Erzbischof. In einem Bund, den diese Fürsten im Jahre 1405 in Marbach am Neckar mit 18 Städten schlossen, versuchten sie, ihre zu einem erheblichen Teil angemaßten Rechte zu sichern. Die Situation war für Ruprecht alles andere als angenehm: die Verbündeten von Marbach grenzten im Norden, im Südosten und im Süden an die rheinische Pfalz. In der Oberpfalz hatte Ruprecht ebenfalls mit der Gegnerschaft eines Nachbarn zu rechnen, denn Ludwig von Bayern-Ingolstadt schloß sich den Marbachern an.

Mit viel Vorsicht und mit beachtlichem Geschick behauptete sich Ruprecht schließlich doch gegen seine Widersacher. Da er jedoch vielen dieser Gegner Zugeständnisse machen mußte, sei es bei den Zöllen, sei es durch den Einsatz von Reichsgut, blieb ihm das selbstgesteckte Ziel einer Stärkung der Königsherrschaft doch unerreichbar. Nur in Teilen des Reiches, vor allem im Südwesten, gelang es Ruprecht, dem Königtum wieder Einfluß und Geltung zu verschaffen.

Die Pfalz allerdings, der ererbte Besitz, profitierte insgesamt davon, daß ihr Fürst im ersten Jahrzehnt des 15. Jahrhunderts die Krone des Reiches trug. Wie sein Vater, Pfalzgraf Ruprecht II. und wie sein Großonkel Ruprecht I., bemühte sich König Ruprecht mit großer Beharrlichkeit und mit Geschick um das Wohlergehen der Pfalz, auch um die Vergrößerung seines Territoriums. Im Kampf gegen Wenzel eroberten die pfälzischen Wittelsbacher in der Oberpfalz von der böhmischen Krone Gebiete zurück, die einst Ruprecht I. zur Schuldentilung an Karl IV. verkauft hatte. Ganz im Sinne seines Großonkels verschaffte Ruprecht der Heidelberger Universität neue Pfründen zur finanziellen Sicherung. Die Stadt Heidelberg erweiterte er nach Westen durch eine Vorstadt. Auch das Mittel der Heiratspolitik setzte Ruprecht zu Gunsten seines Geschlechtes und der Pfalz ein, unter anderem veranlaßte er die Vermählung seines Sohnes Ludwig, des Haupterben, mit der englischen Königstochter Blanca aus dem Hause Lancaster. Das Hausgesetz, das Ruprecht II., sein Vater, erlassen hatte, beachtete der kinderreiche König Ruprecht als Kurfürst und Pfalzgraf nicht ganz genau. Ruprecht II. hatte gewünscht, daß künftig der älteste Sohn die ganze Herrschaft erben solle, um eine erneute Teilung und Zersplitterung des Territoriums zu verhindern. Die anderen Erben sollten finanziell abgefunden werden. Im wesentlichen folgte König Ruprecht zwar diesem Gebot seines Vaters, als er seinen Sohn Ludwig zum Haupterben und zum Erben der Kurwürde bestimmte, doch verfügte er auch, daß andere Söhne eine eigene Linie des Geschlechtes begründeten. So entstanden dann durch zwei der Söhne Ruprechts die Linien Pfalz-Simmern und Pfalz-Mosbach. Auch die Verbindung der pfälzischen Wittelsbacher mit der Grafschaft Sponheim geschah durch Ruprechts Politik und Heiratspolitik. Diese Aufsplitterung in mehrere Linien begrenzte in den darauffolgenden Jahrhunderten immer wieder die reichspolitischen Möglichkeiten der Kurpfalz und der pfälzisch-wittelsbachischen Fürsten.

Dies konnte Ruprecht freilich nicht voraussehen, als er seinen Erbplan entwarf. Insofern muß das Urteil über den Pfalzgrafen Ruprecht III. insgesamt ungleich günstiger ausfallen als das Urteil über den König Ruprecht I. In der Pfalz und für die Pfalz war dieser Ruprecht ein tüchtiger Regent, dem der Ausbau seines Territoriums am Herzen lag. Die Feindseligkeit der benachbarten Fürsten erklärt sich nicht zuletzt aus dieser Zielsetzung der Politik des Pfalzgrafen Ruprecht III. Charakterisierten die Zeitgenossen Ruprecht II., den von 1390 bis 1398 in der rheinischen Pfalz regierenden Kurfürsten, als einen Mann, der mit harter Hand seine Gegner bestrafte, so sagt schon der Beiname „der Milde", daß dieser König Ruprecht eher ein freundlicher, umgänglicher Monarch gewesen ist. Stets habe er sich redlich um Gerechtigkeit bemüht, berichten die Chronisten. In der neueren historischen Forschung wird der Schluß gezogen, daß dieser deutsche König trotz seiner Erfolgslosigkeit ein insgesamt günstiges Urteil verdiene, denn er sei in seinem Tun nicht an persönlichen Fehlern oder Schwächen sondern an den widrigen Umständen gescheitert.

X.
Die große Pest und die Folgen

Ein lange nachwirkender Einschnitt in die Geschichte wird in manchen historischen Darstellungen eher beiläufig als ausführlich erwähnt: die große Pest in den Jahren 1348, 1349 und 1350. Die Schrecken der Pestjahre haben auch die Pfalz heimgesucht. Die Zeit der Pest zwischen den Jahren 1348 und 1350 veränderte dieses Land fast ebensosehr wie die kaum vorstellbaren Zerstörungen des Dreißigjährigen Krieges und der Franzosenkriege im 17. Jahrhundert. Auch in der Mitte des 14. Jahrhunderts glich das Pfälzer Land zeitweilig einer Wüste, weil in vielen Dörfern niemand mehr die Felder bestellen konnte und aus blühenden Gemeinwesen plötzlich Geisterorte geworden waren, vergleichbar der, verlassenen Goldgräbersiedlungen des amerikanischen Westens im letzen Jahrhundert.

Die Erinnerung an die Pest des 14. Jahrhunderts ist weit weniger genau in Chroniken und in Erzählungen festgehalten als die Erinnerung an die Schrecken des Dreißigjährigen Krieges und der pfälzischen Franzosenkriege. Man weiß jedoch, daß die Menschen damals, vor mehr als sechshundert Jahren, von einer panischen Angst und von einer Weltuntergangstimmung erfaßt waren. Die Endzeiterwartung, die in der Geschichte des Christentums in gewissen Abständen immer wieder verzeichnet ist, erreichte zwischen 1348 und 1350 einen Höhepunkt.

Hätten wir genaue Zahlen aus einzelnen Dörfern oder Pfarreien, so könnte man an Hand der Sterbeziffern sicherlich im einzelnen belegen, wie grausam die Pest gewütet hat. Immerhin erfahren wir aus der Forschungsarbeit der Bevölkerungswissenschaft, die sich im wesentlichen auf alte Dokumente der Kirche stützt, daß im Jahre 1340 – also vor dem Ausbruch der Epidemie – etwa 70 Millionen Menschen im Abendland gelebt haben (Ungarn, Polen und Litauen sind hier nicht mitgezählt). Etwa 25 Millionen dieser insgesamt 70 Millionen starben in der Mitte des 14. Jahrhunderts an der Pest, mehr als ein Drittel. Von den Gebieten am Oberrhein, auch von der Pfalz, ist überliefert, daß damals nahezu die Hälfte aller Einwohner die Pestepidemie nicht überlebt hat, in manchen Orten waren es sogar noch wesentlich mehr als die Hälfte. Die Pest machte aus der relativ dicht besiedelten Pfalz – die Dörfer der Vorderpfalz hatten eine beachtliche Einwohnerzahl – da und dort ein menschenleeres Land. Es dauerte nicht weniger als 150 Jahre – fünf Generationen – bis man um das Jahr 1500 die Einwohnerzahl von 1340 wieder ungefähr erreichte. Erneut war die Pest in der zweiten Hälfte des 14. Jahrhunderts und im 15. Jahrhundert aufgeflammt.

Auch im 16. und 17. Jahrhundert änderte sich an diesem Zustand nichts, zumal die vielen Kriege eine Wiederkehr der Epidemie begünstigten. Erst nach rund 450 Jahren, am Ende des 18. Jahrhunderts, hörte die Pestnot vollends auf und erst in der zweiten Hälfte des 18. Jahrhunderts begann eine deutliche Zunahme der Bevölkerung. Vierhundert Jahre lang hatte nach dem

Ausbruch der großen Pest die Zahl der Einwohner stagniert. Im westlichen Europa lebten im Jahre 1750 nicht mehr Menschen als im Jahre 1340. Die Pfalz unterschied sich nicht vom übrigen Europa; vielleicht war in den oberrheinischen Regionen die Siedlungsdichte in der Mitte des 18. Jahrhunderts sogar noch etwas geringer als in der ersten Hälfte des 14. Jahrhunderts.

Wie tief der im 14. Jahrhundert beginnende Einschnitt für die Besiedlung und für die Entwicklung gewesen sein muß und wie sehr dieser Einschnitt das Bewußtsein der Menschen verändert hat, wird deutlich, wenn wir die Epoche zwischen 1340 und 1750 mit der Zeit zwischen dem Jahre 1000 und dem Jahre 1340 vergleichen. Seit dem Beginn der salischen Kaiserepoche hatte die Bevölkerung fast stetig zugenommen. Lebten um die Jahrtausendwende im Reich der Deutschen etwa fünf Millionen Menschen, so waren es vor dem Ausbruch der großen Pest rund 15 Millionen, das Dreifache. Kein Wunder, daß man diesen Teil des Mittelalters zumindest rückblickend als eine Blütezeit empfand, die nun durch die Pest abrupt beendet war.

Sieht man von der Pest ab, die in den Jahren 1632–1637 während des Dreißigjährigen Krieges in der Pfalz grassierte und unsere Heimat vollends zu einem menschenleeren Land machte, dann bleiben vor allem drei große und folgenschwere Einschnitte: das Jahr 1595, die Jahre 1666 und 1667 und die Zeit zwischen 1689 und 1691. Im Jahre 1595 starben allein in Dürkheim 650 Menschen an der Pest, in den Jahren 1666/1667 registrierte man in Dürkheim 336 Pestopfer. Daran erinnert ein besonderes Gebet aus dem Dreißigjährigen Krieg, das im Jahre 1740 in Grünstadt gedruckt worden ist. „Das zu Gott seufzende Dürkheim" hieß dieses Gebet zur Abwendung der Not. In der Johanniskirche, der heutigen Schloßkirche, ließ man es von einem Schüler sprechen. Im zweiten Teil des Gebetes findet man eine Art Chronik der Pestjahre.

Aus den Chroniken anderer Ort wissen wir, daß das ganze Pfälzer Land unter der immer wiederkehrenden Seuche gelitten hat. In Wachenheim wird in einem Gesuch des Jahres 1667 „auf die Seuche der Pestilenz" hingewiesen; der „schwarze Tod" – so heißt es – habe reiche Ernte gehalten. Von St. Martin weiß man, daß kurz nach Ausbruch der Pest im Jahre 1666 nur noch 142 Menschen, darunter 52 Kinder, im Ort gewohnt haben und fast niemand mehr die Kraft hatte, die Äcker umzupflügen. Der Landdechant von Hambach berichtete im Jahre 1691 an seine Vorgesetzten in Speyer, daß sich in der Pfarrei mehr als 250 Pestkranke befänden. Allein vom Pfarrhaus habe man sechs Tote begraben müssen, sieben Bewohner des Hauses seien noch krank. Geinsheim, so der Bericht des Landdechanten, sei verlassen, St. Martin fast verhungert, in Diedesfeld sehe man keine Menschenseele auf der Straße.

Neben diesen in den Chroniken besonders erwähnten Seuchenjahren wurden manche Städte und Dörfer der Pfalz auch immer wieder von kleineren Epidemien heimgesucht. Im Kirchspiel Lauterecken zählte man im Jahre 1573 insgesamt 125 Seuchenopfer, meist Kinder; zehn Jahre später beerdigte der Pfarrer in Lauterecken 37 Pesttote. Dort gab es auch am Ende des 16. Jahrhunderts einen schlimmen Rekord, als man im Kirchspiel 237 Personen zu Grabe tragen mußte, die an der Pest gestorben waren.

Hätten wir genaue Angaben über das Jahr 1349, so würden all diese Ziffern, die man im Verhältnis zu der damals relativ geringen Einwohnerzahl sehen muß, sicherlich noch weit übertroffen. Schockierend muß in der Mitte des 14. Jahrhunderts vor allem gewirkt haben, daß die Menschen unserer Heimat nach einer langen Periode der wirtschaftlichen und kulturellen Entwicklung, die sich in der Gründung von Städten, Dörfern und Klöstern sowie im Aufblühen von Handel und Handwerk erkennen ließ, so plötzlich einer bis dahin unbekannten, Tod und Verderben bringenden Macht hilflos ausgeliefert waren. Statt dem erwünschten und erhofften allmählichen Aufschließen zu einer Stadtkultur, wie sie sich in Italien als ein Fortsetzung der Antike herausgebildet hatte, kam nun der große Rückschlag. Man „importierte" den Tod gerade aus jenen Regionen und Städten Italiens und der Provence, deren Reichtum an begehrten Waren aus dem Orient man so neidvoll bestaunte. Zwei Orte waren es vor allem, die der Pest als Eingangstor nach Europa und speziell nach Süddeutschland dienten: Venedig und Marseille. Von Oberitalien aus und von dem großen Handelsplatz nahe der Rhônemündung wanderte die Seuche unaufhaltsam nach Norden, über die Alpenpässe hinweg und über das Tal der Rhône durch die burgundische Pforte nach Basel und nach Straßburg. So gelangte die Pest am Anfang des Jahres 1349 nach Speyer und in die Pfalz.

Daß die Ausbreitung der Pest etwas mit Häfen, mit dem Warentransport und mit dem Reisen auf Schiffen zu tun haben mußte, stellte sich bald heraus, denn die Schreckensnachrichten kamen fast ebenso rasch aus den flandrischen Häfen mit ihren Verbindungen zum Mittelmeer, wie von den wichtigen Handelsplätzen Italien, Dalmatiens und des südlichen Burgund. Niemand konnte die Zusammenhänge einleuchtend erklären. Die Weissager und die falschen Propheten hatten Konjunktur. Am vernünftigsten reagierten die Venezianer und die Leute in Marseille. In beiden Hafen- und Handelsstädten setzte sich rasch die Erkenntnis durch, daß der Tod aus dem Orient kommen müsse und von den Schiffen aus dem östlichen Mittelmeer und dem Schwarzen Meer mitgebracht werde. Konstantinopel war vor allem betroffen. Man fand schnell heraus, daß sich die Seuche zuvor im Bereich des Schwarzen Meeres, in den südrussischen Regionen ausgebreitet und festgesetzt hatte.

Die Venezianer ahnten oder vermuteten, die Ausbreitung der Pest könne etwas mit dem Schmutz in den Städten zu tun haben. Sie sorgten deshalb in Venedig für mehr Sauberkeit und verfügten, daß kein Schiff seine Ladung löschen und seine Matrosen und Reisenden an Land lassen dürfe, wenn es Pestkranke an Bord habe. Dreißig Tage lang mußten nun in den Häfen der Republik Venedig die Schiffe auf der Reede ankern, wenn sie aus Pestgebieten kamen. Auch in Marseille entschied man sich für eine derartige Wartezeit. In Ragusa, dem heute jugoslawischen Dubronvik, erhöhte man im Jahre 1377, als die Pest sich wiederum ausbreitete, die Wartefrist für verdächtige Schiffe von dreißig auf vierzig Tage. So entstand, abgeleitet aus der damaligen italienischen Verkehrssprache, das Wort „Quarantäne", gleichbedeutend mit den „vierzig Tagen". Heute benützt man überall in der Welt diesen in Ragusa entstandenen Begriff für jede Art der zeitweiligen Isolierung bei ansteckenden Krankheiten – unabhängig von der Dauer dieser Isolierung. Auch wenn man in der Mitte des 14. Jahrhunderts in Venedig und anderswo die Ausbreitung der Pest nicht mehr verhindern konnte, so war man doch durch die Erfahrung davon überzeugt worden, daß das, was wir heute eine verbesserte Hygiene nennen, eine gewisse Wirkung habe.

Es hat noch lange gedauert, bis die Wissenschaft den Beweis liefern konnte, daß die Gegenmaßnahmen, die man in Venedig und Marseille sogleich nach dem Ausbruch der Pestepidemie im 14. Jahrhundert ergriff, prinzipiell richtig waren. Seit dem Jahre 1894 kennt man den Erreger und weiß, daß er sich über einen Rattenfloh verbreitet und die Menschen befallen kann. Die Ratten, die einst aus Asien nach Europa gelangten, brachten über die Flöhe die Pesterreger mit. Über den genauen Ursprungsort der Pest des 14. Jahrhunderts gibt es unterschiedliche Ansichten. Im allgemeinen vermutet man die Region am Schwarzen Meer. Doch scheint es, als lasse sich der Ursprung dieser Pest-Epidemie noch genauer lokalisieren. Bei der Prüfung der alten Berichte stellt sich heraus, daß die Seuche allem Anschein nach aus den Wohngebieten des mongolischen Volkes der Burjäten ans Schwarze Meer und von dort über Italien und Frankreich nach ganz Europa gewandert ist. Die Burjäten leben südlich und östlich des Baikalsees. Sie hatten damals, nach dem Niedergang der Hunnen, ein eigenes Reich aufgebaut und ihre Herschaft weit nach Westen ausgedehnt. Als Nachfolger der Hunnen gelangen sie zwar nicht nach Mitteleuropa, erreichten aber die Krim.

Ziemlich sicher ist sich die Forschung darin, daß die ersten Schreckensnachrichten über die Pest aus dem Jahre 1347 stammen und vor allem Konstantinopel betroffen haben. Die Vermutung eines ersten Seuchenherdes in der heutigen Äußeren Mongolei und im südlichen Ostsibirien erscheint angesichts der Burjätenzüge ans Schwarze Meer durchaus plausibel. Verwirrend bleibt allerdings der Umstand, daß bereits im sechsten nachchristlichen Jahrhundert erstmals von einer Pest-Epidemie die Rede war, nämlich von der „Pest des Justinian". Wenn die damals im römischen Imperium verbreitete Seuche das gewesen sein sollte, was wir heute die Pest nennen, dann wären Zweifel angebracht, ob es tatsächlich eine Einschleppung der Erreger aus dem nördlichen Asien gegeben hat. Dann könnte die Seuche auch nach langer Zeit im Schwarzmeergebiet wieder aufgeflammt sein. Da sich jedoch in späteren Zeiten für todbringende Seuchen anderer Art als der Lungenpest zuweilen in den alten Chroniken auch die Bezeichnung „Pest" findet, ist es denkbar, daß die „Pest des Justinian" eine andere Krankheit bezeichnet als die Pest, die seit der Mitte des 14. Jahrhunderts ganz Europa für eine lange Zeit immer wieder in Schrecken versetzt hat. Das gleiche gilt im übrigen für eine Seuche, die in Teilen Europas im 11. Jahrhundert gewütet haben soll. Sie wird von einigen Chronisten ebenfalls als „Pest" bezeichnet, aber es fehlen Details, die zweifelsfrei belegen, daß es die todbringende Lungenpest war, die von der Mitte des 14. Jahrhunderts bis zum Ende des 18. Jahrhunderts so gefürchtet war. (In Odessa brach die Pest übrigens im Jahre 1814 zum letzten Male aus.)

Arzt bei der Visite eines Pestkranken. Anonymer Holzschnitt aus dem Jahre 1512.

Woran Sagen erinnern

Lange bevor uns die moderne Forschung mit wirksamen Medikamenten gegen die Pest versorgt hat – mit Sulfonamiden oder mit Antibiotika – war die Seuche in Mittel- und Westeuropa vor nunmehr rund zweihundert Jahren verebbt. Dennoch blieb noch in vielen Orten der Pfalz eine Erinnerung an jene schreckliche Krankheit lebendig, die oft drei Viertel der von ihr Befallenen innerhalb von kaum zehn Tagen dahingerafft hatte. Der 20. Januar als Todestag des Heiligen Sebastian, eines römischen Märtyrers aus der frühchristlichen Zeit, wurde in manchen pfälzischen Orten als der Tag des Pestheiligen begangen, in den katholischen Orten am Donnersberg zum Beispiel oder in Silz und Schaidt in der Südpfalz. Anlaß gab unter anderem die glückliche Abwendung einer Viehseuche, zuletzt im Jahre 1796. In Geinsheim erinnerte der Zachariassegen an die Pest, in Herxheim bei Landau die seit 1771 nachweisbare Sitte des Laurentiusbrotes, bei dem die Armen der Umgebung mit Kuchen und Brot versorgt werden. „Der Wagen mit dem geweihten Brot wird unter Begleitung der Jugend in die Gewanne ‚Finster Loch‘ gefahren, wo das Brot an Arme, besonders aus Ottersheim und Knittelsheim verteilt wird", heißt es dazu in Albert Beckers „Pfälzer Volkskunde". Becker vermutet, daß diese Sitte auf die Pest im Jahre 1666 zurückgehe. Damals hätten die armen, isolierten Kranken im Gewann „Finster Loch" das Essen abgeholt, das ihnen von Gemeinden wie Ottersheim hingebracht worden sei.

Die gedankliche Verbindung des Heiligen Sebastian mit der Pest hat sich noch im Mittelalter ergeben. Bei der Verfolgung unter Diokletian war der Heilige Sebastian von Pfeilen durchbohrt und dann erschlagen worden. Die Pest, so sagte man im Mittelalter, treffe den Menschen wie ein Pfeil, sie strecke ihn nieder. Aus dieser bildhaften Vorstellung von der Pest wurde der Heilige Sebastian zum Schutzpatron gegen die „Pfeile der Pest". In der Vorstellung der Menschen des Mittelalters wurde die Pest nicht nur wie ein tödlicher, vergifteter Pfeil betrachtet, sondern allgemein mit einem Reiter auf einem schwarzen Pferd personifiziert. Außerdem stellte man sich die Pest auch als einen schwarzen, die Dächer überragenden Riesen vor, dem die Menschen ohnmächtig ausgeliefert sind. Das Wort vom „schwarzen Tod" stammt aus derartigen Vorstellungen. Sie setzten sich rasch überall fest. Unter anderem deshalb, weil sich im Jahre 1348 beim Herannahen der Seuche aus dem Süden überall, auch am Oberrhein, die sogenannten „Geißler" zusammenfanden und in Gruppen von 50 oder 100 Personen, zuweilen auch in regelrechten Verbänden mit mehr als tausend Menschen, in einer Art Prozession durchs Land zogen. Nach „wunderlichen Gesetzen" seien die Züge der Geißler angeschwollen, wird berichtet. Sie führten Kreuze mit sich und schwangen vor allem schwarze Fahnen, sangen Prozessions- und Bußlieder und kasteiten sich in ritueller Weise öffentlich. Ein Himmelsbrief habe eine 33tägige Buße verlangt, so wurde kolportiert, damit „das große Sterben" gewendet werde.

Diese zunächst von Laien geführte Bußbewegung fand großen Widerhall. Auch Kleriker schlossen sich an. Doch die Kirche erkannte die Gefahr, die der kirchlichen Ordnung durch die zunehmende Radikalisierung drohte. Schließlich wandte sich Papst Clemens VI. im Oktober 1349 gegen die Bußbewegung der Geißler und verlangte von den territorialen Gewalten deren Unterdrückung. Trotz des päpstlichen Verdikts existierten die Geißler mancherorts als lokale Bußbruderschaften weiter. Die Selbstgeißlung, die der Pestwelle im Jahre 1349 fast überall in Deutschland vorausging, galt ursprünglich als ein Ausdruck gesteigerter Askese. Italienische Einsiedler wollten bereits im 11. Jahrhundert auf solche Weise ihre Bußfertigkeit beweisen. In der zweiten Hälfte des 13. Jahrhunderts findet man dann in ganz Oberdeutschland die sogenannten „Flagellanten" oder Kreuzbrüder, die nach italienischem Vorbild ein Kreuz auf ihrem Gewand tragen und so in Gruppen durchs Land ziehen. Die Ausbreitung solcher, meist von den armen Schichten geförderten Bewegungen geschah in Wellen und erreichte dann in der Erwartung der Pest einen Höhepunkt.

Man muß diese seltsame, durchaus an eine auf- und abebbende Massenhysterie erinnernde Erscheinung der Geißler in der Zeit der großen Pest auch auf dem Hintergrund der damals aufkommenden kirchlich-religiösen Auseinandersetzungen betrachten. Im 14. Jahrhundert erlebte man den Höhepunkt der Mystik, die in Deutschland mit den Predigten und Schriften des Meisters Eckhardt von Hochheim verbunden ist. Die Suche nach dem neuen und anderen Leben entsprach dem damaligen Zeitgefühl. Viele strebten nach Verinnerlichung und einer Abkehr von den unauflöslichen äußeren Konflikten. Meister Eckhardt pries die Abgeschiedenheit, „das Leben in Gelassenheit". Viele Repräsentanten der Kirche hielten diesen Mystiker für einen Häretiker und begannen deshalb – wie die Franziskaner – auf päpstliches Geheiß mit einer Untersuchung.

Suche nach den Verschwörern

Die Suche nach dem neuen und anderen Leben beschränkte sich jedoch nicht auf die Ordensleute und deren Anhang, sie führte in den sogenannten unteren Schichten zu solch seltsamen Auswüchsen wie der „Geißler"-Bewegung, als das große Unheil, die Pest, von Gottes Zorn über die sündigen Menschen zu künden schien. Was da und dort der Selbstprüfung, vielleicht auch der Verinnerlichung dienen sollte, wurde unter dem Einfluß radikaler und in vielen Fällen anarchistischer Kräfte zu einer Bedrohung jeder Ordnung und des Friedens. Statt „in sich zu gehen", gerieten viele Menschen auf der Suche nach Rettung „außer sich". Man fahndete plötzlich nach den großen Sündern, nach den Schuldigen am hereinbrechenden Unheil. Immer schon richtete sich der Verdacht bei einem nicht erklärlichen Ereignis auf geheimnisvolle Drahtzieher. Das waren in der Regel die Angehörigen einer Minderheit, Leute, die sich anders verhielten als die große Mehrheit. Wieder einmal fand man so die Schuldigen bei den Juden. Damit wurde die große Pest der Jahre 1348 – 1350 zum Anlaß und Vorwand für eines der schrecklichsten Judenpogrome in der Geschichte des Mittelalters.

Man kann den Ausbruch der Pest gerade am Oberrhein nicht von der Judenverfolgung trennen. In Städten wie Basel, Straßburg und Speyer kam es beim Ausbruch der Pest zu schlimmen Exzessen. Viele tausend Juden wurden beraubt und ermordet. Was sollten die verfolgten Juden nach Ansicht ihrer Peiniger und Mörder verbrochen haben? Welcher Untaten klagte man sie an? Neben dem altbekannten allgemeinen Vorwurf, daß die Juden, und zwar alle Juden, am Tode Christi schuldig seien, wurde diesmal neben einer da und dort behaupteten Hostienschändung vor allem verbreitet, daß Juden die Brunnen vergiftet und so den Schwarzen Tod, die Pest, verbreitet hätten. Eine neue Verschwörerthese machte schnell die Runde im Abendland, nachdem man schon vor dem Ausbruch der Pest in Südfrankreich viele Menschen, die an Aussatz erkrankt waren, als „bezahlte Werkzeuge der Juden" verfolgt hatte. Mit dem maurischen König von Granada – in Andalusien herrschten immer noch die moslemischen Mauren – hätten sich die Juden zur Vernichtung der Christenheit verbunden und verschworen – derart phantastische Erzählungen waren in aller Munde und wurden geglaubt. Vor Gericht beschworen Zeugen, daß sie gesehen hätten, wie Juden das Gift zur Vernichtung der Brunnen zusammenbrauten. Mancher der angeklagten Juden bestätigte diese Behauptung, als man ihn „zur Wahrheitsfindung" folterte. Nur wenige stellten sich die Frage, weshalb denn unter den Opfern der Pest ebenso viele Juden seien wie Christen, wenn diese Pest den Juden als Waffe im Kampf gegen die Christen diente.

Einer, der auf diesen Widerspruch zwischen den Behauptungen und der Wirklichkeit hinwies und entsprechende Konsequenzen zog, war Papst Clemens VI. Mit der ganzen Autorität seines Amtes wandte sich der Papst sogleich nach Ausbruch der Pest und dem Beginn der Judenverfolgung gegen die These von der Brunnenvergiftung. Die Pest, so der Papst, sei nichts anderes als eine Geißel Gottes. Einflußreiche Kleriker nahmen das Wort des Papstes auf und versuchten, den Judenverfolgungen Einhalt zu gebieten. Der Chronist des berühmten Klosters Hirsau, das zu jener Zeit noch im Bereich des Speyerer Bistums lag, schrieb: „Ob die Juden mit Recht oder unbillig solche Verfolgungen ausgestanden, will ich nicht sagen, sondern wundere mich, wer der Urheber dieses Argwohnes (der Brunnenvergiftung) gewesen, da doch die Juden einerlei Wasser mit den Christen gebraucht und ihrer auch viele derzeit von der Pest sind aufgerieben worden... Es bedünkte viele derzeit unmöglich zu sein, daß die kleine Anzahl der Juden, wenn sie schon gewollt hätten, alle Brunnen der Welt, wie man sie getan zu haben beschuldigt, hätten sollen vergiften oder eine so große Menge Gift finden sollen. Deshalb hielten viele dafür, die Christen, die diese Verfolgung gegen die Juden erreget, seien dazu mehr durch Geiz als Liebe zum Gottesdienst oder Eifer der Gerechtigkeit bewogen worden". Ganz ähnlich las man es in der Konstanzer Weltchronik. Um ihrer Habe willen verfolge man die Juden, hieß es da. Ein Straßburger Kleriker schrieb: „Ihr bares Geld war die Vergiftung, welche die Juden tötete".

Auf der Rheininsel bei Basel starben am 9. Januar des Jahres 1349 hunderte von Juden in den Flammen der Scheiterhaufen. In Freiburg im Breisgau brachte man zur selben Zeit alle jüdischen Einwohner der Stadt um. Einen Monat nach den Baselern ließ ein neuer Rat der Stadt in Straßburg 2 000 Juden einkerkern und am 16. Februar 1349 auf dem Friedhof verbrennen. Der alte Stadtrat, der sich gegen eine Judenverfolgung gewehrt hatte, war abgesetzt worden. Den Besitz der ermordeten Juden verteilte man an die Handwerker der Stadt Straßburg.

Kurz nach den Morden von Basel und Freiburg begannen im Januar 1349 die Gewaltaten gegen die Juden auch in Worms und in Speyer. Als Speyerer Bürger anfingen, jüdische Mitbewohner der Stadt zu erschlagen, flüchteten viele Juden in ihre Häuser und verbrannten sich dort. Manche retteten sich, indem sie sich taufen ließen, einige flohen aus der Stadt und gelangten in das Gebiet der Grafen von Leiningen oder in den Schutzbereich des pfälzischen Kurfürsten nach Heidelberg oder Sinsheim, wo man sie aufnahm. In Speyer setzte man viele der Erschlagenen nicht auf einem Friedhof bei, sondern steckte die Leichen in leere Weinfässer und warf die Fässer dann in den Rhein, wo sie stromabwärts trieben. Aus Furcht vor der Seuche sei man so verfahren, behaupteten die Chronisten. Obwohl die Straßen, in denen Juden gelebt hatten, sogleich abgesperrt wurden, kam es auch in Speyer zu Plünderungen. In halbzerstörten Häusern suchten Schuldner vor allem nach Schuldwechseln.

Der König – es war Karl IV. aus dem Hause Luxemburg – hatte zu jener Zeit seine Stellung noch nicht gefestigt. Er griff nicht oder nur zaghaft ein, um die Verfolgungen zu beenden. Als König war er zum Schutz der Juden ebenso verpflichtet wie – in Speyer – der Rat der Stadt und der Bischof. Wie auch anderswo verzichtete Karl IV. in Speyer auf Sanktionen gegen die Stadt und ihren Rat wegen der Judenverfolgungen. Schon am 18. März 1349 erreichte der Rat der Stadt beim König eine „Verzeihung" wegen dieser Verbrechen. Kurz darauf überließ Karl IV. alles Eigentum der Juden der Stadt Speyer und verfügte, daß alle künftig sich ansiedelnden Juden Eigentum der Stadt sein sollten. Damit schmälerte Karl IV. die Rechte des Speyerer Bischofs. Allerdings bestätigte der König dem Bischof eine Mitherrschaft über die Juden und erklärte alle Schulden des Bischofs bei den noch lebenden Juden und bei den Getöteten für null und nichtig. Indem Karl IV. einer Stadt wie Speyer Zugeständnisse machte, versuchte er den Anhang der Wittelsbacher, die sich mit dem Geschlecht der – böhmischen – Luxemburger um die Krone des Reiches stritten, für sich zu gewinnen.

Von der Geschichtsschreibung ist angemerkt worden, daß es im Jahre 1349 in Speyer – anders als in Straßburg – zu einer spontanen Verfolgung der Juden gekommen sei. Damit hat man die „Verzeihung" erklärt, die Karl IV. der Stadt und ihrem Rat gewährte. Diese Feststellung ändert allerdings kaum etwas an der Tatsache, daß die überlebenden Juden seit den Pogromen von 1349 noch weniger Rechte besaßen als zuvor. Als man im Oktober des Jahres 1352 in Speyer wieder die Ansiedlung von Juden zuließ und schließlich einige der Überlebenden, die sich in die Leiningischen und in die kurpfälzischen Gebiete gerettet hatten, in die Stadt zurückkehrten, (vermutlich im Jahre 1354), hatte sich Entscheidendes in der Stellung und in der Bedeutung der Juden verändert. Die Kraft der jüdischen Bevölkerung war gebrochen. Noch deutlicher als vor der großen Pest mußten sich die Juden nun als eine gerade noch geduldete, aber stets bedrohte Minderheit empfinden.

XI.
Vorboten der neuen Zeit

Die neue Zeit in der europäischen Geschichte beginnt in unseren Schulbüchern im allgemeinen mit dem 16. Jahrhundert. Als markante Ereignisse in einer Übergangsepoche vom Mittelalter zur Neuzeit gelten die Erfindung der Buchdruckkunst durch Johannes Gutenberg und die Entdeckung oder Wiederentdeckung des amerikanischen Kontinents durch Christoph Columbus. Aber auch die Erkenntnis eines Kopernikus, daß die Erde eine Kugelgestalt besitze und nur einer unter anderen Himmelskörpern sei, hat spätere Generationen zu einer Unterscheidung zwischen Mittelalter und Neuzeit veranlaßt. Im Zusammenhang mit Kopernikus ist damals der Begriff der „Wende" zu Recht in die historische Literatur gelangt: als „kopernikanische Wende" der Zeiten. Schließlich erwies sich am Ende des 15. und Anfang des 16. Jahrhunderts auch noch eine militärisch anwendbare, dem menschlichen Forscherdrang entsprungene Neuheit als außerordentlich folgenreich: das Schießpulver. Seine kriegerische Nutzung revolutionierte die Waffentechnik und das ganze Kriegswesen. Die große Zeit der Ritter und der Ritterheere ging nun vollends zu Ende, nachdem die schweizerischen Bauernheere schon mit dem Beginn des 14. Jahrhunderts wiederholt demonstriert hatten, wie man den eisengepanzerten ritterlichen Kämpfern mit Leichtbewaffneten beikommen kann. Dennoch sollte der Ruhm der Ritterzeit nicht so rasch vergehen. Dichtung und mündliche Volksüberlieferung sorgten für eine stete Erinnerung an diese mittelalterlichen Kriegsmänner.

Noch bis in die Neuzeit hinein sind vor allem zwei exemplarische Rittergestalten in den gelehrten Schriften und in Volkslegenden lebendig geblieben: Ein Kaiser – der Habsburger Maximilian – und ein pfälzischer Edelmann, Franz von Sickingen. Als „letzter Ritter" symbolisiert der Kaiser Maximilian das Ende einer Epoche in der langen Reihe der deutsch-abendländischen Herrschergestalten; Franz von Sickingen, Herr auf der Ebernburg und auf der Burg Landstuhl, ein Ritter aus altem kurpfälzischem Geschlecht, erinnerte in seinen Fehden und in seinem Aufbegehren gegen die neuen Ansprüche weltlicher und geistlicher Territorialherren noch einmal an gewisse Traditionen eines salisch-staufischen Dienstadels. Hervorgegangen waren diese Ritter meist aus der alten höfischen Dienstmannschaft. Sie begleiteten Kaiser und Könige auf deren langen und gefahrvollen Zügen über die Alpen, ja zuweilen, unter dem Zeichen des Kreuzes, bis ins ferne Heilige Land. Zur ritterlichen Gefolgschaft wiederum gehörten Reisige in unterschiedlich großer Zahl. Später hatten sich die Lehensverhältnisse da und dort gewandelt. Neben dem Kaiser und König stand man nun in den immer wiederkehrenden Kriegszeiten auch im Dienste eines Kurfürsten. Auf dem Boden des alten Herzogtums Franken, speziell in der Kurpfalz und im Bereich der heutigen Pfalz, erreichte diese ursprüngliche Dienstmannen- und spätere Rittertradition eine hohe Blüte. Der letzte Große in der langen Reihe der kurpfälzischen Sickinger, der im Landstuhl tödlich verwundete Ritter Franz, gehörte einerseits noch ganz der alten mittelalterlichen Welt an, andererseits half er als Beschützer von Humanisten und Reformatoren tatkräftig mit, als es galt, der neuen Zeit und dem neuen Denken das Tor aufzustoßen.

Durch Franz von Sickingens Gastfreundschaft gegenüber Humanisten und Reformatoren wurden die Ebernburg und die Burg Landstuhl zu wichtigen Plätzen in der Reformationsgeschichte. Zusammen mit dem Wormser Dom, wo Luther seinen denkwürdigen Auftritt vor dem Kaiser und den Großen des Reiches hatte, und zusammen mit Speyer, das, mit einigem zeitlichen Abstand, durch die Protestation im Buch der Reformationsgeschichte verzeichnet ist, bleiben die beiden Hauptburgen des Ritters Franz von Sickingen wichtige Erinnerungsstätten für die große Bedeutung der Pfalz in jener Zeit des Übergangs vom Mittelalter zur Neuzeit. Deutlicher als in manchen anderen Regionen des Reiches waren in der Pfalz damals die Zeichen der neuen Zeit aufgerichtet.

Das hing auch damit zusammen, daß der pfälzische Kurfürst Ruprecht I. im Jahre 1386 mit der Gründung einer Universität im kurpfälzischen Heidelberg mutig dem Beispiel gefolgt war, das Kaiser Karl IV. durch die Gründung der ersten deutschen Universität in Prag gegeben hatte. Unter Ruprechts Erben und Nachfolger hatte sich diese Schule der Gelehrsamkeit recht gut entwickelt. Gelehrte Kirchenmänner und Juristen aus dem ganzen Abendland machten Heidelberg und die Kurpfalz neben den berühmten Universitäten Italiens und neben Paris, Prag und Wien im Verlaufe des 15. Jahrhunderts zu einem geistigen Zentrum. Mancher unruhige und mancher Unruhe stiftende Geist fühlte sich von der kurpfälzischen Universität angezogen, zumal die Kurpfalz im Verlaufe des 15. Jahrhunderts nicht nur zu einer für damalige Verhältnisse beträchtlichen Ausdehnung gelangte, sondern sich auch den Ruf eines gut verwalteten, wohlhabenden Territorialstaates erwarb – trotz der zahlreichen Fehden und Kriege.

Die Krise der Kirche

Was in der Zeit eines Franz von Sickingen und damit in der Zeit des berühmten Wormser Reichstages am Anfang des 16. Jahrhunderts in der Pfalz geschah, wird kaum recht verständlich, wenn man sich nicht an einige Ereignisse erinnert, die schon am Ende des 14. Jahrhunderts das ganze Abendland erschüttert haben. Ein wichtiges Datum ist dabei das Jahr 1378, denn in diesem Jahr begann das sogenannte Schisma der Kirche, die Spaltung der Christenheit, speziell des Klerus, in Anhänger von Papst und Gegenpapst. Noch war es nicht in erster Linie der Streit um die rechte Lehre, wie später in der Zeit der Reformation, sondern eher ein Streit um die Ämter und die Lehrer, ein Machtkampf, der fast alle Könige und Fürsten des Abendlandes anging und in den sie fast alle verstrickt waren. Auch jener pfälzische Kurfürst Ruprecht III., der, als Gegenkönig gewählt, in den ersten zehn Jahren des 15. Jahrhunderts die Krone des Königs im Reiche trug, eine Krone übrigens, die immer noch mit dem offiziellen Titel „Rex Romanorum" verbunden war, aber im Grunde der Tradition des ostfränkischen Königtums der Frankenzeit entsprach. Der pfälzische Wittelsbacher konnte, wie man weiß, zwar als Kurfürst für sein Land manchen Erfolg erzielen – was unter anderem auch der noch jungen Heidelberger Universität zugute kam –, aber er verzettelte seine Kräfte doch hauptsächlich im Kampf um die Anerkennung gegenüber dem König Wenzel aus dem böhmisch-luxemburgischen Geschlecht. Zu einer durchgreifenden Aktion, die der allgemeinen Anarchie im Reiche gewehrt hätte, oder gar zu einem erfolgreichen Eingreifen im heillosen Streit der Päpste und des Klerus reichte die Kraft und die Macht des pfälzisch-wittelsbachischen Königs nicht. Da hoffte man denn nach dem Tode Ruprechts umso mehr auf dessen Nachfolger, auf den König Sigismund – zuweilen auch in neueren Geschichtsbüchern Sigmund genannt –, den eine Mehrheit der deutschen Kurfürsten zum Nachfolger Ruprechts bestimmt hatte. Sigismund, wie Wenzel ein Sohn Karls IV. aus dem böhmisch-luxemburgischen Geschlecht, mußte sich nach seiner Wahl zunächst gegen seinen Bruder Wenzel durchsetzen, außerdem gegen einen anderen Gegenkönig, Jobst von Mähren, den eine Minderheit der Kurfürsten gekrönt sehen wollte. Als Jobst ein Jahr nach der zweifachen Königswahl starb, gelang Sigismund auch die Einigung mit Wenzel, der nun endgültig seine Absetzung durch das Kurkollegium anerkannte und auf die Krone verzichtete.

Der erste der weltlichen Kurfürsten, der pfälzische Wittelsbacher Ludwig III., gehörte von Anfang an zu den Stützen Sigismunds. Ludwig, der älteste Sohn König Ruprechts, war 34 Jahre alt, als er die Kurwürde erbte. Sein Vater hatte ihn schon frühzeitig mit den Regierungsgeschäften vertraut gemacht. Diese Lehrzeit ließ den pfälzischen Wittelsbacher zu einem Realisten werden, der sich von Anfang an ganz auf sein kurpfälzisches Erbe konzentrierte und keine ernsthaften Ansprüche auf die Krone des Reiches erhob. Als Ludwig III. bei der Königswahl für Sigismund votierte, erwartete er von diesem Sohn Karls IV. vor allem einen energischen Kampf gegen Willkür und Rechtsunsicherheit. Das Interesse an einer Stärkung der Reichsgewalt verband den pfälzischen Kurfürsten mit dem neugewählten König aus dem böhmisch-luxemburgischen Hause. Vor allem galt es, die Krise der Kirche und die Machtkämpfe in der Kurie so rasch wie möglich zu beenden, denn diese übertrugen sich auch auf die geistlichen und weltlichen Fürsten des Reiches und deren Anhang. Ein Konzil sollte die verworrene Lage klären und die Ordnung in der Kirche wieder herstellen.

Sigismund, als Kurfürst von Brandenburg zum König gewählt, mußte jedoch zunächst sein Verhältnis zu den zwei geistlichen Kurfürsten klären, die seiner Wahl demonstrativ ferngeblieben waren: zu dem Kurfürsten von Köln und zu dem Kurfürsten von Mainz. Johann von Mainz stand kirchenpolitisch auf der Seite des Papstes Johannes XXIII. In der offiziellen Kirchengeschichte fehlt dieser, mit der Geschichte der Kurpfalz auf eine merkwürdige Weise verbundene Papst, weil das Konstanzer Konzil seine Wahl zum Papst für ungültig erklärt hat. (Erst in unserem Jahrhundert amtierte dann ein – unbestrittener – Papst mit dem Namen Johannes XXIII. als Oberhaupt der römisch-katholischen Kirche.) Weil ohne das Einvernehmen mit dem Kurfürsten von Mainz eine Neuordnung im Reich und die Veranstaltung eines Konzils kaum möglich gewesen wäre, bekundete Sigismund in einem Vertrag mit Johann von Mainz seine Parteinahme für jenen Johannes XXIII., der in der offiziellen Liste der Päpste nicht existiert. Die Berufung des pfälzischen Kurfürsten zum Reichsvikar, also zum Vertreter des Königs, hing wiederum von der Zustimmung des Mainzer Kurfürsten ab. Die Abrede zwischen Johann von Mainz und Sigismund und die Parteinahme des Königs für Johannes XXIII. kam insofern auch dem pfälzischen Wittelsbacher zugute, beförderte ihn allerdings auch in das Lager einer bestimmten Kirchen- oder Papstpartei. Die enge Zusammenarbeit mit Sigismund brachte für Ludwig III. und für die Kurpfalz indes nicht nur protokollarische Ehren, sie führte auch zu einer erheblichen Machtausweitung für den Kurpfälzer am Oberrhein. Da Sigismund Geld brauchte, um zur Kaiserkrönung nach Italien ziehen zu können und um sich im Reiche selbst das Wohlwollen und die Unterstützung einiger Fürsten zu sichern, verpfändete er um den Betrag von 25 000 Gulden die wichtige Landvogtei im Elsaß an Ludwig III. von der Kurpfalz. Die idelle Hilfe, die der pfälzische Wittelsbacher dem Träger der Krone gewährte, indem er ihn auf dem Weg zur Krönung feierlich in Heidelberg empfing und dann nach Aachen geleitete, entgalt Sigismund damit, daß er den Hausgesetzen der pfälzischen Wittelsbacher im Reich Gesetzeskraft verlieh und damit auch in der Frage der Kurwürde den Vorrang der pfälzischen Linie gegen die bayerische Linie des wittelsbachischen Geschlechtes bestätigte. Die bayerischen Wittelsbacher gehörten, wie dieser Vorgang zeigt, nicht zu den Anhängern oder gar Freunden Sigismunds. Das entsprechende Dokument zugunsten des Pfalzgrafen und seiner rechtmäßigen Erben sicherte den Pfälzern unter anderem auch das Erztruchseßamt im Reich. Datiert ist diese von Sigismund unterzeichnete Bulle, die in der bewegten pfälzisch-bayerischen Geschichte noch oft zitiert werden sollte, vom 8. November 1414.

Zu jener Zeit hatten sich in Konstanz bereits zahlreiche Geistliche aus ganz Europa versammelt. Ludwig III., dem als Vertreter des Königs und Kaisers auf dem Konzil eine wichtige Rolle zufiel, traf im Januar des Jahres 1415 in der alten Bischofstadt am Bodensee ein. Zum Gefolge Ludwig III. gehörten mehrere Ritter aus der Kurpfalz, unter anderem die Ritter von Hirschhorn, von Venningen und von Sickingen. Auch der Bischof von Speyer befand sich in dem großen Zug, der mitten im Winter von Heidelberg nach Konstanz gekommen war. Allerdings rechnete man den Speyerer Bischof nicht zur Partei Johannes' XXIII.; das Bistum Speyer unterstützte Papst Gregor XII. Auch der Bischof von Worms, der sich ebenso wie die Gesandten des – gregorianisch gesinnten – Erzbischofs von Trier dem pfälzischen Kurfürsten beim Ritt nach Konstanz angeschlossen hatte, stand im Lager der Gegner von Papst Johannes XXIII. Mit Hilfe mehrerer angesehener Theologen und Juristen der Universität Heidelberg, die dem pfälzischen Wittelsbacher in Konstanz als Berater dienten, bemühte sich Ludwig III. um einen Abbau der Gegensätze. Als Stellvertreter des Königs und als Reichsrichter fühlte sich Ludwig III. zu

Belehnung des Kurfürsten Ludwig III. durch Kaiser Sigismund in Konstanz 1415. Aus der Richental-Chronik.

solchem Handeln verpflichtet. Da selbst bei einem Konzil, wenn unterschiedliche Interessen die Teilnehmer trennen, nicht immer nur friedlich miteinander umgegangen wird, regelte man in Konstanz vorsorglich auch generell die Polizeigewalt: sie lag in den Händen des pfälzischen Kurfürsten.

Der pfälzische Konzilsprotektor

Zwei Themen beherrschten das Konstanzer Konzil: die Papstfrage und der Kampf gegen angeblich ketzerische Lehren. Auf der Tagesordnung stand deshalb auch der bekannteste aller Ketzerprozesse des späten Mittelalters: das Verfahren gegen den böhmischen Theologen Johann Huß. Auch wenn dieser Ketzerprozeß allein Sache der Kirchenmänner war, so blieb gerade der pfälzische Kurfürst vom Ergebnis dieses Glaubensprozesses nicht unberührt, denn der Pfälzer amtierte als Reichsrichter und war damit auch eine Art Vollzugsorgan für Strafentscheidungen der Kirchenmänner. Als der Prozeß gegen Johann Huß mit einem Todesurteil endete, erwiesen sich die Reichsämter für den Heidelberger Kurfürsten – auch dessen Nähe zu Kaiser Sigismund – mehr als eine Bürde denn als eine ehrenvolle Würde. Der Kaiser hatte nämlich dem böhmischen Theologen Huß freies Geleit zugesichert, wenn er bereit sei, sich dem Gericht zu stellen. Im Vertrauen auf Sigismunds verbrieftes Wort war daraufhin Johann Huß nach Konstanz gekommen. Nach dem Urteilsspruch brach der Kaiser sein Wort und ordnete die Hinrichtung an. Sigismund habe geglaubt, so heißt es in den Darstellungen aus jener Zeit, daß die Entscheidung der Kirche höher stehe als ein kaiserliches Wort. In der Hoffnung auf den nun erreichten Kirchenfrieden habe Sigismund das Todesurteil, die Hinrichtung durch die Flammen des Scheiterhaufens, akzeptiert.

Die Treue des pfälzischen Kurfürsten zu Kaiser Sigismund war somit auf eine harte Probe gestellt. Denn der Vollzug des Todesurteils gehörte ja zu den Pflichten des Reichsrichters. Ludwig III. entschied sich für den Gehorsam gegenüber dem – wortbrüchigen – Sigismund. Aus der Hand des Königs und Kaisers empfing der pfälzische Kurfürst am 6. Juli 1415 den Professor Johann Huß und übergab ihn dem Magistrat der Stadt Konstanz mit den Worten: „Nehmet hin den Johann Huß, der nach unseres aller gnädigsten Herren, des römischen Königs Urteil und unserem eigenen Befehl als ein Ketzer verbrannt werden soll". Ludwig selbst führte den Verurteilten dann zum Scheiterhaufen. Er hinderte Huß daran, zu der versammelten Menge zu sprechen. Nur eines sollte der Verurteilte: er sollte widerrufen, was er gesagt und gelehrt hatte. Doch Johann Huß verweigerte auch jetzt noch den von Ludwig verlangten Widerruf. Der pfälzische Kurfürst gab das Zeichen zum Anzünden des Scheiterhaufens. Huß starb in den Flammen.

Statt der Ruhe, die Kaiser Sigismund erhofft hatte, kam es in Böhmen zu einem Bürgerkrieg. In den blutigen Auseinandersetzungen, die dem Märtyrertod des Johann Huß folgten, vertiefte sich die Spaltung Böhmens. Deutsch sprechende Böhmen erhoben gegen tschechisch sprechende Böhmen die Waffen und umgekehrt. Das Konstanzer Konzil schuf den ersten tschechischen Nationalhelden. Die Flammen, in denen der Reformator Johann Huß als ein tschechischer Märtyrer starb, kündeten von einer neuen schrecklichen Zeit in der europäischen Geschichte: von einer Zeit der Glaubens- und Bürgerkriege. Sie kündeten auch von der Geburt eines Nationalismus, der im 20. Jahrhundert viel Unheil über die Völker Europas bringen sollte. Ganz direkt wirkte sich das Ketzergericht des Konstanzer Konzils auf das nachfolgende Jahrhundert aus, auf jene Reformation, in der sich die Kirche spaltete. Mit den neuen protestantischen Landeskirchen bildeten sich damals im Siedlungsraum der Deutschen auch mancherlei Staaten oder staatsähnliche Territorien heraus. Die Krise der Kirche verhinderte so das Entstehen eines deutschen Gesamtstaates moderner Prägung. Das Ketzergericht von Konstanz schuf jene Zersplitterung im Reich, die der Kaiser Sigismund und sein kurpfälzischer Reichsrichter Ludwig III. verhindern wollten, als sie das Konzil organisierten. Diese historische, immer noch nachwirkende Bedeutung der Konstanzer Ereignisse wird im allgemeinen kaum oder viel zu wenig beachtet.

Die Enkel und Urenkel der Beteiligten kannten oder ahnten freilich die Last des Konstanzer Erbes. Man weiß, wie sehr noch mitten im 16. Jahrhundert, im Abstand von vier Generationen, das Konzils-Ketzergericht den Heidelberger Kurfürsten Otto Heinrich beschäftigt hat. Mit ihm, dem Angehörigen der protestantisch gewordenen Heidelberger Kurlinie der pfälzischen Wittelsbacher, erlosch der Stamm, den Ludwig III. begründet hatte. Dieser kinderlose Otto Heinrich meinte einmal, es sei eine gerechte Strafe Gottes, daß nun der Stamm verdorre, dessen Gründer sich mit dem Blute eines Zeugen der Wahrheit befleckt habe.

Manches andere im Zusammenhang mit dem Konstanzer Konzil stehende Ereignis, an dem der pfälzische Wittelsbacher ebenfalls aktiv beteiligt war, rückte damals in der Überlieferung in den Hintergrund. Zum Beispiel die Rolle, die Ludwig III. in Konstanz bei der Überwindung des Schismas im Streit der beiden Papstparteien spielte. Litt einst das Abendland unter der Parole „hie Welf – hie Waiblingen", so hieß es nun bei Konzilsbeginn „hie Johannes XXIII. – hie Gregor XII.". Die Christenheit war in zwei Lager geteilt. Zunächst gelang es dem Kaiser Sigismund, den beim Konzil anwesenden Johannes XXIII. zur Abdankung zu überreden oder, richtiger gesagt, zu drängen. Durch einen Verzicht Gregors sollte dann der Weg für einen neuen Papst frei werden. Doch Johannes XXIII. floh mit Hilfe des österreichischen Erzherzogs Friedrich bei erster Gelegenheit aus der Stadt am Bodensee und widerrief seine Abdankung. Auf kaiserlichen Befehl begann sogleich eine militärische Aktion gegen den Österreicher. Ludwig III., im Besitze der Landvogtei über wichtige Orte im Elsaß, eroberte alten österreichisch-habsburgischen Besitz am Oberrhein. Friedrich von Österreich, hart bedrängt und in der Gefahr, sein Erbe vollends zu verspielen, unterwarf sich und gelobte Gehorsam. Johannes XXIII. gelangte dadurch wieder in die Gewalt des Kaisers Sigismund.

Dieser übergab den Kirchenmann der Obhut des Reichsrichters – das war Ludwig III. von der Pfalz –, der ihn zunächst nach Heidelberg und dann auf seine Burg Rheinhausen bei Mannheim brachte. In der pfälzischen Gefangen-

224

schaft klagte Johannes XXIII. darüber, daß er sich mit seinen Wärtern nur durch Zeichen verständlich machen könne. In Gedichtform befaßte sich der Gefangene mit der Vergänglichkeit alles Irdischen. An Zeit zur Meditation fehlte es ihm nicht, denn diese Gefangenschaft dauerte bis ins Jahr 1418. Zu jener Zeit war aus dem Reichsgefangenen schon ein Privatgefangener des pfälzischen Kurfürsten geworden. Ludwig III. hatte sich nämlich inzwischen mit Kaiser Sigismund überworfen. Als der pfälzische Kurfürst vom Kaiser aufgefordert wurde, den gefangenen ehemaligen Papst freizulassen, verlangte der pfälzische Kurfürst 3 000 Dukaten Lösegeld. Johannes hat die mehrjährige Gefangenschaft in der Burg des Pfälzers nicht lange überlebt. Er starb wenige Monate nach seiner Entlassung aus der kurfürstlichen Haft.

Die historische Rolle Ludwigs III. von der Pfalz beschränkte sich beim Konstanzer Konzil nicht auf das Ketzergericht und das Gefangenhalten eines abgesetzten Papstes. Für eine längere Zeit amtierte der pfälzische Kurfürst in Konstanz an Stelle des oft abwesenden Kaisers Sigismund als Protektor der Kirchenversammlung. Das Konzil, das im April 1418 endete, nachdem im November in Martin V. ein allgemein anerkannter Papst gekürt worden war, führte in der Stadt am Bodensee eine Zeitlang zu fast chaotischen Zuständen. Viele tausend Kleriker und andere Konzilsbesucher benötigten Unterkunft. Der Konzilsprotektor, unterstützt von seinen pfälzischen Gefolgsleuten, von Rittern und Reisigen, mußte unter schwierigen Umständen für Ordnung sorgen. Kraft seiner Polizeigewalt befahl Ludwig III. dem Magistrat der Stadt, daß er stets Wohnungen für Ankommende bereithalten müsse; die Herberge, so hieß es in dem Erlaß, müsse „ordentlich und billig" sein. Ein Bett für zwei Personen sollte nicht mehr als einen Gulden kosten. Das Weißzeug bei Tisch müsse, so verfügte Ludwig III. von der Pfalz, alle Woche erneuert werden, die Bettücher – „das Linnen" – alle 14 Tage.

Die Ordnungskräfte aus der Pfalz hatten noch ganz andere Sorgen. In Konstanz – man weiß es aus zeitgenössischen Quellen – ging es hoch her. Einem Trauerhaus hat die Stadt zur Zeit des Konzils sicher nicht geglichen. Doch nicht alle Teilnehmer am Konzil schätzten des fröhliche Leben mit Freß- und Saufgelagen. Ein Bericht über eine Schlägerei im Franziskanerkloster, die das Eingreifen des Protektors und seiner Pfälzer erforderte, läßt darauf schließen, daß die Angehörigen eines der strengen Orden in Konstanz mit anderen Klerikern in Streit gerieten, wenn sie Armut, Bescheidenheit und Enthaltsamkeit predigten und den Ausschweifungen weltlicher und geistlicher Konzilsbesucher Einhalt gebieten wollten. Unter solchen Umständen war der Konzilsprotektor um sein Amt nicht zu beneiden.

Prüft man die Ergebnisse der langjährigen Beratungen und Verhandlungen des Konstanzer Treffens, so fällt vor allem auf, daß für die von Kaiser Sigismund und von vielen anderen deutschen Fürsten verlangte Kirchenreform in Konstanz nicht viel erreicht worden ist. Man stritt hauptsächlich über die Papstwahl, drei Jahre lang. Nach der Entscheidung über die Personenfrage erlahmte das Interesse an der Beseitigung der eigentlichen Krise und ihrer Ursachen ziemlich rasch. Man regelte für einige Bereiche die Besetzung der kirchlichen Ämter, fand neue Vorschriften für die Besteuerung und vereinbarte dann, daß man in regelmäßigen Abständen erneut auf Konzilen über die Angelegenheiten der Kirche entscheiden wolle. Dieser Versuch, die Macht des jeweiligen Papstes durch Beschlüsse eines Konzils zu kontrollieren und zu begrenzen, scheiterte jedoch im weiteren Verlauf des 15. Jahrhunderts.

Ein wichtiges, nicht geplantes Ergebnis des Konzils von Konstanz ist bald schon vergessen worden, obwohl es ebenso wie die Verbrennung des Johann Huß weitreichende Folgen für die historisch-politische Entwicklung hatte: die Herausbildung der Nationen. In Konstanz stimmte die Kirchenversammlung – gegen den Widerstand der Italiener – nach sogenannten Nationen ab. Es entstand beim Konzil eine englische, eine französische, eine italienische, eine spanische und eine deutsche Nation, richtiger gesagt: eine „natio germanica". Der Begriff „Nation" stammte von den Universitäten, wo man die Landsleute den „Nationen" zuordnete. Mit der „deutschen Nation", wie man sie später verstand und wie sie meist fälschlicherweise mit dem Namen des „Heiligen Römischen Reiches" verbunden wird, hat diese Konstanzer Konzilsnation wenig zu tun. Zur „deutschen Nation" zählte man in Konstanz neben den Angehörigen der deutschen Universitäten – Heidelberg zum Beispiel – und den Bischöfen und Prälaten auch die Schotten, die Dänen, die Skandinavier, Böhmen, Polen und Ungarn. Im Grunde verhielten sich diese Konzils-Nationen wie „Fraktionen". Sie berieten unter sich und stimmten dann – nachdem man sich in der Nation selbst zuvor geeinigt hatte – geschlossen in der Vollversammlung ab. Die Kardinäle bildeten übrigens eine eigene Gruppe oder Nation. Sie verstanden sich als die Fraktion der gesamtkirchlichen Interessen. Den Diskussionen in der Versammlung oder in den „Nationen" konnten nur gebildete Zuhörer folgen. Man verhandelte in der offiziellen Sprache der römisch-katholischen Kirche, in Latein. Der als Konzilsprotektor amtierende pfälzische Kurfürst fühlte sich, so scheint es, wegen seiner mangelhaften Lateinkenntnisse von manchen Vorgängen beim Konzil ausgeschlossen. Er habe deshalb, so ist uns von Zeitgenossen überliefert, in Konstanz eifrig Latein gelernt.

Das begehrte Speyer

Ein Konzil war in spätmittelalterlicher Zeit auch ein Verhandlungsort für Streitfragen, die mit der Verfassung der Kirche nichts oder nur wenig zu tun hatten. Die Anwesenheit des Kaisers machte eine Konzilsstadt wie Konstanz zur zeitweiligen Hauptstadt des Reiches und zum Gerichtsort, denn der König und Kaiser hatte vor allem Recht zu setzen und Recht zu sprechen. Manche Stadt des Reiches, die mit einem der Fürsten oder mit ihrem Bischof im Streite lag, schickte damals eine Delegation nach Konstanz, hoffend, daß ihre Wünsche dort vom Kaiser günstig beschieden würden oder, daß sich der Kaiser als Vermittler betätige.

So fanden sich in Konstanz denn auch Mitglieder des Magistrats der Stadt Speyer ein, unter anderem der Bürgermeister Claus von Rinckenberg und der Altbürgermeister Conrad Roeseler. Sie wollten Recht bekommen gegen den

Speyerer Bischof Raban, dem die Privilegien der Stadt mißfielen und der mit mancherlei Mitteln versuchte, nicht nur als geistiges Oberhaupt zu amtieren, sondern auch weltlicher Herr in der Stadt Speyer zu werden. Raban von Helmstadt besaß neben seinem bischöflichen Amt auch ein weltliches Amt: er war Kanzler beim pfälzischen Kurfürsten. Das stärkte seine Stellung gegenüber den Speyerern in diesem alten Streit zwischen Stadt und Geistlichkeit. Mit Hilfe der pfälzischen Wittelsbacher war Bischof Raban seinem Ziel schon während der Regentschaft König Ruprechts ein Stück nähergekommen. Der Vater des Kurfürsten Ludwig III. hatte in der Frage der alten Stadtprivilegien eine umstrittene Entscheidung getroffen. In der Ausdeutung des Bischofs Raban bedeutete sie nichts anderes als das Ende der Stadtfreiheit. Die Speyerer Bürger pochten jedoch auf ihre alten verbrieften Rechte. Kaiser Sigismund wollte zwar vermitteln, aber der Versuch scheiterte an der Unversöhnlichkeit der Standpunkte. Am Ende verschärfte sich in Konstanz der Streit zwischen Stadt und Bischof sogar noch. Die beiden Bürgermeister seien nämlich, so wird berichtet, zornig geworden und hätten dem Bischof Raban lautstark zugerufen: „Der König ist unser Herr, Ihr habt kein Gebot über uns." Vielleicht sind die beiden Pfälzer auch noch viel deutlicher gewesen. Jedenfalls endeten die Begegnungen in Konstanz damit, daß der Bischof Raben sich herausgefordert und beleidigt fühlte. Er nahm den Vorfall zum Anlaß für eine offizielle Klage gegen die Stadt. In Speyer spitzte sich die Lage immer mehr zu. Im Jahre 1418 zogen die Domgeistlichen aus der Stadt Speyer aus, die der Bischof im allgemeinen ohnedies mied, denn sein eigentlicher Regierungs- und Wohnsitz befand sich zu jener Zeit in Udenheim (dem heutigen Philippsburg) auf der rechten Seite des Rheins. Beide streitenden Parteien suchten und fanden Bundesgenossen, die Speyerer im Grafen Stephan von Zweibrücken, einem Bruder des Heidelberger Kurfürsten Ludwig III., sowie im Markgrafen von Baden und in den Leininger Grafen. In ihrer Wut zerstörten die Speyerer das vor den Toren der Stadt gelegene St. Germansstift. Sie zogen auch ins benachbarte Hanhofen. Dort rissen sie die im Bau befindliche Burg Marientraut nieder. Die Steine führten sie nach Speyer und verstärkten damit ihre Stadtmauer. Der Gegenschlag des Bischofs ließ nicht auf sich warten. Am Ende einer zwei Monate dauernden Stadtbelagerung kühlten die heißen Köpfe auf beiden Seiten ein wenig ab. Die Speyerer kamen in Bedrängnis. Sie konnten sich diesmal zwar gerade noch gegen die bischöflichen Ansprüche behaupten, aber sie verließen die Friedensverhandlungen und den Nürnberger Reichstag nicht als strahlende Sieger. Die Wiedergutmachung der Schäden, die der Bischof von der Stadt verlangte und durchsetzte, kostete Speyer und seine Bürger viel Geld.

Speyer war indes kein Ausnahmefall. Auch andere Städte befanden sich in einer Krise, weil sich angesichts der schwachen königlichen Gewalt die Begehrlichkeit von Bischöfen und Territorialfürsten gegen die Städte des Reiches verstärkte. Man sah sich zu gegenseitiger Hilfeleistung gezwungen. Mainz, Frankfurt, Worms, Speyer und Straßburg verbündeten sich. Gemeinsam wollten sie ihre Rechte und Freiheiten schützen. Die Speyerer entschieden sich darüber hinaus noch für eine zusätzliche Absicherung gegen die Ansprüche der geistlichen Herrschaft. Sie rückten dem pfälzischen Kurfürsten näher. Im Jahre 1434 schloß die Stadt Speyer einen formalen Schutzvertrag mit Kurfürst Ludwig III. „Schirm und Geleit" versprach der Kurpfälzer darin den Speyerern. Im Laufe der Zeit baute man dieses zunächst auf zehn Jahre befristete Schutzbündnis noch weiter aus, vor allem während der Regentschaft Friedrichs I., der den Beinamen „der Siegreiche" erhielt, weil er in zahlreichen Fehden und Kriegen am Ende stets der Sieger blieb. Die Gegenleistung der Stadt Speyer für kurpfälzische Protektion bestand unter Friedrich I. in Geldleistungen und in der Pflicht zur Aufnahme von Soldaten in Kriegszeiten. Die Stadt mußte einer bestimmten Anzahl von kurpfälzischen Soldaten und Pferden die Tore öffnen. Sie war auch zur Abordnung von Streitkräften verpflichtet, wenn der pfälzische Kurfürst in Bedrängnis geriet. Das Speyerer Kontingent sollte dann zusammen mit den Söldnern der Städte Germersheim und Neustadt ins Feld ziehen. Um gegen alle Überraschungen gewappnet zu sein, finanzierte die Stadt Speyer nach ihren schlechten Erfahrungen mit dem Bischof auch eine kleine Zahl von Söldnern, die sie als Kerntruppe ständig unter Waffen hielt.

Speyer wurde im 15. Jahrhundert zwar nicht zu einer bischöflichen Stadt, aber man näherte sich doch recht deutlich dem Status einer kurpfälzischen Stadt. Die wachsende Anziehungskraft der Städte in jener Zeit weckte die Begehrlichkeit der Territorialherren, der geistlichen wie der weltlichen. Das Schicksal der Stadt Speyer kann insofern als exemplarisch betrachtet werden – weit über die Region am Oberrhein hinaus. Ohne die reichen Städte, so beurteilten im 15. Jahrhundert die Territorialherren ihre Situation, werde man auf die Dauer ziemlich schwach bleiben. Die Landorte, in denen damals in Deutschland etwa vier Fünftel der Bevölkerung lebten, waren wegen einer zunehmenden Verschuldung der Bauern – als Folge niedrigerer Preise für die Nahrungsmittel – ziemlich verarmt. Die Landflucht nahm zu, denn die Städte als Zentren des Handels und Gewerbes zogen die Landbevölkerung an. Das Land verödete, sofern es sich nicht, wie in Teilen der Pfalz und des ganzen Oberrheingebietes, um Gegenden mit ertragreichen Böden handelte. Die Armut des Landes behinderte den Tatendrang der Territorialherren. Mit Argwohn betrachtete man das aufblühende Gewerbe in den Städten des Reiches, die kaum etwas zu den Finanzen der Landesherren beitrugen, sondern da und dort selbst durch Kauf ihre Territorien ausweiteten.

Der Aufstieg des städtischen Bürgertums im 15. Jahrhundert erklärt sich aus steigenden Arbeitslöhnen einerseits und fallenden Getreidepreisen andererseits. Letzteres hatte mehrere Ursachen. Einmal verbesserten sich die Produktionsmethoden und Erträge, zum anderen stagnierte die Nachfrage, weil die Bevölkerungszahlen auch hundert Jahre nach der großen Pest in den meisten Regionen immer noch niedriger lagen als vor dem Ausbruch dieser schrecklichen Seuche. Aus den alten Chroniken läßt sich ablesen, daß in der Pfalz auch im 15. Jahrhundert immer wieder kleinere Epidemien aufflammten. Abgesehen davon entwickelte sich damals in den späteren deutschen Ostgebie-

ten, die der Deutschritter-Orden erobert hatte, eine erhebliche Getreidepro-
duktion. Der Getreidehandel blühte in den Hansestädten an Ostsee und
Nordsee auf. Die Schiffe der Hanse brachten ihre Fracht nach England, in die
Niederlande und ins Rheinland. Die alten Getreideproduzenten in West- und
Süddeutschland spürten diese Konkurrenz. Auch die Region am Oberrhein
blieb von diesen wirtschaftlich-sozialen Veränderungen nicht unberührt.

Der siegreiche Friedrich

Die damalige Kurpfalz mit ihren reichen Bezirken in der Rheinebene, im
Kraichgau und am mittleren Neckar konnte sich auch unter den veränderten
Bedingungen recht gut behaupten. Insgesamt wuchs der Wohlstand rechts
und links des Oberrheins.

Auch das Stadt-Land-Gefälle blieb erträglich. Als der Schwabe Justinus
Kerner in der Zeit der deutschen Romantik sein Lied über den Fürstenwett-
streit im Kaisersaal zu Worms schrieb („Preisend mit viel schönen Reden"),
rühmte er mit Recht den großen Reichtum des „Kurfürsten vom Rhein" in
der Zeit der Wende vom 15. zum 16. Jahrhundert. Was in Kerners Lied nicht
zum Ausdruck kommt, ist das Verdienst, das sich Friedrich der Siegreiche, der
Vorgänger des im Wormser Kaisersaal anwesenden Kurfürsten, für den Wohlstand seines Landes erworben hatte. In einer 27 Jahre dauernden Regierungszeit sorgte dieser streitbare Fürst sowohl für die Vergrößerung als auch für den
inneren Ausbau seines Territoriums.

Unter den insgesamt sieben Kurfürsten der Heidelberger Linie des pfälzisch-wittelsbachischen Geschlechtes ist Friedrich I. – der Siegreiche – der
Dritte. Nach dem Hausgesetz der Wittelsbacher hätte er die Kurwürde gar
nicht erhalten können, denn er war unter den drei Söhnen Ludwigs III. der
Zweitgeborene. Als Ludwig IV., Friedrichs älterer Bruder, im Jahre 1449 im
Alter von erst 25 Jahren starb, übertrug man Friedrich die Vormundschaft für
seinen gerade ein Jahr alten Neffen Philipp. Die Regentschaft dauerte jedoch
nur kurze Zeit. Friedrich überzeugte seine nahen Verwandten, insbesondere
seine Schwägerin Margarete von Savoyen, davon, daß es für die Kurpfalz besser sei, wenn er die Kurwürde selbst übernähme. Friedrich versprach Ehelosigkeit und adoptierte seinen Neffen Philipp, so daß familienrechtlich die
Nachfolge für den Stamm Ludwigs IV. gesichert war. Beim Tode Friedrichs
erhielt dann auch Philipp, der inzwischen 28 Jahre alte Neffe und Adoptivsohn Friedrichs, die Kurwürde und erbte eine von Friedrich erheblich vergrößerte Kurpfalz.

Auch Philipp erhielt von den Zeitgenossen einen schmückenden Beinamen: man nannte ihn „den Aufrichtigen". Sein Vater, Ludwig IV., dem nur
eine sieben Jahre dauernde Regierungszeit beschieden war, trug den Beinamen „der Gütige" (manche Quellen nennen ihn auch den „Sanftmütigen").
Außer dem Eingreifen des pfälzischen Kurfürsten gegen die aus Frankreich
über die Schweiz ins Elsaß eingedrungenen Armagnaken – ein wilder Söld-
nerhaufe, der Angst und Schrecken verbreitete – ist von Ludwig IV. kaum etwas Kriegerisches zu berichten. Die Stadt Speyer, mit dem Kurpfälzer durch

einen Schutzvertrag verbunden, war für den Kampf gegen die Armagnaken besonders dankbar, denn es gab Befürchtungen, daß diese wilden Söldner nach ihrem Wüten in den elsässischen Städten den Rhein hinabziehen und sich der Schätze der wohlhabenden Speyerer Bürger bemächtigen könnten. Der Sieg Ludwigs IV. über die Armagnaken bewahrte mit Speyer sicherlich auch große Teile der heutigen Vorderpfalz vor Raub und Plünderungen.

Der „gütige" oder „sanftmütige" Kurfürst Ludwig IV. verfügte über einen ausgeprägten Sinn für Repräsentation. Kurz nachdem er mit achtzehn Jahren die Herrschaft in der Kurpfalz übernommen hatte – sein Onkel Otto von Mosbach amtierte für den noch unmündigen Erben Ludwigs III. einige Jahre als Regent –, stand die Krönung des Habsburgers Friedrich III., eines Nachfolgers Kaiser Sigismunds, auf der politischen Tagesordnung. Dem Zug des gewählten Königs von Frankfurt nach Mainz und Aachen eilte der achtzehn Jahre alte Pfälzer „mit glänzendem Gefolge entgegen". Nicht weniger als 28 Grafen begleiteten ihn. Im – kurpfälzischen – Bacharach machte man auf dem Weg in die Krönungsstadt Aachen halt und „feierte große Feste zu Ehren des Reichsoberhauptes". Die Aachener beeindruckte der Jüngling aus Heidelberg mit einem Zug von 1 000 Pferden. Das war eine allgemein verstandene und beachtete Demonstration des Kurfürsten, der unter seinesgleichen im Reich als der Erste galt. In Aachen erhielt Ludwig IV. denn auch am 18. Juni des Jahres 1442 sogleich die Bestätigung seiner Reichslehen durch König Friedrich III. Neben der Schutzfunktion für das Elsaß, die mit der Landvogtei verbunden war, beschäftigte den jugendlichen Kurfürsten auch sein Amt als Reichsrichter. In Konstanz bemühte sich der 22jährige mit einigem Erfolg um ein Ende des Streites zwischen den Eidgenossen und den Habsburgern. Seine Zeitgenossen rühmten den so früh Verstorbenen als einen Fürsten von „ritterlichem Mut". In seinen sieben Regierungsjahren habe er sich ein „makelloses Andenken" geschaffen.

Über Ludwigs Bruder und Nachfolger Friedrich I., den schon erwähnten Siegreichen, urteilten die Zeitgenossen nicht ganz so einhellig, obgleich er die Kurpfalz insgesamt ungewöhnlich stark vergrößert und auch zum Positiven hin verändert hat. Der Ausbau kurpfälzischer Macht gelang Friedrich nicht zuletzt dadurch, daß er andere Adelsgeschlechter in der Pfalz, darunter auch seine nahen Verwandten, in die Schranken wies, indem er ihnen militärische Niederlagen beibrachte. Sein Hauptwidersacher war der Pfalzgraf von Zweibrücken-Veldenz, Ludwig der Schwarze. Dieser wegen seiner dunklen Haar- und Hautfarbe mit einem markanten Beinamen versehene Graf gehörte als Sohn des Grafen Stephan von Zweibrücken-Simmern zur engeren Verwandtschaft des Heidelberger Kurfürsten: er war dessen Vetter ersten Grades. Die Teilung des pfälzischen Besitzes vom Jahre 1410 hatte schon nach einer Generation die wittelsbachischen Vettern zu Rivalen, ja zu erbitterten Gegnern gemacht. Daß viel später – in der napoleonischen Zeit – die allein übriggebliebene Linie der Nachkommen des Grafen Stephan von Zweibrücken-Simmern mit Max Joseph das Erbe des Kurfürsten Karl Theodor übernehmen und das wittelsbachisch-bayerische Königshaus begründen würde, gehört zu den Besonderheiten der höchst komplizierten und komplexen Geschichte der Wittelsbacher. Im 15. Jahrhundert kämpften indes die zwei pfälzischen Wittelsbacher – Friedrich und Ludwig – erbittert gegeneinander, weil der Erbe von Zweibrücken-Veldenz den Ehrgeiz hatte, seiner Pfalzgrafenschaft auf der linken Seite des Rheins eine dominierende Stellung zu sichern.

Die historische Entwicklung der heutigen Pfalz wird nur verständlich, wenn man sich an die Erbteilung erinnert, die 1410 beim Tode König Ruprechts zwischen dessen Söhnen vorgenommen wurde. Die Kurwürde ging, wie wir gesehen haben, an Ludwig III., dessen Mitwirken beim Konzil von Konstanz in allen Darstellungen deutscher Geschichte verzeichnet ist. Mit Ludwig III. beginnt die Heidelberger Linie der pfälzischen Wittelsbacher. Ludwigs Bruder Stephan erhielt damals die Herrschaft in Zweibrücken-Simmern. Er hatte seinen Sitz in Zweibrücken und in Meisenheim am Glan. Zum Erbe, das Stephan übernahm, gehörten neben Meisenheim auch Bonlanden, Annweiler, Hornbach und Bergzabern. Durch Heirat mit der Tochter Anne des Grafen von Veldenz – einer Herrschaft, deren Hauptburg bei Bernkastel an der Mosel lag – erbte Stephan im Jahre 1444 auch die Grafschaft Veldenz und den hinteren Teil der Grafschaft Sponheim. Zum Veldenzer Besitz zählten unter anderem Pfeddersheim, Lauterecken und Moschel.

Verwüstete Dörfer in der Pfalz

Noch zu Lebzeiten des Pfalzgrafen Stephan von Zweibrücken-Simmern übernahm dessen Sohn Ludwig der Schwarze einen Teil seines mütterlichen Erbes in der Veldenzer Grafschaft. Darunter befanden sich auch Orte der heutigen Pfalz wie Kusel oder Pfeddersheim bei Worms im heutigen Rheinhessen. Beim Tode Stephans wurde Ludwig der Schwarze dann Herr über Zweibrücken – mit Bergzabern, Annweiler etc. – und Veldenz insgesamt, sein Bruder Friedrich erhielt den anderen Teil der väterlichen und mütterlichen Besitzungen, vor allem Simmern.

Ein Teil des Erbes, das Ludwig von seinem Vater und seinem Veldenzer Großvater übernahm, bestand aus Lehen, die nach Meinung des Lehensherren nicht ohne dessen Zustimmung an einen Erben fallen konnten. Der Lehensherr aber war in Kusel oder in Pfeddersheim, um nur zwei Beispiele zu nennen, niemand anders als der Heidelberger Kurfürst, also Friedrich I. Sein Vetter, Ludwig der Schwarze, betrachtete sich indes dem Heidelberger Verwandten gegenüber keineswegs als lehenspflichtig. Diese Differenz in den Rechtsauffassungen bildete den eigentlichen Ausgangspunkt mancher blutigen Streitereien und Kämpfe in der Pfalz. Die innerpfälzischen Konflikte komplizierten sich noch zusätzlich dadurch, daß die Erben der Leininger Grafschaft, die bis dahin im allgemeinen in einem engen, auch durch Lehensverpflichtungen begründeten Verhältnis zum pfälzischen Kurfürsten gestanden hatten, in den Auseinandersetzungen zwischen Friedrich I. und Ludwig dem Schwarzen auf der Seite des Grafen von Zweibrücken-Veldenz gegen den Heidelberger kämpften. Die Gründe dafür sind nur schwer herauszufinden, es sei denn, man nähme an, daß verwandtschaftliche Bindungen einen

Kurfürst Friedrich I. der Siegreiche. Gemälde eines unbekannten Meisters.

der Grafen von Leiningen damals zu einer so riskanten Parteinahme gegen die alte kurpfälzische Lehensherrschaft veranlaßt haben. Ein Graf von Leiningen war nämlich mit einer Schwester Ludwigs des Schwarzen verheiratet.

Schon bald nach dem Amtsantritt Friedrichs I. hatte ein Schiedsgericht in der Frage der Lehenspflichten gegen Ludwig den Schwarzen entschieden. Aus Ärger über diese Niederlage soll Ludwig auf kurpfälzischem Gebiet in der Nähe von Kaiserslautern die Wohnungen von Bauern geplündert und Häuser niedergebrannt haben. Es fiel auch auf, daß Ludwig der Schwarze einige der zahlreichen Gegner seines Heidelberger Vetters freundlich bei sich aufnahm und bewirtete. Die Sticheleien des Grafen Ludwig veranlaßten Friedrich im Sommer 1455 zu einem Fehdebrief an den Vetter. Unterstützt von den Städten Speyer und Weißenburg rückte er in die Besitzungen Ludwigs ein und zerstörte dreißig pfälzische Dörfer. Dann belagerte Friedrich die Besatzung von Bergzabern. Das dauerte mehrere Wochen. Ludwig rüstete zum Gegenangriff. Mit nicht weniger als 4 000 Söldnern aus der Picardie (im heutigen Nordfrankreich) wollte er die Stadt Bergzabern entsetzen. Aber die Söldner verweigerten den Kampf. Ihnen war Friedrich mit seinen Kriegsleuten zu stark. „Sie kennten die Deutschen wohl", sollen die Picardiens gesagt haben. So mußte denn das hungernde Bergzabern vor dem pfälzischen Kurfürsten kapitulieren. Beim Abzug Ludwigs und beim Rückmarsch Friedrichs kam noch manches Dorf in der Südpfalz und mancher Ort im Unterelsaß zu Schaden. In Worms schloß Ludwig später Frieden mit seinem Vetter, indem er, wie schon vom früheren Schiedsgericht vorgeschlagen, die alten Lehensverpflichtungen anerkannte. Das umkämpfte Bergzabern blieb bei Pfalz-Zweibrücken; es galt nun jedoch als Symbol eines Machtkampfes, den der Heidelberger gewonnen hatte.

Die Ruhe in der linksrheinischen Region dauerte indes nicht lange. Im Spätherbst 1459 forderte Ludwig der Schwarze im Bündnis mit den Leininger Grafen den Kurpfälzer wiederum heraus. Ludwig und den Leiningern wurde angelastet, daß das Dorf Meckenheim bei Neustadt fast ganz niedergebrannt wurde und darüber hinaus einige hundert kurpfälzischen Untertanen auf ihrem Weg zum Markt in Speyer überfallen und entführt worden waren. Die Vergeltung erfolgte auf Kosten von Kandel und, im Januar 1460, durch Verwüstungen in den leininginschen Orten Haßloch, Böhl und Iggelheim. Das damalige Dorf Queich bei Landau ging wenige Tage nach den Verwüstungen im Neustadter Bezirk ebenfalls in Flammen auf. Zusammen mit den Leininger Grafen legte Ludwig der Schwarze dann an der Spitze von einigen hundert Reitern eine Spur der Verwüstung, die bis ins heute rheinhessische Gebiet bei Alzey reichte. Der Schrecken über diese gegenseitigen Racheakte und Mordbrennereien erfaßte damals weite Teile der linksrheinischen Pfalz. Auf der einen Seite fürchtete man den schwarzen Ludwig, in den leininginschen Orten und in der Grafschaft Pfalz-Zweibrücken-Veldenz andererseits nannte man Friedrich den „bösen Fritz".

Was diese beiden Wittelsbacher und viele andere adelige Herren und Rittersleute jener Zeit miteinander verband, das war die Mißachtung gegenüber den bäuerlichen Untertanen. Überall hielten es die Fürsten für selbstverständlich, daß ihre Soldaten und Söldner bei Fehden und in Kriegen sich selbst verpflegten und Beute machten, wo immer es möglich war. Es ist unter solchen Umständen nur zu verständlich, daß die Söldner aus der Picardie vor Bergzabern den offenen Kampf mit dem starken und gut bewaffneten pfälzischen Kontingent abgelehnt haben. Da hätte denn doch zu viel auf dem Spiel gestanden, nämlich das Leben zahlreicher Söldner. Klugheit ist in solchen Fällen allemal wichtiger als Tapferkeit. Man mußte das Risiko abwägen, mußte überlegen, was man denn an Beute erwarten konnte angesichts der Stärke des Gegners. Da fiel vor Bergzabern den Mannen aus der Picardie die Entscheidung nicht schwer. Friedrich I. hat im übrigen in späteren Kriegen seine Feinde mit Söldnern aus den schweizerischen Kantonen bekämpft. Man darf deshalb vermuten, daß die Picardiens vor Bergzabern möglicherweise nicht nur mit einheimischen Soldaten rechneten, sondern auch mit jenen schweizerischen Reisläufern, die im ganzen Abendland Furcht erregten.

Für die heimgesuchten Bauern in den Dörfern der Pfalz machte es kaum jemals einen Unterschied, ob die Kriegsleute den heimischen Dialekt beherrschten oder in einer fremden Sprache oder Mundart parlierten. Sicher ist, daß man in der Pfalz bei dem Krieg, der sich im Jahre 1460 nach dem Niederbrennen von Meckenheim entwickelt hatte, viele fremde Laute hörte. Im Lager Ludwigs des Schwarzen sprach man französisch, denn viele Söldner kamen aus Wallonien; auf der Seite Friedrichs I. hörte man schweizerdeutsch. Die Zahl der fremden Söldner wuchs noch, als auch der Erzbischof von Mainz der Kurpfalz den Krieg erklärte. Der König und Kaiser Friedrich III., der in solchen Fällen hätte eingreifen und für Frieden sorgen müssen, war in jener Zeit im Südosten des Reiches engagiert. Dort drohte bereits die Türkengefahr. Friedrich III. sah es im übrigen nicht ungern, wenn der pfälzische Kurfürst in Bedrängnis geriet. Der Habsburger verweigerte nämlich dem pfälzischen Wittelsbacher mit Hinweis auf das Reichsrecht (Goldene Bulle) die Anerkennung als rechtmäßiger Nachfolger seines frühverstorbenen Bruders. Nur als Vormund und als Regent hätte Friedrich III. den Heidelberger Pfalzgrafen akzeptiert. Dieser seit Jahren schwelende Konflikt zwischen der – schwachen – Autorität des Kaisers und Friedrich I. ermutigte nicht nur Ludwig den Schwarzen immer wieder zum Aufbegehren gegen den Heidelberger, auch der badische Markgraf, der Graf von Württemberg und der Erzbischof von Mainz wollten die Gelegenheit zur Eindämmung der kurpfälzischen Macht nutzen. Als Nachbar des Mainzer Erzbischofs hatte indes der Landgraf von Hessen kein Interesse an der Schwächung der Kurpfalz. Das hätte nur dem Mainzer einen Zuwachs an Macht gebracht. So ergab sich in den Kriegen und Fehden Friedrichs I. im Grunde die alte, immer wiederkehrende Interessenkollision zwischen einem aufstrebenden Territorium wie der Kurpfalz und seinen Nachbarn.

Im Krieg des Jahres 1460 wirkte sich dieser Nachbarschaftskonflikt hauptsächlich in den linksrheinischen Gebieten, in der heutigen Pfalz und in Rheinhessen, verheerend aus. In der letzten Märzwoche dieses Kriegsjahres

wurden unter anderem Bobenheim und Dannstadt, die Reste von Mecken-
heim und das Kloster Eußerthal niedergebrannt. Als in Kandel, wo sich die
Bewohner auf dem Friedhof gegen die Kurpfälzer verschanzt hatten, einer der
Schweizer getötet wurde, erschlugen die Söldner des Kurfürsten aus Rache
viele Bauern und raubten die Kirche aus. Herxheim, das von mainzischen
Truppen erfolglos gegen die Kurpfälzer verteidigt wurde, sank in Schutt und
Asche. Ähnlich erging es Karlbach. Zweihundert Fuder Wein hätten die Kur-
fürstlichen in Herxheim noch mitgenommen, wird berichtet, „trefflichen
Wein", wie der Chronist meint. In Dörrenbach, wo die Hagenauer Soldaten
einfielen, hielt der Kirchhof stand. Die elsässischen Bundesgenossen hatten
Wagen für den Abtransport des Weines mitgebracht. Sie mußten mit leeren
Karren abziehen; ihre Wut zeigten sie durch das Niederbrennen von Häusern,
auch in den Nachbarorten Otterbach und Rechtenbach. Nur acht Häuser blieben in diesen beiden Dörfern vom Feuer verschont. Neben Wein raubten die
Soldaten der jeweils anderen Seite auch Frucht. Nach Weißenburg seien von
den Feldern der Südpfalz einmal 47 Wagen mit Korn abgeholt worden, lesen
wir in einer Chronik.

Im Verlaufe des späten Frühjahres und des Sommers 1460 gewann Friedrich I. schließlich die Oberhand in diesem pfälzischen Familienkrieg. Neue
Bundesgenossen unterstützten den Kurfürsten: die Bischöfe von Bamberg
und Würzburg, der Herzog Ludwig von Bayern, der Bischof von Speyer und –
die eigentliche Überraschung – Pfalzgraf Friedrich von Simmern, der Bruder
des schwarzen Ludwig von Zweibrücken-Veldenz. Friedrich zog damals mit
seinen Söldnern von Heidelberg gen Kleinbockenheim, einem Ort der Leininger. Insgesamt 12 000 Mann und 2 000 Reiter gehörten zu der Streitmacht. Da
die Gegner den bedrängten Ort entsetzen wollten, marschierten ihnen die
Kurpfälzer und ihre Verbündeten entgegen. Die kurfürstlichen Reiter lagerten
mit Friedrich bei Monsheim. Bei Pfeddersheim kam es dann zur Schlacht. Als
der Kampf schon hin und her wogte, sprengte Friedrich mit seinen 1 200 Reitern heran. Der berühmt gewordene Feldruf hieß: „Heut' Kurfürst oder nimmermehr". Am Ende wankten die Reihen der Mainzer und der Veldenzer.
Eine wilde Flucht Richtung Worms begann. Die Pfrim wurde vielen zum
Grab.

Über tausend Wagen hätte man damals erobert, sagen die Chronisten; das
Fußvolk aus den Städten, vor allem das Speyerer Kontingent, habe sich bei
der Erstürmung der feindlichen Wagenburg hervorgetan. Am 7. Juli 1460 fiel
Pfeddersheim „mit ansehnlicher Beute" in die Hand des pfälzischen Kurfürsten. Bald waren die alten Streitpunkte durch Nachgeben des Mainzer Erzbischofs und anderer Gegner des Kurfürsten in einen Friedenschluß erledigt (es
ging vor allem um Geldforderungen, die mit Heiratsverträgen und Mitgiftfor-
derungen zusammenhingen – eine Folge der Heirat Ulrichs von Württemberg
mit Margareta, der Witwe Ludwigs IV.). Den Kampf gegen die Leininger Grafen setzte Friedrich jedoch fort. Er ließ das Schloß Haßloch und die Minfel-
der Burg stürmen; neun Dörfer der Leininger zwischen Bergzabern und Weißenburg wurden niedergebrannt. Auch die Umgebung von Dürkheim, die

Orte im Tal sowie Wachenheim und Freinsheim hatten schwer zu leiden unter den Einfällen und Kämpfen, die erst im Winter des Jahres 1460/61 aufhörten. Im Frühsommer 1461 begann dieser innerpfälzische Krieg erneut.

Der Markgraf von Baden vermittelte einen Vergleich, als Friedrichs mächtiges Heer nach Meisenheim aufgebrochen war, wo sich der Pfalzgraf von Zweibrücken-Veldenz und die Leininger verschanzten.

Ludwig der Schwarze und Emich von Leiningen seien, veranlaßt vom badischen Markgrafen, ins Lager des Kurfürsten gegangen und hätten zum Zeichen der Unterwerfung und der Friedfertigkeit vor Friedrich niedergekniet, heißt es in den Annalen der Kurpfalz. Es wird berichtet, daß der siegreiche Friedrich zu Ludwig sagte: „Vetter, Ihr hättet Euch und mir dies wohl ersparen können, daß nicht so viele arme Leute darum verdorben wären". Ludwig des Schwarzen demütige Antwort: „Vetter, man hat mich dazu verhetzt, ich will nimmermehr gegen Euch handeln". Die materielle Seite des verwandtschaftlichen Dialoges im kurpfälzischen Lager bei Meisenheim am Glan bestand schließlich darin, daß Ludwig in den kurpfälzischen Lehensverband zurücktrat und später noch Meisenheim, Bergzabern und Annweiler verpfändete. Auch die Leininger verloren. Sie anerkannten Friedrich nun wieder als Lehensherren und traten Böhl und Iggelheim an die Kurpfalz ab.

Noch immer nahm das Kriegführen in der Kurpfalz kein Ende. An Pfingsten 1462, ein Jahr nach dem Ende des innerpfälzischen Machtkampfes, wagte der Markgraf von Baden, der auch zu den Lehensnehmern des Kurpfälzers gehörte, in Verbindung mit dem württembergischen Grafen und dem Bischof von Speyer – einem badischen Prinzen – eine Herausforderung Friedrichs. Der Badener zog über den Rhein und überfiel einige Orte in der Südpfalz: Steinweiler, Bellheim und Zeiskam zum Beispiel. Im Sommer 1462 endeten die Auseinandersetzungen mit einer großen Niederlage der Angreifer bei Seckenheim. Zu den Besiegten gehörte auch der Bischof von Metz. Zusammen mit Ulrich von Württemberg und Carl von Baden geriet der lothringische Bischof in Gefangenschaft. Den Grafen Ulrich von Württemberg, der ja Friedrichs verwitwete Schwägerin geheiratet hatte, soll der Kurfürst zum Mahle aufs Heidelberger Schloß mitgenommen, ihm dort aber das Brot vorenthalten haben. Offenbar um eine späte Erziehung seines angeheirateten Verwandten bemüht, habe Friedrich dem Grafen gegenüber die Verweigerung der Tafelfreuden mit einem Hinweis auf die rauchenden Dörfer in der Rheinebene und die Not der Bauern erklärt. Die Entlassung aus der kurpfälzischen Gefangenschaft kam den Württemberger ziemlich teuer: er mußte nicht weniger als 100 000 Gulden bezahlen und außerdem die Städte und Ämter Besigheim und Marbach am Neckar als kurpfälzisches Lehen anerkennen. Friedrichs Sieg bei Seckenheim trug im übrigen erheblich zur Sicherung des Besitzes bei, den er seit der Übernahme der Regentschaft errungen hatte. Die Kurpfalz festigte damit gegenüber den kleineren Nachbarn ihre herausragende Position im deutschen Südwesten. Als später Ludwig der Schwarze noch einmal in eine Auseinandersetzung zwischen Friedrich I. und dem habsburgischen König und Kaiser Friedrich III. eingriff und sich anstelle seines Heidelberger Vetters die Landvogtei im Elsaß übertragen ließ, endete auch dieser Streit schließlich militärisch mit einer Niederlage Ludwigs und der mit ihm verbündeten Leininger Grafen. Dürkheim erlitt dabei großen Schaden; Wachenheim wurde erobert, Groß- und Kleinbockenheim brannten.

Es war kein Zufall, daß Friedrich in allen Fehden und Kriegen mit seinen Nachbarn siegreich blieb. Seine organisatorische Begabung und seine Fähigkeit, eine Gefechtslage realistisch einzuschätzen und sich entsprechend zu verhalten, machte ihn den Widersachern überlegen. Deshalb gelang es dem Habsburger Friedrich III. trotz mancher Versuche lange Zeit nicht, dem eigenwilligen pfälzischen Kurfürsten seine Kurwürde abzunehmen. Auch in schwierigen Lagen fand Friedrich I. von der Pfalz immer wieder einen Ausweg. Seine insgesamt nicht unbeträchtlichen Mittel setzte er geschickt ein. Für ihn zählte zuerst und vor allem sein Territorium, die Kurpfalz. Daß ihm im Jahre 1474, genau ein Vierteljahrhundert nach der Übernahme der Regentschaft, doch noch die Kurwürde abgesprochen und die Reichsacht über ihn verhängt wurde, bedeutete für den damals wohl schon kranken, wenn auch erst 49 Jahre alten Friedrich und die Kurpfalz keine entscheidende Schwächung. Als Friedrich zwei Jahre später starb, hinterließ er seinem Neffen und Adoptivsohn Philipp ein machtvolles, gut verwaltetes Territorium.

Friedrichs Temperament und Weitsicht

In der Zeit der studentischen Romantik pflegte man in Heidelberg und anderswo die Erinnerung an Friedrich den Siegreichen unter anderem durch den Gesang eines Trinkliedes: „Wütend wälzt sich einst im Bette Kurfürst Friedrich von der Pfalz...". Mag sein, daß dieser pfälzische Wittelsbacher den Wein geschätzt hat. Seine unbestrittene Popularität verdankte er indes hauptsächlich seinem lebhaften Temperament, auch seiner Derbheit und seinem nüchternen Sinn für die praktischen Seiten des Lebens. Seinen pfälzischen Landsleuten waren derartige Eigenschaften gewiß nicht fremd. Daß Friedrich ein hochgebildeter Mann gewesen sein soll, behaupten seine Biographen nicht, wohl aber wird ihm eine recht gute Erziehung und ein bemerkenswertes Verständnis für Wissenschaft und Kunst bescheinigt. Die Universität Heidelberg steigerte während seiner Regierungszeit ihre Anziehungskraft und ihr Ansehen beträchtlich.

Friedrichs Sinn für Macht und fürs Praktische zeigte sich schon am Anfang seiner Regentschaft darin, daß er bei der umstrittenen Übernahme der Kurwürde – anstelle einer nur vormundschaftlichen Regierung – mehrfach den Rat der kurpfälzischen Notabeln einholte. So trafen sich im September 1451 in Heidelberg zahlreiche hohe Regierungsbeamte – fast durchweg geistliche und ritterschaftliche Aristokraten – hohe Kleriker wie die Bischöfe von Speyer und Worms, sowie einige Grafen und Ritter wie die Gemmingens, die Sickinger, die Dalberge. Die Versammelten besaßen zwar keine formellen Rechte, aber ihr Wort hatte Gewicht und sie fühlten sich durch Friedrichs Einladung ausgezeichnet und der Kurpfalz besonders verbunden. Im Verlaufe seiner Regierungszeit unterteilte Friedrich die kurpfälzischen Gebiete in 18 Ämter, verwaltet durch meist adelige, ritterschaftliche Amtsleute und Vögte. Drei dieser Ämter lagen in der heutigen Pfalz: Germersheim, Neustadt und Lautern, zwei im heutigen Rheinhessen: Alzey und Oppenheim. Die Neuordnung der Gerichtsverfassung zählt ebenfalls zu den wichtigen Entscheidungen, die Friedrich für die Kurpfalz traf. Kein Kurpfälzer, so bestimmte er, sollte künftig vor einem fremden Gericht erscheinen müssen. Das pfälzische Hofgericht schuf Friedrich im Jahre 1472 als eine feste Institution. Viermal im Jahr sollte es zusammentreten. Vierzehn Mitglieder, meist Adelige, waren vorgesehen. Zu den vierzehn Richtern gehörten zwei oder drei gelehrte Juristen – Berufsrichter in einer modernen Terminologie –, je einer davon für das weltliche und für das kirchliche Recht als sachkundig ausgewiesen. Die einflußreichen Adeligen der Kurpfalz band Friedrich dadurch an sich, daß er ihnen am Hof selbst, beim Hofgericht oder in den einzelnen Ämtern Funktionen zuwies und sie so für das Wohl des Landes verpflichtete. Das stehende Heer rekrutierte Friedrich prinzipiell aus Landeskindern. Im Streit- und Kriegsfall vergrößerte er seine Truppe durch Söldner aus der Schweiz. Vor allem seit dem wichtigen Sieg bei Seckenheim verfügte Friedrich über genügend Mittel zur Besoldung seiner Soldaten. Die unterlegenen Nachbarn füllten mit den hohen Zahlungen, die ihnen als Entschädigungen auferlegt worden waren, die kurfürstliche Kasse. Nach dem Sieg von Seckenheim im Jahre 1462 waren die Schulden des Landes getilgt.

Wenn Ludwig Häusser in der Mitte des vergangenen Jahrhunderts zu dem Schluß kam, daß insbesondere die zweite Hälfte des 15. Jahrhunderts eine „Glanzzeit der Pfalz" gewesen sei, so stützt der Heidelberger Professor Häusser dieses Urteil auch auf Friedrichs Universitätsreformen. Die anfangs übliche Lehrstuhl-Finanzierung durch zugewiesene Pfründe – etwa den oft schwankenden Ertrag aus alten Reichslehen im Pfälzer Wald – ersetzte Friedrich I. durch die Garantie fester Einkünfte und freier Wohnung für Professoren. Der Kurfürst bemühte sich um jüngere Kräfte für die pfälzische Universität. Attraktiv war dabei das Versprechen einer Lehrfreiheit: „Jeder kann lesen und lernen was er will und was von der Kirche nicht gerade verboten ist". In der bald folgenden Reformationszeit sollte dieser zu Friedrichs Zeiten selbstverständliche und zugleich einschränkende Zusatz noch sehr bedeutsam werden. Die Weisungen Friedrichs bildeten dennoch die Grundlage einer Hochschulverfassung. In diesem Zusammenhang muß auch erwähnt werden, daß eine besondere Ordnung für die in unserer Zeit wieder vielgenannte Bibliothek, die „Palatina" in der Heilig-Geist-Kirche, ebenfalls aus der Regierungszeit Friedrichs datiert. Man versteht, daß gerade die jüngeren Gelehrten, die neue Ideen nach Heidelberg brachten, diesen Kurfürsten hoch geschätzt und in ihren Schriften zu seinem Nachruhm beigetragen haben.

Der Rückblick auf die vorreformatorische Epoche der pfälzischen Geschichte wäre unvollständig ohne den Hinweis auf Ereignisse, die Friedrichs privates Leben betrafen. Er sollte ja, wie er bei der Übernahme der Kurwürde versprach, ehelos bleiben, um Erbstreitigkeiten bei der Nachfolge zu vermeiden. In diesem Punkt ist Friedrich zumindest inoffiziell nach wenigen Jahren wortbrüchig geworden. Er gründete nämlich im Jahre 1459 „mit einer schönen Augsburgerin" namens Clara Dettin eine Familie. Die Dame, eine „Hofjungfer", sei liebenswürdig gewesen und habe dem Musik liebenden Friedrich auch wegen ihrer schönen Stimme gefallen, haben uns die zeitgenössischen Beobachter überliefert. Zwei Söhne gebar diese Clara ihrem Friedrich. Der ältere der beiden starb als Fünfzehnjähriger, der 1462 geborene Ludwig blieb am Leben. Als Ludwig schon herangewachsen war, ließ sich Friedrich vom Versprechen der Ehelosigkeit entbinden, um Clara Dettin nun mit kirchlichem Segen offiziell zu ehelichen. Für den Sohn aus dieser Ehe stellte Friedrich eine ansehnliche Erbschaft im heutigen württembergischen Unterland bereit. Im Jahre 1488 – Ludwig war damals 26 Jahre alt – erhielt der Sohn der Clara Dettin vom Nachfolger und Adoptivsohn seines Vaters, dem Kurfürsten Philipp, die Grafschaft Löwenstein. Das Adelsgeschlecht, das dieser Graf von Löwenstein begründete, existiert noch heute in mehreren Verzweigungen. Mancher Nachfahre des Sohnes der Clara Dettin und des Kurfürsten Friedrich I. von der Pfalz hat sich durch öffentliches Wirken einen festen Platz in unseren Geschichtsbüchern gesichert.

Woran uns Kirchen erinnern

In der Pfalz ist nur noch wenig bekannt, wieviele Spuren der siegreiche Friedrich hinterlassen hat, Spuren, die man in vielen Orten beim Blick auf einen Kirchturm oder eine Friedhofsmauer relativ rasch entdecken kann. Der Kunsthistoriker und Archäologe Günter Stein, der in Speyer tätig ist und an der Universität Karlsruhe lehrt, hat in einer Untersuchung herausgefunden, daß es im Unterelsaß, in der Südpfalz, in der Nordpfalz und in Rheinhessen noch immer ungewöhnlich viele Kirchen und Friedhöfe gibt, die in der Zeit der innerpfälzischen Kriege im 15. Jahrhundert zu kleinen Festungen und Fluchtstätten ausgebaut worden sind. Man findet sie in all den Orten, die von den Chronisten dieser innerpfälzischen Kriege immer wieder als umkämpfte Plätze genannt werden: in Kleinbockenheim oder Dörrenbach, in Kandel oder Minfeld. Mit in diese – unvollständige – Liste gehören auch Rodenbach, Großbockenheim, Wachenheim, Lambsheim, Mutterstadt, Heuchelheim, Gleisweiler, Rheinzabern, Rohrbach, Billigheim, Rechtenbach, Oberotterbach und Schaidt. Die Bewohner zahlreicher pfälzischer Orte haben damals innerhalb der Friedhofsmauern Scheunen und Stellplätze für das Vieh gebaut. Die Tortürme an Friedhofeingängen, die da und dort noch erhalten sind, stammen ebenso aus jener Zeit, in der es nur Handwaffen, aber noch keine Geschütze gab. Verriegelbare Tore an Friedhöfen gehörten ebenfalls zu den Sicherungen, welche die Dorfbewohner anbrachten, um sich vor den raubenden und brandschatzenden Soldaten besser schützen zu können. In Dörrenbach, das in der Zeit Friedrichs des Siegreichen hart umkämpft war, erleichterten Flankierungstürme in der Ringmauer den Schutz der Bewohner. An der Kirche in Mutterstadt findet man speziell geweitete Schießscharten für Haken-

Zahlreiche Wehrkirchen, wie im südpfälzischen Dörrenbach, erinnern in der Pfalz an kriegerische Zeiten, wo Kirchen und Friedhöfe zum Schutz der Bevölkerung zu befestig-ten Fluchtstätten ausgebaut worden sind. (Foto: Karlheinz Schmeckenbecher)

büchsen-Schützen, in Rheinzabern ebenso wie in Dörrenbach gibt es senkrechte Schlitz-Schießscharten für Armbrustschützen.

Auffallend und bezeichnend für die Verteidigungs- und Schutzfunktion von Friedhöfen sind die aus der Umgebung herausragenden, erhöhten Lagen. Dieser Hinweis gilt für Klein- und Großbockenheim ebenso wie für Dörrenbach. Dort wo die Kirchtürme als Standorte für Schützen dienten oder auch als eine Art letzter Zufluchtsort für die Bedrängten, wenn der Friedhof nicht mehr zu halten war, findet man des öfteren statt eines Holzdaches die steinernen Spitzhelme. Man beugte durch diese Bauart dem Brandlegen durch brennende Pfeile vor. Auffallend sind Bauwerke, die wie der Nordturm der heutigen protestantischen Kirche in Rodenbach bei Grünstadt ihrer Zinnen wegen eher einer mittelalterlichen Burg als einem Kirchturm ähneln. So hatten denn derartige befestigte Türme, die oft nur vom Kirchenschiff aus zugänglich waren, die gleiche Funktion wie der Bergfried der mittelalterlichen Burgen. In mehr als einem Falle haben diese kleinen Dorfbefestigungen während der immer neu aufflammenden Kämpfe und Raubzüge das Überleben der Bewohner ermöglicht. Dauerte eine Belagerung längere Zeit, so machte sicherlich die Versorgung mit Wasser besondere Schwierigkeiten. Da man auf Friedhöfen keine Brunnen anlegen konnte, um Grundwasser zu gewinnen, war man auf Zisternen angewiesen oder man versorgte – was wohl die Regel war – die in der Kirche und auf dem Friedhof versammelten Menschen und Tiere mit Wasser aus den meist hölzernen Teuchel- oder Deichelleitungen, die an außerhalb liegende Brunnen angeschlossen waren.

Nicht wenige dieser burgähnlichen Kirchen sind während der innerpfälzischen Kriege zerstört oder schwer beschädigt worden. In Kleinbockenheim, in Kandel, in Mutterstadt und Dörrenbach hat man die kleinen Festungen am Anfang des 16. Jahrhunderts wieder aufgebaut. Ihr Wert sank jedoch rasch. Die Geschütze, die man bereits in den innerpfälzischen Kriegen zwischen Ludwig dem Schwarzen und den Leiningern auf der einen Seite und Friedrich dem Siegreichen auf der anderen Seite zum Niederkämpfen befestigter Plätze eingesetzt hatte, waren am Beginn des 16. Jahrhunderts schon erheblich verbessert und verlangten deshalb eine modernere Kampf- und Festungstechnik. So sind denn in den pfälzischen Orten viele derartige Zeugnisse einer unruhigen, ja einer schrecklichen Zeit später verfallen. Was in Dörrenbach, Kandel, Kleinbockenheim oder an zahlreichen anderen Orten in der Pfalz heute noch an Friedhöfen und Kirchtürmen zu entdecken ist, erinnert uns an Machtkämpfe, in denen die Zerstörung der wirtschaftlichen Existenz von Dorfbewohnern zu den als selbstverständlich betrachteten Zielen der Kriegsführung gehörte. Man wollte den – fürstlichen – Gegner arm machen, indem man dessen Untertanen ins Elend trieb.

Die Zerstörung des Klosters Limburg

Nach dem Tode Friedrichs des Siegreichen im Jahre 1476 dauerte es mehrere Jahrzehnte, bis wieder ein Machtkampf die Pfalz in Angst und Schrecken versetzte. Einige Historiker nennen die Ereignisse der Jahre 1503 – 1507 vernied-

lichend die „Bayerische Fehde", andere sprachen zutreffender vom „Pfälzisch-Bayerischen Erbfolgekrieg". Noch heute erinnern uns die Ruinen des
Klosters Limburg an diesen Krieg, der viel Not über das Land brachte, weil er
an manchen Orten von den Beteiligten mit der Härte und Grausamkeit eines
Bürgerkrieges geführt wurde. Die Ereignisse, die sich im Jahre 1504 in der näheren Umgebung von Dürkheim zutrugen, sind bezeichnend für die Verbis-
senheit des Kampfes.

Seit dem Jahre 1471, als Friedrich wieder einmal im Streit mit Ludwig dem
Schwarzen und den Leiningern siegreich geblieben war, besaß der pfälzische
Kurfürst anstelle des Grafen von Leiningen-Hardenburg die Vogtei über das
Kloster Limburg. Daß die Kurpfälzer im August des Jahres 1471 Dürkheim
erobert, die Befestigungen geschleift und die Umgebung verwüstet hatten, war
den Bewohnern der leiningenschen Orte auch mehr als dreißig Jahre später
noch in guter Erinnerung. Graf Emich von Leiningen-Hardenburg, der im
Pfälzisch-Bayerischen Erbfolgekrieg zusammen mit dem Landgrafen Wilhelm
von Hessen gegen den Nachfolger Friedrichs des Siegreichen, gegen Philipp
den Aufrichtigen kämpfte, lebte zu jener Zeit mit den Mönchen des Klosters
Limburg in einem gespannten Nachbarschaftsverhältnis. Das wiederum veranlaßte die Mönche, sich dem Kurfürsten Philipp zu nähern und dessen
Schutz zu erbitten.

In derartigen Situationen gibt es, wie uns die Geschichte lehrt, keine Neutralität. „Partei wird jeder, wenn das blutige Zeichen des Bürgerkrieges aufgerichtet ist", sagte Friedrich Schiller in seiner „Jungfrau von Orléans" und
kennzeichnete damit auch die Lage in der Pfalz und speziell in Dürkheim und
Umgebung im Jahre 1504. Da Philipp der Aufrichtige offensichtlich mit einem Angriff des Grafen von Leiningen auf das Kloster Limburg rechnete,
schickte er im Juli 1504, ehe der offene Kampf begann, kurpfälzische Soldaten in die Abtei. Sechs Wochen lang blieben diese Soldaten auf der Limburg,
von wo aus die Kurpfälzer immer wieder die nahegelegenen Orte heimsuchten, die zum Gebiet des Grafen Emich von Leiningen-Hardenburg gehörten.
Die Wut der betroffenen und geschädigten Bauern über die räuberischen Kurpfälzer wuchs von Tag zu Tag. Den Soldaten gegenüber war man ohnmächtig.
Plötzlich änderte sich die Situation. Philipp der Aufrichtige gelangte nämlich
zur Überraschung der Bauern und des Leininger Grafen zu der Überzeugung,
daß er seine Soldaten an anderer Stelle dringender benötige als auf der Limburg, von wo aus sie die Burg des Leiningers beobachtet und den Grafen ein
wenig in Schach gehalten hatten. Jedenfalls zogen die Kurpfälzer am 29. August ab. Nun lagen Kloster und Kirche wehrlos da. Die Mönche ahnten oder
wußten, was bald passieren werde. Rasch schafften sie einige der kostbaren
Schätze – alte Handschriften, Kunstgegenstände etc. – ins sichere Speyer und
verließen so schnell sie konnten die nun ungeschützte, bedrohte Stätte. Manchem Mönch gelang gerade noch die Flucht, ehe am Morgen des 30. August
Graf Emich VIII. von der Hardenburg zur Limburg aufbrach und sich mit
ihm dann eine große Schar erbitterter, von Wut- und Rachsucht getriebener
Bauern auf die Kirche und die anderen Klosterbauten stürzten. Im Beisein

des Grafen zündeten die Bauern das Gotteshaus an und zerstörten, was überhaupt zu zerstören war. Auch der Umstand, daß nicht wenige der Vorfahren des Leiningers in der Kirche begraben lagen, veranlaßte den Grafen nicht dazu, dem Zerstörungswerk der Bauern Einhalt zu gebieten. Man habe alles Brauchbare fortgeschleppt; die Gebeine der Toten seien aus den Gräbern gerissen worden, haben uns die Chronisten überliefert. Sechs der herrlichen Glocken seien im Feuer geschmolzen. Nicht weniger als zwölf Tage und zwölf Nächte lang loderten die Flammen aus den Trümmern jenes Klosters, das seit seiner Gründung durch Konrad II., dem ersten der salischen Kaiser, kein geringeres Wahrzeichen der Pfalz und des mittelalterlichen Reiches gewesen war als der Speyerer Dom und der Trifels.

Der Pfälzisch-Bayerische Erbfolgekrieg, in dem dies alles geschah, erscheint uns im Rückblick von all den zahlreichen sinnlosen Kämpfen und Kriegen, die für viele Jahrhunderte die Geschichte der Pfalz bestimmt haben, als besonders sinnlos. Er entstand aus einem Familienstreit der verschiedenen Linien des wittelsbachischen Geschlechtes. Im Grunde war es eher ein bayerischer als ein pfälzischer Streitfall. Der pfälzische Kurfürst Philipp der Aufrichtige spielte in dieser Erbauseinandersetzung anfänglich eine eher passive als aktive Rolle. Er hat diesen zerstörerischen Kampf zwischen Verwandten sicherlich nicht gewollt, aber er hat ihn auch nicht durch frühzeitiges Handeln verhindert. Wenn man das in unserem Jahrhundert zur Beschreibung der Entstehungsgeschichte des folgenreichen Ersten Weltkrieges oft gebrauchte Wort vom „Hineinschlittern" in einen Krieg irgendwo in der Geschichte anwenden kann, dann im Falle dieses sich fast vier Jahre hinziehenden Erbfolgekrieges in der Pfalz.

So seltsam es auch erscheinen mag: die Anfänge dieses schlimmen Kampfes finden wir bei einer Heiratsentscheidung, die Philipp der Aufrichtige nach eigenem Ermessen und gegen den Wunsch und Willen seines Onkels, Friedrichs des Siegreichen, traf. Entsprechend der Tradition aller Fürstenhäuser, daß das Heiraten der Prinzen und Prinzessinnen in erster Linie den dynastischen Zwecken zu dienen habe, nicht aber den Neigungen und Wünschen der unmittelbar Betroffenen entsprechen müsse, empfahl der sorgfältig planende Friedrich seinem Neffen und Adoptivsohn Philipp die Ehe mit einer Tochter des Grafen von Katzenelnbogen. Auf diese Weise, so Friedrichs Kalkül, werde sich der kurpfälzische Besitz an der Lahn und im Taunusgebiet ergänzen und abrunden lassen. Philipp beeindruckte das politische Argument seines Onkels nicht. Er sagte Nein zu dessen Plan. Die Herzensdame des Heidelberger Kurprinzen war eine bayerische Wittelsbacherin, Margarete, die Tochter des – niederbayerischen – Herzogs Ludwig. Diese Margarete galt als gute Partie, war sie doch keine arme Prinzessin. Ihren Vater nannte man wegen seiner finanzstarken Städte, Märkte und Klöster auch Ludwig den Reichen. Ludwig pflegte gute Beziehungen zum kurpfälzischen Hof. Er war für Friedrich in manchem Krieg ein zuverlässiger Freund und Bundesgenosse. Diese Tatsachen begünstigten die Heiratspläne Philipps. Er setzte sich gegen seinen Onkel durch.

Herzog Georg, der Sohn und Nachfolger Ludwigs des Reichen und Schwager Philipps des Aufrichtigen von der Pfalz, blieb ohne männlichen Erben. Nach altem Hausgesetz wäre nun der in München residierende (ober-) bayerische Herzog aus dem wittelsbachischen Geschlecht der erste Anwärter auf Georgs reiches Landshuter Herzogtum gewesen. Doch Herzog Georg schätzte die Münchner Verwandten gar nicht. Ähnlich wie die pfälzischen Wittelsbacher stritten auch die bayerischen Linien miteinander um den ersten Rang im Lande. Es kam zum offenen Konflikt, als der Wunsch des Landshuter Herzogs bekannt wurde, daß sein Erbe einmal von einem kurpfälzischen Wittelsbacher übernommen und so die Verbindung zwischen Bayern und Kurpfalz gefestigt werden sollte. An nahen Verwandten Georgs fehlte es bei der Heidelberger Linie nicht, denn Georgs Schwester Margarete hatte ihrem Gatten Philipp von der Pfalz nicht weniger als vierzehn Kinder geboren, davon neun Söhne. Herzog Georgs Testament, im Jahre 1496 verfaßt, wies die Ansprüche der Münchner Wittelsbacher ausdrücklich zurück, denn Georg verfügte, daß die Heidelberger Wittelsbacher seine Nachfolger sein sollten. Die Frage nach dem direkten Erben des bayerisch-landshuter Herzogtums beantwortete sich, als Georgs Tochter, Elisabeth von Bayern, ihren Vetter Ruprecht von der Pfalz heiratete, den dritten der neun Söhne aus Philipps Ehe mit Margarete von Bayern. Der kränkelnde Herzog Georg übertrug seinem pfälzischen Schwiegersohn, einem tatkräftigen jungen Mann, sogleich wichtige Aufgaben im niederbayerischen Herzogtum und machte ihn zu seinem Vertreter. Herzog Albrecht von München-Oberbayern nutzte indes seine guten Verbindungen zu Kaiser Maximilian und meldete seine Ansprüche auf das Erbe des Landshuter Wittelsbachers an.

Nach dem Tode Herzog Georgs kam der Erbstreit zunächst in Augsburg vor den Kaiser. Maximilian war freilich alles andere als ein unabhängiger Schiedsrichter. Er verfolgte eigene Hausmachtinteressen. Sowohl von Herzog Albrecht als auch von Ruprecht hatte er sich insgeheim zusichern lassen, daß das Haus Habsburg-Österreich mit einem Anteil aus dem Erbe Herzog Georgs rechnen dürfe, falls der Kaiser günstig entscheide. Die Verhandlungen in Augsburg zogen sich hin. Ruprecht und vor allem seine Gemahlin Elisabeth wurden ungeduldig. In Landshut und in der Oberpfalz versuchten die von Georg eingesetzten Erben, sich huldigen zu lassen. Als Druckmittel dienten Soldaten. Der Kaiser konnte nun Ruprecht und Elisabeth, den beiden Erben des Herzogs Georg, vorwerfen, daß sie das Gerichtsverfahren mißachteten, indem sie vollendete Tatsachen schaffen wollten. So lieferte das Verhalten Ruprechts und Elisabeths dem kaiserlichen Gericht ein Argument – man kann auch sagen: einen Vorwand – für eine Entscheidung zugunsten der Münchner Wittelsbacher mit Herzog Albrecht von Bayern.

Ruprecht und Elisabeth wollten diesen Urteils- oder Schiedsspruch nicht anerkennen. Das bedeutete Kampf und Krieg. Der eher vorsichtige und zögernde Kurfürst Philipp der Aufrichtige sah sich unter solchen Umständen veranlaßt, die Partei seines Sohnes und seiner Schwiegertochter zu ergreifen. Der Konflikt blieb deshalb nicht auf Niederbayern-Landshut und die Besitzungen Herzog Georgs in der Oberpfalz beschränkt, sondern weitete sich sogleich auf die kurpfälzischen Territorien in Südwestdeutschland aus. Im Elsaß, wo Kurfürst Philipp nach dem Tode Friedrichs des Siegreichen vom Kaiser die Landvogtei wieder erhalten hatte, verlor Philipp seine Rechte. Kaiserliche Truppen fielen in das Land ein und sorgten für veränderte Herrschaftsverhältnisse. In der mittelbadischen Ortenau, auf dem rechten Ufer des Rheines, mußte der Kurpfälzer zehn Städte und sechzig Dörfer aufgeben, die König Ruprecht hundert Jahre zuvor seiner Kurpfalz angegliedert hatte. Alle Nachbarn, die sich von den machtvollen und reichen pfälzischen Kurfürsten und von deren weit ausgedehnten Besitzungen behindert und geschwächt fühlten, nutzten nun die günstige Gelegenheit zum Gebietserwerb in einem Krieg, den der Kaiser im Namen des Reiches gegen unbotmäßige Fürsten führte. Der gerade zwanzig Jahre alte württembergische Herzog Ulrich rückte in den Kraichgau ein und belagerte die Stadt Bretten. Zwar blieb ihm dort ein Erfolg versagt, aber am Ende des Krieges war doch im heutigen nördlichen Württemberg mancher kurpfälzische Besitz dem Kurfürsten Philipp dem Aufrichtigen entrissen, darunter auch Maulbronn mit seinem Kloster. Andere alte Rivalen der Kurpfalz blieben nicht untätig. Der Sohn und Erbe Ludwigs des Schwarzen, Alexander von Pfalz-Zweibrücken-Veldenz, gehörte genauso wie die schon erwähnten Grafen von Leiningen und Landgraf Wilhelm von Hessen zu den aktiven Bundesgenosen der Kaiserlichen und des Herzogs Albrecht von Bayern. Selbst die reiche Stadt Nürnberg wollte einen Teil des Nachlasses von Herzog Georg gewinnen und beteiligte sich am Krieg. Brandenburg und der Schwäbische Bund fochten ebenfalls gegen die Kurpfalz. Nur der Markgraf Christoph von Baden entschied sich für den pfälzischen Kurfürsten.

In der Bilanz dieses Erbfolgekrieges steht viel Negatives. Neben der Zerstörung der Limburger Klosteranlage muß vor allem die Verwüstung von etwa 300 kurpfälzischen Orten, vorwiegend in den nördlichen Regionen des Territoriums, durch den Landgrafen von Hessen genannt werden. Auch die pfälzischen Klöster Lambrecht, Klingenmünster und Eußerthal wurden heimgesucht.

Mitten im Kriege starb Ruprecht an der Ruhr. Er hatte sich in Bayern als ein mutiger Kämpfer viel Ruhm erworben. Seine Gemahlin Elisabeth, die Tochter Georgs des Reichen, überlebte ihren Gemahl nicht lange. Auch sie wurde ein Opfer der Seuche. Zwei Knaben – Otto Heinrich und Philipp –, zwei Jahre und ein Jahr alt, waren nun die Erben. In der Kurpfalz verschärfte sich angesichts der feindlichen Übermacht die Krise. Im Frühjahr 1505 rief Kurfürst Philipp die Notabeln der Kurpfalz zu einer Beratung nach Heidelberg. Prälaten, Grafen, Ritter und Abgesandte der Städte fanden sich ein. Das Land brauchte Frieden. Auf einem Reichstag mußte Philipp der Aufrichtige vor dem Kaiser als Bittsteller erscheinen. Erst im Jahre 1507 wurden die komplizierten Verhandlungen über finanzielle Entschädigungen und Gebietsveränderungen in Bayern und in der Kurpfalz vorläufig beendet. Die Enkel Georgs des Reichen erhielten schließlich nur noch einen relativ kleinen Teil des großväterlichen Besitzes das neugebildete Herzogtum Neuburg, auch „die junge Pfalz" genannt. Das Herzogtum Württemberg vergrößerte sich erheblich auf Kosten der Kurpfalz. Kurfürst Philipp, hoch verschuldet, mußte manche Teile seines Besitzes verpfänden, unter anderem an einige derjenigen Rittergeschlechter in der Kurpfalz, die einen gewissen Wohlstand erreicht hatten.

Nur ein Jahr überlebte Philipp der Aufrichtige den Friedensschluß von Konstanz. Das düstere Ende seiner Regierungszeit sollte nicht dazu führen, daß man die Leistungen des pfälzischen Wittelsbachers übersieht. Immerhin herrschte unter Philipp dem Aufrichtigen nach dem Tode Friedrichs des Siegreichen fast drei Jahrzehnte lang Frieden. Dafür sorgte Philipps diplomatisches Geschick und dessen Wille zu einer guten Nachbarschaft mit den angrenzenden Territorien. Schon bald nach der Übernahme der Kurwürde schloß Philipp Freundschaftsverträge mit den Württembergern, mit den Leininger Grafen, mit dem Landgrafen von Hessen und mit dem Bischof von Metz. In den Beziehungen mit der Stadt Speyer bemühte er sich um eine Partnerschaft. Der heutigen Pfalz kam diese Politik Philipps des Aufrichtigen zugute.

Auch außerhalb der kurpfälzischen Ämter und Territorien profitierte man von dem guten Einvernehmen, das lange Zeit zwischen dem pfälzischen Kurfürsten und dem Kaiser herrschte. Allerdings erweckte Philipp der Aufrichtige in den neunziger Jahren des 15. Jahrhunderts bei dem Habsburger zunehmend Mißtrauen, weil sich die Kontakte zwischen der Kurpfalz und Frankreich in jener Zeit verstärkten. Karl VIII. von Frankreich gewährte vom Jahre 1492 an dem Kurfürsten Philipp dem Aufrichtigen eine jährliche „Pension" von 12 000 Livres. Das sei, so meinten manche Zeitgenossen, nichts anderes als ein „Sündengeld" gewesen. Philipp scheint den französischen König für einen zuverlässigen Freund und Verbündeten gehalten zu haben. Darin täuschte er sich, denn ganz entgegen seinen Erwartungen wurde Philipp im Pfälzisch-Bayerischen Erbfolgekrieg vom französischen König nicht unterstützt. Daß Kaiser Maximilian die guten Beziehungen des pfälzischen Kurfürsten mit Frankreich mit großem Unmut und mit Mißtrauen betrachtete, ist nicht verwunderlich. Als das mit Karl dem Kühnen in der Mitte des 15. Jahrhunderts mächtig und groß gewordene Burgund – das in der Ausdehnung von den Alpen bis in die Niederlande dem alten Lotharingen glich – unter den Schlägen der Eidgenossen zerfiel, stritten sich die französischen Herrscher mit den Habsburgern um das Erbe Karls des Kühnen (Maximilian war der Enkel des Burgunderherzogs). Der große, unheilvolle Gegensatz zwischen Frankreich und Habsburg-Österreich, der die Pfalz dann für lange Zeit zum Vorfeld und Schlachtfeld von Machtinteressen gemacht hat, dieser Gegensatz datiert aus jener Zeit, in der Maximilian die Krone des Reiches – die ostfränkische Königskrone – trug und ein Karl VIII. die französische – die westfränkische – Krone innehatte. So betrachtet war es von Philipp dem Aufrichtigen alles andere als klug, daß er sich vom französischen König finanziell unterstützen ließ und sich – nach Ansicht Maximilians – in das anti-habsburgisch-österreichische Lager begab, bevor der Kampf um das burgundische Erbe – man kann auch sagen: um den Besitz des alten lotharingischen Zwischenreiches – entschieden und einvernehmlich beendet war. Die machtpolitische Konstellation, die im 17. Jahrhundert, im Dreißigjährigen Krieg und in der Zeit Ludwigs des XIV. gerade über die heutige Pfalz eine kaum vorstellbare Not gebracht hat, diese Konstellation entwickelte sich bereits in einer Zeit, in der ein pfälzischer Kurfürst seine Kasse mit dem Geld des französischen Königs aufgefüllt hat.

Macht und Ohnmacht der Ritter

Die Nachwirkungen des Erbfolgekrieges überwand Ludwig V. von der Pfalz, der älteste der Söhne Philipps des Aufrichtigen, in den 36 Jahren seiner Regentschaft (1508 – 1544) durch umsichtiges Verhandeln und durch das Nutzen günstiger Gelegenheiten. Beim Handel um die Wahl eines Nachfolgers für Kaiser Maximilian, der im Jahre 1519 gegen Franz I. von Frankreich zugunsten von Maximilians Enkel Karl von Spanien (Karl V.) entschieden wurde, flossen nach den Berechnungen informierter Zeitgenossen ungefähr 120 000 Gulden in die Kasse des Kurpfälzers. Auch Ulrich von Württemberg mußte nach seinen Erfolgen im Erbfolgekrieg im Uracher Vertrag von 1512 an Ludwig V. noch 50 000 Gulden bezahlen, damit die Ämter Möckmühl, Neuenstadt am Kocher, Weinsberg (heute alle drei Teil der württembergischen Region Franken) sowie Maulbronn, Besigheim und Marbach auch rechtlich endgültig dem Herzogtum Württemberg angehörten. Wenn gesagt wird, der pfälzische Wittelsbacher Ludwig V. sei eine vermittelnde Natur und ein bedächtiger Fürst gewesen, so hinderten ihn diese Eigenschaften nicht an der entschlossenen Vertretung seiner Interessen. Auch seine Heirat mit der oberbayerischen Herzogstochter Sibylla – mütterlicherseits eine Habsburgerin – paßte recht gut ins machtpolitische Kalkül, das verbesserte Beziehungen mit dem Kaiserhaus und mit den bayerischen Wittelsbachern erforderte.

Ludwig V. zeigte sich im Verlaufe seiner relativ langen Regierungszeit immer mehr als ein Landesherr, der keine anderen Mächte und Einflüsse neben dem kurfürstlichen Regiment aufkommen ließ. Anders als im Herzogtum Württemberg, wo die Landstände dem Herzog Ulrich im Jahre 1514 mit dem Tübinger Vertrag eine Machtbeschränkung abgetrotzt hatten, die den herzoglichen Zugriff auf die Kasse des Landes in der Zukunft entscheidend behinderte, verstand es Ludwig V., in der Kurpfalz eine derartige Einrichtung zu verhindern, obwohl sein Vater, Philipp der Aufrichtige, zur Beendigung des Erbfolgekrieges die Hilfe der Prälaten, der Aristokraten und der Städte benötigt und in Anspruch genommen hatte.

Eine der schwierigsten Machtproben, die Ludwig V. während seiner Regierungszeit bestehen mußte, fand in der Auseinandersetzung mit der pfälzischen Ritterschaft statt, richtiger gesagt, mit dem einflußreichsten und wichtigsten der Ritter im Reiche, mit Franz von Sickingen. Zu dem fast legendär gewordenen Ende dieses Franz von Sickingen auf der Burg Landstuhl hat das Auftreten des Kurfürsten Ludwig V. manches beigetragen. Als Franz nach sei-

Denkmal des Ritters Franz von Sickingen aus der Mitte des 16. Jahrhunderts in der Pfarrkirche St. Andreas in Landstuhl (Foto: Günther Walther)

ner schweren Verwundung sterbend im Keller seiner Burg lag, traten die Sieger des Kampfes an sein Lager: Erzbischof Richard von Trier, der hessische Landgraf und Ludwig V. von der Pfalz. Einer der Umstehenden habe den Kranken aufmerksam gemacht: „Franz, da steht mein gnädigster Herr von der Pfalz". Mit Anstrengung habe daraufhin der Angeredete das Barett vom Haupte gezogen und er habe sogar versucht sich aufzurichten, heißt es in dem Bericht eines Chronisten. Der Pfalzgraf indes habe den Ritter Franz gebeten, liegenzubleiben. Mehr stammelnd als klar verständlich soll der Sickinger versucht haben, sich vor dem Kurfürsten zu rechtfertigen. Er hätte gehofft, so die Worte des tödlich verwundeten Ritters, „es sollte anders ausgehen und der Kurfürst nicht zu Schaden gekommen sein". Dem Erzbischof aber, der daraufhin den Ritter Franz brüsk nach den Gründen für den Kampf gegen Trier fragte, soll der Sickinger noch einmal mit trotziger Stimme erwidert haben: „Davon wäre viel zu reden, nichts ohne Ursach". Die drei Sieger verließen daraufhin das Sterbelager im Burgkeller. Den Priester, der Franz von Sickingen bald nach dieser Szene aufsuchte, um dem Sterbenden noch die Beichte abzunehmen – „nach dem Brauch der alten Kirche" –, hat Franz von Sickingen abgewiesen. Er habe, so erklärte er, „bereits in seinem Herzen gebeichtet und sich mit seinem Gott versöhnt".

Die Landstuhler Sterbeszene hat in der Pfalz und weit darüber hinaus über Generationen hinweg Widerhall gefunden, zumal hier auch schon – man schrieb das Jahr 1523 – der Geist der Reformation zum Ausdruck kommt. Dieser Franz von Sickingen war und blieb noch für lange Zeit eine Gestalt der pfälzischen Geschichte und eine Gestalt der Geschichte des Reiches.

Was wir in unserer Zeit Nostalgie nennen, gehört seit langem zu den variantenreichen Erzählungen über die Herrn der Ebernburg und der Burg Landstuhl, aber auch das Künftige, der Geist der Reformation und mit ihm das Herausbilden eines Deutschtums – einschließlich einer späteren Romantik und Deutschtümelei – ist mit dem Leben und Handeln Franz von Sickingens auf eine seltsame Weise verbunden.

Die Ritter von Sickingen finden wir ursprünglich im Kraichgau bei Bretten. Der Ortsname „Sickingen" verschwand im Jahre 1936 mit der Eingemeindung nach Flehingen, einer fränkischen Dorfgründung aus dem späten achten Jahrhundert im Bereich des Speyerer Bischofs. In salischer und staufischer Zeit befanden sich Vorfahren des Ritters Franz von Sickingen in den kaiserlichen Dienstmannschaften. Pfalzgraf Ruprecht I. finden wir als einen Lehensherren des Geschlechtes der Sickinger. Von der Hauptlinie der Sickinger erwarben 13 Mitglieder die Würde eines Ritters. Angehörige des Geschlechtes derer von Sickingen standen häufig im Dienst der Kirche, wie die Geschichte der Bistümer Speyer und Worms und ihrer Domkapitel, aber auch die Geschichte der Erzbistümer Trier und Mainz zeigt. Am kurpfälzischen Hof und in den Ämtern des pfälzischen Kurfürsten findet man immer wieder direkte Vorfahren oder Verwandte des Ritters Franz. Der Name Sickingen ist unter anderem in den Annalen von Zweibrücken, Neustadt und Bolanden verzeichnet. Der Hagenauer Reichslandvogt Reinhard von Sickingen zog 1401 mit König Ruprecht nach Italien. Ein Sohn und ein späterer Nachkomme Reinhards – Schweicker oder Schwicker mit Namen – sind in der Namensliste des kurpfälzischen Hofes als Haushofmeister verzeichnet. Durch vorteilhafte Heiraten gelangte die Familie zu Besitz in der Gegend von Kreuznach an der Nahe und erwarb Anteile an der Herrschaft Landstuhl in der Westpfalz. Der Vater des Ritters Franz, Schweicker der Jüngere, heiratete Margarete von Hohenburg. Das Selbstbewußtsein dieses pfälzischen Ritters zeigte sich daran, daß er einmal der Stadt Köln die Fehde ansagte, weil er, Schweicker von Sickingen, am Tor der Stadt seine Waffen abgeben mußte. Als diesem Sickinger am 2. März 1481 auf der Ebernburg ein Sohn geboren wurde, den die Eltern auf den Namen Franz taufen ließen, stellte Vater Schweicker dem neugeborenen Erben das Horoskop. Es sei, so meinte der astrologisch interessierte Herr der Ebernburg „eine wunderliche Konstellation; er soll trefflich Ansehen in der Welt erhalten ..., sein Ende zeigte das Gestirn etwas beschwerlich".

Die politischen Fragen lernte der junge Franz schon frühzeitig kennen. Der Vater nahm den 14jährigen mit zum Wormser Reichstag, wo man über Kaiser Maximilians Reichsreform verhandelte, auch über das Verbot von Fehden und einer Selbsthilfe in Streitfällen. Ein Reichskammergericht als höchste Instanz sollte künftig zur Sicherung eines „ewigen Landfriedens" beitragen. All das erfuhr wohl damals schon der Knabe Franz. Als die kaiserlichen Ideen mit den Realitäten im pfälzisch-bayerischen Erbfolgekrieg kollidierten, lernte Franz als Gefolgsmann des pfälzischen Kurfürsten das Kriegshandwerk auf eine drastische Weise kennen. Der junge Sickingen gehörte damals zur Besatzung der oberpfälzischen Stadt Amberg, sein Vater Schweicker, der ebenfalls an der Seite Ruprechts von der Pfalz im Bayerischen kämpfte, starb in diesem Erbfolgekrieg. So übernahm Franz von Sickingen im Jahre 1504 im Alter von 23 Jahren das Erbe und wurde Oberhaupt der Familie.

Die wirtschaftlichen Verhältnisse, die das junge Familienoberhaupt vorfand, scheinen wohlgeordnet gewesen zu sein. Der Vater hatte im Nahegebiet recht erfolgreich den Bergbau begonnen. Franz setzte diese lohnende Unternehmung fort und erwarb sich später vom pfälzischen Kurfürsten noch weitere Abbaurechte im heutigen nordpfälzischen Gebiet. Mit den Bergbauerträgen baute der Sickinger vor allem seine Burgen aus. Die Ebernburg, seit 1472 als erbliches Lehen im Familienbesitz, machte er zu einer vielgerühmten Festung, indem er einen dreifachen Mauerring errichten ließ. Seine Frau, Hedwig von Flersheim, habe, so heißt es, den Ausbau überwacht. Dem pfälzischen Kurfürsten diente Franz als Amtmann an Nahe und Glan. Als es ihm im Jahre 1508 gelungen war, die komplizierten Lehens- und Besitzverhältnisse an der Ebernburg zu klären und die alten Rechte der Sponheimer Grafen abzulösen, bemühte sich der Sickinger vor allem um die Stärkung seiner Rechte als Gebietsherr und damit um eine Rangerhöhung innerhalb der Aristokratie. Daß er auch zu streiten wußte, demonstrierte Franz gegenüber dem Grafen Reinhard von Zweibrücken. Ein Diener, dessen Forderungen der Zweibrücker Graf nicht erfüllen wollte, wandte sich hilfesuchend an Sickingen. Dieser trieb die Forderung des Dieners schließlich dadurch ein, daß er dem Grafen die Fehde ansagte. Ein solcher Vorgang blieb auch über die Westpfalz hinaus nicht geheim. Als ein Wormser Bürger – Balthasar Schloer mit Namen – sich mit seinem Recht gegen den Rat der Stadt Worms nicht durchsetzen konnte, erbat er bei Franz von Sickingen Hilfe. Daraus entwickelte sich schließlich eine Art Belagerung der Stadt durch Franz von Sickingen und dessen zahlreichen Verbündeten, darunter auch ein Verwandter des Herrn der Ebernburg, der Ritter Götz von Berlichingen. Über tausend Pferde, mehrere tausend Soldaten und eine Anzahl von Geschützen standen bei dieser ziemlich ausgedehnten langwierigen Fehde unter dem Kommando des Ritters Franz, dessen Ruf und Ruhm als Feldherr und Organisator seit diesem Kampf gegen Worms überall im Reich gefestigt war. Daran änderte auch nichts, daß der Kaiser durch das Kammergericht die Acht über den selbstherrlichen Ritter Franz verhängen ließ, weil er den Frieden des Landes gebrochen hatte.

Die Fehden des Franz von Sickingen

Das Jahr 1515, in dem die Wormser Fehde ihren Höhepunkt erreichte, bedeutet auch aus einem anderen Grund einen tiefen Einschnitt im Leben des Ritters Franz. In diesem Jahr starb seine Frau Hedwig bei der Geburt des siebenten Kindes. Der Tod der geliebten Gattin traf Franz von Sickingen schwer. Es scheint, als habe er sich durch immer neue Unternehmungen ablenken wollen und sei deshalb seit dieser Zeit so rastlos gewesen. Der kammergerichtliche Spruch zügelte den noch nicht vierzig Jahre alten Ritter kaum bei seinen Aktivitäten. Er konnte sich notfalls in den Schutz seiner Burgen begeben, die ihn in der Pfalz vor den Zugriffen kaiserlicher Helfer bewahrten. Etwa drei Jahre lang schädigte der Ritter die Geschäfte der Stadt Worms, denn er behinderte unter anderem erfolgreich den Warenverkehr auf dem Rhein.

Noch vor dem Ende des Wormser Streites erreichte Sickingen ein Ruf aus Lothringen. Er sollte den Herren von Geroldseck im Streit um eine Silbermine gegen den Herzog des Landes behilflich sein. Am Ende stand der Ritter Franz mit seiner angeworbenen Streitmacht allein gegen den Herzog. Den Geroldseckern war das Geld ausgegangen. Der Respekt, den sich Franz von Sickingen in derartigen Händeln erworben hatte, veranlaßte den Herzog von Lothringen schließlich zu einem Angebot. Der Herr der Ebernburg wurde gegen eine jährliche Geldzuweisung, eine Pension, zum Partner des Herzogs. Nun, so berichtet ein zeitgenössischer Chronist, hätten die adeligen Standesgenossen des Reiches in Franz von Sickingen ihren natürlichen Führer gesehen.

Fast überall im Westen des Reiches waren die Dienste des pfälzischen Ritters gefragt. Sogar der König von Frankreich, Franz I., nahm mit ihm Kontakt auf. Das Verhältnis kühlte freilich ab, als Sickingen feststellen mußte, daß er keinen politischen Einfluß nehmen könne. Ein Zeichen wachsender Selbstherrlichkeit war im Jahre 1517 ein Überfall Sickingens auf die Stadt Landau. Auf Befehl des Kaisers hatten die oberrheinischen Kreisstände in Landau getagt. Franz von Sickingen, der seine Streitereien mit einigen Mitgliedern des oberrheinischen Kreises immer noch nicht beendet hatte, wollte die Landauer Bürger dafür bestrafen, daß sie die Gegner eines Sickingen in ihrer Stadt aufgenommen hatten. Der Überfall auf Landau machte den Kaiser mobil. Er sandte den Wormsern einige hundert Reisige zu Hilfe und ließ den Landvogt im Unterelsaß das Schloß Hoheburg erobern, dessen Mitbesitzer Franz von Sickingen war. Auch Landstuhl geriet bei dieser Gelegenheit in Gefahr.

Bald darauf änderte sich die Lage wieder zugunsten des Ritters Franz. Der Kaiser brauchte Hilfe gegen Ulrich von Württemberg, der mit Sickingen im Bunde war. Franz I. von Frankreich ließ wissen, daß er den württembergischen Herzog und den pfälzischen Ritter im Falle eines Angriffes der Kaiserlichen unterstützen werde. Unter solchen Umständen schien es dem Kaiser Maximilian geboten, die Händel mit dem machtvollen pfälzischen Ritter zu beenden, um dann freie Hand gegen den Württemberger zu haben. Man verhandelte über Beauftragte. In Augsburg hob der Kaiser am 17. Juli 1517 die Reichsacht auf; Sickingen mußte dafür geloben, daß er nun dem Kaiser zu Diensten sei, vor allem auch gegen Ulrich von Württemberg, und daß der Ritter die Stadt Worms künftig in Frieden lasse. Sickingens Gelöbnis – am 14. August abgelegt – bedeutete, daß der Ritter sich nun im habsburgisch-österreichischen Lager befand. Das hinderte ihn jedoch nicht an einem selbständigen Handeln. Eine folgenschwere Auseinandersetzung begann er alsbald in Hessen, wo sich Sickingen, offensichtlich ermuntert von ritterschaftlichen Standesgenossen, in einen Streit mit dem Landgrafen einließ. Dieser, zunächst in Bedrängnis, rächte sich später, als Franz von Sickingen im Kampf gegen den Erzbischof von Trier sein Konto an Streit und selbstherrlichem Vorgehen vollends überzog und, wie wir gesehen haben, in Landstuhl von einer Koalition des Trierer Kirchenfürsten mit dem hessischen Landgrafen und dem pfälzischen Kurfürsten besiegt und – bei der Beschießung der Burg – tödlich verwundet wurde. Doch dies geschah drei Jahre nach dem Eingreifen des pfälzischen Ritters in Hessen. In den wenigen Jahren zwischen diesem Streit und dem Ende in Landstuhl gelangte Sickingen als kaiserlicher Verbündeter und Heerführer zu einem Gipfel seines Ruhmes als Kriegsmann, nachdem er sich 1519 bei der Wahl Karls V. auf der richtigen, nämlich der siegreichen Seite befunden hatte.

In diesen Zusammenhang gehört auch, daß Franz von Sickingen dem Hause Habsburg schon vor der Frankfurter Kaiserwahl durch seine Mithilfe im Kampf gegen Herzog Ulrich von Württemberg einen hochgeschätzten Dienst geleistet hatte. Der unberechenbare Ulrich von Württemberg, Sohn eines geisteskranken Vaters, erstach auf einer Jagd im Schönbuch seinen Stallmeister Hans von Hutten. Die genauen Umstände dieser Untat sind nie aufgeklärt worden. Es scheint, daß Ulrich die Frau seines Opfers begehrte. Damit nicht genug. Der unter Kaiser Maximilian geächtete Herzog spottete noch über seine Ankläger. Er nützte die allgemeine Unsicherheit in der kaiserlosen Zeit nach Maximilians Tod zu einer Herausforderung des Schwäbischen Bundes, indem er die freie Reichsstadt Reutlingen überfiel. Nun betrieb der Schwäbische Bund energisch das Verfahren gegen den Herzog und dessen Entmachtung. Man begann einen Feldzug. Franz von Sickingen beteiligte sich daran mit 700 Reitern – sehr zur Freude der mit Ulrich verfeindeten Habsburger. Herzog Ulrich mußte fliehen.

Bei diesem Kampf gegen Ulrich von Württemberg lernte Sickingen den Vetter des erschlagenen Hans von Hutten, den Humanisten und Dichter Ulrich von Hutten kennen und schätzen. Diese Freundschaft, die wegen des frühen Todes des Ritters nur wenige Jahre dauerte, hatte mancherlei Folgen. Doch ehe davon die Rede sein soll, muß noch die große Karriere erwähnt werden, die sich Franz von Sickingen durch und mit dem neugewählten Kaiser Karl V. bot, als der offene Kampf mit Frankreich, dem Hauptrivalen der nun mit Spanien verbundenen habsburgisch-österreichisch-deutschen Monarchie, ausbrach. Auf Wunsch des Kaisers warb der unter Gicht leidende Franz von Sickingen ein Heer „von 2 000 Reisigen und 15 000 Fußknechten" an. In Diedenhofen sollte er diese im kaiserlichen Auftrag stehende Streitmacht versammeln. Franz von Sickingen eilte von Wildbad, wo er sein Leiden kurieren wollte, sofort in die Pfalz und begann dort zunächst in Speyer mit der Anwerbung der Söldner. Der Name „Sickingen" erleichterte das Vorhaben erheblich. In kürzester Frist waren die geforderten Truppen unter dem Kommando des Ritters Franz an der Mosel versammelt. In Sedan vereinigte man sich mit einem vom Grafen Heinrich von Nassau geführten Heer. In Mézières belagerten die kaiserlichen Truppen die französischen Streitkräfte. Die Truppen des Nassauers und des pfälzischen Ritters und Feldhauptmanns reichten für eine wirksame Belagerung jedoch nicht aus. Zwischen den beiden Kommandanten entstand ein Streit über die richtige Taktik. Das Unternehmen mußte abgebrochen werden und endete mit einem Fehlschlag. In Brüssel mußte sich der „kaiserliche Rat und Kämmerer" Franz von Sickingen vor dem Kaiser rechtfertigen; Karl V. andererseits hatte nicht genug Geld, um die in seinem Namen angeworbenen Soldaten bezahlen zu können. So blieb am Ende eine – anerkannte – Schuldforderung des pfälzischen Ritters an die kaiserliche Kasse in Höhe von 96 000 Gulden.

Der Landauer Ritterbund

Sickingens Ruf als militärischer Führer und als Organisator litt unter dem Fehlschlag des Feldzuges an die Maas nicht allzusehr. Sein Rang als Sprecher und Fürsprecher der Ritterschaft bestätigte sich ein Jahr vor dem tödlichen Kampf von Landstuhl noch einmal besonders deutlich, als sich durch seine Initiative im August des Jahres 1522 in Landau die Ritterschaft zu einem großen Treffen versammelte. Aus dem ganzen deutschen Südwesten, einschließlich der Wetterau, fanden sich nicht weniger als 600 Ritter in Landau ein, um ihre Verbundenheit zu bekunden. Das Ergebnis ihrer Beratungen war der „Bundesbrief einer brüderlichen Vereinigung". Dieser Brief enthielt das Statut eines Ritterbundes, dem auch, das wurde ausdrücklich vermerkt, Fürsten und Städte beitreten konnten. Von einer Mitgliedschaft ausgeschlossen blieben jedoch die geistlichen Fürsten. Die versammelten Ritter wählten für diesen „Landauer Bund" ihren Standesgenossen Franz von Sickingen zum Vorsitzenden und bestimmten außerdem noch zwölf Vertrauensmänner, für jeden der vertretenen Kantone oder Bezirke einen. Die Gründung dieses Landauer Ritterbundes war der Versuch, die Rechtsstellung der Ritterschaft gegenüber den immer selbständiger und mächtiger gewordenen Territorialherren zu verbessern.

Bei der Wahl Karls V. und zuvor schon bei den Vereinbarungen, die Kaiser Maximilian mit den Fürsten zur Bewahrung des Landfriedens getroffen hatte, machte die Reichsgewalt den Territorialherren Zugeständnisse, die den Einfluß und die rechtlichen Möglichkeiten der Ritterschaft zugunsten der Fürsten schmälerte. Deshalb gehörte zu den Hauptforderungen des Landauer Bundes, daß nur Standesgenossen in einem Verfahren gegen einen Ritter entscheiden sollten. Falls einem Ritter das angemessene Verfahren verweigert werde, solle der Landauer Bund die notwendige Rechtshilfe leisten. Streitfälle unter Standesgenossen wollte man durch Schiedsgerichte klären lassen. Die Fehde unter „Bundesverwandten" war verboten. Für die Klärung von Lehensfragen – ein besonders komplizierter Streitpunkt zwischen Rittern und Territorialherren – sollten besondere Lehensgerichte zuständig sein. Auf zunächst sechs Jahre befristete man in Landau diese „brüderliche Vereinigung".

Es kann kaum verwundern, daß die Fürsten, nicht nur die ausgeschlossene Geistlichkeit, den Landauer Ritterbund mit Argwohn betrachteten. Hier wurde von dem selbstbewußten und populären Franz von Sickingen versucht, die Machtverhältnisse im Reich, vor allem im südwestlichen, oberrheinischen Gebiet, zu verändern. Die Ritterschaft erstrebte mit ihren in Landau formulierten Zielen und Forderungen eine gleichrangige, eigenständige Funktion neben dem Reichsoberhaupt und neben den Territorialherren. Daß ein Fürst im Streit mit einem Ritter vor einem Rittergericht erscheinen sollte, widersprach jedoch den immer deutlicher ausgeprägten Herrschaftsvorstellungen der Fürsten im Reich. Dank der Zugeständnisse, welche die Fürsten bei den Wahlen des königlich-kaiserlichen Reichsoberhauptes in den sogenannten Wahlkapitulationen erhalten oder zu ihren Gunsten erzwungen hatten, befanden sie sich als Territorialherren am Anfang des 16. Jahrhunderts auf dem Wege zu einer staatlichen und rechtlichen Selbständigkeit, die mit und nach der Reformation zum Kennzeichen der deutschen Klein- und Vielstaaterei geworden ist.

Ein Franz von Sickingen, mochte er auch in der Gunst des Kaisers stehen und gar der Gläubiger des Reichsoberhauptes sein, sollte die Errungenschaften der Territorialherren nicht schmälern können. Darin scheinen sich die Fürsten im Reiche einig gewesen zu sein, als sie von den Beschlüssen und Forderungen der 600 in Landau versammelten Ritter hörten. Auch wenn, wie es schien, die geistlichen Fürsten mit ihrer weltlichen Macht den Rittern besonders mißfielen, so fühlten sich doch auch die einflußreichsten unter den weltlichen Territorialherren vom Landauer Ritterbund offen herausgefordert. Zu ihnen gehörte der pfälzische Kurfürst Ludwig V., das Oberhaupt eines Geschlechtes, dem Franz von Sickingen bis dahin ebenso verbunden war wie viele seiner ritterschaftlichen Vorfahren. Ob der Initiator des Landauer Ritterbundes diese nun deutlich werdenden Interessenunterschiede zwischen dem pfälzischen Kurfürsten und der in der Kurpfalz besonders zahlreichen Ritterschaft genügend bedacht und einkalkuliert hatte, darf man bezweifeln. Eine andere Schwäche des Bundeskonzepts dürfte von Franz von Sickingen ebenfalls falsch eingeschätzt worden sein: die keineswegs überall gleichen Wünsche und Interessen seiner ritterschaftlichen Standesgenossen. Nicht alle hatten den Ehrgeiz eines Franz von Sickingen und nicht alle waren wirtschaftlich so gut gestellt und damit auch von Territorialherren finanziell unabhängig wie ihr pfälzischer Repräsentant. Der Gedanke an ein machtvolles, gemeinsames Handeln mußte unter solchen Umständen mehr ein Wunschtraum bleiben, als daß er sich im Konfliktfall hätte verwirklichen lassen.

Zusammenhalt, Solidarität zeigte sich jedoch bei der anderen Seite, bei den Territorialherren. Franz von Sickingen sollte es rasch erfahren, als er, der Sprecher der Ritterschaft, sich den Erzbischof von Trier als neuen, speziellen Gegner wählte. Es scheint, daß Franz von Sickingen bei seinem Trierer Unternehmen von einer 1522 verbreiteten Schrift beeinflußt worden ist, deren Verfasser, wie man später herausfand, Hartmut von Kronberg war. Dieser – ritterliche – Autor stand sicherlich schon stark unter dem Einfluß der neuen lutherischen Reformationsideen. „Geweihte oder Gesalbte", so hieß es, sollten „aus der Fürsten Rat wie aus jedem weltlichen Amt oder Befugnis entfernt" werden. Übermäßiger Besitz stehe Kirchenleuten nicht zu. Es fehlt in der Schrift Hartmuts von Kronberg auch nicht an der Drohung mit Gewalt, falls die „Geweihten und Gesalbten" nicht freiwillig der weltlichen Macht und der Kirchengüter entsagen wollten. Daß Franz von Sickingen gerade beim Trierer Erzbischof ein Exempel statuieren wollte, versteht man besser, wenn man bedenkt, daß der Erzbischof von Trier im Kreise der Kurfürsten immer wieder eine Sonderrolle gespielt hatte, zuletzt als Fürsprecher einer Wahl Franz I. von Frankreich zum Reichsoberhaupt.

Der Mann, dessentwegen Franz von Sickingen einst seine große Fehde gegen Worms begann, Balthasar Schloer, diente dem Herrn der Ebernburg seit jener Zeit als Ratgeber. Schloer war ein abwägender, erfahrener Freund des pfälzischen Ritters. Er gab zu bedenken, daß ein Kampf gegen Trier zu viel Risiken mit sich bringe. Man müsse mit der Hilfe der anderen Fürsten für den Erzbischof rechnen und auch gewärtig sein, daß der Kaiser selbst den offenen Verstoß gegen das Fehdeverbot nicht hinnehme, zumal er im Falle einer Ächtung auch seine Schulden an Franz von Sickingen loswürde. Und noch etwas mache das Unternehmen fragwürdig, wandte der Ratgeber ein: die Sterne stünden derzeit nicht günstig für den Ritter. Falls aber das Unternehmen dennoch begonnen werde, solle Franz doch die wichtigen Teile seines Besitzes, wie die Ebernburg, vorsorglich an seinen ältesten Sohn Schweicker übertragen.

Franz von Sickingen wollte seine Mission, die er allem Anschein nach in sich fühlte, nicht an Einwänden und Zweifeln scheitern lassen. Er war kein Zauderer, sondern ein Mann der Tat. Ein Vorwand – die Vertretung eines Mannes, der in Trier sein Recht nicht hatte durchsetzen können – fand sich.

Dem Erzbischof wurde Fehde angesagt. Der Feldzug begann. Der Erzbischof rief nach Bundesgenossen und fand sie sogleich.

Vor allem der hessische Landgraf wollte endlich seine alte Rechnung mit dem pfälzischen Ritter begleichen. Am Ende half es auch nicht, daß einige Ritter ihrem Standesgenossen beistanden. Das Reichsregiment, vertreten durch Erzherzog Ferdinand von Österreich, dem jüngeren Bruder Kaiser Karls V., stellte sich, wie es Balthasar Schloer befürchtet und vorausgesagt hatte, in diesem Konflikt gegen Franz von Sickingen und dessen Verbündete. Zum Lager der Gegner des Ritters gehörte auch die Kurpfalz mit Ludwig V. Da half es nichts, daß Sickingen dem Bruder des Kaisers bestellen ließ, er „wolle ein besseres Recht machen, denn das kaiserliche Regiment bisher getan habe". Manche mündliche und schriftliche Äußerung, die von Franz von Sickingen aus der Zeit der Trierer Fehde überliefert ist, erweckt den Anschein, als habe sich der pfälzische Ritter inzwischen selbst als der große politische Reformator des Reiches, als eine Art weltlicher Luther gesehen. Damit hatte er sich zuviel vorgenommen. Zu mächtig waren diesmal die Gegner, als daß die – politische – Reformation des Reiches durch den Herrn der Ebernburg hätte gelingen können.

Asyl für Reformatoren

Der historische Rang des Franz von Sickingen, auch das Ansehen, das er sich über die Ritterschaft hinaus bei vielen seiner Zeitgenossen erworben hatte, gründete sich zu einem nicht geringen Teil auf dem Verständnis, das der Herr der Ebernburg – der doch vor allem ein Repräsentant der nun zu Ende gehenden mittelalterlichen Tradition gewesen ist – den neuen Ideen seiner Zeit entgegengebracht hat. Es war sogar weit mehr als nur Verständnis, nämlich tatkräftige Hilfe für verfolgte Humanisten und Reformatoren. Dem Herrn der Ebernburg fehlte es bei aller Neigung zum Kämpfen und zum Kriegshandwerk nicht an Aufgeschlossenheit für die damaligen Intellektuellen, um einen Begriff des 20. Jahrhunderts zu gebrauchen. Betrachtet man die Erziehung, die der Knabe Franz genoß, so verwundert dies kaum. Kein anderer als der große humanistische Gelehrte Johannes Reuchlin, der auch an der Heidelberger Universität lehrte und eine Zeitlang am kurfürstlichen Hof die Söhne Philipps des Aufrichtigen unterwies, war auch auf der Ebernburg als Lehrer willkommen gewesen. Die Eltern, der Vater Schweicker von Sickingen und die Mutter aus dem Flersheimer Geschlecht, hätten Reuchlin wegen „der oftmals gefälligen Dienste", die er ihnen erwies, hoch geschätzt, erfahren wir von zeitgenössischen Chronisten. „Unterweisung in sittlicher Tugend" gehörte zu Reuchlins Aufgabe bei der Erziehung des Knaben Franz. Diese Verbindung aus der Jugendzeit bewährte sich für Reuchlin, als ihm der Kölner Dominikaner, Jakob von Hochstraten, der sich als sogenannter Ketzermeister betätigte, wegen Verstoßes gegen die Wahrheiten und Lehren der Kirche einen Glaubensprozeß machte. Bischof Georg von Speyer, ein pfälzischer Wittelsbacher, sprach zwar als ein unabhängiger Gutachter den Humanisten Reuchlin von dem Vorwurf des Kölner Ketzermeisters frei, aber bei der Prozeßrevision durch die römische Kurie unterlag Reuchlin dennoch. Der Spruch des Speyerer Bischofs regelte die Frage der Kosten zugunsten des beschuldigten Gelehrten: 100 Gulden sollten die Dominikaner bezahlen. Darauf pochten die Freunde Reuchlins – ungeachtet des anderslautenden Bescheides der römischen Kirchenbehörde.

Nun ergriff vor allem Franz von Sickingen für Reuchlin Partei. Zusammen mit Sickingen erhob auch Ulrich von Hutten Protest gegen die Praktiken der Kölner Dominikaner und ihres Ketzermeisters Jakob von Hochstraten. Beim Feldzug gegen Ulrich von Württemberg ergab sich Gelegenheit zu gründlicher Diskussion zwischen Sickingen und Hutten über diesen – kirchlichen – Streitfall und über andere Zeitfragen. Das Ergebnis der gemeinsamen Überlegungen war eine Kampfschrift, als deren Verfasser Franz von Sickingen zeichnete. Geschrieben zur Rechtfertigung und Verteidigung Johannes Reuchlins, richtete sich dieses weit verbreitete Druckerzeugnis wider die Dominikaner und „sonderlich Jacoben von der Hochstraten". Als Schrift „wider die Dunkelmänner" ist sie in den Chroniken verzeichnet und bekannt geworden. Der Ritter Franz erklärt sich selbst in dieser Schrift als „ein Freund des ehrbaren Rechts und der Billigkeit". Man solle in Köln den Johannes Reuchlin hinfort in Ruhe und es bei dem Speyerer Urteil bewenden lassen; die Prozeßkosten möge man in Monatsfrist begleichen. So die Forderung, die die Dominikaner zunächst ignorierten. Nach dem Ende der Frist sagte Sickingen den Kölner Dominikanern die Fehde an und setzte erneut einen Termin. Zwei Tage vor dem Ablauf der Frist kam der Dominikanerprovinzial zu Sickingen nach Landstuhl und beglich die Prozeßkosten. Franz von Sickingen, so wird berichtet, habe die Gelegenheit genützt und habe dem Provinzial der Dominikaner ein langes Sündenregister vorgehalten, das dieser nur schweigend habe quittieren können. Die Freude der Humanisten über Sickingens Verhalten war groß. Kein Geringerer als der große Erasmus von Rotterdam lobte öffentlich den pfälzischen Ritter. Daß Papst Leo X. am Ende doch wieder Partei gegen Reuchlin nahm und Hochstraten, den man zunächst abgesetzt hatte, sein Amt als Ketzermeister wieder ausüben konnte, hat den damals bereits ausgebrochenen Streit über die Zukunft der Kirche verschärft.

Sickingen selbst hatte vor dem Jahre 1519, als der Einfluß Ulrich von Huttens auf ihn begann, keine kritische Haltung gegenüber der Kirche gezeigt. Nicht der Thesenanschlag Luthers in Wittenberg vom 31. Oktober 1517, der im ganzen Reich eine heftige Diskussion und Reaktion verursachte, bestimmte das Verhalten Franz von Sickingens, sondern das Unrecht, das seinem verehrten Lehrer Johannes Reuchlin von den Dominikanern zugefügt worden war. Auch Ulrich von Hutten war nicht in erster Linie durch Luther zu seiner Kritik an dem Zustand der Kirche inspiriert worden. Dem fränkischen Ritter und Humanisten, der den Augsburger Reichstag im Gefolge des Erzbischofs Albrecht von Mainz besucht hatte, mißfiel dort der schroffe Gegensatz zwischen der Armut des „gemeinen Mannes" und dem Prunk, mit dem der päpstliche Legat in Augsburg die Macht und den Reichtum der römischen Kurie demonstrierte. Auf der Ebernburg, wo Hutten sich als Gast Franz von

Sickingens aufhielt, entstand auf Grund solcher Erfahrungen im Jahre 1519 der Entwurf zu Huttens Streitschrift gegen Rom. Zunächst in lateinischer Sprache konzipiert, was Franz von Sickingen nur mühsam verstehen konnte, übertrug Ulrich von Hutten diese alsbald populär gewordene Schrift ins Deutsche. Die Ebernburg nannte Hutten eine „Herberge der Gerechtigkeit".

Neben der Bibelübersetzung Luthers, die uns an die Wartburg erinnert, muß man auch an die Ebernburg denken, wenn man nach den Anfängen einer deutschen Schriftsprache in der Zeit der Reformation sucht, denn Huttens, dem Ritter Franz von Sickingen gewidmete, in deutscher Sprache gedruckte Kampfschrift gegen das prunksüchtige, die Gebote des Heilands mißachtende Rom entstand noch vor der Lutherbibel. Die Entscheidung für die deutsche Sprache anstelle des bei den Humanisten wie bei den Kirchenleuten üblichen Lateins machte einen Ulrich von Hutten erst wirklich volkstümlich und erschloß seiner Kritik und seinen Argumenten einen ganz neuen Wirkungskreis, nicht zuletzt im niederen und im höheren Adel. Auch wenn Ulrich von Hutten alles andere als ein Theologe war, wurde er doch mit Hilfe seiner polemischen Feder schnell zu einem außerordentlich einflußreichen Verbreiter all der Parolen, die auf eine prinzipielle Erneuerung der Kirche abzielten. Gegenüber Franz von Sickingen betätigte sich Ulrich von Hutten im übrigen als Interpret der frühren reformatorischen Schriften Martin Luthers. An den langen Winterabenden auf der Ebernburg erläuterte Hutten seinem Gastgeber die Gedanken und Argumente des Mönches aus Wittenberg. Der pfälzische Ritter machte sich so mehr und mehr mit der neuen evangelischen Lehre vertraut und erwärmte sich für die Forderung nach einer Reformation, die, so dachten am Anfang ihre Verfechter, keineswegs eine Spaltung der Kirche, sondern, ganz im Sinne des Wortes, eine Erneuerung bewirken sollte.

Luthers Vorladung zum Wormser Reichstag veranlaßte Franz von Sickingen damals zu einer bemerkenswerten Initiative, bei der er sich selbst wohl in der Rolle des Vermittlers und zugleich des Beschützers sah. Über Ulrich von Hutten und den mit diesem gut bekannten Humanisten Philipp Melanchthon (er stammte aus dem kurpfälzischen Bretten) bot Sickingen dem Mann aus Wittenberg seinen Schutz und sein Geleit an. Er schlug Luther vor, daß er sich nicht in den Wormser Dom begebe – wo er seiner evangelischen Lehre abschwören sollte –, sondern statt dessen auf die – sichere – Ebernburg komme. Hier, so meinte Franz von Sickingen, könne das Religionsgespräch mit dem päpstlichen Prälaten stattfinden. Der Wortbruch eines Kaisers gegenüber Johann Huß beim Konstanzer Konzil mag zu dem Angebot des Ritters Franz von Sickingen beigetragen haben. Auch Martin Luther kannte die Gefahr, aber er wünschte die Öffentlichkeit eines Reichstages für seine Argumente und er vertraute wohl auch auf den Einfluß und die Macht seines Landesfürsten und einiger anderer Großer des Reiches, als er das Angebot Sickingens dankend ablehnte.

Anderen „Mannen des Evangeliums" diente die Ebernburg und auch die Burg Landstuhl in jenen Jahren als sicherer Aufenthaltsort und Asyl. Da wäre vor allem Martin Butzer aus Schlettstadt zu nennen, einer derjenigen Theologen, die schon frühzeitig evangelisch predigten. Butzer wirkte im Elsaß und in der Kurpfalz. Nachdem ihn der Papst im Jahre 1521 vom Ordensgelübde befreit hatte, war er am kurpfälzischen Hof bei Pfalzgraf Friedrich, dem Bruder des Kurfürsten Ludwig V. Im Mai 1522 erhielt er die Pfarrei in Landstuhl. Ein anderer, vor allem in Basel und im deutschen Südwesten einflußreicher Vertreter der Reformation, der 1482 in Weinsberg geborene Johannes Ökolampad (eigentlich „Heußgen"), kam im Jahre 1522 zu Franz von Sickingen auf die Ebernburg, der ihn dort als Schloßkaplan wirken ließ. Hier begann Ökolampad mit seinen deutschen Predigten, bei denen er, wie überliefert ist, „kühne Worte" sprach. Von der Ebernburg aus kehrte dieser Prediger des Evangeliums dann an seine frühere Wirkungsstätte in Basel zurück.

Zu nennen ist auch ganz besonders Johannes Schwebel, der – wie Reuchlin – in Pforzheim geborene Reformator. Schwebel, ursprünglich Mitglied des Ordens vom Heiligen Geist, predigte in seiner Vaterstadt bereits im Jahre 1521 „evangelisch", also nach dem Vorbild Martin Luthers. Er mußte das badische Pforzheim deshalb verlassen. Franz von Sickingen gewährte ihm Asyl. Auf der Burg Landstuhl heiratete Schwebel. Dort vor allem diskutierte er mit Sickingen, seinem Beschützer, über Fragen der Kirche und des Evangeliums. Das Ergebnis dieser Gespräche ist unter anderem in zwei Dokumenten überliefert, einem Schreiben Sickingens an einen Verwandten, Dieter von Handschuhsheim, und einem Brief Schwebels an „den Junker Georg Luthummer" in Pforzheim. Schwebel, der im Jahre 1533 im Auftrag von Pfalzgraf Ruprecht (dem damaligen Regenten) eine Kirchenordnung für Pfalz-Zweibrücken verfaßte, spricht sich in seinem Brief unter anderem für die Bibellektüre durch die Laien aus. Die Bischöfe hätten das Wort Gottes verlassen. Sickingen betont in dem Schreiben an den Verwandten – das mit Schwebels Brief publiziert wurde –, daß es ihm nicht um die Person Luthers zu tun sei, sondern um die christliche Wahrheit. Die Lehre des Wittenbergers, sagt Sickingen, baue sich auf „auf den klaren, unverrückbaren Worten Christi, der Apostel und Propheten".

Man kann, wie man sieht, die deutsche Reformationsgeschichte, gerade die Geschichte der Reformation in der Pfalz, nicht ohne das entschiedene Engagement des Ritters Franz von Sickingen betrachten. Als Streiter für die Freiheit der Humanisten und als Beschützer der Freunde Luthers hat dieser pfälzische Ritter einen beachtlichen Anteil an der frühen Phase der großen Umwälzungen jener Zeit.

XII
Der Beginn des Protestantismus

Wenige Jahrzehnte nach der Eingliederung der heutigen Pfalz in das von Napoleon geschaffene bayerische Königreich beklagte sich der große Volkskundler Wilhelm Heinrich Riehl in seinem Werk über „Die Pfälzer", daß in München merkwürdige und unzutreffende Vorstellungen über die konfessionelle Situation in der Pfalz verbreitet seien. „Es ist jetzt Mode", schrieb Riehl, „die Pfälzer schlechtweg für religiös oberflächlich, indifferent, in kirchlicher Auflösung und Zersetzung begriffen zu halten". Vor allem bei streng katholischen Altbayern finde man solche Urteile. Allem Anschein nach wollte es den von Riehl apostrophierten altbayerischen Katholiken nicht in den Kopf, daß in der Pfalz ganz andere Verhältnisse herrschten als zwischen Donau und Alpen, nicht zuletzt bedingt durch eine Konfessions- und Reformationsgeschichte, die einem altbayerischen Betrachter manches Rätsel aufgeben mußte.

Im Gegensatz zu fast allen anderen deutschen Landschaften fand man in der Pfalz schon in der Mitte des vergangenen Jahrhunderts nur noch sehr wenige Dörfer, in denen entweder nur Katholiken oder nur Protestanten wohnten. Zum Erbe der besonders komplizierten pfälzischen Reformationsgeschichte gehörte es nun einmal, daß protestantische und katholische Siedlungen in bunter Mischung nebeneinander existierten, wobei die Volkszählungen im Königreich Bayern auswiesen, daß etwa zwei Fünftel der Pfälzer katholisch getauft waren und die anderen drei Fünftel – die Mehrheit also – sich als Protestanten bezeichneten. Die starke konfessionelle Durchmischung auch in Dörfern, die in der Zeit der Reformation entweder katholisch geblieben waren oder – entsprechend der Entscheidung des Landesherrn, wie sie seit dem Jahre 1555 der Augsburger Religionsfriede vorsah – der neuen Lehre anhingen, ließ sich nach Ansicht Riehls unter anderem damit erklären, daß die meisten Pfälzer, gleichgültig, welcher Konfession sie angehörten, bei der Auswahl der Dienstboten nie viel nach dem Glaubensbekenntnis gefragt haben. Die Geringschätzung oder Nichtachtung konfessioneller Differenzen zwischen Herr und Magd bzw. Knecht mag zu der erstaunlichen Durchmischung in der Pfalz beigetragen haben. Man darf indes andere Ursachen einer konfessionellen Sonderentwicklung nicht übersehen. Immerhin hat die wiederholte Zerstörung des Landes in den Kriegen des 17. Jahrhunderts dazu geführt, daß in manchen Orten nur noch wenige Bewohner überlebten. Bald kamen deshalb Zuwanderer aus Nachbarregionen ins Land. Bei ihrer Ansiedlung achtete man nicht gar zu streng auf das jeweils passende Glaubensbekenntnis, so daß sich die alten konfessionellen Trennungslinien aus der Reformationszeit da und dort verwischten.

Abgesehen von solchen Ursachen einer konfessionellen Durchmischung muß man auf der Suche nach Erklärungen auch an die Reformationszeit denken. Schon damals war in der Pfalz manches anders als in den übrigen Territorien des Reiches. Weltliche und geistliche Territorialherren zeigten sich in der Pfalz meist ziemlich duldsam, wenn die Frage „alter oder neuer Glaube" entschieden werden sollte. Auf den beiden religionspolitisch entscheidenden Reichstagen zu Speyer in den Jahren 1526 und 1529 gehörten pfälzische Repräsentanten weder auf der altgläubigen noch auf der lutherisch-protestantischen Seite zu den Wortführern oder gar zu den Fanatikern. Selbst der Rat der Stadt Speyer, sonst oft recht munter im Streit mit der Geistlichkeit, vermied so gut es ging eine offene Parteinahme in der Glaubensfrage. Die jeweiligen Wortführer unter den kaiserlich-katholisch Gesinnten und im Lager der Lutherischen hat dieser Mangel an Engagement zuweilen gestört, doch das Ideologische und das Eifernde scheint vielen der damaligen Repräsentanten pfälzischer Territorien ferngelegen zu haben. Möglicherweise waren die von Wilhelm Heinrich Riehl zitierten Altbayern 300 Jahre nach den Speyerer Reichstagen immer noch der Meinung, daß solche pfälzische Ideologie-Ferne etwas Kritikwürdiges sei. Der Vorwurf der Indifferenz in Glaubensfragen wurde manchem pfälzischen Vertreter im übrigen schon in der Reformationszeit gemacht. Die so Kritisierten hielten sich indes eher für tolerant im Sinne eines Aufklärers wie Lessing, der uns in der Ringparabel Nathans des Weisen mitteilt, daß keine der großen Weltreligionen im Alleinbesitz der Wahrheit sei.

Betrachten wir den Ausgangspunkt dessen, was sich im 16. Jahrhundert als Konsequenz aus der schon lange andauernden Krise der alten römischen Kirche ereignet hat, so ergibt sich für die Pfalz wiederum eine Besonderheit. Kaum irgendwo im Reich der Deutschen existierten am Beginn der Reformation so viele Klöster und Stifte wie in der Pfalz. Auch die Zahl der Geistlichen und Mönche dürfte in der Pfalz den Durchschnitt in anderen Regionen des Reiches mindestens erreicht, wenn nicht übertroffen haben. In Speyer, dem offiziellen Sitz des damals allerdings meist auf der rechten Rheinseite residierenden Bischofs, findet man um das Jahr 1500 in den Registern nicht weniger als 225 Geistliche und weitere 244 steuerlich ebenfalls privilegierte erwachsene Einzelpersonen im Dienste der Geistlichkeit. Die Mönche und Nonnen sind hier nicht mitgezählt. Da die Stadt zu jener Zeit nur etwa 7 000 Einwohner aufwies, ergibt sich allein für die von Verpflichtungen gegenüber der Stadt freigestellte Geistlichkeit ein hoher Prozentsatz. Obwohl sich die Zahl der in Speyer lebenden Geistlichen bis zum Beginn der Reformation um rund ein Drittel verminderte, änderte dies nur wenig an einer allgemeinen Abneigung der städtischen Bürgerschaft gegen einen derartigen „Staat im Staate".

Speyer war kein Ausnahmefall. Ein ganz erheblicher Teil des Grund und Bodens befand sich zu jener Zeit im Besitz kirchlicher Einrichtungen. In manchen Regionen betrug der Anteil kirchlicher Güter fast ein Drittel. Die Liste der von den protestantisch gewordenen Territorialherren eingezogenen Klöster und Stifte mit ausgedehntem Grundbesitz ist lang, sie umfaßt in der Pfalz mehr als 40 Namen. In der Zeit der italienischen Renaissance, als die römische Kurie viel Geld für prunkvolle, die Touristen noch heute erfreuende Bauwerke ausgab, bediente man sich in Rom recht gerne und ziemlich ausgiebig der Finanzquellen in den deutschen Bistümern. Fast überall in Europa, vor allem in Frankreich, wehrte man sich erfolgreicher gegen einen derartigen Finanzausgleich zugunsten des Papstes und der römischen Kurie als in Deutschland. Im Verlauf des 15. Jahrhunderts häuften sich die Klagen über Mißstände, über zuviel Verwaltung in der Kurie, auch über Profitgier und Pfründenwirtschaft. In Rom seien die Deutschen benachteiligt, man verschleppe die kirchlichen Prozesse, in denen Entscheidungen über strittige Pfründe zu treffen seien, lautete eine der Klagen. Die Käuflichkeit mancher Geistlicher wurde kritisiert, auch das „Drohnendasein hoher Kleriker". Die Beschwerden, erstmals formuliert im Jahre 1456 in den sogenannten „Gravamina deutscher Nation", blieben im allgemeinen ungehört. Die Klagen, daß „die Kirche nichts anderes mehr sei als eine riesige fiskalische Anstalt", gründeten sich am Beginn des 16. Jahrhunderts auch auf den berüchtigten Ablaßhandel, der den Augustinermönch Martin Luther zu seinen Angriffen auf den Dominikaner Johann Tetzel veranlaßt hat. („Wenn das Geld im Beutel klingt, die Seele aus dem Fegfeuer springt".) Der Kontrast zwischen den Predigten der Bettelmönche, die das Ideal der Armut priesen, und den kirchlichen Einrichtungen, die dank ihrer Pfründen oft den nachgeborenen Söhnen und unverheirateten Töchtern des Adels als Versorgungsanstalten, als „Spital des Adels" dienten, dieser Kontrast ließ sich nicht vertuschen. Ein Ärgernis war auch der besondere Gerichtsstand für Geistliche und deren Befreiung von öffentlichen Lasten, nicht zu vergessen all das, was mit dem Wort „Verweltlichung" umschrieben wurde: der nicht immer vorbildliche Lebenswandel vieler Geistlicher in jener Zeit.

Der Wunsch nach einer Reform der Kirche entstand nicht von einem Tag zum andern, er bestimmte schon lange vor Luther die Diskussionen. Die Schrift eines „oberrheinischen Revolutionärs" – vermutlich ein Ritter –, die auch in der Pfalz viel Beachtung fand, dehnte die Kritik an dem Zustand der Kirche und ihrer Einrichtungen auch auf die Auslegung der Bibel aus. Eine Reform der seelsorgerischen Praxis gehörte zum Katalog der dringlichen Forderungen. Martin Luther schuf dann schließlich nach Meinung vieler Zeitgenossen eine „neue Theologie", als er schrieb und predigte, daß „Erlösung allein aus Gnaden" ist. In der Heiligen Schrift müsse man die Wahrheit wieder entdecken. Der Ablaßstreit machte den Namen des Wittenberger Theologen rasch im ganzen Reich bekannt. Als Luther seine berühmten Thesen publizierte, verbreitete sich das Echo – zum Erstaunen Luthers – weit über den Kreis der Gelehrten hinein ins Volk. Im April 1518, kaum ein halbes Jahr nach der Veröffentlichung der Wittenberger Thesen, reiste Luther ins kurpfälzische Heidelberg zu einem Ordensconvent der Augustiner. Am Ende des Convents fand eine öffentliche Disputation Luthers mit dem Augustiner Leonhard Beier statt. Die schlagende Kürze und Schärfe von Luthers Antworten, so haben uns Teilnehmer überliefert, sei sehr eindrucksvoll gewesen. Zumindest vier Theologen, die an der oberrheinisch-südwestdeutschen Reformationsgeschichte einen erheblichen Anteil haben: Martin Butzer, Johannes Brenz, Theodor Billican und Erhard Schnepf fühlten sich in Heidelberg durch

Luther in ihren Ansichten bestärkt und bestätigt. Auch ein Bruder des Kurfürsten, Pfalzgraf Wolfgang, war „über des interessanten Mönches Benehmen sehr erfreut und suchte seine nähere Bekanntschaft" (Ludwig Häusser).

Das Auftreten in Heidelberg bedeutete für Luther insofern ein Risiko, als kurz zuvor der Ingolstadter Professor Johannes Eck den Augustinermönch aus Wittenberg als Hussiten und Ketzer bezeichnet und öffentlich der Häresie angeklagt hatte. Im Sommer 1518 leitete man denn auch in Rom ein Verfahren gegen Luther ein. Einen gewissen Schutz genoß Luther jedoch durch seinen Landesherrn, Friedrich den Weisen von Sachsen, der bei aller Skepsis gegen die Theologie des Augustiners eine gründliche Prüfung aller Thesen Luthers verlangte und „nichts wider die Wahrheit" geschehen lassen wollte. Die Zeitumstände begünstigten Luthers Wirken und stärkten zugleich die Position der deutschen Kurfürsten. Beim Streit um die Nachfolge Kaiser Maximilians wollten es weder der Papst Leo X. noch das Haus Habsburg – mit dem Thronanwärter Karl von Spanien – auf einen offenen Konflikt mit einem der mächtigsten Kurfürsten ankommen lassen. Sicherlich hatte man in Rom und im Hause Habsburg registriert, daß dieser Martin Luther nach der Heidelberger Disputation auch bei den pfälzischen Wittelsbachern auf Verständnis oder gar auf Sympathie rechnen durfte.

Den Beweis für diese Einschätzung der Lage erhielt der im Jahre 1519 gewählte Kaiser Karl V. beim Reichstag zu Worms, als Martin Luther zum Abschwören, zum Widerruf seiner – wie die Mehrheit befand – falschen Lehre aufgefordert wurde. Luthers berühmtes Wort, gesprochen zu Worms: „Hier stehe ich, ich kann nicht anders", war eine unerhörte Herausforderung der Kirche und auch der kaiserlichen Autorität. Denn Luther verweigerte dem Oberhaupt des Reiches und den in Worms versammelten Ständen – den weltlichen und den geistlichen Fürsten sowie den Städten – den Gehorsam in Glaubensfragen, indem er sich darauf berief, daß keine Mehrheit und keine irdische Instanz über das Gewissen entscheiden könne und dürfe.

Das Thema „Gewissensfreiheit" ist über die Jahrhunderte hinweg aktuell geblieben, auch im Zusammenhang mit einer Menschenrechtstradition, die sich von der Reformation über die Aufklärung, die amerikanische Unabhängigkeitsbewegung und die französische Revolution bis in unsere Zeit entwickelt hat. Damals in Worms fand Luther den Schutz, der ihn vor dem Schicksal des Johann Huß bewahrte, nicht nur bei seinem Landesherren, dem sächsischen Kurfürsten, sondern auch bei Kurfürst Ludwig V. von der Pfalz. Eingedenk der bedrückenden Rolle, die einer seiner Ahnen auf dem Konstanzer Konzil gespielt hatte, gehörte der Pfälzer in Worms zu der gemäßigten Partei. In der Glaubensfrage keineswegs auf Luther festgelegt, bemühte sich Ludwig nicht ohne Erfolg um eine Abkühlung der Gemüter und um eine Vermittlung.

Anfänge in der Pfalz

Der mutige Auftritt Luthers in Worms bestärkte die Freunde der neuen Lehre in ihrem Handeln, statt sie zur Umkehr zu bewegen, wie es die päpstlichen Abgesandten und der Kaiser erwartet oder erhofft hatten. Neben der Ebern-

Von der Babylonischen gefengk

nuß der Kirchen/Doctor Martin Luthers.

Martin Luthers zweite der drei großen Reformationsschriften: Von der babylonischen Ge-
fangenschaft der Kirche (1520).

burg des Franz von Sickingen, wo die Anhänger einer Reformation ebenso wie in Landstuhl Unterkunft und Hilfe fanden, regte sich auch anderswo in der Pfalz ein reformatorischer Eifer. Der Bischof von Speyer sah sich schon bald nach dem Ende des Wormser Reichstages zu deutlichen Warnungen veranlaßt. In der Stadt, so geißelte er, würden „unflätige Schriften" verbreitet. Der Kirchenobere warnte Priester und Laien vor allem vor den „verdammten lutherischen Irrtümern". Was der Bischof als einen Irrtum anprangerte, das Bibelverständnis des Wittenberger Augustinermönches, hatte inzwischen auch die höheren Ränge in der Kirche erreicht. Jedenfalls beklagte der Speyerer Kirchenfürst im Jahre 1522 in einem Sendschreiben eine „Hinneigung von Domherren zu Luthers Lehre". Bischof Georg selbst wiederum, einer der Brüder des Kurfürsten Ludwig V., erhielt von Papst Hadrian VI. eine Mahnung. Die Kurie in Rom war der Ansicht, daß im Speyerer Bistum zu wenig gegen unbotmäßige Kleriker eingeschritten werde. Besonders störend wirkte anscheinend die Verbreitung lutherischer Schriften, die in Speyer gedruckt worden waren. So kam es denn auch zu der Forderung des Papstes, den Druck und Verkauf solcher Schriften zu verbieten. Der Pfarrer an St. Martin in Speyer, Werner von Goldberg, tat sich als „Prediger des Evangeliums" besonders hervor. Im Jahre 1523 ließ Goldberg seine Klagen über den Zustand der Kirche drucken. Ein Kernsatz der Goldbergschen Schrift lautete: „Was die Wahrheit ist, sagt man, es ist lutherisch".

Die Bevölkerung, so scheint es, hörte den reformatorischen oder evangelischen Predigern aufmerksam zu. Der Anhang der neuen Lehre vergrößerte sich hauptsächlich in den Städten ziemlich rasch. Die Nachricht, daß sich Straßburg und Reutlingen – 1524 – für die neue Lehre entschieden hätten, machte auch in der Stadt Speyer und im ganzen Bistum großen Eindruck. Der Rat der Stadt Speyer hielt sich indes mit Entscheidungen zurück. Man wollte zu jenem Zeitpunkt weder Kaiser noch Kirche herausfordern. Im Frühjahr 1525 zeigte sich, daß der Geist der Aufsässigkeit auch die Dörfer erfaßt hatte: es kam zum Bauernkrieg. In der Pfalz – wie auch anderswo – wüteten die Bauern gegen Klöster und anderen geistlichen Besitz. Ein Vertrag, der am 5. Mai 1525 in Udenheim (Philippsburg) zwischen Bischof, Domkapitel, Speyerer Geistlichkeit und den Bauernvertretern aus dem Bistum geschlossen wurde, legte fest, daß im Bistum künftig das Evangelium rein gepredigt werden dürfe. Die Bauern mußten vorerst keine Zinsen mehr an die Geistlichen zahlen und keinen Zehnten mehr abgeben. Auch wenn Bauernkrieg und Reformation getrennt zu betrachten sind, so zeigt allein schon der Udenheimer Vertrag, wie sehr in jener Zeit die Glaubensfragen mit den materiellen Fragen verflochten waren.

In der Stadt Speyer kam es in der Zeit des Bauernaufstandes zu einer Rebellion der Bürger gegen die Geistlichkeit, die im Dom begann. Das Ergebnis war ein Vertrag vom 25. April 1525. In acht Artikeln regelte man das Verhältnis zwischen Stadt und Geistlichkeit neu. Die Geistlichen mußten zugestehen, daß sie künftig Bürger der Stadt ohne Sonderrechte seien, also wie jeder andere Bürger die materiellen Lasten mitzutragen hätten. Die Stadt bot ihnen als

Gegenleistung Schutz. Dieser Speyerer Vertrag enthält einige Bestimmungen, die den Forderungen nach einer Reformation der Kirche entsprachen, unter anderem wird eine „evangelische, lautere und klare Predigt des Wortes Gottes zugestanden". „Wilde Ehen" und „Unehr" sollte es künftig bei den Geistlichen der Stadt nicht mehr geben.

Die Speyerer Bürger konnten sich über den Sieg in der schon so lange währenden Auseinandersetzung mit dem Klerus der Stadt nur kurze Zeit freuen. Die Niederlage der pfälzischen Bauern in der Schlacht bei Pfeddersheim (am 23./24. Juni 1525) veränderte die Machtverhältnisse wieder zugunsten des Klerus. Die Geistlichkeit wandte sich an den siegreichen Kurfürsten und verlangte die Aufhebung des ihr aufgezwungenen Vertrages. Ludwig V. verhandelte mit den streitenden Parteien als Schutz- und Schirmherr der Stadt Speyer. Das Ergebnis bedeutete einen Sieg der Geistlichkeit: sie erhielt ihre alten Rechte zurück. Später setzte der Rat der Stadt noch durch, daß die Geistlichkeit einen bescheidenen jährlichen Pauschalbetrag an die Stadt bezahlte. Da der ganze Vertrag nach dem 8. Juli 1525 nicht mehr existierte, entfiel auch das Recht auf die Verbreitung der evangelischen Lehre in der Stadt. Die Reformation war fürs erste gehemmt.

Zwei Reichstage in Speyer

Eben dieser Umstand begünstigte die Stadt bald darauf, als Speyer im Wettbewerb mit anderen Städten um eine neue Reichsversammlung, einen Reichstag, den Vorzug erhielt. Tagungsort eines Reichstages zu sein, bedeutete für jede Stadt eine große Ehre und für die Bürger der Stadt Aussicht auf gute Geschäfte und auf Gewinn. Die Fürsten und Städte kamen mit großen Delegationen nach Speyer, mit juristischen und politischen Ratgebern, mit Haus- und Küchenpersonal, mit Pferdeknechten und mit Leibwächtern. Als Vertreter des Kaisers Karl V. zog dessen Bruder, Erzherzog Ferdinand von Österreich mit mehreren hundert Begleitern – man sprach von 700 – am 18. Mai in Speyer ein. Für den Reichstag selbst, der seine Beratungen im großen Rathaussaal begann, rechnete man mit 1 000 Teilnehmern. Insgesamt dürfte Speyer in jenen Frühjahrs- und Sommerwochen des Jahres 1526 viele tausend Besucher beherbergt haben.

Auf der Tagesordnung standen Vorkehrungen gegen Aufstände, die Abwehr der Türken, die Kosten des Reichsregimentes, Beschlüsse über das Reichskammergericht und – als weitaus wichtigster Gegenstand der Verhandlungen – die Glaubensfrage. Der Kaiser ließ hierzu vortragen, daß bis zu einem Konzil, das über den Glaubensstreit entscheide, das Wormser Edikt weiter gelten müsse. Der Reichstag hätte also eine Art vorläufiges Reformationsverbot aussprechen oder bestätigen sollen. Doch eben dieses Ergebnis wollten einige der Fürsten und die Mehrheit der Städte des Reiches nicht akzeptieren.

Wie offen sich manche Delegationen in Speyer trotz des Wormser Ediktes zum neuen Glauben, zu Martin Luther und zu anderen Reformatoren wie Ulrich Zwingli bekannten, sah man sogleich in den Gassen, auf den Plätzen und in den Höfen der Stadt. Angehörige einiger Delegationen, etwa der landgräf-

266

lich-hessischen oder der kurfürstlich-sächsischen, trugen an ihrem rechten Rockärmel ein besonderes Signum, ähnlich den Plaketten, die über die amerikanischen Wahlkämpfe in unserer Zeit nach Westeuropa gelangt sind. Fünf Buchstaben zeigten, welcher Glaubenspartei man angehörte: VDMIE. Das sollte bedeuten: Verbum Dei manet in eternum, zu deutsch: „Das Wort Gottes bleibt in Ewigkeit". Die Altgläubigen wählten eine andere Ausdeutung und Übersetzung: „Das Wort Gottes bleibt im Ärmel". Das wiederum reizte die Luther-Freunde zu einer neuen Lesart ihrer fünf Buchstaben. „Vivus diabolus manet in episcopis" – „der leibhaftige Teufel wohnt in den Bischöfen". Hohn, Spott, Polemik auf den Straßen sorgte für Volksunterhaltung. Auf den Höfen der Quartiere, deren Eingänge mit den Wappen reformatorisch gesinnter Landesherren und mit den Buchstaben „VDMIE" geschmückt waren, verkündeten Freunde Luthers das Evangelium. Viele hundert Speyerer Bürger und andere Besucher hörten diesen Predigern zu. Im Dom scharten sich die Altgläubigen und vernahmen die Gegen-Predigten. Beide Glaubensparteien erprobten die Wirksamkeit ihrer Worte und Argumente an den Speyerer Bürgern und an den vielen Neugierigen, die aus der ganzen Region in die Stadt geeilt waren. Als Gastgeber hielt sich der Rat der Stadt Speyer zurück. Man blieb außerhalb der schon ziemlich festgefügten Fronten. Auch die kurpfälzischen Vertreter mit Ludwig V. ergriffen nicht Partei, sondern verhielten sich neutral. Das Wort aus der Bibel: „Wer nicht für mich ist, der ist wider mich", wollten weder der Speyerer Rat noch der pfälzische Kurfürst für sich gelten lassen.

Die Vorsicht des Speyerer Rates lohnte sich für die Stadt, als der Reichstag über den Punkt „Reichsregiment und Reichskammergericht" entschied. Beide Institutionen wurden von Esslingen am Neckar nach Speyer verlegt. Als Sitz der obersten Reichsbehörden durfte sich die Stadt nun wieder wie in der Zeit der salischen Kaiser als der Mittelpunkt des Reiches betrachten. Das Reichskammergericht, das der Wormser Reichstag anläßlich der Reformen des Kaisers Maximilian im Jahre 1495 anstelle des alten königlichen Kammergerichtes eingesetzt hatte, entschied bei Klagen über Landfriedensbruch, bei fiskalischem Rechtsstreit, bei Besitzstreit von Territorialherren und befand über die Zivilklagen der reichsunmittelbaren Personen. Als oberstes Berufungsgericht besaß es ähnliche Funktionen wie die Bundesgerichtsbarkeit der Bundesrepublik in Karlsruhe. Seit dem Jahre 1521 oblag dem Reichskammergericht auch die Zuständigkeit in Religionssachen, eine Kompetenz, die sogleich die Frage nach der religiösen Überzeugung der Richter in die Diskussion brachte. Sechzehn juristische Beisitzer gehörten dem Speyerer Gericht an, die Hälfte davon war adeligen Standes. Schon bald nach der Etablierung des Gerichtes zählte man in Speyer zwischen 30 und 40 Anwälte. Die Zahl der Mitarbeiter des Gerichtes betrug ungefähr 400 Personen. Weil die Gerichtsangehörigen ebenso wie die Geistlichkeit von Steuern und Abgaben an die Stadt freigestellt blieben, dürfte sich der wirtschaftliche Vorteil dieser Reichstagsentscheidung von 1526 für die Stadt Speyer in Grenzen gehalten haben. Vermehrt wurden in erster Linie Ehre und Ansehen der Stadt. Der Ruf des Speyerer Reichskammer-

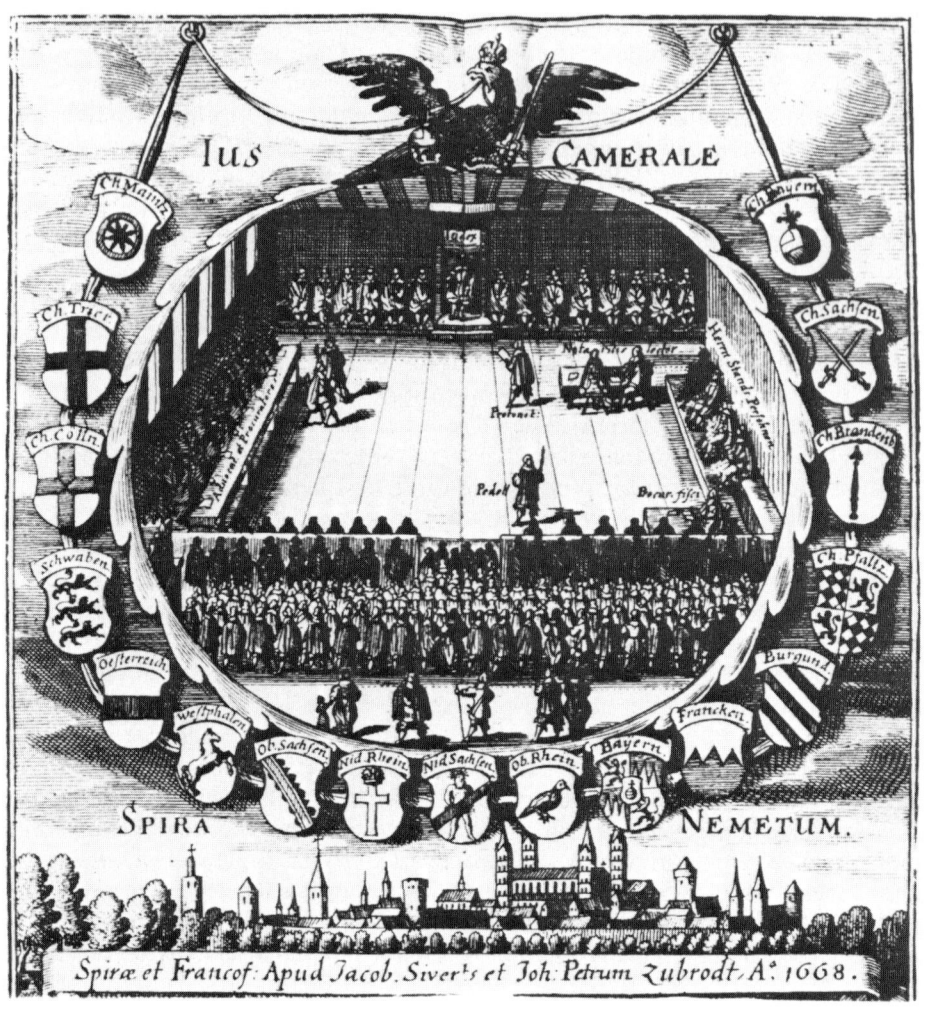

Reichskammergericht zu Speyer. Als Sitz dieser obersten Reichsbehörde durfte sich die Stadt wieder – wie in salischer Zeit – als der Mittelpunkt des Reiches betrachten. (Bestand und Foto: Pfälzische Landesbibliothek, Speyer)

gerichtes litt im ersten Jahrhundert seiner Existenz allerdings darunter, daß es von der evangelischen Partei in Glaubenssachen nicht als unabhängig und kompetent betrachtet wurde, weil die große Mehrheit seiner Mitglieder der katholischen Partei angehörte. Erst am Ende des Dreißigjährigen Krieges kam es zu der seit dem Augsburger Religionsfrieden von 1555 erwarteten paritätischen Besetzung durch Protestanten und Katholiken.

Das Reichsregiment, gebildet aus einem Rat, dem Vertreter der einzelnen Reichsstände angehörten, bestand nur relativ kurze Zeit. Der Augsburger Reichstag hatte diese Einrichtung im Jahre 1500 durchgesetzt. Die Territorialherren wollten mit einem derartigen permanenten Rat des Reiches die Befugnisse des Kaisers in der Frage von Krieg und Frieden begrenzen und sich selbst ein Mitwirken bei den Reichsfinanzen sowie in den Rechts- und in den Militärangelegenheiten sichern. Den Vorsitz im Reichsregiment führte das Reichsoberhaupt oder dessen Statthalter. Den rheinischen Kurfürsten vor allem kam es darauf an, daß sich das oberste Gericht und das Reichsregiment nicht im direkten Einflußbereich des Hauses Habsburg-Österreich befanden. Deshalb einigte man sich auf Speyer als Sitz. Allerdings war anfänglich damit gerechnet worden, daß die Reichsinstanzen nach einiger Zeit in anderen Reichsstädten amtieren sollten.

Der pfälzische Kurfürst, Ludwig V., dürfte mit der Entscheidung für Speyer als Sitz von Reichsregiment und Reichskammergericht recht zufrieden gewesen sein, denn diese Stadt gehörte durch den Vertrag über „Schutz und Schirm" zum Einflußbereich der Kurpfalz. Sie besaß nicht nur den König und Kaiser als Herren, wie sich beim Ausbruch des Bauernkrieges in dem Konflikt mit der Geistlichkeit recht deutlich gezeigt hatte. Auch das Ergebnis der wichtigsten und schwierigsten Sache, die man in Speyer im Sommer des Jahres 1526 verhandelte – der Glaubensfrage – entsprach den Interessen des pfälzischen Kurfürsten. Der Beschluß des Reichstages lautete: „Bis zum Konzil soll sich jeder Reichsstand so verhalten, wie er es vor Gott und dem Kaiser zu verantworten glaube". Die streitenden Parteien waren sich in Speyer nur darin einig geworden, daß man sich nicht einigen könne. Aber gerade diese Feststellung, vom Vertreter des Kaisers selbst akzeptiert, signalisierte eine entscheidende Änderung gegenüber dem Wormser Edikt. In Worms hatte der Reichstag keinem Reichsstand, keinem Fürsten und keiner Stadt irgendeinen Ermessensspielraum in der Frage des Glaubens gelassen, sondern die Lehre Luthers und der Reformatoren als eine Irrlehre verurteilt. Der Beschluß von Speyer – die Nicht-Entscheidung – stärkte die Position aller Anhänger der neuen Lehre ganz beträchtlich. Die Mehrheit, bestehend aus Verfechtern des alten Glaubens, wollte die Fronten nicht weiter verhärten. Sie gab sich deshalb mit der Nicht-Entscheidung zufrieden und förderte so die weitere Ausbreitung der neuen Lehre. Das offene Bekenntnis einiger der einflußreichsten Fürsten – des sächsischen Kurfürsten oder des hessischen Landgrafen zum Beispiel – und einiger der reichen Städte zum lutherischen Glauben ließ die kaiserlich-katholische Partei in Speyer vor einem offenen Konflikt zurückschrecken.

Um dies zu verstehen, muß man auch bedenken, daß mit der Wahl Karls von Spanien ein Dauerkonflikt zwischen der habsburgisch-österreichisch-spanischen Macht und dem französischen Königtum ausgebrochen war. Franz I. von Frankreich fühlte sich von Habsburg eingekreist. Er selbst hatte die Krone Karls des Großen tragen wollen, war aber im Gremium der deutschen Kurfürsten nicht durchgedrungen. Ein Kampf im Reich zwischen den Kaiserlichen und einer Gruppe von Fürsten und Städten wegen der Glaubensfrage mußte – zwangsläufig – die Macht des französischen Königs stärken und konnte ihn seinem alten Ziel näherbringen. Diese, wie sich bald schon zeigen sollte, richtige Einschätzung der Machtfrage durch die Kaiserlichen hat die Anhänger der neuen Lehre in Speyer im Jahre 1526 entscheidend begünstigt. Drei Jahre später, wiederum in Speyer, wurde dann das Ende der Einheit von Kirche und Reich besiegelt: die Spaltung der Kirche, das Entstehen von Landeskirchen unter dem Zeichen des Protestes und des Protestantismus. Wie kam es dazu?

Ferdinand von Österreich, Statthalter seines älteren Bruders Karl im Reich und seit November 1526 auch Träger der böhmischen Königskrone, war beim Zusammentreten des Reichstages im Jahre 1529 fest entschlossen, das Luthertum wieder zu beseitigen. Daß Kursachsen und Hessen schon im Jahre 1525 eine eigene Kirchenordnung geschaffen und sich offiziell von der alten Kirche gelöst hatten, signalisierte die Gefahr, in der sich das Reich und die Autorität des habsburgischen Kaisertums befanden. Dreierlei akute Gefahren bedrohten die habsburgisch-österreichisch-spanische Macht: die Türken im Südosten, der französische König und die evangelischen deutschen Fürsten und Städte. Mit Hilfe einer Mehrheit sollte nach den Instruktionen des Kaisers Karl V., der sich schon viele Jahre nicht mehr im Reich aufgehalten hatte, die Gefahr der inneren Spaltung ein für allemal beseitigt werden. Diesmal, im Jahre 1529, wehte in Speyer ein schärferer Wind zwischen den Widersachern als drei Jahre zuvor. Das alte Wormser Edikt wollten nun die Habsburger noch einmal offiziell als verbindliches Dokument der Reichspolitik und des Reichsrechts bestätigen lassen. Die Kaiserlichen, immer noch über eine Mehrheit bei den Ständen des Reiches verfügend, scheuten vor dem offenen Konflikt nicht mehr zurück. Sie wollten Klarheit, und der Reichstag schuf am Ende diese Klarheit, indem die Mehrheit im Sinne Ferdinands und des Kaisers entschied. Auf die Formel des Jakob Sturm aus Straßburg, daß man in politischen Fragen dem Kaiser den Gehorsam schulde, in Glaubensfragen aber nur dem Gewissen verpflichtet sei, ließen sich die Anhänger des alten Glaubens und der römischen Kirche nicht ein. Von den 18 Mitgliedern des Großen Ausschusses, der im Rathaus tagte und eine Einigungsformel finden sollte, bekannten sich drei ganz offen zu der Reformation im Sinne Luthers: Johann von Sachsen auf der Fürstenbank und die beiden Städtevertreter Christoph Tetzel aus Nürnberg und Jakob Sturm aus Straßburg.

Es scheint, daß die Erbitterung bei den streitenden Glaubensrichtungen im Verlaufe des Reichstages durch Predigten und Gegenpredigten noch erheblich zugenommen hatte. Der zum Gefolge Ferdinands von Österreich gehörende

Dr. Johann Faber, Domherr zu Konstanz und Basel, reizte den Luther-Freund Philipp Melanchthon unter anderem dadurch, daß Faber im Speyerer Dom sagte, die Türken seien doch noch besser als die Lutheraner. Offiziell galten indes die Türken als die Hauptgefahr. Die kaiserliche Partei verlangte vom Reichstag finanzielle Sonderhilfe zu ihrer Abwehr. Die Lutherischen erklärten, daß sie nur zu Leistungen bereit seien, wenn der von der Mehrheit vorgelegte Beschluß in der Glaubensfrage abgeändert werde. Das wiederum verweigerte die Mehrheit; Ferdinand hoffte allem Anschein nach, daß sich die Minderheit am Ende fügen werde. Aber gerade das taten die Anhänger der neuen Lehre nicht. Als die Mehrheit den vorgelegten Beschluß, den „Reichstagsabschied", formell bestätigte, ohne daß die schriftlich vorgelegten „Bedenken" der Minderheit berücksichtigt worden wären, verließen der Kurfürst von Sachsen, der Landgraf von Hessen, Fürst Wolfgang von Anhalt und die Gesandten der anderen evangelischen Fürsten den Speyerer Ratssaal und berieten sich in einem Nebenraum. Nach der Rückkehr in den Ratssaal, den Ferdinand von Österreich schon verlassen hatte, erklärten die Anhänger der neuen Lehre ihren Protest und verlangten, daß dieser Protest dem Beschluß der Mehrheit im offiziellen Dokument angefügt werde. Ohne den König, so antworteten die Vertreter der katholischen Stände, könne dies nicht geschehen. An der feierlichen Schlußsitzung am 28. April 1529 nahmen die Protestierenden nicht teil. Sie ließen durch ihre Räte mitteilen, daß sie ihren Protest drucken und verbreiten würden. Am Sonntag Cantate traf man sich in Anwesenheit zweier kaiserlicher Notare in der Stube des Kaplans Peter Mutterstadt neben der Speyerer St. Johanneskirche. Auf zwölf Pergamentblättern schrieben die Notare ein „Instrumentum Appellationis" nieder. Alle „Proteste der evangelischen Stände" sind in diesem Dokument zusammengefaßt. Gerichtet war der Appell – die feierliche Eingabe – an die „römische, kaiserliche und christliche Majestät" – Karl V. – und zugleich an ein künftiges Konzil. Das Dokument trägt die Unterschrift von fünf Fürsten (Sachsen, Brandenburg, Braunschweig-Lüneburg, Hessen und Anhalt) sowie der Bevollmächtigten von 14 Städten.

Der Protest von Speyer sei ein „weltgeschichtliches Ereignis" gewesen, liest man in Darstellungen zur Geschichte der Reformation. Bedenkt man die Konsequenzen dieses Ereignisses für die deutsche und europäische Politik, so wird man dieser Bewertung kaum widersprechen können.

Frühe Reformation in Zweibrücken

Die Teilnahme des gerade 19 Jahre alten Ludwig II. von Zweibrücken am Wormser Reichstag von 1521 hatte Folgen. Der junge Regent, ein Enkel Ludwigs des Schwarzen, hörte im Wormser Dom aufmerksam dem angeschuldigten Martin Luther zu und interessierte sich von da an für die Lehre des Mannes aus Wittenberg und für die Verkünder eines neuen, evangelischen Glaubens. Franz von Sickingen, der mit dem Pfalz-Zweibrücker Wittelsbacher gute Beziehungen pflegte, wies empfehlend auf Johannes Schwebel hin, der im Jahre 1522 als Glaubensflüchtling zuerst auf die Ebernburg gekommen

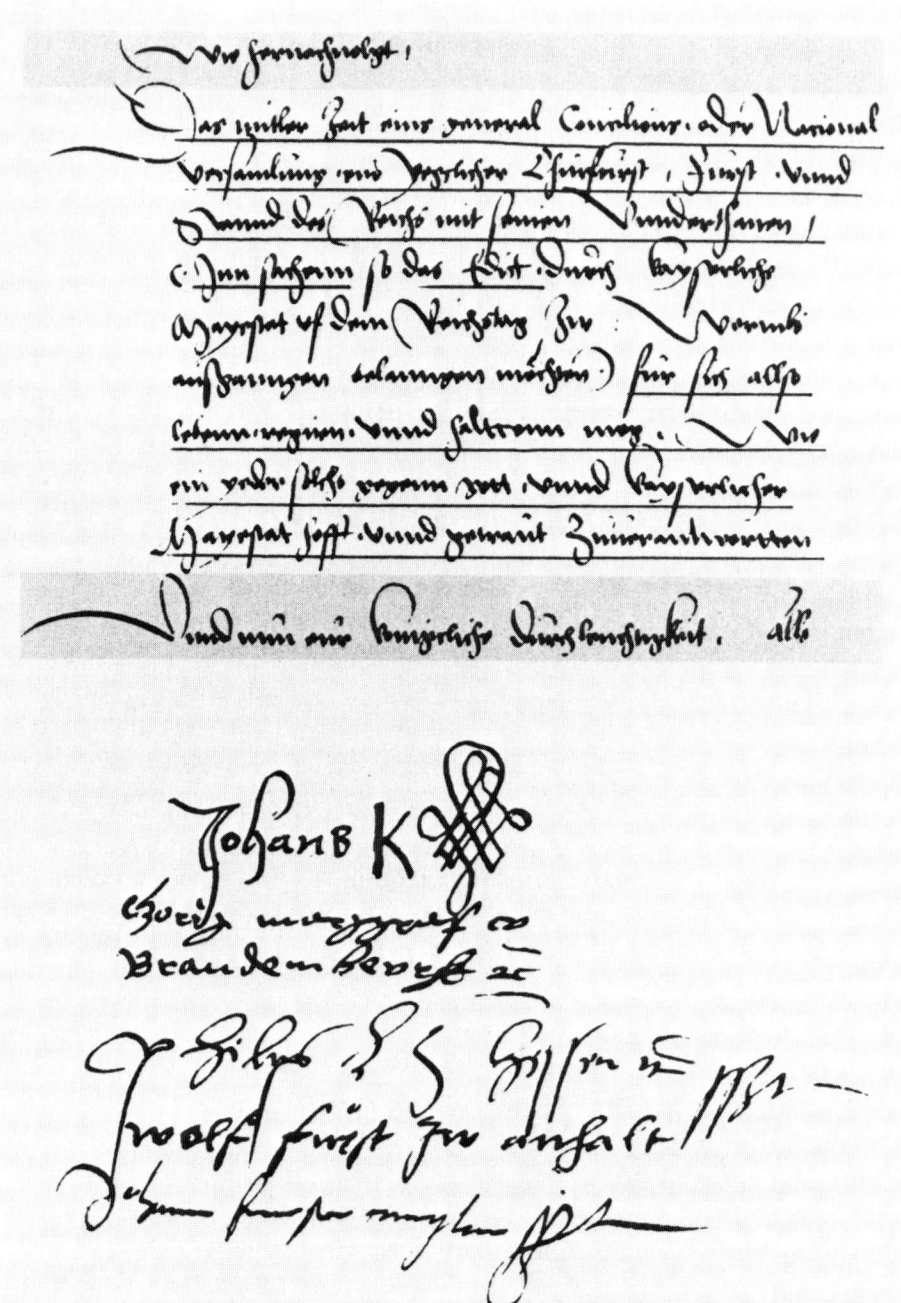

*Die Erweiterte Protestation vom 20. April 1529, die an Ferdinand von Österreich überge-
ben, aber zurückgeschickt wurde.*

war und dann in Landstuhl das Pfarramt versah. An der einzigen Kirche in Zweibrücken, an der heutigen Alexanderkirche, war jedoch im Jahre 1523 keine Pfarrstelle frei. So kam Schwebel in den „persönlichen Dienst des Fürsten" am Hof von Zweibrücken. Inmitten der altgläubigen Geistlichkeit des Herzogtumes konnte der aus dem markgräflich-badischen Pforzheim stammende Johannes Schwebel nun ungestört seine Auffassungen von der Heiligen Schrift und vom rechten Glauben darlegen. An Ostern des Jahres 1524 tat er dies in der Messe auch in deutscher Sprache. Zwei Predigten in der Alexanderkirche, aus den Jahren 1524 und 1525, deren Text überliefert ist, zeigen, wie bewußt Schwebel sich an die Zuhörer aus dem einfachen Volk wandte. Aber auch unter den Hofbeamten gewann der evangelische Prediger Anhänger, zum Beispiel den einflußreichen Landschreiber und späteren Kanzler Jakob Schorr. In einem Gutachten, das Herzog Ludwig II. anregte, begründete Schwebel, weshalb man das bisherige Kirchenregiment abschaffen müsse. Dieses Gutachten fand in der Öffentlichkeit großes Interesse. Es wurde in nicht weniger als sieben Auflagen gedruckt. Eine Stütze fand Schwebel bei der Darmstädter Prinzessin Elisabeth, die sich im Jahre 1525 mit Ludwig II. verheiratete.

Die Auseinandersetzungen mit den Anhängern des alten Glaubens scheinen in Zweibrücken nicht besonders dramatisch gewesen zu sein. Man weiß von einer Disputation zwischen Schwebel und dem in Hornbach residierenden Erzpriester der Herrschaft Zweibrücken, dem Magister Nikolaus Kaltenhäuser. Der Erzpriester zweifelte in diesem Streitgespräch im Jahre 1524 zunächst die Predigtbefugnis des von Ludwig II. nach Zweibrücken geholten Schwebel an, der nach seinem Studium – unter anderem in Heidelberg – im Jahre 1514 in Straßburg zum Priester geweiht worden war. Kaltenhäuser nahm daran Anstoß, daß sein Gegenspieler in Zweibrücken nicht von der geistlichen Obrigkeit, sondern von der weltlichen eingesetzt worden sei.

Wie sehr sich Ludwig II. dem reformatorischen Gedanken verbunden fühlte, erkennt man an seinem Verhalten beim Zustandekommen des Marburger Religionsgespräches im Jahre 1529. In Marburg sollten nach dem „Protest" von Speyer die beiden Richtungen der evangelischen Lehre, die Anhänger Luthers und die Freunde des schweizerischen Reformators Ulrich Zwingli, ihre unterschiedlichen Auffassungen – vor allem über das Abendmahl – klären und sich einigen. Das jedenfalls war der Wunsch des Landgrafen Philipp von Hessen. Wie aber sollten Zwingli und seine Anhänger aus Straßburg und den anderen oberrheinischen Orten nach Marburg gelangen, ohne in altgläubigen Territorien, wie den Bistümern Speyer, Worms und Mainz, festgehalten zu werden? Der Umweg führte vom Elsaß durch das Gebiet Ludwigs II. von Zweibrücken, dessen Territorien bis an die Mosel und an den Mittelrhein reichten. In Zweibrücken schloß sich Schwebel auf Wunsch des Herzogs dem Zug der schweizerischen und der Straßburger Theologen – neben Zwingli auch Butzer und Ökolampad – an. Über Meisenheim am Glan, St. Goar und Gießen ritt man unter dem Schutz der Beauftragten des Herzogs Ludwig II. ungestört nach Marburg. Diese offene Parteinahme des Zweibrücker Fürsten ist insofern besonders bemerkenswert, als Ludwigs und auch Schwebels Name in der Liste der Speyerer Reichstagteilnehmer von 1529 fehlt. Beim Marburger Religionsgespräch plädierte Schwebel, ähnlich wie Butzer und Melanchthon, für eine Verständigung zwischen den Auffassungen der lutherischen und reformierten Partei – ohne Erfolg.

Der Kontakt mit Butzer und den anderen Straßburger Theologen blieb auch nach 1529 sehr eng. Als nach dem frühen Tode Ludwigs II. dessen Bruder Ruprecht zusammen mit der Herzogswitwe Elisabeth in Zweibrücken die Regentschaft für den erst sechs Jahre alten Herzog Wolfgang übernahmen, entschied sich Ruprecht – im Jahre 1533 – für eine eigene landeskirchliche Ordnung. Nach Beratung mit Butzer, der im bereits offiziell reformierten Straßburg Erfahrungen gesammelt hatte, verfaßte Schwebel eine derartige Kirchenordnung. Sie bestand im wesentlichen aus einer Dienstordnung für die Geistlichen des Herzogtums. Bis dahin galt es als das unbestrittene Vorrecht der geistlichen Obrigkeit – des Papstes, eines Konzils, des Bischofs – solche Ordnungen zu erlassen. So kann es denn nicht verwundern, daß die betroffenen Bischöfe – das Territorium des Herzogs gehörte kirchlich zu Metz, Trier, Mainz und Speyer – sich diesem Vorhaben des Zweibrücker Regenten widersetzten. Besonders hartnäckig war der Widerstand des Mainzer Erzbischofs. Die weltliche Gewalt behielt jedoch die Oberhand. Am 5. Mai 1533 wurde Johannes Schwebel – nach dem Rücktritt des altgläubigen Pfarrers Meisenheimer – der erste evangelische Pfarrer an der Stadtkirche von Zweibrücken. Zu Schwebels Pflichten gehörte auch die Überwachung all der anderen Geistlichen und Gemeinden im Herzogtum. Ruprecht rief zur Unterstützung Schwebels noch einige renommierte Prediger nach Zweibrücken. Es dauerte dann noch einmal sechs Jahre, bis die erste Zweibrücker Synode die unter dem Einfluß der reformierten Straßburger Theologen ausgearbeitete Kirchenordnung bestätigte. Johann Schwebel, der Zweibrücker Reformator, starb am 19. Mai 1540. Er hatte sich zuvor noch um Kranke und Sterbende bemüht, die ein Opfer der neu aufgeflammten Pest geworden waren. In der Sakristei der Alexanderkirche von Zweibrücken erinnert eine Gedenktafel an den Reformator von Pfalz-Zweibrücken.

Knapp 20 Jahre nach Schwebels Tod führte Zweibrücken unter Herzog Wolfgang eine neue lutherische Kirchenordnung ein. Ihr Verfasser war der Theologe Kunemann Flinsbach. Im Jahre 1527 in Bergzabern geboren und mit Philipp Melanchthon verwandt, hatte Flinsbach in Wittenberg seinen Magistergrad erworben. Herzog Wolfgang rief ihn im Jahre 1551 nach Zweibrücken. Die von Melanchthon und dem württembergischen Reformator Johannes Brenz begutachtete neue Zweibrücker Kirchenordnung trat am 1. Juli 1557 in Kraft. In der gleichen Zeit erließ auch der württembergische Herzog Christoph seine im wesentlichen von Johannes Brenz verfaßte, streng lutherische Kirchenordnung. Ein wichtiger Teil dieser herzoglich-württembergischen Kirchenordnung betraf die Schule und zwar die Volksschule für Buben und Mädchen. Brenz hatte schon in der Reichsstadt Schwäbisch-Hall seine Vorstellungen von einer allgemeinen Schule verwirklicht, in der fleißig das Lesen und das Erlernen von Bibeltexten geübt werden sollte. Daß Brenz nun zusammen mit Melanchthon auch als Gutachter und Berater für eine neue Kirchenordnung in Zweibrücken tätig wurde, läßt auf seinen Einfluß auch bei den Schulvorstellungen des Herzogs Wolfgang schließen. Ähnlich wie der Nachruhm des württembergischen Herzogs Christoph gründet sich auch der Nachruhm des Herzogs Wolfgang von Zweibrücken auf dessen Initiative zum Ausbau des Schulwesens, speziell der Einführung einer allgemeinen Schule neben den traditionellen Lateinschulen. Der enge Zusammenhang zwischen Reformation und allgemeiner Schule – und damit einer allgemeinen Volksbildung – läßt sich am Beispiel Zweibrücken ebenso zeigen wie an der oft zitierten Großen Kirchenordnung des württembergischen Herzogs Christoph.

Die Landesherren entscheiden

Innerhalb von vierzig Jahren, so klagte ein katholischer Kirchenhistoriker einmal, habe die Kurpfalz „vier Mal die Religion" gewechselt. Das ist durchaus zutreffend, wenn man in diesem Falle den Begriff der „Religion" mit den unterschiedlichen Formen der neuen Lehre gleichsetzt, die wir als „evangelisch-lutherisch" und „reformiert" bezeichnen. Innerhalb des Protestantismus existierten schon bald nach Luthers Thesenpublikation von 1517 mehrere theologische Schulen, die Wittenbergische des Martin Luther an erster Stelle, aber auch die schweizerisch-oberrheinische mit Ulrich Zwingli und schließlich – für die Pfalz wichtig – die Lehre des 1509 in der Picardie geborenen Genfer Reformators Johannes Calvin. Von Calvin stammt die strenge Genfer Kirchenzucht. In der Abschaffung der Zeremonien war der Genfer Reformator radikal. Zu den von Calvin begründeten Traditionen gehört unter anderem, daß die gläubigen Laien in der Kirche bei Entscheidungen mitberaten und mitwirken. Der französische Protestantismus ist von dieser Mitwirkungs- und Gleichheitsidee des Johannes Calvin in besonderer Weise geprägt worden. Das – calvinistische – Hugenottentum trug mit seinem kirchenpolitischen Gleichheits- und Mitwirkungsideal nicht wenig zur Entwicklung der politischen Ideen der Gleichheit und der Demokratie im Staate bei.

Der Einfluß Calvins auf die Kurpfalz in der Zeit der Reformation zeigte sich im Heidelberger Katechismus. Er wurde im Jahre 1563 gedruckt und ist vom damaligen Kurfürsten Friedrich III. von der Pfalz am 15. November 1563 als Teil der pfälzischen Kirchenordnung für verbindlich erklärt worden. In 129 Fragen faßt der Heidelberger Katechismus den Inhalt der reformierten Glaubenslehre zusammen. Dieser wichtige Text, den lutherisch gesinnte Theologen als fehlerhaft zurückwiesen, verbreitete sich rasch weit über die Kurpfalz hinaus und wurde schon im Jahre 1568 zur offiziellen Lehrnorm der Reformierten in zahlreichen Ländern, zum Beispiel in Hessen, in den Niederlanden und in Ostfriesland.

Der 1484 in Wildhaus im ostschweizerischen Toggenburg geborene Ulrich (Huldrych) Zwingli lernte Luther in Wittenberg kennen und predigte seit 1520 in Zürich im Sinne der Reformation. Eine Differenz zwischen Luther und Zwingli existierte seit dem Jahre 1527. Nach Zwinglis Auffassung, die auch

Catechismus

Oder
Christlicher Vnderricht/
wie der in Kirchen vnd Schulen der Churfürstlichen Pfaltz getrieben wirdt.

Gedruckt in der Churfürstlichen Stad Heydelberg/ durch Johannem Mayer.
1 5 6 3.

Der Heidelberger Katechismus aus dem Jahre 1563.

Calvin übernahm, ist Christus im Abendmahl nur symbolisch anwesend, nicht, wie in Martin Luthers Lehre, tatsächlich. Die Straßburger Theologen mit Martin Butzer galten als Zwinglianer, der Kurpfälzer Philipp Melanchthon stand in der Abendmahlsfrage auf der Seite Luthers.

In seinem „Kleinen Katechismus" von 1529 verdeutlichte Luther seine Auffassung vom Abendmahl mit den Worten: „Es ist der wahre Leib und Blut unseres Herrn Jesus Christi, unter dem Brot zu essen und zu trinken von Christo selbst eingesetzt". Entsprechend heißt es im Augsburger Bekenntnis von 1530, einer der Grundlagen des Lutheranertums: „daß wahrer Leib und Blut Christi wahrhaftiglich unter der Gestalt des Brots und Weins im Abendmahl gegenwärtig sei und da ausgeteilt und genommen werde". Demgegenüber beharrten Ulrich Zwingli und seine Straßburger Anhänger auf der Ansicht, daß man Brot und Wein nur symbolisch zu verstehen habe („das *bedeutet* mein Leib"). Calvin schwächte diese Auffassung der Zwinglianer etwas ab. So heißt es denn auch im Heidelberger Katechismus (Frage 79): „Daß er uns durch dies sichtbare Zeichen und Pfand will versichern, daß wir wahrhaftig seines wahren Leibs und Bluts durch Wirkung des Heiligen Geists teilhaftig werden". Spätestens seit dem Augsburger Religionsfrieden von 1555, der dem jeweiligen Landesherrn die Vollmacht einräumte, über das religiöse Bekenntnis seiner Untertanen verbindlich zu bestimmen, waren diese unterschiedlichen Ansichten in der Abendmahlsfrage mehr als ein Theologenstreit. Nun konnte der Wechsel an der Spitze des Landes zugleich einen Wechsel im – evangelischen – Glaubensbekenntnis mit sich bringen. Eben dies geschah mehr als einmal in einigen der pfälzischen Territorien. Allem Anschein nach entstanden daraus jedoch kaum mehr als Streitigkeiten unter den Theologen der verschiedenen Richtungen. Die Gläubigen selbst hat der Abendmahlskonflikt, wie es scheint, nicht allzu sehr erregt.

Zuerst und vor allem ging es um die Frage: alter oder neuer Glaube, römische Kirche oder eigene, territoriale Kirchenordnung. Der bis zum Jahre 1544 regierende Kurfürst Ludwig V. war, wie man bei den Reichstagen von Worms und Speyer erfahren konnte, weder ein entschiedener Verteidiger der alten Lehre noch ein offener oder gar engagierter Verfechter des neuen Glaubens. Ihn bewegten die politischen Machtfragen im Reich mehr als die kirchlich-theologischen Auseinandersetzungen. Drohte als Folge des Religionsstreites die Macht des Hauses Habsburg im Südwesten des Reiches und damit in der kurpfälzischen Nachbarschaft bedrohlich zu wachsen, so stellte sich dieser pfälzische Kurfürst auf die Seite der protestantischen Fürsten oder bemühte sich um eine Vermittlung. Das geschah zum Beispiel im Jahre 1530, als der aus Württemberg verbannte Herzog Ulrich seine Rückkehr in das von den Habsburgern verwaltete Herzogtum betrieb. Der Protest in Speyer, die Auflehnung mehrerer Fürsten und Städte gegen den Kaiser hatte dem Württemberger neuen Mut in seinem Streit mit den Habsburgern gegeben.

Als die Vermittlung des pfälzischen Kurfürsten erfolglos blieb, erkämpfte sich Ulrich wenige Jahre später mit Hilfe des hessischen Landgrafen und dank eines französischen Kredits die Rückkehr und machte das Herzogtum

Württemberg sogleich zu einer Bastion des Luthertums. Die Schulden gegenüber den Verbündeten und an den französischen König zahlte Ulrich unter anderem mit Geldern zurück, die er bei der Auflösung reicher Klöster in seine Kasse brachte – ein Beispiel, das auch auf die Nachbarn in der Pfalz durchaus Eindruck machte. Man kann nachträglich kaum mehr entscheiden, wie stark sich da und dort der reformatorische Eifer eines Territorialherren durch die Aussicht auf die Übernahme von Kirchengut vergrößert hat. Daß diese Aussicht in Gebieten mit ausgedehntem Kirchenbesitz verlockend gewesen sein muß, darf indes als sicher gelten. Abgesehen davon war ein Fürst erst dann ein wirklich souveräner Landesherr, wenn er dank einer eigenen Landeskirchenordnung auch bei den kirchlichen Finanzen und bei den Personalentscheidungen bestimmen oder mitbestimmen konnte. Geschah die Einführung der neuen Lehre und damit einer landeskirchlichen Ordnung mit offener oder doch stillschweigender Zustimmung des Volkes und auch der – ritterschaftlichen Aristokratie –, so traf sich's günstig.

In der Kurpfalz stand die Ritterschaft auch nach dem frühen Tod Franz von Sickingens zum großen Teil auf der Seite des Neuen. Im Volke selbst habe die neue Lehre nach dem Auftreten evangelischer Prediger stillschweigend Wurzel gefaßt, wird in alten reformationsgeschichtlichen Darstellungen gesagt. Einen frühen Beitrag zur Ausbreitung der neuen Lehre und zum Auftreten der Prediger leistete auch der kurpfälzische Hof. Vor allem der Bruder des Kurfürsten Ludwig V., der Pfalzgraf Friedrich, galt als Freund und Förderer der Reformation. Unter seiner Herrschaft – er folgte seinem Bruder Ludwig V. im Jahre 1544 als pfälzischer Kurfürst Friedrich II. – begann man, gestützt auf ein Gutachten Philipp Melanchthons, in der Kurpfalz mit der Einführung der neuen Lehre. Das eigentliche Reformationsdatum ist der 3. Januar 1546. An diesem Tag wurde in der Heidelberger Heilig-Geist-Kirche der erste Gottesdienst nach protestantischer Weise gehalten. Aus „übergeordneten Gesichtspunkten“, wie es in der Sprache der Diplomatie heißt, kam die von Friedrich II. begonnene Reformation in der Kurpfalz zunächst allerdings nicht voran. Friedrichs indirekte Unterstützung des mit dem Kaiser verfeindeten protestantischen Fürsten- und Städtebundes von Schmalkalden erregte den heftigen Unwillen Karls V. Es drohte Gefahr für die pfälzische Kurwürde, zumal die bayerischen Wittelsbacher zum kaiserlich-katholischen Lager gehörten. Angesichts der Alternative „Kurwürde“ oder „Reformation“ entschied sich Friedrich II. für die Sicherung der Kurwürde. Aber auch nach der Niederlage des Schmalkaldischen Bundes im Krieg der Jahre 1546/1547 blieb die lutherische Richtung in Heidelberg und in der Kurpfalz weiterhin ziemlich einflußreich. Sie hatte ihren Hauptfürsprecher in Otto Heinrich, dem aus seinem neuburgisch-oberpfälzischen Herzogtum vertriebenen Neffen des Kurfürsten Friedrich II.

Der im Jahre 1502 geborene Otto Heinrich stand in engem Kontakt mit seinem Lehrer Philipp Melanchthon. Aus dem Erbe seiner im pfälzisch-bayerischen Erbfolgekrieg früh verstorbenen Eltern (sein Vater war Ruprecht, der Bruder der Kurfürsten Ludwig V. und Friedrich II.) war Otto Heinrich das

Herzogtum Neuburg-Sulzbach zugefallen. Dort hatte er im Jahre 1542 die lutherische Lehre eingeführt. Seit dem Jahre 1544 gehörte Neuburg-Sulzbach zum Schmalkaldischen Bund. Nach der Niederlage der protestantischen Fürsten und Städte im Krieg der Jahre 1546/1547 suchte Otto Heinrich eine Zeit lang Schutz bei seinen Verwandten am kurpfälzischen Hof.

Zwei Ereignisse änderten wenige Jahre nach dem Schmalkaldischen Krieg die Lage der protestantischen Kräfte von Grund auf: der Augsburger Religionsfriede des Jahres 1555 und die Abdankung Kaiser Karls V., der den Kampf für eine Wiederherstellung des katholischen Reiches resigniert aufgab. Als schon kurz nach der Augsburger Reichstagsentscheidung Kurfürst Friedrich II. starb, übernahm Anfang 1556 Otto Heinrich die pfälzische Kurwürde. Auf diese Weise änderten sich im Kurkollegium die Kräfteverhältnisse zugunsten der Protestanten, und Otto Heinrich setzte nun die von Friedrich II. beabsichtigte und begonnene Reformation in der Kurpfalz vollends durch. Schon kurz nach seinem Amtsantritt kündigte Otto Heinrich in einem Edikt die Abschaffung der „papistischen Irrtümer" in der Kurpfalz an. Am 4. April 1556 erließ der Kurfürst eine Kirchenordnung und erklärte dazu, daß er die neue Lehre, wie schon in Neuburg geschehen, auch in der Kurpfalz einführen werde. Diese Kirchenordnung war in der Lehre vom Abendmahl ganz lutherisch, wie man es bei einem Schüler Melanchthons erwarten mußte. Als strenger Herr verbot Otto Heinrich die lateinische Messe. Sie sei „zum Teil Abgötterei", erklärte der Kurfürst. Nur noch einige lateinische Kirchengesänge waren fortan in der Kurpfalz gestattet. Ein Kirchenrat aus weltlichen und geistlichen Mitgliedern, darunter die Theologen Michael Diller und Tillmann Heßhus, bildeten das neue Kirchenregiment. Es gab in dieser Landeskirche Pastoren, Diakone, Spezialsuperintendenten (entsprechend den heutigen Dekanen) und einen Generalsuperintendenten als ersten Mann in der kirchlichen Hierarchie.

Anders als bei den Brüdern seines Vaters, den Kurfürsten Ludwig V. und Friedrich II., zeigte das Verhalten Otto Heinrichs ein außergewöhnliches Interesse für theologische Fragen. Auch deutliche Anzeichen eines Glaubenseifers gehören zum Charakterbild des letzten der sieben Kurfürsten aus der Pfälzisch-Heidelberger Linie des Hauses Wittelsbach. Otto Heinrich ließ rigoros alle kleinen Altäre und Bilder aus den Kirchen entfernen. Nur das Kruzifix sollte bleiben. Die Reinigung der Kirche von „Götzendienst" und „Abgötterei" überwachte Otto Heinrich in der ersten Kirche seines Territoriums, der Heilig-Geist-Kirche zu Heidelberg, selbst. Der alte Volksglaube könne sich wieder regen, fürchtete der Kurfürst, wenn man im Kampf gegen die Bilder nicht Strenge walten lasse. Diese Bilderfeindlichkeit hat in den Kirchen der damaligen Kurpfalz große Kunstschätze für immer zerstört und noch lange Zeit (wie auch im benachbarten Herzogtum Württemberg, das im Bildersturm vorangegangen war) tiefe Spuren hinterlassen. In Darstellungen der Kirchen- und Reformationsgeschichte katholischer Autoren konzentriert sich die Kritik an Otto Heinrichs „mit Gewalt und Hast" vollzogener Reformation ganz besonders auf dessen „Bilderstürmerei". Mit der räumlichen Distanz zum Heidelberger Hof verringerte sich damals jedoch allem Anschein nach die Bereitschaft, den kurfürstlichen Anordnungen sogleich zu folgen. Die Visitatoren des neuen Kirchenregimentes entdeckten zum Beispiel in südpfälzischen Orten, die zum kurpfälzischen Oberamt Germersheim gehörten, daß es einige Zeit nach den Verfügungen Otto Heinrichs in vielen Kirchen noch immer Bilder und Altäre gab. „Das Volk hängt daran", lautete die ebenso knappe wie zutreffende Erklärung. Auch viele Priester, so wird kritisch berichtet, hingen immer noch am alten Glauben. Nicht alle haben sich angepaßt. Das Widerstehen bedeutete ein erhebliches Risiko, denn die Pfarrei mit ihren Einkünften war auch die Existenzgrundlage.

Neben der Vernichtung vieler wertvoller Bilder und Altäre kam es auch zur Zerstörung kostbarer Meßgewänder, Altarbücher etc. „Die Gewänder liegen auf einem Haufen und verfaulen" lesen wir in einer zeitgenössischen Notiz. Die Kirchengüter, hauptsächlich die zahlreichen Klöster und Stifte, wurden nach dem Beginn der Reformation rigoros eingezogen. Auch hier entstanden bei zahlreichen Mönchen und Nonnen Versorgungsprobleme. Dennoch blieben die Klagen der Betroffenen im kurpfälzischen Bereich insgesamt ziemlich leise, wenn man sie zum Beispiel mit dem äußerst rigorosen Vorgehen des württembergischen Herzogs Ulrich gegen Klöster wie Maulbronn oder Herrenalb vergleicht. Manche Kleriker, darunter der Maulbronner Abt, flohen damals – auch unter Mitnahme der Klosterkasse – in das nahe pfälzische Gebiet und fanden Schutz bei ihrem Bischof in Speyer, dessen Bistum bis vor die Tore von Stuttgart und in den Nordschwarzwald reichte.

Dort wo sich innerhalb der neuen Lehre Abweichungen von der offiziellen Linie kundtaten – etwa beim Aufkommen der Wiedertäufer –, verhielt sich die Obrigkeit in der Pfalz ebenfalls duldsamer, als dies in anderen evangelischen Gebieten geschah. Einer der engsten Berater, den Kurfürst Otto Heinrich aus Neuburg nach Heidelberg mitgebracht hatte, der Theologe Michael Diller, vertrat als Mitglied des kurpfälzischen Kirchenrates die Ansicht, daß man in Fällen eines sektiererischen Verhaltens, also einer Abweichung vom rechten Glauben, die Betroffenen anhören müsse, ehe man ein Verdammungsurteil fälle. Dementsprechend versuchten die Vertreter der neuen Kirche im Jahre 1557 bei einem Religionsgespräch in Pfeddersheim mit den Wiedertäufern eine Einigung zu finden. Die Gegensätze ließen sich freilich nicht überbrücken. Doch es blieb bei der Feststellung der Nicht-Einigung. „Leben und leben lassen", diese allzeit beherzigenswerte Devise galt in der Kurpfalz auch unter dem engagierten Kurfürsten Otto Heinrich. Dennoch sind sicherlich nicht alle seiner pfälzischen Untertanen der Ansicht gewesen, daß dieser pfälzische Wittelsbacher den Beinamen „der Großmütige" verdient habe.

An Widersprüchen fehlt es in der Biographie dieses Fürsten keineswegs. Auf der einen Seite finden wir die – religiös begründete – tiefe Abneigung gegen Bilder in einer Kirche, auf der anderen Seite erwies sich Otto Heinrich in seiner nicht viel mehr als drei Jahre dauernden Heidelberger Regentschaft als ein wahrer Freund wertvoller Handschriften und Bücher. Er schickte Beauftragte nach Frankreich, Italien und sogar in den Orient, damit sie dort für die pfälzische Bibliothek, die „Palatina", wichtige alte Handschriften kauften. Der Kurfürst investierte in diese Käufe viel Geld und machte die Heidelberger Bücher- und Handschriftensammlung im 16. Jahrhundert zu der ersten in Europa. Der Ruf der Heidelberger Universität als eine Stätte der Gelehrsamkeit festigte sich durch diese Bibliothek ganz beträchtlich. Als eine der beachtenswerten Leistungen Otto Heinrichs muß man außerdem erwähnen, daß er sich um die Beschäftigung mit der Heiligen Schrift in allen Schichten sorgte. Er ließ in relativ großer Zahl Bibeln, Katechismen und Psalmen drucken und unter die Menge verteilen.

Da Otto Heinrich keine männlichen Nachkommen hatte, folgte ihm ein Wittelsbacher aus der Linie Pfalz-Simmern, Pfalzgraf Friedrich. Dieser Kurfürst Friedrich III., der von 1559 bis 1576 regierte, änderte die Kirchenordnung in der Kurpfalz, weil er, obwohl anfänglich der Auffassung Luthers zugeneigt, der Lehre Zwinglis und Calvins den Vorzug gab. Das Ergebnis dieser Veränderung war der bereits genannte Heidelberger Katechismus von 1563. Unter den Pfarrern, soweit sie in der Abendmahlsfrage der Auffassung von Luther anhingen, machte sich an zahlreichen Orten Widerstand bemerkbar. Wer sich der Neuerung nicht anschließen wollte, mußte den Kirchendienst in der Pfalz aufgeben. In jener Zeit kam es im ganzen Südwesten wiederholt zu einer Aus- und Einwanderung von Pfarrern. Anhänger Zwinglis und der Straßburger Schule zogen in die pfälzischen Gebiete, Lutheraner aus der Kurpfalz gingen ins Herzogtum Württemberg, um nur ein Beispiel zu nennen. Unter Friedrich III. endete im übrigen die relative Großzügigkeit in den Religions- und Konfessionsfragen der Kurpfalz. Der Bildersturm begann erneut und zwar ungewöhnlich rigoros und heftig. Am Verbrennen und Zerbrechen von Bildern im Heidelberger Schloßhof beteiligte sich auch der von Zwingli und von der Calvinschen Lehre immer stärker beeinflußte Kurfürst. Zeitgenossen spotteten deshalb über Friedrich III. als den „Frommen", sie titulierten ihn als „Papst von Heidelberg" oder als „Pfälzische Heiligkeit".

Anlaß zu derartigen Beinamen boten Verordnungen, die Friedrich III. während seiner Regentschaft für die Kurpfalz erlassen hat. Noch vor dem Erlaß des Heidelberger Katechismus erregte der Kurfürst beispielsweise Aufsehen mit seiner „christlichen Polizeiordnung". Man solle sich, hieß es da, „eifrigst zu einem einfachen sittlichen Leben zurückwenden". Jedermann, der dazu körperlich einigermaßen in der Lage sei, solle an Sonn- und Feiertagen die Kirche besuchen. Niemand möge sich auch an diesen Tagen „auf Märkten, Gassen, vor den Toren oder gar in Wirtshäusern, Spielplätzen, Gewerben und Geschäften blicken lassen".

Wer über einen Kirchenbesucher spottete, dem drohte eine Strafe von 30 Kronen. „Zechen, Völlerei, Müßiggang, Wahrsagerei", derartige Laster bedrohte Friedrich III. in seiner Polizeiordnung mit Strafen. Daß das „Fluchen und Schwören" nicht zu dulden sei, las man ebenfalls in dem kurfürstlichen Dokument. Die Fürsorge dieses Herrschers erstreckte sich auch auf die Tischgewohnheiten. Nicht mehr als vier oder fünf Gänge solle man seinen Gästen

Kurfürst Friedrich III. der Fromme mit seinen beiden Gemahlinnen Maria von Branden-burg-Bayreuth und Amalie von Moers. Stich von Jost Amman.

vorsetzen, meinte er. Die übermäßig großen Bankette, versprach der Kurfürst, werde es am Hofe künftig nicht mehr geben.

Vielleicht erinnerte sich mancher ältere unter den kurpfälzischen Untertanen daran, daß ein Vorgänger Friedrichs III. aus der Heidelberger Linie des Hauses Wittelsbach ein halbes Jahrhundert zuvor die Gewohnheiten der Pfälzer ebenfalls verändern wollte, allerdings nicht durch eine im christlichen Auftrag erlassene Polizeiordnung, sondern im Jahre 1524 durch eine Zusammenfassung Gleichgesinnter in einer „Vereinigung gegen das übermäßige Trinken". Anlaß dazu bot eines der am Anfang des 16. Jahrhunderts in Mode gekommenen Armbrustschießen. Zwanzig Fürsten trafen sich einmal vor dem „Speyerer Tor" (später Mannheimer Tor) der Residenz- und Universitätsstadt Heidelberg zu diesem Wettbewerb. Bei dieser Gelegenheit diskutierten der Kurfürst Ludwig V. und seine Gäste auch über die Zeitläufte und über die Kritik der Reformatoren an manch unchristlichem Verhalten. Man war sich darüber einig, daß das unmäßige Trinken – Wein gab es in der Pfalz in jenen Jahren reichlich – bekämpft werden müsse, weil so „gotteslästerliches Fluchen, daraus vielerlei Bosheit, Unrat und verderblicher Unwille in ganzer deutscher Nation entstanden". Derartigen Übeln zu wehren, fühlten sich die in Heidelberg zum Armbrustschießen versammelten Fürsten verpflichtet. Sie schlossen zur Bekämpfung der Trunksucht und deren Folgen einen förmlichen Vertrag mit Unterschriften und Siegel. Es unterzeichneten neben dem Kurfürsten Ludwig V. dessen Brüder Friedrich (später Kurfürst Friedrich II.), Philipp, Georg (der Speyerer Bischof), Heinrich und Johann, dazu die Neffen Philipp und Otto Heinrich (der letzte der Kurfürsten aus der Heidelberger Linie und Vorgänger des strengen Friedrich III.), die bayerischen Herzöge Wilhelm und Ludwig, der Landgraf Philipp von Hessen, der Pfalzgraf Johann von Sponheim, Markgraf Casimir von Brandenburg sowie die Bischöfe von Würzburg und von Straßburg. Alle diese weltlichen und geistlichen Fürsten gelobten zu Heidelberg, daß sie gegenüber ihren Beamten und Untertanen auf die Einhaltung des Heidelberger Mäßigungs-Vertrages hinwirken wollten. Abgesehen davon, daß man von nun an das unmäßige Zutrinken abschaffen und mit einem guten Beispiel vorangehen wollte, verpflichtete sich die vertraglich begründete Gesinnungsgemeinschaft auch zu einer Beschränkung des Luxus von „Trompeten, Schalksnarren, Sängern und Spielleuten". Ganz originell war die Heidelberger Gründung nicht. Schon im Jahre 1517 hatte sich ein „Orden des heiligen Christoph gegen das übermäßige Trinken" gebildet. Als Ludwig V. im Jahre 1524 den seltsamen Fürstenbund und Mäßigkeitsvertrag initiierte, mag er im übrigen um den Ruf der Pfalz besorgt gewesen sein, denn es existierte zu jener Zeit in den deutschen Territorien das geflügelte Wort „Wir wollen nach Pfälzer Art trinken". Der Umstand, daß der Kurfürst Friedrich III. sich veranlaßt sah, die Übel, die seine Vorgänger 1524 per Vertrag bekämpfen wollten, nun im Jahre 1562 durch eine Kombination von Polizeigewalt und Glaubenseifer wenn nicht aus der Welt, so doch aus der Kurpfalz zu verbannen, dieser Umstand bestärkt den Betrachter in der Vermu-

Das „Wallonenhaus", ein schönes Fachwerkgebäude in Lambrecht, erinnert an die Bedeutung dieser Einwanderer für die Pfalz. (Foto: Alf Rapp)

284

tung, daß die guten fürstlichen Vorsätze von 1524 nichts als gute Vorsätze geblieben waren.

Zuflucht in der Pfalz

Siebzehn Jahre regierte Friedrich III. aus der Linie Pfalz-Simmern die Kurpfalz. Die Zeitgenossen haben ihn trotz seiner umstrittenen konfessionspolitischen Entscheidungen im allgemeinen hoch geschätzt, denn das Land blieb in der Zeit Friedrichs III. von Kriegen verschont und blühte auf. Allerdings standen die reformierten pfälzisch-simmernschen Wittelsbacher nicht abseits, als damals die insgesamt dreißig Jahre dauernden Religionskämpfe und Religionskriege im Nachbarland Frankreich ausgetragen wurden. Einer der Söhne Friedrichs III., Johann Casimir, leistete den französischen Protestanten mit einigen tausend Soldaten aktive militärische Hilfe in der Zeit der Hugenottenkriege. Johann Casimir war mit den französischen Verhältnissen schon von Kind an vertraut. Sein Vater hatte den neun Jahre alten Sohn einst an den französischen Hof geschickt, damit er dort eine gute, dem Stand eines Fürsten gemäße Erziehung erhalte.

Ludwig, der ältere Bruder Johann Casimirs, verbrachte insgesamt sechzehn Jahre in der Oberpfalz. Er verwaltete dort die Gebiete, die seinem Vater nach dem Tode des Kurfürsten Otto Heinrich zugefallen waren. In Amberg und in den anderen oberpfälzischen Gebieten herrschte ganz im Gegensatz zu Heidelberg und im Gegensatz zu den linksrheinischen Ämtern der Kurpfalz auch in der Zeit Friedrichs III. das Luthertum vor. Als Ludwig im Jahre 1576 – er war 37 Jahre alt – die Kurwürde von seinem Vater erbte, kam er aus der Oberpfalz als engagierter Lutheraner nach Heidelberg. In den sieben Regierungsjahren des Kurfürsten Ludwig VI. erlebte die Kurpfalz nun erneut eine grundlegende konfessionelle Veränderung. Zu den ersten Amtshandlungen Ludwigs VI. gehörte das Verbot reformierter Bücher. Die Buchhändler durften solche Bücher weder drucken noch verkaufen. Wichtige Stellen besetzte Ludwig VI. mit Lutheranern, reformierte Pfarrer und Lehrer mußten weichen. Die Kirchenleitung, an deren Spitze bei Friedrich III. ein Präsident gestanden hatte, erhielt nun wieder einen Generalsuperintendenten. Ludwig VI. unterschrieb sogar die heftig umstrittene, ursprünglich von strenggläubigen württembergischen Theologen initiierte Konkordienformel. Diese Bekenntnisschrift der evangelisch-lutherischen Kirchen sollte den Theologenstreit beilegen, der nach Luthers Tod die Ausdeuter der lutherischen Lehre entzweit hatte. Die 1580 in deutscher Sprache erstmals publizierte, in mehreren Artikeln begründete Lehrmeinung – sie handelte unter anderem „Von der Erbsünde", „vom freien Willen", „vom Abendmahl" – festigte zwar in den lutherischen Gebieten die Einheit der Lehre, so daß von nun an die Gegensätze zwischen Wittenberger und Tübinger Theologen als erledigt galten, aber diese Konkordienformel verschärfte durch ihren Inhalt und durch ihren fast dogmatischen Charakter die Trennung von den reformierten Kirchen, die sich als Wahrer der Theologie Calvins und Zwinglis verstanden.

Die kurpfälzischen Gebiete waren von dieser Entwicklung unmittelbar betroffen. Es entstand sogar eine deutliche Trennungslinie innerhalb wichtiger Teile der Kurpfalz. Diese Trennungslinie war bedingt durch die ganz unterschiedlichen Auffassungen der Söhne Friedrichs III. Der in Heidelberg residierende Haupterbe, Kurfürst Ludwig VI., gehörte zur lutherischen Partei. Johann Casimir dagegen lehnte die Konkordienformel strikt ab und verstand sich konfessionspolitisch als der Nachfolger seines – reformierten – Vaters Friedrich III. Diese Konstellation hatte Konsequenzen für die Kurpfalz, denn Johann Casimir erbte zur eigenen Verwaltung einige der zentralen Gebiete der heutigen Pfalz, vor allem die Städte Lautern (Kaiserslautern) und Neustadt mit dem dazugehörenden Umland. Auch die Frankenthaler Region fiel nach Friedrichs III. Tod im Jahre 1576 an Johann Casimir. Pfalzgraf Johann Casimir selbst gab seinen Hauptwohnsitz in Heidelberg auf und wechselte hinüber in sein linksrheinisches Territorium nach Kaiserslautern. Mit Johann Casimir verließen mehrere Räte und Prediger aus der Umgebung Friedrichs III. die Stadt Heidelberg ebenfalls und zogen ins linksrheinische Gebiet des Johann Casimir. Vor allem die Städte Neustadt und Kaiserslautern dienten damals vielen Reformierten als Zufluchtsort.

Von ganz besonderer Bedeutung für die Geschichte, speziell die Wirtschaftsgeschichte der heutigen Pfalz, war der Umstand, daß Johann Casimir Protestanten aus Frankreich, aus den Niederlanden und aus Wallonien aufnahm und ihnen in einigen Orten wie zum Beispiel in Lambrecht, Frankenthal und Otterberg den Aufbau einer neuen Existenz ermöglichte, indem er diesen Asylsuchenden Grund und Boden zur Verfügung stellte, der sich vor der Reformation im Besitz von Klöstern und Stiften befand. Die ersten Glaubensflüchtlinge aus den Niederlanden hatte schon Friedrich III. im Sommer des Jahres 1562 in das nahezu verlassene Kloster Frankenthal (Großfrankenthal) geholt. Sechzig wohlhabende Familien gelangten damals über Frankfurt in die Pfalz, das Land „des ersten calvinistischen Reichsfürsten". Johann Casimir setzte also mit seiner Flüchtlingsansiedlung die Tradition Friedrichs III. fort. Da die aus Frankreich und den Niederlanden flüchtenden protestantisch-reformierten Glaubensgenossen meist hervorragende Handwerker waren, blühte mit ihrer Hilfe bald das Gewerbe in der Pfalz auf. Die Menschenfreundlichkeit eines Friedrichs III. und seines Sohnes Johann Casimir erwies sich im Verlaufe der weiteren Entwicklung als wirtschaftlich außerordentlich vorteilhaft für die Pfalz und auch für deren Fürsten.

Eine andere Form der Entwicklungshilfe, die aus der Reformationszeit stammt und mit der Reformation verknüpft ist, bestand in der Einrichtung von Schulen verschiedenster Art. Man finanzierte sie vor allem aus den Erträgen der eingezogenen Klöster und anderen Kirchenbesitzes, etwa durch den Verkauf wertvoller goldener Kelche. In den größeren Orten gründete man damals überall sogenannte „Trivialschulen", also Volksschulen. Die Bibellektüre sollte vielen Menschen ermöglicht werden, deshalb der Unterricht im Lesen und Schreiben. Daß die Einrichtung derartiger allgemeiner Schulen auch für das Gewerbe, für den wirtschaftlichen Fortschritt vorteilhaft war, sollte sich rasch erweisen.

Die bekannteste Bildungseinrichtung, die die Pfälzer der Reformation und speziell dem Konfessionsstreit der Erben Friedrichs III. verdanken, ist das Casimirianum in Neustadt. Es war eine Hochschule im Exil. Ihre Einrichtung beschloß eine von Pfalzgraf Johann Casimir im Jahre 1578 nach Neustadt einberufene Synode. Das fast verlassene Augustinerinnenkloster vor den Toren der Stadt, nicht weit entfernt von der Stiftskirche, diente als Unterkunft. In dem Gründungsbeschluß findet man die Begriffe „Pädagogium" und „Collegium"; wahrscheinlich dachte man an eine Art Vorbildungsschule für die Universität, ähnlich einer in Heidelberg bestehenden Einrichtung. Dieses Collegium Casimiri bot Platz für 80 Studierende. Darunter waren 20 Stipendiaten. Als Professoren lehrten zunächst einige der aus Heidelberg vertriebenen Theologen. Zwei Jahre nach den Anfängen findet man im Verzeichnis der Lehrenden auch den Heidelberger Juristen Drobbinus, den Mediziner Smetius sowie mehrere Philosophen und Philologen. So hatte sich die Neustadter Gründung doch zu einer Universität entwickelt.

Lange dauerte das Neustadter Exil indes nicht, denn Ludwig VI. starb schon am 12. Oktober 1583. Pfalzgraf Johann Casimir übernahm nun anstelle seines erst neun Jahre alten, noch minderjährigen Neffen die Regentschaft in der ganzen Kurpfalz. Die lutherische Epoche endete an der Heidelberger Universität gleich nach dem Tode Ludwigs III. Nun mußten die Lutheraner ihre Plätze an der Ruperto Carola wieder räumen. Die calvinisch gesinnten Professoren kehrten aus ihrem Exil zurück. In Neustadt verblieb jedoch das ursprünglich konzipierte Pädagogium, auch „Gymnasium illustre" genannt, mit sieben Lehrern. Die Aufsicht führte der pfälzische – reformierte – Kirchenrat. Die Kurpfalz aber kehrte kirchenpolitisch zu den Grundlagen zurück, die Kurfürst Friedrich III. geschaffen hatte.

Mit der Regentschaft Johann Casimirs befestigte sich die reformierte Lehre im ganzen Territorium. Für die linksrheinischen Gebiete bedeutete dies im allgemeinen nichts anderes als Kontinuität, denn nicht nur in Johann Casimirs Bereich, also im Lauterer, Neustadter und Frankenthaler Bezirk war ein neuerlicher Wechsel zum Luthertum vermieden worden, auch im südpfälzischen, von Germersheim aus verwalteten Teil der Kurpfalz hatten die calvinisch Gesinnten unter den Pfarrern in der Zeit Ludwigs VI. an vielen Orten ihre Position behauptet, zumal sie dabei in ihren Gemeinden einen starken Rückhalt fanden.

Johann Casimirs erster Schritt zu einer Neuordnung des Kirchenwesens im Sinne und entsprechend dem letzten Willen seines Vaters Friedrich III. war im übrigen in den rechtsrheinischen Teilen der Kurpfalz alles andere als radikal. Der Kurfürst Johann Casimir begnügte sich fürs erste damit, daß er Lutheraner und Reformierte gleichstellte. Die Lutherischen hatten sich in den an das Herzogtum Württemberg grenzenden Ämtern am Neckar und im Kraichgau eine starke Position aufgebaut. Deshalb entsprach es den Interessen des Landes, daß der von Nicht-Theologen oft kaum ganz verstandene oder zu

Einst Hochschule ,,im Exil": das Casimirianum in Neustadt (Historisches Foto aus dem Stadtarchiv Neustadt)

288

verstehende Konflikt innerhalb des Protestantismus entschärft wurde. Da Johann Casimir unter Mißachtung des Testaments, das sein früh verstorbener Bruder Ludwig VI. für die Erziehung seines noch unmündigen Erbes hinterlassen hatte, diesen Erben – Friedrich IV. – fortan von calvinischen Lehrern erziehen und unterrichten ließ, blieben der Kurpfalz auch unter Friedrich IV. erneute konfessionspolitische Veränderungen und Experimente erspart. Die Leitung der Kirche organisierte der noch jugendliche Kurfürst Friedrich IV. ähnlich wie es schon sein Großvater, Friedrich III., vorgegeben hatte – mit kirchlichen Conventen und Synoden. In Städten und Dörfern begann man mit kirchlichen Katechisationen, damit sich auch die Erwachsenen in der Glaubenslehre fortbilden konnten. Der „pfälzische Calvinismus" festigte in jener Zeit seine von den meisten anderen protestantischen Gebieten in Deutschland abweichende Stellung.

Unterricht für Erwachsene

Über die anderen Teile der heutigen Pfalz, soweit sie von der neuen Lehre erfaßt worden waren, ist anzumerken, daß in der Grafschaft Leiningen-Dachsburg-Hardenburg der Wechsel von der alten Kirche zur neuen Lehre im Jahre 1563 begann, also eine beträchtliche Zeit nach dem Augsburger Religionsfrieden (1555). Von 1576 an waren in dieser Grafschaft alle Pfarreien mit evangelischen Geistlichen besetzt. Von Widerständen gegen die Veränderung ist kaum etwas in den alten Dokumenten verzeichnet. Graf Emich X. machte auch die Grafschaft Leiningen-Dachsburg-Falkenburg damals lutherisch. Ein „leiningisches Konsistorium" war verantwortlich für das Kirchenwesen. Der leitende Pfarrer von Dürkheim hatte als Superintendent darüber zu wachen, daß die Kirchenordnung eingehalten wurde. Im 17. Jahrhundert kam es durch die Zuwanderung vieler Reformierter zu einer konfessionellen Durchmischung. Die streng lutherischen Grafen erwiesen sich als durchaus tolerant, so daß sich in Dürkheim zum Beispiel eine reformierte Kirchengemeinde bildete.

Wegen der damals höchst komplizierten Herrschaftsverhältnisse in der heutigen Pfalz ist ein allgemeingültiger Überblick über die pfälzische Reformationsepoche kaum zu gewinnen. Als besonders bemerkenswert sei allerdings hier noch aus der Kirchenordnung von Pfalz-Veldenz zitiert, die, im Jahre 1574 erlassen, für einen Ort wie Lauterecken galt. Entsprechend einer pfalzgräflichen Anordnung mußte in diesem Territorium der Pfarrer alle Gemeindemitglieder in der Glaubenslehre unterweisen. Dazu teilte man drei sogenannte „Haufen" ein. Am 1. Sonntag besuchten die Männer der Stadt Lauterecken den Katechismus-Unterricht ihres Pfarrers, am 2. Sonntag waren die Frauen an der Reihe, am 3. Sonntag die Jugendlichen. Der Schultheiß, so war angeordnet, solle die Säumigen notieren und bestrafen.

Im Vergleich zu Sachsen, Hessen, Württemberg und zahlreichen Reichsstädten wie Straßburg, Nürnberg, Ulm, Reutlingen hatte es im allgemeinen mit der Reformation in der Pfalz keine Eile, wie die obengenannten Daten – mit Ausnahme Zweibrückens – zeigen. Selbst die Stadt Speyer, in der schon bei den beiden wichtigen Reichstagen vor vielen tausend Zuhörern evangelisch gepredigt worden war, hielt sich mit offiziellen Entscheidungen in der Frage „alte oder neue Lehre" lange Zeit zurück. Gegen Bedenken und Einsprüche des Kaisers und entgegen den Mahnungen des Bischofs stellte der Rat der Stadt Speyer im Jahre 1540 den Theologen Michael Diller als Prediger des Evangeliums an. Diller hatte 1523 in Wittenberg studiert. Beim Reichstag 1529 war er Augustinerprior in Speyer. Man weiß aus dem Jahre 1543, daß Diller zu jener Zeit trotz der Proteste des bischöflichen Generalvikars in seinen Predigten die Auffassung propagierte, der Kelch beim Abendmahl gebühre auch dem Laien, nicht nur dem Priester. Als im Jahre 1548 die katholische Partei – nach der Niederlage der protestantischen Kräfte im schmalkaldischen Krieg – wieder die Oberhand zu gewinnen schien und ein Reichstag in Augsburg das sogenannte „Interim" beschloß (eine Zwischenlösung in der Religionsfrage bis zu einer endgültigen Entscheidung), mußte der mit dem württembergischen Reformator Johannes Brenz befreundete, lutherisch gesinnte Michael Diller sein Predigeramt in Speyer aufgeben. Der Rat der Stadt demonstrierte seine konfessionspolitische Ansicht jedoch ungeachtet der Augsburger Beschlüsse dadurch, daß er im Jahre 1548 nicht mehr an den Prozessionen der Katholiken teilnahm. Zum Augsburger Religions-Reichstag von 1555 reiste die Delegation der Stadt Speyer mit der Instruktion, sie solle für die freie Entscheidung eines jeden „Standes" in der Religionsfrage plädieren. Der Sinn dieser Instruktion war nach dem bisherigen Verhalten des Rates nicht zweifelhaft. Man wollte sich offiziell für die neue Lehre entscheiden. Der Augsburger Beschluß ermöglichte dies. Von nun an existierte eine evangelische Bürgerstadt neben dem bischöflich-katholischen Speyer, sichtbar in den Geistlichen, die die Stadt bevölkerten. Innerhalb der zunächst von Lutheranern bestimmten Bürgerstadt selbst entwickelte sich schon relativ bald eine stark calvinisch geprägte Richtung. Im Jahre 1572 erhielten die Calvinisten in Speyer mit St. Ägidien eine eigene Pfarrkirche. Der Einfluß des nahen, calvinisch gesinnten pfälzischen Kurfürsten und Schutzherrn Friedrich III. dürfte sich dabei bemerkbar gemacht haben. Jedenfalls konnte und wollte sich die Stadt Speyer den Tendenzen nicht widersetzen, die in der Kurpfalz und speziell in deren linksrheinischem Teil die konfessionspolitische Richtung der Reformation bestimmten.

Vieles hat sich im Verlaufe des 16. Jahrhunderts seit dem ersten öffentlichen Auftreten Martin Luthers und dessen Thesen-Publikation im Jahre 1517 im Reich und in der Pfalz verändert. Statt der ursprünglich erhofften und beabsichtigten Reform der alten Kirche existierten nun zahlreiche Landeskirchen und städtische Kirchen neben der römisch-katholischen Kirche. Doch weit mehr als viele Beobachter und Chronisten in der Zeit der großen kirchen- und konfessionspolitischen Kämpfe wahrhaben wollten, war auch die viel kritisierte alte Kirche aus dem Reformationsprozeß verändert und erneuert hervorgegangen. Sie war nicht endgültig zusammengebrochen, sondern wehrte sich mehr und mehr, indem sie nun neue Kräfte für sich mobilisierte. In einer Stadt wie Speyer, deren mächtiger Dom auch in der veränderten Zeit von der mittelalterlichen Macht und Herrlichkeit der Könige, der Kaiser und der alten Kirche im Reich wie ein Stein gewordenes Geschichtsbuch kündete, in einer so symbolträchtigen Stadt zeigte sich schon ein Jahrzehnt nach dem Augsburger Religionsfrieden (einem „Waffenstillstand", wie man richtiger sagen müßte), daß die römisch-katholische Kirche ihr Selbstverständnis wiederfand. Gerade hier in Speyer wollte man den Nachfolgern eines Luther, eines Zwingli oder Calvin nicht kampflos das Feld überlassen. Im Jahre 1565 traf in Speyer der Jesuitenpater Peter Canisius ein. Der Ordensgründer Ignatius von Loyola hatte den aus dem niederländischen Nijmwegen stammenden Theologen im Jahre 1549 nach Deutschland ins Reich zurückgesandt. Ferdinand von Habsburg-Österreich machte ihn 1552 zu seinem Hofprediger. Nach Speyer kam dieser „zweite Apostel Deutschlands", wie ihn seine Bewunderer nannten, in seiner Eigenschaft als Provinzial der oberdeutschen Kirchenprovinz. Dank der Initiative dieses führenden Ordensmannes entstand in Speyer im Jahre 1571 das Jesuitenkolleg, eine Einrichtung, die nun als eine Fortsetzung der alten Domschule mit der Ratsschule der Stadt konkurrierte. Die Macht des Rates reichte nicht aus, diese wichtige Schulgründung der römisch-katholischen Kirche zu verhindern. So begegneten sich denn in der Stadt Speyer im letzten Viertel des 16. Jahrhunderts die Ideen der Reformation mit den Ideen einer Gegenreformation – propagiert von den Vertretern einer wiedererstarkten alten Kirche.

Drei Bauern. Stich von Albrecht Dürer.

XIII
Das Bauernsterben von Pfeddersheim

„Die Schlacht von Pfeddersheim", so lesen wir in einem historischen Nach-schlagewerk, „beendete den Bauernkrieg im Westen des Reiches". Diese knappe Zusammenfassung eines wichtigen Ereignisses in der Geschichte der Pfalz ist eher eine Untertreibung. Tatsächlich endeten am 23. und 24. Juni des Jahres 1525 an der Pfrimm unweit von Worms die großen Hoffnungen der Bauern in Deutschland, daß sie an der Politik teilhaben und über ihr eigenes Schicksal mitbestimmen könnten. „Der Bauer sei jedermanns Fußlumpen" stellte ein Beobachter zehn Jahre nach dem Ende der Bauernerhebung fest. Der liberale Historiker Veit Valentin, der 1933 emigrieren mußte, kam in sei-ner – für ausländische Studenten – konzipierten „Geschichte der Deutschen" zu dem Schluß, daß die Niederlage der aufständischen Bauern und die damit besiegelte „Verknechtung der Landbewohnerschaft eine der Ursachen der un-freiheitlichen Entwicklung der deutschen politischen Verhältnisse ist". Von den drei in den Geschichtsbüchern verzeichneten Schlachten bei Pfedders-heim dürfte so gesehen die Schlacht vom Juni 1525 die für Deutschland fol-genreichste gewesen sein. Wenn sich für eine lange Zeit in weiten Teilen unseres Landes immer wieder eine Kluft zwischen Bürgertum und Adel auf der einen Seite und den Bauern auf der anderen Seite zeigte – das böse Wort vom „dummen Bauern" kennzeichnet diese Kluft –, dann ist dies eine der Folgen des gescheiterten Aufbegehrens im 16. Jahrhundert.

Was unter den Hieben einer Streitmacht unter der Führung des pfälzischen Kurfürsten Ludwig bei Pfeddersheim so blutig mit dem Tod von mehr als viertausend pfälzischen Bauern endete, hatte ursprünglich nicht in der Pfalz begonnen, sondern weiter südlich im Breisgau, im Hegau – wo der Fürst von Fürstenberg herrschte und der Abt von Reichenau – und im heutigen Ober-schwaben sowie im Allgäu. Über das Elsaß pflanzte sich die Unruhe dann fort in die Südpfalz und erreichte über Bitsch und das Zweibrücker Territo-rium auch die West- und Nordpfalz. Die Pfälzer, so haben einige Geschichts-forscher gemeint, hatten im Grunde genommen weniger Anlaß zur Unruhe und zur Erhebung gehabt als die Bauern in anderen Teilen des Reiches, etwa im Allgäu oder im Hegau, im Thurgau und Breisgau. Mag sein, daß zumin-dest in der Vorderpfalz die Lebensbedingungen der Bauern zu jener Zeit rela-tiv erträglich gewesen sind – verglichen mit den Lasten, die anderswo im Reich den meisten Bauern auferlegt waren. Doch schlimm genug dürften die Verhältnisse allemal gewesen sein, sonst wäre der Funke nicht so leicht vom rechtsrheinischen Gebiet und vor allem vom benachbarten Elsaß aus auf die pfälzischen Dörfer übergesprungen.

So spontan, wie man bei der Lektüre mancher örtlichen Chronik vermuten könnte, entwickelte sich der Aufruhr der Bauern auch in der heutigen Pfalz keineswegs. Die Vorzeichen dafür ließen sich schon Jahrzehnte früher erken-nen. Bereits im Jahre 1443 tauchte erstmals ein Symbol auf, das zum Feldzeichen der aufrührerischen Bauern werden sollte: der Bundschuh, ein niederer Schuh, über dem Knöchel mit einer Schnur zusammengebunden; er kennzeichnet seinen Träger als Bauern und unterscheidet ihn vom Edelmann, der einen Reitstiefel trägt. Am Beginn des 16. Jahrhunderts, zwischen 1502 und 1517, sind immer wieder im Reich und vor allem im deutschen Südwesten – meist geheime – Bünde entstanden, die sich unter dem Zeichen des Bundschuhes für die Rechte der Bauern einsetzten. Die Gründe dafür kann man zum großen Teil dem Forderungskatalog des Bauernaufstandes vom Frühjahr 1525 entnehmen. Man klagte über die Lasten, die die Grundherren den leibeigenen Bauern aufbürdeten, man beschwerte sich über ein oft eher willkürliches als gerechtes und damit „Recht sprechendes" Gericht, über Wildschaden und Jagdschaden, verursacht durch die Edelleute, und man kritisierte vor allem, daß die meisten Grundherren den Zehnten und die Zinsen auch dann unerbittlich eintrieben, wenn, wie es in jener Zeit wiederholt geschah, ein ungünstiges Klima und Mißernten die Bauern arm gemacht hatten und sie sich mit teuren Krediten verschulden mußten. Doch nicht allein die wirtschaftlich-soziale Lage der Landbevölkerung sorgte für immer größere Spannungen zwischen Obrigkeit und Untertanen. Die Bauern verlangten mehr und mehr eine Teilhabe an den Entscheidungen der Mächtigen, zu denen nicht nur die Fürsten und der ganze reichsunmittelbare Adel sondern auch die geistlichen Herrschaften, die Hochstifte und die Klöster gehörten. Die alte Lehre der Kirche, daß Gott zwar alle Menschen gleich erschaffen habe, aber die Ungleichheit an Macht und Reichtum eine Strafe für die Erbsünde sei, geriet ins Wanken, als in Wittenberg der Augustinermönch Martin Luther die Heilige Schrift neu auslegte und mit ihm alsbald viele Theologen als evangelische Prediger auftraten und die Autorität der alten Kirche und ihrer Institutionen anzweifelten. Reformation und Bauernerhebung gehörten insofern zusammen. Dennoch muß man diese beiden revolutionären Vorgänge in der rückblickenden Betrachtung voneinander trennen, nicht zuletzt deshalb, weil Luther selbst sich von der Rebellion der Bauern so energisch – und für die Bauern enttäuschend – distanziert hat, indem er zum Gehorsam gegen die weltliche Obrigkeit aufrief.

Die Verfechter und Hüter der alten Ordnung waren sich schon bald nach den Ereignissen von Wittenberg und nach dem Wormser Reichstag mit Luthers Rechtfertigung vor Kaiser Karl V. bewußt, daß höchste Gefahr für ihre Herrschaft im Verzuge sei. Am meisten fürchtete Ferdinand von Österreich, der meist als Reichsoberhaupt amtierende Bruder Karls V., die Verbindung von aufbegehrenden Rittern, Reformationsideen und unzufriedenen Bauern. Ein Bevollmächtigter des kaiserlichen Hofes machte im Januar 1523 in Heidelberg den pfälzischen Kurfürsten und andere Große des Reiches darauf aufmerksam, daß der Kampf gegen die Forderungen der Ritterschaft und besonders gegen den mächtig gewordenen Franz von Sickingen auch deshalb dringlich sei, weil die Gefahr drohe, daß sich der pfälzische Ritter mit den unzufriedenen Bauern verbinde. Dies freilich war eine Fehleinschätzung, denn der Ritter Franz von Sickingen wollte sich die Sache der Bauern nicht zu eigen machen, auch wenn er, ähnlich wie die Bauern, an einem Wiedererstarken der Reichsgewalt auf Kosten der sich immer mehr entfaltenden Territorialherrschaften interessiert war. Es scheint, daß der Kampf, in dem Franz von Sickingen bald nach jenem Heidelberger Treffen vom Januar 1523 unterlag, von den Fürsten auch deshalb so entschlossen geführt wurde, weil damals die Verbindung von Ritterschaft und Bauern unter reformatorischen Vorzeichen als möglich oder gar als wahrscheinlich galt. Als dann im März 1525 der große Aufstand der Bauern in Süddeutschland begann, lebte der Ritter Franz von Sickingen, den die Kaiserlichen und die Fürsten als Aufrührer am meisten hätten fürchten müssen, nicht mehr.

Im Zeichen des Christentums

Auch in der Pfalz bildeten die „Zwölf Artikel" der Bauernschaft die programmatische Grundlage der Rebellion. Diese „Zwölf Artikel" enthielten die Forderungen der Bauern an Grundherren und Territorialherren. Nur „göttliches Recht" sollte fortan gelten, verlangten die Bauern. Sie verstanden darunter all das, was die Verfechter der Reformation als „evangelisch", als die Lehre Jesu Christi verkündeten. Am Anfang des Katalogs der Bauern standen denn auch die kirchlichen Forderungen: das Recht der Gemeinden auf freie Wahl der Pfarrer und die Bildung eines Kirchenvermögens zur Besoldung der Geistlichen sowie zur Versorgung der Armen. Die Steuerprivilegien der Geistlichkeit sollten entfallen. Als unbiblisch betrachteten die Bauern den Vieh-Zehnten, er sollte abgeschafft werden, ebenso der sogenannte „Todfall", eine besondere Abgabe beim Ableben eines Hintersassen. Das Ende der Leibeigenschaft gehört ebenfalls zu den wichtigen Zielen und Forderungen, die in den „Zwölf Artikeln" enthalten sind. Verlangt wurde auch die Rückgabe von Wiesen und Wäldern, die einst Gemeindebesitz – zum Beispiel als Allmende – gewesen waren, oder, wie im Pfälzer Wald, aus dem Besitz der alten Waldgenossenschaften stammten, deren Ursprünge wohl bis in die fränkisch-merowingische Zeit reichten. (Vorwiegend die im Mittelalter gegründeten Klöster hatten im Pfälzer Wald von solchem Genossenschaftsbesitz profitiert.) Die Freiheit des Jagens und des Fischens sollte in einem „brüderlichen Vergleich" unter Berücksichtigung erworbener Rechte künftig auch für die Bauern festgestellt werden (eine Forderung, die auch in der Zeit der Französischen Revolution wieder aktualisiert wurde). Die Dienstleistungen sollten nach Herkommen, der Pachtzins nach Billigkeit neu festgesetzt werden.

Das waren die wesentlichen Teile des in den „Zwölf Artikeln" niedergelegten Programmes. Von Gewalt oder von einer Drohung mit Gewalt findet man hier nichts. Auch die Gleichheitsforderung verstand man nur als ein Ende von Leibeigenschaft und Knechtschaft – nicht als Umsturz der allgemeinen Gesellschaftsordnung.

Erstmals schriftlich niedergelegt und gedruckt wurde dieses Programm im Februar/März des Jahres 1525 in Memmingen im Allgäu. Es entstand aus Diskussionen der Bauern, die sich in sogenannten „Christlichen Vereinigungen" im Bodenseegebiet und Allgäu zusammengeschlossen und als regionale

Organisation einen „Haufen" gebildet hatte. Ein schreibkundiger oberschwä-
bischer Handwerker, Ulrich Schmied, gilt zusammen mit einem bibelkundi-
gen Kürschnergesellen als der eigentliche Autor der „Zwölf Artikel". Nach
ganz kurzer Zeit waren diese „Zwölf Artikel" durch Abschriften und als gedruckte Flugblätter im ganzen Reich bekannt. Es scheint, daß auch in der
Speyerer Druckerei des Johann Eckhart damals Schriften mit den Forderungen der Bauern und mit deren Argumenten hergestellt worden sind. Von den
„Zwölf Artikeln" kennt man insgesamt 24 verschiedene Nachdrucke, ganz
abgesehen von den zahlreichen handschriftlichen Kopien. Die Erfindung der
Buchdruckkunst, ohne die Luthers Wirken kaum denkbar gewesen wäre, hat
auch die Ausbreitung der Bauernrebellion entscheidend begünstigt. Die
streng biblischen Begründungen in den „Zwölf Artikeln" trugen dazu bei, daß
die herausgeforderten Fürsten von einer durch „das Luthertum verursachten
Verderbtheit" sprachen.

Der offensichtliche Zusammenhang zwischen den Forderungen der Bauern
und der reformatorischen Lehre zeigte sich im Frühjahr 1525 besonders deutlich bei der Rebellion im Elsaß. Unter dem Einfluß der beiden Städte Basel
und Straßburg, in denen damals schon das „evangelische Predigen" großen
Widerhall fand, bildeten sich als regionale Organisationen in allen Teilen des
Elsaß rasch die „Haufen", denen nicht nur im Kriegshandwerk ungeübte
Bauern angehörten sondern auch viele ehemalige Landsknechte, die in früheren Jahren im Solde eines Fürsten oder einer Stadt gestanden hatten.

Einige Tage nach Ostern des Jahres 1525 zählte man links und rechts des
Oberrheins – im Elsaß und in Süd- und Mittelbaden – nicht weniger als 20
derartige „Haufen". Vier Tage nach Ostern hatte der Geist der offenen Rebellion auch das Hochstift Speyer erreicht. Auf dem Letzenberg bei Malsch, im
rechtsrheinischen Teil des Hochstiftes, versammelten sich am 20. April etwa
50 Bauern. In einer kleinen Schrift forderten sie die Bewohner der umliegenden Ortschaften zum Mitmachen auf. „Mit bewaffneter Hand" sollten alle
helfen, „das Evangelium und die göttliche Gerechtigkeit zu retten", hieß es in
der Werbeschrift der Malscher Bauern. Der Aufruf war erfolgreich. Drei Tage
nach dem ersten Treffen zogen die so organisierten Bauern bereits in Bruchsal
ein. Von dort marschierte man nach Durlach in das Gebiet des badischen
Markgrafen. Güter, die zum Kloster Herrenalb gehörten, wurden heimgesucht. In Herrenalb, wo die Rebellen rasch das Kloster eingenommen hatten,
begannen Ende April Verhandlungen mit Bischof Georg von Speyer, dem
Bruder des Kurfürsten Ludwig V. Der Bischof sicherte zu, daß er alle Beschwerden gemäß dem „Evangelium, dem Wort Gottes, der Billigkeit und
dem gemeinen Nutzen" abstellen werde. Die Bauern verpflichteten sich ebenfalls zum Gehorsam gegenüber Gottes Geboten. Hauptangriffsziel der Rebellen war indes nicht der Bischof sondern vor allem das Domkapitel. So kam es
dann am 5. Mai 1525 zu dem bereits früher erwähnten Vertrag von Udenheim
(Philippsburg), in dem unter anderem niedergeschrieben wurde,daß alle ob-
rigkeitlichen Rechte auf den Bischof übergingen und daß das Evangelium im
gesamten Hochstift fortan „ohne allen menschlichen Zusatz lauter gepredigt

werde". Damit war zumindest der erste der „Zwölf Artikel" verwirklicht. Zu all den anderen Forderungen erwarteten die Aufständischen allem Anschein nach eine allgemeine, über das Gebiet des Hochstiftes hinausreichende Regelung. In ihren Hoffnungen und Erwartungen wurden die Bauern durch Absprachen mit dem pfälzischen Kurfürsten und dem badischen Markgrafen bestärkt. Der von Malsch aus entstandene „Haufen" löste sich deshalb am 8. Mai auf. In Bruchsal blieben allerdings die Anführer, die Hauptleute, noch zusammen.

Daß die Abmachungen im Vertrag von Udenheim auch, wie es schien, grundlegend veränderte Verhältnisse zwischen der Stadt Speyer und der Geistlichkeit schaffen würden, ist bereits an anderer Stelle erläutert worden. Im übrigen betraf der von den Bauern beim ersten Anlauf gewonnene Machtkampf nicht nur die rechtsrheinischen Teile des Hochstiftes Speyer sondern ebenso die linksrheinischen, in der heutigen Pfalz gelegenen Gebiete. Diese wiederum waren direkt oder indirekt von den Vorgängen im nördlichen Elsaß, speziell im Weißenburger Gebiet betroffen.

Hier ist anzumerken, daß das Osterfest wie anderswo, so auch im Elsaß die Erhebung begünstigte, weil sich an Feiertagen die Bewohner versammelten, unter anderem, um „evangelische Prediger" zu hören. Das akute Stadium der Bauernrebellion begann im Elsaß, als am Ostersonntag, dem 16. April 1525, in der Nähe von Straßburg viele hundert Bauern erstmals die soeben gedruckten „Zwölf Artikel" diskutierten. Die Diskussion endete damit, daß gegen Abend etwa 400 Bauern in das nahe gelegene Kloster Altdorf zogen und dessen Insassen verjagten. Der Bauernführer Erasmus Gerber holte am Ostersonntag einige der Straßburger Reformatoren, darunter den populären Martin Butzer, zu den Versammelten. Doch ein Bündnis zwischen rebellierenden Bauern und Reformatoren kam nicht zustande. Die Kirchenmänner rieten, man solle nach Hause gehen und die Forderungen durch Sprecher vorbringen lassen. Sie, die Reformatoren, wollten sich dann beim Rat der Stadt Straßburg für die Sache der Bauern einsetzen. Von dieser Methode hielten die versammelten Bauern nichts. Statt der von den Kirchenmännern empfohlenen Auflösung der Versammlung bildeten sich neue „Haufen" im Gebiet von Bitsch, Weißenburg, Neuweiler und Sufflenheim. Südlich von Weißenburg stand der „Kleeburger Haufen" unter der Führung des Weißenburger Bürgers Bacchus Fischbach, einem Winzer („Rebmann" nannte er sich). Der „Kolbenhaufen", rund um das Kloster Stürzelbronn entstanden, hielt engen Kontakt zu Fischbach und den Kleeburgern. Hauptangriffsziel der Rebellion waren die klösterlich-kirchlichen Gebiete; doch die Forderungen in den „Zwölf Artikeln" richteten sich an alle Territorialherren. Die Anziehungskraft der nordelsässischen „Haufen" beschränkte sich auch keineswegs auf Ortschaften südlich der heutigen Staatsgrenze sondern erreichte auch Teile der heutigen Pfalz. So kann es denn nicht verwundern, daß fast zur gleichen Zeit, in der sich der „Kleeburger Haufen" und der „Kolbenhaufen" in der Weißenburger Region zusammenfanden, auch in der Landauer Gegend die Zeichen der Rebellion sichtbar wurden.

ie grundtlichen vnd rech
ten haupt Artickel aller
baurschafft vnd hinderseſſen
der Geiſtlichen vnd Welt-
lichen oberkeyten vonn
welchen ſye ſich be
ſchwert vermei-
nen.

Oben: Die zwölf Artikel der Bauern von 1525. Unten: „Bauernkriegshaus" in Nußdorf bei Landau (Foto: Karlheinz Schmeckenbecher)

298

Die elsässischen „Haufen", die, wie es scheint, die Vorgänge in der Pfalz stark beeinflußt haben, zeigten schon das beim Speyerer Reichstag von 1526 Aufsehen erregende Banner mit den Initialen VDMIE (Verbum Domini Manet in Eternum oder „Gottes Wort bleibt in Ewigkeit"); einer der oberelsässischen Haufen trug beim Sturm auf die Klöster eine Fahne mit der Inschrift „Jesus Christus". „Dem armen, gemeinen Mann zu Trost und Hilfe, welcher bislang durch die Priesterschaft betrogen", hieß eine im Elsaß verbreitete Parole. Durch Anwendung eines erneuerten, reinen Evangeliums sollte dem Unrecht ein Ende gemacht werden. Eine ähnliche starke Betonung der reformatorischen Argumente ist aus der Pfalz zwar nicht überliefert, doch kann kaum bezweifelt werden, daß der Angriff auf Klöster und andere kirchliche Einrichtungen auch in der Pfalz von diesen im Elsaß populären reformatorischen Parolen mitbestimmt war. „Durch die Priesterschaft" betrogen fühlten sich damals nicht wenige pfälzische Bauern, vor allem dort, wo die alten, meist genossenschaftlichen Waldrechte durch Klostergründungen immer wieder eingeschränkt worden waren. Es dürfte deshalb nicht allzu schwierig gewesen sein, gerade in den Orten die Rebellion zu entfachen, die Anteil hatten an den traditionellen Waldgenossenschaften, den Geraiden oder Haingeraiden.

Auftakt in Nußdorf

Die meisten Chronisten stimmen darin überein, daß der Ausgangspunkt des pfälzischen Aufruhrs in Nußdorf bei Landau zu suchen ist. Am 23. April 1525, eine Woche nach Ostern, traf man sich dort bei der Kirchweih. In einer Wirtsstube ist über die Vorgänge in der Nachbarschaft diskutiert worden. Einige Bauernburschen hätten noch am gleichen Abend in den Orten der Umgebung nach Gleichgesinnten gesucht und viele Bauern für die Rebellion geworben. Am anderen Morgen waren schon mehr als hundert kampfeslustige Gesinnungsgenossen versammelt. Wie intensiv der Kontakt zu dem „Kleeburger Haufen" des Bacchus Fischbach aus Weißenburg gewesen ist, läßt sich nicht mehr genau rekonstruieren. Man weiß jedoch, daß der „Kolbenhaufen" ganz erheblich an den Vorgängen in der Pfalz beteiligt war, der Sturm auf die Burg Elmstein und die Einäscherung dieses alten Wahrzeichens mitten im Pfälzer Wald wird zum Beispiel dieser Wasgauer Gruppe zugeschrieben. Die Nußdorfer Bauern, rasch verstärkt auch durch Bauern aus Dörfern des Hochstiftes Speyer, richteten ihre Angriffe zuerst auf den Mönchshof Geilweiler. Von ihrem Lager in Frankweiler aus suchten sie auch die anderen umliegenden Klöster und Schlösser heim. Das Kloster Eußerthal war eines der ersten Opfer.

Das Besondere an der pfälzischen Bauernrebellion, die sich rasch der Haardt entlang nach Norden ausbreitete, war der Umstand, daß es in den Klöstern und Burgen viel zu plündern und vor allem viel Wein zu trinken gab. In seinem berühmten Werk über „Die Pfalz und die Pfälzer" hat August Becker geschrieben, die rebellierenden Bauern hätten in jenen Apriltagen des Jahres 1525 „in bacchantischer Lust alle Klöster und Burgen an der Haardt ausgesoffen". Die Liste der zerstörten Anlagen ist lang. Einige Beispiele seien hier genannt: in Böchingen plünderten die Bauern das Schloß und legten Feuer. Dann zog man weiter nach Edenkoben und suchte das Kloster Heilsbruck heim. Die Kropsburg der Dalberge scheint noch einigermaßen glimpflich davongekommen zu sein, nicht aber die Kestenburg bei Hambach, das spätere Hambacher Schloß. Der Sturm in den Keller dieser Burg hat in den Erzählungen überdauert, weil die Bauern ihren Durst in diesem Keller aus dem gewaltigen Hundert-Fuder-Faß stillten. Als alle betrunken waren, ließ man den noch vorhandenen Wein auslaufen.

Auf welche Weise an manchen pfälzischen Orten die Bauern zur Ergänzung der „Haufen" rekrutiert wurden, wissen wir unter anderem aus Dürkheim. Dort und in einigen nahegelegenen Dörfern hatten sich die Spannungen zwischen der Herrschaft und den Bauern schon längere Zeit vor dem Ausbruch der Rebellion verschärft, weil die Grafen von Leiningen den Bauern ihre alten Waldrechte schmälerten. Dagegen protestierten die Betroffenen. Ausgerechnet der Besitzer der Herberge „Zum Schwerdt", Eberhart Augenreich, in dessen Gasthof die Grafen von Leiningen schon manches Gelage abgehalten hatten, ergriff dann im Frühjahr 1525 die Initiative zum Aufruhr, indem er durch Glockengeläute die Bürger zusammenrief und auf Anhieb 30 Freiwillige für die Sache der Bauern rekrutierte. Der in Hardenburg amtierende Graf Emich erkannte die Gefahr, die seinem Besitz drohte und machte zur Abwendung von Gewalt sogleich Konzessionen. Dem Dürkheimer Schultheiß gestand Graf Emich alle Gewalt zu, auch die richterliche Gewalt, so daß der Schultheiß neue Gerichtsschöffen bestellen konnte. Am 29. April rief Augenreich seine Anhänger wieder mit der Sturmglocke zusammen. Auf dem Obermarkt traf man sich mit Bockenheimer und Bechtheimer Bauern, die inzwischen ihre Lager auf Wiesen unterhalb von Dürkheim aufgeschlagen hatten. Eberhart Augenreich verhinderte durch Zureden, daß der Bockenheimer Haufen die Hardenburg berannte. Mit der Plünderung der Klöster Seebach und Limburg erklärte sich der Anführer der Dürkheimer Bauern jedoch einverstanden.

Im Bockenheimer Haufen waren Bauern aus kurpfälzischen Orten und aus dem Gebiet der Leininger Grafen vereint. Auch Bürger der Stadt Pfeddersheim gehörten diesem „Haufen" an. Die Bockenheimer lagerten Anfang Mai bei Wachenheim. Die aus der Südpfalz anrückenden Bauern sammelten sich am Abend des 6. Mai vor Neustadt und bezogen bei Winzingen ein Lager. Schon am anderen Tag ergab sich die Stadt Neustadt ohne Gegenwehr den rebellierenden Bauern. Dadurch befanden sich die Aufständischen gegenüber dem Kurfürsten in einer starken Position. Für einen offenen Kampf mit den Bauern war Ludwig V. in diesem Augenblick noch nicht gerüstet. Er suchte deshalb den Kompromiß. Von Anfang an, so scheint es, wollte der Kurfürst Zeit gewinnen, bis ausreichende Streitkräfte aus anderen Regionen zum Kampf in der Kurpfalz verfügbar seien. Der Neustadter Stadtrat vermittelte ein Gespräch zwischen dem Kurfürsten und den Aufständischen. Treffpunkt war Forst. Die Anführer der beiden bei Wachenheim und bei Winzingen lagernden „Haufen" sicherten dem Kurfürsten und seinen Begleitern freies Geleit zu. Als Ludwig V. am Verhandlungsort eingetroffen war, überraschte ihn eine Demonstration. Einige tausend Bauern – von 8 000 war die Rede – zogen am 10. Mai mit Trommelschlag und mit Trompetenklang am Versammlungslokal vorbei. Dem Anschein nach zeigte diese Demonstration Wirkung beim Kurfürsten, denn er einigte sich rasch mit den Bauern. Ludwig V. gestand den Rebellen zu, daß ihre Beschwerden auf einem Landtag beraten und entschieden werden sollten. Der pfälzische Kurfürst räumte bei dieser Gelegenheit ein, daß durch den harten Druck „der gemeine Mann gar merklich beschweret sei". Das Datum für den versprochenen Landtag setzte Ludwig V. ebenfalls fest; der 8. Juni war vorgesehen. Die Aufständischen sollten nun ihrerseits ihre Aktionen beenden, die „Haufen" auflösen und nach Hause gehen. So die Vereinbarungen.

Der Umstand, daß der Kurfürst am Ende des Gespräches die Hauptleute der Bauern zum Essen einlud, vermittelte den Eindruck, nun stünden wieder friedliche Zeiten bevor. Dieser Eindruck täuschte. Ludwig V. kehrte so rasch wie möglich nach Heidelberg zurück. Ihn scheint die große Zahl der bewaffneten Bauern doch arg erschreckt zu haben. Über die „Zwölf Artikel", die in Forst diskutiert worden waren, bestellte er ein Gutachten von zwei kompetenten Ratgebern: von Philipp Melanchthon, dem aus dem kurpfälzischen Bretten stammenden Gelehrten, und von dem späteren württembergischen Reformator Johannes Brenz, der aus Weilderstadt kam (dieser Ort gehörte als katholisch gebliebene Reichsstadt bis in die napoleonische Zeit zum Bistum Speyer). Die Ansicht zweier so bibelkundiger Männer wie Melanchthon und Brenz schien dem Kurfürsten besonders wichtig zu sein, denn die rebellierenden Bauern verstanden sich ja als „christliche Vereinigungen" und ihr Reformprogramm war begründet mit Zitaten und mit Folgerungen aus der Heiligen Schrift. Die Evangelien, das Neue Testament und die Teilhabe an der Politik gehörten nach Meinung der Aufständischen zusammen. In diesem Punkt waren die Rebellen des 16. Jahrhunderts die Vorläufer einer im 20. Jahrhundert in der politischen Auseinandersetzung wieder entdeckten Rückbesinnung auf das Christentum und die Heilige Schrift.

Die allgemein-theologische Begutachtung der Forster Wünsche und Forderungen lag für Ludwig V. auch deshalb nahe, weil die Pfälzer Bauern offensichtlich keine speziellen Beschwerden vorgebracht hatten und im Kurfürsten weniger den Landesherren eines Teils der bei Wachenheim und Winzingen versammelten Bauern sahen als den Reichsfürsten von hohem Rang und Einfluß. Wie richtig und notwendig eine überregionale Betrachtungsweise in diesem Konflikt war, bewies das in Heilbronn am Neckar tagende Bauernparlament, dem aus der Kurpfalz unter anderem der Verwaltungsbeamte Wendelin Hipler angehörte. Nichts geringeres als den Entwurf einer neuen Reichsverfassung wollte dieses Bauernparlament zustande bringen.

Bei den Gesprächen zwischen Kurfürst und Bauernhauptleuten in Forst dürfte klar gewesen sein, daß die Entscheidungen des für den 8. Juni vorgesehenen Landtages eine beispielhafte Wirkung über den Bereich der Kurpfalz hinaus hätten und damit auch die Lage der Bauern im Hochstift Speyer und in anderen reichsunmittelbaren Herrschaftsgebieten der Pfalz verändern müßten. Die Frage, ob denn der pfälzische Kurfürst für alle in der Pfalz rebellierenden Bauern der „zuständige Partner" sei, wird die Gemüter kaum bewegt haben.

Über die genaue regionale Zusammensetzung der im Mai 1525 in Wachenheim und Winzingen versammelten „Haufen" existieren im übrigen keine verläßlichen Angaben. Die meisten dieser Rebellen kamen wohl aus den Dörfern an der Haardt, viele auch aus dem Wormser Gebiet. Irritierend ist es zuweilen, daß die Winzinger Gruppe von den Historikern des Bauernkrieges unterschiedlich bezeichnet wird. Meist findet man diese Bauern als „Geilweiler Haufen", in der Pfalz selbst ist auch vom „Nußdorfer Haufen" die Rede. Doch dieser „Nußdorfer Haufen" dürfte damals rasch in einer größeren Vereinigung aufgegangen sein. Es muß in diesem Zusammenhang vor allem auch bedacht werden, daß der „Wasgauer Kolbenhaufen", der ins Elmsteiner Tal eingefallen und offensichtlich mit den Nußdorfern oder Geilweilern die Haardt entlang nach Norden gezogen war, sich ebenfalls in Winzingen befand und an den Gesprächen sowie an der Demonstration von Forst beteiligt gewesen sein muß. Außer den hier genannten Gruppen existierte noch in der Frankenthaler Gegend ein kleiner „Haufen". In der Umgebung von Kaiserslautern war für kurze Zeit ebenfalls eine Gruppe rebellierender Bauern am Werk. Sie kamen vorwiegend aus den Orten Fischbach und Otterberg. Als dieser relativ kleine „Haufen" Burgen und Klöster der Umgebung heimsuchte, stellten sich andere Bauern – darunter Bauern aus Ramstein – den Rebellen entgegen und nahmen ihnen ihre Beute wieder ab. Als gute Untertanen schickten die Anti-Rebellen an den Kurfürsten, was sie den Plünderern abgenommen hatten. Zum Dank für solche Treue machte Ludwig V. seinen Anhängern dieses Gut zum Geschenk.

Die Vorgänge bei Kaiserslautern mögen den Kurfürsten in seiner Taktik bestärkt haben: Verhandeln, Zeit gewinnen, wo nötig Zugeständnisse machen und nachgeben. Würde sich eine Sache wie dieser Aufruhr nicht doch bald totlaufen? Das Ergebnis der Forster Gespräche, in den Chroniken des Bauernkrieges meist der „Neustadter Vergleich" genannt, ließ jedoch rasch Zweifel an solchen Hoffnungen und Erwartungen aufkommen. Die beiden „Haufen" in Wachenheim und Winzingen lösten sich keineswegs auf. Nicht wenige Rebellen fühlten sich von der Nachgiebigkeit des Kurfürsten zu neuen Taten oder Untaten ermuntert. Plündernd zogen einige Gruppen weiterhin durchs Land. Deidesheim und Ruppertsberg wurden heimgesucht, auch das Schloß Winzingen. Ein Teil der Aufrührer wandte sich nun wieder nach Süden, dem Elsaß zu. Da lag die Stadt Landau günstig am Wege. Doch der Zugriff auf die Stadt scheiterte, weil sich die Bürger zur Gegenwehr entschlossen zeigten. Angriffsziele waren nun einige der alten Burgen aus der Salier- und Stauferzeit, Neukastel und der Trifels zum Beispiel. Ehe der Zug schließlich die Stadt Weißenburg erreichte, kam die Nachricht, daß an eine Vereinigung mit den elsässischen „Haufen" nicht mehr zu denken sei: die elsässischen Bauern hatten eine schwere Niederlage erlitten. Unter dem Eindruck dieser

Nachricht machte sich mancher Bauer auf den Heimweg. Aber es blieben doch noch zahlreiche Aufrührer beisammen. Man suchte nach neuen Zielen. Eines davon war die Madenburg des Bischofs Georg von Speyer. Sie wurde zerstört.

Plünderungen in Frankenthal und Dirmstein

Zwei Tage nach der Forster Demonstration und dem „Neustadter Vergleich" überfielen Bauern aus Dirmstein und Rebellen aus Worms das Stift Großfrankenthal. Es scheint, daß diese Gruppe zum „Bockenheimer Haufen" gehörte, der bei Wachenheim gelagert hatte. Anführer waren der abtrünnige kurpfälzische Lehensmann Erasmus von der Hauben, ein Großbockenheimer Bauer namens Jakob Kautz sowie ein Valentin von Kallstadt. Die Plünderung des Augustiner-Chorherrcn-Stiftes Großfrankenthal war allem Anschein sorgfältig geplant und geschah nicht spontan wie manche andere Verwüstung im Bauernkrieg. Die Plünderer hatten Fuhrwerke mitgebracht, auf denen sie die Vorräte abtransportierten. Mit dem Angriff hatte man bis zum Einbruch der Dunkelheit gewartet. Als die geplünderten Schätze verladen waren, warfen die Plünderer Brandfackeln in die Gebäude. Weithin sichtbar loderte das zerstörende Feuer. Die rechtzeitig entflohenen Mönche mußten ohnmächtig aus der Ferne das Ende ihres Domizils beobachten. Daß in diesem im Jahre 1125 gegründeten Kloster viele begehrenswerte Vorräte zur Plünderung einluden, darf man vermuten, denn neben 1 000 Morgen Grundbesitz in den benachbarten Gemarkungen verfügten die Mönche allein in Dirmstein über 100 Morgen Weinberge.

In Dirmstein tobte sich der Aufruhr einige Wochen später aus als im Kloster Großfrankenthal. Der Ort gehörte damals halb zur Kurpfalz, halb zum Hochstift Worms. Das kurfürstliche Schloß im Oberdorf, verteidigt von 15 Lanzenknechten, hielt dem Angriff der Aufrührer nicht stand. Die Rebellen töteten die kurfürstlichen Söldner und warfen die Leichen aus den Fenstern des Burgsaales in den Graben, so vielen Neugierigen ein Schauspiel bietend. Anschließend plünderte man das Schloß und zündete es an. Die Dienstleute im bischöflichen Schloß des Unterdorfes, das ebenfalls geplündert wurde, führten die aufständischen Bauern als Gefangene mit sich. Der ortskundige Erasmus von Hauben sei, so berichten die Chronisten, der Anführer in Dirmstein gewesen. Weitere Opfer der von Dirmstein aus weiterziehenden Schar wurden die Burgen Stauf und Bolanden sowie Altleiningen, ebenso das Kloster Höningen. Eine Ausnahme in der Liste der Zerstörungen bildet Neuleiningen. Dort, so heißt es, habe der Mut der Gräfin Eva gesiegt. Sie habe die Rebellen eingeladen und freundlich bewirtet.

Mitte Juni zählte das Bauernheer im heutigen pfälzisch-rheinhessischen Gebiet wieder rund 8 000 Mann, genau so viel wie Anfang Mai bei Wachenheim und bei Winzingen gelagert und in Forst demonstriert hatten. Das Lager dieses mächtigen „Haufens" befand sich zunächst bei Dalsheim, im kurpfälzischen Amtsbezirk Alzey. Die herausgeforderten Fürsten hatten in den seit dem Forster Treffen vergangenen Wochen nicht geruht. Kurfürst Ludwig V.

war mit einer Streitmacht ins Fränkische gezogen und hatte sich dort an der Niederwerfung der Bauern beteiligt. Sein Feldhauptmann Schenk Eberhard von Erbach sammelte dann seine Leute bei Oppenheim. Die geistlichen Kurfürsten von Mainz und von Trier ergänzten vor allem mit gepanzerter Reiterei das kurfürstliche Heer. Die Bauern schienen dies nicht bemerkt oder nicht ernst genommen zu haben. Als sie nämlich nach einem Plünderungszug die Stadt Pfeddersheim besetzten, rückten die Reiter der kurfürstlichen Streitmacht heran. Am 23. Juni forderte der Kurfürst die sich in Pfeddersheim verschanzenden Bauern zur Übergabe auf. Die Rebellen fühlten sich stark und lehnten ab, indem sie dem Kurfürsten ankündigten, sie „wollten ihn in die Pfanne hauen". Die Streitmacht, die sie von der Stadt aus sehen konnten, war der Zahl nach unterlegen. Doch hinter einer Anhöhe verborgen befand sich die Hauptstreitmacht der Kurfürsten mit ihren Geschützen. Als die Bauern aus den Toren der Stadt herausstürmten, begann ein ungleicher Kampf. Am Ende lagen viertausend erschlagene Bauern vor der Stadt Pfeddersheim an den Ufern der Pfrimm. Die in die Stadt zurückgewichenen, überlebenden Bauern hißten am andern Tag die weiße Fahne. Als einige der Rebellen, die nun aus der Stadt herauskamen, fliehen wollten, stürzten sich die Landsknechte der Fürsten und der Trierische Erzbischof und Kurfürst selbst auf die Wehrlosen und erschlugen sie. Nun habe, so heißt es, Kurfürst Ludwig V. Einhalt geboten. Von den Chronisten ist das Wort des pfälzischen Kurfürsten überliefert: „Laßt ab, es sind Verirrte, es sei genug des vergossenen Blutes, es seien seine Bauern". Beim anschließenden Stand- und Blutgericht wurden 54 (andere Quellen berichten von 28) Anführer der Bauern und Hauptleute „mit dem Schwert gerichtet".

Der Sieg des pfälzischen Kurfürsten und seiner Bundesgenossen aus Trier und Mainz veränderte die Lage am Oberrhein und im Rhein-Maingebiet. Noch im Lager vor Pfeddersheim erschienen Gesandte aus dem Rheingau und aus den Städten Frankfurt, Mainz und Worms und boten die Unterwerfung an. Auch eine Gesandtschaft der Stadt Speyer war nach Pfeddersheim geeilt. Ludwig V. zog dann mit einem Teil seiner Streitmacht der Haardt entlang in Richtung Elsaß, „richtend und strafend", wie Zeitgenossen berichteten. Freinsheim mußte Entschädigung leisten, vor allem aber Neustadt. Es verlor einen Teil seiner Rechte an die Kurpfalz. Acht Neustadter Bürger wurden wegen Unterstützung der Bauernrebellion hingerichtet. Über Godramstein, Minfeld und Freckenfeld gelangten die kurpfälzischen Soldaten nach Weißenburg. Die Stadt, so befand Kurfürst Ludwig V., habe sich der Komplizenschaft und Mithilfe bei der Einnahme des pfälzischen Fleckens Selz und anderen pfälzischen Besitzes durch die Bauern schuldig gemacht. Als die Weißenburger Widerstand leisteten, ließ der Kurfürst die Stadt vier Tage lang beschießen. Dann ergab sich Weißenburg der kurpfälzischen Übermacht. Fünf Männer galten als die Hauptschuldigen, drei von ihnen ließ Ludwig V. enthaupten, den anderen beiden hackte man Finger ab, um sie für ihre ganze weitere Lebenszeit als Mitverschwörer beim Aufstand der Bauern zu kennzeichnen. Ludwig V. zwang die Stadt zu einem Vertrag, der dem pfälzischen

Kurfürsten einen erheblichen Einfluß in Weißenburg zugestand. Das „Schuldig-Werden" dieser Reichsstadt kam Ludwig V., wie es scheint, sehr gelegen.

Als der pfälzische Kurfürst am 12. Juli 1525 wieder in Heidelberg eintraf, feierte er seinen Sieg mit einem Gottesdienst in der Heilig-Geist-Kirche. In der darauffolgenden Zeit füllte sich die kurfürstliche Kasse mit ansehnlichen Beträgen. Etwa 200 000 Gulden, so wird geschätzt, habe Ludwig V. damals insgesamt kassiert. Darunter waren die Strafgelder von einigen Städten, vor allem aber Gelder der geistlichen Fürsten, denen der Kurpfälzer bei der Wiedergewinnung ihrer Herrschaft über die Bauern geholfen hatte. Das Hochstift Speyer war auch dabei. Der Bischof von Speyer sorgte seinerseits dafür, daß die entstandenen Schäden und die Kosten für die kurpfälzische Hilfe von den Untertanen im Hochstift bezahlt oder mitbezahlt wurden. Durch einen kurpfälzischen Hauptmann ließ Bischof Georg, der Bruder Ludwigs V., am 18. August 1525 die Bauern und deren Anführer aus den bischöflichen Ämtern Landeck, Madenburg, Edesheim und Kirrweiler auf einen Platz vor Edesheim bestellen. Der Bischof beschuldigte die Versammelten des Aufruhrs. Erneut hatten sie ihrem Herren als Untertanen den Gehorsam zu geloben und die Treue zu schwören. Im übrigen zeigte sich der geistliche Fürst milde. Die Bauern mußten fortan pro Woche zusätzlich einen Tag Frondienst leisten. Zur Bestrafung wählte man vor Edesheim fünf Anführer der Bauern aus, die nach Kirrweiler gebracht wurden. Als einer der fünf fliehen wollte, stach ihn ein Landsknecht nieder.

Ein Jahr nach dem Ende des Bauernaufstandes am 26. September 1526, rief Kurfürst Ludwig V., dem die Zeitgenossen den Beinamen der „Friedfertige" gegeben haben, die Grafen und Ritter des kurpfälzischen Territoriums und Einflußbereiches zusammen. Er gab den Versammelten den Ratschlag, künftig gut auf die Lage der Bauern zu achten. Es sei besser, solchen Bewegungen vorzubeugen als sie zu unterdrücken. Den Zehnten wollten jedoch weder der Kurfürst noch die Grafen oder Ritter aufgeben. Alle gelobten aber, daß sie „jeden aufreizenden Anlaß meiden" würden. Dieser Vorsatz mag im allgemeinen beachtet worden sein. An der Untertanen-Situation der meisten Bauern änderte das alles wenig. Die Bauern, durch Luthers Reformationsideen ermutigt, aber von Luther und anderen Theologen bald allein gelassen, hatten mit der Niederlage von Pfeddersheim auch im Westen und Südwesten des Reiches ihren Kampf für eine Teilhabe an der Politik verloren.

XIV
Die Pfalz im „konfessionellen Zeitalter"

Zwischen dem Ende des Bauernaufstandes und dem Beginn des Dreißigjährigen Krieges im Jahre 1618 liegt ein Geschichtsabschnitt, den manche Historiker als das „konfessionelle Zeitalter" bezeichnen. Macht- und Glaubens-
kämpfe ganz unterschiedlicher Art kennzeichnen diese Epoche, in der die
Pfalz, wie der Betrachter mit Erstaunen feststellt, fast ganz von militärischen
Kämpfen, von Plünderungen und Brandschatzungen verschont geblieben ist.
Für die Region am Oberrhein waren die letzten beiden Drittel des 16. Jahrhunderts eine bemerkenswert friedliche Zeit. Die große Heimsuchung folgte
dann im 17. Jahrhundert mit dem Dreißigjährigen Krieg und den pfälzischen
Kriegen des französischen Königs Ludwig XIV. Will man verstehen, wie es zu
den kaum vorstellbaren Verwüstungen des blühenden Pfälzer Landes im
17. Jahrhundert gekommen ist, dann muß man die Rolle der Kurpfalz in jenem „konfessionellen Zeitalter" zwischen Luthers Thesenverkündigung und
dem Bauernaufstand einerseits sowie dem Prager Fenstersturz als dem Auftakt zum Dreißigjährigen Krieg andererseits näher betrachten. Zwei Hebel haben die pfälzischen Kurfürsten damals bedient: den Hebel der Reichspolitik
und den der europäischen Großmachtpolitik.

In den Anfangsjahren der Reformationsepoche, als sich die Reichstage in
Worms und Speyer mit den Forderungen des Wittenberger Theologen an die
schwach und unglaubwürdig gewordene alte Kirche beschäftigen, verhielt
sich die kurpfälzische Obrigkeit, wie wir gesehen haben, vorzugsweise abwar-
tend. Noch im Jahre 1529 vermied die Kurpfalz eine eindeutige Stellungnahme zugunsten der neuen Lehre. Beim Speyerer Protest, dem wir den Namen
„Protestanten" verdanken, fehlt die Unterschrift des pfälzischen Kurfürsten.
Nicht die Spaltung der Kirche sondern der Ausgleich zwischen den unterschiedlichen Glaubenslehren war das erkennbare Ziel kurpfälzischer Politik
in den zwanziger und dreißiger Jahren des 16. Jahrhunderts. Die Ansätze zur
Einführung der neuen Lehre, die es vor allem unter dem Einfluß der am
Oberrhein aufkommenden zwinglischen Richtung der Reformation in Heidelberg und anderswo im kurpfälzischen Machtbereich gab, drangen nicht vollständig durch oder wurden unter dem Druck der habsburgischen Reichsgewalt eingedämmt. „Zusehen und abwarten" könnte damals die offizielle
Richtlinie für die Politik der Kurpfalz gelautet haben. Selbst der folgenschwere Augsburger Reichstag von 1555 sah die Kurpfalz eher als einen passiven
denn als einen aktiven Teilnehmer.

In Augsburg bestätigen die Reichsgesetzgeber einen allgemeinen Religionsfrieden. Man gelangte allerdings nicht, wie der Name „Religionsfriede" vermuten läßt, zu einer Lösung der Streitfragen, sondern einigte sich auf eine Art
„modus vivendi", auf das gegenseitige Akzeptieren der bestehenden Macht-
und Konfessionsverhältnisse. Die – lutherische – „Augsburger Konfession"
war nun neben der traditionellen römisch-katholischen Glaubenslehre überall

dort zulässig, wo sich die jeweilige Obrigkeit für den neuen Glauben entschieden hatte oder künftig entscheiden werde. Auch die Wiederherstellung des alten Glaubens hing nach dem Grundsatz „Cuius regio, eius religio" („Wer die Herrschaft besitzt, bestimmt den Glauben") von der jeweiligen Obrigkeit ab. Nicht die große und relativ reiche Kurpfalz bestimmte beim Augsburger Reichstag die Diskussionen und Entscheidungen, Wortführer im protestantischen Lager waren Kursachsen und auch Hessen; für die alte Kirche kämpfte neben einigen geistlichen Fürsten und den österreichischen Habsburgern vor allem der Münchner Zweig der Wittelsbacher aus dem Herzogtum Bayern.

Die Abstinenz der Kurpfalz in derart wichtigen Auseinandersetzungen der Reichspolitik sollte allerdings nicht mehr lange dauern. Knapp acht Jahre nach dem Augsburger Reichstag zeigte Kurfürst Friedrich III. auf seine Weise, daß nun auch die Kurpfalz Farbe bekennen und sich in der Glaubensfrage eindeutig entscheiden wolle. Das Signal für die neue Politik der Kurpfalz war die Publikation des Heidelberger Katechismus im Jahre 1563. Als die Hauptautoren dieser Glaubenslehre, die Friedrich III. entwerfen ließ, gelten die Theologen Zacharias Ursinus (ursprünglich „Beer") und Caspar Olevianus. Von dieser Zeit an entwickelte sich die Kurpfalz mit ihrer Heidelberger Universität zu einem neuen konfessionspolitischen Zentrum im Reich. In Westeuropa begann damals gerade eine Art zweiter Welle der Reformation. Die Reformationsideen, die sich nun verbreiteten, standen jedoch nicht mehr unter dem direkten Einfluß der lutherischen Theologie, sondern waren inspiriert von der Lehre des Genfer Reformators Johannes Calvin. Die Sprengkraft der Calvinschen Glaubenslehre übertraf noch, wie es schien, die von Luther ausgelösten Erschütterungen der alten Kirche und der alten Herrschaft. Auch der Widerstand, den die alten Gewalten gegen die Anhänger Calvins mobilisierten, war in Westeuropa entschiedener als in der ersten, von Wittenberg ausgehenden Reformationswelle, die vor allem die deutschen und die skandinavischen Territorien erfaßt hatte.

In Frankreich wehrten sich mit Teilen der Geistlichkeit vor allem die Angehörigen des lothringischen Herrscherhauses, die Guisen, gegen die calvinisch begründete Reformation. Im Jahre 1562 begann ein französischer Bürgerkrieg, der im Verlaufe von insgesamt 36 Jahren achtmal aufflammte. Die „Hugenottenkriege", als deren bekanntestes Beispiel die schreckliche Bartholomäusnacht überliefert ist, dauerten länger als der deutsche Religionskrieg des 17. Jahrhunderts, der Dreißigjährige Krieg; allerdings lassen sich die Zerstörungen und Menschenopfer dieser beiden, jeweils eine ganze Generation andauernden Kriege nicht miteinander vergleichen; am Beginn des 17. Jahrhunderts lebten im Königreich Frankreich etwa ebenso viele Menschen wie vor dem Ausbruch der Kämpfe, in Deutschland verringerte sich die Bevölkerung im Dreißigjährigen Krieg auf weniger als die Hälfte.

Den anderen Schwerpunkt einer von Calvin beeinflußten Reformation bildeten in den sechziger Jahren des 16. Jahrhunderts die Niederlande. Dieser reiche, am Beginn des frühen Kolonialzeitalters besonders wichtige Teil der österreich-spanisch-habsburgischen Herrschaft gehörte rechtlich zum Reich, war aber nach dem Thronverzicht Karls V. von dessen Sohn, Philipp II. von Spanien, beansprucht worden. Nun regierten spanische Granden in den Provinzen an der Mündung von Maas, Schelde und Rhein. Hier, in den – spanischen – Niederlanden brach der offene Aufruhr im Jahre 1568 aus. Er dauerte bis zum Jahre 1609. Anders als in Frankreich setzten sich schließlich die Calvinisten durch, wenn auch nur im nördlichen Teil, nicht in Flandern und in der Wallonie.

Rechtlich betrachtet bedeutete die niederländische Auflehnung gegen die katholische, spanisch-habsburgische Obrigkeit einen Verstoß gegen die Augsburger Reichstagsbeschlüsse von 1555; noch galt ja in den alten österreichischen Niederlanden das Reichsrecht. Erst im Frieden von Münster und Osnabrück wurden die Niederländer, die gegen die Spanier ihre Unabhängigkeit erkämpft hatten, aus dem alten Reichsverband formell entlassen.

Eine Sonderrolle der Kurpfalz

Wenn in der Kurpfalz, anders als in den Niederlanden, der Landesherr selbst die Änderung des Glaubensbekenntnisses verlangte und einführte, so gab es doch auch hier Zweifel, ob diese Entscheidung mit den Beschlüssen des Augsburger Reichstages von 1555 vereinbar und durch diese – reichsrechtlich verbindlichen – Beschlüsse gedeckt sei. Prinzipiell reichte die Vollmacht eines Landesherren seit dem Jahre 1555 zu einer Bekenntnis-Änderung aus. Von einem Heidelberger Katechismus, von einer an Calvin orientierten Glaubenslehre findet man in den Beschlüssen von Augsburg allerdings nichts. Reichsrechtlich erlaubt waren nur zwei Bekenntnisse: das römisch-katholische und die – lutherische – „Augsburger Konfession". Durch die Einführung eines „Heidelberger Bekenntnisses" entstand im Reich somit das, was die Diplomaten und die Völkerrechtler eine „neue Rechtslage" nennen. Es gab kein Vorbild und keinen Vorgang. Nicht einmal in Genf, dem von Calvin reformierten Stadtstaat, konnte man sich rechtlichen Rat holen. Der für die Kurpfalz geltende Katechismus übernahm zwar wichtige Teile der Calvinschen Glaubenslehre, stimmte aber in einem keineswegs nebensächlichen Punkt nicht mit dem Genfer Vorbild überein, das die französischen Hugenotten und die Reformierten in den Niederlanden, in England und Schottland übernommen hatten: im Heidelberger Katechismus fehlt die sogenannte Prädestinationslehre. Das menschliche Schicksal, so besagt diese Lehre, sei durch Gott vorbestimmt. Der Theologe und Jurist Johannes Calvin war sich sicher, daß Gott das eine Individuum auswähle, das andere verwerfe. Demnach entspricht zum Beispiel der wirtschaftliche Erfolg oder Mißerfolg im Leben eines Menschen allein dem Willen Gottes.

Die Wirtschaftshistoriker und die Kulturhistoriker haben sich immer wieder mit den Konsequenzen dieser Calvinschen Prädestinationslehre für die wirtschaftliche Entwicklung in Europa und in den Vereinigten Staaten von Amerika beschäftigt. Immerhin gehörte diese Lehre zum Glaubensbekenntnis der nach Deutschland oder in andere Länder geflüchteten französischen Hugenotten; sie gehörte auch zur Konfession der in der Kurpfalz – in Lambrecht oder Frankenthal zum Beispiel – angesiedelten Glaubensflüchtlinge aus Wallonien, nicht zu vergessen die rasch wachsenden reformierten Gemeinden, die niederländische Flüchtlinge im 16. Jahrhundert im nordwestlichen Rheinland und in Westfalen gründeten. Der Verzicht auf die Prädestinationslehre als einem wichtigen Teil des ursprünglichen Genfer Glaubensbekenntnisses hinderte die Kurpfalz indessen nicht daran, sich dem westeuropäischen Calvinismus besonders verbunden zu fühlen. Die Unterschiede zum Luthertum waren auch ohne Prädestinationslehre noch beträchtlich. Sie betrafen neben der Abendmahlslehre vor allem die Kirchenordnung und das Kirchenregiment.

Nach dem Erlaß des Heidelberger Katechismus existierten auf der Seite der Protestanten also genau genommen drei verschiedene Bekenntnisse: die „Augsburger Konfession" der Lutheraner, die Lehre Calvins, die sich in Genf, in Frankreich, den Niederlanden, auch in Schottland, in England und in Teilen des Rheinlandes und Westfalens ausgebreitet hatte, sowie der pfälzische Calvinismus – entsprechend dem Heidelberger Katechismus –, der sich nach mancherlei Wechseln, wie wir gesehen haben, schließlich unter Johann Casimir in der Kurpfalz endgültig durchsetzte.

Die Lutheraner unter den deutschen Fürsten taten sich schwer mit dem pfälzischen Calvinismus. Für sie war er im allgemeinen nichts anderes als ein Teil des westeuropäischen Calvinismus. Die Kurpfalz trug vor allem unter der Regentschaft Johann Casimirs und später seines Neffen, des Kurfürsten Friedrich IV., selbst dazu bei, daß sich bei den Repräsentanten des Luthertums die Ansicht von der Sonderrolle der Kurpfalz festigte, denn die Kurpfalz verbündete sich mit den Hugenotten in Frankreich und leistete ihnen durch die Entsendung von Soldaten direkte Waffenhilfe. Außerdem vertieften die Kurfürsten von der Pfalz ihre Beziehungen zu den Niederländern und zum England der Königin Elisabeth I. Ein langandauernder, heftiger Streit von Theologen, in dem Tübinger und Heidelberger Professoren und Kirchenräte gegeneinander mit Schimpfworten nicht sparten, vertiefte noch den allgemeinen Eindruck, daß die Kurpfalz in erster Linie zum Lager der westeuropäischen Calvinisten gehöre und vom immer dogmatischer gewordenen Luthertum nicht länger als Glaubensgenosse akzeptiert werde.

Hinter der theologischen Rechthaberei und Wortklauberei verbargen sich bei allen Beteiligten auch machtpolitische Motive und Eifersüchteleien. Die Fürsten der Kurpfalz beanspruchten auf Grund der Größe und Bedeutung ihres Territoriums eine Führungsposition im Reich, speziell im protestantischen Lager. Kursachsen, der eigentliche Vorort des Luthertums, hielt sich jedoch für den berufenen Sprecher der nicht-katholischen Territorien. Der Gegensatz zwischen Kurpfalz und Kursachsen verminderte die Stoßkraft des Protestantismus in einer Zeit, in der die katholische Partei ihre Schwäche mehr und mehr überwand und sich anschickte, die im Reich verlorenen Machtpositionen wiederzugewinnen.

Wendepunkt Trient

Es mag ein Zufall sein, daß die „Re-Formation" der römisch-katholischen Kirche durch das Konzil von Trient in jenem Jahr 1563 ein entscheidendes Datum erreichte, in dem Friedrich III. den Heidelberger Katechismus in Kraft setzte und damit die Kurpfalz im Sinne Calvins reformierte. Jedenfalls bedeutet das Jahr 1563 nicht nur für die Deutschen sondern für ganz Europa einen konfessionspolitischen Wendepunkt, zumal zugleich mit den Beschlüssen von Trient und den Veränderungen in der Kurpfalz auch die 39 Artikel der anglikanischen Glaubenslehre in England zur Grundlage eines neuen, von Rom unabhängigen Staatskirchentums gemacht wurden.

Insgesamt 18 Jahre dauerte – mit langen Unterbrechungen – das Trienter Konzil. Im Spätherbst 1563 gelangten die Vertreter der römisch-katholischen Kirche schließlich zu verbindlichen Ergebnissen, die der Papst am 28. Januar 1564 bestätigte. Durch den Augsburger Reichstag von 1555 war das ursprüngliche Ziel des Konzils, die Entscheidung über die Rechtmäßigkeit der reformatorischen Glaubenslehren, hinfällig geworden. So wurde die letzte Konzilsphase zu einer einseitigen Angelegenheit der alten Kirche. An den Beratungen beteiligten sich im übrigen zu jener Zeit nur wenige deutsche Bischöfe. Die Bedeutung der Konzilsbeschlüsse minderte das nicht. Mit dem Konzilsende begann der Wiederaufbau der alten Kirche. Drei Pfeiler sollten das wankend gewordene Gebäude neu stabilisieren: eine straffe Kirchenregierung, die Kirchenbräuche und das Dogma. Die Macht des Papstes war nun so sehr gefestigt, daß später gesagt wurde, mit dem Konzil von Trient habe das Zeitalter des päpstlichen Absolutismus begonnen. Aber nicht nur der Papst gewann an Amtsautorität, auch die Bischöfe wurden kirchenrechtlich gestärkt. Priester, die sich außerhalb der Klöster betätigten, unterstanden nun der Aufsicht des zuständigen Diözesanbischofs. Die Diözesen bildeten den Mittelpunkt kirchlichen Lebens und kirchlicher Aktionen. Der Einfluß Roms gerade auf die deutschen Diözesen nahm zu, weil man die Rechte der Kirchenprovinzen und der Erzbischöfe beschnitt. Das geschah unter anderem wegen der Furcht, daß sich aus allzu starken und selbständigen Kirchenprovinzen eine nationale oder, besser gesagt, eine eigenständige, von der römischen Kurie relativ unabhängige Kirche entwickeln könne.

Mit der Reform des Klerus beseitigten die Beschlüsse von Trient eine nicht geringe Zahl der Mängel, die Anlaß zur Kritik und schließlich zur Spaltung der Kirche gegeben hatten. Verboten war nun die Anhäufung von Pfründen. Die Inhaber von Kirchenämtern mußten am Amtsort wohnen, sie hatten Residenzpflicht. Innerhalb von drei Monaten mußten Bischöfe ordinierte Priester werden. Der Wunsch des Kaisers nach Abschaffung des seit dem Mittelalter geltenden Zölibats blieb in Trient allerdings unerfüllt. Das Konzil ermahnte stattdessen den Klerus, ein „seinem Beruf geziemendes Leben" zu führen. Zu den wichtigsten Reformen, die das Trienter Konzil bewirkte, gehört die verbesserte Ausbildung des weltlichen Klerus durch intensives Studium von Theologie, Philosophie und Kirchenrecht. Zur Vorbereitung auf den Beruf des

Priesters richtete man Internatsschulen, die sogenannten Seminare, ein. Die Verwirklichung dieses wichtigen Vorhabens erwies sich indes als langwierig und schwierig. Erst im 18. Jahrhundert existierte in Deutschland eine genügend große Anzahl von Priesterseminaren.

Die neuen Anforderungen und Aufgaben belebten die römisch-katholische Kirche. Sie versuchte nun, das an den Protestantismus im Herzen Europas verlorene Terrain wiederzugewinnen. Die Gegen-Reformation begann. Wichtigster Bannerträger der Gegen-Reformation war der Jesuitenorden. Der nach militärischen Vorbildern aufgebaute Orden, geführt von einem „General", hat seine spanischen Wurzeln nie verborgen. Die Erfahrungen im Kampf gegen den Islam, gegen die „Ungläubigen" bei der Wiedereroberung Spaniens, der „Reconquista", brachte der Ordensgründer, Ignatius von Loyola, mit nach Italien und bald auch nach Deutschland. Wenn die römisch-katholische Kirche nach dem Konzil von Trient zu einer „Ecclesia militans und triumphans" geworden ist, so verdankt sie dies zu einem nicht geringen Teil den mit den Jesuiten aus Spanien gekommenen Impulsen und Neuerungen.

Die „kämpfende Kirche" zeigte ihren neu erwachten Behauptungswillen vor allem in den französischen Hugenottenkriegen und in den Niederlanden. In Deutschland bemühte man sich nach dem Trienter Konzil besonders intensiv um eine Verbesserung der Priesterausbildung; die römisch-katholische Kirche sollte den Verfechtern des neuen Glaubens auch in theologischen Auseinandersetzungen besser gewachsen sein. In Speyer wurde, wie schon erwähnt, damals einer der führenden Jesuiten, Peter Canisius, aktiv. Als Provinzial der oberdeutschen Ordensprovinz sorgt Canisius im Jahre 1565 dafür, daß man in den deutschen Diözesen die Beschlüsse von Trient beachtete und verwirklichte. In die Glaubensdiskussion griff Canisius mit zahlreichen Schriften ein. Sein gegenreformatorischer Katechismus fand große Verbreitung. Bis zum Jahre 1700 erreichte diese Schrift mehrere hundert Ausgaben. Daß der wichtigste der deutschen Jesuiten einen festen Platz in der Geschichte des Bistums Speyer besitzt, mag im übrigen damit zusammenhängen, daß sich die alte Kirche durch den Calvinismus der Kurpfalz und deren Verbindungen mit den französischen Hugenotten besonders herausgefordert fühlte.

Johann Casimirs Frankreichpolitik

Trotz neuer Bemühungen der römisch-katholischen Kirche und der von Speyer aus aktiv gewordenen Jesuiten hatte eine Gegen-Reformation in den protestantischen Territorien am Oberrhein wenig Aussicht auf Erfolg. Allerdings schien es nach dem Tode des Kurfürsten Friedrich III. – er war nach siebzehnjähriger Regentschaft im Frühjahr 1576 in Heidelberg gestorben –, daß nun in Deutschland eine Bastion des Calvinismus fehle. Der Haupterbe Friedrichs III., Kurfürst Ludwig VI., bemühte sich nach Kräften um die Einführung des Luthertums, das er schon in der von ihm regierten Oberpfalz nachdrücklich gefördert hatte. Doch diese Episode in der wechselvollen und verwirrenden Reformationsgeschichte der Kurpfalz endete nach sieben Jahren mit Ludwigs frühem Tod. Für Friedrich IV., den noch unmündigen, erst

Pfalzgraf Johann Casimir verlegte für kurze Zeit die Universität Heidelberg nach Neustadt an der Haardt. Stich von Wolfgang Kilian.

312

neunjährigen alten Erben Ludwigs, übernahm im Jahre 1583 Johann Casimir die Regentschaft in Heidelberg und führte das Land zurück zu den konfessionspolitischen Prinzipien seines frommen Vaters, des Kurfürsten Friedrich III.

Johann Casimir konzentrierte sich indes nicht nur auf Änderungen im Kirchenregiment der Kurpfalz, ihm waren die auswärtigen Beziehungen seines Territoriums ebenso wichtig wie die inneren Verhältnisse. Am meisten interessierten ihn die Auseinandersetzungen in Frankreich. Nahezu alle Repräsentanten des französischen Hugenottentums hatte Johann Casimir kennengelernt, als er, entsprechend einer Tradition der pfälzischen Wittelsbacher, die Zeit zwischen seinem neunten und sechzehnten Lebensjahr am Hofe Heinrichs II. von Frankreich verbrachte und dort zusammen mit den Söhnen des französischen Adels erzogen wurde. Einer seiner alten Bekannten war der Hugenottenführer Henri von Condé, Angehöriger einer Seitenlinie des Hauses Bourbon. Noch zu Lebzeiten Friedrichs III. traf Johann Casimir mit Condé eine Vereinbarung, die den Pfalzgrafen zur Aufstellung eines Hilfsheeres verpflichtete. Die französische Seite, so lautete das Abkommen, werde die Kosten für die 12 000 Mann starke pfälzische Truppe übernehmen. Pro Mann und Monat war ein Goldgulden veranschlagt. Doch Johann Casimir wollte mehr sein als nur der Führer eines Söldnerheeres. Er nutzte die Gelegenheit, die ihm das Hilfeersuchen Condés im Jahre 1575 bot, auch zu politischen Absprachen und ließ sich in der Vereinbarung bestätigen, daß in den französischen Angelegenheiten nichts ohne seine Zustimmung beschlossen werden solle. In ganz Frankreich, so lautete das gemeinsame Ziel der Bündnispartner, wolle man die Religionsfreiheit befestigen.

Es scheint, als habe sich der selbstbewußte Johann Casimir gegenüber Frankreich auch als Vertreter der allgemeinen Reichsinteressen verstanden, denn die Vereinbarung mit Condé enthielt Bestimmungen, die die alten bis zum Westfälischen Frieden rechtlich zum Reich gehörenden Bistümer Metz, Toul und Verdun betrafen. Nach dem Sieg der vereinigten Streitkräfte Condés und Casimirs sollten diese drei Bistümer unter Duldung der protestantischen Lehre dem Prinzen Condé zur Verwaltung überlassen bleiben. Mit dieser Absprache korrigierte Johann Casimir im konfessionellen Bereich einen Vertrag, den der Kurfürst Moritz von Sachsen ohne Legitimation im Jahre 1552 in Chambord an der Loire mit Heinrich II. von Frankreich abgeschlossen hatte.

Der ebenso merkwürdige wie folgenreiche Vertrag von Chambord sah vor, daß der französische König die drei – nicht deutschsprachigen – Bischofsstädte Metz, Toul und Verdun „als Vikar des Reiches" besetzen könne, ohne daß die Rechte des Reiches dadurch entfallen sollten. Moritz versicherte im Vertrag von Chambord, daß er sich bei König Ferdinand um die Einwilligung für das Vikariat des französischen Königs bemühen wolle. Über die Erfolgschancen dieses Bemühens dürfte der Kurfürst von Sachsen kaum Zweifel gehabt haben, denn sein Vertrag mit Frankreich sollte ja nichts anderes bewirken als eine militärische französische Hilfe im Kampf der Protestanten gegen Kaiser Karl V. Heinrich II. von Frankreich berief sich auf seinen Vertrag mit dem sächsischen Kurfürsten, als er unmittelbar nach der Unterzeichnung des Dokumentes im Februar 1552 ein Manifest erließ, in dem er sich als „Rächer deutscher Freiheit" empfahl und mit 35 000 Mann die drei alten Bischofstädte besetzte.

Im Unterschied zum Vertrag von Chambord, der Heinrichs II. Zugriff auf die drei Städte rechtfertigen sollte, war in der Vereinbarung zwischen Condé und Johann Casimir nicht die Rede von den drei Städten sondern von den drei gleichnamigen lothringischen Bistümern. Der Pfalzgraf Johann Casimir wollte 23 Jahre nach dem Vertrag von Chambord sicherstellen, daß die drei alten Reichsbistümer mit Hilfe der Hugenotten protestantisch würden und protestantisch blieben. So jedenfalls las man es in der Vereinbarung des Pfalzgrafen mit dem Hugenottenführer. Die ausdrückliche Erwähnung der Bistümer – an Stelle der drei gleichnamigen Städte – versteht man, wenn man sich daran erinnert, daß damals die Grenzen der Metzer Diözese bis in den westlichen Teil der heutigen Pfalz reichten. Die Verwaltung der drei Bistümer wollte Johann Casimir im übrigen dem französischen Partner überlassen. Da Johann Casimir mit der Diplomatensprache und mit Rechtsfragen durchaus vertraut war, dürfte er den Begriff „Verwaltung" mit Bedacht gewählt haben; eine unveränderte Reichszugehörigkeit dieser Territorien war rechtlich durchaus mit einer französischen Verwaltung zu vereinbaren.

Die praktischen Konsequenzen der Vereinbarungen zwischen Condé und Johann Casimir blieben gering. Die pfälzischen Soldaten zogen zunächst nach Süden, wo ihnen die Vorratskammern und Keller Burgunds das Söldnerleben angenehm erscheinen ließen. An der Loire kam es bald zu einem Waffenstillstand zwischen den französischen Bürgerkriegsparteien, ohne daß eine größere Schlacht geschlagen worden wäre. Der Pfalzgraf, dem man bei der Einstellung der Feindseligkeiten die baldige Begleichung seiner Geldansprüche zusagte, wartete im Frühjahr 1576 vergebens auf die vereinbarten und versprochenen Zahlungen. Eine pfälzische Gesandtschaft, die später am französischen Hof die geschuldete Summe eintreiben sollte, kehrte mit leeren Händen nach Heidelberg zurück.

Trotz dieser negativen Erfahrung griff Johann Casimir neun Jahre später wieder in die schon 25 Jahre andauernden französischen Religions- und Machtkämpfe ein, nun allerdings nicht als der Führer eines Söldnerheeres sondern als Regent der Kurpfalz und als Repräsentant protestantischer Fürsten in Deutschland. Anlaß war das Edikt von Nemours König Heinrichs III. vom 7. Juli 1585. Diese Verfügung des französischen Königs beendete die religiösen Freiheiten der Reformierten. Sie durften keinen Gottesdienst mehr nach ihrem Kult halten, die Priester mußten das Land verlassen oder zum katholischen Glauben konvertieren. Heinrich III. stellte sich mit diesem Edikt ganz auf die Seite und in den Dienst der katholischen Partei, der „Heiligen Liga", als der Vertreterin der päpstlichen und auch der spanischen Interessen.

Nach calvinischem Verständnis war eine ungerecht handelnde Obrigkeit zu bekämpfen. Eine Neutralität konnte es in diesem Falle auch für Außenstehende nicht geben. Auf Betreiben der Kurpfalz schickten mehrere deutsche

Fürsten im November 1585 ein Schreiben an den französischen König. Darin baten sie ihn dringlich, er möge den Hugenotten ihre religiösen Rechte zurückgeben und die Verfolgung einstellen. Daß sich auch lutherische Fürsten an diesem sehr stark von Johann Casimir beeinflußten Vorstoß beteiligten, erklärte sich aus der allgemeinen Situation. Die Protestanten insgesamt befürchteten, daß Heinrich III. von Frankreich nur ein Werkzeug in der Hand der Führer der katholischen Liga, der lothringischen Guisen, sei (nicht zu verwechseln mit den niederländischen Aufständischen, den „Geusen" oder „Bettlern") und daß die französische katholische Liga zusammen mit dem Spanier Philipp II. und dem Papst nun den großen Angriff auf den ganzen Protestantismus beginne. Nach den Hugenotten und den Niederländern werde das nächste Ziel einer kriegerischen Gegen-Reformation auch das „Augsburger Bekenntnis" sein, meinte zum Beispiel der sonst eher zurückhaltende, mit dem Hause Habsburg-Österreich stets guten Kontakt haltende Herzog Ludwig von Württemberg.

Mit Sorge vernahmen die deutschen protestantischen Fürsten, was ihnen der Gesandte Heinrich von Navarras, des späteren König Heinrich IV., (er war seit 1581 als Nachfolger Henris von Condé der Führer der Hugenotten) über die Verhältnisse in Frankreich und die Lage der Hugenotten zu berichten hatte. Im Sommer 1586 schickten die protestantischen Fürsten eine Sondermission nach Paris zu Heinrich III., um ihrem Wunsche Nachdruck zu geben. Doch der König, die Stärke der katholischen Liga fürchtend, verweigerte dieser Gesandtschaft unter nichtigen Vorwänden ein Gespräch. Erst im Oktober empfing Heinrich III. den noch in Paris verbliebenen Vertreter der Kurpfalz, Hans von Helmstadt. Er handle nicht als Werkzeug, sondern aus eigenem Willen, behauptete Heinrich III. in diesem denkwürdigen Gespräch mit dem Vertrauten Johann Casimirs.

Die Kurpfalz zog aus dem gescheiterten Versuch einer Einflußnahme zugunsten der Hugenotten bald militärische Konsequenzen, obwohl sich andere protestantische Fürsten – unter anderem wegen des immer noch andauernden Streits zwischen lutherischen und calvinischen Theologen – nicht zu einem gemeinsamen Vorgehen gegen Heinrich III. und die katholische Liga entschließen konnten. Nur Hessen beteiligte sich an der Aufstellung eines Heeres. Unter dem Kommando des offenbar wenig kriegserfahrenen Burggrafen Fabian von Dohna drang im Juli 1587 eine kurpfälzisch-hessische Steitmacht von 15 000 Mann in Frankreich ein. Im November endete der Feldzug, nachdem Kurpfälzer und Hessen von einem Heer unter der Führung eines Guisen besiegt und von französischem Territorium vertrieben worden waren.

Zwei Jahre später – 1589 – erbte der Hugenottenführer Heinrich von Navarra die Krone Frankreichs, ohne daß diese überraschende Wendung den Kampf zwischen der katholischen Liga und den Reformierten beendet hätte. Nun kam der Wunsch nach militärischer – und finanzieller – Hilfe von einem französischen König. Doch die Streitmacht, die im Jahre 1591 schließlich unter der Führung Christians von Anhalt in den französischen Bürgerkrieg eingriff, litt unter Geldmangel. Ihre militärische Wirksamkeit blieb gering. Als dann im Herbst 1591 der zum Calvinismus tendierende Kurfürst Christian von Sachsen starb und in den ersten Januartagen des Jahres 1592 auch Johann Casimir im Alter von 49 Jahren einer Krankheit erlag, endete das aktive Eingreifen deutscher Fürsten in die französischen Hugenottenkriege.

Heilbronner Bund und Union

Wäre es nach dem Pfalzgrafen Richard von Simmern gegangen, dann hätte er, der schon betagte Bruder Friedrichs III., nach dem Tode seines Neffen Johann Casimir im Jahre 1592 die Kurwürde erhalten und die Kurpfalz geerbt, nicht aber der noch kaum 18 Jahre alte Friedrich IV. Richard von Simmern war kein Freund des von seinem Bruder Friedrich III. eingeführten Calvinismus, er hing dem Luthertum an. Eine Belehnung seines jugendlichen Großneffen Friedrich IV. werde dem Calvinismus im Reich die Türen öffnen und damit nachteilige Folgen haben, gab Richard von Simmern in einem Schreiben an den Kaiser zu bedenken. Das Argument machte nicht nur bei den Kaiserlichen Eindruck, es entsprach auch den Sorgen, die viele protestantisch-lutherische Fürsten wegen dem von Friedrich III. begonnenen und von Johann Casimir fortgesetzten Sonderweg der Kurpfalz seit langem hatten. Doch man zögerte mit einer offenen Parteinahme zugunsten des alten Pfalzgrafen aus Simmern. Das Erbrecht sprach nun einmal für den Enkel Friedrichs III., nicht für dessen Bruder. Das Zögern und Abwarten der protestantischen Fürsten wurde durch das Eingreifen der Königin Elisabeth von England unterstützt, die in einem Schreiben an den Kurfürsten von Sachsen ganz entschieden für das Recht Friedrichs IV. eintrat. Auch die reformierten Kräfte in den Niederlanden und in Frankreich warnten die Protestanten im Reich vor den Ansprüchen Richards von Simmern und einer Diskriminierung der calvinischen Glaubensüberzeugung. Dieses starke Interesse der Reformierten unter den westlichen Nachbarn trug zur Isolierung des Pfalzgrafen von Simmern bei. Immerhin erreichte Richard mit seinem Eingreifen und seinem Widerspruch gegen Friedrich IV. einen Aufschub der kaiserlichen Entscheidung. Erst im August 1594 kam Friedrich IV. beim Regensburger Reichstag offiziell zu seinem Recht, als ihn der Kaiser feierlich mit der Pfalz belehnte.

Schon früh war Friedrich IV. von seinem Onkel und Ziehvater Johann Casimir und von sorgfältig ausgesuchten Lehrern auf seine künftigen Aufgaben als Herr der Kurpfalz vorbereitet worden. Dem Jüngling, der dem frommen Johann Casimir sehr ergeben war, fehlte es nicht an Selbstvertrauen, als er sich zwei Monate vor seinem 18. Geburtstag an die Spitze der Kurpfalz gestellt sah. Den Einfluß dieses Territoriums wollte Friedrich IV. im Reich genau so geltend machen, wie es die Vorfahren und Vorgänger getan hatten. Am Calvinismus der Kurpfalz sollte nicht gerüttelt werden.

Der noch unerfahrene, jugendliche Friedrich IV. beschränkte seine politischen Interessen keineswegs auf die Kurpfalz. Schon bald nach dem Tode seines Onkels Johann Casimir machte er sich beim Streit um das Straßburger Bistum, wegen dessen Besetzung sich die Reformierten mit dem in Zabern sitzenden – katholischen – Domkapitel uneins waren, zum Fürsprecher und Helfer der Calvinisten. Das Sendungsbewußtsein, das Friedrich IV. von der Pfalz bei dieser und bei anderen Gelegenheiten zeigte, irritierte vielerorts.

Voller Mißtrauen beobachtete der lutherische Teil des protestantischen Lagers die Führungsansprüche des Heidelberger Kurfürsten. Daran änderte sich auch nichts, als die protestantischen Fürsten und Städte im Frühjahr 1594 in der fränkischen Reichsstadt Heilbronn ein gemeinsames Vorgehen in der Reichspolitik verabredeten. Man wollte beim bevorstehenden Reichstag „für einen Mann stehen", versicherten sich die Teilnehmer der Heilbronner Konferenz. Das Hauptziel der protestantischen Fürsten und Städte galt der Abwehr von Ansprüchen jener katholischen Stände, die immer wieder eine Rückgabe all der Kirchengüter verlangten, die sich vor dem im Jahre 1552 abgeschlossenen Passauer Vertrag in katholischer Hand befanden.

Bei der Wahl ihrer Verbündeten waren die in Heilbronn versammelten Protestanten durchaus großzügig: sie gewährten dem französischen König Heinrich IV. zum Dank für dessen Parteinahme zugunsten der Reformierten im Straßburger Bischofsstreit einen Kredit von 400 000 Gulden. Mit dieser von Friedrich IV. und seinen pfälzischen Räten stark beeinflußten Entscheidung setzte man in Heilbronn ein Signal für die Ausweitung der im Reich schwelenden Konflikte.

Daß nicht alle protestantischen Stände diese kurpfälzische Politik vorbehaltlos unterstützten, mußte die pfälzische Delegation schon bald in Regensburg erfahren. Auf dem Reichstag wankte die Front der Protestanten. Die katholischen Stände setzten sich durch, denn der Reichstag bewilligte dem Kaiser Gelder für den Türkenkrieg, ohne die von der Kurpfalz vorgesehenen Bedingungen zu erfüllen. Friedrich IV. ließ sich von diesem Rückschlag allerdings nicht beirren. Beraten von dem pfälzischen Theologen David Pareus, dem Autor der Neustadter Bibelübersetzung, versuchte sich Friedrich IV. an der Gründung einer gemeinsamen Konfession von Lutheranern und Calvinisten. Auf der Grundlage eines alle protestantischen Stände einigenden Glaubensbekenntnisses wollte Friedrich IV. die politische Position der Kurpfalz im Reich festigen. Der Versuch scheiterte. Friedrichs Argumente fanden weniger Gehör als die eines brandenburgerischen Lutheraners, der seine Glaubensbrüder in einer Schrift von der „calvinischen Bruderschaft" warnte.

Nach dieser negativen Erfahrung konzentrierte sich Friedrich IV. auf die Sammlung der nicht-„papistischen" Kräfte in einer politischen Union. Da der Calvinismus am Ende des 16. Jahrhunderts an Boden gewann – unter anderem in Baden-Durlach, in Anhalt, in Teilen Schlesiens, in Holstein und, mit dem Landgrafen Moritz, in Hessen-Kassel – schien die Gelegenheit zum Aufbau einer wirksamen protestantischen Gruppierung relativ günstig. Zur Vorbereitung eines derartigen Bündnisses trafen sich die calvinisch gesinnten Fürsten im Jahre 1603 in Heidelberg. Der Gefahr, die vom Papst und von Spanien als dem Hort der Gegenreformation drohte, wollte die Heidelberger Konferenz systematisch entgegentreten. In einem gemeinsamen finanziellen Fonds sollten die nötigen Mittel gesammelt werden; ein Schiedsgericht würde fortan Streitigkeiten im eigenen Lager schlichten. Die lutherischen Fürsten und Heinrich IV. von Frankreich (der nach der Übernahme der Krone katholisch geworden war) wurden eingeladen, dem Bündnis beizutreten. In einer Erklärung betonten die in Heidelberg versammelten calvinischen Fürsten, daß ihre Zusammenarbeit nicht der „Widersetzlichkeit gegen das Oberhaupt des Reiches" dienen solle. Man bereite sich lediglich vor zur „etwaigen Verteidigung gegen Gewalt, besonders von Seiten papistischer Stände".

Knapp zwei Jahrzehnte vor dem offenen Ausbruch des großen Konfliktes zeigte das Heidelberger Treffen von 1603 bereits deutlich eine Polarisierung der Kräfte. Fühlte sich der pfälzische Kurfürst als der erste Fürsprecher protestantischer Rechte und Freiheiten, so befanden sich die bayerischen Wittelsbacher an der Spitze des katholischen Lagers. Zusammen mit dem habsburgisch-österreichischen Kaiser und den in einigen Fällen ebenfalls von Wittelsbachern regierten katholischen Bistümern bildete das Herzogtum Bayern die Vorhut der von den Calvinisten so gefürchteten „papistischen Stände".

Friedrich IV. selbst wollte im übrigen nicht allein auf die Kraft und Stärke seiner Bundesgenossen im Reich und auf die Freundschaft mit Heinrich IV. von Frankreich vertrauen. Er suchte und fand engeren Kontakt auch zu England und vor allem zu den Niederlanden. Die Heirat des Heidelberger Kurfürsten mit Luise Juliane, der Tochter Wilhelms von Oranien, begünstigte die pfälzisch-niederländischen Beziehungen. Die Zusammenarbeit mit Heinrich IV. und mit Jakob von England gewann für die Kurpfalz noch an Bedeutung, nachdem der Kurfürstentag von Fulda im Jahre 1606 wieder einmal gezeigt hatte, daß weder Kursachsen noch Kurbrandenburg bereit waren, eine von der Kurpfalz geführte protestantische Gruppierung im Reich aktiv zu unterstützen. Die negative Erfahrung mit den lutherischen Protestanten im Reich veranlaßte Friedrich IV. zu einem formellen Bündnis mit Frankreich, das Christian von Anhalt als Hauptunterhändler der Kurpfalz zustande brachte. Dieses pfälzisch-französische Bündnis sollte der Kern einer zum gegenseitigen Beistand verpflichteten Allianz sein, für die man auch England und die Niederlande gewinnen wollte.

Die Pfälzer verlassen den Reichstag

Die Auseinandersetzungen zwischen Protestanten und Katholiken erreichte in jenen Jahren einen Höhepunkt. Streitgegenstand war die Anwendung des bereits erwähnten Passauer Vertrages von 1552 bei der geforderten Rückgabe von vier Klöstern. Ein Konflikt in Donauwörth, bei dem es zwischen den Mönchen eines weiterbestehenden Klosters und den – protestantischen – Bürgern der Stadt zu Tätlichkeiten kam, erhitzte im Jahre 1607 vollends die Gemüter, zumal Herzog Maximilian von Bayern (Vollstrecker der vom Kaiser verhängten Reichsacht) die mit einer hohen Geldbuße bedachte Stadt in seiner Hand behielt, und die Jesuiten in Donauwörth mit einer Gegenreformation begannen. Der Regensburger Reichstag von 1608 wurde unter diesen Umständen zu einer Wendemarke in der Reichspolitik. Die katholische Partei fühlte sich stark genug für eine Kraftprobe. Sie verlangte in Regensburg sowohl einen Beschluß über die Türkenhilfe als auch die vollständige Rückgabe aller Kirchengüter, die nach 1552 säkularisiert worden waren. In diesen beiden Forderungen sah der Vertreter der Kurpfalz eine Provokation durch den Kaiser und dessen Verbündete. Unter Protest verließ deshalb der Delegierte aus Heidelberg den Reichstag. Die meisten der protestantischen Stände, auch Brandenburg, folgten dem kurpfälzischen Beispiel. Der Reichstag als Hauptorgan des Reiches und der Reichspolitik war damit lahmgelegt.

Wenige Wochen später – am 15. April 1608 – gründeten protestantische Stände eine Union in dem Ort Auhausen (in einem vom Markgrafen von Ansbach im Jahre 1534 säkularisierten Kloster). Die Fürsten der Kurpfalz, von Pfalz-Neuburg, Ansbach, Kulmbach, Baden-Durlach, Sachsen-Anhalt und Württemberg verpflichteten sich zu einem zunächst auf zehn Jahre befristeten Verteidigungsbündnis. Mehrere Reichsstädte, darunter Straßburg, Ulm und Nürnberg sowie weitere Fürstentümer, wie Pfalz-Zweibrücken, beteiligten sich ebenfalls. Der Zweck des Bündnisses bestand in der „Abwehr von Rechtswidrigkeiten und Gewalttätigkeiten". Dazu gehörte auch jede Ausübung der Reichsgewalt, die den Anschauungen der Unions-Mitglieder nicht entsprach. Zum Direktor des Bundes bestimmte man Friedrich IV., den Kurfürsten von der Pfalz, als Vorsitzender des Kriegsrates amtierte Christian von Anhalt.

Wenig mehr als ein Jahr nach der Gründung einer von der Kurpfalz geführten protestantischen Union formierten sich im Sommer 1609 die Gegenkräfte. Eine Gruppe von katholischen Fürsten gründete die „Liga". Sprecher und militärischer Führer dieses Bündnisses war der Bayernherzog Maximilian. Neben den bayerischen, schwäbischen und fränkischen Fürstbistümern schlossen sich auch die drei rheinischen Erzbistümer Kur-Köln, Kur-Trier und Kur-Mainz der „Liga" an. Auch dieses Bündnis diente der Verteidigung, nämlich dem Schutz der katholischen Sache. Mit der Gründung der „Union" und der „Liga" waren die konfessionellen Fronten im Reich für jederman sichtbar abgesteckt.

Auf dem Papier erschien die protestantische Union als ein ziemlich mächtiges Gebilde. Die Wirklichkeit korrigierte diesen Eindruck. Der Gegensatz zwischen Lutheranern und Calvinisten bestand fort und behinderte eine Führungsrolle der Kurpfalz. Die Reichsstädte wünschten, anders als Friedrich IV. und Christian von Anhalt, keine Bindung an fremde Mächte. Solch – einseitige – Partnerschaften widersprachen den reichsstädtischen Interessen. Man trieb ja mit allen europäischen Regionen Handel und dieser Handel sollte nicht durch politische Parteinahme gestört werden. Da die Union auf die Finanzkraft der Städte angewiesen war, mußte man die Vorbehalte der Stadtherren respektieren, die im übrigen zur Betonung des defensiven Charakters der Union die Bezeichnung „Union der friedlichen Stände" durchgesetzt hatten.

Auch einige der kleineren und schwächeren Partner in der Union zeigten Mißtrauen gegen eine Bündnispolitik, die der Kurpfalz eine Art Großmachtposition im Reich und in Europa hätte verschaffen können. Die meisten Fürsten pochten auf eine möglichst große Eigenständigkeit. Deshalb, nicht nur aus konfessionellen Gründen, wehrten sie sich gegen die Macht des Kaisers und Habsburg-Österreichs. Eine Kurpfalz, die eines Tages an Stelle von Habsburg-Österreich die Reichspolitik dirigiert hätte, war den meisten Territorialherren ebenso unerwünscht wie eine wirkungsvolle kaiserliche Macht. Auch wenn man bei der Gründung der Union im Prinzip über die gemeinsame Abwehr „papistischer Umtriebe" einig war, so konnte aus dieser Allianz wegen der unterschiedlichen Interessen der Bündnispartner doch nicht der bedeutende Machtfaktor werden, den sich Friedrich IV. von der Pfalz für die Reichspolitik gewünscht haben mag.

Vorspiel zum Krieg

Das Vorspiel zum großen deutschen und zugleich europäischen Macht- und Glaubenskampf begann bereits in der Zeit der Gründung der katholischen Liga, als mit dem Tod des Herzogs von Jülich, Cleve und Berg im Jahre 1609 ein Erbfall mit weitreichenden reichspolitischen Folgen eintrat. Mit Unterstützung der von Friedrich IV. von der Pfalz geführten protestantischen Union nahmen Brandenburg und Pfalzgraf Philipp Ludwig von Neuburg die freigewordenen Territorien in Besitz. Der Kaiser freilich betrachtete die umstrittenen Gebiete als „heimgefallen". Im Februar 1610 stellte sich auch Heinrich IV. von Frankreich auf die Seite der Protestanten. Er versprach Brandenburg sowie Pfalz-Neuburg Hilfe. Der Krieg zwischen Protestanten und Kaiserlichen begann. Die Kaiserlichen dehnten den Kampf sogleich auf das oberrheinische Gebiet aus und schickten Truppen in protestantische Gebiete im Elsaß. Die Kurpfalz reagierte zusammen mit dem badischen Markgrafen durch die Entsendung eines Truppenkontingentes, das den Rhein bei Straßburg überquerte.

Da das katholische Lager durch innere Zwistigkeiten behindert war, galten die Erfolgsaussichten der Protestanten in diesem Feldzug als recht gut. Die optimistischen Erwartungen der Union bestätigten sich, als Heinrich IV. von Frankreich offiziell auf ihre Seite trat. Der Rückschlag kam für die Union plötzlich und unerwartet. Als die Franzosen aktiv in den Kampf am Oberrhein und am Niederrhein eingriffen, fiel Heinrich IV. am 14. Mai 1610 durch Mörderhand. Auch wenn die französischen Truppen weiterkämpften, fehlte der Union nun doch ihr wichtigster Bundesgenosse. Ohne den ehemaligen Hugenottenführer bestand wenig Aussicht auf eine grundlegende Änderung der Machtverhältnisse zugunsten der Protestanten, ein Vorhaben, für dessen Verwirklichung der Erbstreit von Jülich, Cleve und Berg einen Anlaß geboten hatte. Dieser Erbstreit endete mit einer Spaltung des protestantischen Lagers, als der Kaiser den Kurfürsten von Sachsen mit den niederrheinischen Herzogtümern belehnte. Nun befanden sich Sachsen und die Mitglieder der protestantischen Union in einem Interessengegensatz. Zur Schwächung des protestantischen Lagers trug entscheidend bei, daß Kurfürst Friedrich IV. erkrankte und am 9. September 1610 starb. Sechs Wochen danach kam es zu einem Waffenstillstand. Ein Schiedsgericht sollte endgültig über den Besitz von Jülich, Cleve und Berg entscheiden. So endete der Konflikt vier Jahre nach dem Waffenstillstand im Vertrag von Xanten. Jülich und Berg blieben in diesem

Vertrag weiterhin in der Hand des Neuburger Pfalzgrafen. Dieser, Wolfgang Wilhelm, war im Jahre 1613 kurz vor seiner Heirat mit Magdalena, der Schwester des Bayernherzogs Maximilian, zum katholischen Glauben konvertiert. Im Jahre 1615 verließ Pfalz-Neuburg die protestantische Union; zwei Jahre später, im Jahre 1617, kündigte auch Brandenburg die Mitgliedschaft in diesem vom pfälzischen Kurfürsten Friedrich IV. initiierten Bündnis.

Mannheim als Schutzwall der Pfalz

Achtzehn Jahre lang regierte Friedrich IV. die Kurpfalz. Als dieser Wittelsbacher aus der Linie Pfalz-Simmern starb, war er erst 36 Jahre alt und doch hatte er in so jungen Jahren schon das geschaffen, was man bei Politikern und bei regierenden Fürsten ein Lebenswerk nennt. Die protestantische Union – mit all ihren Schwächen – ist der wohl bekannteste Teil dieses Lebenswerkes. Man sollte indes neben dem unermüdlichen Interesse, das Friedrich IV. für die konfessionelle Frage, für die Reichspolitik und auch für die europäische Politik zeigte, nicht vergessen, daß die Kurpfalz mit Heidelberg am Beginn des 17. Jahrhunderts zu den wichtigen geistig-kulturellen Zentren des Reiches und ganz Europas gehörte. Das war ein nicht geringer Verdienst von Friedrich IV., auch wenn seine Vorgänger und Vorfahren schon viel zum Ruf der Kurpfalz und ihrer Hauptstadt beigetragen hatten.

Hauptattraktion der kurpfälzischen Residenz waren die Universität und die Palatina. Hunderte kamen nach Heidelberg der herrlichen Bibliothek zuliebe, lesen wir bei einem kurpfälzischen Chronisten. Fast alle bedeutenden Gelehrten jener Zeit, auch die katholischen Gelehrten, seien dieser Bücher- und Handschriftensammlung verpflichtet gewesen. Friedrich IV., ein leidenschaftlicher Bücherfreund, sorgte dafür, daß die Bestände auf jede mögliche Weise ergänzt wurden, um Heidelbergs Rang zu sichern. Die Universitätsreformen der pfälzischen Kurfürsten des 16. Jahrhunderts bewirkten, daß die Professoren zwar nicht ein üppiges, aber doch sicheres Einkommen hatten und ungestört arbeiten konnten. In der Zeit Friedrichs IV. stieg die Zahl der Studenten weiter an und blieb sehr hoch. Man war stolz darauf, daß die Heidelberger Universität das Mittelalter vollends überwunden hatte und nun zu den „modernen" Einrichtungen des Abendlandes zählte. Wenn man unterstellt, daß es die Absicht Friedrichs IV. gewesen ist, die Kurpfalz zu einem Mittelpunkt des Reiches zu machen und europäische Politik mitzugestalten, dann darf man nicht vergessen, daß außer Wien, Prag und Leipzig mit ihren Universitäten kaum eine andere Stadt im Reich mit Heidelberg konkurrieren konnte.

Ehrgeiz und machtpolitisches Kalkül veranlaßte Friedrich IV. neben dem Ausbau Heidelbergs und seiner Residenz auch zu einer Stadtgründung. Er wählte dafür den Platz an der Mündung des Neckars in den Rhein. Ein kleiner Ort, vermutlich im achten Jahrhundert als Besitz des Klosters Lorsch gegründet, „Mannenheim" mit Namen, lag dort in der Nähe. Seit dem 12. Jahrhundert gehörten das Dorf und die nahegelegene Burg Rheinhausen dem Pfalzgrafen bei Rhein. An diesem Platz erhob der rheinische Pfalzgraf für die Warentransporte Abgaben, den fast legendären und ertragreichen „Zoll am

Kurfürst Friedrich IV., Gründer der Stadt Mannheim mit der Zitadelle Friedrichsburg. Stich von Crispin de Passe.

322

Rhein". Ebenso wie in Frankenthal und in Lambrecht hatten sich hier asylsuchende Reformierte aus den westlichen Nachbarländern angesiedelt. So war das günstig gelegene „Mannenheim" dank dieser Glaubensflüchtlinge am Beginn des 17. Jahrhunderts ein blühender Fabrikort, zu dessen Wohlstand damals im übrigen auch der Weinbau beitrug. Seine politischen Ambitionen veranlaßten Friedrich IV., aus dem ehemaligen Klosterdorf eine starke Festung zu machen. Eine Schutzwehr der Pfalz sollte an diesem strategisch wichtigen Platz entstehen.

Die Bewohner des Ortes „Mannenheim" scheinen von dieser Idee eher mäßig begeistert gewesen zu sein, denn sie wirkten bei der notwendigen Umlegung der Grundstücke nur zögernd mit. Anscheinend befürchteten viele Mannheimer, daß die neue Festung eines Tages die Feinde geradezu anziehen und dadurch die Bewohner des zur Stadt erhobenen Ortes am Ende mehr gefährden als beschützen werde. Im übrigen mußte man für den Bau der Festung manches Haus und manche Scheune abbrechen. Da gab es Widerstände bei den Betroffenen, die der Kurfürst aber mit finanziellen Entschädigungen überwand.

Den Grundstein zum Bau der Festung, „Friedrichsburg" genannt, legte man am 17. März des Jahres 1606. Der Kurfürst hob unter den Augen vieler Gäste und einheimischer Schaulustiger eine kleine Grube aus. Der 10 Jahre alte Kurprinz – Friedrich V. – legte dann in diese Grube eine goldene Platte. In sie war in Latein eine gedrängte historische Darstellung mit Hinweisen auf Römer, Franken und Sueben eingraviert. Die feste Burg mit „Schutzwehr und Stadt", so las man, errichtete „Friedrich IV., Pfalzgraf bei Rhein, zu seinem eigenen, seines Volkes und des Vaterlandes Schutz...". Es sei, überlieferte ein Augenzeuge, beim anschließenden Fest gut gegessen und viel von dem damals gerühmten Mannheimer Wein getrunken worden. Ein Zelt beschützte die Gäste des Kurfürsten vor Sturm und einem heftigen Regen. Am Gründungstag der Stadt und Feste Mannheim schien nach übereinstimmenden Berichten der Zeitgenossen nicht ein einziges Mal die Sonne.

XV
Das Jahrhundert des Schreckens

Auch nach mehr als dreihundert Jahren sind die Ratsprotokolle pfälzischer Städte aus dem 17. Jahrhundert eine aufregende, ja aufwühlende Lektüre. Niemand kann kühl und distanziert bleiben, wenn er Notizen und Berichte über die Qualen und Schrecken liest, die unsere Vorfahren und Ahnen im Dreißigjährigen Krieg und – eine Generation später – in den pfälzischen Feldzügen Ludwigs XIV. erleiden mußten. Wie war das möglich? fragen wir uns noch heute, wie kam es dazu und warum hat gerade die Pfalz damals mehr gelitten als irgendeine andere Region in Deutschland oder in Europa? Einen Teil der Antwort findet man schon in der Entstehungsgeschichte von protestantischer Union und katholischer Liga. Aber die üblichen Stichworte „Reformation" und „Gegen-Reformation" helfen uns bei der Ursachenforschung nicht allzuviel. Wie immer bei Auseinandersetzungen und Konflikten, bei Kriegen und Bürgerkriegen, muß man mehrere, sich oftmals gegenseitig verstärkende Ursachen im Auge behalten, wenn man eine halbwegs einleuchtende Erklärung für derartige historische Katastrophen wie den Dreißigjährigen Krieg und die Franzosenkriege des 17. Jahrhunderts finden will. Dabei ist es nicht nötig, daß sich unser Blick auf ferne Plätze und ferne Mächte richtet; in diesem Falle genügt es, wenn wir unsere Ursachenforschung in der heimatlichen Region beginnen und zunächst auf die Kurpfalz konzentrieren. Die Sonderrolle dieses Territoriums als einer calvinischen Macht im Reiche erscheint dabei besonders wichtig.

Wie groß das Sendungsbewußtsein eines Friedrich IV. gewesen ist, wie sehr einige Heidelberger Theologen und manche politischen Ratgeber die Politik dieses pfälzisch-wittelsbachischen Fürsten beeinflußt haben, das läßt sich bei einer rückblickenden Betrachtung nur noch vermuten. Die überlieferten Dokumente geben darüber keine eindeutige Auskunft. Ziemlich sicher ist indes, daß andere Fürsten im Reich, an erster Stelle die Angehörigen des Hauses Habsburg, die bayerischen Wittelsbacher und die lutherischen sächsischen Territorialherren dem Heidelberger Kurfürsten einen auch religiös begründeten Machtanspruch unterstellt haben, der ihren Wünschen und Interssen zuwiderlief. Mit Argwohn beobachtete man in vielen Territorien des Reiches, wie die Angehörigen der simmernschen Linie des pfälzisch- wittelsbachischen Hauses ihre ohnedies schon starke Position ausbauten. Die Umwandlung des alten Ortes „Mannenheim" zur Festung und Stadt „Mannheim" mit der Friedrichsburg durch Kurfürst Friedrich IV. galt zum Beispiel als ein Indiz für den Machtwillen und Machtanspruch der Kurpfalz; ein anderes, kaum weniger bemerkenswertes Kennzeichen kurpfälzischer Politik entstand zu jener Zeit am linken Ufer des Rheines durch den Ausbau Frankenthals zu einer Festung, deren Stärke und Bedeutung sich am Beginn des Dreißigjährigen Krieges sogar mit dem mächtigen Breisach messen konnte.

Frankenthal, im Jahre 1577 zur Stadt erhoben, symbolisierte durch sein Aufblühen im übrigen auch die engen Beziehungen zwischen der Kurpfalz und den Reformierten in den Niederlanden. Nach der Ansiedlung von zunächst 52 calvinischen Flüchtlingsfamilien war der Kontakt der hochqualifizierten Weber, Tuchmacher, Seidensticker, Gold- und Silberschmiede mit der alten, von den Spaniern bedrängten Heimat keineswegs abgebrochen. Im Gegenteil: die Reformierten in den Niederlanden und die Kurpfälzer kamen einander näher und rückten enger zusammen. Die Heirat Friedrichs IV. mit einer Tochter Wilhelms von Oranien wurde sicherlich überall als eine Demonstration des Behauptungswillens calvinischer Protagonisten verstanden. Doch wer sich im deutschen und europäischen Machtkampf so weit hervorwagte, wie das kurpfälzische Fürstengeschlecht, der mußte auf der Hut sein.

Das als Stadt des Handwerks, des Handels und auch der Malkunst aufblühende Frankenthal erweckte vor allem den Neid der Städte Worms und Speyer. Der Bau eines Kanals zum Roxheimer Altrhein – im Jahre 1590 – fachte Konkurrenzgefühle an, denn nun war Frankenthal direkt an den Warenaustausch über die große Verkehrsader Rhein angeschlossen und wurde damit auch zum Umschlagplatz für Wein und andere Produkte des Landes. Die pfälzischen Wittelsbacher gewannen mit dieser Stadtgründung an wirtschaftlichem Einfluß, mußten sich aber auch über die Gefährdung einer so wichtigen Stadt Sorgen machen. Deshalb begann man noch im 16. Jahrhundert mit dem Ausbau der Befestigungen. Als im Jahre 1621 der große Krieg auch in der Pfalz begann, schützten außer Bollwerken und Sperren zwei wichtige Wälle und ein Wassergraben mit Zugbrücke die Stadt Frankenthal.

Blicken wir indes zunächst einmal zurück auf das Jahr 1613 und damit in eine Zeit, in der man trotz des noch anhaltenden Streites um Jülich, Cleve und Berg in der Kurpfalz friedlich und im relativen Wohlstand lebte. In der Chronik der jungen Stadt Frankenthal verzeichnete man den 4. Juni des Jahres 1613 als einen besonderen Höhepunkt, denn die Stadt empfing an diesem Tag den noch blutjungen, frischvermählten Kurfürsten Friedrich V. mit seiner ebenso jungen Gemahlin Elisabeth. Zu Schiff waren Friedrich und Elisabeth aus Holland und England gekommen. Nun, auf der Reise in die Heidelberger Residenz, machten sie zuerst in Frankenthal halt. Die Bürger der Stadt boten alles auf, was zu einem festlichen Empfang gehörte; Fahnen, Blumen, Musik und Spiele. Besser als an irgendeinem anderen Platz in der Kurpfalz verstand man in Frankenthal, was es politisch bedeuten mußte, daß nun das pfälzische Fürstengeschlecht auch mit dem englischen Königshaus der Stuarts einen Heiratspakt geschlossen und so die Verbindung, die zum Hause Oranien bereits bestand, ergänzt hatte. Die Reformierten, die in Westeuropa der päpstlich-spanisch-habsburgischen Macht widerstehen wollten, waren, so schien es, durch die Heirat des noch nicht 17 Jahre alten Kurfürsten Friedrich V. mit der Tochter König Karls I. von England näher aneinander gerückt. In der Flüchtlingskolonie Frankenthal wußte man dieses Politikum zu würdigen.

Niemand hätte sich im Juni 1613 während der Festlichkeiten gerne daran erinnern lassen, daß die einflußreichen Berater des Königs Jakob von Eng-

Belagerung Frankenthals durch die Spanier im Jahre 1621 (Kupferstich, Städtisches Archiv Frankenthal/Pfalz).

Seit dem Jahre 1590 war Frankenthal, durch den Bau eines Kanals, „Hafenstadt". Im 17. Jahrhundert, während der großen Kriege, versandet, ließ Kurfürst Carl Theodor den Kanal wieder herrichten. (Gemälde von 1830, Städtisches Archiv Frankenthal/Pfalz).

land auf die ersten pfälzischen Kontakte in dieser Heiratssache ziemlich kühl reagiert und hochmütig gefragt hatten, welche Bedeutung denn ein Pfalzgraf habe. Größe und Einfluß der Kurpfalz waren den meisten Lords nicht bekannt gewesen. Für die schöne Prinzessin Elisabeth erwartete man sich am englischen Hofe ursprünglich die Verheiratung mit einem besonders mächtigen und reichen Fürsten Europas, einem Anwärter auf eine Königskrone zum Beispiel. Ein Pfalzgraf und ein deutscher Kurhut befand sich außerhalb der Vorstellungswelt englischer Hofbeamter. Doch nach anfänglichem Zögern erkannte man, daß es für Jakob I. und das Haus Stuart in England selbst vorteilhaft sein könne, wenn die Tochter des reformierten Königs Jakob und Enkelin Maria Stuarts den ersten unter den protestantischen Fürsten des Reiches und Erben eines calvinischen Territoriums heirate. Vor allem im englischen Parlament wurde eine derartige Heiratsverbindung aus religionspolitischen Gründen geschätzt, bedeutete sie doch ein sichtbares Abrücken des Hauses Stuart von der katholischen Seite. Eine „pfälzische Heirat" stärkte somit die Reformierten in England. Die Brautwerber aus Heidelberg operierten sicherlich auch mit diesem Argument, als sie am englischen Hof das zunächst nur geringe Interesse an den Heiratswünschen des noch unmündigen pfälzischen Kurfürsten überwinden mußten.

Es ist unklar, wer denn auf pfälzischer Seite zum ersten Mal eine Heiratsverbindung zwischen England und der Kurpfalz vorgeschlagen hat. Manche Anzeichen deuten darauf hin, daß es der Herzog von Bouillon gewesen ist. In dessen Residenz in Sedan war Friedrich V. einige Jahre lang erzogen worden. In Sedan machte sich der junge Wittelsbacher mit Mathematik, Geschichte und Fragen der europäischen Politik vertraut. Hier lernte er auch Sprachen. Zu den meist pfälzischen Lehrern des Kurprinzen, der als Vierzehnjähriger die Kurpfalz erbte, gehörte auch ein Heidelberger – calvinischer – Theologe. Die Ausbildung am Hof von Sedan war, so scheint es, ziemlich vielseitig und geeignet, den Schüler auf seine künftigen Aufgaben als regierenden Fürsten vorzubereiten. In Sedan lebte man ähnlich wie in Heidelberg in einer kleinen, überschaubaren Welt. So fühlte sich der junge Wittelsbacher nach seinem Eintreffen als Brautwerber am englischen Hofe in London ziemlich einsam und verloren. Der jungen Elisabeth Stuart, die mit dem Abschluß des Heiratsvertrages plötzlich zu einem wichtigen Objekt der Politik und des öffentlichen Interesses geworden war, scheint es ähnlich ergangen zu sein. Hofbeamte bestimmten bei der Vorbereitung der Hochzeitsfeiern über das junge Paar, ohne dessen Wünsche und Vorstellungen zu beachten. So kam es, daß sich bei den beiden Verlobten, die bis dahin nur wenig voneinander gewußt hatten, ein starkes Gefühl des Aufeinander-Angewiesen-Seins entwickelte und eine Zuneigung sich einstellte, die bei derartigen politischen motivierten Heiratsverbindungen eher zu den Ausnahmen gehörte. In den langen Jahren der Not, die das mit zahlreichen Kindern gesegnete Paar schon bald nach seiner pompösen Hochzeit erleben sollte, gab diese Zuneigung den Ehepartnern die Kraft zum Durchhalten. Die im Alter von 36 Jahren verwitwete Elisabeth Stuart, mußte einen großen Teil ihres Lebens im Exil verbringen. Sie erwies

Königin Elisabeth im Krönungsornat mit Heidelberg im Hintergrund. Zeitgenössischer Stich.

sich als eine tapfere Frau, die vielen Widrigkeiten trotzte. Beharrlich kämpfte sie ein Leben lang für die Rechte ihrer Kinder und für deren Erbe, sei es nun das pfälzische oder das englische Erbe. Durch ihr gewinnendes Wesen scheint die zuweilen als „schöne Elisabeth" apostrophierte Kurfürstin während des Dreißigjährigen Krieges auch den Tatendrang manch alten Haudegens im Lager der protestantischen Partei angestachelt zu haben; jedenfalls wird von Christian von Braunschweig berichtet – man kennt ihn aus der Geschichte des Dreißigjährigen Krieges als den „tollen Halberstädter" – er habe stets einen Handschuh Elisabeths am Hut getragen und sich geschworen, daß er den Kampf erst aufgebe, wenn Friedrich V. und Elisabeth in die Kurpfalz und ihre Heidelberger Residenz zurückgekehrt seien.

Doch abgesehen von solchen Anekdoten existiert bis zum heutigen Tage ein durchaus politisches Erbe der Elisabeth Stuart und Friedrichs V., denn Sophie, eine der Töchter des Paares, heiratete den Welfen Ernst August, Herzog von Braunschweig-Lüneburg. Der älteste Sohn aus dieser Ehe gelangte im Jahre 1714 als Georg I. auf den englischen Thron. Das englische Parlament hatte Sophie als der Enkelin König Jakobs I. und Tochter Elisabeth Stuarts und ihres Gemahls Friedrich V. von der Pfalz das Nachfolgerecht auf den englischen Thron zugesprochen und in dieses Recht die Nachkommen Sophies einbezogen. Das Haus Hannover, das Georg I. damals als Urenkel Jakobs I. und Ururenkel Maria Stuarts begründete, wechselte im 20. Jahrhundert seinen Namen. Es heißt heute „Haus Windsor". Elisabeth II., die britische Königin, ist über Sophie und Georg I. eine direkte Nachfahrin des Kurfürsten Friedrich V. von der Pfalz und dessen Gemahlin Elisabeth Stuart.

Die Geschichte geht seltsame Wege. Der Erbanspruch, den das englische Parlament einst der Tochter Elisabeth Stuarts zuerkannte, liefert uns dafür einen Beweis. Das Leben der Elisabeth Stuart nach der „pfälzischen Heirat" zeigt indes, weshalb manche Dichter – nicht nur Friedrich Schiller – ihre Vorlagen für Tragödien und historische Romane immer wieder in den Chroniken des Hauses Stuart fanden. „Das Verhängnis", so las man einmal, eile diesem Königsgeschlecht „ohne Unterlaß, der rollenden Woge des Meeres ähnlich, dem Unglücklichen von Geschlecht zu Geschlecht nach". Zu den Unglücklichen, denen das Verhängnis nacheilte, gehörten nach der „pfälzischen Hochzeit" nicht nur Elisabeth Stuart und ihr Gemahl, sondern vor allem die Bewohner der pfälzischen Städte und Dörfer.

Nur selten waltet in Politik und Geschichte das von Tragödiendichtern oft beschworene blinde Schicksal. Auch im 17. Jahrhundert müssen wir die wahren Ursachen von Krieg, Not und Schrecken bei den handelnden Menschen suchen, bei den damaligen Fürsten und bei ihren Beratern, die entweder Spielernaturen oder machtbesessene religiöse Fanatiker – man kann auch sagen: verbohrte Ideologen – gewesen sind, vielleicht sogar beides, und ihre Entscheidungen mehr als einmal ohne nüchterne und gründliche Prüfung der Situation getroffen haben. Ein Blick auf die kurpfälzische Politik am Vorabend der großen Kriege veranlaßt zu diesen Bemerkungen ebenso wie ein Blick auf die Politik der österreichischen und der spanischen Habsburger oder der bayerischen Wittelsbacher. Was das Geschlecht der Stuarts in jener Zeit den Dichtern an Tragödienstoff geliefert hat, das bot damals auch das Haus Habsburg mit seinem „Bruderzwist", (den im vergangenen Jahrhundert Franz Grillparzer auf die Bühne gebracht hat). Dieser Zwist im Hause Habsburg zwischen dem schon ziemlich krank und schwach gewordenen Kaiser Rudolf II. und seinem jüngeren, ehrgeizigen Bruder Matthias – unter anderem stritt man sich um die Macht in Böhmen –, hat nicht zuletzt in der kurpfälzischen Residenz zu Heidelberg den irrigen Eindruck vermittelt, daß nun die Zeit gekommen sei, in der man die Vormachtstellung des Hauses Habsburg-Österreich brechen könne.

Philippsburg als Gegen-Festung

Den ersten Versuch machte die Kurpfalz noch in der Zeit, als Johann von Zweibrücken als Obervormund und Regent an Stelle des noch nicht mündigen Friedrich V. die pfälzische Kurstimme führte und nach dem Tod Kaiser Rudolfs II. die Funktion des Reichsverwesers versah. Zumindest das Reichsgericht sollte endlich paritätisch mit katholischen und protestantischen Vertretern besetzt sein, verlangte die von der Kurpfalz repräsentierte protestantische Union. Es wurde nichts daraus. Die Wahl der Kurfürsten fiel auf Matthias, den Bruder Rudolfs II., ohne daß die katholische Partei, die über eine Mehrheit bei den Kurstimmen verfügte, hätte nachgeben müssen. Zwei Jahre nach der Kaiserwahl übernahm Friedrich V. am 16. August 1614, seinem 18. Geburtstag, selbst die Regierung der Kurpfalz. Über die Rolle, die Friedrichs Gemahlin Elisabeth Stuart von da an in der Kurpfalz gespielt hat, findet man in den Darstellungen der historischen Forschung mehr Vermutungen als gesicherte Erkenntnisse. Wahrscheinlich mischte sich die allgemein als „fromm, ehrlich aber leichtsinnig" (im Sinne von prunkliebend) geltende Elisabeth kaum in politische Fragen ein. Wirklich einflußreich am Heidelberger Hof in jener Zeit war indes jener Christian von Anhalt, der schon bei Friedrich IV. die pfälzische Politik mitbestimmte. Er scheint für Friedrich V. ein Ersatz-Vater gewesen zu sein, dessen Autorität der junge Kurfürst stets respektierte. Aber dieser Christian von Anhalt, den die Aufgaben in seinem kleinen Besitz nicht ausfüllten, war eher ein wagemutiger Eiferer als der kühle bedächtige Rechner, den der jugendliche Erbe der Kurpfalz als Ratgeber nötig gehabt hätte. So verstrickte sich denn Friedrich V. alsbald in Unternehmen regionaler und reichspolitischer Art, ohne daß seine Handlungen und Entscheidungen bestimmte Prinzipien oder Planungen hätten erkennen lassen.

In dem einen Fall gab der Bischof von Speyer, Philipp von Sötern, den Anlaß (er wurde bald auch noch Erzbischof von Trier und so Mitglied im Kurkollegium). Bischof Philipp ließ im Jahre 1617 den Ort Udenheim so stark ausbauen, daß er nun einer Festung glich. Das störte die Stadt Speyer ebenso wie den pfälzischen Kurfürsten. Drei Stunden im Umkreis der Stadt, so lautete ein altes Privileg der Stadt Speyer, sollte keine Festung errichtet werden dürfen. Der Speyerer Bischof beantwortete eine erste, mahnende Anfrage des pfälzischen Kurfürsten ausweichend und ließ, ungeachtet der Rechte der

Stadt Speyer, jene Arbeiten fortsetzen, die Udenheim schließlich in die Feste „Philippsburg" verwandeln sollten. Fast ein Jahr lang zog sich der Streit zwischen Bischof und Kurfürst hin. In Heidelberg gewann man den Eindruck, daß die ganze protestantische Partei von dieser Sache betroffen sei, weil hier, am rechten Rheinufer in der Nähe der Stadt Speyer, ein Waffenplatz der katholischen Partei und der Spanier entstehen könne. Anlaß für derartige Befürchtungen gab unter anderem jene Politik der spanischen Habsburger, die die Herstellung einer direkten Verbindung zwischen den spanischen Territorien in Norditalien und den spanischen Niederlanden anstrebte. Brandenburg und Württemberg teilten die Befürchtungen der Kurpfalz und des badischen Markgrafen. So kam es, daß zwei Mitglieder der Union, die Kurpfalz und Baden, gewaltsam in das bischöfliche Gebiet eindrangen und in einem Handstreich die Befestigungen zerstörten. Kurpfalz und Baden machten sich dadurch zum Richter und zugleich zum Vollstrecker eines von ihnen selbst gefällten Urteils. Bischof Philipp strengte beim Reich einen Prozeß an und gewann schließlich. Allerdings dauerte es mehrere Jahre, bis das Urteil vorlag. Inzwischen hatte Friedrich V. nach der böhmischen Krone gegriffen und den böhmischen Krieg verloren. Auf Grund des von den Unierten unter der Führung der Kurpfalz provozierten Urteils befand sich der Speyerer Bischof nun im Recht, als er jenes Philippsburg schuf, das im weiteren Verlauf des 17. Jahrhunderts allerdings nicht den spanischen sondern den französischen Interessen dienen sollte.

Noch ein ganz anderes, sogleich wirksames Ergebnis hatte der gewaltsame Vorstoß der Kurpfalz und der Badener gegen Udenheim: die Mitglieder der katholischen Liga fühlten sich in ihrem Argwohn gegen die kurpfälzische Politik bestärkt. Die vom Bayern-Herzog geführte Liga rückte näher an Habsburg-Österreich heran. Man verstand den Handstreich gegen den Bischof von Speyer als ein Signal, denn die „andere Seite" hatte Gewalt angewandt.

Ein Zeichen der Stärke war das Vorgehen der Kurpflaz und Badens gegen den Bischof von Speyer sicherlich nicht – eher ein Zeichen der Nervosität. Hundert Jahre nach dem Beginn der Reformation zirkulierte nämlich bei den katholischen Fürsten eine Denkschrift, die Erzherzog Maximilian veranlaßt hatte. Darin warb der Habsburger für eine baldige Wahl des Erzherzogs Ferdinand von Steiermark zum König, um so rasch wie möglich die Nachfolge für den kränkelnden Kaiser Matthias im Sinne Habsburgs zu klären. Maximilian empfahl in seiner Schrift unter anderem, daß man unter dem Oberbefehl Erzherzog Ferdinands von Steiermark „auf des Reiches Boden eine wohlgeordnete Heeresmacht aufstellen solle, um den Ungehorsam zu schrecken, die Parteilosen zur Erweisung ihrer Schuldigkeit zu bewegen und die Gehorsamen zu stärken". Das alles müsse mit Unterstützung der Höfe von Madrid und Brüssel geschehen, also durch aktive Beteiligung Spaniens und der spanischen Niederlande. Angesichts solcher Empfehlungen in Verbindung mit einer bevorstehenden Königswahl lag es durchaus nahe, daß protestantische Fürsten hinter dem Ausbau von Udenheim eine umfassende Planung der gegenreformatorischen Kräfte unter spanischer Beteiligung vermuteten.

Auch im katholischen Lager herrschte über die Vorhaben der Habsburger nicht nur Freude. Die kurpfälzischen Beamten, die im Reich für eine Verbreitung der Vorschläge des Erzherzogs Maximilian gesorgt hatten, durften es zunächst als einen Erfolg verbuchen, daß die Debatte über eine baldige Königswahl fürs erste beendet war. Die Kurpfalz und deren Verbündete in der protestantischen Union mußten indes zusehen, wie Ferdinand von Steiermark in den österreichischen Erblanden als Nachfolger des Kaisers anerkannt wurde. Außerdem gelang es Ferdinand, von den böhmischen Ständen als König „akzeptiert" zu werden. Der Erzherzog von Steiermark leitete davon sogleich das Recht ab, bei der künftigen Wahl-Entscheidung des Kurkollegiums die böhmische Stimme zu führen.

Das „böhmische Abenteuer"

Ferdinand von Steiermark, ein direkter Nachkomme Kaisers Ferdinands I., wurde von der protestantischen Partei nicht nur wegen der Überlegungen abgelehnt, die Erzherzog Maximilian, sein Verwandter, schriftlich niedergelegt hatte. Der Steiermärker gehörte zu den engagierten Parteigängern der Jesuiten. In deren Ingolstädter Schule war er zusammen mit Herzog Maximilian von Bayern erzogen worden. Einen Kaiser und König, der so entschieden die Sache der Gegen-Reformation vertrat wie Ferdinand von Steiermark, wollte die Kurpfalz unter allen Umständen verhindern. Man überlegte in Heidelberg, wie man bei der Regelung der Nachfolge für Kaiser Matthias die Macht des Hauses Habsburg-Österreich ein für allemal brechen und das katholische Lager schwächen könne. Deshalb suchte man nach einer Alternative, fand aber keinen geeigneten – katholischen – Gegenkandidaten, denn der Herzog von Lothringen lehnte ab. Auch Maximilian von Bayern, den Friedrich V. nun für eine Art wittelsbachischen Familienbund gewinnen und zu einer Kandidatur gegen den Jugendfreund und Verwandten Ferdinand bewegen wollte, zeigte keine Bereitschaft zu einer Machtprobe mit dem Hause Habsburg. Allerdings ließ sich Maximilian Zeit, die Sache zu bedenken, denn ein derartiges Angebot der protestantischen Sprecher stärkte die Position des Herzogtum Bayerns im katholischen Lager. Den Ratgebern des Bayernherzogs war die kurpfälzische Offerte allerdings von Anfang nicht geheuer gewesen. Sie glaubten, man habe es bei den Kurpfälzern mit besonders hinterhältigen Gegnern zu tun, die mit ihrem Vorschlag eine „calvinische Schlinge" legen wollten. Der junge und unerfahrene pfälzische Kurfürst verfolgte indes keinen ausgeklügelten Plan, sondern handelte unter dem Einfluß seiner Ratgeber fast spontan und entschied von Fall zu Fall. So schlitterte Friedrich V. denn auch in jene verhängnisvolle Situation hinein, die mit dem Wort „böhmisches Abenteuer" nur unzureichend umschrieben ist.

Es begann damit, daß die überwiegend protestantischen Stände Böhmens im Jahre 1618 den Widerstand, ja den Aufstand gegen die habsburgisch-österreichische Herrschaft probten und, einem Beispiel aus der Zeit des Jan Hus folgend, drei Vertreter der österreichischen Obrigkeit aus einem Fenster der Prager Burg, des Hradschin, stürzten (es gab dabei nur leichtere Verletzungen). Die Repräsentanten Böhmens verweigerten durch diesen symbolischen Akt den Gehorsam gegenüber einem König, der nach ihrer Überzeugung die Rechte Böhmens verletzt hatte. (Seit dem Jahre 1609 war den böhmischen Protestanten die Religionsfreiheit zugesichert, Ferdinands Beauftragte ignorierten diese Zusage jedoch immer wieder.) Ganz entschieden pochten die böhmischen Stände auf ihr Recht, einen neuen Träger der Wenzelskrone durch Wahl zu bestimmen. Böhmen, so lautete das Argument, sei keine Erbmonarchie und wolle auch keine werden.

Ferdinand war entschlossen, die aufsässigen Böhmen zu unterwerfen. Zuvor allerdings mußte er sich gegen rebellierende Protestanten in den österreichischen Erblanden, in Oberösterreich vor allem, durchsetzen. Der Kampf begann. Kaiser Matthias starb im März des Jahres 1619. Nun amtierte der „goldenen Bulle" entsprechend der pfälzische Kurfürst als Reichsverweser. Im August 1619 trat das Kurkollegium in Frankfurt zur Kaiserwahl zusammen. Zuvor hatten die böhmischen Stände nach einem neuen König – aus der Sicht der Habsburger und Ferdinands von Steiermark einem „Gegenkönig" – Ausschau gehalten. Zwei Kandidaten kamen in die engere Wahl: der sächsische Kurfürst und Friedrich V. von der Pfalz. Eine große Mehrheit des böhmischen Wahlgremiums entschied sich am 26. August 1619 für den pfälzischen Kurfürsten, obwohl dessen calvinische Konfession nicht mit dem in Böhmen verbreiteten Luthertum übereinstimmte.

Fast gleichzeitig mit den böhmischen Ständen tagte in jenen Augusttagen des Jahres 1619 auch das Kurkollegium des Reiches in Frankfurt am Main. Friedrich V. von der Pfalz blieb beiden Versammlungen fern. Er hielt sich in seinem oberpfälzischen Landesteil auf und wartete in Amberg, halbwegs zwischen Heidelberg und Prag, auf Nachricht über die Ereignisse in Böhmen. Zwei Tage nach der Königswahl von Prag entschied in Frankfurt das Kurkollegium am 28. August 1619 über den Nachfolger des verstorbenen Kaisers Matthias. Ehe die Abstimmung begann, fiel eine außerordentlich wichtige Vorentscheidung: trotz des Einspruches einer Delegation der böhmischen Stände erlaubte das Kurkollegium dem Habsburger Ferdinand von Steiermark die böhmische Kurstimme zu führen. Die Mehrheit der Kurfürsten bestätigte auf diese Weise dem Habsburger, daß er der rechtmässige König von Böhmen sei. Als danach zur Kaiserwahl aufgerufen wurde, votierten Trier und Köln für Ferdinand, die anschließend aufgerufene Kurpfalz kam durch den Vertreter Friedrichs V., den Gesandten Graf Solms, zu Wort. Der Graf verlas eine Erklärung seines Herrn. Darin sagte Friedrich V., daß er ein Oberhaupt wünsche, das „gleichmäßig Recht und Gerechtigkeit verwalte". Seine Gedanken seien aus diesem Grunde dem Herzog von Bayern zugewandt; dieser, Herzog Maximilian, sei ein erfahrener, verständiger, friedfertiger Fürst, hieß es in der Erklärung des pfälzischen Kurfürsten Friedrich V. Doch, so gab der pfälzische Gesandte weiterhin kund, habe sein Landesherr auch keine „widrige Affektion" gegen Österreich. Sollte also die Wahl auf Ferdinand fallen, so habe er, Friedrich V., „keine Ursach, es einem zu mißgönnen", sondern gedenke „mich auf solchen Fall aller Gebühr zu bezeugen". Nachdem

Kurfürst Friedrich V. als böhmischer König mit Prag im Hintergrund. Zeitgenössischer Stich.

man diese seltsame Wahlerklärung des pfälzischen Gesandten Graf Solms notiert hatte, stimmten Sachsen und Brandenburg für Ferdinand, so daß die Mehrheit auch ohne dessen eigene – böhmische – Stimme gesichert war. Ferdinand erklärte daraufhin, er nehme die Wahl mit Dank an. Der pfälzische Vertreter verzichtete auf irgendeinen Widerspruch. Niemand redete mehr von der Notwendigkeit, die Vorherrschaft des Hauses Habsburg-Österreich einzudämmen und die machtpolitischen Gewichte im Reich neu zu verteilen.

Durch die Wahl Ferdinands und durch dessen – indirekte – Anerkennung als König von Böhmen, befand sich Friedrich V. in einem schweren Konflikt, der ihn freilich keineswegs unerwartet heimsuchte. Wenn er nun seine Königswahl durch die böhmischen Stände akzeptierte, forderte er nicht nur den Habsburger Ferdinand von Steiermark heraus sondern auch das Oberhaupt des Reiches, an dessen unzweifelhaft rechtmäßiger Wahl die Kurpfalz soeben mitgewirkt hatte. Kein Wunder, daß die Stimmung in Amberg gedrückt war, als die Nachrichten über den Verlauf der Frankfurter Kurversammlung eintrafen. Das Dilemma, in dem sich Friedrich V. befand, verschwand auch nicht dadurch, daß Friedrich V. von Amberg aus Kontakt mit England hielt, hoffend, vom Hofe Jakobs I., seines Schwiegervaters, werde eine wegweisende Idee eintreffen. Die Nachrichten und Ratschläge aus England blieben nach wie vor undeutlich. Wenn an der englischen Politik jener Zeit etwas klar war, dann war es das Zögern und das Ausweichen vor folgenreichen Entscheidungen. „Abwarten und zusehen" kennzeichnete schon in der Zeit Jakob Stuarts die englische Politik. Auf die Macht Englands aber hatten einige der Ratgeber Friedrichs V. gezählt, als sie von Heidelberg aus mit Hilfe der protestantischen Länder eine Veränderung der Machtverhältnisse anstrebten und das Haus Habsburg-Österreich zumindest im Reich in gewisse Schranken weisen wollten. Im Spätsommer und Herbst des Jahres 1619 besaß der Fürst der Kurpfalz jedenfalls keine englische Karte, mit der er im deutschen oder gar im europäischen Kräftespiel hätte pokern können.

Der Gegenspieler der Kurpfalz, Ferdinand von Steiermark, hatte sich indes schon vor seinem Eingreifen in Böhmen und vor dem Griff nach der Krone des Reiches einen Trumpf besorgt, der im Falle des offenen Konfliktes stechen sollte. Dieser Trumpf, mit dem Ferdinand das Spiel um Krone, Macht und Glauben zu entscheiden gedachte, war ein Vertrag mit Philipp III. von Spanien. Im Sommer 1617 verständigten sich Ferdinand von Steiermark und der spanische Habsburger darauf, daß die alten habsburgischen Besitzungen im Elsaß und in der – heute badischen – Ortenau an die spanische Linie fallen sollten. Diesen Preis bezahlte der steiermärkische Erzherzog dafür, daß Philipp III. von Spanien, dessen Mutter Anna eine Tochter des Kaisers Maximilian II. gewesen war, auf die Bewerbung um die Krone des Reiches verzichtete. Der von einem spanischen Granden namens Onate ausgehandelte Vertrag besiegelte das Ende der österreichisch-habsburgischen Herrschaft in den elsässischen Stammlanden des Hauses Habsburg. Aber das blieb nicht die einzige fortwirkende Konsequenz der Absprache zwischen Ferdinand von Steiermark und Philipp III. von Spanien. Die Anwesenheit spanischer Streitkräfte in den habsburgischen Besitzungen rückte das gesamte oberrheinische Gebiet, einschließlich der Pfalz, in den Schnittpunkt europäischer Machtpolitik. Die Spanier gewannen im Elsaß und in der Ortenau einen Stützpunkt, der die Landverbindung zwischen Oberitalien und den Alpenpässen auf der einen Seite und den spanischen Niederlanden mit dem Zentrum Brüssel auf der anderen Seite offenhalten und sichern sollte. Die spanische Präsenz trennte damit auch in einer strategisch wichtigen Region Frankreich vom Reich und vermittelte dem König von Frankreich zugleich das Gefühl, von der spanisch-habsburgischen Macht vollends eingekreist zu sein. Überdies verbesserte Spanien mit einer Landverbindung zwischen dem oberitalienischen Besitz und den Niederlanden seine Position gegenüber der englischen Seemacht; der stets von den britschen Inseln und von Frankreich bedrohte Zugang zu den spanischen Niederlanden durch den Ärmelkanal war für die Spanier nun nicht mehr die einzige Verbindung zu ihren Besitzungen an der Mündung von Schelde, Maas und Rhein. Durch die Politik Philipps III. von Spanien wurden die einstigen staufischen und fränkischen Kernlande des Reiches zwischen Basel und Mainz zu Stützpunkten und auch zu Faustpfändern in den Händen der rivalisierenden europäischen Mächte. Die Pfalz und die Pfälzer erlebten im weiteren Verlauf des 17. Jahrhunderts die verheerenden Konsequenzen dieser grundlegenden machtpolitischen Veränderungen.

Friedrich V. wußte oder ahnte zumindest, welche unabsehbaren Konflikte beginnen würden, wenn er unter den gegebenen – neuen – Umständen die böhmische Krone annehme. Der pfälzische Kurfürst zögerte deshalb mit seiner Entscheidung. Er kehrte von Amberg ins heimatliche Heidelberg zurück und bestellte bei seinen Räten ein Gutachten. Die kurfürstlichen Ratgeber listeten insgesamt 14 Punkte auf, die gegen eine Annahme der böhmischen Krone sprachen, sie fanden aber auch sechs Argumente dafür. Der Graf Solms, der in Friedrichs Auftrag von Amberg nach München gereist war, um die Ansicht des Herzogs Maximilian zu erfahren, brachte vom Bayernherzog die dringende Empfehlung mit, Friedrich V. solle auf die böhmische Krone verzichten. Viele Monarchen, so meinte Maximilian, seien durch die „revolutionären Schritte Böhmens" beunruhigt. Außerdem verteidigte Ferdinand seinen Anspruch auf Böhmen mit Rechtsgründen. Der Antwort, die Friedrich dem bayerischen Wittelsbacher dazu gab, kann man entnehmen, daß der jugendliche Kurfürst im Grunde seines Herzens doch die böhmische Königskrone begehrte. Er hielt diese schwierige Konstellation im übrigen für „die sonderbare Vorsehung Gottes". Einige Wochen nach diesem Bescheid an Maximilian entschied sich Friedrich endgültig für die Annahme und bat um die Neutralität des Bayernherzogs und der von ihm geführten katholischen Liga in der nun zu befürchtenden Auseinandersetzung mit Ferdinand. Maximilian lehnte jedoch ohne jeden Umschweif die gewünschte Neutralität ab und stellte sich auf die Seite des Kaisers. Der pfälzische Wittelsbacher und der bayerische Wittelsbacher befanden sich damit in getrennten Lagern.

Als die Ratgeber, die Friedrichs Entscheidung am meisten beeinflußten, galten Christian von Anhalt, der Herzog von Bouillon und der Prinz Moritz von Oranien sowie einige besonders eifrige calvinische Theologen. Sicher ist, daß Friedrichs Schwiegervater, Jakob I. von England, sorgfältig jedes klare Votum in der böhmischen Frage vermied und den Fragen des kurpfälzischen Gesandten auswich. Trotz der fehlenden englischen Unterstützung begann Friedrich V. das Wagnis. Vor dem Aufbruch nach Prag im Oktober 1619 übergab er Johann von Zweibrücken die Regentschaft in der Kurpfalz. Zusammen mit seiner Gemahlin Elisabeth und begleitet von einem großen Gefolge verabschiedete sich der pfälzische Kurfürst von den Heidelbergern. Seine Mutter, Juliane von Oranien, macht sich große Sorgen über die Zukunft ihres Sohnes und der Kurpfalz. Sie sei, so heißt es, aus Kummer über die Politik Friedrichs schwer erkrankt. Beim Abschied des Sohnes und der Schwiegertochter habe Juliane ausgerufen: „Ach! Nun zieht die Pfalz nach Böhmen!" Julianes Worte machten rasch die Runde und blieben für eine lange Zeit im Sprachgebrauch der Pfälzer.

Die Last einer Krone

Die Wenzelskrone, mit der Friedrich am 4. November des Jahres 1619 in Prag gekrönt wurde, erwies sich als die erwartete, ja befürchtete schlimme Last. Man wußte das schon knapp vier Wochen nach der Prager Krönung nur allzu genau, denn Anfang Dezember 1619 begann die katholische Liga in Würzburg mit der Aufstellung eines 25 000 Mann starken Heeres, das bei der Vertreibung des pfälzischen Wittelsbachers aus Böhmen mitwirken sollte. Maximilian von Bayern übernahm den Befehl über die Streitmacht der Liga. Die Lage Friedrichs wurde ziemlich bald auch dadurch erschwert, daß die Böhmen ihren neuen König und dessen prachtliebenden Hofstaat mit zunehmenden Vorbehalten aufnahmen. Die calvinischen Pfälzer hätten sich in Prag sogleich durch „puritanische Schroffheit" hervorgetan, klagten böhmische Chronisten. Unter anderem betätigten sich einige Heidelberger Theologen in Böhmen als Bilderstürmer. Friedrich V. selbst nahm Anstoß an dem Kreuz, das die Prager Moldaubrücke zierte. Die meist lutherischen Böhmen und die calvinischen Pfälzer blieben einander fremd. Es irritierte die an Sparsamkeit gewohnten Böhmen, daß am Hof viel Aufwand getrieben und viel Geld ausgegeben wurde. Andererseits störten sie sich auch daran, daß der junge Friedrich gar nicht die Majestät herauskehrte, wie man es von seinen Vorgängern gewohnt war, und zum Beispiel ohne Gefolge in der Stadt herumspazierte, neugierig beobachtend, was Prag zu bieten hatte. Dieser König habe sogar, lesen wir bei einem Chronisten, „wie andere Menschen in der Moldau gebadet". Als dieses als unerhört empfundene Ereignis stattfand, im Sommer 1620, befand sich Friedrich V. bereits in arger Bedrängnis. Am 29. Januar 1620 hatte Kaiser Ferdinand per Dekret verkündet, daß die Wahl des pfälzischen Kurfürsten zum König von Böhmen unrechtmäßig und damit ungültig sei. Friedrich selbst fühlte sich nicht in einem Konflikt mit dem Reichsoberhaupt. Er wollte zwischen seinem Streit (mit Ferdinand als dem Vertreter des Hauses Habsburg-Österreich) um Böhmen und seiner Gehorsamspflicht gegenüber dem Oberhaupt des Reiches, dem Kaiser Ferdinand, unterschieden wissen. Doch diese Lesart fand kaum irgendwo Resonanz, zumal das Kurkollegium bei der Wahl Ferdinands ja dessen Ansprüche auf Böhmen kannte und indirekt bestätigte. Auch die Kurpfalz hatte in Kenntnis dieser Rechtsauffassung an der Kaiserwahl mitgewirkt.

Ziemlich genau ein Jahr dauerte die pfälzische Präsenz an der Moldau. Am 8. November 1620 erlitt das böhmische Heer in der Schlacht am Weißen Berg eine schwere Niederlage. Friedrich V., der an diesem Kampf nicht teilgenommen hatte, weil er sich in Prag noch um die Bereitstellung neuer Truppen und um zusätzliche Waffen bemühte, mußte nun mit seiner Familie Prag und Böhmen als ein Flüchtling verlassen. Über Schlesien und Brandenburg gelangten Friedrich von der Pfalz und Elisabeth Stuart in den protestantischen Nordteil der Niederlande. Im Haag gewährte man ihnen Asyl. Ein langer Aufenthalt in der Heimat von Friedrichs Mutter begann. Eine Rückkehr Friedrichs nach Heidelberg war zu jener Zeit schon nicht mehr möglich gewesen. Die rheinische Pfalz – auch Unterpfalz genannt, im Unterschied zur ebenfalls kurpfälzischen Oberpfalz – befand sich seit dem Spätsommer 1620 zum Teile bereits in den Händen der Spanier. Nachdem die protestantische Union aus eigenem Antrieb und auf Betreiben Frankreichs und Englands im Juli 1620 in Ulm ihre Neutralität gegenüber der katholischen Liga erklärt und damit den pfälzischen Kurfürsten im böhmischen Streit allein gelassen hatte, bedeutete ein Angriff der katholischen Mächte auf die untere Pfalz kaum mehr ein Risiko. So rückte denn der spanische Oberbefehlshaber – er hatte den militärischen Rang eines „Generalkapitäns" – Ambrosius Spinola mit einer Streitmacht von 25 000 Soldaten den Rhein heraufziehend gegen das pfälzische Kernland vor. Zu verteidigen seien „die katholische Religion und das Haus Österreich", ließ Spinola mitteilen. Das klang plausibel. Doch der Eifer, mit dem Spinola von den spanischen Niederlanden aus die Besetzung der unteren Pfalz vorbereitet hatte, war alles andere als uneigennützig, denn allzu gut paßte die rheinische Pfalz in das strategische Konzept der Großmacht Spanien.

Der Vormarsch der Spanier alarmierte nun zwar die protestantische Union, deren Streitmacht unter dem Befehl des Markgrafen Ernst von Brandenburg-Ansbach bei Ulm Quartier bezogen hatte, aber der Markgraf zögerte nach der Verlegung seiner Truppen in ein Lager bei Worms mit einem offenen Widerstand gegen Spinolas Streitkräfte. So drang der Spanier dann auch im Verlaufe des Septembers 1620 in das heutige Rheinhessen ein; er besetzte die ganze Region zwischen Trier, Mainz und der Gegend nördlich und östlich von Worms. Beim Einbruch des Winters lag die Hauptmacht der Spanier in der Gegend von Ingelheim. Die Unionstruppen blieben bei Worms in ihrem Lager. Auch das Eintreffen einer kleinen Streitmacht unter der Führung des Prinzen Friedrich Heinrich von Oranien und die Ankunft eines Kontingentes von 2 400 englischen Freiwilligen änderte nichts an der Passivität des Markgrafen von Brandenburg-Ansbach. Nur der pfälzische Obrist Hans Elias Michael von Obentraut tat sich durch überraschende Angriffe hervor, die er hauptsächlich von seinem Stützpunkt Kaiserslautern und von der zweibrückischen Burg Lichtenberg aus gegen die Spanier unternahm. Dieser Michael von Obertraut hat als der „deutsche Michel" überlebt. Seine Feinde – speziell die Spanier – fürchteten ihn und achteten ihn zugleich als einen tapferen Kriegsmann. Der Kampfesmut des Michael Obentraut hob sich deutlich von der Verzagtheit ab, die vor allem die Unionstruppen in ihren Quartieren bei Worms befiel, als die Nachrichten über den Sieg der katholischen Partei in der Schlacht am Weißen Berg eintrafen. Doch die Tapferkeit Obentrauts und seiner pfälzischen Reiter konnte auf die Dauer gegen die spanische Übermacht nichts ausrichten. Nachdem Friedrich V. am 29. Januar 1621 mit der Reichsacht belegt worden war, entschieden sich die Unierten für Verhandlungen mit ihren Gegnern. Sie fürchteten vor allem die Macht des Bayernherzogs und seiner katholischen Liga. Am 12. April 1621 verpflichteten sich die Vertreter der Union in Mainz zum Abzug ihrer Truppen aus der rheinischen Pfalz. Bis zum 31. Juli sollte Waffenruhe herrschen. Wenige Tage nach dem Abschluß des Mainzer Vertrages, am 24. April 1621, löste sich die protestantische Union auf.

Von Friedrich V. hieß es im Mainzer Vertrag, man wolle „für ihn Fürbitte einlegen". In seinem niederländischen Exil verfügte Friedrich V., daß nun der Führer der englischen Freiwilligen, Sir Horace de Veer, die noch nicht vom spanischen Feind besetzten pfälzischen Gebiete schützen solle. Ihm zur Seite stand Michael von Obentraut; de Veer und Obentraut mußte sich jedoch angesichts der Überlegenheit der Spanier – nun unter dem Kommando des Generals Cordoba – auf die drei pfälzischen Festungen Frankenthal, Mannheim und Heidelberg zurückziehen. In der Pfalz begann jetzt der Kampf, in dem die gegnerischen Parteien wechselweise die Dörfer und Besitzungen der anderen Seite plünderten und verwüsteten. Betroffen waren zuerst vor allem die zum Speyerer Fürstbistum gehörenden Orte an der Haardt – Maikammer, Deidesheim, Ruppertsberg, Forst zum Beispiel. In Maikammer wüteten die englischen Freiwilligen des Horace de Veer, indem sie das Vieh erschossen, den Wein auslaufen ließen, Häuser anzündeten, die Kirche erbrachen und beraubten und die in die Kirche geflüchteten Männer, Frauen und Kinder erstachen. Die Beute brachte man nach Frankenthal. Wenn sodann, wie bei diesen Ausfällen der Engländer, der General Cordoba dem Speyerer Bischof Philipp von Sötern zu Hilfe eilte, litten die pfälzischen Dörfer unter den spanischen Soldaten. Ob Feind oder angeblicher Freund – für die Bewohner der kurpfälzischen oder der fürstbischöflichen Orte begann eine schlimme Zeit.

Noch war der Kampf um die Pfalz nicht endgültig entschieden. Die Spanier besetzten zwar Kaiserslautern, das am 3. Oktober seine Tore öffnete und sich kampflos ergab, aber Frankenthal hielt den spanischen Angriffen stand. In jenen Herbsttagen erschien der Graf von Mansfeld, der schon in Böhmen auf pfälzischer Seite gekämpft hatte, in der Gegend von Worms. Geschmückt mit dem Titel eines „Generalfeldmarschalls des Königreich Böhmens" war der Mansfelder mit seinen berüchtigten Söldnern, aus der Oberpfalz kommend, in die rheinische Pfalz gezogen. Der spanische General Cordoba marschierte daraufhin zunächst nach Alzey und Oppenheim zurück, so daß Mansfeld an die Haardt vorrücken und Deidesheim sowie die Hardenburg belagern konnte. Da nun die Streitmacht der katholischen Liga unter dem General Tilly die rechtsrheinischen Teile der Kurpfalz zu besetzten begann und Heidelberg bedrohte, verlegte der Mansfelder einen Teil seiner Truppen auf das rechte Ufer des Rheines. Michael von Obentraut blieb mit seinen pfälzischen Reitern auf der linksrheinischen Seite und eroberte am 24. November die Feste Marientraut bei Hanhofen. Deidesheim mußte sich den Mansfeldern ergeben, wurde allerdings später von den Spaniern zurückerobert. Die Spanier griffen allem Anschein nach in jenen Monaten nur zögernd in die Kämpfe ein, weil die Höfe von London und Madrid über Heiratspläne im Gespräch waren und der spanische König deshalb das Land des Schwiegersohnes von Jakob I. von England schonen wollte. Das Verhalten der Spanier, die außerdem Anfang des Jahres 1622 Truppen für die Kämpfe in den Niederlanden aus der Kurpfalz abzogen, begünstigte den Mansfelder und die anderen Parteigänger der kurpfälzischen Sache. Der Mansfelder machte Germersheim zu seinem Hauptstützpunkt. Nach der Eroberung von Hagenau kontrollierte er Teile des nördlichen Elsaß und die Südpfalz sowie den Rhein bis nach Mannheim. Insgesamt befehligte der Mansfelder 22 000 Mann, die sich zu einem nicht geringen Teil „aus dem Land versorgten", sei es nun Feindes- oder Freundesland.

Für Friedrich V. schien sich die Situation nach den militärischen Erfolgen des Mansfelders im übrigen auch dadurch zu verbessern, daß der Herzog Christian von Braunschweig-Wolfenbüttel – der „tolle Halberstädter" und der Markgraf Georg Friedrich von Baden mit der Anwerbung von Söldnern begannen. Außerdem ließ eine spanisch-englische Annäherung den pfälzischen Kurfürsten hoffen, daß er davon profitieren und am Ende sein Land mit englischer Hilfe wieder bekommen werde. Friedrich V. verließ das niederländische Exil und traf zur Überraschung seiner eigenen Freunde im Winterquartier der mansfeldischen Truppen in der Südpfalz ein. Nun suchte der Mansfelder eine Entscheidung im Kampf gegen die von Tilly befehligte Streitmacht der Liga. Mit Hilfe einer Schiffsbrücke brachte Mansfeld seine Soldaten auf die rechte Rheinseite. Bei Mingolsheim kam es zur Schlacht, in der Tilly besiegt wurde. Doch im weiteren Verlauf der Kämpfe in der Kurpfalz behielten – nach Gefechten bei Wimpfen und auf der Lorscher Heide – die Streitkräfte der Spanier unter General Cordoba und die Truppen der Liga mit Tilly die Oberhand über die nicht zentral geführten Truppen des Mansfelders, des badischen Markgrafen und des Herzogs von Braunschweig-Wolfenbüttel. Der Badener resignierte, auch Friedrich V. verlor den Glauben an eine günstige Wendung. Schließlich akzeptierte Friedrich den Rat seines englischen Schwiegervaters, der meinte, man solle den aussichtslos erscheinenden Kampf einstellen. Am 13. Juli 1622 entließ Friedrich V. den Mansfelder aus seinen Diensten. Beim Herzog von Bouillon in Sedan fand der pfälzische Kurfürst ein neues Exil. Moritz von Oranien, zu dem sich der Mansfelder und der „tolle Halberstädter" mit ihren Söldnerhaufen nach der Entlassung aus pfälzischen Diensten durchschlugen, wurde der neue Herr dieser Kriegsleute. In der Kurpfalz herrschten nun Spanier und Ligisten. Heidelberg kapitulierte am 19. September. Da sich die Besatzung tapfer gewehrt hatte, gewährte ihr Tilly „freien Abzug mit fliegenden Fahnen und offenem Trommelschlag auf Frankfurt". Der britische Söldnerführer Horace de Veer erreichte am 2. November für die Übergabe der Zitadelle von Mannheim die gleichen Bedingungen. Als letzte der drei zentralen kurpfälzischen Festungen mußte Frankenthal am 23. März 1623 seine Tore den Streitkräften der Spanier öffnen. In einem Vertrag mit der in Brüssel regierenden spanischen Infantin hatte König Jakob I. von England vereinbart, daß England nach 18 Monaten die Stadt Frankenthal bei den Spaniern auslöse. Die Kurpfalz insgesamt galt als „herrenloses Territorium". Rechtsrheinisch übernahmen die Bayern die Verwaltung, linksrheinisch richteten die Spanier ein Besatzungsregime mit Sitz in Kreuznach ein.

Verlust der Kurwürde

Durch die Reichsacht hatte Friedrich V. seine landesherrlichen Rechte verloren. Über sie verfügte jetzt das Reichsoberhaupt, der Kaiser Ferdinand II. Aber konnte der Kaiser auch die Kurwürde aberkennen und neu vergeben? Der Habsburger war dieser Ansicht und handelte entsprechend. Als Lohn für geleistete Hilfe im Kampf um Böhmen und im Kampf gegen die calvinische Kurpfalz übertrug Ferdinand II. die pfälzische Kurwürde auf den Bayernherzog Maximilian. Der Kaiser erfüllte damit am 25. Februar 1623 auf dem Regensburger Kurfürstentag ein Versprechen, das er dem Münchner Wittelsbacher am Beginn der Auseinandersetzungen gegeben hatte. Die Einwände, die Sachsen und Brandenburg in Regensburg gegen dieses Verfahren ebenso vorbrachten wie der englische und der spanische Gesandte, überging der Habsburger. Immerhin schränkte Ferdinand II. seine Entscheidung dadurch ein wenig ein, daß er kundtat, er vergebe die Kurwürde an Maximilian als Person und auf Lebenszeit, außerdem unter dem Vorbehalt, daß keine erfolgreichen Aussöhnungsverhandlungen mit Friedrich V. stattfänden. Da der Kaiser jedoch die vollständige Unterwerfung des pfälzischen Fürsten verlangte und die für Böhmen gewünschte Amnestie ebenso schroff ablehnte wie das geforderte Recht auf freie Religionsausübung, blieb dieser Aussöhnungsvorbehalt ziemlich wertlos. Maximilian selbst leitete noch vor dem Regensburger Fürstentag aus seinen Besatzungsvollmachten auch Hoheits- und Verfügungsrechte in der rechtsrheinischen Kurpfalz ab. Ein Exempel dafür war die Weitergabe der „Bibliotheca Palatina" an den Papst. Als „Geschenk des Herzogs Maximilian von Bayern" nahm der päpstliche Beauftragte am 14. Februar 1623 die in 50 Kisten verpackten Handschriften und Bücher in Empfang und transportierte sie unter dem Schutz von Kavalleristen der katholischen Liga nach Rom.

Im linksrheinischen spanischen Besatzungsgebiet waren die Eingriffe der neuen Herren in die alte Verwaltung zunächst relativ milde. Der in Kreuznach residierende Militärbefehlshaber, Generalgouverneur genannt, ließ allerdings zum Unterhalt seiner Truppen ziemlich rücksichtslos eine „Soldatensteuer" eintreiben, die aus dem einst blühenden, aber im Jahre 1623 bereits vom

Krieg arg geplagten Land im Laufe der Jahre vollends ein Armenhaus machte. Da es an Bargeld fehlte, fiel man in den Tauschhandel mit Naturalien zurück. Sowohl im linksrheinischen wie im rechtsrheinischen Gebiet betrieben die Besatzungsmächte mit wachsendem Eifer die Wiedereinführung des katholischen Bekenntnisses. Schon 1623 gründete die römische Kurie dazu eine eigene Instanz, die „Congregatio Palatinus". In der Reformationszeit säkularisierte Kirchengüter wurden der Kirche und den geistlichen Orden zurückerstattet. Protestantische Geistliche und Lehrer mußten das Land verlassen, katholische Ordensleute kehrten zurück. Die Auswanderung von Protestanten erreichte einen Höhepunkt, nachdem am 6. März 1629 ein Restitutionsedikt erlassen worden war, das ganz offiziell den Pfarrern und Lehrern nur die Wahl ließ zwischen Emigration und Glaubenswandel. Der Widerstand, den der calvinische Protestantismus leistete, dürfte auch die Mitglieder der päpstlichen „pfälzischen Kongregation" beeindruckt haben. Von 192 Pfarrern, so berichtet eine alte Statistik, sei damals nur ein einziger katholisch geworden und im Land geblieben, von 106 Lehrern hätten nur 5 den protestantischen Glauben aufgegeben. Die Re-Katholisierung betraf im übrigen auch Gebiete, die nicht zur Kurpfalz gehörten und deshalb nicht unter der vollen Gewalt der Besatzungsmächte standen. So wurde zum Beispiel das Kloster Hornbach im Herzogtum Zweibrücken wieder errichtet.

Die Sonderstellung der Stadt Frankenthal blieb auch in dieser Phase der Besetzung noch erhalten; nur in Frankenthal gab es noch einen Gottesdienst für Reformierte. Dennoch verließen viele Bewohner Frankenthals in der Zeit der spanischen Besatzung ihre Heimat und versuchten in anderen, vom Krieg und von Besatzung verschont gebliebenen Gegenden eine neue Existenz aufzubauen. Einige der Zufluchtsorte lagen in der heutigen Pfalz, vorwiegend im Herzogtum Zweibrücken. Aus der Lambrechter Chronik erfährt man unter anderem, daß sich Bewohner des Lambrechter Tales in der Zeit der spanischen Besatzung in Annweiler oder in Bergzabern niedergelassen hätten. Noch erhaltene Ratsprotokolle aus anderen Orten geben Aufschluß über die wirtschaftlichen Lasten. So mußte die Stadt Wachenheim im Jahre 1628 eine „Garnison" von 70 Mann unterhalten. Es wird vermerkt, daß 145 Familien diese Last finanziert hätten. Die Stadt selbst sei mit den geforderten Zahlungen in Rückstand geraten. Es scheint, daß ein Ort wie Wachenheim in dieser ersten Phase des Dreißigjährigen Krieges noch relativ glimpflich davongekommen ist.

Ähnlich verhielt es sich mit Orten in dem Gebiet der Grafschaft Pfalz-Veldenz – um ein anderes Beispiel zu nennen. Dort tauchten in den ersten zwanziger Jahren allerdings keine Spanier auf, sondern, wie in der Chronik von Lauterecken berichtet wird, kroatische Soldaten, die der Streitmacht der Bayern und der Kaiserlichen mit General Tilly angehörten. Berichtet wird aus jener Zeit vom Pferderaub, vom Plündern der Felder und einem Raub der Lebensmittel. Daß die Söldner im Dreißigjährigen Krieg oft auch ihre Familien mit sich führten, bewiesen in Lauterecken und anderswo die Totenlisten und die Gräber der Soldatenfrauen und Soldatenkinder, die ein Opfer der Pest und anderer Epidemien geworden waren. Als später die Schweden in den Krieg eingriffen, zeigten sich im Veldenzer Gebiet die Vorteile der pfälzisch-wittelsbachischen Heiratspolitik. Der Lauterecker Pfalzgraf Georg Gustav war mit dem Schwedenkönig Gustav Adolf verwandt. Die Mutter des Veldenzer Pfalzgrafen, die Prinzessin Anna, war als Schwester des Schwedenkönigs Karl IX. die Tante von Gustav Adolf. Der Schwedenkönig, der im Jahre 1631 im schwedischen Winterquartier in Mainz dem Veldenzer Pfalzgrafen einen besonderen Schutzbrief ausstellte, nannte den Grafen Georg Gustav also mit Recht „seinen Vetter". Es existierte jedoch noch eine zweite verwandtschaftliche Bindung zum schwedischen Königshaus. Die Schwester Gustav Adolfs, die Prinzessin Katharina, hatte sich mit dem Erben der Kleeburger Herrschaft, dem Pfalzgrafen Johann Casimir, verheiratet (nicht zu verwechseln mit dem Kurfürsten Johann Casimir). Johann Casimirs Schwester, Marie Elisabeth, war die Gemahlin des Pfalzgrafen Georg Gustav. Nur am Rande sei hier angemerkt, daß die schwedische Krone nach dem Tode der kinderlos gebliebenen Gustav-Adolf-Tochter Christine an die Nachkommen des Kleeburger Pfalzgrafen Johann Casimir und seiner Gemahlin Katharina fiel, beginnend mit König Karl X. von Schweden, der zu der weitverzweigten Sippe der pfälzischen Wittelsbacher gerechnet werden muß. In der „Geschichte des Fürstentums Pfalz-Veldenz" wird mit Recht hervorgehoben, daß diese besonderen Beziehungen zwischen dem Veldenzer Teil der Pfalz und dem schwedischen Herrscherhaus in der zweiten, der schwedisch-französischen Phase des Dreißigjährigen Krieges, der Stadt Lauterecken und dem Umland hie und da ein wenig genützt haben. Allerdings – das muß hier wiederum angemerkt werden – achteten die Soldaten aller Kriegsherren im Verlaufe der immer neu aufflammenden Kämpfe und der nicht endenden Raubzüge kaum auf Gebietsgrenzen, wenn sie Pferde brauchten oder ihren Hunger stillen wollten.

Kehren wir zurück zur spanisch-bayerischen Besatzungszeit, speziell zu den Jahren 1628 und 1629 und zu der nach wie vor unbeantworteten „pfälzischen Frage". Dank dem Eifer einiger Beamter Friedrichs V., wie dem Rat Joachim von Rusdorf und dem Diplomaten Ludwig Camerarius, war es gelungen, an einigen deutschen und europäischen Höfen die Zweifel an der politischen Zweckmäßigkeit der kaiserlichen und der bayerischen Pfalzpolitik zu nähren und auch einige rechtliche Zweifel an den Entscheidungen aufrechtzuerhalten, die Ferdinand II. zugunsten des bayerischen Herzogs getroffen hatte. Doch militärisch stand die Sache Friedrichs V. nicht gut. Die Kaiserlichen hatten nach dem Eingreifen des dänischen Königs zugunsten der Protestanten mit Wallenstein einen neuen Kriegshelden gewonnen, der zusammen mit Tilly bei den Kämpfen in Norddeutschland die Oberhand behielt, so daß der Däne im Frieden von Lübeck am 22. Mai 1629 seine Mitwirkung in den Reichsangelegenheiten aufgeben mußte. Im Bewußtsein seiner Macht und Stärke wagte Kaiser Ferdinand II. schon vor dem Lübecker Friedensschluß in der Pfälzischen Frage eine weitere, folgenschwere Entscheidung.

Am 22. Februar 1628 schloß der Kaiser mit Maximilian von Bayern den Münchner Vertrag. Die Kurwürde, die dem Bayernherzog beim Regensburger

Kurfürstentag auf Lebenszeit zuerkannt worden war, wurde nun auch auf die Nachkommen Maximilians übertragen.

Außerdem änderte man in diesem Münchner Vertrag die rechtliche Lage der Oberpfalz. Sie galt nun nicht länger als ein besetztes Gebiet. Maximilian von Bayern nahm diesen Teil der Kurpfalz in Besitz. Ausgenommen waren nur die drei oberpfälzischen Ämter Weiden, Pleistein und Parkstein. Nach heutigen Begriffen müßte man diesen Münchner Vertrag als einen Ersatz- oder Teil-Friedensvertrag ansehen, der im Reichsrecht nicht vorgesehen war. Da der Münchner Vertrag nicht nur den geächteten Friedrich V. enteignete sondern auch dessen Erben, erregte dieser Vorgang allgemeine Aufmerksamkeit. Auch einige katholische Fürsten stellten nun die Frage nach den Rechten des Kaisers und nach den Grenzen kaiserlicher Macht und Gewalt. Ferdinand II. beglich mit der Vergabe der oberpfälzischen Gebiete eine Kriegsschuld von 13 Millionen Mark, die Maximilian für die bayerische Hilfe gegen Friedrich V. ausgehandelt hatte. Der Kaiser sicherte im übrigen dem bayerischen Herzog auch die rechtsrheinischen Teile der unteren Pfalz mit Heidelberg zu.

Die Spanier hatten schon im Jahre 1627 bei Verhandlungen in Brüssel erkennen lassen, daß sie den linksrheinischen Teil der Kurpfalz dauerhaft in Besitz nehmen wollten und außerdem rechtsrheinische Gebiete beanspruchten. Insofern setzte der Münchner Vertrag von 1628 auch den spanischen Ansprüchen eine Grenze. Daß der Streit um die kurpfälzische Kriegsbeute die weitere Zusammenarbeit zwischen dem Kaiser und den Spaniern nicht gerade begünstigte, liegt auf der Hand. Die Anwälte Friedrichs V., die pfälzischen Räte Rusdorf und Camerarius, blieben deshalb in der Darlegung ihres Rechtsstandpunktes weiterhin aktiv und plädierten bei jeder sich bietenden Gelegenheit für die Wiederherstellung einer eigenständigen Kurpfalz. Als die kaiserliche Macht am Ende der zwanziger Jahre ihren Höhepunkt erreicht hatte, machten einige Ereignisse den Pfälzern neue Hoffnung. Philipp von Sötern, der Bischof von Speyer und Kurfürst von Trier, wandte sich gegen den Versuch der Spanier, eine Landbrücke zwischen ihren oberrheinischen Besitzungen und den spanischen Niederlanden vollends herzustellen. Der Trierer Kurfürst wollte sein Territorium, das in der Mitte der spanischen oder spanisch besetzten Gebiete lag, nicht der spanischen Großmacht öffnen; Philipp von Sötern beharrte auf seinen gebietsherrlichen Rechten. Hier drohte im katholischen Lager ein Konflikt.

Es gab auch Spannungen zwischen der katholischen Liga mit dem Bayernherzog Maximilian und den Kaiserlichen. Die Beschwerden der Liga richteten sich gegen Wallenstein und dessen selbstherrliches Verhalten als Chef der kaiserlichen Armee. Einige Reichsfürsten, an der Spitze der Bayernherzog, sahen ihre Position durch die wachsende Macht des Kaisers und seines Feldherrn Wallenstein eingeschränkt und bedroht. Wallensteins Erhebung zum Herzog von Mecklenburg förderte derartige Befürchtungen. Auf dem Kurfürstentag von Regensburg erzwangen die Kurfürsten im Jahre 1630 die Absetzung Wallensteins und erreichten, daß Ferdinand eine Verringerung der kaiserlichen

Armee und eine Kontrollfunktion der Reichsstände in der auswärtigen Politik zugestand. Zur auswärtigen Politik gehörten auch die Beziehungen zu Spanien. Vor allem der Trierer Kurfürst und Speyerer Bischof hatte ein Interesse daran, daß der Kaiser mit den Spaniern nicht selbstherrlich Abmachungen treffen konnte, die auf Kosten der Territorialherren gingen.

Das „Begräbnis kaiserlicher Macht", das nach Meinung Ludwig Häussers in Regensburg stattfand, nützte Friedrich V. kaum etwas. Immerhin ließ man in Regensburg den pfälzischen Gesandten Rusdorf zu Wort kommen und nahm auch die Mitteilung des englichen Vertreters zur Kenntnis. Einen Bittbrief, den Friedrich V. an den Kaiser geschrieben hatte, beantwortete Ferdinand II. indes mit der Forderung nach unbedingter Unterwerfung. Sei dies geschehen, dann solle Friedrich erwarten, „was des Kaisers Gnade über ihn beschließe". Der Kaiser verschwieg in seiner Antwort, wie begrenzt seine Macht in der pfälzischen Frage war; einmal durch den Vertrag mit Maximilian von Bayern, zum andern durch die Vereinbarungen mit Spanien. Außerdem zeigte sich in Regensburg, daß noch eine weitere europäische Macht mitbestimmte und die Entscheidungen in Deutschland beeinflußte: Frankreich. In ihrem Kampf gegen Wallenstein waren die Kurfürsten in Regensburg besonders vom französischen Gesandten angespornt worden. Das französische Eingreifen trug dazu bei, daß es die Kurfürsten ungeachtet der Zugeständnisse des Kaisers ablehnten, den Sohn Ferdinands II. jetzt zum König zu wählen und damit die Nachfolgefrage im Sinne der österreichischen Habsburger vorsorglich zu regeln.

Wer im Jahre 1630 trotz der Mitwirkung der Spanier, der Engländer und der Franzosen in der Reichspolitik geglaubt haben sollte, daß sich der Konflikt alsbald lösen und auf das Reich und die pfälzische Frage begrenzen lasse, der wurde eines anderen belehrt. Erneut kam es zu einer überraschenden Wendung im Kampf um die Vormacht in Deutschland und Europa. Am 7. Juli 1630 landete der schwedische König Gustav Adolf mit einer Streitmacht auf der Insel Usedom an der Mündung der Oder. Der Zusammenhang zwischen dem Eingreifen des Schwedenkönigs in den deutschen Krieg und dem Sturz Wallensteins liegt auf der Hand. Eine kaiserliche Armee, die unter Wallensteins Kommando in Norddeutschland operierte, hätte sicherlich den nun beginnenden Siegeszug Gustav Adolfs behindert oder gar verhindert. Nach seinem Sieg über die Truppen der katholischen Liga in der Schlacht von Breitenfeld erreichte der Schwedenkönig – der unter seinem Kommando alle protestantischen Söldnertruppen vereinigte – den Rhein und das kurpfälzische Gebiet. Waren die Jahre, in denen die Kurpfalz und die Pfälzer unter fremder Herrschaft gelitten hatten, nun bald zu Ende? Viele hofften es. Aber die Hoffnung trog. Es sollte sich bald herausstellen, daß das Land und seine Bewohner nur eine Fremdherrschaft gegen eine andere getauscht hatten. Zwar fielen Speyer, Germersheim, Neustadt, Landau, Weißenburg und viele andere Plätze rasch in schwedische Hand und der in den Diensten Gustav Adolfs stehende Herzog Bernhard von Weimar eroberte am 29. Dezember 1631 Mannheim im Handstreich, aber die Leiden der Pfälzer hörten nicht auf. Es wurde requiriert und geplündert wie eh und je. Daran konnten auch die Scharen von protestantischen Predigern nichts ändern, die nun aus dem Exil an ihre alten Wirkungsstätten zurückkehrten.

Freilich – noch hoffte man in der Pfalz auf ein Ende der Not und des Schreckens. Würde denn nicht Friedrich V., dessen Residenz Heidelberg ebenso wie die Festung Frankenthal noch in Feindeshand war, bald zurückkehren und wieder der Herr der Kurpfalz sein? Es schien so, denn Gustav Adolf hatte Friedrich einen Boten in den Haag geschickt und den Pfälzer ins schwedische Hauptquartier bitten lassen. Der schwedische König sei entschlossen, den Kurfürsten wieder einzusetzen, hatte es in der Botschaft Gustav Adolfs geheißen, wenn nur „auch England sich rühre". Doch der englische König blieb untätig und ließ Gustav Adolf allein im Kampf gegen die katholischen Mächte. Das hinderte jedoch Jakob I. von England nicht daran, durch einen Gesandten beim Schwedenkönig eine Wiedereinsetzung seines Schwiegersohnes zu erbitten. Bei einem Zusammentreffen in Frankfurt am Main im Februar 1632 begrüßte Gustav Adolf den aus den Niederlanden kommenden Friedrich V. als „König von Böhmen". Diese Amtsbezeichnung war kostenlos. Wegen der Kurpfalz machte der Schwedenkönig in dem Gespräch keine Umschweife: sobald englische Hilfstruppen an dem Kampf teilnähme, werde Friedrich V. sein Land zurückerhalten. Ein Truppenkommando, das Friedrich von Gustav Adolf erbat, lehnte dieser ab.

Wenige Tage nach diesem denkwürdigen Gespräch zwischen Gustav Adolf und Friedrich V. eroberten die Schweden am 3. März 1632 auch das Zentrum der spanischen Besatzungsverwaltung, die Stadt Kreuznach. In Mainz residierte nun als schwedischer Statthalter der Kanzler Oxenstierna. Noch wehrte sich jedoch die spanische Garnison in Frankenthal. Von der Mosel her drangen spanische Truppen in die West- und Nordpfalz vor, um das eingeschlossene Frankenthal zu entsetzen. Ende Mai wurden die Spanier jedoch in mehreren Gefechten bei Standenbühl, Heiligenmoschel, Lauterecken und Ulmet aufgehalten und schließlich zurückgedrängt. Adelige aus dem pfälzischen Gebiet, die in Gustav Adolfs Diensten standen, führten die schwedisch-deutschen Söldnertruppen. Am 13. November kapitulierten die Spanier in Frankenthal. Die Schweden gewährten ihnen freien Abzug. Damit befand sich die ganze linksrheinische Pfalz unter schwedischem Oberkommando. Der schwedische König war inzwischen mit seiner Hauptstreitmacht nach Franken und nach Bayern vorgestoßen. Friedrich V. begleitete ihn, als am 17. Mai 1632 Maximilians Residenz München den Schweden die Tore öffnen mußte. Mit Entscheidungen in der pfälzischen Frage ließ sich Gustav Adolf Zeit, weil der englische König weiterhin eine unmittelbare Beteiligung am Krieg in Deutschland ablehnte. Schließlich nannte der schwedische König im September 1632 im fränkischen Neustadt an der Aisch dem pfälzischen Fürsten die Bedingungen, unter denen Schweden bereit sei, die Kurpfalz an Friedrich V. zurückzugeben. Gustav Adolf verlangte Beiträge zu den Kriegskosten, Erlaubnis für das Anwerben von Söldnern in der Kurpfalz, die Gleichstellung des lutherischen Bekenntnisses mit dem calvinischen und die Unterhaltung von schwedischen Garnisonen in Bacharach, der Pfalz bei Kaub sowie in Mannheim. Friedrich V. lehnte das Anerbieten des Schwedenkönigs ab. Er war enttäuscht. Man einigte sich aber auf eine Fortsetzung der Verhandlungen.

Die schwedischen Truppen, die in der Kurpfalz verblieben waren, erhoben inzwischen Steuern und Abgaben ähnlich wie es die spanische Besatzung getan hatte. Die Schweden sorgten im übrigen dafür, daß anstelle der jetzt wieder abwandernden katholischen Geistlichen neben calvinischen auch lutherische Prediger ins Land kamen.

Als Gustav Adolf am 16. November in der Schlacht von Lützen starb, war in der Kurpfalz noch nichts geschehen, was auf eine Wiedereinsetzung Friedrichs V. hätte hindeuten können. Für den pfälzischen Kurfürsten, dessen Gesundheit in den langen Kriegs- und Wanderjahren allem Anschein nach gelitten hatte, war die Nachricht vom Tode Gustav Adolfs ein Schock. Ein heftiges Fieber, so heißt es, habe den erst 36 Jahre alten Fürsten aufs Krankenlager geworfen. Knapp zwei Wochen nach dem Schwedenkönig starb Friedrich V. in Mainz. Man brachte den Sarg mit dem Leichnam zunächst nach Frankenthal. Damit der Tote nicht in die Hände der Feinde fallen, nahm Bernhard von Weimar den Sarg im Jahre 1635 mit, als er Frankenthal verließ und sich mit seinen Truppen nach Westen zurückzog. Ob der Leichnam Friedrichs V. schließlich irgendwo im Saarland, in Ostlothringen oder, wie auch angenommen wird, in Sedan beigesetzt worden ist, das weiß man nicht; sicher ist nur, daß dieser unglücklichste unter den Fürsten der Pfalz auch nach seinem Tod keine Ruhe gefunden hat.

Die Zeit der Anarchie

Nach Gustav Adolfs und Friedrichs Tod erfuhren die Bewohner der Pfalz, daß die Leiden, die sie in dem Jahrzehnt seit dem Beginn des Krieges erlitten hatten, nur ein Vorspiel gewesen waren, verglichen mit den Schrecken, die nun begannen und nicht enden wollten. Zunächst allerdings kehrte ein pfälzischer Wittelsbacher für kurze Zeit als Regent nach Heidelberg zurück. Es war Pfalzgraf Ludwig Philipp von Simmern, der jüngere Bruder des Kurfürsten. Er übernahm nach Friedrichs Tod die Vormundschaft für Karl Ludwig, den Sohn Friedrichs V. und der Elisabeth Stuart, der in jener Zeit am englischen Hofe lebte. Ludwig Philipp akzeptierte gegenüber Oxenstierna die Bedingungen, die Gustav Adolf in Neustadt an der Aisch gegenüber Friedrich V. genannt hatte. Außerdem erhielt auch Frankenthal eine schwedische Besatzung, wie Oxenstierna es verlangt hatte.

Die Schlacht von Nördlingen, in der die Kaiserlichen und die Liga mit Tilly den Schweden eine schwere Niederlage beibrachten, änderte dann alles. Die Pfalz wurde erneut zum Kampfplatz. Frankreich, unter dessen Schutz sich schon 1632 der Trierer Kurfürst und Speyerer Bischof Philipp von Sötern gestellt hatte, reklamierte nun offiziell eine Mitsprache und Mitwirkung in den linksrheinischen Gebieten. Auf Grund eines Vertrages mit Philipp von Sötern befanden sich die Festungen Philippsburg und Ehrenbreitstein in französischer Hand. Bei Landau stand Ende 1634 eine französische Armee in Wartestellung. Pfalzgraf Ludwig Philipp erhoffte sich gegen das Vordringen der Kaiserlichen unter dem General Johann von Werth Hilfe von der Streitmacht Bernhards von Weimar. Doch Bernhard lehnte ab. So mußte sich Ludwig Philipp an die Franzosen wenden, nachdem die Reiter des Generals von Werth am 16. November 1634 nach Heidelberg gelangt waren. Der Mann, der die französische Politik bestimmte, war Kardinal Richelieu. Nach komplizierten Verhandlungen zwischen Richelieu, Oxenstierna, dem schwedischen Heerführer Bernhard von Weimar und Vertretern der evangelischen Stände aus den vier oberen – süddeutschen – Reichskreisen, überquerten französische Truppen sechs Tage nach Werths Angriff auf Heidelberg den Rhein, um die Residenz der Kurpfalz zu entsetzen. Damit befand sich Frankreich im offenen Krieg gegen die Streitmacht des habsburgischen Kaisers. Der Konflikt zwischen Frankreich und Habsburg-Österreich konzentrierte sich auf die Pfalz und den deutschen Südwesten. Die Region am Oberrhein – sie war für beide Parteien nichts anderes als Vorfeld und Schlachtfeld.

In der Chronik der Feste Philippsburg und in der Speyerer Chronik findet man bald die Folgen dieser Ausweitung des Krieges. In dem strengen Winter des Jahres 1634/1635 drangen kaiserliche Truppen am 24. Januar 1635 ins französisch besetzte Philippsburg ein. Kurz darauf stürmte Johann von Werth mit 5 000 Reitern bei Speyer über den zugefrorenen Rhein und besetzte die Stadt Speyer. In der ganzen Vorderpfalz raubten und plünderten die Werth'schen Reiter die Dörfer aus. Als das Tauwetter begann, gingen sie zurück ins linksrheinische Gebiet, behielten aber Speyer. Bernhard von Weimar ließ nun die Stadt belagern. Am 12. März 1635 kapitulierten die Kaiserlichen. Die von Bernhard angedrohte Plünderung vermieden die Speyerer dadurch, daß sie die gewaltige Summe von 115 000 Reichstalern bezahlten.

Das Blutbad von Kaiserslautern

Der überaus harte Winter hatte die Lage der Kämpfenden ebenso verschlimmert wie die Situation der einheimischen Bevölkerung. Krankheiten, Seuchen, auch die Pest rafften viele Menschen dahin. Bei wechselndem Kriegsglück versuchte Bernhard von Weimar den linksrheinischen Teil der Pfalz gegen starke nachrückende kaiserliche Verbände zu halten. Man kämpfte um die festen Plätze am Rhein und in der Vorderpfalz. Das Bündnis mit Frankreich zwang Bernhard, seine Strategie den Bedürfnissen des Partners anzupassen und den Kaiserlichen den Zugang nach Westen zu versperren. Ein kleines Kontingent sollte den Haardtrand verteidigen; Bernhard marschierte mit dem größeren Teil seiner Streitmacht in Richtung Saar. Kaiserslautern, so erwartete er, werden einen Sperriegel gegen den Vormarsch der Kaiserlichen bilden. Das schwedische „Gelbe Regiment" unter dem Obersten Schönbeck sowie drei Reiterkompanien blieben in der Stadt. Sie sollten aushalten, bis ein im Westen stehendes französisches Heer unter dem Kommando des Kardinals La Valette eintreffe und die Kräfteverhältnisse auf dem pfälzischen Kriegsschauplatz wieder zugunsten des französisch-schwedisch-protestantischen Bündnisses verändere. Der Plan Bernhards von Weimar schlug fehl. Mit 7 000 Mann rückten am 26. Juni 1635 die Kaiserlichen rasch gegen Kaiserslautern vor. Ihr Kommandant war der Feldzugmeister Melchior von Hatzfeld. Er stand unter dem Oberbefehl des Generals Gallas. Hatzfeld schickte einen Parlamentär zum schwedischen Stadtkommandanten. Schönbeck verhandelte nicht, sondern ließ den Vermittler erschießen. Bei einem Erfolg der Kaiserlichen hatte nun niemand mehr Gnade zu erwarten. Das wußte der schwedische Kommandant. Er setzte alles auf eine Karte. Jeder sollte um Leben oder Tod kämpfen müssen. Vielleicht mißtraute der Schweden-Oberst den Einwohnern der Stadt und bezweifelte deren Standhaftigkeit und Loyalität. Die Folgen waren schlimm, denn nach einer drei Wochen dauernden Belagerung eroberten die Kaiserlichen die Stadt. Sie nahmen den schwedischen Kommandanten gefangen. Besatzung und Bürgerschaft wurden von den kroatischen Söldnern erschlagen. Am Ende zählte man etwa 1 500 Tote.

Der Stadt Zweibrücken blieb in jenen Tagen ein ähnliches Schicksal erspart, weil die Verbände Bernhards und La Valettes die Stadt gerade noch entsetzen konnten. Noch einmal gelang es Bernhard, die kroatischen Verbände für eine kurze Zeit aus der nördlichen und der westlichen Pfalz zu verdrängen. Im Herbst 1635 beherrschte jedoch der kaiserliche General Gallas das Land, nachdem sich Bernhard von Weimar auf mancherlei Umwegen an die Saar und nach Metz durchgekämpft hatte. Gallas selbst hatte anscheinend den Befehl, nicht über die Saar in Richtung Frankreich nach Westen vorzudringen. Die schwedischen Besatzungen, die in Mannheim und Frankenthal zurückgeblieben waren, mußten sich ebenso wie Mainz noch vor Jahresende ergeben. Sie erhielten freien Abzug. Kreuznach blieb noch viele Jahre lang, bis zum Juni 1641, in schwedisch-protestantischer Hand. Die offenen Kämpfe endeten jedoch in der Pfalz mit dem Jahre 1635.

General Gallas, der Sieger im pfälzischen Feldzug des Jahres 1635 gegen Bernhard von Weimar und die Franzosen, konnte seines Erfolges nicht froh werden. Seine Armee wurde in ihrem Lager bei Marimont ein Opfer des Hungers und der Seuchen. Plündernd zogen die Reste der kroatischen Streitmacht durchs Land und verbreiteten die Pest im Elsaß und in der Pfalz. Jede Ordnung, so schien es, hatte sich aufgelöst. Wer fliehen konnte, verließ das Land, hoffend, daß er anderswo überleben werde. Nüchterne Zahlen lassen uns die Anarchie und die Not erahnen, die nach 1635 in weiten Teilen der Pfalz, vor allem in den ländlichen Gebieten, geherrscht hat. Von 62 Dörfern des Oberamtes Kaiserslautern gingen 30, nahezu die Hälfte, unter. Nicht viel mehr als ein Zehntel der Bewohner blieben übrig. Im Zweibrücker Bezirk war es nicht besser, eher noch schlimmer. Wer in Kaiserslautern den Kroatensturm überlebt hatte, der war nun von Hunger und Pest bedroht. Statt der ursprünglich 3 000 Einwohner zählte man in der Stadt noch 200 Seelen. Die spanische Besatzungsmacht, die nach dem Sieg der Kaiserlichen in die Pfalz zurückgekehrt war, konnte der Anarchie kaum Einhalt gebieten. Die Spanier waren nur in Frankenthal mit schwachen Verbänden präsent. Allein im Umkreis der Stadt blieben sie aktiv und übten Einfluß aus, sonst nirgends.

Im Sommer 1639 drangen aus dem Elsaß ehemalige weimarische Truppen, die nun unter französischem Kommando standen, in die Pfalz ein. Es gab Gefechte mit kaiserlichen und bayerischen Soldaten. Germersheim und Neustadt wurden von den Eindringlingen besetzt. In Rheinhessen und im Nahegebiet richteten diese Söldnerhaufen Quartiere ein. Als sie geraubt und geplündert hatten, was noch zu rauben und zu plündern war, zogen sie wieder ab.

Nach weiteren vier Jahren gelangten französische Truppen in die Pfalz, nachdem 1643 die Spanier den Franzosen unterlegen waren und die Kaiserlichen im August 1644 bei Freiburg im Breisgau eine Schlappe erlitten hatten. Unter Turennes Führung kamen die französischen Truppen zunächst die Mosel herab. Eine andere Streitmacht marschierte vom Mittelrhein ins heutige Rheinhessen und dann in die Pfalz. Kaiserslautern, Germersheim, Landau und Speyer waren zu jener Zeit schon von den Franzosen besetzt. Nun gerieten auch Mannheim und Neustadt in französische Hand. Wiederum war es Frankenthal, das einem Angreifer – es war der Marschall Turenne – standhielt. Fast neun Monate, vom September 1644 bis Ende Mai 1645, dauerte die erfolglose Blockade.

Vieles, was damals geschah, entzieht sich dem menschlichen Vorstellungsvermögen. Das gilt selbst für diejenigen Mitbürger, die in unserem Jahrhundert die Zeiten des Hungers, der Not und der Gewalt erlebt und überlebt haben. Schon in der Mitte des Dreißigjährigen Krieges stellte der Rat der Stadt Frankenthal nach den Erfahrungen mit fremder Besetzung – zunächst der spanischen, dann der schwedischen – in einem Schreiben fest: „Nichts als die Qualen der Hölle kann mit der Grausamkeit dieser Menschen in Vergleich kommen". Lapidar vermerkte im Jahre 1635 der Schaffner des zum Herzogtum Zweibrücken gehörenden Klostergutes, daß die Aufstellung einer Liste der Leibeigenen nur noch teilweise möglich sei: „größter Teil verstorben, verdorben". In den Wachenheimer Annalen wird das Jahr 1632 als „Sterbejahr" registriert, das Jahr 1635 als „Hungerjahr". Von zahlreichen Familien, die in den Kirchenbüchern der Vorkriegszeit verzeichnet sind, fand man nach dem Krieg kaum noch eine Spur. Was es für eine Stadt wie Landau bedeutete, daß sie insgesamt sieben Mal den Besitzer wechselte, kann man nur ahnen, denn jeder neue oder wiederkehrende Herr mußte samt seinen Soldaten und dem großen Troß versorgt und ausgestattet werden. Städte wie Speyer oder Dürkheim, die im Vergleich zu den meisten Orten in der Pfalz noch einigermaßen glimpflich davongekommen sind, was Besatzungen und Zerstörungen betrifft, litten gleichwohl unter Hunger und Seuchen, vor allem unter der Pest, die mehrfach ausbrach und im Jahre 1632 an manchen Orten fast die Hälfte der Bewohner dahinraffte. Wenn von zahllosen umherirrenden Menschen berichtet wird, von denen einige sogar dem Kannibalismus verfallen gewesen seien, dann lassen sich dafür zwar keine eindeutigen Beweise finden, aber die Tatsache, daß derartige Begebenheiten unter anderem von Otterberg, Bergzabern und Zweibrücken noch lange nach dem Ende des Krieges erzählt und geglaubt worden sind, gibt uns einen deutlichen Hinweis auf die Not jener Jahre. „Das pfälzische Land", so schrieb der pfälzische Rat Joachim von Rusdorf in einem Bericht an Elisabeth Stuart „gleicht einer arabischen Wüste". Mehr Wölfe als Bauern befänden sich im Land, heißt es in einer anderen Darstellung aus der Mitte der dreißiger Jahre.

Die besondere Situation der Kurpfalz brachte es mit sich, daß Krieg, Anarchie und auch Besatzung in der heutigen Pfalz im allgemeinen länger dauerten als in Regionen, in denen die Gebietsherrschaft nicht strittig gewesen war. Nachdem sich der Krieg in dem verarmten und verheerten Deutschland „erschöpft" hatte, begann etwa am Anfang der vierziger Jahre eine allmähliche Normalisierung des Lebens und der Verhältnisse. Geflüchtete kehrten zurück, Äcker und Felder wurden wieder systematisch genutzt, Rückkehrer aus den Niederlanden, Zuwanderer aus der Schweiz brachten Vieh mit. Hinweise auf derartige Veränderungen findet man in Ratsprotokollen und Chroniken. So weiß man etwa von Wachenheim, daß im Jahre 1645 wieder Wein nach Frankfurt am Main verkauft worden ist. Aber es scheint, daß die Wachenheimer ihre alten Handelsbeziehungen etwas früher wieder aufnehmen konnten als andere Dörfer und Städte in der Pfalz. Mitte der vierziger Jahre waren ja erhebliche Teile des Pfälzer Landes noch rechtlich und politisch umstritten. Das änderte sich erst im Jahre 1648 mit dem Frieden von Münster und Osnabrück.

Die Pfalz als Objekt

Der Weg dorthin verlief alles andere als gradlinig, nachdem am 30. Mai 1635 im Frieden von Prag eine Art Tiefpunkt im Kampf um die Ansprüche und das Recht der pfälzischen Wittelsbacher verzeichnet worden war. Kaiser Ferdinand II. und Kurfürst Johann Georg I. von Sachsen vereinbarten in Prag unter anderem, daß die Gebiete mit augsburgischer Konfession – entsprechend dem Besitzstand vom 12. November 1627 – für zunächst vierzig Jahre ohne Änderung der Konfession erhalten bleiben sollten. Ein Reichstag solle die Parität des Reichskammergerichtes beschließen. Ferdinand II. ließ sich vom lutherischen-sächsischen Kurfürsten in Prag verbriefen, daß die Übertragung der pfälzischen Kur an Bayern ebenso rechtmäßig sei wie die Abtretung der rechtsrheinischen Gebiete der Kurpfalz. Ausgeschlossen von dem Frieden wurden im übrigen ausdrücklich die „böhmischen und pfälzischen Händel". In einer besonderen Liste registrierte man alle Personen, die von der allgemeinen Amnestie ausgenommen seien und nur vom Kaiser selbst auf Grund von Gnadengesuchen Pardon erhalten könnten. Die katholische Liga und der protestantische Heilbronner Bund hörten mit dem Prager Frieden auf zu existieren. Eine ganze Reihe weiterer Bestimmungen regelte territoriale Fragen und enthielt Vorschriften über die Zusammenarbeit mit dem Kaiser. Die Vereinbarung von Prag berücksichtigte allerdings weder die schwedischen Interessen noch die französischen. So kam es, daß nach dem Jahr 1635 Krieg und Kampf in Deutschland immer noch nicht aufhörten, zumal Frankreich wenige Tage vor der Unterzeichnung des Prager Friedens an Spanien den Krieg erklärt hatte.

Wie negativ sich der bis zum Pyrenäenfrieden von 1659 andauernde offene Machtkampf zwischen Spanien und Frankreich gerade auf die heutige Pfalz auswirkte, wissen wir aus dem letzten Jahrzehnt des Dreißigjährigen Krieges. Wenn dieser Streit überhaupt einen Vorteil für die pfälzischen Gebiete hatte, dann bestand er darin, daß sich die endgültige Verfügung zumindest über die linksrheinischen Teile der Kurpfalz verzögerte. Die Macht des Kaisers Ferdinand II. blieb auch gegenüber dem Besitz Johanns von Zweibrücken und Ludwig Philipp von Simmerns begrenzt, die nach Ansicht Ferdinands wegen ihrer engen Verbundenheit mit der kurpfälzischen Sache ebenso enteignet werden sollten wie die Erben Friedrich V., an der Spitze der 1617 geborene Kurprinz Karl Ludwig. Das alleinige Verfügungsrecht, das sich der Kaiser im Frieden von Prag für die böhmische und pfälzische Frage vorbehalten hatte, führte auf dem Kurfürstentag von Regensburg im Jahre 1636 zu Diskussionen. Der englische Gesandte setzte sich bei Ferdinand II. für die Rechte Karl Ludwigs ein, der sich zusammen mit seinem Bruder Ruprecht seit Oktober 1635 in London am englischen Hofe aufhielt. Allerdings interessierte sich der 18 Jahre alte spätere Kurfürst der Pfalz am englischen Hof mehr für weibliche Schönheit als für politische und staatsrechtliche Probleme. Seine Mutter, Elisabeth Stuart, wurde insofern in ihren Erwartungen enttäuscht. Sie hatte gehofft, daß es ihrem Sohn gelingen werde, die englische Politik für die kurpfälzische Sache zu aktivieren. Das von dem jugendlichen Karl Ludwig Versäumte machte jedoch der unermüdliche Joachim von Rusdorf dadurch wett, daß er Anfang 1637 ein Manifest verfaßte, in dem die rechtlichen Gründe für die Erbansprüche der Nachkommen Friedrichs V. dargelegt waren. In einer Proklamation an das deutsche Volk und in einem Schreiben an die europäischen Fürsten erinnerten die Anwälte der pfälzischen Sache daran, daß das Recht auch für die pfälzischen Wittelsbacher gelte. Im Februar 1637, kurz nach der Publikation des Manifestes, starb Kaiser Ferdinand II.

Der Tod des Mannes, den Friedrich V. in Böhmen herausgefordert hatte, bestärkte die pfälzischen Parteigänger in ihren Hoffnungen auf eine Wiederherstellung der Kurpfalz. Der unerfahrene, jugendliche Karl Ludwig, der sich im Jahre 1638 zunächst nach Norddeutschland begab, um von dort aus eine militärische Aktion gegen die Besetzer der Kurpfalz in die Wege zu leiten, scheiterte mehrfach mit derartigen Bemühungen. Es geschah ihm sogar, daß man ihn für kurze Zeit in Frankreich einsperrte, als er, von England kommend und als Privatperson sich ausweisend, mit einem größeren Geldbetrag in die Pfalz reisen wollte. In der Biographie des jungen Karl Ludwig ist verzeichnet, daß die englischen und schottischen Parlamente beschlossen haben, dem Sohn der Elisabeth Stuart militärische Hilfe zu leisten. Eine Unterstützung hatte Karl Ludwig damals auch bei Dänemark erreicht. Auf Bitten des dänischen Königs behandelte der Reichstag in Regensburg im Herbst 1640 die pfälzische Frage, vertagte allerdings eine Entscheidung entsprechend dem Verlangen des Kaisers und der Kurfürsten.

Im November 1641 begannen in Wien Verhandlungen, an denen sich neben den bayerischen und dänischen Gesandten auch englische und pfälzische

Beauftragte beteiligten. Nach langem Hin und Her stellte Bayern die Herausgabe der unteren Pfalz – des rechtsrheinischen Teils – in Aussicht, Spanien verlangte eine Entschädigung, wenn es sein – linksrheinisches – Gebiet aufgeben solle. Die Kurwürde Bayerns und die Oberpfalz standen bei den Wiener Gesprächen nicht zur Diskussion. Im Mai 1642 teilte der Kaiser Ferdinand III. offiziell mit, daß er bereit sei, die Unterpfalz den Erben Friedrichs V. als Lehen zurückzugeben, allerdings ohne das Amt Germersheim. Für die Rückgabe der Oberpfalz, die Grafschaft Cham ausgenommen, müßten von der Pfalz 13 Millionen an Kriegskosten erstattet werden. Die Kurwürde, so die Mitteilung des Kaisers, werde erst dann an die pfälzischen Wittelsbacher zurückfallen, wenn die männliche Linie der bayerischen Wittelsbacher aussterbe. Außerdem sollten nach dem Willen Ferdinands III. die inzwischen errichteten Stiftungen, Klöster und Jesuitenanstalten in der Kurpfalz erhalten bleiben, die katholische Religion müsse geduldet werden. Die englischen und pfälzischen Vertreter verwahrten sich gegen solche Bedingungen, vor allem gegen die völlig unrealistischen Geldforderungen. Immerhin war nun erreicht, daß der Nachfolger Ferdinands II. die prinzipiellen Erbansprüche der pfälzischen Wittelsbacher nicht mehr bestritt.

Bei den Friedensverhandlungen in Münster und Osnabrück, die im Jahre 1644 begannen, verhinderten ganz verschiedenartige Interessen eine rasche Lösung der pfälzischen Frage. Es zeigte sich, daß vor allem eine Annäherung zwischen dem Herzogtum Bayern und Frankreich die Durchsetzung der pfälzischen Ansprüche behinderte. Frankreich wollte seinen Einfluß am Oberrhein ausbauen und sichern. Eine wiedererstarkte Kurpfalz gehörte deshalb nicht zu den Zielen der französischen Politik. Der Herzog von Bayern wiederum befürchtete, daß die nun errungene Kurwürde und der für Bayern erreichte hohe Rang im Kreise der Reichsstände gefährdet sei, wenn man den Erben Friedrichs V. entgegenkomme. Der Größe des Herzogtums Bayern und der Bedeutung eines bayerischen Kurfürstentums stand eine rheinische Pfalz im Wege, die um ihre alten Rechte kämpfte. Die Franzosen gaben sich zwar den Anschein, als bemühten sie sich vor allem um eine Vermittlung zwischen den bayerischen und den pfälzischen Interessen, doch blieben die wirklichen Absichten der französischen Diplomatie nicht länger verborgen, als die Vertreter des Königs von Frankreich einerseits die bayerischen Geldforderungen unterstützten, andererseits aber zum Trost für die rheinische Pfalz eine achte Kurwürde vorschlugen und zugleich für sich selbst das Elsaß und den Besitz von Philippsburg beanspruchten. Die Begründung für die französischen Gebietsansprüche am Oberrhein war recht kurz. Man wolle, so hieß es, damit „den Pfalzgrafen im Zaum halten".

Da Schweden und die lutherischen Gebietsherren des Reiches sich in Münster und Osnabrück vorwiegend mit der Vertretung und Durchsetzung eigener Interessen beschäftigt waren, blieb die pfälzische Delegation ziemlich isoliert. Die pfälzische Frage, die nun schon Jahre, ja Jahrzehnte immer wieder zur Stellungnahme herausforderte, war auch den alten Widersachern der katholischen Partei lästig geworden. Schweden gab nach, als der Vertreter des Kaisers im Jahre 1646 wissen ließ, man bestehe in der pfälzischen Frage unter allen Umständen auf der Verwirklichung der bayerischen Vorschläge. So mußte dann Karl Ludwig, der Haupterbe Friedrichs V., seinen Kampf um bessere Bedingungen aufgeben und die Friedensbestimmungen akzeptieren. Die Urkunde vom 24. Oktober 1648 bestimmte, daß Bayern die gesamte Oberpfalz behalten dürfe und definitiv die alte rheinische Kurwürde besitze. Die Ämter an der Bergstraße, die Kurmainz im Jahre 1463 an die Kurpfalz verpfändete, fielen an Kurmainz zurück. Den Lutheranern garantierte man in der Kurpfalz die freie Religionsausübung. In der Frage der Kurwürde entschied man sich für die Erweiterung des Kurkollegiums. Der Pfalzgraf bei Rhein sollte fortan nicht mehr der erste, sondern der achte im Kreise der Kurfürsten sein. Da Spanien von dem Frieden ausgeschlossen war, endete die Zeit der Besetzung noch nicht in allen Teilen der so geschmälerten Kurpfalz. Die Spanier räumten Frankenthal erst am 3. Mai des Jahres 1652.

Die Rückkehr Karl Ludwigs in seine Geburtsstadt Heidelberg ließ nach dem offiziellen Friedensschluß noch auf sich warten. Am 7. Oktober 1649 zog der Sohn Friedrichs V. und der Elisabeth Stuart von Mosbach kommend in der verwüsteten pfälzischen Residenz ein – fast drei Jahrzehnte nach dem Beginn des „böhmischen Abenteuers".

XVI
Das pfälzische Wunder

Ausländer haben oftmals gestaunt, wie rasch nach dem Zweiten Weltkrieg die Ruinen in den deutschen Städten verschwanden und wie schnell sich in dem zerstörten Land ein wirtschaftlicher Wohlstand ausbreitete. Man sprach von einem deutschen „Wirtschaftswunder". Mancher Politiker pries diese Aufbauleistung als eine Sache, die in der Geschichte ohne Beispiel sei. Ein Blick in die alten Chroniken mahnt jedoch bei derartigen Behauptungen zur Vorsicht. Der deutsche Südwesten und speziell die Pfalz als die vom Dreißigjährigen Krieg besonders hart getroffenen Regionen überwanden nach dem Friedensschluß von Münster und Osnabrück die Zerstörungen und Verwüstungen in relativ ähnlich kurzer Zeit wie nach 1945. Die Pfalz, so haben die Geschichtsschreiber ausdrücklich festgehalten, sei damals nach der Wiederherstellung der alten Herrschaft in wenigen Jahrzehnten wieder aufgeblüht.

Fast überall in den alten Chroniken wird dieses „pfälzische Wunder" mit dem Namen eines Fürsten verbunden: mit Karl Ludwig, dem Sohn und Erben Friedrichs V. von der Pfalz und der Elisabeth Stuart. Am Hofe seiner Verwandten, im Londoner Exil, genoß der jugendliche Wittelsbacher aus der Linie Pfalz-Simmern einen etwas zweifelhaften Ruf als Kavalier. In den letzten Jahren des Krieges reifte er jedoch zum Manne heran und überlegte gründlich, wie er dem Lande seiner Väter dienen könne, wenn er nach langen Irrfahrten die Regentschaft in der Kurpfalz endlich übernähme. Als der Friedensschluß gesichert schien, gab Karl Ludwig noch von London aus Instruktionen für den Neubeginn an seinen Verwandten, den Zweibrücker Pfalzgrafen, der nach dem Tode Friedrichs V. die Regentschaft in der Kurpfalz vertrat. Die wenigen, noch in der Heimat verbliebenen Beamten sollten nach dieser generellen Weisung Karl Ludwigs „das alte Herkommen zurückführen". Der Sohn und Erbe des unglücklichen „Winterkönigs" entschied sich mit dieser Weisung in einem durchaus positiven Sinne für eine „Restauration" in den pfälzischen Territorien. Wer als kurpfälzischer Beamter die Schreckenszeit in der Heimat oder in der Fremde überlebt hatte, der wurde nun wieder mit seinen alten Funktionen und Ämtern betraut. Dabei achtete Karl Ludwig auch in der Besoldung auf Kontinuität – trotz der leeren Kassen und der hohen Verschuldung der Städte und Dörfer. Im Prinzip blieb es bei den einst bezahlten Bezügen; allerdings muß man dabei bedenken, daß die Preise des Jahres 1620 nicht mit den Preisen des Jahres 1650 zu vergleichen waren, die Not hatte eine Teuerung zur Folge. Die Umstände erzwangen in der ganzen kurpfälzischen Verwaltung äußerste Sparsamkeit, auch am Hofe selbst. Dort ging Karl Ludwig mit guten Beispiel voran. Er beschränkte die Zahl seiner Diener und Mitarbeiter auf ein Minimum. In einigen, zunächst notdürftig wiederhergestellten Räumen des Schlosses lebte man in jenen Jahren ziemlich bescheiden, weit entfernt vom alten Glanz der Vorkriegsjahre.

Diese Selbstbeschränkung betrachtete Karl Ludwig als eine Voraussetzung für das Wiedererstarken der pfälzischen Territorien.

Noch mehr als an Geld und Gütern fehlte es dem verwüsteten, öden Land an Menschen. Deshalb appellierte der Kurfürst an die in alle nur denkbaren Regionen zerstreuten Pfälzer, sie sollten nun in ihre Heimat zurückkehren. Den Rückwanderern sicherte Karl Ludwig die ungeschmälerte Übernahme des alten Besitzes zu, wie es seiner Generalweisung, das „alte Herkommen" betreffend, entsprach. Viele, wenn auch nicht alle Emigranten folgten diesem kurfürstlichen Appell. Manche hatten inzwischen in der Fremde eine neue Heimat gefunden und sich eine Existenz aufgebaut. Nur wenige kehrten deshalb leichten Herzens in die zerstörte alte Heimat zurück. Was die Entscheidung zur Rückwanderung erleichterte, das waren einige materielle Anreize in Form von verringerten Steuern und Abgaben, mit denen der Kurfürst lockte. Diese Vergünstigungen erhielten alle, die im Lande Verbliebenen ebenso wie die Rückwanderer oder die neu Zuwandernden, die man in jener Zeit „Kolonisten" nannte, weil sie ödes, meist herrenlos gewordenes Land in Besitz nahmen und wieder bebauten.

Damit der Fleiß der vom Kriege befreiten Bevölkerung nicht sogleich wieder von eifrigen und ehrgeizigen Amtleuten gebremst oder gar bestraft werde, verbot der Kurfürst die – zu jener Zeit durchaus üblichen – Sonderabgaben oder Spezialumlagen. Sie durften nur mit ausdrücklicher Genehmigung Karl Ludwigs erhoben werden. Rückblickend betrachtet, nimmt sich manche der gewährten Vergünstigungen vor allem wegen der zeitlichen Begrenzung eher bescheiden aus. Man erfährt zum Beispiel aus einer im Mai 1650 erlassenen Verordnung, daß die kurfürstliche Regierung für Haus-Reparaturen eine Steuerfreiheit gewähre, die auf zwei Jahre befristet sei. Neubauten bleiben drei Jahre steuerfrei, wüste Felder, die man wieder unter den Pflug nahm, ein Jahr lang. Für neu angelegte Weinberge mußte man sechs Jahre lang keine Abgaben leisten – solange, bis der volle Ertrag zu erwarten war. Solche Abgabenverzichte haben die vom Krieg verursachte „öffentliche Armut" noch eine ganze Zeit lang fortdauern lassen. Karl Ludwig nahm diesen Nachteil in Kauf.

Über die Schwierigkeiten der Finanzierung öffentlicher Ausgaben in jenen ersten Nachkriegsjahren gibt uns ein kleiner Hinweis in den alten kurfürstlichen Akten Aufschluß. Hier erfährt man, daß Karl Ludwigs Kasse im Jahre 1652 nicht ausreichte, um die Reise der pfälzischen Delegation zum Regensburger Reichstag zu finanzieren. Einige Städte borgten dem Kurfürsten das Reisegeld für ihn und seine Ratgeber und Beamten. Die Vorsicht beim Geldausgeben machte den Kurfürsten, wie es scheint, in einem bescheidenen Maße kreditwürdig. Man vertraute einem Fürsten, der an seinem Hof und in seiner Verwaltung ein Beispiel für Sparsamkeit gab. Daß die Bankiers in den vom Krieg wenig betroffenen Teilen des Reiches einem so arm gewordenen Land wie der Pfalz nicht gerade Anleihen aufgedrängt haben, darf indes als sicher gelten. Im wesentlichen galt es, den Wiederaufbau in den pfälzischen

Territorien ohne auswärtige Finanzhilfe zu schaffen. Das nur noch dünn besiedelte Land mußte vor allem wieder bebaut werden.

Da große Teile der Pfalz immer noch den Ruf hatten, von Natur aus fruchtbar und vom Klima begünstigt zu sein, fand Karl Ludwig Einladung an Kolonisten in den verschiedensten deutschen und europäischen Regionen einen starken Widerhall. Es kamen Bauern und Handwerker aus Holland, aus Frankreich, aus England. Auch Schotten siedelten sich in jener Zeit in menschenleer gewordenen deutschen Regionen an, unter anderem in der Pfalz. Am stärksten war die Zuwanderung wohl aus der relativ nahen Schweiz und aus den Alpentälern des Tiroler Landes. In vielen Fällen erleichterte die Zugehörigkeit zum reformierten Bekenntnis eine Ansiedlung solcher Kolonisten. Doch war die Bekenntnisfrage kein entscheidendes Kriterium. Man bemühte sich in der Pfalz um Toleranz gegenüber den unterschiedlichen Glaubensrichtungen. Karl Ludwig setzte sich dabei auch über Bedenken einiger Heidelberger Theologen hinweg. Als Exempel für die Großzügigkeit, die in der Kurpfalz zu jener Zeit geübt wurde, sei die Vereinbarung erwähnt, die der Kurfürst mit einer Kolonistengruppe aus dem piemontesischen Lucernertal traf. Zur Ansiedlung in der Südpfalz, im Germersheimer Amt, erhielten diese Zuwanderer im Jahre 1655 neben den Steuerbegünstigungen von Karl Ludwig auch die Zusicherung, daß sie das Recht auf eine eigene Gemeindeverwaltung hätten und ihre Geistlichen selbst wählen könnten.

Der Kurfürst und seine Berater dürften erkannt haben, daß Menschen, die den Mut und die Kraft besitzen, ihre Heimat zu verlassen und sich in der Fremde eine neue Existenz zu schaffen, besonders tatkräftig sind. Es war auch vorteilhaft für die Entwicklung der Pfalz, daß diese Kolonisten aus ihrer Heimat Kenntnisse und Erfahrungen für eine Verbesserung der Landwirtschaft mitbrachten und überdies alte Handwerkstraditionen vermitteln konnten. Was sich dank der Rückwanderer und der Zuwanderer in den Jahren nach dem Dreißigjährigen Krieg in der Pfalz ereignete, läßt sich sicherlich mit dem vergleichen, was im 18. und 19. Jahrhundert in Nordamerika geschah, als Einwanderer aus fast allen Teilen Europas dafür sorgten, daß die Vereinigten Staaten und Kanada einen oft bewunderten Aufschwung erlebten.

Noch heute findet man in der Pfalz mancherlei Spuren der Einwanderung in der Mitte des 17. Jahrhunderts, wenn man sich den Namensforschern anvertraut. Bestimmte, längst als typisch pfälzisch vermutete Familiennamen haben ihren Ursprung im Salzburgischen, in Tirol oder in der Schweiz. In der Chronik von St. Martin – um ein Beispiel zu nennen –, weisen Namen wie „Schreieck", „Pfeifer", „Seeber" auf damalige Einwanderer aus Tirol hin, den Namen „Geißler" findet man heute noch vorwiegend im Salzburgischen. Zahlreiche Geschlechternamen, die in den pfälzischen Orten vor dem Jahre 1620 verbreitet gewesen sind, fehlen in den Kirchenbüchern der Nachkriegszeit. Der Namensvergleich gibt uns in den Orten, wo er heute noch möglich ist, eine ziemlich verläßliche Kunde über die tiefgreifenden Veränderungen, die der Dreißigjährige Krieg gerade in den pfälzischen Territorien bewirkt hat.

Zu den bemerkenswerten Folgen des großen Krieges zählte nach dem Jahre 1650 auch in der Pfalz eine hohe Geburtenrate; die Grundlage eines außergewöhnlichen Bevölkerungswachstums. Allerdings machte der deutsche Südwesten hier keine Ausnahme; fast alle Regionen, die nach dem Ausscheiden der Niederlande und der Schweiz noch auf den Reichstagen vertreten waren, verzeichneten vor allem in dem Jahrzehnt von 1650 bis 1660 ein relativ hohes Wachstum – ganz im Unterschied zu den Nachbarländern. Die Schweiz nahm damals ab, wohl auch wegen der Abwanderung in die Pfalz, nach Württemberg und Baden. Die Zahl der Dänen und der Schweden verminderte sich ebenfalls; auch Frankreich, das im Vergleich zu den meisten anderen europäischen Staaten schon seit dem Mittelalter ziemlich dicht bevölkert war, registrierte schon vor der Massenflucht der Hugenotten einen Bevölkerungsschwund. Dennoch blieb Frankreich damals nach der Zahl seiner Bewohner größter Staatsverband in Europa. Schätzungen, die als ziemlich zuverlässig gelten, betonen, daß Frankreich im Jahre 1660 etwa 24 Millionen Bewohner gehabt habe, ungefähr doppelt so viele wie in den deutschen Territorien lebten. Am Anfang des 17. Jahrhunderts, vor dem Dreißigjährigen Krieg, dürften in den deutschen Gebieten etwa 20 Millionen Menschen gewohnt haben. Mit Ausnahme des ohnedies dünn besiedelten Schwarzwaldes, der in den Kriegsjahren vielen als Zufluchtstätte diente, übertrafen die Menschenverluste im deutschen Südwesten in den drei Kriegsjahrzehnten den Reichsdurchschnitt ganz erheblich. Die pfälzischen Territorien waren – genau wie die altwürttembergischen und die markgräflich-badischen Gebiete – am Ende des Krieges so menschenleer, daß sie Zuwanderer aus den vom Krieg ziemlich verschont gebliebenen Regionen anzogen.

Die Einladung des Kurfürsten Karl Ludwig zur Ansiedlung in der Kurpfalz scheint die Landesherrschaft in den Niederlanden, in Tirol und in der Schweizer Kantonen im übrigen kaum gestört zu haben. Die Siedlungsangebote aus Heidelberg wurden fast überall auf den Jahrmärkten verkündet und auch – vor allem in Regionen mit reformiertem Bekenntnis – von den Kanzeln verlesen. Der König von Frankreich freilich hätte solche Werbung kaum geduldet. Er bedrohte ja die insgesamt zwei Millionen Hugenotten, von denen viele am Ende des 17. Jahrhunderts das verhältnismäßig dicht besiedelte Frankreich als Flüchtlinge verließen, mit Strafe wegen Ungehorsams. Dennoch kamen auch Einwanderer aus französischen Herrschaftsgebieten als Kolonisten in die pfälzischen Territorien. Über den Grad der Veränderung, den hohe Geburtenrate und Zuwanderung in der Pfalz zu jener Zeit bewirkt haben, besitzen wir das Zeugnis des französischen Marschalls Grammont. Er hatte 1646 die Pfalz gesehen und kam zwölf Jahr später, 1658, als Sondergesandter wieder nach Heidelberg. Das Land „sei so bevölkert, als ob niemals Krieg geführt worden" wäre, vermerkt Grammont in seinen Memoiren über den Besuch von 1658.

Die Aufzeichnungen aus jener Zeit sagen wenig über die Schwierigkeiten, die es bei der Aufnahme von Menschen ganz unterschiedlicher Herkunft in der Pfalz sicherlich gegeben hat. Gewiß ist allerdings, daß die pfälzischen

Territorien eine ziemlich starke Integrationskraft besaßen; die Zuwanderer paßten sich allem Anschein nach ziemlich rasch den Sitten und Gebräuchen des Landes und dessen Sprache oder Sprachgewohnheiten an. Daß auch mancher Abenteurer und mancher im Verlaufe des Krieges verrohte Landsknecht in einem pfälzischen Dorf oder in einer der Städte seßhaft geworden ist, muß freilich bedacht werden. Der Sittenstrenge, die man nach der Reformation in der Kurpfalz nach calvinischem Genfer Vorbild verordnet hatte, dürfte dies nicht allzu förderlich gewesen sein. Wäre es anders, dann hätte im Jahre 1658 Kurfürst Karl Ludwig sicherlich nicht jene Polizeiordnung in einer neuen Fassung verkündet, die Friedrich III. im Jahre 1587 seinen Pfälzern als eine Art Tugendpanzer oktroyiert hatte. Neben seiner strengen Heiligung des Sonntags, verbunden mit der Pflicht zum Besuch des Predigtgottesdienstes (beim Fernbleiben drohte eine Geldstrafe), verordnete Karl Ludwig ausdrücklich ein Verbot des Glücksspiels an öffentlichen Plätzen, in Wirtshäusern und auch in Privathäusern. Sogar das, was man ein Schnüffeln in der Privatsphäre nennt, war nach dieser kurfürstlichen „Landsordnung" von 1658 möglich. Der obrigkeitliche Erlaß enthält auch besondere Strafandrohungen gegen das leichtfertige Schwören und gegen das Gotteslästern, Vorschriften, die auf Betreiben der calvinischen Geistlichkeit in den Strafenkatalog gelangt sind. Wie schon am Beginn des 16. Jahrhunderts störte sich die kurfürstliche Obrigkeit im Jahre 1658, kaum zehn Jahre nach dem Ende des Krieges, an dem „Laster der Trunkenheit". Man erkennt Trunkenheit keinesfalls als Milderungsgrund bei einem Verbrechen an. Die feinen Unterschiede, die unser Strafrecht für die Schuldzuweisung macht, wenn die Willensfreiheit des Menschen durch den Dämon Alkohol relativiert ist, galten vor dreihundert Jahren noch nichts. Daß der sparsame Kurfürst in jenen Jahren auch an allzu üppigen Tafelfreuden mancher Honoratioren Anstoß nahm, etwa bei Vertretern der im Jahre 1652 wieder eröffneten Universität, gibt uns einen Hinweis auf mehrere Tatbestände: einmal darf man annehmen, daß die Menschen – nicht anders als nach den Entbehrungen im Zweiten Weltkrieg – sich auch damals mit Lust, ja sogar mit Gier auf alles Nahrhafte und Wohlschmeckende gestürzt haben; zum anderen beweist die obrigkeitliche Kritik an einem Unmaß beim Tafeln, daß in der Pfalz die Not vorüber war.

Mannheims neue Aufgabe

In der Pfalz begann nach der Rückkehr Karl Ludwigs das Zeitalter des Merkantilismus. Der Kurfürst veranlaßte im Jahre 1652 die Wiedergründung der Stadt Mannheim. An der verkehrsgünstigen Mündung des Neckars in den Rhein sollte nach dem Willen des Fürsten ein Handelszentrum entstehen, das den holländischen Vorbildern entsprach, die Karl Ludwig im Exil kennengelernt hatte. Der Kurfürst verzichtete für Mannheim auf den Zunftzwang. Wer sich in der Stadt niederließ, wurde eine Zeit lang durch Steuer- und Zollfreiheit begünstigt. Viele der im Krieg geflüchteten Wallonen kehrten zurück. Die wiedergegründete Stadt bevölkerte sich außerdem mit Zuwanderern aus zahl-

Kurfürst Karl I. Ludwig. Stich von J. Samtrart.

reichen europäischen Regionen und zählte im Jahre 1680 etwa 12 000 Einwohner.

Die Schwierigkeiten mit verschiedenen Glaubensbekenntnissen im neu erstandenen Mannheim umging Karl Ludwig, indem er anordnete, daß in der von ihm errichteten Kirche, die der „Heiligen Einheit" geweiht war, abwechselnd calvinische, lutherische und katholische Gottesdienste abgehalten werden sollten. Der Kurfürst ist wegen dieser Anordnung oftmals gepriesen worden. Er habe in Mannheim zu jener Zeit ein Zeichen gesetzt für die „aufgeklärten ökumenischen Tendenzen der Zeit", merkte ein deutscher Historiker dazu an. Ein wenig muß man dieses Lob jedoch einschränken. Die Mannheimer Regelung galt nicht allgemein für die Kurpfalz. Das Luthertum konnte sich zwar überall einigermaßen frei entfalten – seit 1650 gab es zum Beispiel Gottesdienste der Lutheraner in der Heidelberger Spitalkirche – aber für katholische Gemeinden beschränkte sich das Recht auf freie Religionsausübung auf nichtöffentliche, geschlossene Kreise. Abgesehen von dem nach wie vor bestehenden rechtlichen Vorrang des Calvinismus entsprechend dem Heidelberger Bekenntnis ist die Tolerierung der anderen Glaubensrichtungen nicht überall im Lande ernst genommen worden. Es gab immer wieder Klagen der Nicht-Calvinisten über Benachteiligungen und Schikanen. Man müsse bedenken, so meint Ludwig Häusser, daß die Beamten, die über die Anordnungen Karl Ludwigs in den Ämtern der Kurpfalz zu wachen hatten, fast durchweg Reformierte gewesen seien, erzogen in dem üblichen engen Denken der damaligen Zeit. Die Lebensschule, die der Kurfürst während seiner Jugendjahre im holländischen und englischen Exil hatte besuchen müssen, war den meisten Beamten seiner Verwaltung fremd geblieben. Nicht alle Impulse für eine Öffnung und Modernisierung der pfälzischen Territorien, die Karl Ludwig gab, konnten deshalb wirksam werden.

Unter den deutschen Fürsten jener Zeit machte sich der tatkräftige, um den Wiederaufbau der Pfalz so erfolgreich bemühte Karl Ludwig auch dadurch einen Namen, daß er im November 1652 die Heidelberger Universität wieder eröffnete, wenn auch zuerst in einem bescheidenen Umfang mit nur 119 Studenten und sieben Professoren. Die geraubte Bibliothek, die „Palatina", ersetzte man notdürftig durch die über den Krieg geretteten Büchersammlungen der beiden Heidelberger Gelehrten Pareus und Freher. Daß bedeutende Leute den Rang einer Universität bestimmen, wußte Karl Ludwig recht genau. Zu seinen Verdiensten gehört es, daß Samuel Pufendorf, der „erste Lehrer des Naturrechts", im Jahre 1661 nach Heidelberg kam. Der aus Sachsen stammende Jurist und Historiker hatte an der pfälzischen Universität sieben Jahre lang einen eigens für ihn geschaffenen Lehrstuhl. Sein in der Heidelberger Zeit verfaßtes, gundlegendes kritisches Werk über die Verfassung des Reiches („De statu imperii germanici"), das 1667 zunächst ohne Verfassernamen erschien, wurde von der kaiserlichen Zensur verboten, hatte aber, wohl auch wegen des Verbotes, eine große Resonanz.

Eine andere Berufung, die Karl Ludwig plante, kam nicht zustande: die Berufung Spinozas. Der pfälzische Kurfürst wollte den großen niederländischen

Denker im Jahre 1673 nach Heidelberg holen. Spinoza war damals schon „verfolgt und verketzert". Auf einem Lehrstuhl für Philosophie sollte Spinoza, so ließ Karl Ludwig durch einen Beauftragten mitteilen, völlige Lehrfreiheit haben. Allerdings mit einer kleinen Einschränkung. Sie betraf die „Erschütterung der bestehenden Religion". Doch eben diese kleine, aber wichtige Einschränkung der Lehrfreiheit veranlaßte Spinoza schließlich zu einer Absage an den Kurfürsten. Der Philosoph gab zu bedenken, daß „die Grenze der freien Lehre schwer zu bestimmen" sei. Der Vorgang ist symptomatisch wegen der Konsequenz, mit der Spinoza schon in jener Zeit die Lehrfreiheit für unabdingbar hielt. Man muß aber auch die Rolle Karl Ludwigs anläßlich der gescheiterten Spinoza-Berufung würdigen. Der Regent eines vom Calvinismus geprägten Territoriums wollte immerhin einem von seinen Glaubensbrüdern gemaßregelten Philosophen in Heidelberg ein öffentliches Forum verschaffen. Damit zeigte Karl Ludwig, daß ihm die Wissenschaft wichtiger war als die Solidarität mit den niederländischen Calvinisten. In späteren Zeiten hätte man diesen Kurfürsten möglicherweise als einen „Non-Konformisten" bezeichnet.

Als sich in unserer Zeit Heidelberger Studenten über den „Muff unter den Talaren" lustig machten, werden nur wenige dieser Spötter gewußt haben, daß der Kurfürst Karl Ludwig als Wiederbegründer der Ruperto Carola einst eine spezielle Kleidervorschrift erlassen hatte. Im Universitätsgesetz vom 1. September 1672 wurde einerseits der enge kirchliche Zwang aufgehoben, unter dem die Universität einst stand, andererseits bestimmte der Kurfürst, daß die Lehrer in allen amtlichen Verrichtungen in einer Amtstracht gekleidet sein sollten, nämlich in „langen, schwarzen Röcken". Alle sieben Jahre würden diese Röcke auf Kosten des Fiskus erneuert. Über das Äußere der Studierenden machte sich der fürsorgliche Karl Ludwig ebenfalls Gedanken, allerdings in allgemeiner Form. Ihnen wird eine „ehrbare Kleidung" empfohlen.

Die doppelte Heirat

Über den Begriff „Ehrbarkeit" ist im Zusammenhang mit Karl Ludwig viel geschrieben worden, freilich kaum in Bezug auf die Kleidung kurpfälzischer Untertanen sondern bei Betrachtungen über die komplizierten Eheverhältnisse dieses pfälzischen Kurfürsten. Im Alter von 33 Jahren heiratete Karl Ludwig im Jahre 1650 die Prinzessin Charlotte von Hessen-Kassel. Die Beschreibungen der Kurfürstin stammen meist aus der Feder von Bewunderern Karl Ludwigs und sind deshalb einseitig. Das muß bedacht werden, wenn Charlotte als eine „kalte Schönheit, ohne Grazien an der Wiege" charakterisiert und als eine „kräftige Amazone" geschildert wird. Sie habe Jagd und Pferde geliebt und rauschende Feste geschätzt. Mit Festen und Vergnügungen hatte der zur strengen Sparsamkeit gezwungene Karl Ludwig allerdings wenig im Sinn. Am Hof zu Heidelberg herrschte zu jener Zeit die Ruhe vor. Der Kurfürstin Charlotte mißfiel das eher beschauliche Leben an der Seite Karl Ludwigs; sie ließ es den Gemahl spüren. Es scheint, daß die Kurfürstin aus dem Hause Hessen-Kassel vor allem von der Aussicht auf eine große Kinderschar keineswegs begeistert war. Die Entfremdung zwischen den Ehegatten verstärkte sich rasch, zumal sich der Kurfürst, „sehr geeignet, ein Weib zu beglücken", wie wir bei Ludwig Häusser lesen, sein Zusammenleben mit Charlotte von Hessen-Kassel ganz anders vorgestellt hatte. Trost und neues Glück fand er alsbald bei dem jugendlichen Kammerfräulein der angetrauten Gemahlin, bei Luise von Degenfeld. Da Karl Ludwig – dem Charlotte immerhin zwei Kinder geboren hatte, den Kurprinzen Karl und die Tochter Elisabeth Charlotte, genannt Liselotte – sein Verhältnis zu Luise von Degenfeld legalisieren wollte, verkündete er, gestützt auf ein theologisches Gutachten, im Jahre 1657 von sich aus seine Scheidung. Die ihm angetraute Gemahlin betrachtete diese Scheidungs-Erklärung indes als unrechtmäßig und beharrte auf ihrer Position. Karl Ludwig, zur Trennung und zu einer neuen Ehe fest entschlossen, bereitete dennoch die Heirat mit Luise von Degenfeld vor. Luise, die sich auf Wunsch des Kurfürsten im nahen Schwetzingen niedergelassen hatte, wurde nach Frankenthal beordert. Dorthin ließ Karl Ludwig auch einen Heidelberger Pfarrer kommen – Heyland mit Namen –, der am 6. Januar 1658 den nach Meinung vieler Zeitgenossen keinesfalls rechtswirksam geschiedenen Karl Ludwig mit Luise von Degenfeld traute. Vier Jahre danach resignierte Charlotte und reiste nach Kassel zurück. In Heidelberg aber begann nun, wie es heißt, ein „inniges Familienleben". Luise erhielt nach der Heirat den Titel einer „Raugräfin". Sie gebar ihrem Karl Ludwig in 20 Jahren nicht weniger als 14 Kinder und starb bei der Geburt des letzten dieser 14 Nachkommen des „deutschen Salomos", wie dieser Kurfürst von Zeitgenossen bewundernd genannt worden ist. Ludwig Häusser weist diese Kennzeichnung Karl Ludwigs im übrigen zurück. Nur in „seinen Weibergeschichten hatte er einige Ähnlichkeit mit dem Sohne Davids". Diese Bemerkung, mit der Karl Ludwig die Weisheit des biblischen Königs abgesprochen wird, zielt auf eine gewisse Naivität, mit der Karl Ludwig die auswärtigen Beziehungen seines Territoriums behandelte und – in diesem Zusammenhang – auf die allzu sparsame Ausstattung der Verteidigungsanlagen. Davon wird an anderer Stelle noch die Rede sein.

Zu den politischen Folgen der schwierigen häuslichen Verhältnisse Karl Ludwigs gehörte der Umstand, daß der Kurprinz Karl, ein ohnedies kränkelndes Kind, nicht die Erziehung erhielt, die ihn ausreichend auf sein künftiges Herrscheramt hätte vorbereiten können. Der einzige legitime und damit erbberechtigte Sohn Karl Ludwigs litt unter der Zerrüttung der Ehe seiner Eltern. Als er im Jahre 1680 in schwieriger Zeit seinem Vater als pfälzischer Kurfürst nachfolgte, erwies er sich als ein schwacher junger Mann. Der bestimmende Vater hatte Karl II. von der Pfalz, wie er sich nun nannte, schon als Zwanzigjährigen zu einer politisch und finanziell motivierten Heirat mit der dänischen Prinzessin Wilhelmine Ernestine veranlaßt. 100 000 Taler Mitgift seien ein wesentliches Motiv für diese Verbindung zwischen dem dänischen Königshaus und der Kurpfalz gewesen, wurde von Zeitgenossen angemerkt. Der Kurprinz Karl ließ von Anfang an seine geringe Neigung zu dieser angeblich nicht gerade schönen und attraktiven Gemahlin erkennen. Als Karl II. nach

Jugendbildnis von Elisabeth Charlotte von der Pfalz, genannt Liselotte.

neun Ehejahren die Kurwürde erbte, waren dem Paar noch keine Kinder geboren. Die pfälzisch-dänische Ehe blieb auch in den fünf Jahren, die Karl II. bis zu seinem frühen Tode (1685) regierte, kinderlos. Das Aussterben der männlichen, erbberechtigten Linie Pfalz-Simmern im Sippenverband der Wittelsbacher war zwar nicht die eigentliche Ursache für die schlimmen Zeiten, die nun über die pfälzischen Gebiete hereinbrachen, aber sie bot doch einen Anlaß oder Vorwand für blutige und zerstörerische Auseinandersetzungen.

Hier muß eine Fürstin genannt werden, in deren Namen, aber gegen deren Willen der französische König Ludwig XIV. am Ende des 17. Jahrhunderts Ansprüche auf pfälzisches Gebiet erhoben hat: Liselotte von der Pfalz, die Elisabeth Charlotte getaufte Tochter Karl Ludwigs und seiner Gemahlin Charlotte von Hessen-Kassel. Anders als ihr Bruder Karl zeigte sie sich außergewöhnlichen Umständen und schwierigen Familienverhältnissen schon als Kind gewachsen, auch wenn sie unter der Entfremdung zwischen Vater und Mutter litt. Liselotte verstand sich – im Gegensatz zu ihrem Bruder Karl – mit ihrem Vater recht gut und hegte auch keine Abneigung gegen Luise von Degenfeld und gegen die Halbgeschwister, die aus der Verbindung ihres Vaters mit der Raugräfin stammten. Die Schwester des Vaters, die nach Hannover verheiratete Sophie Dorothee (die Stammutter des englischen Königshauses Hannover-Windsor) wurde der jungen Liselotte für einige Jahre zur Erzieherin und für lange Zeit zu einer Vertrauten. Dem herzlichen und vertrauensvollen Verhältnis zu der geliebten Tante in Hannover-Herrenhausen und der stets offenen, freundschaftlichen Beziehung zu den Halbgeschwistern in Heidelberg verdankt die historische Forschung zahlreiche Briefe, die über das Denken und die Gefühle der Liselotte von der Pfalz ebenso Aufschluß geben wie über das Hofleben in Versailles. Der Vater Liselottes, Karl Ludwig von der Pfalz, arrangierte nämlich im denkwürdigen Jahr 1671 nicht nur die dänisch-pfälzische Heirat für seinen Sohn Karl, sondern verfügte in jener Zeit auch über seine Tochter, indem er deren Ehe mit dem früh verwitweten Bruder Ludwigs XIV., dem bourbonischen Herzog Philipp I. von Orléans, veranlaßte. Liselotte, noch keine zwanzig Jahre alt, mußte die geliebte Heimat verlassen und sie mußte – aus Staatsräson – auch zum katholischen Glauben konvertieren. Die junge Pfälzerin, die bei den Heidelbergern wegen ihrer Offenheit und Unbefangenheit außerordentlich geschätzt und beliebt war und sicherlich auch zur Popularität ihres Vaters beitrug, erwies sich bei diesem politischen Heiratsgeschäft zwischen der Kurpfalz und dem Königreich Frankreich als eine gehorsame Tochter. Nach eigenem Zeugnis war sie sich bewußt, daß sie das Lamm sei, das geopfert werden solle und wohl auch geopfert werden müsse.

Niemand blieb verborgen, daß Karl Ludwig mit dieser Heirat auf das Wohlwollen des französischen Königs spekulierte. Der pfälzische Kurfürst glaubte, daß er sein Land durch eine Heiratsverbindung besser gegen Begehrlichkeiten des französischen Nachbarn schützen könne und er hoffte wohl auch, daß er auf solche Weise der Kurpfalz die im großen Krieg verlorene alte, herausragende Stellung im Reich wieder sichern könne. Die pro-französische Haltung Karl Ludwigs, die der Heiratsvertrag zwischen der Kurpfalz und Frankreich signalisierte, bedeutete für die Beobachter der europäischen und deutschen Politik eine Abwendung, ja sogar eine Herausforderung des – habsburg-österreichischen – Kaisers und der bayerischen Wittelsbacher. So brachte Karl Ludwig die Kurpfalz mit der Verheiratung seiner Tochter Liselotte in eine Situation, in der die Pfalz und die Pfälzer schließlich zum Opfer auswärtiger, fremder Machtinteressen geworden sind. Am Ende des 17. Jahrhunderts existierte das Wunder des pfälzischen Wiederaufbaus nicht mehr. Was eine Generation lang nach dem Dreißigjährigen Krieges in den pfälzischen Gebieten geschaffen worden war, versank – erneut – in Schutt und Asche. Es lohnt sich, den Ursachen dieser mit Recht für lange Zeit unvergessenen Katastrophe nachzuspüren.

Das Heidelberger Schloß, Stich aus dem 17. Jahrhundert, vor der Zerstörung durch die Franzosen.

366

XVII
Das französische Jahrhundert

Mit einigem Recht spricht man in der europäischen Geschichte vom französischen Jahrhundert, wenn man sich an die Folgen des Dreißigjährigen Krieges und an die lange Regierungszeit Ludwigs XIV. erinnert. Mehr als in irgendeiner anderen historischen Epoche waren die pfälzischen Territorien in jenem französischen Jahrhundert die Objekte und Opfer eines Kampfes um die Vormacht in Europa. Der Friede von Münster und Osnabrück schuf, wie sich zum Nachteil vor allem des deutschen Südwestens bald zeigen sollte, keine allgemein anerkannte Friedensordnung. Die großen Mächte des alten Europa, allen voran das französische Königreich, fühlten sich durch das Machtvakuum, das die Mitte des Kontinents nun darstellte, zu neuen Unternehmungen im Streit um die Führung ermutigt.

Es ist wohl kein Zufall, daß in jener Zeit allem Anschein nach zum ersten Male der Begriff „Deutschland" in die politische Diskussion gelangte. Samuel Pufendorf gebrauchte ihn während seiner Heidelberger Jahre, wie man aus seinem schon erwähnten Werk über die Verfassung oder den Zustand Deutschlands weiß. Der neue, zunächst aus dem Lateinischen übersetzte Begriff „Deutschland" kennzeichnete, das darf nicht übersehen werden, keine abgrenzbare Staatlichkeit. Er ersetzte in gewisser Weise die nach dem Jahre 1648 nicht mehr im alten Verständnis anwendbare Bezeichnung „Heiliges Römisches Reich". „Deutschland" als ein Oberbegriff für die „deutschen Libertäten" – also für jene zahllosen Territorien mit Staatscharakter, deren Existenz in den Friedensdokumenten von 1648 festgeschrieben war – verwies auf eine kulturelle, speziell sprachliche Verwandtschaft oder Zusammengehörigkeit. Das Wort „Deutschland" bedeutete zwar mehr als eine nur geographische Kennzeichnung, aber es war auch weit entfernt von einem Begriff, der eine spezielle, gemeinsame Staatlichkeit hätte ausdrücken können. (Als Teil eines Staatsnamens finden wir „Deutschland" übrigens zum ersten Mal im Mai 1949, als die „Bundesrepublik Deutschland" im Parlamentarischen Rat zu Bonn ihren Namen erhielt.) Im Rückblick ergibt sich, daß mit Samuel Pufendorfs Wortwahl, mit der er die neue, von ihm kritisch als „monströs" betrachtete Situation in der Mitte Europas kennzeichnete, die bis heute fortdauernde Suche nach einer „deutschen Identität" begonnen hat. Daß dies in Heidelberg, in der kurpfälzischen Residenz, erstmals zum Thema wurde, ist nicht so verwunderlich wie es scheinen könnte. Trotz aller Rückschläge, die die „Pfalz bei Rhein" (wie der überkommene Name der Kurpfalz lautete) im Dreißigjährigen Krieg als Folge des „böhmischen Abenteuers" ihres Kurfürsten Friedrich V. erlitten hatte, verstand sich dieses Territorium nach wie vor als Kernland des alten Reiches. Schließlich hatte der „Pfalzgraf bei Rhein" ja ursprünglich jenes fränkische Herzogtum beerbt und im Kreise der Fürsten des Reiches zu vertreten, welches dank der Führungsrolle der Franken als das vornehmste im Reich galt. Der Umstand, daß die Würde des ersten weltlichen

Karl XII. Gustav, König von Schweden und Herzog von Pfalz-Zweibrücken. Stich nach einem Gemälde.

Kurfürsten im Dreißigjährigen Krieg von der „Pfalz bei Rhein" auf das Herzogtum Bayern und auf die bayerische Linie der Wittelsbacher übergegangen war, konnte zwar nach der Ratifizierung der Verträge von Münster und Osnabrück rechtlich nicht angefochten oder bezweifelt werden, aber politisch und ideell akzeptiert war diese Veränderung zumindest in den pfälzischen Territorien und bei den pfälzischen Wittelsbachern allem Anschein nach keineswegs. Gerade ein Karl Ludwig bemühte sich ja, durch einen Wiederaufbau der einstmals reichen Pfalz und durch eine, wie er meinte, kluge Heiratspolitik, Voraussetzungen dafür zu schaffen, daß die „Pfalz bei Rhein" ihren alten Rang wiedergewinnen könne. Doch eben dieses Ziel erwies sich als kaum erreichbar. Die äußeren Umstände hatten sich in der ersten Hälfte des 17. Jahrhunderts grundlegend geändert. Sie machten die „pfälzische Frage" zu einer europäischen Angelegenheit.

Zwei auswärtige Mächte, zugleich Unterzeichner und Garantiemächte des Friedensschlußes von 1648, besaßen nun politisch und rechtlich eine Mitverfügung über Reichsterritorien: Frankreich und Schweden. Auch wenn Frankreich, obwohl Territorialherr im Elsaß und Besitzer der rechtrheinischen Festungen Breisach und Philippsburg, an den Reichstagen nicht als „Reichsstand" teilnahm, waren seine Macht und seine Interessen doch stets präsent.

Weniger mächtig als Frankreich, aber direkt präsent bei den Reichsentscheidungen blieb Schweden mit seinen Besitzungen an der deutschen Südküste der Ostsee und im Gebiet an der unteren Weser (Verden, Bremen). Ein schwedischer Feldmarschall hatte nach 1648 zusammen mit dem kaiserlichen General Octavio Piccolomini – man erinnert sich an ihn durch Schillers „Wallenstein" –, großen Anteil an der Entwaffnung von Truppenverbänden, die mit dem Friedensschluß ihre Existenz verloren. Der schwedische Befehlshaber jener ersten Nachkriegsjahre bestieg im Jahre 1654 den schwedischen Königsthron als Karl X. Bis zu diesem Zeitpunkt gebührte ihm der Titel „Pfalzgraf", denn dieser Schwede war kein anderer als der Sohn des Kriegsmannes Johann Casimir aus dem Hause Pfalz-Zweibrücken, der als jüngerer Bruder des Herzogs von Zweibrücken die Herrschaft Kleeburg geerbt und sich in schwedische Dienste begeben hatte. Durch die Heirat mit Katharina, der Tochter König Karls IX. und Schwester Gustav Adolfs, gelangte ein pfälzischer Wittelsbacher ins Zentrum der schwedischen Macht. Der Umstand, daß Gustav Adolfs Tochter Christine, die kinderlos blieb, im Jahre 1654 auf den Thron verzichtete, führte dazu, daß der Pfalzgraf Karl als Sohn Johann Casimirs von Pfalz-Zweibrücken und der Prinzessin Katharina von Schweden mit Zustimmung der schwedischen Stände die Königskrone erhielt. Mit Karl X., seinem Sohn Karl XI. und seinem Enkel Karl XII. regierten nacheinander drei Könige aus dem Geschlecht der pfälzischen Wittelsbacher das Königreich Schweden. Der Hinweis darauf ist mehr als beiläufige Anmerkung, denn die schwedischen Wittelsbacher kehrten vor dem Beginn des „Pfälzischen Erbfolgekrieges" unmittelbar in die pfälzischen Auseinandersetzungen zurück. Sie erbten nach dem Aussterben der in Zweibrücken regierenden Wittelsbacher Linie im Jahre 1681 das Herzogtum Pfalz-Zweibrücken.

Karl XI., der Schweden nach merkantilistischen Grundsätzen neu organisierte und auf diese Weise eine gesunde finanzielle Basis des nordischen Königsreiches schuf, das diesem Macht und Einfluß sicherte, hat sein pfälzisches Erbe ebensowenig in Augenschein genommen wie sein Sohn, Karl XII. Gustav. Schwedische Beamte besorgten in der Pfalz für ihre Könige die Verwaltung. Immerhin überdauerte die schwedisch-pfälzische Gemeinsamkeit noch den spanischen Erbfolgekrieg. Im Jahre 1714 kam es allerdings zu einer merkwürdigen Konstellation. Karl XII. Gustav stellte dem von August dem Starken von Sachsen vertriebenen Polen-König Stanislaus Leszczyinski im Jahre 1714 das pfälzische Herzogtum Zweibrücken mit allen Einkünften zur Verfügung – als eine Art königliches Asyl. Der Pole, der einige Jahre auf Schloß Tschifflick bei Zweibrücken lebte, mußte nach dem Tode des Schwedenkönigs im Jahre 1719 seinen Sitz verlegen. Er fand dann Unterstützung bei seinem Schwiegersohn, dem französischen König Ludwig XV., der ihm später das Herzogtum Lothringen mit Sitz in Lunéville und Nancy zuwies.

Da Karl der XII. Gustav von Schweden kinderlos verstarb, erbte mit Pfalzgraf Gustav Samuel Leopold ein Verwandter der Schwedenkönige aus der Linie Zweibrücken-Kleeburg die Herrschaft in dem pfälzischen Herzogtum. (Von ihm, der im Jahre 1731 ohne Erben verstarb, gelangte es schließlich an die Birkenfelder Linie.) Die schwedische Episode, wenn man es so nennen will, dauerte also insgesamt 38 Jahre: von 1681–1719. Sie endete in einer Zeit, in der der Höhepunkt der schwedischen Macht überschritten und in der – nach dem Ende des spanischen Erbfolgekrieges – auch vollends entschieden war, daß Frankreich seinen Einfluß in Europa mit anderen Mächten, an erster Stelle mit Habsburg-Österreich und mit England, teilen müsse.

War Schweden im Dreißigjährigen Krieg ein Mitgewinner gewesen, dem freilich die ihm zugefallenen norddeutschen Territorien nicht das erhoffte Ende der Armut brachten, so galt Frankreich mit Recht als der Hauptgewinner, auch wenn der Kampf mit Spanien nicht im Jahre 1648 endete sondern erst mit dem Pyrenäenfrieden von 1659. Nach dem Rückzug der spanischen Truppen aus dem befestigten Frankenthal (1652) in die Niederlande – das heutige Belgien – war die „spanische Barriere" am Rhein endgültig beseitigt. Die französische Politik, inspiriert von Kardinal Richelieu, hatte ein wichtiges Ziel erreicht. Vor allem aber schien nun für Frankreich die Gefahr gebannt, daß es durch eine erneute enge Verbindung zwischen Österreich (als einer Vormacht im Reich) und Spanien in die Zange genommen werde. Die beiden von Habsburgern regierten Mächte schienen nun definitiv voneinander getrennt. Das „spanische Zeitalter", das mit Karl V. einen Höhepunkt erreicht hatte, war zu Ende.

Auch eine andere Konstellation, die Frankreich als ein katholisches Land eine Zeit lang zu fürchten hatte, existierte nicht mehr: die tatsächliche oder mögliche Allianz der vom Calvinismus beherrschten französischen Nachbarn: England, Holland und Kurpfalz. Nach der alten Regel, daß der Nachbar des Nachbarn prinzipiell als Freund in Frage komme, sorgte die fortdauernde spanische Präsenz in den südlichen Niederlanden sogar dafür, daß sich eine

Art Interessengemeinschaft zwischen den reformierten – nördlichen – Niederlanden mit dem holländischen Kerngebiet und dem Königreich Frankreich ergab oder doch möglich schien. England, zu jener Zeit von Königen aus dem Hause Stuart regiert, blieb damals stark mit inneren Auseinandersetzungen beschäftigt und richtete außerdem seine Ambitionen schon mehr und mehr auf die neu entdeckten Territorien in Übersee. Die Kurpfalz aber schied als ernstzunehmender Faktor aus. Die Anstrengungen beim Wiederaufbau ließen dem Kurfürsten Karl Ludwig so gut wie keine Mittel für Soldaten und für eine auch nur bescheidene Finanzierung von Festungsbauten in dieser militärstrategisch wichtigen Region am mittleren und oberen Rhein.

Ganz im Sinne der französischen Politik und der französischen Sicherheitsinteressen war es auch, daß die Friedensbedingungen, die man 1648 der „Pfalz bei Rhein" auferlegt hatte, für künftige Zeiten einen, wenn auch zunächst noch verborgenen fortdauernden Gegensatz zwischen den pfälzischen Wittelsbachern und dem Kaiser aus dem Hause Habsburg-Österreich erwarten ließen.

Mancher Historiker hat sich bei der Darstellung der komplizierten europäischen Situation im „französischen Jahrhundert" die Frage gestellt, ob man die ursprünglich von Richelieu konzipierte und dann unter und von Ludwig XIV. fortgeführte französische Politik, die so viele Kriege zur Folge hatte, in erster Linie als eine Anti-Einkreisungspolitik zu betrachten habe, die der Sicherheit des Königreiches Frankreich hätte dienen sollen oder ob diese, im Dreißigjährigen Krieg begonnene, französische Expansionspolitik dem französischen König von Anfang an eine Vormachtstellung in Europa – auch gegenüber den Habsburgern und Österreich – hätte sichern sollen. Das ist gewiß eine immer noch ebenso interessante wie – selbst bei französischen Historikern – umstrittene Frage.

Für das Schicksal der Pfalz in jener Zeit ergibt sich allerdings weder aus der Behauptung etwas Erhellendes, daß Frankreich nur seine Einkreisung habe endgültig verhindern wollen, noch erklärt sich die Zerstörung der Pfalz im „Erbfolgekrieg" schlüssig aus der Vermutung, daß Ludwig XIV. nichts anderes als die Vormacht in ganz Europa und damit die faktische Wiederherstellung der Macht Karls des Großen im Sinne gehabt habe. Unstreitig dürfte sein, daß die französische Politik in jener Zeit von einem alles beherrschenden Sicherheitsdenken geprägt war. Einflußreiche Berater und Minister Ludwigs XIV. mag dies zu der Ansicht verleitet haben, man müsse Frankreich so stark machen, daß es jeder nur denkbaren Koalition gegen sich standhalten könne. Wenn man diese Maxime konsequent anwenden will, dann gelangt man, ausgesprochen oder unausgesprochen, zum Wunsch nach einer Vormachtstellung in Europa anstelle einer Politik, die für ein Kräftegleichgewicht sorgt, indem sie die Interessen mehrerer Großmächte in Europa einkalkuliert und durch Bündnisse und Absprachen den Frieden sichert. In der Praxis hat Frankreich in den Jahrzehnten, die dem Ende des Dreißigjährigen Krieges folgten, beide Möglichkeiten miteinander kombiniert: es hat sich durch eine selbst für heutige Zeiten gewaltige Rüstung die Chance zum „Alleingang" offengehalten und es hat eine aktive Bündnispolitik betrieben, vor allem gegenüber Fürsten und Territorien des Reiches. Es war eine Bündnispolitik, bei der Geldzuwendungen, sogenannte Subsidien, die Bündniskosten ziemlich genau beziffern ließen.

Nach dem Tode des Kardinals Mazarin, im Jahre 1661, der nach Richelieu die französische Politik bestimmt hatte, traf der damals 23 Jahre alte König Ludwig XIV. alle wichtigen politischen Entscheidungen selbst. Der damit beginnende Vorrang des militärischen Denkens zeigte sich alsbald in gewaltigen Rüstungsausgaben. Im Jahre 1678 hatte Frankreich nicht weniger als 279 000 Soldaten unter den Fahnen. Schon im Jahre 1667 zählte allein die französische Armee, die Ludwig XIV. in die spanischen Niederlande schickte – um im sogenannten Devolutionskrieg seine höchst fragwürdigen privatrechtlichen Ansprüche auf das Erbe seiner spanischen Gemahlin, der Tochter des 1665 verstorbenen Königs Philipp IV., durchzusetzen – nicht weniger als 72 000 Mann. Im sogenannten niederländischen Krieg kämpften die Franzosen bald darauf schon mit 120 000 Soldaten. Die fast 300 000 Mann zählende Streitmacht, die im Jahre 1678 unter Waffen stand (man bedenke, daß Frankreich damals weniger als die Hälfte der heutigen Einwohnerzahl hatte), sollte die Nachbarn allein durch ihr Vorhandensein beeindrucken. Der Kaiser aber, der in Wien residierte, mußte sich mit seiner Streitmacht gegen die wieder vordringenden Türken wehren. So stellte sich im allgemeinen die Lage dar, als Ludwig XIV. mit dem systematischen Ausbau französischer Positionen im linksrheinischen deutschen Gebiet begann.

Streit im Kurkollegium

Das vorrangige Ziel Ludwigs XIV. war und blieb die Trennung der habsburgisch-österreichischen Dynastie vom Reich. Auch wenn nun der Kaiser nicht mehr vom Papst in Rom gekrönt und seine universelle Funktion deshalb relativiert war, störte sich der König von Frankreich doch daran, daß die Großmacht Österreich dank der Kaiserwürde der Habsburger den ersten Rang im Abendland beanspruchen und, mindestens dem äußeren Anschein nach, das karolingisch-mittelalterliche Erbe verwalten konnte. Die Entscheidung, die die deutschen Kurfürsten nach dem Tode Kaiser Maximilians getroffen hatten, als sie Franz I. von Frankreich die Krone des Reiches versagten und das Haus Habsburg mit Karl V. bevorzugten, sollte nach Ansicht der französischen Bourbonen nun, im 17. Jahrhundert, auf irgendeine Weise korrigiert werden. Gelegenheit dazu bot der Tod Kaiser Ferdinands III. im Jahre 1657. Kardinal Mazarin versuchte mit Hilfe vor allem der geistlichen rheinischen Kurfürsten eine habsburgische Nachfolge zu verhindern. Schon längere Zeit vor dem Tode Kaiser Ferdinands ließ Mazarin den Kurfürsten Ferdinand Maria von Bayern wissen, daß seine Bewerbung um die Krone des Reiches von Frankreich gefördert würde. Der pfälzische Wittelsbacher, Philipp Wilhelm von Pfalz-Neuburg, galt der französischen Diplomatie wegen seines Herkommens und wegen seines katholischen Glaubens ebenfalls als ein geeigneter Kandidat. (Im Jahre 1685 erbte der damals schon 70 Jahre alte Pfalz-

Neuburger die Kurpfalz als Nachfolger der mit Karl II. ausgestorbenen Simmernschen Linie.) Doch nach einer ungewöhnlich langen kaiserlosen Zeit von 15 Monaten erhielt Leopold von Habsburg-Österreich, der zweitgeborene Sohn Kaiser Ferdinands III. – der älteste Kaisersohn, Ferdinand, war vor seinem Vater gestorben – die erforderliche Zustimmung im Kurkollegium.

Das Haus Habsburg-Österreich zahlte für diese Kaiserwahl einen beträchtlichen Preis. Kaiser Leopold mußte sich verpflichten, jede Hilfeleistung an Spanien zu unterlassen. Diese Klausel in der Wahlkapitulation setzte der Mainzer Kurfürst, Johann Philipp von Schönborn, mit Hilfe des Brandenburgers durch. Umgekehrt sollte nach diesem Dokument allerdings auch gelten, daß den Kurfürsten eine Begünstigung der Gegner Österreichs untersagt war. Die Bestimmungen zielten auf den damals (im Jahre 1658) noch andauernden spanisch-französischen Krieg. Der Vorteil dieser Vorschrift lag allerdings, wie sich einige Jahre später zeigen sollte, bei Frankreich; Ludwig XIV. fühlte sich davon zu einem gewaltsamen Vorgehen in den spanischen Niederlanden ermutigt. Gleichwohl darf man die Forderung des Mainzer Kurfürsten nicht nur als eine pro-französische Aktion werten. Schönborn wollte verhindern, daß wichtige Reichs-Territorien, insbesondere die am Rhein gelegenen Gebiete, erneut die Opfer eines umfassenden habsburgisch-bourbonischen Kampfes um die Vormacht in Europa würden. Der noch jugendliche Leopold von Österreich mußte sich deshalb in der Wahlkapitulation auch ausdrücklich zur Respektierung des Besitzes verpflichten, den Frankreich im Dreißigjährigen Krieg an sich gebracht hatte. Das betraf vor allem das Elsaß und die nun unter französischem Schutz stehenden Reichsstädte, darunter Landau.

Die Kurpfalz stand bei der Kaiserwahl zunächst ebenso wie Bayern und die drei geistlichen rheinischen Kurfürsten unter dem starken Einfluß der französischen Seite. Die Skepsis gegen Habsburg-Österreich herrschte vor. Sie wurde bestärkt durch Geldzuwendungen, die Frankreichs Abgesandte – der schon erwähnte Marschall Grammont zum Beispiel – zu bieten hatten. Grammont und sein Begleiter Lionne sollen wegen der frühen Absage des bayerischen Kurfürsten und des Neuburger Pfalzgrafen bei der Kandidaten-Diskussion einmal sogar eine Bewerbung des noch jugendlichen Ludwig XIV. ins Gespräch gebracht haben. Dagegen regte sich jedoch sogleich der heftige Widerstand Brandenburgs und Sachsens.

Die Kaiserwahl von 1658 ist wegen dieser Differenzen, aber auch wegen eines tragikomischen Streites, der die Kurpfalz und Bayern betraf, in Erinnerung geblieben. Karl Ludwig beanspruchte für sich als dem Fürsten der „Pfalz bei Rhein" in der kaiserlosen Zeit das Amt des Reichsverwesers, das sogenannte Reichsvikariat. Vor dem Dreißigjährigen Krieg, als der pfälzische Kurfürst der Erste unter den weltlichen Mitgliedern des Kurkollegiums war, hatte niemand der Pfalz dieses Recht bestritten. Nun aber machte Bayern geltend, daß es mit der pfälzischen Kurwürde auch den Anspruch auf das Reichsvikariat übernommen habe. In den Verträgen war diese Sache nicht geregelt. So kam es nach dem Tode des Kaisers Ferdinand III. zur offenen Auseinandersetzung zwischen den beiden wittelsbachischen Kurfürsten. Die Kurpfalz protestierte gegen eine Proklamation, in der Bayern nach dem Tode des Kaisers das Reichsvikariat für sich beanspruchte. Die Brisanz dieser Sache erhöhte sich dadurch, daß Bayern und die Kurpfalz zu jener Zeit in einen Streit wegen der alten sulzbachischen Besitzungen verwickelt waren. Zur Unterstreichung seiner Ansprüche ließ Karl sogenannte Vikariatstaler prägen. Darauf war er als „Reichsverweser" genannt. Die Taler trugen auch seine Regenten-Devise: „Dominus providebit". Schließlich herrschte fast eine Art Kriegszustand zwischen Kurpfalz und Kurbayern – kaum zehn Jahre nach dem Ende des Dreißigjährigen Krieges. Karl Ludwig selbst verlor bei der Frankfurter Versammlung zur Wahl eines neuen Kaisers die Beherrschung, als der bayerische Bevollmächtigte die Rechtsauffassungen Kurbayerns über das Vikariat darlegte. Erregt durch Äußerungen, mit denen der Repräsentant Bayerns seinen Vater, Friedrich V., herabsetzte und von der „verwirkten Kurwürde" sprach, warf Karl Ludwig dem bayerischen Bevollmächtigten ein Tintenfaß an den Kopf. Die allgemeine Aufregung über diese Form einer kurfürstlich-pfälzischen Meinungsäußerung war beträchtlich. Ein offener militärischer Kampf schien bevorzustehen. Durch Vermittlung des Kurkollegiums gab sich der Bayernherzog schließlich mit einer Ehrenerklärung Karl Ludwigs zufrieden. Die eigentliche Streitfrage wurde erst viele Jahre später durch einen Kompromiß entschieden: im 18. Jahrhundert übten die beiden Kurfürsten das Reichsvikariat erst gemeinsam und dann abwechselnd aus.

Der erste Rheinbund

Im Zusammenhang mit jener Frankfurter Kaiserwahl von 1658 und der Wahlkapitulation machte sich zum ersten Mal eine Konstellation bemerkbar, die in anderer Form in unserer Geschichte wiederkehren sollte: die „Alliance du Rhein", der „Rheinbund" von 1658. Er war die erweiterte Fortsetzung eines 1654 entstandenen Bündnisses, der sogenannten „Rheinischen Allianz". Zu deren Gründern gehörten neben dem Bischof von Münster unter anderem der Pfalzgraf Philipp Wilhelm von Neuburg und die katholischen Fürsten am Rhein, darunter seit 1655 auch Kurmainz. Die Allianz sollte Schutz bieten gegen die Union, die Brandenburgs Großer Kurfürst in Braunschweig zustande gebracht hatte. Nun, nach der Wahl Leopolds zum Kaiser, nutzte die von Kardinal Mazarin geleitete französische Diplomatie derartige Bündnisbestrebungen einiger deutscher Fürsten und half mit, die „Rheinische Allianz" zum Rheinbund zu erweitern. In seiner Eigenschaft als Herzog von Bremen und Verden trat neben Philipp Wilhelm von Neuburg und Ferdinand Maria von Bayern noch ein anderer Wittelsbacher dem Rheinbund bei, der schwedische König Karl X., aus der Linie Zweibrücken-Kleeburg. Einen Tag nach der Unterzeichnung des zunächst auf drei Jahre befristeten Bündnisses wurde am 15. August 1658 auch der König von Frankreich Mitglied in diesem ersten „Rheinbund". Das Vertragsdokument, abgefaßt in 15 Artikeln, verpflichtete die Partner zur Einhaltung des Westfälischen Friedens und zur gegenseitigen Waffenhilfe. Es war jedoch ausdrücklich verboten, gegen das Reich vorzugehen, also die kaiserliche Gewalt anzugreifen, oder den Gegnern des Reiches

Waffenhilfe zu leisten. Dem Bündnis, das in den Jahren 1661 und 1663 erneuert wurde, trat später auch der Herzog von Zweibrücken bei (zusammen mit dem württembergischen Landesherren) und – im Jahre 1665 – der Kurfürst von Brandenburg.

Dieser Rheinbund, den der Kardinal Mazarin von Anfang an als ein Instrument in der Auseinandersetzung zwischen Österreich und Frankreich betrachtet hatte, sollte nach Meinung seines Hauptinitiators, des Mainzer Erzbischofs Johann Philipp von Schönborn, vor allem im Reich ein Machtfaktor sein und der Sicherung des Friedens dienen. Der Mainzer Erzbischof hatte eine Gleichgewichtspolitik im Auge. Schönborn fürchtete im Jahre 1658 die habsburgisch-österreichische Machtpolitik mehr als die französische. Umso größer war die Ernüchterung bei ihm und bei den anderen Initiatoren des Rheinbundes, als der französische König Ludwig XIV. im Jahre 1668 erstmals in den spanischen Niederlanden mit dem Devolutionskrieg demonstrierte, was mit der Kombination von überlegener militärischer Macht und angeblichen Erbrechtsansprüchen zu unternehmen war.

Der Wildfangstreit

Aus pfälzischer Sicht eignete sich zu jener Zeit gerade *der* Fürst am wenigsten als Bewahrer des Friedens, der sich um das Zustandekommen des Rheinbundes so sehr bemüht hatte: Johann Philipp von Schönborn, der erzbischöfliche Kurfürst von Mainz, zugleich Bischof von Worms. Die alten nachbarschaftlichen Spannungen zwischen Kurmainz und Kurpfalz entluden sich anläßlich eines lange schwelenden Streites um alte Besitzrechte – diesmal ging es unter anderem um die Hälfte von Ladenburg – im Jahre 1665 in einem offenen Kampf. In Ladenburg behielten die Truppen des von Karl Ludwig verächtlich als „Oberpriester" titulierten Erzbischofs zunächst die Oberhand. Das beeinträchtigte vor allem die pfälzischen Rechte für Zoll und Geleit am unteren Neckar. Die Sache komplizierte sich noch dadurch, daß Karl Ludwig gegenüber den Nachbarn, speziell gegenüber den geistlichen Fürstentümern, auf ein altes Privileg der rheinischen Pfalzgrafen pochte, das sogenannte „Wildfangrecht".

Zu den „Wilden" oder „Wildfängen" zählte man die Unehelichen und die Herrenlosen oder Heimatlosen. Auch wenn diese „Wildfänge" nicht in kurpfälzischen, sondern in benachbarten Territorien lebten – in kurmainzischen Orten oder im Gebiet des Bischofs von Speyer zum Beispiel –, wurden sie nach altem Gewohnheitsrecht als pfälzische Leibeigene betrachtet. Kurfürst Karl Ludwig versuchte, diese „Wildfänge" zu besteuern und sie, wenn möglich, für eine Ansiedlung in der Kurpfalz zu gewinnen, wobei ihnen milde Bedingungen als Untertanen in Aussicht gestellt wurden.

Die Ursprünge für dieses „Wildfangrecht", das einst die Kaiser als ein Herrenrecht beansprucht und ausgeübt hatten, liegen wohl bei den altgermanischen, von den Franken überlieferten Ansichten von Fremden-Bann und Heimatrecht. Als Stellvertreter der königlichen Macht hatten die Pfalzgrafen bei Rhein dann dieses Herrenrecht ausgeübt. Da solch altes Recht mehrfach von späteren Kaisern bestätigt worden war, befand sich Karl Ludwig auf rechtlich einigermaßen sicherem Boden, als er diese Möglichkeit der Zuwanderung und Besteuerung wieder entdeckte. Unterlagen aus dem Jahre 1576 zeigten, daß damals in den Orten rund um Mainz 560 Personen lebten, die dem pfälzischen Kurfürsten verpflichtet waren. Die Kenntnis solcher Zahlen dürfte die Phantasie Karl Ludwigs angespornt haben, zumal er damit auch in den unmittelbaren Herrschaftsbereich des ungeliebten kurmainzischen Nachbarn eingreifen konnte. Der Westfälische Friede, so ließ der pfälzische Kurfürst wissen, habe ihm die alten Privilegien ungeschmälert zurückgegeben.

Einige Jahre duldeten die Nachbarn den pfälzischen Anspruch stillschweigend. Im Jahre 1664 aber machte sich Johann Philipp von Schönborn zum Wortführer der Betroffenen und stellte das Wildfangrecht Karl Ludwigs in Frage. Die Bischöfe von Speyer und Straßburg, der Trierer Kurfürst und Erzbischof und der Herzog von Lothringen beschwerten sich zusammen mit einigen anderen Reichsständen beim Kaiser, behaupteten allerdings, daß die Kurpfälzer die Gebietshoheit der Nachbarn bei der Ausübung dieses Rechtes verletzten und außerdem die Untertanen zum reformierten Bekenntnis veranlassen wollten. Karl Ludwig bestritt diese Anschuldigungen ganz entschieden. Doch als es dann in Ladenburg zum offenen Kampf mit kurmainzischen Soldaten gekommen war, mobilisierte der pfälzische Kurfürst seinerseits eine militärische Streitmacht. Die Geplänkel und gegenseitigen Überfälle nahmen vor allem an den Zollstätten zu, bis man schließlich einen Waffenstillstand zuwege brachte.

Der Streit war freilich damit nicht beendet. Ein Jahr nach dem Beginn der offenen Feindseligkeiten rief Karl Ludwig seinen schwedischen Verwandten als Schiedsrichter an, außerdem wandte sich der pfälzische Kurfürst an Frankreich. Die beiden Garantiemächte des Westfälischen Friedens sollten vermitteln. Man darf annehmen, daß sowohl Schweden als auch Frankreich nicht ungern in einen Streit schlichtend eingriffen, den der Kaiser nicht hatte verhindern und beenden können. Insofern ist dieser pfälzische Wildfangstreit kennzeichnend für die Situation, in der sich das Reich zu jener Zeit befand. Die streitenden Parteien, die unter der Leitung eines französischen und eines schwedischen Diplomaten in der fränkischen Reichsstadt Heilbronn zusammentrafen, unterwarfen sich im Februar 1667 einem Schiedsspruch der beiden Garantiemächte. Das französisch-schwedische Schiedsgericht bestätigte im wesentlichen die Rechtsansprüche des pfälzischen Kurfürsten Karl Ludwig. Den Beschwerdeführern wurde allerdings versichert, daß „diese Rechte auf Personen nicht in Territorialrechte ausgedehnt oder die Souveränität der angrenzenden Landesherren beeinträchtigt" werden dürften.

Der Wildfangstreit blieb nicht der einzige Reibungspunkt zwischen Karl Ludwig und einiger seiner Nachbarn. Mit dem Herzog von Lothringen lag der pfälzische Kurfürst im Streit, weil der Lothringer entgegen den Friedensbestimmungen die Schlösser Homburg, Hoheneck und Landstuhl nicht an die Kurpfalz zurückgab und von dort aus pfälzische Untertanen bedrückte. Der hitzige Karl Ludwig, der sich offenbar durch seinen Erfolg im Wildfangstreit gestärkt fühlte, warb im Jahre 1668 entlassene französische Soldaten und überfiel die umstrittenen Orte. Hoheneck wurde besetzt, Landstuhl in die Luft gesprengt. Der Herzog von Lothringen mobilisierte daraufhin seinerseits eine Streitmacht von 4 000 Mann und brachte dem pfälzischen Kurfürsten bei Bingen eine Niederlage bei. Die Gefahr einer Kriegsausweitung, bei der einige kurpfälzische Gebiete im heutigen Rheinhessen mit der Stadt Alzey unmittelbar bedroht waren, verhinderte das Eingreifen des Kaisers und des französischen Königs. Ludwig XIV. stand dabei eher auf der Seite Karl Ludwigs, denn er wünschte keinen Machtzuwachs für den Lothringer. Am Ende blieben die Streitfragen ungeklärt. Ein Gebietstausch, wie ihn Karl Ludwig angeregt hatte, kam ebensowenig zustande wie ein Vertrag. Eines jedoch hatte sowohl der Wildfangstreit als auch die lothringische Fehde jedermann gezeigt: der Wunsch und Wille des französischen Königs setzte sich auch in Streitfragen durch, die nicht die sogenannten auswärtigen Verhältnisse der Pfalz betrafen. Gerade deutsche Fürsten, nicht zuletzt der pfälzische Kurfürst, verschafften dem König von Frankreich einen wachsenden Einfluß.

Folgenreiche Heiratspolitik

Doch dieser Befund, der sich im Rückblick relativ leicht feststellen läßt, bot sich den Zeitgenossen nur undeutlich an. Noch war jenes Bewußtsein einer besonderen Zusammengehörigkeit dessen, was man nun immer häufiger die „deutschen" Territorien nannte, – erinnert sei an Pufendorfs grundlegendes Werk über das „Monstrum" Deutschland – nicht ausgeprägt. Das sollte sich im Verlauf der langen Regierungszeit Ludwigs XIV. allerdings ändern, denn ohne Zweifel hat die rücksichtslose Machtpolitik, die der „Sonnenkönig" im letzten Viertel des 17. Jahrhunderts im Oberrheingebiet, in den pfälzischen Territorien, in der Markgrafschaft Baden, im Herzogtum Württemberg und im heute bayerischen Franken praktizierte, bei den Betroffenen ein Gefühl der Zusammengehörigkeit geschaffen. Das große Wort von der „Schicksalsgemeinschaft", das in unserem Jahrhundert so oft benützt und auch mißbraucht worden ist, wäre in jenem „französischen Zeitalter" der europäischen Geschichte zumindest für die Bewohner des deutschen Südwestens berechtigt gewesen. Als sich Karl Ludwig von der Pfalz im Jahre 1671 durch die Aussicht geehrt fühlte, nun der Schwiegervater des Herzogs von Orléanes zu werden und dadurch mit den Bourbonen und mit dem mächtigen Ludwig XIV. als dem künftigen Schwager der Elisabeth Charlotte ein nahes pfälzisch-französisches Verwandtschaftsverhältnis zu begründen, existierten in Heidelberg und in der Pfalz noch nicht jene spezifisch nationalen oder deutschen Gefühle, die mit und wegen der „Zerstörung der Pfalz" und – nicht zu vergessen – auch wegen der Bedrohung des Reiches und seiner Hauptstadt Wien durch die Türken vom 18. Jahrhundert an mehr und mehr zu einem Faktor der Politik geworden sind.

Trotz der Erfahrungen, die die Mitglieder des Rheinbundes im Jahre 1668 mit Ludwig XIV. bei dessen Vorstoß in die spanischen Niederlande gemacht hatten, baute der pfälzische Kurfürst auch noch im Jahre 1671 darauf, daß eine pfälzisch-französische Heiratspolitik ein geeignetes Instrument zur Friedensicherung und zur Wiederherstellung des alten pfälzischen Glanzes sei. Doch schon in den Tagen der sogenannten Orléanschen Heirat standen die Zeichen, die in die Zukunft wiesen, nicht günstig. Die Ursache dafür waren unter anderem zwei andere Heiraten mit europäischer Bedeutung: die schon erwähnte Verbindung zwischen Ludwig XIV. und einer spanischen Infantin, der ältesten Tochter König Philipps IV. von Spanien, und die Heirat des Kaisers Leopold von Österreich mit einer anderen Tochter des spanischen Monarchen. König Karl II. von Spanien, der Schwager König Ludwigs XIV. und Kaiser Leopolds, blieb kinderlos. Seine beiden Schwestern, so viel schien gewiß, würden eines Tages Spanien und die spanischen Besitzungen erben. Selbst bei einer Aufteilung des spanischen Erbes, das sich ja nicht nur südlich der Pyrenäen sondern auch in den Niederlanden, in Italien und in Teilen des alten Burgund befand, drohte Frankreich unter Umständen eine erneute, zumindest teilweise Umklammerung durch die Habsburger. Es war klar, daß Ludwig XIV. dies nicht hinnehmen werde.

Einig war man sich an den europäischen Fürstenhöfen allerdings auch in dem Wunsch, alles zu vermeiden, was einen erneuten großen europäischen Krieg, diesmal um das spanische Erbe, auslösen könnte. Ludwig XIV. rechnete mit diesem allgemeinen Friedenswunsch, als er daran ging, mit neu entdeckten Rechtsansprüchen aus vergangener Zeit Grenzverbesserungen durchzusetzen und für Frankreich Terrain zu gewinnen.

Seinen großen Zielen kam Ludwig XIV. zunächst dadurch näher, daß er in Geheimverhandlungen mit Kaiser Leopold, der wieder einmal im Südosten von den Türken bedrängt war, eine Abmachung über das voraussichtliche spanische Erbe traf. Beim Tod Karls II. von Spanien sollte der Habsburger Spanien selbst, dessen Kolonien und Mailand erhalten. Für die Bourbonen und Frankreich sah dieser sogenannte Teilungs- oder Partage-Vertrag vor, daß Ludwig XIV. Neapel-Sizilien, Navarra, die Freigrafschaft Burgund und die spanischen Niederlande erben solle. Fünf Monate nach Abschluß dieses Geheimvertrages vereinbarte Ludwig XIV. im Mai 1668 mit Spanien den Frieden von Aachen, der ihm, als Ergebnis des sogenannten Devolutionskrieges, zwölf Festungen in Flandern sicherte, darunter Lille und Tournai. Im Sommer 1670 begann Ludwig XIV. mit dem nächsten Vorstoß. Diesmal war Lothringen das Opfer, dessen Herzog ins Reich fliehen mußte.

Holländischer Krieg in der Pfalz

Da Holland an der Verhinderung eines umfassenden französischen Erfolges in den spanischen Niederlande mitgewirkt hatte, richtete sich der Zorn des „Sonnenkönigs" nun gegen die Generalstaaten. Durch Abmachungen mit deutschen Fürsten bereitete die französische Diplomatie einen Vorstoß in die nördlichen Niderlande vor. Die Seemacht Holland, die an der Mündung des Rheines die wichtigen Häfen beherrschte, sollte ausgeschaltet werden. Die pfälzisch-orléansche Heirat vom Jahre 1671 gehörte, wie sich bald zeigen sollte, in dieses französische Konzept, vermutete man doch am Hofe von Versailles nicht ohne Grund, daß die alten, vom Calvinismus bestimmten engen Beziehungen zwischen Holland und der Kurpfalz sich in einem französisch-holländischen Krieg zugunsten der Holländer auswirken könnten. Der holländische Krieg, der im Frühsommer 1672 begann, brachte in Holland selbst den erst 21 Jahre alten Wilhelm II. von Oranien auf den Thron. Durch das Öffnen der Schleusen und Durchstechen der Dämme hielten die Holländer die französischen Truppen auf. Nun änderte sich auch die politische Situation. In Wien registrierte man eine Verletzung der Reichsneutralität durch Frankreich am Niederrhein. Brandenburg unterstützte die Holländer, Reichstruppen banden französische Streitkräfte. Französische Truppen reagierten am Oberrhein. Sie zerstörten die Straßburger Rheinbrücke und nahmen im Sommer 1673 die zehn elsässischen Reichsstädte, darunter Landau, voll in französischen Besitz. Im Dezember 1674 gelang es dem Kaiser auf dem Regensburger Reichstag, trotz Widerstandes von Bayern und Hannover, eine Kriegserklärung des Reiches an Frankreich beschließen zu lassen.

Schon ein Jahr vor der Regensburger Kriegserklärung war die Pfalz in die Auseinandersetzungen verwickelt, obwohl Karl Ludwig im Jahre 1672 unter Berufung auf die Neutralität seines Landes ein Gesuch um Durchmarsch kaiserlicher Truppen abgewiesen hatte. Als ein französischer Gesandter im Jahre 1673 im Auftrag Ludwigs XIV. für 3 000 Soldaten des Königs um Besatzungsrecht in Oppenheim bat, verwarf der pfälzische Kurfürst auch dieses Gesuch. Der „Sonnenkönig" hatte den Heidelberger Verwandten damit auf die Probe stellen wollen. Nun fühlte sich Frankreichs Herr von einem „so kleinen Fürsten" beleidigt und ließ beim Durchmarsch seiner von Marschall Turenne befehligten Truppen durch pfälzische Territorien – vom Westerwald an den Main – jede Rücksicht auf den wehrlosen Nachbarn beiseite. Pfälzische Bauern mußten für die Franzosen schanzen. Wer sich weigerte, der wurde ausgeplündert. Eine Beschwerde, die Karl Ludwig dem französischen König per Boten zukommen ließ, wurde nicht angenommen. Das Verhalten der Soldaten Turennes sei die verdiente Strafe für die pfälzische Neutralitätspolitik, lautete die Antwort. Bald darauf, als sich Turenne an den unteren Neckar zurückzog, rückte der General Vauban mit 4 000 Mann aus dem Elsaß auf pfälzisches Gebiet vor, weil er angeblich den Rückzug Turennes decken sollte. Mehrere Wochen lang zogen die Soldaten der beiden Verbände quer durch die Pfalz bis ins Nahegebiet, plündernd und zerstörend, wie ein Chronist vermerkt. Eine erneute Beschwerde des pfälzischen Kurfürsten beantwortete Ludwig XIV. ebenso barsch wie die erste. Ein Teil der Truppen bezog Winterquartier in der Grafschaft Sponheim und versorgte sich durch das Requirieren der notwendigen Lebensmittel.

Karl Ludwig, über das französische Verhalten ernüchtert, schickte nun seinen Hofbeamten Seiler nach Wien. Die Neutralität wurde aufgegeben. Man erörterte Allianzpläne und diskutierte, ob man Germersheim zu einem kaiserlichen Waffenplatz ausbauen solle. Eine Vertreibung der Franzosen aus Philippsburg, das eine kaiserliche Festung werden sollte, stand ebenfalls zur Debatte. Der Kaiser würde dann die Landvogtei Hagenau wieder dem pfälzischen Kurfürsten übertragen. All diese – geheimen – Gespräche, die der pfälzische Rat Seiler in Wien führte, wurden den Franzosen rasch bekannt. Der französische Botschafter bot dem Kurfürsten daraufhin an, er solle sich Ludwig XIV. anschließen. Das Nein Karl Ludwigs beantwortete man mit dem Einfall von 5 000 französischen Soldaten in die südliche Pfalz. Germersheim wurde besetzt und bald darauf – im April 1674 – geschleift. Im Oberamt Germersheim verwandelten französischen Truppen mehrere Dörfer in rauchende Trümmer, noch ehe am 18. Mai der Vertrag zwischen der Kurpfalz und dem Kaiser unterschrieben war. Truppen des fränkischen Kreises eilten zum Schutz der Pfalz und Heidelbergs herbei. Bei Rheingönheim rieben kaiserliche Truppen ein französisches Regiment auf. Dieser Teilerfolg nutzte den Pfälzern nur wenig. Bei Sinsheim unterlagen die neuen, kaiserlichen Verbündeten einer militärisch nicht vorbereiteten Kurpfalz der französischen Streitmacht unter Turenne.

Der französische Marschall, dem die kaiserlichen Truppen unter dem Befehl des Generals Caprara nun auswichen, konnte von da an, gestützt auf Philippsburg, über große Teile der Pfalz verfügen. Aus Versailles erhielt Turenne den Befehl, das Land zu verwüsten. Vor allem Weinheim und eine Reihe von Orten an der Bergstraße wurden damals geplündert und niedergebrannt. Zehn Tage dauerte diese Zerstörungsaktion. Karl Ludwig, ohnmächtig und verbittert, forderte Turenne schließlich in einem Beschwerdeschreiben zum Zweikampf heraus. Der Kurfürst erinnerte den französischen Marschall daran, daß dessen Vater als Glaubensflüchtling einst in Heidelberg Asyl erhalten habe und warf Turenne die Glaubensänderung vor, die ihm den Aufstieg im französischen Kriegsdienst ermöglicht hatte. Karl Ludwig schrieb, er fordere Turenne heraus, weil er jetzt nicht an der Spitze einer Armee erscheinen könne, „die Euch gewachsen". Der französische Marschall antwortete höflich und entschuldigend. Er sei, so heißt es, von da an mit dem Gebiet an der Bergstraße etwas schonender verfahren. Auf der linken Seite des Rheines setzten die französischen Truppen jedoch ihre Verwüstungen fort. Nach Germersheim zündete man eine ganz Reihe von Orten an der Haardt an, darunter Dürkheim, Wachenheim und Herxheim. Schließlich kamen kaiserliche Truppen und andere Verbände den Pfälzern doch noch zu Hilfe und drängten Turennes Soldaten ins Elsaß zurück. Es versteht sich, daß auch diese Truppenbewegungen und Durchmärsche auf Kosten des Landes und seiner Bewohner gingen. Philippsburg aber blieb weiterhin ein Ort, von dem aus französische Soldaten immer wieder Ausfälle unternahmen und die Umgebung Heidelbergs heimsuchten.

Am Anfang des Jahres 1676 unternahmen die Philippsburger Truppen sogar Streifzüge in die westliche Pfalz und verlangten dort Kontributionen. Dabei litten Zweibrücken und Kaiserslautern. „Wie Hundsjungen" seien Bürger und Beamte in Zweibrücken traktiert worden, notierte ein Zeuge. Im Amt Lautern verkündeten die Franzosen, „wenn nicht unverzüglich die Kontribution entrichtet werde, wolle man alle Untertanen mit Feuer und Schwert verfolgen". In Bergzabern wurde geplündert und dann Feuer gelegt. Auch im

Neustadter Gebiet kam es zu Brandschatzungen, ebenso bei Worms, wo Ost-
hofen und Westhofen in Flammen aufgingen. „Die Geisel des Pfälzer Landes", so nannte man Philippsburg. Am 7. September 1676 gelang es endlich,
die Festung zu besetzen. Nun blieb das kurpfälzische Gebiet einigermaßen
von Raubzügen der Franzosen verschont. Umso mehr hatte im Jahre 1677 das
Zweibrücker Gebiet zu leiden. Kurpfälzische Truppen, die im Februar 1677
recht erfolgreich gegen französische Kontingente im Gebiet von Lauter und
Glan kämpften, waren außerstande, die Plünderung von Schloß und Stadt
Zweibrücken zu verhindern. Nachdem die Einrichtungen und die Bibliothek
aus dem Schloß fortgeführt worden waren, sprengten die französischen Eindringlinge das Schloß in die Luft.

Der Angriff französischer Truppen auf Pfalz-Zweibrücken gibt bei einer Betrachtung der gesamten Kriegslage einige Rätsel auf. Das pfälzische Herzogtum, das bald darauf (1681) der schwedische König Karl XI. erbte, hatte
schon im „Holländischen Krieg" immerhin enge verwandtschaftliche Beziehungen zu Schweden. Frankreich andererseits versuchte nach der Auflösung
der sogenannten Tripelallianz, in der sich beim Devolutionskrieg Ludwigs
XIV. die Holländer mit den Engländern und den Schweden verbündet hatten,
das Königreich Schweden wieder als Partner zu gewinnen. Das gelang im
Jahr 1675. Die Schweden fielen in Brandenburg ein und forderten den Großen Kurfürsten, den Partner der Holländer, heraus. (In der Schlacht von Fehr-
bellin begründete damals der Große Kurfürst seinen Feldherrnruhm, als er
das zahlenmäßig überlegene schwedische Heer besiegte.)

Der Friedensschluß von Nimwegen beendete den „Holländischen Krieg"
in mehreren Einzelabkommen in den Jahren 1678 und 1679. Für die pfälzischen Territorien war es eine gute Nachricht, daß der König von Frankreich
auf das Besatzungsrecht in Philippsburg verzichtete. (Freiburg im Breisgau
blieb in französischer Hand) Mit Ausnahme einiger strategisch für die Verbindung mit dem Elsaß wichtiger Straßen erhielt der Herzog von Lothringen sein
1670 an Frankreich verlorenes Land zurück. Für die Pfalz war dies nach den
Erfahrungen im vergangenen Krieg ebenfalls eine gut Nachricht, schirmte
doch das Herzogtum Lothringen die pfälzischen Territorien im Westen von
der unmittelbaren Nachbarschaft zu Frankreich ab. Im Vertrag, den Frankreich mit dem Reich schloß, bildeten nach wie vor die Bestimmungen des
Westfälischen Friedens die Grundlage, so daß sich an der französischen Herrschaft über elsässische Gebiete und die zehn Städte – mit Landau – nichts änderte. Durch die Abtretung der Freigrafenschaft Burgund im spanisch-französischen Abkommen verstärkte der französische König seine Stellung am Oberrhein noch ganz erheblich, denn er verfügte nun über die burgundische Pforte
und damit über den südlichen Zugang zum Elsaß.

Der Friede von Nimwegen hinderte den französischen König nicht an zu-
sätzlichen Forderungen und Drohungen gegen die Kurpfalz. Für den Unterhalt der französischen Garnisonen in Lützelstein und Diedenhofen sollten die
pfälzischen Untertanen über 4 600 Gulden bezahlen. Damit seien alle Forderungen getilgt, teilte der französische Beauftragte in Nancy beim Empfang

des Geldes mit, das Kurfürst Karl Ludwig den betroffenen Untertanen aus seiner Kasse vorgestreckt hatte. Doch die Forderungen hörten nicht auf. Unter anderem zahlte die Kurpfalz nachträglich noch für die Philippsburger Garnison und für andere französische Garnisonen, die sich auf pfälzischem Territorium eingerichtet hatten. Angesichts der militärischen Übermacht Frankreichs blieb den Betroffenen kaum eine andere Wahl als die Begleichung solcher willkürlichen Rechnungen, bei denen sich Frankreich auf das damalige Kriegs – oder Völkerrecht berief.

„Wiedervereinigung" – auf Kosten des Reiches

Doch dieser Nachklang zu einem Krieg, in dem die Kurpfalz ihre Neutralität bald hatte aufgeben müssen, erwies sich als ein Vorspiel zu einem langen Drama, von dem Karl Ludwig, der am 28. August 1680 starb, nur noch den ersten Akt erlebte: die Anfänge der sogenannten Reunionen. Der Scharfsinn, man kann auch sagen die Spitzfindigkeit, französischer Hofjuristen brachte nach den Friedensverträgen von Nimwegen eine ganz neue Form des Landerwerbes für den König von Frankreich hervor. Man entdeckte oder glaubte zu entdecken, daß man mit den Gebieten, die Frankreich im Westfälischen Frieden zugesprochen worden waren, auch alte, meist sogar sehr alte Lehensrechte an den französichen König gefallen seien. „Lehensdependenzen" nannte man solche Territorien. Die alte Grafschaft Zweibrücken, um eines der markantesten Beispiele zu nennen, sei eine Dependenz des Bistums Metz; dieses Bistum, einst zusammen mit Toul und Verdun ein Teil des Reiches, war durch den Frieden von Münster und Osnabrück der kaiserlichen Hoheit (genauer gesagt: dem alten ostfränkischen Königtum) entzogen und gehörte nun zum Hoheitsgebiet des Königs von Frankreich.

Im Begriff „Reunion" – das bedeutet „Wieder-Vereinigung" – steckte bereits eine höchst gewagte Geschichtsauffassung, die mit Hilfe von sogenannten „Reunionskammern" in Rechtstitel umgemünzt werden sollte. Den Ausgangspunkt der französischen Rechtsansprüche bildete allerdings nicht der von den Reichsgewalten mitunterzeichnete Westfälische Friede sondern jener Vertrag von Chambord aus dem Jahre 1552, in dem einige protestantische Fürsten (mit Moritz von Sachsen an der Spitze) sich einst in ihrem Kampf gegen Kaiser Karl V. mit dem französischen König Heinrich II. verbanden. Die protestantischen Fürsten bezahlten Leistungen des Königs von Frankreich mit einem Gut, das ihnen gar nicht gehörte. Sie traten in Chambord die französisch sprechenden Reichs-Städte (nicht die Bistümer, wie später behauptet wurde) Cambrai, Metz, Toul und Verdun ab. Die Dubiosität dieses Chambord-Vertrages störte die Ratgeber Ludwigs XIV. nicht, als sie im Jahre 1679 ihre Reunions-Idee in die Politik einführten und die Reunionskammern gründeten.

Für das burgundische Gebiet amtierte das Parlament in Besançon als Reunions-Kammer; in Breisach bildete der oberste elsässische Rat das entsprechende Gericht; in Metz schuf man ein eigenes, für große Teile der heutigen Pfalz zuständiges Gericht. Diese Kammern waren einerseits interessierte Partei, andererseits fällten sie die Entscheidungen. Sie kümmerten sich um die Beweise und bewerteten sie zugleich. Sobald über ein bestimmtes Gebiet der Spruch gefällt war, zog Frankreich die nun „rechtlich" ihm gehörenden Territorien ein. Einsprüche und Gegenbeweise kümmerten die Vertreter der französischen Staatsräson nicht. Sie beriefen sich bei ihrer durchaus willkürlichen Auslegung der Verträge auf jenen allgemeinen Passus im mittelalterlichen Lehensrecht, der besagt, daß zu den in Friedensverträgen abgetretenen Territorien auch deren „Dependenzen" gehören. Auf solche Weise verwandelte man die Oberhoheit des einen Lehensherrn – daß Kaisers oder eines Territorialfürsten – in die Oberhoheit eines anderen, nämlich des französischen Königs. Im alten Bistum Metz gelangten so neben der alten Grafschaft Pfalz-Zweibrücken auch Sponheim und Veldenz ebenso in französische Lehenshoheit wie die Grafschaft Saarbrücken.

Die unmittelbare Konsequenz dieser rechtlichen Konstruktionen sollten viele Pfälzer sogleich erleben. In Zweibrücken, in Annweiler, Bergzabern und Meisenheim richtete Frankreich Garnisonen ein. In den Dörfern der „wieder-vereinigten" Ämter mußten die Untertanen dem König von Frankreich huldigen. Auch das kurpfälzische Gebiet blieb nicht vom französischen Zugriff verschont. Unter anderem gelangten mit Hilfe der Reunionskammer die Unterämter Hagenbach und Billigheim in französische Hand. Auf der Falkenburg vertrieb man die kurpfälzische Besatzung, französische Truppen ergriffen im Neustadter kurpfälzischen Oberamt Besitz von Oggersheim und Wachenheim.

Beim Anspruch auf Teile des Hochstiftes Speyer wählten die französischen Juristen eine spezielle Form der Annektion. Sie zwangen den Bischof zu Vereinbarungen, die man „Lettres patentes" nannte. Darin sicherte man dem Bischof neben einigen Rechten und Privilegien prinzipiell auch die Einkünfte aus seinen Territorien zu und überließ ihm weiterhin die eigenständige Verfügung über die Verwaltung und Justiz. Die Landeshoheit blieb aber beim König von Frankreich. Er oder seine Beauftragten bestimmten auf Grund dieser souveränen Rechte im Zweifelsfall über die Erhebung von Abgaben. Betroffen waren im Hochstift Speyer die Ämter Madenburg sowie Altdahn und Neudahn, außerdem das Oberamt Lauterburg. Auch die unter bischöflich-speyerischer Herrschaft stehenden Ämter der Fürstpropstei Weißenburg mußten einen Wechsel in der Oberhoheit hinnehmen.

Nicht überall in den pfälzischen Territorien beklagte und bedauerte man das französische Vorgehen. Die Grafen von Leiningen, deren Territorium der König von Frankreich ebenfalls für sich als Lehensherr reklamierte, stimmten dieser „Reunion" zu. Sie erwarteten oder erhofften sich von dem Arrangement mit Frankreich einige Vorteile. Unter anderem rechneten sie damit, daß die einst an Friedrich I. von der Pfalz abgetretenen Leiningenschen Gebiete nun wieder an die alte Herrschaft fallen könnten.

Das Verhalten der Leininger blieb indes ein Sonderfall. An vielen Orten forderten die französischen Aktionen Widerstand heraus. Im Juni 1680 verteidigte eine kleine kurpfälzische Besatzung, geführt von einem Leutnant, zusammen mit Bürgern mehrere Tage lang die Stadt Wachenheim gegen die Franzosen, die Verstärkung herbeiholen mußten, um die Kurpfälzer überwinden zu können. Ihre Wut über den unerwarteten Widerstand ließen die französischen Soldaten dann an den Bewohnern der Stadt aus. – Der Leutnant, der die Falkenburg besetzt hielt, öffnete den Franzosen die Burg befehlswidrig nach eintägiger Belagerung. Der Kurfürst ließ den jungen Offizier „wegen Pflichtvergessenheit" in Mannheim enthaupten.

In einigen kurpfälzischen Orten wehrten sich vor allem die Pfarrer gegen die neue Obrigkeit. Der Pfarrer im heute elsässischen Selz, der sich auf seinen Eid berief, den er seinem Fürsten geleistet hatte und eine Huldigung gegenüber dem König von Frankreich ablehnte, wurde verjagt.

Die Besetzung kurpfälzischer Gebiete und Orte begründete man auf der französischen Seite übrigens nicht nur mit Entscheidungen der Reunionskammern. Es wurde auch behauptet, daß nicht alle Kriegsschulden bezahlt worden seien und deshalb eingetrieben werden müßten. Ein Sondergesandter, den Karl Ludwig nach Paris schickte, um Rechtsverwahrung gegen die Annexionen einzulegen, erreichte nichts. Der zuständige französische Minister behauptete, das Vorgehen seines Königs entspreche den Friedensverträgen von 1648. Die jetzt angewandte Deutung der Vertragsinhalte sei in Nimwegen anerkannt worden. Voller Ironie verwies der französische Minister auf die Ohnmacht des Kaisers, der wieder einmal mit der Verteidigung gegen die Türken beschäftigt war. Die schwache Hoffnung, daß vielleicht der englische Vetter Karl II. aus dem Hause Stuart der bedrängten Kurpfalz helfen werden, mußte bald aufgegeben werden. Eine Mission des Kurprinzen Karl, den sein Vater nach London schickte, brachte nichts. Ludwig XIV. hatte sich die Geldnöte Karls II. zunutze gemacht und sich den englischen König mit Subsidien verpflichtet. Als schließlich Kaiser und Reich am französischen Hof zugunsten der Pfalz vorstellig wurden, ließ sich Ludwig XIV. auch davon nicht beeindrucken.

Wie ohnmächtig der Kaiser zu jener Zeit gegen die französische Politik gewesen ist, weiß man aus der Geschichte der Stadt Straßburg. Für die Annexion Straßburgs fehlten den Ratgebern Ludwigs XIV. irgendwelche Rechtstitel aus mittelalterlicher Zeit. Da die alte Reichsstadt aber für die strategischen Planungen der Franzosen am Oberrhein wichtig war, beschloß man am Hofe von Versailles, Straßburg auch ohne rechtsförmiges Verfahren vom Reich zu trennen. Man stellte der Stadt ein Ultimatum. Der militärische Hauptratgeber Ludwigs XIV., der Kriegsminister Marquis de Louvois, führte selbst die Truppen, die vor den Toren Straßburgs aufmarschierten und die Verbindung zwischen Stadt und Rhein blockierten. Die Vertreter Straßburgs, die vom Reich keine Hilfe erwarten konnten, gaben am 30. September 1681 den Drohungen nach und anerkannten die Oberhoheit des Königs von Frankreich. Die neue Herrschaft garantierte der Stadt ihre Verfassung.

Das Straßburger Exempel hatte Rückwirkungen auf die pfälzischen Territorien, unter anderem auf das Fürstentum Pfalz-Veldenz. Pfalzgraf Leopold Ludwig zu Lauterecken hatte sich lange Zeit gegen den Reunierungsbeschluß der Metzer Kammer gewehrt, der am 12. April 1680 ergangen war. Der Veldenzer Pfalzgraf wollte den König von Frankreich nicht als Lehensherrn anerkennen. Von einer feindseligen Haltung gegenüber Frankreich konnte im Falle des Veldenzer Pfalzgrafen dennoch keine Rede sein, denn Pfalzgraf Leopold Ludwig hatte sich im „Holländischen Krieg" unter französischen Schutz gestellt. Am 9. August 1681 erklärten die Franzosen den Pfalzgrafen für abgesetzt und wollten nun über Pfalz-Veldenz nach freiem Ermessen verfügen. Nach der Annexion Straßburgs durch die Franzosen gab der Veldenzer Pfalzgraf seinen Widerstand gegen die französische Lehenshoheit auf.

Für die Bewohner Lautereckens und des pfälzisch-veldenzischen Gebietes hatte die französische Oberhoheit vor allem auf kirchlichem Gebiet Konsequenzen. In dem lutherischen Territorium mußten auf Grund eines Erlasses des in Homburg residierenden französischen Intendanten die evangelischen Kirchen vom Dezember 1684 für die Katholiken zur Mitbenutzung geöffnet werden. Lutheraner und Reformierte seien in den reunierten Gebieten der Pfalz unter Druck gesetzt worden, die französische Herrschaft habe eine Glaubensänderung angestrebt und begünstigt, heißt es in zeitgenössischen Berichten, in denen sich Pfarrer über das Auftreten „katholischer Missionare" beschweren. Reunion und Konversion gehörten im Verständnis der Beauftragten des Königs von Frankreich zusammen.

Koalition gegen Frankreich

Als im Jahre 1681 der schwedische König Karl XI. das Herzogtum Pfalz-Zweibrücken erbte, das die Metzer Reunionskammer unter die Lehenshoheit des französischen Königs gestellt hatte, betrachtete der schwedische König das französische Vorgehen als eine Herausforderung. Statt die Lehenshoheit Ludwigs XIV. über das Stammland seiner Familie anzuerkennen, schloß Karl XI. von Schweden einen Garantievertrag mit Holland und dessen Wilhelm III. von Oranien. Im Reich, wo man durch den Verlust Straßburgs aufgerüttelt war, wuchs die Überzeugung, daß dem französischen Vordringen Einhalt geboten werden müsse. Der Reichstag verabschiedete nun eine Reichskriegsverfassung und beauftragte die zehn Reichskreise mit der Verteidigung. In Friedenszeiten sollten sie eine Streitmacht von 40 000 Mann unter Waffen halten, die man in Kriegszeiten verstärken werde. Dieser Beschluß des Reichstages entsprach allerdings zunächst mehr einer Absichtserklärung als der Realität, weil für die einzelnen Kreise Ausnahmen vorgesehen waren und Österreich wegen seiner Verpflichtungen im Südosten Vorbehalte anmeldete. So blieb denn auch die Hauptlast beim rheinischen, westfälischen, schwäbischen und fränkischen Kreis. Sie stellten den größten Teil der Streitmacht, die das Reich in den folgenden Jahren an der Rheingrenze gegen das Vordringen Frankreichs verteidigte.

Kaiser und Reich erklärten – ebenso wie Spanien – nun auch ihren Beitritt zu dem holländisch-schwedischen Bund, der die Friedensschlüsse von 1648 (Münster und Osnabrück) und von 1679 (Nimwegen) sichern sollte. Im Sommer 1682 entstand außerdem in Laxenburg bei Wien die sogenannte Laxenburger Allianz, als Kaiser Leopold I. einem Bündnis beitrat, das einige Fürsten des Reiches auf Initiative des Grafen von Waldeck im Jahre 1679 am Beginn der Reunionspolitik geschlossen hatten. Hessen-Kassel, Hessen-Darmstadt, die Bistümer Fulda, Bamberg und Würzburg gehörten dazu, ebenso der Oberrheinische Reichskreis, der Fränkische und der Schwäbische Kreis. Insgesamt 30 000 Mann wollte das zur Laxenburger Allianz erweiterte Frankfurter Bündnis am Oberrhein, am Mittelrhein und am Niederrhein stationieren.

Dem Anschein nach existierte mit all diesen Bündnissen jetzt eine eindrucksvolle Koalition zur Eindämmung der französischen Expansionspolitik. Ein Blick auf die Landkarte mußte nach dem Beitritt Spaniens zu der antifranzösischen Bündnis-Konstellation den Eindruck erwecken, als sei die Einkreisung Frankreichs gelungen. Rechnete man jedoch die Streitkräfte der beiden Lager zusammen und berücksichtigte man, wie sehr die kaiserlichen Kräfte durch den türkischen Vorstoß im Südosten angespannt waren, dann ergab sich ein anderes Bild. Frankreich mit seiner für damaligen Zeiten großen Einwohnerzahl von rund 26 Millionen verfügte nach wie vor über eine Truppenstärke, die der seiner möglichen Gegner überlegen war. Ganz abgesehen davon war das gesamte Militär- und Versorgungswesen in Frankreich weit besser organisiert als im Reich mit den, nach Ausrüstung und Ausbildung, recht unterschiedlichen Streitkräften. Auch mußte bedacht werden, daß der brandenburgische Große Kurfürst Ende 1681 eigene Wege ging und sich gegen reichliche finanzielle Leistung dem französischen König anschloß. Zugunsten des Reiches und des Kaisers fiel allerdings ins Gewicht, daß der bayerische Kurfürst Max Emanuel (der im Jahre 1679 seinen Vater Ferdinand Maria, dem langjährigen Bundesgenossen Ludwigs XIV. gefolgt war) die Tochter Maria Antonia Kaiser Leopolds aus dessen spanischer Ehe heiraten wollte und die Beziehungen Bayerns zu Frankreich abbrach. Max Emanuel, der sich alsbald im Kampf gegen die Türken einen Namen als Feldherr machte, schloß mit dem Kaiser ein Verteidigungsbündnis, das sich gegen Türken und Franzosen richtete. Die Heirat Max Emanuels hatte übrigens erhebliche Konsequenzen für den damals bereits absehbaren spanischen Erbfolgestreit, denn die bayerische Kurfürstin Maria Antonia war theoretisch in Spanien kaum weniger erbberechtigt als die Gemahlin Ludwigs XIV. und deren Nachkommen. Heiratspolitik und Bündnispolitik, man hat es immer wieder gerade am pfälzischen Beispiel gesehen, lassen sich in jener Epoche der Geschichte nicht voneinander trennen.

Hat Ludwig XIV. mit den Reunionen im Elsaß und in der Pfalz eine antifranzösische Koalition verursacht oder hat das sich abzeichnende antifranzösische Bündnis den französischen König erst veranlaßt, jene Gebiete an der französischen Ostgrenze an sich zu ziehen, die er als Lücken in der Verteidigung seines Landes empfand? Die Frage ist in diesem Falle relativ leicht zu beantworten und zwar zu ungunsten des Sonnenkönigs. Zwei Indizien sind ganz eindeutig: der Zugriff auf Zweibrücken trieb den einstigen Bundesgenossen Schweden ins antifranzösische Lager und die durch keinen Schein des

Rechtes gedeckte Annexion Straßburgs schreckte den Kaiser und die Reichsstände auf. Wer geglaubt hatte, daß Frankreich, das im Frieden von Nimwegen den Höhepunkt seiner Macht erreicht hatte, nun mit seiner erstrangigen Position in Europa zufrieden sei, dessen Zuversicht wurde durch die Vorgänge im Elsaß und in der Pfalz erschüttert: unter Ausnutzung der türkischen Bedrohung wollte Ludwig XIV. dem Königreich Frankreich auf Kosten des Kaisers und Österreichs eine Vormachtstellung im Abendland verschaffen. Das jedenfalls war der allgemeine Eindruck am Anfang der achtziger Jahre des 17. Jahrhunderts. Die Reunionen – waren sie nicht ein sicherer Hinweis auf die weitgesteckten Ziele des Königs von Frankreich? So schien es. Wie aber reagierten die Betroffenen, was unternahm der Kaiser?

Solange Österreich im Kampf gegen die Türken stand und sogar Wien bedroht war, sah sich der Kaiser trotz der neuen Bündnisse zu einer Aktion gegen Frankreich außerstande. Nach der Niederlage der Türken am Kahlenberg bei Wien im Jahre 1683 mußte entschieden werden, ob man nun alle Kraft auf den weiteren Kampf gegen die osmanische Bedrohung konzentrieren und die Streitkräfte des Sultans möglichst weit nach Osten und Süden zurückdrängen solle oder ob man eine Auseinandersetzung mit Frankreich wegen dessen Expansions- und Annexionspolitik beginnen wolle. Der Kaiser entschied sich für den Vorrang des Kampfes gegen die Türken. Doch die Lage im Westen spitzte sich zu, weil Spanien die Reunionen, die Frankreich in den Niederlanden betrieb, mit einer Kriegserklärung beantwortete. Ludwig XIV. nützte indes die Fortsetzung des Türkenkrieges und die spanische Kriegserklärung und stieß nach Luxemburg vor, das zu den spanischen Niederlanden gehörte. Im Sommer 1684 besetzten französische Truppen die Stadt. Der Vorstoß lohnte sich für Ludwig XIV. Die niederländischen Generalstaaten vereinbarten mit Frankreich ein Stillhalteabkommen. Der Kaiser selbst, der auch in Vertretung Spaniens handelte, schloß am 15. August 1684 den sogenannten Regensburger Stillstand, eine Art Waffenstillstandsabkommen, das auf 20 Jahre befristet war. Das Reichsoberhaupt und die Reichsstände überließen dem König von Frankreich damit all die Territorien, die bis zum 1. August 1681 reuniert worden waren; Straßburg mit Kehl blieben ebenfalls in französischer Hand, ebenso bestätigte man in Regensburg den französischen Besitz von Luxemburg. Das Abkommen von Regensburg sollte – so jedenfalls verstanden es der Kaiser und die Reichsstände – die zukünftigen Entscheidungen rechtlich nicht blockieren, aber doch für eine gewisse Zeit die offenen Auseinandersetzungen beilegen. Ludwig XIV. hatte mit dieser Vereinbarung von Regensburg im Jahre 1684 die Schwäche von Kaiser und Reich dokumentiert.

Aus den vorgesehenen 20 Jahren, in denen die Waffen ruhen sollten, wurde jedoch nichts. Nur vier Jahre dauerte der „Stillstand". Dann kam es zum „Pfälzischen Erbfolgekrieg". Drei Jahre nach dem Regensburger Abkommen hatte sich die Lage nach Ansicht Ludwigs XIV. und seiner Ratgeber schon gründlich verändert. Durch den Sieg, den die Kaiserlichen am 12. August 1687 bei Mohácz über die Türken errangen – einen großen Anteil an diesem Erfolg hatte Kurfürst Max Emanuel von Bayern – war Kaiser Leopold Herr über ganz Ungarn geworden. (Leopold ließ seinen kleinen Sohn Joseph zum ungarischen König krönen.) Nun mußte Frankreich damit rechnen, daß sich der Kaiser und die meisten Reichsstände um eine Revision der französischen Annexionspolitik bemühten.

Welche Konsequenz die französische Politik ziehen werde, zeigte sich unter anderem in der Pfalz. Wenige Wochen nach dem großen Sieg der Kaiserlichen in Ungarn reiste der Festungsbaumeister Vauban nach Landau. Im Auftrag des Kriegsministers Louvois verfaßte er ein Gutachten über den Bau einer modernen Festung. Seit dem Jahre 1680 lag in Landau eine französische Garnison. Jetzt sollte Landau ein besonders starkes Glied in jener Festungskette zwischen Oberrhein und Kanalküste werden, deren Bau im Zusammenhang mit den Reunionen begonnen hatte. Saarlouis zum Beispiel, nach Vaubans Plänen errichtet, konnte man schon im Jahre 1686, nach nur sechsjähriger Bauzeit, als ein Bollwerk französischer Macht bewundern. Bei Trarbach an der Mosel entstand die Festung Montroyal. Von Belfort an der burgundischen Pforte bis nach Flandern reichten die Projekte des genialen Vauban.

Das Landau des Sonnenkönigs

In seinem Bericht über das Projekt Landau betonte Vauban, daß Frankreich durch den Bau einer Festung am Eintritt der Queich in die Rheinebene ein Einfalltor schließen müsse. Das war die defensive Begründung, bei der Vauban die Sicherheit Frankreichs und seiner vorgeschobenen Positionen im Elsaß im Auge hatte. Aber der Festungsbaumeister des Sonnenkönigs brachte noch ein zweites, gleichrangiges Argument zu Papier.

Er meinte, Frankreich müsse „mit Landau einen festen Rückhalt gewinnen für die Durchführung großer Vorhaben im besten Teile von Deutschland und gerade in dem, der uns am besten zusagt". Das war, wie man aus dem weiteren Verlauf der Geschichte weiß, ein höchst folgenreiches Lob der pfälzischen Territorien. Daß Vauban die Stadt Landau wegen ihrer alten Zugehörigkeit zu den elsässischen zehn Städten des Reiches selbst als zum Elsaß gehörend betrachtete, geht aus anderen Teilen der Denkschrift hervor. Die Stadt, so gab Vauban dem Kriegsminister Louvois zu bedenken, sei „in einer der besten Gegenden des Elsaß gelegen, wo es sehr leicht sein werde, große Mengen von Getreide und Fourage, von Munition und Kriegsvorräten aller Art anzuhäufen, wie sie zu den Unternehmungen nötig sind, die der König etwa im Hinblick auf Philippsburg und auf die Pfalz ausführen lassen wollte". Aus dieser Anmerkung geht hervor, daß zur französischen Planung die Wiedergewinnung der rechtsrheinischen Festung Philippsburg gehörte, von der aus man vor allem die kurpfälzische Haupt- und Residenzstadt Heidelberg bedrohen konnte. Zusammenfassend heißt es in der Vaubanschen Denkschrift: „Es ergibt sich daraus, daß es von höchster Notwendigkeit ist, das Elsaß mit einer starken Festung bei Landau zu verschließen."

Die alten Befestigungen der damals knapp 2 000 Einwohner zählenden Stadt schätzte Vauban nicht hoch ein. Nur der breite, wassergefüllte Graben vor dem Wall schien ihm noch nützlich. Im übrigen meinte er, daß die alten Mauern, die auf rund 2 000 Meter Länge die in einem Rechteck angelegte Stadt umfaßten, seien „höchstens geeignet, einiges Material von mittelmäßiger Beschaffenheit für den neuen Festungsbau zu liefern". Was Vauban vorschwebte, war klar, denn er merkte an, daß die Festung Landau „eine der stärksten der Christenheit" werden müsse.

Der Kriegsminister Louvois legte im April 1688 den Grundstein für das gewaltige Vorhaben. Die Ausführung der Pläne Vaubans überwachte der Straßburger Festungsbaumeister Martin. Man schätzt, daß zeitweilig bis zu 20 000 Arbeiter an dem Bau beteiligt waren. Die Steine holte man aus der Umgebung von Albersweiler. Ein sieben Kilometer langer Kanal, oben 13 Meter und an der Sohle sieben Meter breit, erleichterte den Transport der Sandsteinquader. Aus den alten Aufzeichnungen geht hervor, daß nicht weniger als 1 000 pfälzische Bauern für das notwendige Bauholz zu sorgen hatten. Der Stadtbrand im Jahre 1689, dem etwa drei Viertel des alten Landau zum Opfer fielen, dürfte kein Zufall gewesen sein, sondern das, was man im Volksmund das „warme Abbrechen" alter Gebäude nennt. Französische Soldaten hinderten nämlich die Landauer Bürger am Löschen. Jedenfalls entstand durch den Brand Platz zur Verwirklichung der Pläne des französischen Ingenieuroberstens Tarade. Kommandantur und Paradeplatz bildeten fortan den neuen Mittelpunkt der Stadt. Eineinhalb Jahrzehnte später, in den Jahren 1701 und 1702, errichtete Tarade dann auch noch das heute Fort genannte Bauwerk auf dem nordwestlich vor der Stadt liegenden Kaffenberg, das die Form einer Krone hatte.

Die Vaubansche Festung war als ein längliches Achteck angelegt. Sieben mächtige Türme schützten die Ecken, dazu kam noch ein spezielles achtes Bauwerk, das sogenannte Reduit. Das war eine kleinere, in sich geschlossene Festung, in die sich die Verteidiger zurückziehen sollten, wenn alle anderen Teile der Festung aufgegeben waren. Gestaffelte Wälle und Gräben sowie Anlagen für die Geschützverteidigung ergänzten die Mauern und Türme. Das französische Tor im Südwesten und das deutsche Tor im Nordosten waren der einzige Zugang. Das Wasser der Queich hatte Vauban in seine Planung einbezogen, es diente bei Bedarf der Flutung des Grabensystems. Im übrigen schied die mitten durch die Stadt fließende Queich Stadt und Festung in zwei Teile.

Für die stete Erinnerung an den Herrn dieser mächtigen Festung sorgte eine Darstellung an den Giebeln der Tore. Dort sah man, flankiert von Füllhörnern, ein großes, menschliches Antlitz der Sonne, die Strahlen aussendet als eine Darstellung des „Sonnenkönigs". Darüber verkündet ein Schriftband: „Nec pluribus impar", „auch mehreren gewachsen".

Die französischen Planer ergänzten das Landauer Projekt durch zwei weitere Festungsbauten. Auf einer Rheininsel in der Nähe des badischen Ortes Iffezheim – nicht allzuweit entfernt von Hagenau – errichtete man die Festung Fort Louis. Als eine Art Gegenstück zu Landau, nach Anlage und Umfang vergleichbar mit der Festung an der Queich, entstand an der Burgundischen

Deutsches Tor in Landau: Über dem Sonnengesicht des Souveräns flattert die Drohgebärde „NEC PLURIBUS IMPAR" (Auch mehreren gewachsen).

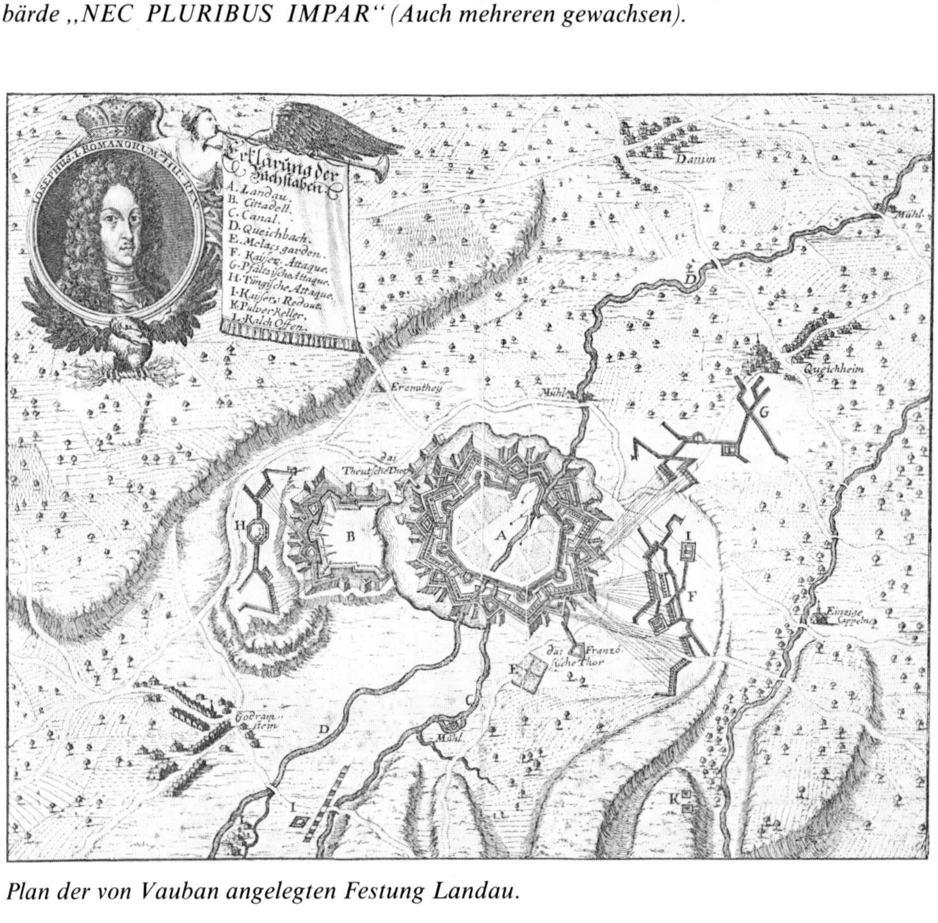

Plan der von Vauban angelegten Festung Landau.

Pforte die Festung Belfort. Sie riegelte das Elsaß von der Freigrafenschaft Burgund ab und sperrte den Weg von Oberrhein an die Rhône. Die Stärke dieser ebenfalls von Vauban konzipierten Festung Belfort zeigte sich noch fast zweihundert Jahre nach der Fertigstellung. Im deutsch-französischen Krieg von 1870/71 hielt Belfort den deutschen Angriffen stand. Die Festung Landau indes ist schon am Anfang des 18. Jahrhunderts im Spanischen Erbfolgekrieg zu einem vielgenannten Kampfplatz geworden.

Erbstreit und Krieg

Nur fünf Jahre regierte Karl II., der Sohn des Kurfürsten Karl Ludwig und Charlottes von Hessen-Kassel, die Kurpfalz. Als Kurfürst Karl II. am 26. Mai 1685 im Alter von 34 Jahren nach längerer Krankheit starb – vermutlich an Tuberkulose –, endete mit ihm die Linie Pfalz-Simmern im Mannesstamm. Zwei Ärzte aus der Schweiz, die man zur Behandlung des Kurfürsten herbeigerufen hatte, ließen schon einige Wochen vor dem Tode des Patienten wissen, daß keine Aussicht auf eine Genesung bestehe. Da Karl II. keine Kinder und keine nahen männlichen Verwandten hatte, die nach den Hausgesetzen der Wittelsbacher als Erben in Frage gekommen wären, mußte man, wenn noch irgend möglich, die Nachfolge regeln. Unter den – entfernten – Verwandten, die als Nachfahren des Pfalzgrafen Stephan von Zweibrücken ein Recht auf die Kurwürde hatten, war Philipp Wilhelm aus der Linie Pfalz-Neuburg unstrittig der Nächstverwandte. Doch Pfalzgraf Philipp Wilhelm, damals schon 70 Jahren alt, hatte einen ganz gravierenden Nachteil: er gehörte der katholischen Konfession an, weil sein Vater, der Pfalzgraf Wilhelm Wolfgang, im Jahre 1613 vom Luthertum zum alten Glauben zurückgekehrt war. In Heidelberg überlegte man, wie man bei der – nach ärztlichem Befund – schon in kurzer Zeit zu erwartenden Nachfolge durch den Neuburger Pfalzgrafen die calvinische Tradition der kurpfälzischen Territorien sichern könne. Beauftragte des Neuburgers und des Heidelberger Hofes trafen sich zur Klärung dieser Frage etwa in der Mitte zwischen den beiden Residenzen, in der Reichsstadt Schwäbisch Hall; sie handelten einen Vertrag aus, in dem die Überleitung der Herrschaft nach dem Tode Karls II. geregelt war, den sogenannten Haller Rezeß. Darin sagte Pfalzgraf Philipp Wilhelm zu, daß er die protestantische Konfession entsprechend den Vorschriften des Westfälischen Friedens respektieren und die gegebenen Verhältnisse und Rechte – das betraf unter anderem auch die Schule und die Beamten – nicht ändern werde. Die theologische Fakultät der Universität Heidelberg solle ihren reformierten Charakter ebenfalls behalten. Der Vertrag sollte von den beiden Parteien beeidigt und dem Kaiser sowie den Bürgen des Westfälischen Friedens zur Anerkennung vorgelegt werden. Bei der Rückkehr der Unterhändler von Schwäbisch Hall lag Kurfürst Karl II. bereits auf dem Sterbebett, nahm aber, wie versichert wurde, noch vom Inhalt der Vereinbarung Kenntnis. Unterschrieben hat der Todkranke das Dokument freilich nicht mehr. Aus dieser Tatsache ist später noch ein Streit über die Gültigkeit des Haller Rezesses entstanden; Philipp Wilhelm, der fünf Jahre regierte, hielt sich an die Abmachungen.

Wenn sich aus dem Aussterben der männlichen Linie von Pfalz-Simmern für die kurpfälzischen Gebiete auch keine Änderung ergab, so wandelten sich doch die machtpolitischen Verhältnisse im Reich und, darüber hinaus, in der europäischen Politik. Die Neuburger Linie war einerseits mit den bayerischen Wittelsbachern eng verbunden, andererseits besaß Pfalz-Neuburg am Niederrhein Jülich und Berg. Philipp Ludwig hatte allerdings schon sechs Jahre vor der Übernahme der kurpfälzischen Erbschaft die Regierung in Jülich und Berg an seinen ältesten Sohn, den Pfalzgrafen Johann Wilhelm, übergeben und sich ganz auf den alten Besitz des Herzogtums Pfalz-Neuburg im heutigen Bayern beschränkt.

Trotz der Haller Vereinbarung war die Erbfolge in der Kurpfalz innerhalb des weitverzweigten Sippenverbandes der Wittelsbacher und speziell der Nachkommenschaft des Pfalzgrafen Stephan von Zweibrücken zunächst noch umstritten. Leopold Ludwig, der Veldenzer Pfalzgraf, glaubte wegen seines protestantischen Glaubens bessere Rechte zu haben als der Neuburger. Die alten Hausgesetze der Wittelsbacher und der von Karl II. bekundete Wille sprachen indes gegen den Veldenzer Pfalzgrafen. Außerdem besaß Philipp Wihelm in Kaiser Leopold I. einen Bundesgenossen, mit dem er auch in engen verwandtschaftlichen Beziehungen stand, denn der Kaiser war der Schwiegersohn des Neuburgers (duch seine zweite Ehe). Der Einspruch des Veldenzer Pfalzgrafen blieb in der Nachfolgediskussion eine Nebensache. Die Hauptsache sollten alle Beteiligten rasch zur Kenntnis nehmen müssen, denn sie wurden nach dem Tode Karls II. mit einer unüberhörbaren Forderung aus Versailles konfrontiert.

Im Juli 1685 machte der französische Gesandte beim Reichstag zu Regensburg geltend, daß die Herzogin Elisabeth Charlotte, die wir als Liselotte von der Pfalz kennen, nach dem Tode ihres Bruders, des Kurfürsten Karl II. von der Pfalz, einen Anspruch auf bestimmte Teile des Erbes habe. Der französische Diplomat verlangte die Herausgabe des ursprünglichen Besitzes der Linie Pfalz-Simmern. Das wäre, neben Simmern selbst, Kaiserslautern, Sponheim und das Amt Germersheim gewesen. Der Ehemann Liselottes von der Pfalz solle, so die Forderung, Pfalzgraf von Simmern und Lautern und damit Reichsfürst werden. Dieser Ehemann war Philipp, Herzog von Orléans, der Bruder König Ludwigs XIV.

Wenige Wochen nach dieser Mitteilung des französischen Gesandten traf im August 1685 in Heidelberg ein französischer Beamter ein, der im Namen der Herzogin von Orléans zu handeln vorgab. Mit den Bevollmächtigten des Kurfürsten wollte er über die Modalitäten einer Herausgabe des Erbes der Gemahlin Philipps von Orléans sprechen. Es kam zu längeren Diskussionen, in denen beide Seiten auf ihren unterschiedlichen Standpunkten beharrten. Die pfälzischen Minister beriefen sich dem Unterhändler aus Versailles gegenüber auf das alte Herkommen, auf das Testament des verstorbenen Kurfürsten und auf das Dokument, in dem die Herzogin von Orléans bei ihrer Heirat auf alle derartigen Ansprüche verzichtet hatte. Diese Erklärung aus dem Jahre 1671 war nach Auffassung der pfälzischen Minister ganz eindeutig und rechtskräftig. Es hieß da, sie, Elisabeth Charlotte, entsage allen Rechten auf souveräne Rechte und Lehensgüter von Vater und Mutter her, die in Deutschland lägen, behalte sich nur ihre Rechte auf die außerhalb Deutschlands gelegenen Güter dieser Art vor und „auf den Allodialbesitz nach dem Herkommen des pfälzischen Kurhauses".

Der Hinweis in dieser Verzichtserklärung, der die Rechte an Gütern außerhalb Deutschlands betraf, zielte auf Ansprüche, die Liselotte von der Pfalz eventuell von dem Hause Stuart herleiten konnte. Daß dies nach der Erbtradition im englischen Königshaus nicht nur eine theoretische Sache war, sollte sich für die Nachkommen der Sophie von Hannover erweisen, der Tante Liselottes von der Pfalz, als das englische Parlament einen Erbanspruch für Georg von Hannover wegen dessen Großmutter Elisabeth Stuart anerkannte. Diese – englische – Klausel in der Verzichtserklärung Liselottes gab also nichts her für die französische Forderung. Der Streit entzündete sich an dem Hinweis auf den „Allodialbesitz", dem vererbbaren Anteil fürstlicher Herrschaft. Die französische Auffassung, daß die oben genannten Grafschaften und Ämter der Linie Simmern nun an die Schwester des verstorbenen Kurfürsten und daß die mit diesen Territorien verbundenen Würden an deren Gemahl fallen müßten, stand im Widerspruch zu der in der Pfalz geübten Praxis einer männlichen Erbfolge für derartigen Besitz. Mit dem Wort „nach dem Herkommen des pfälzischen Kurhauses" hatte Elisabeth Charlotte diese männliche Erbfolge, so die Rechtsauffassung der Heidelberger Sachverständigen, ausdrücklich bestätigt. Nur der Privatbesitz ihres verstorbenen Bruders stand demnach der Herzogin von Orléans zu.

Bei derart gegensätzlichen Rechtsansichten scheiterte eine Einigung zwischen dem französischen Unterhändler und seinen kurfürstlichen Gesprächspartnern. Daraufhin schlug die französische Seite vor, der Papst möge die Sache entscheiden. Auf dem Reichstag, wo man sich nach dem offiziellen Vorgehen des französischen Königs ebenfalls mit dem Erbstreit befaßte, zog sich die Beratung und Diskussion in die Länge. Ludwig XIV. übte im März 1686 Druck auf den Reichstag aus. Er deutete in einer Note unmißverständlich an, daß er gegebenenfalls gewillt sei, den Anspruch der Herzogin von Orléans durchzusetzen. Was dies angesichts der militärischen Macht des Sonnenkönigs bedeuten konnte, wußte man in Regensburg recht genau. So beeilte sich denn der Reichstag, in einer Erklärung zu versichern, daß der Besitzstand des Kurfürsten einstweilen bleiben solle, aber „den Rechten keiner Partei nachteilig sein solle". Damit war die Rechtsfrage, die den Besitz an Land und Leuten betraf, weiterhin offen, die eigentliche Entscheidung vertagt. Der bewegliche Besitz aus dem Erbfall, der Liselotte von der Pfalz zweifelsfrei zustand, wurde im Frühjahr 1686 von einem französischen Beauftragten registriert. Dieser Besitz erwies sich insofern als recht ansehnlich, als eben in dieser Zeit Liselottes Mutter, Charlotte von Hessen-Kassel, verstorben war. Der französische Beauftragte, dem Kurfürst Philipp Wilhelm Teile des Mobiliars sowie Gemälde und Schmuckstücke aus dem Nachlaß Karls II. und dessen Mutter überließ, versteigerte diesen Teil der Erbschaft öffentlich. Angeblich wurde dabei ein

Erlös von rund 300 000 Gulden erzielt. In einem Vertrag vom September 1687 vereinbarte man, daß andere Ansprüche, darunter auch solche an Vieh, einen Gesamtwert von knapp über 47 000 Gulden ausmachten, die an die Herzogin von Orléans zu bezahlen seien.

Der noch schwebende Rechtsstreit über die Besitzungen von Pfalz-Simmern, in dem auch die päpstlichen Bemühungen erfolglos geblieben waren, nahm eine plötzliche Wendung, als sich die Verhältnisse auf dem südosteuropäischen Kriegsschauplatz mit der Eroberung Belgrads durch die Kaiserlichen im Jahre 1688 änderten. Der Türkenkrieg, so schien es, sei nun bald zu Ende. Allem Anschein nach befürchtete man am Hof von Versailles, daß Kaiser und Reich von nun an im pfälzischen Erbfolgestreit ganz entschieden zugunsten des Kurfürsten Philipp Wilhelm Partei ergriffen. Einer solchen Möglichkeit wollte Ludwig XIV. zuvorkommen, vor allem sollte Frankreich das Gesetz des Handelns in der pfälzischen Frage nicht aus der Hand geben müssen.

Nach dem Fall Belgrads veranlaßte noch ein weiteres Ereignis den französischen König zum Handeln im pfälzischen Erbfolgestreit. Es betraf die Besetzung des erzbischöflichen Stuhles in Kurköln. Hierfür hatte Ludwig XIV. in dem 1686 zum Kardinal erhobenen Wilhelm von Fürstenberg einen profranzösischen Kandidaten anzubieten. Doch der Kaiser, der bayerische Kurfürst Max Emanuel, die westlichen Reichsfürsten und die Holländer als Nachbarn am Niederrhein widersetzten sich einer Übernahme des alten Erzbistums durch einen Kirchenfürsten, der in dem Ruf stand, die Errichtung einer abendländischen Universalmonarchie (mit Ludwig XIV.) zu fördern. Anfang 1688 war Wilhelm von Fürstenberg bereits in Köln zum Koadjutor gewählt, aber vom Papst nicht bestätigt worden. Kandidat der Kaisertreuen war der bayerische Wittelsbacher Joseph Clemens, der Bruder des Kurfürsten Max Emanuel. Wilhelm von Fürstenberg erhielt bei der Bischofswahl im Juli 1688 nur 13 von 23 Stimmen der Domherren und verfehlte damit die vorgeschriebene Zweidrittelmehrheit. Dennoch bemächtigte sich der streitbare Kirchenfürst der Regierung des Erzstiftes Köln und sicherte seine Herrschaft sogleich dadurch, daß er französische Truppen in die Festungen des Kölner Gebietes aufnahm.

Dem von Kaiser und Reich erwarteten Gegenschlag wollte Ludwig XIV. zuvorkommen und seine Gegner einschüchtern. Als Operationsgebiet entschied er sich für die Pfalz. Der erste Vorstoß richtete sich gegen Philippsburg, das für Frankreich zurückerobert werden sollte. Die militärische Aktion ergänzte der Sonnenkönig durch eine politisch-diplomatische Offensive. In einem Manifest verkündete der französische König am 24. September 1688, daß er zum Verhandeln bereit sei. Das Angebot Ludwigs XIV. betraf Philippsburg und Freiburg im Breisgau. Er werde die Festung Philippsburg nach der Eroberung schleifen und ebenso wie Freiburg zurückgeben, wenn er für die Ansprüche auf die Territorien von Pfalz-Simmern eine Geldabfindung erhalte, verkündete der französische König in seinem Manifest allen, die es anging. Doch damit nicht genug der Forderungen, die die pfälzischen Territorien betrafen: Ludwig XIV. verlangte, daß die mit dem „Regensburger Stillstand" vorläufig oder provisorisch sich in französischem Besitz befindlichen Territorien – die Opfer der Reunionen – rechtswirksam als französischer Besitz anzuerkennen seien. Außerdem müsse Wilhelm von Fürstenberg als Erzbischof von Köln seinen Platz im Kurkollegium einnehmen dürfen.

Im Grunde war dies nichts anderes als ein Ultimatum, gestützt auf die militärische Macht Frankreichs. Unter allen Umständen wollte der französische König ein Wiedererstarken Habsburg-Österreichs im Reich verhindern. Die Furcht vor einem neuerlichen europäischen Krieg, der hauptsächlich in den Territorien des Reiches stattfinden würde, kalkulierte Ludwig XIV. ein, als er im September 1688 sein Manifest verbreiten ließ. Der Kaiser und die Reichsstände gingen jedoch nicht auf die Forderungen des französischen Königs ein. Ludwig XIV., durch die früheren Erfahrungen mit der Nachgiebigkeit des Kaisers und der Reichsstände, – zuletzt beim „Regensburger Stillstand" – zu einer Politik der Drohungen und ultimativen Forderungen ermutigt, hatte diesmal falsch spekuliert. Es begann der Krieg, den Frankreich, wie man aus mancherlei Hinweisen weiß, nicht als feste Größe eingeplant und gewünscht hatte.

In den alten Geschichtsbüchern hat dieser Krieg unterschiedliche Namen, er heißt entweder „Der Orléansche Krieg" oder „Pfälzischer Krieg" oder „Pfälzischer Erbfolgekrieg". Für welchen Namen man sich auch entscheidet, es bleibt festzuhalten, daß man den nun beginnenden Kampf, dessen wichtigstes Schlachtfeld die pfälzischen Territorien gewesen sind, ebensogut als österreichisch-französischen Krieg oder als habsburgisch-bourbonischen Krieg hätte bezeichnen können. Jedenfalls provozierte Ludwig XIV. mit dem Erbstreit, den er im Namen seiner gar nicht nach ihren Wünschen gefragten Schwägerin Liselotte führte, einen europäischen Machtkampf nicht aber einen regional begrenzten Krieg.

In den Chroniken des „Pfälzischen Erbfolgekrieges" wird mit gutem Grund vermerkt, daß einer der Hauptgegner des Sonnenkönigs der englische König Wilhelm von Oranien gewesen sei. Ihm fiel im Jahre 1689 die englische Krone zu, nachdem die „glorreiche Revolution" dem Parlamentarismus und dem Protestantismus in England zum Sieg verholfen hatte. Der katholische Jakob II. aus dem Hause Stuart mußte die britischen Inseln als Flüchtling verlassen und beim französischen König um Asyl bitten. Wilhelm erweiterte die Allianz zwischen dem Kaiser und den niederländischen Generalstaaten durch das englische Königreich, außerdem traten auch Spanien und Savoyen dem Bündnis bei. Die Allianzpartner hatten ein gemeinsames Ziel: sie wollten jene Besitz- und Machtverhältnisse wieder herstellen, die im Westfälischen Frieden von 1648 und im französisch-spanischen Pyrenäenfrieden von 1659 festgelegt waren. Frankreich sollte trotz des Machtvakuums in der Mitte Europas das mühsam ausgehandelte Machtgleichgewicht im Abendland von nun an respektieren müssen. Kaum einer der europäischen Fürsten wollte sich einer französischen Universalmonarchie unterordnen. Die meisten schreckte die Aussicht, eines Tages einem Ludwig XIV. den Lehenseid leisten zu sollen.

Die politische oder machtpolitische Kluft zwischen einigen der europäischen Nachbarn hatte sich durch die Reformation und deren Folgen längst zu einem Gegensatz in Glaubensfragen ausgeweitet. Ludwig XIV. leistete selbst einen ganz wichtigen Beitrag zur Vertiefung der Glaubensgegensätze, als er im Jahre 1685 das Edikt von Nantes aufhob und damit die Hugenotten in Scharen in die Emigration trieb. So war es denn naheliegend, daß in der pfälzischen Frage die Holländer und die Engländer wegen ihrer Zugehörigkeit zum calvinischen Bekenntnis besonders engagiert Partei ergriffen. Allerdings mischten sich die Interessen innerhalb der antifranzösischen Allianz. Engländer und Spanier hatten nach der Entdeckung Amerikas und der Gründung von überseeischen Kolonien den wirtschaftlichen Vorteil der Seeherrschaft schätzen gelernt. Die Chance, den französischen Konkurrenten auf den Meeren auszuschalten, schien ihnen diesmal recht günstig. Es gelang ihnen im vierten Jahr des „Pfälzischen Erbfolgekrieges" auch, die französische Flotte in der Seeschlacht von La Hogue (1692) fast vollständig zu vernichten. Da jedoch die im Krieg neutral gebliebenen Skandinavier ebensowenig wie die Holländer ein Interesse an einem englischen oder englisch-spanischen Seefahrts- und Handelsmonopol hatten, zeigten sich gerade nach dem Erfolg von La Hogue einige Schwachstellen im antifranzösischen Bündnis, die die französische Diplomatie vor allem bei den späteren Friedensverhandlungen nutzen konnte.

Ungeschützte Pfalz

Ehe die im Mai 1689 vom Kaiser, den Reichsständen und den niederländischen Generalstaaten begründete Allianz wirksam in den Kampf eingriff, hatten die französischen Truppen bereits Philippsburg erobert. Außerdem beherrschten die Verbände Ludwigs XIV. das ganze Territorium von Kurköln. Die vom Regensburger Reichstag ohne Einspruch verfaßte Kriegserklärung an Frankreich half der bedrängten Pfalz zunächst noch wenig; es fehlte an Reichstruppen, die den Franzosen gewachsen gewesen wären. Die Franzosen allerdings erkannten, daß sie in diesem Krieg alsbald an mehreren Fronten angegriffen würden. Sie wählten deshalb eine defensive Strategie – auf Kosten vor allem der an ihrer Ostgrenze liegenden pfälzischen Territorien. Der eigentliche Planer am Hofe des Königs von Frankreich war dabei der Kriegsminister Louvois.

Die von Philipp Wilhelm regierte Kurpfalz war auf einen Krieg nicht vorbereitet. Sie hatte allein keinerlei militärische Machtmittel, mit der sie die französischen Truppen an dem nun beginnenden Werk der Zerstörung hätte hindern können. Im Herbst 1688, als Philippsburg angegriffen wurde, gab es insgesamt nur 3 000 kurpfälzische Soldaten. Kaiserslautern, Mannheim, Heidelberg und Frankenthal verfügten über eine kaum nennenswerte Garnison. In Philippsburg, das unter dem Kommando des kaiserlichen Offiziers Maximilian von Starhemberg stand, war die Verteidigungsbereitschaft etwas besser als in den kurpfälzischen befestigten Städten. Der Hofkriegsrat in Wien hatte indes auf die Warnungen, Mahnrufe und Anforderungen keineswegs so reagiert, wie es sich Starhemberg angesichts der permanenten Bedrohung durch die im nahen Landau stationierten Franzosen wünschte.

Die Hauptarmee des Sonnenkönigs rückte im September 1688 nicht von Landau aus nach Philippsburg vor – sie hätte dann den Rhein überqueren müssen –, sondern marschierte von Straßburg-Kehl auf der rechten Rheinseite nordwärts. Auf der linken Rheinseite, in der heutigen Pfalz, stießen französische Truppen vom Elsaß aus vor, ein drittes Kontingent bewegte sich von der Saar aus in Richtung Kaiserslautern-Mannheim. Es scheint, daß die Vormarschpläne geheim geblieben waren. Nur bei Kaiserslautern und bei Offenburg stießen die französischen Truppen auf schwachen Widerstand, der jedoch rasch überwunden war. Speyer, Worms, Oppenheim, Neustadt, Alzey befanden sich schon wenige Tage nach Kriegsbeginn in französischer Hand. Philippsburg kapitulierte am 30. Oktober. Maximilian von Starhemberg, dessen Bruder bei der Verteidigung Wiens zu Ruhm gekommen war, hatte sich mit seinen 2 000 Mann nach Kräften gewehrt, länger jedenfalls als es den Erwartungen des Kriegsministers Louvois entsprach.

Zu den dunklen Seiten in der Geschichte der Pfalz gehört das Verhalten des Kurfürsten Philipp Wilhelm beim Überfall auf sein Land. Er reiste überstürzt von Heidelberg ins ferne Neuburg und übergab die Herrschaft seinem widerstrebenden Sohn Ludwig Anton. Dieser wiederum ließ sich von den bald darauf eingerückten Franzosen einen Paß geben und entfernte sich ebenfalls aus der kurpfälzischen Residenz.

Das Verhalten von Kurfürst und Kurprinz hob sich nicht allzusehr von der Reaktion anderer süddeutscher Fürsten und Stadtherren ab. Das Beispiel von Mainz, das sich rasch neutral erklärt hatte, schien Schule zu machen. Frankreich begann dann auch sogleich mit Neutralitätsverhandlungen – unter anderem mit Bayern, Sachsen, Hessen, Brandenburg und Kurtrier – und versuchte so, die Allianz der tatsächlichen oder möglichen Gegner aufzubrechen. Auch die Kurpfalz erhielt damals zusammen mit dem von Johann Wilhelm von Pfalz-Neuburg regierten Jülich ein geheimes französisches Neutralitätsangebot. Kurfürst Philipp Wilhelm wurde jedoch von seinem Schwiegersohn, dem Kaiser Leopold, eindringlich vor einer „Separierung" gewarnt. Es gibt Anzeichen dafür, daß diese, schließlich gescheiterten französisch-pfälzischen Geheimverhandlungen die Franzosen bei ihrem Zugriff auf Heidelberg und auf Mannheim nicht unwesentlich begünstigt haben. Die Hoffnung, daß man sich aus dem Konflikt zwischen den Großmächten vielleicht doch heraushalten und noch einmal glimpflich davon kommen könne, stärkte den Widerstand gegen die französische Übermacht sicherlich nicht.

Erfolge am oberen Rhein und Rückschläge am Mittel- und Niederrhein (Koblenz hielt sich, Köln wurde von brandenburgisch-jülicher Truppen genommen), sowie im niederländischen Mündungsgebiet von Rhein, Maas und Schelde kennzeichnen – von Frankreich aus betrachtet – die erste Phase des „Pfälzischen Erbfolgekrieges". Nach der schnellen Besetzung der pfälzischen Gebiete und der Eroberung Philippsburgs nutzten die Franzosen ihre Macht im deutschen Südwesten ohne Zögern zur Eintreibung von Kontributionen.

Sie verschickten per Post Briefe an kleine und große Herrschaften und Fürstentümer außerhalb des eigentlichen Besatzungsgebietes und verlangten von diesen Beihilfen. Die Adressaten dieser Briefe wurden aufgefordert, sofort Gesandte in das Hauptquartier zu delegieren, damit die Höhe der Hilfsgelder verbindlich festgesetzt werden könne. Einen Teil der fälligen Leistungen sollten die Gesandten in Form von barem Geld mitbringen. Im Falle einer Weigerung wurde die Brandstrafe angedroht.

Die wichtigsten Stützpunkte der Franzosen auf der rechten Rheinseite waren die Städte Heidelberg, Heilbronn und Pforzheim. An diesen Plätzen legte man große Magazine an. Darin lagerten die Franzosen die erpreßten Lieferungen an Nahrungsmitteln und Futter (für die Pferde der französischen Kavallerie). Der General Montclar wählte als Befehlshaber der rechtsrheinischen Verbände die Reichsstadt Heilbronn zu seinem Hauptquartier. Von hier aus zogen sogleich berittene Truppen durch das hohenlohische und fränkische Gebiet bis in die heute mittelfränkischen Regionen, trieben Kontributionen ein und brannten dabei auch immer wieder einzelne Orte nieder. Bis in die Hochstifte Eichstätt und Augsburg machte sich Furcht vor den Franzosen breit, so daß der General Montclar selbst von diesen, relativ entfernt liegenden Territorien ohne Schwierigkeiten die verlangten Kontributionen erhielt. Eine Gegenwehr schien es anfänglich nördlich der Donau kaum zu geben. Die Truppen des Kaisers beschränkten sich nach dem französischen Überraschungsangriff und nach der Niederlage in Philippsburg zunächst auf den Schutz der südlichen und der nordwestlichen Reichsterritorien. So war es den Franzosen mit wenigen tausend Soldaten möglich – Montclars Verbände zählten kaum mehr als 6 000 Mann – in großen Teilen des heutigen Nordbayern und Baden-Württemberg ohne größeres Risiko zu plündern und zu brandschatzen. Die Ruine des Klosters Hirsau – um ein Beispiel zu nennen, das bis heute sichtbar geblieben ist – zeugt von dem Wüten jenes Montclarschen Verbandes, den bei der Zerstörung des alten Klosters Hirsau und der nahen Stadt Calw sowie anderer Orte im altwürttembergischen Gebiet der berühmt-berüchtigte General Mélac kommandierte. Der Befehl, nach dem Mélac handelte, kam von der Pariser Kriegsleitung des Ministers Louvois. Alles, was sich in Württemberg „ohne zu großes Risiko für die königlichen Truppen erreichen lasse" solle „ausgeplündert und rasiert" werden, lautete die Instruktion.

Der Sinn dieses bezeichnenden Befehls für das Nachbarland der Kurpfalz erschließt sich aus der Strategie, die sich Louvois ausgedacht hatte: man wollte den Reichstruppen und den kaiserlichen Verbänden, von denen sich große Teile nach dem Ende des Türkenfeldzuges noch im Südosten befanden den Vorstoß an den oberen Rhein mit allen Mitteln erschweren. Niedergebrannte Städte und ausgeplünderte Dörfer würden die Versorgung und den Aufenthalt dieser Truppen sowie deren Operationen entscheidend behindern. Diese Überlegung versuchte man auch noch in dem Augenblick in die Tat umzusetzen, als sächsische Truppen und Verbände des schwäbischen Kreises Anfang Januar 1689, aus dem Südosten kommend, bis nach Heilbronn und Stuttgart vorstießen. Glücklicherweise war es den französischen Truppen bei ihrem überstürzten Rückzug in die pfälzischen Gebiete nicht mehr möglich, den Zerstörungsbefehl überall strikt zu befolgen.

In der Bilanz der Zerstörungen, die 1688 begannen und in den ersten Monaten des Jahres 1689 ein besonders großes Ausmaß erreichten, findet man insgesamt die Namen von 400 Städten, Dörfern, Burgen und Schlössern. Viele von ihnen waren ganz niedergebrannt, einige teilweise zerstört. Zwischen dem oberen Donautal westlich von Ulm einerseits und Düsseldorf andererseits, zwischen Trier und Rothenburg ob der Tauber lagen Orte in Trümmern, die wenige Jahrzehnte zuvor schon im Dreißigjährigen Krieg schwer gelitten hatten und nun gerade wieder aufgebaut waren. Keine andere Region ist jedoch so schwer heimgesucht und so gründlich zerstört worden wie die pfälzischen Territorien und hier wiederum besonders das Gebiet rund um Mannheim und Heidelberg. Die im Jahre 1689 von Südosten her vorrückenden Verbände der Kaiserlichen und der Reichskreise veranlaßten die Franzosen zur Eile bei ihrem Zerstörungswerk im Rhein-Neckar-Gebiet.

Liselottes Trauer

Am 18. Januar 1689 – das Datum hat Bismarck im Jahre 1871 als Reichsgründungsdatum im Schlosse Ludwigs XIV. zu Versailles gewählt – begannen französische Soldaten, wie ihnen befohlen, mit dem Sprengen eines Teiles der Heidelberger Schloßtürme und der mächtigen Mauern des kurpfälzischen Residenzschlosses. Stadtkommandant von Heidelberg war im Januar 1689 jener General Mélac, der, wie ein französischer Historiker einmal mit einigem Erstaunen notiert hat, in deutschen Kinderbüchern einst als der exemplarische Bösewicht dargestellt worden ist. „Böse wie Mélac" gehörte nach dem „Pfälzischen Erbfolgekrieg" zu einer gängigen Redensart in Südwestdeutschland. Mit vollem Namen hieß dieser ehemalige Heidelberger und spätere Landauer Kommandant und Generalleutnant der königlich-französischen Armee Ezechiel Dumas, Herr von Mélac. Er stammte aus der südwestfranzösischen Stadt Libourne im Departement Gironde. In Frankreich ist der Name Mélac bis heute ziemlich unbekannt geblieben. Erwähnt wird er nur in einigen Memoiren von Zeitgenossen des Sonnenkönigs, zum Beispiel bei Saint-Simon, und zwar als der heroische Verteidiger der Festung Landau während des Spanischen Erbfolgekrieges im Jahre 1702.

Wenige Tage bevor das Werk der Zerstörung in Heidelberg begann, hatte Mélac in der Stadt das Kommando übernommen. Als am 18. Januar die ersten Sprengladungen am Schloß krachten, wußten die Heidelberger, daß man sie im Oktober 1688 getäuscht hatte, als der französische Kronprinz der Stadt in einem Vertrag zusicherte, daß in Heidelberg weder Kontributionen erhoben würden noch Gebäude beschädigt, zerstört oder geplündert würden. Die Urkunde, in der man am 24. Oktober 1688 die Kapitulation Heidelbergs besiegelte, sah auf dem Papier außerordentlich günstige Bedingungen vor. Es mußten den französischen Soldaten nur Quartier „mit Feuer und Licht" gewährt werden. Das blieb freilich Theorie, denn bald darauf verlangten die rasch

Der französische General Mélac vor einer brennenden Stadt im pfälzischen Erbfolge-krieg. Zeitgenössische Flugschrift.

wechselnden Stadtkommandanten von der Bürgerschaft Kontributionen. Die noch verbliebenen Mitglieder der kurfürstlichen Regierung waren machtlos.

In ihrer Not versuchten es die Heidelberger mit einer Sondermission an den französischen Hof. Ende November 1688 schickten sie den Wirt der Gaststätte „Zum König von Portugal", ihren Mitbürger Weingard, mit einem Bittschreiben an Ludwig XIV. und an Kriegsminister Louvois nach Versailles. Weingard sprach französisch. Er hatte am Hofe Karl Ludwigs gedient und kannte Liselotte recht gut. Als Weingard nach tagelangem Warten endlich zur Herzogin von Orléans vorgelassen wurde, empfing ihn Liselotte mit den Worten: „ Seid Ihr da, wie hab ich verlangt, wie stehts in der armen Pfalz?" Bis tief in die Nacht habe Weingard der Herzogin alles berichten müssen, was er über die Situation der Pfalz wußte; vor Schmerz über das Gehörte habe Liselotte so geweint, daß ihm Angst dabei geworden, berichtete der Heidelberger Gastwirt. Sie wolle, habe die Herzogin gesagt, gerne ihr Blut und ihr Leben aufopfern für die arme Pfalz, wenn sie sie „damit könnte glückselig machen". Die Gesuche, die Weingard mitgebracht hatte, leitete Liselotte an den König und an Louvois weiter. Die Herzogin stellte den Kriegsminister zur Rede. Es kam zu einem scharfen Wortwechsel. Fortan übersah sie den mächtigen Ratgeber des Königs. Schließlich kehrte Weingard mit einem liebenswürdigen, nichtssagenden Brief an die kurpfälzische Regierung aus Versailles zurück, den ein hoher königlicher Beamter verfaßt und unterschrieben hatte.

Uneinigkeit unter den vorrückenden Reichstruppen führte dazu, daß Teile des rechtsrheinischen kurpfälzischen Gebietes auch nach dem Rückzug der Franzosen aus den Territorien am mittleren Neckar noch in französischer Hand blieben. Da man auf französischer Seite jedoch befürchtete, daß die Region am unteren Neckar nicht erfolgreich zu behaupten sei, entschied sich die französische Kriegsleitung Mitte Januar für eine Zerstörung der bisherigen Stützpunkte. Das betraf vor allem Heidelberg. Die Demolierung der Schloßmauern und der Schloßtürme am 18. Januar 1689 war das Vorspiel. Insgesamt 200 französische Mineure befanden sich Ende Januar in der Stadt. Sie legten Minen unter die Mauern, unter die Türme und an die Pfeiler der Neckarbrücke. Die Reichstruppen ließen noch auf sich warten. Mit einigen hundert Soldaten ritt Mélac am 27. Januar nach Ladenburg, um diese Stadt niederzubrennen. Als er aus der Ferne Schüsse hörte, gab er das Vorhaben in Ladenburg auf und kehrte um. Inzwischen war eine Vorhut der vom bayerischen Kurfürsten Max Emanuel geführten Verbände am Speyerer Tor in Heidelberg angekommen. In einem Gefecht, in dem er von Truppen aus der Stadt unterstützt wurde, gelang Mélac die Rückkehr nach Heidelberg.

Nach der Abwehr dieses ersten Vorstoßes der bayerischen Truppen – das Gros der Truppen Max Emanuels befand sich noch etwa halbwegs zwischen Heilbronn und Heidelberg –, begannen die Franzosen das gründlich vorbereitete Zerstörungswerk in der ganzen Region. Elf Orte in der Umgebung Heidelbergs standen am 28. Januar 1689 innerhalb weniger Stunden in Flammen (Wiesloch, Nußloch, Walldorf, Leimen, Bruchhausen, Eppelheim, Kirchheim, Rohrbach, Wieblingen, Edingen, Neckarhausen). Am 30. Januar ließ Mélac die Zerstörungen auf der Nordseite des Neckars fortsetzen. Das Eingreifen einiger deutscher Freischärler – man hätte sie in unserem Jahrhundert wohl Partisanen oder Widerstandskämpfer genannt –, verbreitete bei der Bevölkerung mehr Angst als Freude. Man ahnte und befürchtete, daß die Franzosen nun in den Orten mit doppelter Gewalt vorgehen würden, in denen sie auf vereinzelte Gegenwehr gestoßen waren. So kam es dann auch. Vor allem in Handschuhsheim litt die Bevölkerung unter der Suche der Franzosen nach tatsächlichen oder vermeintlichen Feinden. Der Ort wurde zum großen Teil niedergebrannt. Man zählte etwa 150 Tote.

Aus Heidelberg transportierten die Franzosen in jenen Tagen alle Vorräte ab, die dort lagerten: Mehl, Getreide, Futter, Wein. Zugleich erweckte die Besatzung den Eindruck, daß die überall gelegten Minen nicht gezündet würden, wenn die Reichstruppen (von denen inzwischen einige an der Bergstraße nördlich von Heidelberg angelangt waren, andere sich bei Bruchsal befanden), einen weiteren Vormarsch und einen Angriff unterließen. Die Franzosen indes, zur Räumung Heidelbergs entschlossen, begannen am Morgen des 2. März mit der Zerstörung, die im Schloß und in anderen kurfürstlichen Bauten in der Stadt nach einem detaillierten Plan durch das Brandlegen mit Pechfackeln und das Zünden der bereits im Januar gelegten Minen vorgenommen wurde. Die Bevölkerung sah freilich nicht untätig zu. Wenn die Soldaten in einem Straßenzug Feuer gelegt hatten und in einen anderen Stadtteil weiterzogen, bildeten sich sogleich Löschtrupps der Einheimischen, denen es oft gelang, das Feuer einzudämmen. Man habe auch versucht, so wurde von Chronisten überliefert, die Franzosen selbst mit Geld und mit guten Worten an der genauen Ausführung ihrer Befehle zu hindern. Uneigennützige, edelmütige Offiziere hätten ganze Straßenzüge verschont. Einen Heidelberger Bürger allerdings traf der Rachedurst des Generals Mélac ganz speziell: Beim Haus von Weingard, des Wirtes, der als Bittsteller für Heidelberg nach Versailles geritten war, wachte der General selbst über die Zerstörung. „Ganz content" sei Mélac dann fortgeritten.

Verglichen mit der späteren fast totalen Auslöschung der Stadt hielt sich die Zahl der zerstörten Bauten im März 1689 noch in Grenzen. Außer dem Schloß waren 34 der großen Bauten fast vollständig vernichtet. Von den vier Mühlen am Neckar standen nur noch die Grundmauern. Im wesentlich unversehrt waren die Kirchen. Die Franzosen hatten sie entsprechend den Befehlen der Kriegsleitung verschont. In Trümmern lag die Neckarbrücke, deren hölzerner Oberbau, durch die Minen abgesprengt, ins Wasser gefallen und neckarabwärts getrieben war. Eine Schiffsbrücke diente nun als Notbehelf. Einige Stunden nach dem Beginn der Sprengungen und des Niederbrennens zogen die französischen Truppen ab. Mehrere Bürger wurden als Geiseln für nichtbezahlte Kontributionen mitgenommen. Mancher Franzose habe sich „mit traurigem Gesicht" verabschiedet, liest man in einem zeitgenössischen Bericht.

Als die Regierung in Paris nach einiger Zeit auf Grund genauerer Berichte erfuhr, daß Heidelberg keineswegs ganz und gar, wie von Ludwig XIV. befohlen, durch die Sprengungen und den Brand zerstört worden war, übte der Kriegsminister Louvois heftige Kritik an den verantwortlichen Offizieren. Louvois verlangte, daß die Truppen sobald wie möglich zurückkehren sollten. Er selbst, Louvois, werde dann hinmarschieren „um die Befehle Seiner Majestät zu vollziehen".

Von Mannheim, das nach der Belagerung den Franzosen Anfang November 1688 die Tore geöffnet hatte, weiß man, daß das französische Oberkommando eine Zerstörung der Stadt und der Festung schon bald nach der Besetzung vorbereiten ließ. Zum Schleifen der Befestigungen mußte die Stadt der Besatzung 300 Arbeiter stellen. Anfang Februar 1689 wurde die Friedrichsburg geschleift. Als die Mannheimer schließlich am 2. März in der Ferne die Brände in Heidelberg sahen, wußten sie, was ihnen bevorstand. Am Morgen des 3. März befahl der General Montclar den Bürgermeister und den Stadtrat zu sich. Im Hause des Intendanten de La Grange, des obersten französischen Verwalters, teilte Montclar in Anwesenheit weiterer hoher Offiziere den Vertretern der Stadt mit, daß Mannheim auf Befehl des Königs zerstört werden müsse. „Auch nicht eine einzige Seel" solle sich fortan in der Stadt aufhalten können, so laute die Instruktion, die er auszuführen habe.

Für Mannheim hatte man sich am französischen Hof eine Besonderheit ausgedacht. Die Bürger könnten, so der General Montclar, ihre Häuser selbst abreißen. Sie hätten dann zehn Tage Zeit und zugleich die Erlaubnis, das Baumaterial auf das linke Rheinufer zu bringen. Werde die Zerstörung indes von französischen Soldaten ausgeführt, müsse mit Plünderungen gerechnet werden. Verknüpft war diese Mitteilung mit einem Angebot: wer sich zur Übersiedlung ins Elsaß oder nach Landau entschließe, der solle freie Pässe sowie freie Bauplätze erhalten und werde nach der Übersiedlung zehn Jahre lang keine Abgaben entrichten müssen. Auch wolle man in diesem Falle den Transport erleichtern.

Frankreich, so heißt es in späteren historischen Darstellungen, habe mit dem Mannheimer Angebot die Deportation einer ganzen Stadt versucht und den Vorteil einer Besiedlung relativ menschenleerer Teile des Elsaß mit der geplanten Entvölkerung der Kurpfalz verknüpfen wollen. Das ist sicher richtig. Doch der damalige Versuch einer Bevölkerungsverschiebung, den sich der Kriegsminister Louvois ausgedacht haben soll, führte nicht zum Ziel. Nur vereinzelt scheinen die Mannheimer das französische Angebot akzeptiert zu haben. Zu einer Massenumsiedlung kam es jedenfalls nicht. Im übrigen sagten die Vertreter der Stadt ganz offiziell Nein zu dem vorgeschlagenen Abbruch der Gebäude durch Besitzer und Bewohner.

Die Mannheimer reagierten auf die Mitteilungen des Generals Montclar vom 3. März 1689 mit der Flucht aus der Stadt. Einige französische Offiziere halfen den Fliehenden beim Mitnehmen der Habe in den verfügbaren Wagen. Die Zerstörung Mannheims bereitete man auf französischer Seite noch viel gründlicher vor als es in Heidelberg geschehen war. Etwa 400 Soldaten begannen am 5. März 1689 mit dem Einreißen der Häuser. Am darauffolgenden Dienstag, dem 8. März, folgte das Niederbrennen. Wieder war es der General

Mélac, dem Montclar die Stadtzerstörung übertrug. Nicht immer hatten die Offiziere ihre Soldaten unter Kontrolle, als sich die Gelegenheit zum Plündern bot. Beim Streit um Hab und Gut mit den Bürgern gab es Verletzte und auch einige Tote. Fast bis Ende März dauerte der Stadtbrand, der zuerst am Neckar gelegt worden war. Von der Stadt Mannheim blieb nur noch ein rauchender Trümmerhaufen. Doch selbst dies genügte dem französischen Kommandanten noch nicht. Er ließ durch Pioniere die noch stehenden Mauern niederlegen; die Brunnen wurden mit den Pflastersteinen der aufgerissenen Straßen zugeschüttet. Was von der Stadt und von der ebenfalls niedergelegten Friedrichsburg noch an brauchbarem Material übrig blieb, transportierte man mit Schiffen nach Philippsburg. Den geflohenen Einwohnern, die immerhin einen Teil ihrer beweglichen Habe hatten retten können, wurde die Rückkehr verboten. Der Mannheimer Rat versammelte sich in Heidelberg. Für alle Zeiten, so der Anschein, wollten die Franzosen diesen Handelsplatz und militärischen Stützpunkt an der Neckarmündung auslöschen.

Speyer in Flammen

Im rechtsrheinischen Teil der Kurpfalz, das schien angesichts der systematischen Zerstörung einer ganzen Region offenkundig, wollten die Franzosen den Reichstruppen einen Aufenthalt schier unmöglich machen, so daß vom Rhein-Neckargebiet die französische Stellung in den pfälzischen Territorien auf der linken Rheinseite so rasch nicht mehr zu gefährden war. Für die heutige Pfalz ergab sich aus dieser Schlußfolgerung zunächst eine Hoffnung. Wollte Frankreich die linksrheinischen Territorien behaupten und weiterhin als Vorfeld der eigentlichen Verteidigung Frankreichs nutzen, dann mußten die französischen Militärs an einer gesicherten Versorgung aus den besetzten pfälzischen Gebieten interessiert sein. Eine Zerstörung hätte den Zerstörern selbst geschadet. Eine Zeit lang erfüllten sich diese Hoffnungen und Erwartungen in den linksrheinischen pfälzischen Gebieten. Doch im weiteren Kriegsverlauf änderte sich die französische Strategie. Am sichtbarsten wurde dies bei den alten Reichs- und Bischofstädten am linken Ufer des Rheines, der Zerstörung von Worms und Speyer.

Im Frühjahr 1689 war, wie wir gesehen haben, die antifranzösische Allianz in Westeuropa soweit gefestigt, daß sich Frankreich nun an allen seinen Grenzen von den Kriegsgegnern eingekreist sah. Der Kriegsminister Louvois verließ sich in dieser Situation ganz auf die Verteidigung mit Hilfe der Festungsanlagen, die die Baumeister des Sonnenkönigs von Flandern bis in die Freigrafschaft Burgund errichtet hatten. Philippsburg zum Beispiel war als eine vorgeschobene Bastion sogleich nach der Eroberung ausgebaut und verstärkt worden. Die Deutschen, so argumentierte einer der königlichen Ratgeber, seien sich wohl darüber im klaren, daß es aussichtslos sei, die mächtigen französischen Festungen anzugreifen. Vermutlich würden sie deshalb anderswo Erfolge suchen. Zum Beispiel durch einen Vorstoß auf der Linie Mainz–Speyer. Gerade an Speyer müsse man denken. Sei es erst einmal in deutscher Hand, dann werde wohl eine befestigte Rheinbrücke gebaut und ein großer

Waffenplatz geschaffen. Auch mit Worms und Frankenthal könne so etwas geschehen.

Aus derartigen Überlegungen zogen der Kriegsminister Louvois und seine Ratgeber den Schluß, daß die bereits geschleiften Festungsanlagen in Speyer, Worms und an anderen Plätzen nun Frankreich durch ihr Nichtvorhandensein bedrohen könnten, weil das Fehlen dieser Befestigungen den Deutschen einen Zugriff und den anschließenden Ausbau ermöglichte. Die komplizierte Logik, die man auf französischer Seite anwandte, führte zu der Erkenntnis, daß man alle die Plätze, die die Deutschen erobern und dann ausbauen könnten, gründlich zerstören müsse. So beuge man einer derartigen Gefahr am besten vor.

In dieser Rechnung des Kriegsministers Louvois findet man viel Unwahrscheinliches. Die französische Kriegsleitung setzte zum Beispiel voraus, daß sich Mainz und Philippsburg halten würden. Wie aber sollten die Reichstruppen auf die Dauer in Speyer Fuß fassen und sich am linken Ufer des Rheines für weitere Vorstöße rüsten können, wenn Philippsburg weiterhin französisch blieb und eine französische Garnison in Mainz die Reichstruppen stets bedrohen konnte? Andererseits haben die Franzosen möglicherweise gewußt oder dank ihrer guten Nachrichtenquellen erfahren können, daß auf der Seite des Reiches kein Heerführer an einen Vormarsch und Aufmarsch dachte, der Worms, Frankenthal und Speyer einbezogen hätte. Mehr als die Belagerung von französischen Festungen wie Bonn, Mainz, Montroyal und Philippsburg war auf der deutschen Seite nicht überlegt worden. Bei den Erörterungen des weiteren Vorgehens stellte sich im übrigen heraus, daß der Kaiser, der Herzog von Lothringen und der bayerische Kurfürst Max Emanuel sich auf unterschiedliche Ziele konzentrieren wollten. Max Emanuel zum Beispiel hielt die Belagerung Philippsburgs für vordringlich.

Wer auf französischer Seite der Haupturheber der fortgesetzten Zerstörungsstrategie war, läßt sich wohl nicht bis in alle Einzelheiten klären. Eine Schlüsselposition besaß sicherlich der Kriegsminister Louvois. Er war dem König nahe und er beeinflußte auch die Vorschläge und Berichte, die von den Truppenkommandeuren in die Hauptstadt gelangten. In den ursprünglichen Zerstörungsplänen war zusammen mit Worms und Speyer auch Frankenthal vorgesehen. Vauban, der Festungsbau-Ingenieur, hatte jedoch schon im Herbst 1688 dessen Lage als ungünstig bezeichnet. So kam dann anstelle von Frankenthal die Stadt Oppenheim auf die Liste. Da viele Häuser in den linksrheinischen Städten aus Holz gebaut waren, hielten die Planer im französischen Hauptquartier das Niederbrennen für eine ausreichend wirksame Form der Zerstörung. Man solle, so hieß es in dem Vorschlag des Generals Duras, den Einwohnern einige Tage Zeit geben, damit sie „ohne Möbel und Sachen" flüchten könnten. Das Mannheimer Angebot solle im übrigen erneuert werden: wer sich als Protestant im Elsaß niederlasse, als Katholik in Lothringen oder Burgund, der werde zehn Jahre lang steuerfrei bleiben. Außerdem würde man für die niederlassungswilligen Flüchtlinge Wagen bereitstellen, damit sie ihre Möbel mitnehmen könnten. Man verhindere so auch eine Flucht ins feindliche rechtsrheinische Gebiet.

Nach den Erfahrungen mit dem Verhalten der Mannheimer war sich Duras im klaren, daß das Umsiedlungsangebot kaum ein Echo finden werde, dennoch sollte es, meinte der General, gemacht werden. Noch am 6. April hatte Duras bei einem Besuch in Speyer behauptet, er wolle der Stadt, wo immer es möglich sei, „von Herzen Dienste tun". Zwei Monate später war die Stadt, entsprechend den Befehlen, an denen Duras mitwirkte, niedergebrannt. Allerdings weiß man von Duras, daß er kurz vor dem Beginn der Zerstörungen in Worms und Speyer doch noch zu überlegen begann, ob diese Art des Kampfes und der Kriegsführung am Ende den Interessen Frankreichs und dem Ansehen und Ruhm seines Königs diene. An den Entscheidungen, die die Staatsführung geschaffen hatte, änderten derartige Überlegungen des Truppenkommandeurs nichts mehr. Am Pfingstdienstag, abends um sechs Uhr, begann die Brandlegung in Speyer. Duras hatte – nach den Heidelberger Erfahrungen – befohlen, daß die Brunnen in der Stadt zerstört wurden. Die großen Gebäude füllten die französischen Soldaten befehlsgemäß mit Stroh, damit das Feuer genügend Nahrung finde. Bei der Flucht derjenigen Einwohner, die auf die andere Rheinseite übersetzen wollten, kam es zu Zusammenstößen mit französischen Soldaten, die den Befehl hatten, eine Flucht über den Rhein zu verhindern. In der brennenden Stadt lagerten immer noch große Vorräte, auch an Wein. Viele Soldaten betranken sich. Die Ausschreitungen der Betrunkenen müssen schlimm gewesen sein. Nicht einmal die Fuhrleute hätten mehr sicher auf den Hauptstraßen fahren können, berichtete der französische Intendant Delafond in einem Schreiben an den Kriegsminister Louvois. Bis jetzt, fügte Delafond hinzu, hätten ihm die Mittel zur Bestrafung der Schuldigen gefehlt.

Die Auflösung der Disziplin bei den französischen Verbänden hatte sowohl in Worms als auch in Speyer Folgen für die beiden Dome, die nun, entgegen dem Willen und den Anordnungen der französischen Kriegsleitung, ebenfalls ein Opfer der angefachten Zerstörungswut wurden. In Speyer war nicht einmal die Krypta mit den Kaisergräbern verschont geblieben. Es kam zum Raub von Grabschmuck.

Schien es am Anfang noch, als werde vielleicht doch nur ein Teil der Stadt Speyer in den Flammen untergehen, so endeten solche Hoffnungen in der Nacht vom 1. zum 2. Juni. Ein Gewittersturm entfachte die Flammen so stark, daß Duras schließlich am 2. Juni dem Kriegsminister melden konnte, neben Oppenheim und Worms sei auch Speyer „vollständig niedergebrannt".

In jenen Tagen, in denen Oppenheim, Worms und Speyer brannten, erhielt die von Kurfürst Max Emanuel geführte Truppe den Befehl, sie sollte das rechte Rheinufer gegen alle feindlichen Angriffe schützen. Auf den Höhen bei Bretten sah der heranrückende bayerische Wittelsbacher den Brand von Speyer. Die Reichstruppen besetzten Durlach, Bruchsal und Heidelberg sowie Städte im heute mittelbadischen Gebiet: Baden-Baden, Oberkirch und Offenburg. Man versuchte, diese rechtsrheinischen Orte zu befestigen, so gut es in der Eile ging. Unweit von Philippsburg, bei Graben und Ubstadt, errichtete Max Emanuel sein Feldlager. Von hier aus bedrohte er die französische Festung und verhinderte Ausfälle. In der Nähe von Rastatt baute der noch jugendliche Prinz Eugen von Savoyen auf Weisung Max Emanuels den Ort Stollhofen aus und verschloß so das zweite Ausfallstor der Franzosen, das Fort Louis. Die Brandzüge der französischen Truppen in das heutige nord- und mittelbadische Gebiet hörten auf.

An der bedrückenden Lage der linksrheinischen pfälzischen Territorien änderte der Aufmarsch der von Max Emanuel geführten Reichstruppen nichts. Die französische Besatzung bestimmte weiterhin nach Belieben. Innerhalb der französischen Führung zeigten sich indes Differenzen. Duras und andere Generale sorgten sich um die Moral der Truppen, die bei den Stadtzerstörungen gelitten hatte. Das Truppenkommando zweifelte, ob die Zerstörungspolitik weiterhin sinnvoll sei. Louvois, der mächtige Kriegsminister, ließ sich von solchen Zweifeln nicht beirren. Ende Juni 1689, als die Reichstruppen bei Mainz eine Belagerung der französischen Garnison vorbereiteten, erhielt Duras von Louvois den Befehl, die Markgrafschaft Baden zu verwüsten und dazu jene Teile der Kurpfalz, die der General Montclar beim Raubzug am Ende des Jahres 1688 nicht – wie beabsichtigt und befohlen – heimgesucht hatte. Offensichtlich rechnete man auf französischer Seite damit, daß ein Angriff auf Mainz große Teile der Reichstruppen binden werde und daß nun relativ schwache Kräfte in der Nähe von Philippsburg und Fort Louis verblieben.
Diese Überlegung war durchaus realistisch. Duras verfügte in seinen Festungen über etwa 40 000 Mann, die gegnerischen Verbände zählten kaum mehr als 10 000 Soldaten. Zu Gunsten der Franzosen wirkte sich zudem aus, daß die Strategie der Kaiserlichen, ziemlich konfus war und bei der Konzentration auf Mainz einen französischen Gegenschlag in der Rhein-Necker-Region und in ganz Südwestdeutschland nicht genügend einkalkulierte. So versammelte denn Duras entsprechend dem Befehl aus Paris im Juli in der Südpfalz eine große Zahl von Truppen. Am 2. August brach der französische General mit 30 000 Mann von Landau auf, überquerte den Rhein und stand drei Tage später zur Überraschung der kaiserlichen Generalität vor Heidelberg. In Eilmärschen gelangten einige Bataillone der Reichstruppen, die weiter südlich gelegen hatten, nach Heidelberg. Zunächst rettete dieser Vorstoß die Stadt, doch als immer mehr Franzosen heranrückten, blieb nur der Rückzug in den Kraichgau und nach Heilbronn, das nun verteidigt werden sollte. Wieder brannten, mitten in der Erntezeit, viele Orte im heutigen Rhein-Neckarkreis, darunter Sinsheim, das die Franzosen am 8. August in Brand steckten. Alsbald hakte man in der vorgegebenen Zerstörungsliste auch die Namen anderer wichtiger Orte ab, die auf kurpfälzischem, württembergischem oder markgräflich-badischem Gebiet lagen, darunter Bretten, Maulbronn, Pforzheim, Durlach, Ettlingen, Baden-Baden.
Der Vorstoß Duras' demonstrierte die ganze Schwäche der französischen Gegner, deren aus den verschiedenen Kreistruppen zusammengesetzten Ver-

bände unter einer zersplitterten Führung litten. Die Enttäuschung darüber, daß die gerade rückeroberten rechtsrheinischen Gebiete nun doch noch zu einem beträchtlichen Teil zerstört worden waren, führte zu gegenseitigen Vorwürfen der militärischen Führer. Für die Bewohner des Kraichgaus und der mittelbadischen Region war es ein schwacher Trost, daß die Franzosen wenige Wochen nach Duras' Vorstoß schließlich in Mainz eine Niederlage erlitten und die Festung an die Belagerer übergeben mußten. Von da an beschränkte sich die französische Besatzung linksrheinisch auf eine Linie, die von Philippsburg über Neustadt an der Haardt und Kaiserslautern an die Moselfestung Montroyal bei Trarbach reichte. Die Reichstruppen ihrerseits hielten sich weiterhin auf der rechten Seite des Rheines. Teile der heutigen Vorder- und Nordpfalz, das rheinhessische Gebiet und die Territorien zwischen Nahe und Mosel bildeten somit eine Art Machtvakuum, ein Vorfeld sowohl für die Franzosen als auch für die Reichstruppen.

Diese Situation führte auf der französischen Seite zu folgenschweren Überlegungen und Planungen. Wollte man im kommenden Jahr 1690 einen Angriff auf die französisch besetzten Territorien erschweren, dann mußte man dieses Vorfeld als Aufmarschgebiet unbrauchbar machen, also verwüsten. So geschah es. Die Liste der allein in der Haardt nördlich von Neustadt zerstörten Orte ist lang: Haardt, Ruppertsberg, Deidesheim, Forst, Wachenheim, Freinsheim, Grünstadt gehörten zusammen mit anderen zu den Opfern einer französischen Zerstörungsaktion, die im September 1689 ihren Höhepunkt erreichte. Auch Frankenthal, das man Ende Mai noch verschont hatte, wurde nun am 25. September heimgesucht, ebenso zahlreiche Orte in der Nordpfalz (Rockenhausen, Kirchheimbolanden) und im Wonnegau. Kurz darauf dehnte Duras den Zerstörungsbefehl auch auf Alzey aus. Keine Armee hätte in dieser ganzen Region noch ihr Winterquartier errichten und sich aus den Vorräten des Landes versorgen können.

Die Pfalz als Opfer

Im weiteren Verlauf des Krieges erholte sich das verwüstete Land kaum von den Schäden. Die Besatzung versuchte von den verarmten und entvölkerten Ämtern und Städten weiterhin Kontributionen einzutreiben. Viele Einwohner, die wegen der nichtbezahlten Kontributionen als Geiseln mitgenommen worden waren, kehrten nie mehr zurück. Als französische Truppen im Frühjahr 1693 wiederum über den Rhein ins Neckargebiet bis nach Württemberg vorstießen und am 23. Mai Heidelberg nun gründlich zerstörten, übten sie in zahlreichen Orten dafür Vergeltung, daß die in den Jahren 1688 und 1689 von Verbänden des Generals Montclar geforderten Kontributionen nicht bezahlt worden waren.

Zur damaligen Bilanz der Zerstörungen gehörte auch die systematische Vernichtung von Feldern und Fluren. Im Gebiet nördlich und westlich von Speyer habe Duras im Frühsommer 1689, so wurde berichtet, die aufgegangene Saat überall vor der Blüte und Reife abmähen und vernichten lassen. Selbst noch in den relativ ruhigen letzten Jahren des bis 1697 dauernden Pfälzischen Erbfolgekrieges haben, nach zeitgenössischen Berichten, viele Äcker und Felder in der Pfalz brach gelegen. Auch Wälder seien damals in beträchtlichem Umfang gefällt und sogar angezündet worden. Die Schäden all dieser Aktionen waren insgesamt kaum zu beziffern. Viele der gepeinigten, vom Hunger bedrohten Menschen sahen nur noch eine Chance: die Flucht in eine andere Region, die Auswanderung. So entvölkerte sich die Pfalz erneut und zum Teil noch rascher als im Dreißigjährigen Krieg.

Immer wieder haben Historiker in Deutschland, aber auch in Frankreich herausfinden wollen, welche Überlegungen die im allgemeinen kühl rechnenden Ratgeber und Minister Ludwigs XIV. veranlaßt haben könnten, ihrem König eine derart systematische Zerstörungspolitik vorzuschlagen. Niemand hat auf diese Frage eine wirklich überzeugende Antwort gefunden. Man weiß nur, daß der Kriegsminister Louvois zu denen gehört hat, die am entschiedensten für diese Zerstörungspolitik eingetreten sind. Das von Louvois ausgesprochene Wort: „Brûlez le Palatinat"! (Brennen Sie die Pfalz nieder) wurde immer wieder zitiert. Mit „Kanonen und Festungen" wollte Louvois die Deutschen zum Gehorsam bringen. Von Anfang an war Louvois mit einigen seiner Freunde und Ratgeber der Ansicht, daß man Plätze zerstören müsse, die den Deutschen in einem anderen, späteren Krieg dienlich sein könnten. In der Pfalz zählten Speyer, Neustadt, Kaiserslautern und Frankenthal zu diesen Plätzen. Frankreich, so eine Devise, die das Denken und Handeln des Kriegsministers Louvois bestimmte, müsse unbedingt „Herr des Rheines sein". Zu Frankreichs Sicherheit und Größe gehörte im Denken von Louvois der beherrschende Einfluß auf die Territorien der vier rheinischen Kurfürsten: Kurtrier, Kurköln, Kurmainz und Kurpfalz.

Berücksichtigt man diese, in der Gedankenwelt des Kriegsministers Louvois existierenden Konstanten, so erklärt sich manches an der Kriegsführung jener Jahre aber nicht alles. Der große französische Plan, nach dem zuweilen gesucht worden ist, der existierte mit großer Wahrscheinlichkeit nicht. Viele Entscheidungen, die so viel Schrecken und Not verursacht haben, sind wohl dadurch zustande gekommen, daß man am Hof von Versailles immer mehr zum Opfer eigener falscher Voraussagen und Erwartungen geworden ist. Das Bewußtsein überlegener militärischer Macht drängte die notwendigen politischen Überlegungen in den Hintergrund. So begann denn der Krieg auch mit einer politischen Fehlspekulation, nämlich der Erwartung, daß die Reichsstände wieder einmal vor einer ultimativen Forderung zurückweichen würden. Vor allem aber scheinen die Minister des Sonnenkönigs – und Ludwig XIV. selbst – nicht mit dem Entstehen einer mächtigen, England und Spanien einschließenden antifranzösischen Koalition gerechnet zu haben, als der Vorstoß nach Philippsburg im Herbst 1688 beschlossen und damit ein europäischer Krieg begonnen wurde.

Der Friede von Rijswijk, im Jahre 1697 geschlossen, sicherte am Ende dem König von Frankreich mehr, als er nach dem Verlauf der Kämpfe hatte erwarten können. Die unterschiedlichen Interessen der Gegner Frankreichs erlaubten es der französischen Diplomatie, einigen Forderungen des habsburg-österreichischen Kaisers doch noch einigermaßen erfolgreich zu widerstehen. So blieb Straßburg ebenso unter französischer Oberhoheit wie die elsässischen Gebiete, die sich Ludwig XIV. angeeignet hatte. Die Reunionen in den kurpfälzischen Gebieten und in den Zweibrücker Territorien wurden dagegen von Frankreich als nicht weiter existent betrachtet. Ebenso verlor Frankreich Gebiete an der Saar – ausgenommen Saarlouis –, die Moselfestung Montroyal, sowie Breisach, Freiburg und – für die Pfalz besonders wichtig – Philippsburg. Als folgenreich – im negativen Sinne – für die Pfalz erwies sich die Regelung, die man im Frieden von Rijswijk für Landau traf. Stadt und Festung waren von nun an Teil des französischen Staatsgebietes. Die bischöflich-speyerischen Ämter in der Südpfalz, die Frankreich reuniert hatte, mußten die Oberhoheit des französischen Königs weiterhin akzeptieren. Ein geheimes Zusatzabkommen zum Frieden von Rijswijk betraf die vormals reunierten Gebiete der Pfalz in besonderer Weise. Es wurde vereinbart, daß die Rechte, die den Katholiken unter der zeitweiligen französischen Oberhoheit eingeräumt worden waren, nicht rückgängig gemacht werden dürften. Die pfälzischen Protestanten betrachteten dies als eine „gegenreformatorische Klausel".

Abgesehen davon, daß die zwischen den Habsburgern und den Bourbonen umstrittene spanische Nachfolgefrage auch nach dem acht Jahre dauernden Krieg noch offen war – was Ludwig XIV. als einen Erfolg für sich betrachten konnte –, dokumentierte der Friede von Rijswijk, daß der König von Frankreich in Europa doch keine Vormachtstellung besaß und der Traum von einer französisch-bourbonischen Universalmonarchie zu Ende war. Die großen Verlierer, die Opfer in dem europäischen Machtkampf, waren indes diejenigen, die ursprünglich zu keinem der beiden streitenden Lager gehört hatten oder gehören wollten: die Pfälzer.

XVIII
Armut und neue Pracht

Über den Wiederaufbau der pfälzischen Gebiete nach dem Frieden von Rijswijk gehen die Meinungen in den zeitgenössischen und in späteren Darstellungen auseinander. Manche Historiker lobten den Schwung des Neubeginns,
andere empfanden ihn als langsam, zumindest im Vergleich zu dem erstaunlich raschen Aufblühen des verwüsteten Landes unter Karl Ludwig nach dem
Dreißigjährigen Krieg. Kurfürst Johann Wilhelm, der im Sommer 1698, einige
Wochen nach dem Friedensschluß, aus seiner Düsseldorfer Residenz in das
Land seiner Vorfahren gekommen war – nach Weinheim –, stellte für Städte
wie Heidelberg, Mannheim und Frankenthal Steuererlaß auf viele Jahre in
Aussicht, um Handwerker und Kaufleute zu einer Ansiedlung zu ermutigen.
Allerdings ließ es Johann Wilhelm selbst an dem guten Vorbild fehlen, das
der Kurfürst Karl Ludwig einst durch seine Sparsamkeit in Verwaltung und
Hofhaltung gegeben hatte.

Der von den Düsseldorfern noch heute gefeierte, in den alten Herzogtümern Jülich und Berg populäre „Jan Wellem", fühlte sich den aufblühenden
Städten im Rheinland – neben Düsseldorf waren dies unter anderem Barmen
und Elberfeld (heute zu Wuppertal vereint) sowie Düren, Jülich und Mön-
chengladbach – mehr verbunden als dem Stammland der pfälzischen Wittelsbacher. In Heidelberg regierten kurfürstliche Räte, in den Ämtern handelten
die Amtleute des Fürsten oft nach eigenem Gutdünken und auch zum eigenen Vorteil. Es fehlte an der strengen Aufsicht, die nach dem Dreißigjährigen
Krieg ein Karl Ludwig geübt hatte, weil nach einer Periode der Not, des
Elends und der kriegsbedingten Anarchie persönliche Habsucht und Mißachtung des Rechtes zu den weiterwirkenden Übeln gehörten. Im Grunde, so
schien es, fühlte sich der Kurfürst Johann Wilhelm als ein Rheinländer, dem
seine Städte und Besitzungen am Niederrhein viel wichtiger waren als die
schlimm darniederliegende Pfalz. Mit den Heidelberger Ruinen war sicherlich
in jener Zeit „kein Staat zu machen". Von den verarmten und zerstörten Städten der Kurpfalz war zur Finanzierung höfischer Festlichkeiten nichts zu holen. Da mußte sich der Kurfürst schon an die unversehrten, aufblühenden
Städte in den Herzogtümern Jülich und Berg halten.

Der Konfessions-Streit

Zum Bedauern der pfälzischen Protestanten endete jedoch das geringe Interesse Johann Wilhelms für die pfälzischen Gebiete, wenn es um konfessionelle
Fragen ging. Der, wie sein Vater Philipp Wilhelm, katholische Kurfürst war
von Ratgebern seiner Konfession umgeben, nicht zuletzt von Angehörigen
des Jesuitenordens. Der Haller Rezeß, der beim Wechsel von der Simmernschen Linie zu den pfalzneuburgischen Fürsten dokumentarisch festhielt, daß
die Kurpfalz bei Duldung anderer Bekenntnisse weiterhin ein vom calvinischen Glauben geprägtes Land bleiben solle, erfuhr unter der Regentschaft

Kurfürst Johann Wilhelm, der prunkliebende Düsseldorfer „Jan Wellem". Kupferstich von Josef à Montalegre.

Johann Wilhelms eine Auslegung, die manchem reformierten Theologen wie ein Vertragsbruch erschien. Abgesehen davon, daß die leitenden Positionen mehr und mehr in die Hände von Katholiken gelangten, die Johann Wilhelm aus anderen Territorien in die Kurpfalz holte – einige Angehörige des Jesuitenordens waren schon in der Zeit der Regentschaft Philipp Wilhelms an den Heidelberger Hof gekommen – wurden auch Geistliche des Kapuziner- und des Franziskanerordens in der Kurpfalz aktiv. Sie nahmen unter anderem in Neustadt, Frankenthal und Kaiserslautern Pfarreien in Anspruch und versuchten sich an der Bekehrung von Protestanten zum katholischen Glauben. Die Konfessions-Klausel im Frieden von Rijswijk, der den „pfälzischen Erbfolgekrieg" beendete, sorgte im übrigen dafür, daß die mit französischer Hilfe vorwiegend in der heutigen Pfalz neu gewonnenen Positionen der Katholiken zu respektieren waren. Ob diese in Artikel 4 des Friedensschlusses zwischen Frankreich und dem Reich enthaltene Bestimmung, die den Vorschriften des Westfälischen Friedens widersprach, durch aktive Mitwirkung kurpfälzischer Diplomaten entstanden ist, läßt sich nicht mehr eindeutig klären. Daß die Berater des Kurfürsten Johann Wilhelm und der Kurfürst selbst über die – 1734 von Kaiser Karl VI. wieder aufgehobene – Bestimmung nicht gerade unglücklich waren, darf als erwiesen gelten. Johann Wilhelms konfessionspolitische Ziele waren klar. In einem Dokument aus dem Jahre 1697 heißt es, der Kurfürst Johann Wilhelm von der Pfalz begrüße es als eine „unbegreifliche göttliche Gnade, die man konservieren müsse, daß die Kurwürde von Pfalz und Sachsen wieder in katholischen Händen seien".

Von protestantischer Seite sind aus der Zeit der französischen Reunionen und aus der Zeit der Regentschaft Johann Wilhelms eine Fülle von Zwischenfällen notiert und überliefert worden, die den Eindruck erwecken, in der Pfalz sei im letzten Viertel des 17. Jahrhunderts und am Beginn des 18. Jahrhunderts ein gewaltiger Religionskampf ausgetragen worden. Da ist die Rede von französischen Soldaten, die Kapuzinern in westpfälzischen Orten geholfen hätten, widerstrebenden Protestanten Hostien in den Mund zu legen. In zahlreichen Berichten wird auch beklagt, daß man Protestanten zwinge oder zwingen wolle, vor dem Sanctissimum, dem Allerheiligsten, das Knie zu beugen.

Die konfessionellen Spannungen wuchsen sicherlich, als man, pochend auf die Konfessionsklausel im Friedensschluß, daran ging, im kurpfälzischen Gebiet und im Herzogtum Zweibrücken insgesamt 39 Kirchen ausschließlich für katholische Gottesdienste zu reservieren. Das betraf Germersheim, Göcklingen, Hagenbach, Mundenheim, Meckesheim, Otterbach, um einige Beispiele zu nennen. In über hundert Orten der Pfalz mußten die Protestanten ihre Kirchen mit den Katholiken teilen. In einem Edikt vom 29. Oktober 1698 verfügte Johann Wilhelm, daß alle reformierten Kirchen auch den anderen beiden Konfessionen, Katholiken und Lutheranern, zur Verfügung stehen müßten. Nicht weniger als 240 Kirchen seien nun in der Kurpfalz auch für Katholiken zugänglich, notierten die Berater Johann Wilhelms.

Die Vorgänge in der Pfalz blieben nicht geheim. Die Repräsentanten des pfälzischen Calvinismus suchten und fanden Verbündete bei den evangelischen Reichsständen. Deren Wortführer war Brandenburg-Preußen. Unterstützt auch von Holland, England und Schweden – dessen König ja ein Zweibrücker Pfalzgraf war – beschwerten sie sich über Johann Wilhelm beim Kaiser und ließen ihrerseits die Klagen der pfälzischen Protestanten untersuchen. Um der Forderung nach Rücknahme der einseitigen Maßnahmen des pfälzischen Kurfürsten Nachdruck zu geben, drohte Brandenburg-Preußen schließlich mit Gegenaktionen. Man werde, entsprechend den Beschränkungen, die den pfälzischen Reformierten auferlegt waren, in den katholischen Teilen Brandenburgs die Rechte der Katholiken drastisch einschränken. Eine Zeitlang schien es, als könne aus dem pfälzischen Konfessionsstreit sogar ein neuer Krieg im Reich entstehen. Doch der Kaiser und zahlreiche Reichsstände hatten ganz andere Sorgen. Die spanische Erbfolge war ja zwischen den französischen Bourbonen, den österreichischen Habsburgern und den bayerischen Wittelsbachern umstritten und führte im Jahre 1701 zum Spanischen Erbfolgekrieg, in dem Bayern auf der Seite Ludwigs XIV. stand.

Nach dem Beginn dieses – europäischen – Krieges hatte Kaiser Leopold I. ein starkes Interesse an der Beendigung des pfälzischen Religionsstreites. Es dauerte freilich noch einige Zeit, bis eine nach Heidelberg entsandte Kommission mitten im Spanischen Erbfolgekrieg den pfälzischen Kurfürsten Johann Wilhelm zum Einlenken bewegen konnte. Am 21. November des Jahres 1705 wurde für die Kurpfalz die sogenannte Religionsdeklaration verkündet. Sie schuf eine gesetzliche Grundlage für die pfälzischen Kirchenverhältnisse. Zu ihrem Inhalt gehörte die Zusage der völligen Religionsfreiheit – auch für das Oberamt Germersheim, wie ausdrücklich erwähnt. Jeder Kurpfälzer durfte die Konfession, der er angehören wollte, frei wählen; Kinder aus gemischten Ehen wurden entsprechend der Konfession des Familienoberhauptes getauft, falls in einem Ehepakt nicht etwas anderes vereinbart war. Sowohl protestantische wie katholische Pfarrer durften die Einsegnung „gemischter" Ehen nicht verweigern. Niemand sollte künftig gezwungen werden, an Prozessionen teilzunehmen oder die Knie zu beugen, kein Protestant mußte sich fortan an katholischen Zeremonien beteiligen. Wer vor einer Prozession nicht den Hut ziehen wollte, der sollte zur Seite gehen. An katholischen Feiertagen durften die Protestanten zwar arbeiten, aber nur „bei verschlossenen Buden". Auch Schule durften die Protestanten an solchen Tagen halten. In der Deklaration las man auch, daß niemand wegen seiner Konfession von Magistratsämtern, Bürgerrechten, von Zünften oder Gewerbe ausgeschlossen sein dürfe. (Eine ähnliche, umfassende Öffnungsklausel findet sich im Grundrechtskatalog des Bonner Grundgesetzes.)

Das Einlenken des Kurfürsten Johann Wilhelm wurde besonders in der Vorschrift deutlich, die bestimmte, daß der gemeinsame Gebrauch der Kirchen überall dort abgeschafft wurde, wo er nach dem Amtsantritt Philipp Wilhelms, also nach dem Haller Rezeß vom Jahre 1685, eingeführt worden waren. Die zuvor schon unter den Kurfürsten aus dem Hause Pfalz-Simmern eingeräumten Simultanrechte blieben bestehen. Die Katholiken, so bestimmte die Religionsdeklaration, sollten in jedem Ort, in dem sich zwei Kirchen befanden, eine dieser Kirchen in Besitz nehmen. Existierte nur eine Kirche, so wollte man künftig bei dieser Kirche Chor und Schiff durch eine Mauer teilen und getrennte Eingänge schaffen. Für die Besitz- und Vermögensverhältnisse der katholischen Kirche und der Reformierten bestimmte die ausgehandelte Deklaration, daß bei jeweils sieben Kirchen oder Gütern eine Teilung im Verhältnis fünf zu zwei gelten werde: fünf Kirchen oder Güter standen den Reformierten zu, zwei den Katholiken.

Soweit die wichtigsten Bestimmungen dieses pfälzischen Konfessions-Kompromisses aus dem Jahre 1705. Mit ihm wurde die noch heute in pfälzischen Kirchen vorhandene Simultan-Regelung rechtlich begründet. Auch über die Einkünfte der Kirchen aus Abgaben und Erträgen von Gütern enthielt die Religionsdeklaration von Heidelberg genaue Vorschriften. Vieles von diesen Bestimmungen ist hundert Jahre später durch die Säkularisierung hinfällig geworden; dennoch läßt sich feststellen, daß, abgesehen von der Nichtexistenz der Lutheraner in dieser Deklaration, wesentliche Grundlagen der für die Pfalz charakteristischen – gemischten – kirchlichen Verhältnisse ein Ergebnis jenes Konfessionsstreites sind, der in den pfälzischen Territorien nach dem Frieden von Rijswijk und durch die Regentschaft einer katholischen Linie des Hauses Wittelsbach in der Kurpfalz entstanden war.

Ein Streit mit Folgen

Ganz beendet war der Religionsstreit in der Pfalz allerdings auch mit der Deklaration von 1705 noch nicht. Bald nach dem Amtsantritt des Kurfürsten Karl Philipp, der nach dem Tode Johann Wilhelms im Jahre 1716 die Herrschaft in Pfalz-Neuburg, in Jülich und Berg und in der Kurpfalz erbte, erregte der sogenannte Katechismusstreit weit über die Pfalz hinaus die Gemüter und beeinflußte die Reichspolitik. Der Konflikt begann noch zu Lebzeiten Johann Wilhelms. Ein katholischer Theologieprofessor, Angehöriger des Jesuitenordens, publizierte ein Abhandlung, in der er die Andersgläubigen, speziell die Repräsentanten des Calvinismus, in der rüden Sprache der Zeit attackierte. Da der Kaiser, um Frieden im Reich bemüht, kurz zuvor ein Edikt erlassen hatte, in dem er Respekt vor Andersgläubigen gebot und die religiösen Eiferer vor Schmähungen warnte, suchte der calvinische pfälzische Kirchenrat Schutz beim obersten Repräsentanten des Reiches gegen die Angriffe des katholischen Theologen.

Karl Philipp selbst, der vor dem Tod seines Bruders als kaiserlicher Statthalter das Land Tirol regiert hatte, war anfangs nur aus der Ferne mit diesem Heidelberger Streit befaßt. Der dritte Kurfürst aus der katholischen Linie Pfalz-Neuburg blieb zunächst noch in Tirol und regierte von dort aus mit schriftlichen Weisungen die drei ererbten Territorien. Ursprünglich zum Geistlichen bestimmt, hatte sich Karl Philipp als Kriegsmann hervorgetan und war in Ungarn sogar zum kaiserlichen Feldmarschall aufgestiegen. Die Kirche dispensierte ihn schließlich von seinem priesterlichen Gelübde, als vorauszusehen war, daß er eines Tages die Regierung in den drei Territorien übernehmen müsse. Der ehemalige Angehörige des geistlichen Standes ließ sich Zeit, bis er sich entschloß, seinen Hauptsitz als Regent in die Pfalz zu verlegen. Erst im November 1718 traf er in Heidelberg ein. Die Tatsache, daß der Kurfürst nun doch wieder im Stammland der pfälzischen Wittelsbacher residierte, verschaffte Karl Philipp anfänglich manche Sympathien. Die Reformierten registrierten allerdings ziemlich besorgt, daß ihr Landesherr bei der Huldigung die kirchlichen Rechte seiner protestantischen Untertanen nicht ausdrücklich verbürgt hatte.

Die Besorgnis steigerte sich bald nach Karl Philipps Ankunft. Die Jesuiten wehrten sich unter anderem dadurch gegen die Anschuldigungen, die der calvinische Kirchenrat beim Kaiser gegen sie erhob, daß sie nun den Kurfürsten über die Vergehen der Protestanten informierten. Dazu bot sich vor allem der Artikel 80 des Heidelberger Katechismus an. In diesem von Friedrich III. im Jahre 1563 in Kraft gesetzten Dokument pfälzischen Glaubens wurde die Messe als eine „vermalmedeite Abgötterei" angeprangert. Der Kurfürst, der bis dahin von den Texten des Calvinismus anscheinend kaum Notiz genommen hatte, reagierte voller Erregung und verfügte – ohne Anhörung des Kirchenrates – durch einen Erlaß vom 24. April 1719 das Einziehen aller Exemplare des Heidelberger Katechismus. Die Einwände und Erklärungen des Kirchenrates fruchteten nichts. Der Katechismus-Streit weitete sich aus. Im Oberamt Germersheim, so klagten die Repräsentanten der Reformierten, werde von katholischer Seite immer wieder der Friede gebrochen, der mit der Deklaration von 1705 hergestellt worden sei.

Die Auseinandersetzung verlagerte sich auch auf Heidelberg selbst, als Karl Philipp Ende August vom Kirchenrat verlangte, daß er die Heilig-Geist-Kirche an die Katholiken abtreten solle. Falls der Kirchenrat nicht einwillige und mit der angebotenen Entschädigung einverstanden sei, werde die Kirche eben ohne Entschädigung den Besitzer wechseln. Mit Hilfe von Soldaten – „fanatische Tiroler, die der Kurfürst aus Innsbruck mitgebracht", heißt es in einem Bericht – brach Karl Philipp den Widerstand der Reformierten. Damit war der Streit endgültig zu einem Glaubenskampf geworden, der weit über die Pfalz hinaus Aufsehen erregte. Die protestantischen Territorien, allen voran Brandenburg-Preußen und Hessen-Kassel, ergriffen offen Partei zugunsten der Reformierten (man hatte zuvor schon gegen das Einziehen des Heidelberger Katechismus Einspruch erhoben.)

Der Kaiser versuchte einer Entscheidung auszuweichen. England, Schweden und Holland protestierten – wie schon zu Johann Wilhelms Zeiten – zusammen mit den evangelischen Ständen des Reiches. Man betrachtete das Verhalten Karl Philipps als einen Bruch der Deklaration von 1705 und damit auch als allgemeinen Vertragsbruch. In protestantischen Territorien begannen Repressalien gegenüber den Katholiken, so zum Beispiel durch den Kurfürsten von Hannover in Celle; Preußen schloß katholische Kirchen in Minden und Halberstadt, und auch die Hessen ließen einige katholische Gemeinden entgelten, was der pfälzische Kurfürst und dessen jesuitische Berater den protestantischen Glaubensbrüdern angetan hatten. Karl Philipp gab deshalb seine starre Haltung auf und signalisierte Gesprächsbereitschaft, indem er für die Heilig-Geist-Kirche, die längst für beide streitenden Parteien zum Symbol in einem Machtkampf geworden war, nun doch eine Entschädigung anbot. Ganz zurückweichen wollte der Kurfürst aber nicht. Das Angebot an die Reformierten verband er mit Drohungen. Er werde, so seine Mitteilung, im Falle einer Weigerung seine Residenz von Heidelberg nach Mannheim verlegen und außerdem die Neckarbrücke abbrechen lassen.

In der Sache des Katechismus lenkte Karl Philipp schließlich unter gewissen Bedingungen ein. Man milderte den Text des Artikels 80 ab und verzichtete auf das Titelblatt, das Karl Philipp zusätzlich geärgert hatte, denn hier sah man das kurfürstliche Wappen und las, daß dieser Heidelberger Katechismus gedruckt sei „aus Churfürstl. Verordnung item mit Chur-Pfältzischer Freiheit". Das Beharren der Reformierten auf ihrer Heilig-Geist-Kirche bot dem Kurfürsten jedoch den Anlaß, die Drohung mit der Verlegung der Residenz nach Mannheim wahr zu machen. Daß diese Verlegung zumindest gedanklich wohlvorbereitet und geplant war, ergibt sich aus der Geschwindigkeit, mit der Karl Philipp seiner Residenz Heidelberg den Rücken kehrte: bereits am 12. April 1720 begab er sich nach Mannheim.

Johann Wilhelm, der ältere Bruder des Kurfürsten Karl Philipp, hat während seiner immerhin 26 Jahre dauernden Regentschaft in der Kurpfalz kaum jemals unter den Verwüstungen gelitten, die der pfälzischen Residenz Heidelberg im Erbfolgekrieg zugefügt worden waren. Für ihn, „Jan Wellem", war das Erbe von Jülich und Berg viel wichtiger als die immer wieder umkämpften pfälzischen Territorien. In Düsseldorf förderte dieser Kurfürst die Künste, vor allem die Malerei, und kopierte auch so gut es ging die prunkvolle Hofhaltung, mit der Ludwig XIV. in Versailles seine Vorstellungen von Gottesgnadentum und Absolutismus verwirklichte.

Auch Karl Philipp war ein Freund großer Festlichkeiten und großzügiger höfischer Lebensart. Allerdings betrachtete er im Unterschied zu seinem Bruder Johann Wilhelm die Kurpfalz als den politischen Mittelpunkt seiner Regentschaft, zumal das Stammland der pfälzischen Wittelsbacher im Verlaufe des Spanischen Erbfolgekrieges seine Stellung im Reich auf Kosten der bayerischen Verwandten erheblich verbessert hatte. Eine Zeitlang schien es, als lasse sich sogar die von Friedrich V. durch das böhmische Abenteuer verspielte erstrangige Position der Kurpfalz im Reich wiedererlangen – trotz des raschen Aufstiegs, den Brandenburg-Preußen nach der Gewinnung der preußischen Königskrone verzeichnete. Seine nur teilweise wieder aufgebaute Heidelberger Residenz genügte jedenfalls unter solchen Umständen den Ansprüchen und Repräsentationsbedürfnissen eines Karl Philipp nicht mehr – deshalb wohl der Entschluß, sich an einem anderen Ort, nämlich in Mannheim, ganz nach eigenen Vorstellungen und Wünschen einzurichten.

An Vorbildern fehlte es nicht. Fast überall in deutschen Landen bauten sich zu jener Zeit weltliche und geistliche Fürsten neue Schlösser, deren Größe in keinem Vergleich zur Finanzkraft und zur Bedeutung ihrer Territorien stand. Fünfzehn Jahre ehe Karl Philipp den Schloßbau in Mannheim befahl, hatte zum Beispiel der württembergische Herzog Eberhard Ludwig aus Ärger über

Kurfürst Karl Philipp, Erbauer des Mannheimer Schlosses. Zeitgenössischer Kupferstich.

das widerspenstige Verhalten der Stuttgarter Bürgerschaft seine Residenz verlegt, indem er in einem nahegelegenen Jagdgebiet ein mächtiges Barockschloß errichten ließ und die Ämter seines Herzogtums zum Bau von Häusern veranlaßte. So entstand Ludwigsburg am Beginn des 18. Jahrhunderts als Ergebnis einer fürstlichen Laune.

Karl Philipp konnte, anders als der württembergische Herzog, immerhin behaupten, daß Mannheim ein angemessener und günstiger Platz für eine Hauptstadt sei. Außerdem existierte in Mannheim bereits die Friedrichsburg, die man als – vorläufigen – fürstlichen Wohn- und Amtssitz nutzen konnte. Beim Streit um die Heidelberger Heilig-Geist-Kirche war freilich nicht vorauszusehen, daß Karl Philipp sogleich nach dem Umzug nach Mannheim dort den Grundstein für ein so großes Schloß legen werde. (Nach einer Gesamtbauzeit von 40 Jahren hatte es im Jahre 1760 eine 600 Meter lange Hauptfront.) Im Jahre 1731 zog Karl Philipp in den Mittelbau dieses Schlosses ein. Als in der Zeit Karl Theodors die letzten Bauhandwerker ihre Arbeit beendeten, zählte man 400 Zimmer und 1 500 Fenster. Statt der ursprünglich veranschlagten Baukosten von 300 000 Gulden mußten die pfälzischen Untertanen für den riesigen Schloßbau eine Million Gulden aufbringen – ganz abgesehen von Diensten, die unentgeltlich zu leisten waren.

Landau bleibt französisch

Nicht nur die Kurpfalz, auch die meisten anderen Territorien im Reich, speziell in Süddeutschland, haben im 18. Jahrhundert unter der Prunksucht ihrer Fürsten gelitten, eine Prunksucht, die in vielen Fällen vom Größenwahn kaum zu unterscheiden war. Das – schlechte – Beispiel eines Ludwig XIV. veränderte die Maßstäbe gründlich und verdarb die Sitten.

Nach dem Ende des „Pfälzischen Erbfolgekrieges" hatten die Pfälzer insgesamt jedoch insofern ein wenig Glück, als der bald darauf folgende Kampf um das spanische Erbe sich im wesentlichen nur in der Südpfalz abspielte. Dort allerdings, etwa in dem Gebiet zwischen Lauter und Speyerbach, wurde die Bevölkerung mehrere Jahre lang durch Truppen-Einquartierungen bedrückt. Der eigentliche Kampfplatz war die Festung Landau. Im Jahre 1702 berannten die Reichstruppen, geführt von dem kaiserlichen Feldmarschall Ludwig Wilhelm von Baden, dem „Türkenlouis", diese französische Festung insgesamt 140 Tage lang. Am 85. Tag nach der vollständigen Einschließung Landaus gelang es den Belagerern, eine entscheidende Bresche in die Verteidigungsanlagen zu schlagen. Nun ließ der französische Kommandant, der aus dem „Pfälzischen Erbfolgekrieg" bekannte General Mélac, die weiße Fahne ziehen und verhandelte über den freien Abzug. Mit klingendem Spiel durften die französischen Soldaten abmarschieren. Mélac selbst begab sich zum Hauptquartier des „Türkenlouis" ins nahe Arzheim. Dort beglückwünschte Mélac den kaiserlichen Feldmarschall zum Sieg. Der Markgraf von Baden seinerseits habe, wie es in zeitgenössischen Berichten heißt, seinem unterlegenen Gegner die Hochachtung ausgesprochen.

Belagerung Landaus durch die Truppen Josephs I.

Steinerne Zeugen aus Landaus französischer Zeit: das französische Tor (rechts) und das barocke Grabdenkmal de Monclars (gest. 1690).

Der Hinweis auf den Kampf um die Festung Landau im Jahre 1702 am Beginn des Spanischen Erbfolgekrieges wäre unvollständig, erinnerte man nicht auch an ein Ereignis, das den Zeitgenossen manchen Anlaß für Diskussionen bot: der Besuch des Kaisersohnes Joseph bei der Reichsarmee in der Südpfalz. Der habsburg-österreichische Erzherzog war zu jener Zeit gerade 24 Jahre alt. Er wollte, da er auf die spanische Erbschaft ganz besonders erpicht war, unbedingt selbst am Krieg gegen die Bourbonen teilnehmen. Joseph trug zu jener Zeit schon die römische Königskrone. Er mußte deshalb zumindest nominell ein hohes Kommando erhalten. Sein Vater, Kaiser Leopold, ernannte ihn zum Oberbefehlshaber der Reichstruppen, die am Oberrhein standen. Allerdings behielt der erfahrene und im Krieg gegen Türken und Franzosen vielfach bewährte badische Markgraf, der „Türkenlouis", das Kommando über die insgesamt 42 000 Mann, darunter übrigens 3 000 Kurpfälzer, die Landau belagerten. So konnte es sich Joseph I. denn auch erlauben, zusammen mit seiner Gemahlin Amalie eher in den Krieg zu reisen als in den Krieg zu ziehen. Der Kaisersohn und nominelle Oberbefehlshaber brach mit zahllosen Kutschen und Pferden und nicht weniger als 250 Begleitern Ende Juni 1702 von Wien auf. Der lange Zug bewegte sich nach einem sorgfältig ausgeklügelten und festgelegten Plan über Böhmen und Franken in Richtung Kurpfalz. Nach einem Aufenthalt in Heidelberg gelangte man in die Festung Philippsburg. Über eine Schiffsbrücke passierte Joseph I. mit seinem Troß bei Germersheim den Rhein. In einem vorbereiteten königlichen Zeltlager bei Impflingen – vor den Toren Landaus – endete die Kriegs-Reise nach mehr als vier Wochen Dauer. Zur Demonstration ihrer Stärke begannen die Reichstruppen sogleich nach dem Eintreffen des Habsburgers mit einem Bombardement der eingeschlossenen Festung. Die Franzosen antworteten, indem sie die Stellungen der Reichsarmee beschossen. Fünfzig Soldaten mußten ihr Leben lassen.

Zu den Seltsamkeiten dieses Zwischenspiels vor Landau gehört auch, daß der Verteidiger, General Mélac, einen Trompeter zur Begrüßung des Habsburgers aus der Festung schickte und anfragen ließ, wo denn der Monarch sein Quartier aufgeschlagen habe, damit er, Mélac, „aus schuldigem Respekt" nicht dahin schießen lasse. Welchen Motiven auch das Verhalten des französischen Generals entsprungen sein mag, solche Begebenheiten müssen bei den Zeitgenossen den Eindruck des Operettenhaften erzeugt haben, obwohl dieser Krieg mit dem Kampf um Landau eine so ernste, für viele Opfer eine todernste Sache war. Wenn man den alten, vollständig erhaltenen Unterlagen über die Reise Josephs I. ins Feldlager bei Landau entnimmt, daß dieser 24 Jahre alte König und spätere Kaiser in 77 Kutschen und Wagen einen ganzen Hofstaat mitbrachte – Zeremonienmeister, Kammerherren, Silberbewahrer, Schneider, Stiefelwichser, Sänftenträger, Köche und Unterköche, selbstverständlich auch Ärzte und Apotheker sowie einen Beichtvater und einen Hofprediger – dann wäre es kaum ein Wunder, hätte der Franzose Mélac den Bescheid an Joseph I., den er dem Trompeter aufgetragen, als ironischen Kommentar an die Adresse seines königlichen Gegners gemeint.

Von dieser Pfalz-Reise Josephs I. hat etwas überdauert: die Bezeichnung des königlichen Reisewagens. Das damals speziell konstruierte Fahrzeug nannte man in Wien die „Landauer-Chaise". Diese Chaise ist seitdem in vielen Variationen weitergebaut worden. Der Name „Landauer" blieb. Er war beständiger als das Schicksal der Festung und Stadt, die ihm den Namen gab. Die von Vauban geplante mächtige Festung, die, nach französischer Ansicht, an der Queich das Tor zum Elsaß versperren sollte, gelangte bereits im Jahre 1703 wieder in französische Hand, weil die strategische Lage im Krieg zur Schwächung der Reichstruppen am Oberrhein geführt hatte. Den badischen Markgrafen störte diese Rückeroberung. Mit Unterstützung des Prinzen Eugen und des englischen Herzogs von Marlborough, den man als den Sieger in der Schlacht von Höchstädt kennt, vertrieb der „Türkenlouis" im Jahre 1704 die Franzosen erneut aus Landau. Neun Jahre dauerte diesmal die Reichsherrschaft. Der Krieg zog sich hin. Im Jahre 1713, als beide Seiten des nicht endenwollenden Kampfes schon ziemlich müde schienen, waren die Franzosen kurz vor dem Ende der Auseinandersetzungen am Oberrhein erneut erfolgreich. Sie behaupteten das Elsaß mit Straßburg und brachten neben Freiburg im Breisgau auch Landau wieder in ihre Hand. Nachdem die meisten der kriegführenden Parteien sich schon im Jahre 1713 im Frieden von Utrecht auf ein Ende des Krieges geeinigt hatten, entschieden der Beauftragte des Kaisers, Prinz Eugen von Savoyen, und der Vertreter des Königs von Frankreich, der Marschall Villars, bei ihren Friedensverhandlungen in Rastatt auch über das Schicksal von Landau. Kaiser und Reich vereinbarten im Rastatter Friedensvertrag, den man später in Baden bei Zürich bestätigte, daß Landau ebenso wie die elsässischen Gebiete mit Straßburg französisch bliebe.

Ludwig XIV., der als französischer König das Schicksal der Pfalz auf so mannigfache und bedrückende Weise viele Jahrzehnte lang mitbestimmte, überlebte die Friedensschlüsse von Utrecht und Rastatt nicht lange. Als der „Sonnenkönig" am 1. September des Jahres 1715 starb, hatte Frankreich und hatten die Bourbonen zwar das Haus Habsburg-Österreich nicht, wie beabsichtigt, auf einen zweiten Platz in Europa zurückgedrängt, aber am oberen Rhein doch das Elsaß und mit der Festung Landau auch den „Schlüssel zum Elsaß" behalten. Die Pfalz blieb dadurch weiterhin im Brennpunkt der europäischen Rivalitäten und Machtkämpfe.

Durch Erbschaft getrennt und vereint

Die machtpolitische Situation, die im Westfälischen Frieden für das Reich und für Europa in den Grundzügen festgelegt war, hat die Reunionen, den „Pfälzischen Erbfolgekrieg" und den „Spanischen Erbfolgekrieg" im wesentlichen überdauert. Innerhalb des Reiches und in den pfälzischen Territorien kam es indes am Ende des 17. und in der ersten Hälfte des 18. Jahrhunderts zu einigen Veränderungen. Neben der Übernahme der Kurwürde und der Herrschaft in der Kurpfalz durch die katholischen Pfalz-Neuburger – anstelle der Linie Pfalz-Simmern – ist vor allem das Ende der Linie Pfalz-Veldenz bemerkenswert. Im September 1694, mitten im „Pfälzischen Erbfolgekrieg", starb Pfalzgraf Leopold Ludwig von Veldenz kinderlos. Als Protestant, der beim Tode des Kurfürsten Karl II. vergebens seine Ansprüche auf die Kurpfalz geltend gemacht hatte, wollte er verhindern, daß sein Erbe an die katholische Neuburger Linie der Wittelsbacher falle. Leopold Ludwig von Veldenz setzte deshalb in seinem Testament andere Nachfahren aus dem weitverzweigten Stamm des Pfalzgrafen Stephan von Zweibrücken als Erben ein; die Herzöge von Zweibrücken. Beim Tode Leopold Ludwigs von Veldenz war niemand anders als König Karl XII. von Schweden im Besitz der Zweibrücker Herzogswürde. Das machte den Fall kompliziert, denn der nun in der Kurpfalz regierende Pfalz-Neuburger Johann Wilhelm beharrte auf der Ansicht, daß nach altem Hausrecht der Wittelsbacher nicht Zweibrücken, sondern er, der Kurfürst erbberechtigt sei.

Ansprüche erhoben allerdings auch zwei andere Pfalzgrafen: Christian August von Sulzbach und Pfalzgraf Christian II. von Birkenfeld. Sie waren mit dem Ahnherren Wolfgang von Zweibrücken näher verwandt als Schwedens Karl XII. Schweden brachte die Sache vor den Reichstag. Der Birkenfelder wandte sich an Ludwig XIV. um Hilfe, doch französische Gerichtsentscheidungen nützten ihm in diesem Streit nichts. Die in der Kurpfalz regierenden Neuburger vertrauten einerseits auf einen Entscheid des Reichstages, wollten aber im Gebiet von Lauterecken ihre Position doch auch durch die Entsendung von Soldaten festigen.

Bei den Friedensverhandlungen in Rijswijk scheute man sich, die komplizierten wittelsbachischen Erb- und Familienverhältnisse zu entwirren. So überdauerte der Pfalz-Veldenzsche Erbstreit auch den Spanischen Erbfolgekrieg und schleppte sich bis ins Jahr 1733. Da Karl XII. von Schweden im Jahre 1718 gestorben war und auch sein Nachfolger in Zweibrücken, der Herzog Gustav Samuel Leopold, bei seinem Tod im Jahre 1731 keine direkten Erben hinterließ, regelte man schließlich die Herrschaftsverhältnisse in großen Teilen der Pfalz durch einen Vergleich. Der Kurfürst Karl Philipp erhielt die Ämter Lauterecken und Veldenz; seinen Anteil an Lützelstein trat Karl Philipp an den Birkenfelder Pfalzgrafen ab, ebenso einige andere Rechte. Pfalzgraf Christian von Birkenfeld aber wurde als Erbe der wesentlichen Teile des Herzogtums Zweibrücken anerkannt. Im Jahre 1734 nahm er Besitz von Zweibrücken, allerdings überlebte der Birkenfelder Pfalzgraf den Erfolg seiner Linie nur um ein Jahr.

Als sich Kurfürst Karl Philipp und Christian von Birkenfeld nach einem insgesamt fast 40 Jahre andauernden Rechtsstreit über die künftigen Herrschaftsverhältnisse verständigten, war diesen beiden Pfalzgrafen schon klar, daß sie ihrerseits keine direkten Nachkommen haben würden und daß deshalb komplizierte Erbschaftsfragen auch weiterhin ein fester Bestandteil in der Geschichte der pfälzischen Wittelsbacher seien. Wenn wir unter diesem Aspekt der Zeit ein wenig vorauseilen, so bleibt festzuhalten, daß sich die Erbschaftsprobleme der pfälzischen Linien im Jahre 1777 durch das Aussterben der bayerischen Linie des Hauses Wittelsbach noch ganz erheblich vergrößert haben. Man erinnerte sich damals unter anderem an den Hausvertrag von Pavia aus dem Jahre 1329, mit dem unter Kaiser Ludwig dem Bayern die Teilung in einen pfälzischen und einen bayerischen Stamm des Geschlechtes der Wittelsbacher begonnen hatte. In diesem Vertrag von Pavia war niedergelegt, daß beide Linien sich gegenseitig beerben sollten, wenn eine von ihnen ohne erbberechtigte Nachkommen ende. So fiel das Herzogtum Bayern im Jahre 1777 an den Kurfürsten Karl Theodor von der Pfalz, der als Angehöriger der – oberpfälzischen – Sulzbacher Linie dem Kurfürsten Karl Philipp aus der Neuburger Linie gefolgt war. Da Karl Theodor selbst keinen erbberechtigten Sohn oder nahen Verwandten hinterließ, kam es mitten in der damaligen Franzosenzeit zu einer ziemlich überraschenden Entwicklung: es erbte Maximilian Joseph, der 16. Herzog von Pfalz-Zweibrücken, ein Verwandter, kein direkter Nachkomme jenes Herzogs Christian von Zweibrücken, der im Jahre 1733 den Erbstreit von Veldenz und Zweibrücken mit dem Kurfürsten Karl Philipp beigelegt hatte. Dieser Maximilian Joseph aus der Linie Pfalz-Zweibrücken-Birkenfeld begründete mit Napoleons Hilfe im Jahre 1806 das Königtum in Bayern. Noch heute könnten deshalb Nachfahren dieses ersten bayerischen Königs aus der pfälzischen Linie des Wittelsbacher Geschlechtes den Titel eines Pfalzgrafen führen.

Hoffnung auf alten Glanz

Lange Zeit hatten die pfälzischen und die bayerischen Wittelsbacher verschiedenen Lagern im Reich angehört, die Reformation vor allem hatte die einzelnen Zweige dieses großen Fürstengeschlechtes voneinander getrennt. Doch zeigte sich am Beginn des 18. Jahrhunderts, daß nicht allein die Konfessionsfrage ein Hindernis für die im Hausvertrag von Pavia einst unterstellte und vorausgesetzte Zusammenarbeit aller wittelsbachischen Linien war. Die bayerischen wittelsbachischen Herzöge betrachteten das Pochen der pfälzischen Wittelsbacher auf die Sonderstellung ihres Territoriums im Reich stets als eine Herausforderung, zumindest seit der Zeit, in der Ludwig der Bayer das – umstrittene – Oberhaupt des Reiches gewesen war. Da sich Maximilian II. Emanuel von Bayern im „Spanischen Erbfolgekrieg" – wegen der von den bayerischen Wittelsbachern aus Gründen der Verwandtschaft mit den spanisch-habsburgischen Königen erhobenen Erbansprüche – auf die Seite Ludwigs XIV. und damit gegen die österreichischen Habsburger und die anderen Reichsstände gestellt hatte, versuchte der pfälzische Kurfürst Johann Wilhelm als Schwager Kaiser Leopolds die gute Gelegenheit zu einer Revision des Westfälischen Friedens zu nutzen. Als Maximilian II. Emanuel von Bayern nach dem Sieg der Engländer und der Reichstruppen über ein bayerisch-französisches Heer in der Schlacht von Höchstadt im August des Jahres 1704 sein Herzogtum als Besiegter verlassen mußte und Bayern unter österreichische Verwaltung geriet, bot sich, wie es schien, eine Gelegenheit zur gründlichen Korrektur der Verhältnisse, diesmal zugunsten der pfälzischen Wittelsbacher. Die Ächtung des bayerischen Kurfürsten im Jahre 1706 verstärkte solche Hoffnungen bei Kurfürst Johann Wilhelm. Die neue Freundschaft zwischen den österreichischen Habsburgern und der Kurpfalz war unter anderem durch König Joseph I. demonstriert worden, als dieser auf seiner Reise nach Landau einen protokollarisch sorgfältig vorbereiteten Halt in der kurpfälzischen Residenz Heidelberg einlegte. Vergessen schien der alte, so verhängnisvolle Gegensatz zwischen Kurpfalz und Habsburg-Österreich.

Vier Jahre nach Max Emanuels militärischer Niederlage und zwei Jahre nach seiner Ächtung registrierte Johann Wilhelm als pfälzischer Kurfürst einen Erfolg seiner Zusammenarbeit mit dem Kaiser. Die erste weltliche Kurwürde fiel zurück an die Pfalz, auch der Titel des Erztruchsessen schmückte nun wieder den Fürsten der Kurpfalz. Vor allem aber gewann man die einst an den Herzog von Bayern verlorenen Ämter in der Oberpfalz, zusammen mit der Grafschaft Cham. Die Rangerhöhung des pfälzischen Kurfürsten zeigte sich im Jahre 1711. Beim frühen Tod Josephs I. versah Johann Wilhelm bis zur Wahl von Kaiser Karl VI. – dem Bruder Kaiser Josephs I. – das Reichsvikariat, war also eine Zeitlang das amtierende Reichsoberhaupt.

Freilich – nur ganze sechs Jahre dauerte die Freude über den Wiederaufstieg der Kurpfalz. Als Kaiser und Reich auf der einen Seite und das Königreich Frankreich samt seinen Verbündeten im Jahre 1714 miteinander Frieden schlossen, gelang es den französischen Unterhändlern, die Schwächen der anti-französischen Koalition zu nutzen.

Die Engländer vor allem, die schon im Jahre 1713 in Utrecht zusammen mit anderen Alliierten den „Spanischen Erbfolgekrieg" beendet hatten, waren nicht an einer grundlegenden Verschiebung der Mächtekonstellation auf dem Kontinent zugunsten des österreichisch-habsburgischen Kaisers interessiert. Den britischen Unterhändlern war einerseits wichtig, daß die Kronen von Spanien und Frankreich künftig keine Personalunion bilden konnten und sie legten andererseits Wert darauf, daß Frankreich nicht länger den Anspruch Jakob Stuarts auf die englische Krone unterstütze, sondern stattdessen den König Georg aus dem Hause Hannover anerkenne, jenen König, dem nach dem Willen des englischen Parlamentes die Krone zugefallen war, weil er als – protestantischer – Nachfahre der Stuarts (er war der Enkel der Elisabeth Stuart und Friedrichs V. von der Pfalz) keine Re-Katholisierung des englischen Königreiches befürchten ließ. Von der Gleichgewichtspolitik, die England und Frankreich gegenüber Habsburg-Österreich gleichermaßen im Auge hatten, profitierten am Ende auch die bayerischen Wittelsbacher. Sie erhielten – abgesehen vom Innviertel – ihren alten Besitz zurück und lösten in der Oberpfalz im Herbst 1714 die kurpfälzische Verwaltung wieder ab. Nicht geregelt war für längere Zeit allerdings, wer denn nun das Ehren-Amt des Erztruchsessen beanspruchen dürfe. Gravierender jedoch als diese, nach dem Rastatter Frieden offen gebliebene Frage war der Umstand, daß Kaiser und Reich die Kurpfalz im Streit mit Frankreich um die Rückgabe von Teilen des Oberamtes Germersheim allein gelassen hatten.

Gehörte die Rivalität gegenüber den bayerischen Wittelsbachern und die enge Verbindung mit Habsburg-Österreich zu den Merkmalen der pfälzischen Politik in der Regentschaft Johann Wilhelms, so änderte sich in den auswärtigen Beziehungen der Kurpfalz unter Karl Philipp daran einiges. Der dritte, aus der Linie Pfalz-Neuburg hervorgegangene Kurfürst dachte, wie es schien, an eine Art wittelsbachischen Familienbund. Ausdruck dieser Hauspolitik, die auch die Reichspolitik nicht unberührt ließ, war ein pfälzisch-bayerischer Familienpakt, unterzeichnet und besiegelt in München am 15. Mai 1724. Darin beendeten beide wittelsbachischen Linien unter anderem ihren Streit wegen des Reichsvikariats. Man einigte sich darauf, dieses Amt gemeinsam auszuüben. In dem Familienpakt wurde festgelegt, daß sich Bayern und Kurpfalz bei der Wahrnehmung ihrer Interessen und Rechte jeweils verständigen wollten. Die Verhinderung neuer Kurstimmen gehörte ebenfalls zum Inhalt der Münchener Vereinbarung.

Zwei bald zu erwartende Streitpunkte hatten der bayerische und der pfälzische Kurfürst im Auge, als sie ihre Zusammenarbeit verabredeten: die Nachfolgefrage für die Königs- und Kaiserkrone, weil Kaiser Joseph I. keinen männlichen Erben hatte und die Nachfolge in Jülich und Berg, die nach dem Tode Karl Philipps akut werden mußte. Die Sulzbacher Linie der pfälzischen Wittelsbacher sollte nach dem Willen Karl Philipps später nicht nur die Kurpfalz regieren sondern auch die niederrheinischen Besitzungen. Die engere Zusammenarbeit zwischen Kurpfalz und Bayern, genauer gesagt zwischen Karl Philipp und Max Emanuel, führte auch zu einer Wiederannäherung zwischen der Kurpfalz und Frankreich. Andererseits blieb Kaiser Karl VI. weiterhin an guten Beziehungen zur Kurpfalz interessiert, doch wollte er es auch mit dem Rivalen der pfälzischen Wittelsbacher um das Erbe von Jülich und Berg, mit Brandenburg-Preußen, nicht verderben. Dafür gab es einen guten Grund: der Chef des Hauses Habsburg-Österreich benötigte die Unterstützung des Kurkollegiums, wenn nach seinem Tod die von Kaiser Leopold I. verkündete sogenannte „Pragmatische Sanktion" bestätigt werden sollte. In ihr war die weibliche Erbfolge und die Unteilbarkeit der habsburgisch-österreichischen Besitzungen vorgesehen. Das betraf nun die älteste Tochter Karls VI., Maria Theresia. Die europäischen Großmächte hatten diese Regelung zwar prinzipiell ebenso anerkannt wie die Mehrheit der Reichsstände, auf der bayerischen und auf der kurpfälzischen Seite gab es jedoch Widerstand. Einer der strittigen Punkte war die Frage, ob denn nach dem Willen des Kaisers Leopold die Töchter des Kaisers Joseph I. nicht einen höheren Anspruch auf das Erbe haben müßten als die Töchter des – jüngeren – Leopold-Sohnes, des Kaisers Karl VI. Es verwundert nicht, daß gerade die bayerischen Wittelsbacher diese Frage stellten und positiv beantworteten, denn Karl Albrecht von Bayern, der Sohn des Kurfürsten Maximilian II. Emanuel, war seit 1722 mit Maria Amalie, der Tochter Kaiser Josephs I. verheiratet. Karl Albrecht wäre demnach faktisch der Erbe eines ungeteilten habsburgisch-österreichischen Besitzes geworden.

Im Kampf um dieses Erbe griffen beim Tode Karl VI. mehrere Mächte ein, neben Bayern vor allem Preußen und Frankreich. Der junge preußische König Friedrich II. sah sogleich eine günstige Gelegenheit, sich Schlesien zu sichern und begann deshalb den ersten schlesischen Krieg. Mit den pfälzischen

Wittelsbachern hatte sich der Preußenkönig über deren Weiterbesitz an Jülich und Berg verständigt und sich so den Rücken für die Auseinandersetzung mit Maria Theresia und Österreich freigehalten.

Dem von Friedrich unterstützten Karl Albrecht von Bayern gelangen unter diesen Umständen einige militärische Erfolge in Oberösterreich und in Böhmen. Am Jahresende 1741 gewann er die böhmische Königskrone, am 14. Januar 1742 wählte ihn das Kurkollegium zum Reichsoberhaupt. Als Kaiser Karl VII. ist er in den Annalen verzeichnet.

Da Maria Theresia dank der Unterstützung und Treue der Ungarn und dank der vom englischen Bundesgenossen gewährten Hilfe ihr österreichisches Erbe im wesentlichen doch behaupten konnte, endete die bayerisch-wittelsbachische Kaiserzeit schon im Jahre 1745 mit dem Tode Karls VII. Nun setzte sich Maria Theresia im Reich durch. Ihr Gemahl, der Herzog Franz Stephan von Lothringen-Toscana, den Maria Theresia im Jahre 1736 als Neunzehnjährige geheiratet hatte, erhielt als Kaiser Franz I. die Krone des Reiches. Freilich war er im wesentlichen nur ein nominelles Reichsoberhaupt. Seit dem Beginn des ersten der schlesischen Kriege bestimmte der Kampf zwischen Friedrich II. von Preußen und Maria Theresia die Reichspolitik. Der Gemahl Maria Theresias und Begründer des Hauses Habsburg-Lothringen widmete sich am liebsten seinen naturwissenschaftlichen Studien. Die Politik blieb Sache seiner Gemahlin.

Betrachtet man diese Entwicklung unter dem Gesichtspunkt der Familienbindungen in den rivalisierenden Fürstenhäusern, so ergibt sich für das Haus Wittelsbach und für dessen pfälzischen Zweig etwas ziemlich Erstaunliches: Kaiser Franz I. war nämlich ein Urenkel des Kurfürsten Karl Ludwig von der Pfalz und der Enkel jener Liselotte von der Pfalz, die als Herzogin von Orléans und Schwägerin Ludwigs XIV. einst zum Objekt der unglücklichen Heiratspolitik ihres Vaters geworden war. Über Liselotte von der Pfalz und Franz Stephan von Lothringen-Toscana hat sich – so betrachtet – die Linie Pfalz-Simmern doch noch fortgesetzt und sogar das Ende der österreich-ungarischen Doppelmonarchie überdauert. Im Stammland der pfälzischen Wittelsbacher ereignete sich im übrigen noch vor dem Aufstieg des Franz Stephan von Lothringen-Toscana ein wiederum folgenreicher Erbfall: nach dem Tode des Kurfürsten Karl Philipp gelangten im Jahre 1742 die Kurpfalz, Pfalz-Neuburg sowie Jülich und Berg an den gerade 18 Jahre alten Pfalzgrafen Karl Theodor, den Herzog von Pfalz-Sulzbach.

Pfälzer in einer neuen Heimat

Mit der insgesamt 57 Jahre – von 1742 bis 1799 – dauernden Herrschaft des Kurfürsten Karl Theodor von der Pfalz verbinden sich für den Musikliebhaber und den Freund der Künste und des Theaters klangvolle Namen. Man denkt an Mozart und an Schiller, auch an den großen böhmischen Musikanten Stamitz und deren Wirken in der pfälzischen Residenzstadt Mannheim. Die zweite Hälfte des 18. Jahrhunderts gilt meist als eine besonders glückliche Epoche in der Geschichte der Pfalz und der Pfälzer. Tatsächlich erreichte die-

Karl Theodor, Kurfürst von Pfalz und Bayern. Gemälde von Anton Hickel.

428

se Spätphase eines aufgeklärten Absolutismus ihren Höhepunkt in der Pfalz schon im Jahre 1777. Dem Kurfürsten Karl Theodor als einem Angehörigen der pfälzisch-wittelsbachischen Linie Sulzbach fiel damals das Erbe der bayerischen Wittelsbacher zu.

Der pfälzische Kurfürst entschied sich für München als Hauptresidenz seiner nun bayerisch-pfälzischen Herrschaft, einer Herrschaft, zu der weiterhin noch Jülich und Berg mit Düsseldorf und Pfalz-Neuburg gehörten.

Einiges aus dieser großen Zeit des Mannheimer Hoflebens ist bis auf den heutigen Tag erhalten geblieben, das Nationaltheater zum Beispiel. Seine Entstehung in der pfälzischen Residenz verdankt es dem damals stark ausgeprägten Wunsch nach einer eigenständigen deutschen Literatur und deutschen Dramaturgie; im pfälzischen Mannheim bemühte man sich zur Zeit Karl Theodors, die deutsche Sprache als Literatursprache im Wettbewerb mit der französischen Diplomaten- und Literatursprache durchzusetzen. In Mannheim wurde mit dem jungen Friedrich Schiller die Bühnenwirksamkeit des „Sturm und Drang" erfolgreich erprobt. Der einstige Zögling des württembergischen Herzogs Carl Eugen hatte seine „Räuber" aus Stuttgart mitgebracht, in Oggersheim bearbeitete der landesflüchtige Dichter, gefördert und beschützt von dem Theatermann Freiherr von Dalberg – einem Angehörigen des alten vorderpfälzischen Adelsgeschlechtes – sein zweites Bühnenwerk „Fiesko von Genua." Beide Jugenddramen Schillers waren ihrem Inhalt nach politisch. Die Zeitgenossen haben das sicherlich ebenso verstanden wie Schillers einstiger Förderer Carl Eugen, der Kritik nicht ertragen wollte, wie die schmähliche Behandlung des von Schiller verehrten Schubart gezeigt hat. Daß der von Carl Eugens Württemberg im Streit geschiedene Schiller im pfälzischen Mannheim nicht nur Freunde sondern auch eine Bühne für seine aufrührerischen Ideen fand, das trug viel zu der Meinung bei, man sei in der Kurpfalz ebenso kunstsinnig wie tolerant. Diese Meinung verlieh dem Namen „Karl Theodor" gerade im Vergleich zu seinem despotischen Nachbarn Carl Eugen von Württemberg einen beachtlichen Glanz, zumal der Kurfürst von der Pfalz nicht wenige Künstler, auch Baumeister und bildende Künstler, in sein Land gerufen und Schwetzingen neben Mannheim zu einem Ort der Lustbarkeiten und der Künste gemacht hatte.

Eine Rückbesinnung auf die große, wenn auch zeitlich doch ziemlich begrenzte Kultur- und Theatertradition der Kurpfalz während der Regentschaft Karl Theodors täuscht leicht über einige Schatten hinweg, die ebenfalls zur pfälzischen Geschichte im 18. Jahrhundert gehören. Ein nüchterner Hinweis gibt da immer noch zu denken. Fast überall in Europa und im späteren Deutschen Reich wuchs die Bevölkerungszahl in der Zeit zwischen 1700 und dem Beginn der französisch-napoleonischen Kriege. In den pfälzischen Territorien verlief die Entwicklung jedoch ganz anders. Als einziger Reichsstand verzeichnete die Kurpfalz im 18. Jahrhundert, also in der Zeit der Herrschaft der Kurfürsten Johann Wilhelm, Karl Philipp und Karl Theodor, eine nach unten weisende Bevölkerungskurve. Nicht die Pest, die freilich im 18. Jahrhundert noch keineswegs verschwunden war, und auch nicht andere Seuchen, waren

Plan des Mannheimer Schlosses von Clemens de Froimont.

Das Nationaltheater in Mannheim, Kupferstich von Klauber (1782).

430

der Grund für die im negativen Sinne zu verstehende Sonderentwicklung speziell der Kurpfalz. Die Auswanderung vor allem verursachte eine Dezimierung der Einwohnerzahl. Nach einer Äußerung des Göttinger Geschichtsprofessors August Ludwig von Schlözer aus dem Jahre 1776 wanderten „aus keinem Lande der Welt nach Verhältnis mehr Menschen aus als aus Deutschlands Paradies der Pfalz".

Es gibt sicherlich mehr als eine Ursache für diese Besonderheit, und man darf annehmen, daß die Auswanderungsgründe – politische, wirtschaftliche, religiöse – im Verlaufe des 18. Jahrhunderts mehrfach in ihrer Bedeutung gewechselt haben. Sie lassen sich im übrigen bei genauerer Betrachtung der einzelnen Auswanderungswellen oder Auswanderungsschübe einigermaßen rekonstruieren.

Betrachten wir zunächst eine Ziffer: zwischen dem Beginn des ersten der Franzosenkriege des 17. und 18. Jahrhunderts, dem „holländischen Krieg", in den siebziger Jahren des 17. Jahrhunderts und der Französischen Revolution im Jahre 1789 dürften nach groben Schätzungen etwa 100 000 Pfälzer direkt „die Reise übers Meer" angetreten haben oder über England nach Amerika ausgewandert sein. Genaue Zahlen sind nicht zu ermitteln. Neben den amtlich registrierten Auswanderern gab es zahlreiche Pfälzer, die ihre Heimat ohne die damals notwendige Erlaubnis verließen. Viele dieser Emigranten hätten von „Amerika geträumt wie der Türke von seinem Paradies", schrieb Wilhelm Heinrich Riehl in seiner Untersuchung über die Pfälzer. Das ersehnte Land der frommen Einwohner pfälzischer Territorien hatte einen guten biblischen Namen, im Volksmund hieß es „Kanaan", das „Land in dem Milch und Honig fließt". Es überrascht nicht, wenn man aus den Arbeiten, die über die Auswanderung publiziert worden sind, erfährt, die meisten dieser Emigranten seien aus ländlichen Gegenden gekommen. Die heutige Pfalz bestand im wesentlichen aus nichts anderem als aus ländlichen Gegenden. Es waren arme Bauern, auch viele Tagelöhner und Handwerker, die sich von den Verheißungen einer neuen Welt zum Verlassen ihrer pfälzischen Heimat ermuntert fühlten, denn in dieser Heimat herrschte ja immer wieder Krieg, man wurde zu besonderen Abgaben gezwungen, hatte Einquartierung zu ertragen, auch von den besonders lästigen berittenen Verbänden, man mußte sich schikanieren lassen und oft voller Wut zusehen, wie Hofgesellschaften bei der Jagd die Felder zertrampelten und wie das Wild, das die hohen Herren überhand nehmen ließen, die Saat und die Ernte dezimierte.

Etwa vierzig Jahre lang, wenn man die Rechnung im Jahre 1670 beginnt, dauerten in einigen Teilen der heutigen Pfalz die schlimmen Zeiten; bis zum Ende des „Spanischen Erbfolgekrieges" mit den Kämpfen um Landau im Jahre 1713. Auch wenn der Vergleich mit dem Dreißigjährigen Krieg und seinen extremen Schrecken nicht ganz zulässig ist, sieht man einmal von der systematischen Zerstörung ganzer Städte, Dörfer und Landstriche im „Pfälzischen Erbfolgekrieg" ab, so blieb für viele Pfälzer doch noch genug Anlaß, vom Neuaufbau einer Existenz auf eigenem, ausreichend großem Grund zu träumen.

Ein in manchen Teilen der Pfalz wichtiger Anlaß, der mit der stets drohenden oder vorhandenen wirtschaftlichen Not zusammenfiel, war der unter dem Kurfürsten Johann Wilhelm entstandene Glaubensstreit, den auch zuvor schon die Franzosen bei ihren Reunionen in der Pfalz kräftig geschürt hatten. Die französische Besatzung gefährdete außerdem die Existenz zahlreicher Hugenotten, die in der Pfalz vor Verfolgung Schutz suchten.

Der Umstand, daß Bauern sich von einer Ansiedlung in Amerika – auch in Südosteuropa oder Rußland – eine gesicherte Existenz auf eigenem Grund und Boden versprachen, erklärt die Auswanderung ganzer Familien. In vielen Fällen entschieden sich mehrere Familien eines Dorfes zur gemeinsamen Auswanderung, im Falle der Emigration von religiösen Gruppen, wie den Hugenotten oder den Mennoniten, galt ebenfalls die Regel, daß mehrere, oft miteinander verwandte Familien in der Fremde gemeinsam eine Siedlung gründen, ein neues Leben beginnen wollten. Schließlich muß noch bedacht werden, daß die Qualität der kurpfälzischen Verwaltung und der Justiz im 18. Jahrhundert viele Pfälzer zum Auswandern, nicht aber zum Bleiben ermuntert hat. Die Obrigkeit wurde eher als korrupt denn als gerecht empfunden. Die anscheinend unstillbare Sucht der regierenden Fürsten, sich den Hofstaat von Versailles zum Vorbild zu nehmen, belastete die Bewohner des Landes mit Abgaben und Dienstleistungen so sehr, daß viele Pfälzer das Risiko einer Auswanderung einem Verharren in voraussehbarer Armut und Not vorzogen.

In der Geschichte der pfälzischen Auswanderung findet man einige besonders markante Daten und Ereignisse. Da ist vor allem aus der Zeit des „Spanischen Erbfolgekrieges" ein Mann zu nennen, der mit einer Werbeschrift für die Auswanderung ein ungewöhnlich starkes Echo erzielte. Gemeint ist der lutherische Geistliche Josua Harrsch, der zwar aus einem Ort in der Nähe der damaligen Reichsstadt Aalen am Kocher (heute Württemberg) stammte, aber in Eschelbronn im Kraichgau als Pfarrer tätig war. Dieser Lutheraner gilt als der Wegbereiter der ersten Massenauswanderung. Harrsch hatte Kontakte mit Engländern geknüpft, die Arbeitskräfte und Siedler für ihre großen Ländereien in der nordamerikanischen Kolonie suchten. Im Jahre 1706 publizierte Josua Harrsch in Frankfurt am Main eine Flugschrift unter dem Pseudonym „Josuah Kocherthal". Darin informierte er über die Siedlungsmöglichkeiten speziell in Südkarolina. Die vierte im Jahre 1709 erschienene Auflage ergänzte der Frankfurter Verleger um einen Anhang, der vollends den Eindruck erweckte, daß alle Auswanderer von der britischen Regierung die gleiche Unterstützung erwarten dürften, die man zuvor Josua Harrsch und seinen Kraichgauer Mitauswanderern gewährt hatte. Die Folge war ein großer Andrang von Auswanderungswilligen im Jahre 1709.

Man muß zur Vorgeschichte dieses Ereignisses sagen, daß Harrsch allem Anschein nach recht überlegt und methodisch ans Werk ging. Im Jahre 1708 war er mit einer zweiten Gruppe von Auswanderern in London eingetroffen, die nach Nordamerika weiterreisen wollten. In England erinnerte man sich noch gut an die Zeit, in der die protestantischen Glaubensbrüder in der unteren und in der oberen Pfalz verfolgt worden waren. Harrsch erweckte den Eindruck, daß er mit seinen Landsleuten nicht aus dem Kraichgau sondern aus der umkämpften – bekannten – Gegend von Landau komme, wo man von den Franzosen immer wieder im Glauben bedrückt und ausgeplündert werde. So erreichte der Lutheraner Harrsch alsbald eine von der Königin Anna verfügte Ansiedlungsgenehmigung in der Kronkolonie New York. Am Westufer des Hudson entstand die Kolonie „Newburgh" oder Neuburg, benannt nach den Kurfürsten aus der Linie Pfalz-Neuburg. Der „Bericht" von Harrsch über diese Aktion (deren Hintergrund, nämlich das Zusammenspiel des lutherischen Pfarrers mit den englischen Grundbesitzern, den Regierungsinstanzen in London anscheinend nicht bekannt war), mit dem der Frankfurter Verleger die ursprünglich für Südkarolina werbende Schrift ergänzte, machte in Deutschland und speziell in der Pfalz auch deshalb großen Eindruck, weil ausgerechnet in dieser Zeit ein ganz ungewöhnlich harter Winter die Not im Lande vergrößerte. Bis zum Spätherbst 1710, so hieß es, seien Scharen von Auswanderern den Rhein hinab in die holländischen Häfen gezogen. Von da aus sollte die Reise der oft mittellosen Auswanderer über England, oder direkt, nach Amerika weitergehen. Obwohl die Emigranten aus den verschiedensten deutschen Regionen kamen, bezeichnete man sie bei der überraschten und überforderten holländischen und englischen Verwaltung allgemein als „Palatines" oder als „Paalzer". Das hing damit zusammen, daß die Auswanderer selbst oft auch dann ihre Heimat gerne in die Kurpfalz verlegten, wenn sie aus anderen Gebieten kamen. Da die Engländer und die Holländer sich dem pfälzischen Calvinismus besonders verbunden und verpflichtet fühlten und auch an den Auseinandersetzungen beteiligt waren, die im Jahre 1705 mit dem Erlaß der Religionsdeklaration endeten, standen die „Pfälzer" insgesamt in hohem Ansehen. Als „pfälzischer Glaubensbruder" erhielt man leichter die anfänglich in England und Holland recht großzügige staatliche und auch private Hilfe.

Die Flut der deutschen Auswanderer, die man unter dem Namen „Pfälzer" in England registrierte, führte in London alsbald zu einem innenpolitischen Streit. Die Partei der Tories, der Amtskirche eng verbunden, mußte erkennen, daß neben den protestantischen Glaubensbrüdern auch zahlreiche Katholiken in die neue Welt auswandern wollten. Die andere Partei, die Whigs, die sich generell für die Unterstützung der deutschen Auswanderer einsetzte, hatte da einen schweren Stand. Aus der anfänglichen Bewunderung für die armen „Palatines" machten die Gegner der Whigs aus innenpolitischen Gründen das Gegenteil, sie nannten die Auswanderer nun „verworfene, nichtsnutzige Subjekte" und degradierten den Begriff „Palatine" zu einem Schlag- und Schimpfwort. Liest man die Berichte aus jener Zeit, so wundert man sich fast, daß der Begriff „Wirtschaftsflüchtlinge" nicht damals schon von den streitenden englischen Politikern in die Diskussion eingeführt worden ist.

Nutzlose Warnungen und Verbote

Deutsche Fürsten, die über den Verlust an Untertanen alles andere als erfreut waren, nutzten die Vorgänge in England zu Warnungen. In einer zeitgenössischen Anti-Propagandaschrift, die ein in London wirkender deutscher Hofprediger verfaßte, wurde behauptet, in London heiße nun jeder Deutsche zum Spott „Palatein". Die Kinder auf der Straße spuckten diese „Palateins" an. Auch gehe es den nach Irland weitergeschickten – vorwiegend katholischen – Auswanderern ganz schlecht. Sie seien dort Sklaven und Leibeigene.

Selbst solche Berichte, die einen Kern Wahrheit enthielten, bremsten den Auswanderungswillen im deutschen Südwesten nur wenig. Die Vielen, die nach Amerika gelangten, erwartete freilich oftmals ein schweres Schicksal, denn die Gelder, die die englische Regierung für die Ansiedlung in Nordamerika bereitstellte, gelangten immer wieder in Taschen, die dafür nicht vorgesehen waren. Die Korruption in der Verwaltung, das mußte mancher pfälzische Auswanderer von der englischen Kolonialverwaltung erfahren, war zu jener Zeit ein allgemeines, kein spezifisch kurpfälzisches Problem. Im übrigen zeigte sich im Verlauf des 18. Jahrhunderts, wie sehr die Pfälzer bei der deutschen Auswanderung dominierten. Man bezeichnete alsbald die „Auswanderer deutscher Zunge" in großen Teilen der nordamerikanischen Kolonien als „Palatines", als „Pfälzer"; Auswandererschiffe nannte man seit dem Jahre 1710 „Palatine ships" oder „Palatine vessels"; sogar die Fieberkrankheit, die auf den schlecht versorgten und wenig Hygiene ermöglichenden Segelschiffen oft grassierte, hieß das „pfälzische Fieber". Wer nach der Ankunft in Amerika sein Reisegeld durch harte Arbeit abverdienen mußte – ein Zeichen der Armut –, den nannte man im allgemeinen ebenfalls einen „Pfälzer".

Doch machten sich die englisch sprechenden Einwanderer und die Kolonialherren alsbald auch Sorgen, daß die fleißigen „Pfälzer" mit ihren rasch wachsenden Familien und den immer neu in ihre Siedlungen geholten Landsleuten einen Staat im Staate bilden könnten. Das betraf besonders die Kolonie Pennsylvanien. Es sei zu befürchten, schrieb im Jahre 1765 der aus Dublin stammende britische Publizist und Politiker Edmund Burke, daß Pennsylvanien „nach Sprache, Sitten und vielleicht sogar nach politischen Neigungen" ganz deutsch werde. Der berühmte Benjamin Franklin polemisierte gar gegen die „Pfälzer Bauernlümmel", die „in Rudeln zusammenwohnten" und ihre Sprache und ihre Sitten in einer Kolonie – in Pennsylvanien – befestigten, die von „Englischen begründet wurde".

Die Pfälzer sind in Pennsylvanien längst zu Amerikanern geworden. Allerdings haben viele tausend Pennsylvanier bis in unsere Zeit erhebliche Teile des heimatlichen Pfälzisch beibehalten, gemischt mit der englischen Sprache zwar, aber doch unverkennbar in den alten Dialekt-Wurzeln. Man kann es bei manchem amerikanischen Soldaten, der neben der amerikanischen Landessprache das „Pennsylvania-Dutch" beherrscht, (eine Bezeichnung, die auf die einstige Reise über die Niederlande hinweist) noch heute feststellen. Die Vermutung, daß – einschließlich der großen Auswanderung im 19. Jahrhundert –

in den Vereinigten Staaten mehr Menschen leben, die pfälzischer Abkunft sind als die heutige Pfalz Einwohner zählt, ist keineswegs gewagt. Man darf nicht vergessen, daß die Auswandererkolonien sich im letzten und vorletzten Jahrhundert eine Zeitlang dank dem Geburtenreichtum innerhalb einer Generation fast verdoppelt haben. Der Begriff „Palatine" ist freilich schon mit dem Unabhängigkeitskrieg gegen die Briten am Ende des 18. Jahrhunderts aus der Mode gekommen. Seitdem lebte man ja nicht mehr in einer Kolonie der englischen Krone sondern in einem eigenen Staat und fühlte sich nun diesem Staat als „Amerikaner" verpflichtet, ohne Rücksicht auf die Herkunft der Vorfahren.

Ein Präsident der USA hat in unserem Jahrhundert trotz seines amerikanischen Namens an die große pfälzische Auswanderung erinnert: Herbert Hoover. Er wuchs im mittelwestlichen Staat Iowa als Sohn eines Dorfschmiedes unter recht ärmlichen Bedingungen auf und machte als Ingenieur und Industrieller eine fast märchenhafte Karriere. Seine Präsidentschaft zwischen 1928 bis 1932 war allerdings überschattet von der Weltwirtschaftskrise. Nach dem Zweiten Weltkrieg gehört Hoover zu den Amerikanern, denen die Deutschen viel verdanken; der ehemalige Präsident engagierte sich beispielgebend in der humanitären Hilfe. Seine Abkunft von Einwanderern aus dem pfälzischen Ellerstadt hat Hoover nie vergessen. Im Jahre 1738, so hat man festgestellt, suchten die Hubers in Nordamerika eine neue, bessere Existenz. Man amerikanisierte den Namen, der allerdings nicht pfälzischen Ursprungs ist, sondern auf Vorfahren hinweist, die nach dem Dreißigjährigen Krieg aus der Schweiz in die damals menschenarme Pfalz gezogen sind.

Auch nach Rußland wanderten pfälzische Bauern und Handwerker schon im 18. Jahrhundert aus, wenn auch in geringerer Zahl als in die nordamerikanischen Gebiete. Den Anstoß dazu gaben die öffentlichen Aufrufe Katharinas II., die im Jahre 1762 für die Besiedlung vor allem der Wolgaregion deutsche Einwanderer suchte. Die Kolonisten waren in Rußland von wichtigen Steuern befreit und erhielten Land zugewiesen. Sie durften ihre Religion frei ausüben, ihre Gemeinden und Schulen selbst verwalten und blieben „auf ewige Zeit" vom Militärdienst befreit. Nach der napoleonischen Zeit folgten mehrere hundert Familien aus der Pfalz dem von Zar Alexander I. erneuerten Ruf und siedelten im Süden Rußlands. Ein wichtiges Motiv für die Auswanderung waren Hunger und Armut, die vor allem in den Jahren 1816 und 1817 im deutschen Südwesten als Folge einer ganz ungewöhnlich nassen und kalten Witterung vorherrschten. Viele pfälzische Rußland-Kolonisten jener Zeit waren Bauern und Handwerker aus der Südpfalz; Ortsnamen im Schwarzmeergebiet wie „Kandel" oder „Landau" erinnerten noch lange an die alte Heimat.

Ebenso wie Katharina II. von Rußland bemühte sich auch Maria Theresia in ihrer von 1740 bis 1780 dauernden Regierungszeit um Kolonisten. Ihr Sohn, Kaiser Joseph II., setzte diese Politik im Donaugebiet durch ein sogenanntes Ansiedlungs-Patent fort, das in den pfälzischen Territorien im Jahre 1782 verbreitet wurde. Vielen Pfälzern sei damals der Aufenthalt in der Hei-

Auswandererschiff des 18. Jahrhunderts

mat verleidet gewesen, sie hätten sich deshalb zur Auswanderung entschlossen, schrieb der Pfalz-Historiker Daniel Häberle dazu. Man weiß auch, daß eine extreme Witterung in den Jahren 1783 und 1784 – zuerst Überschwemmungen und Kälte, dann heiße Sommer mit Seuchen – zahlreiche Pfälzer veranlaßt haben, in den fruchtbaren Regionen der ungarischen Tiefebene eine neue Existenz zu gründen. Ähnlich wie die Auswanderung nach Rußland erreichte der Zug der Pfälzer nach Südosteuropa jedoch nicht das große Ausmaß der vor allem in der ersten Hälfte des 18. Jahrhunderts so umfangreichen Emigration nach Nordamerika.

Für die Landesherren bedeutete die Auswanderung im 18. Jahrhundert nicht nur einen Verlust an Untertanen sondern auch eine empfindliche Verminderung ihrer Einnahmen. So ist es nicht verwunderlich, daß sich der Kurfürst Karl Theodor im Jahre 1752 veranlaßt sah, in einem Edikt gegen die Auswanderung Stellung zu nehmen. Der Kurfürst wandte sich gegen das „bei Unvernünftigen und Leichtsinnigen so tief eingewurzelte Unwesen der Auswanderungssucht". Mit besonderem Mißvergnügen, so heißt es in dem Edikt, habe man wahrnehmen müssen, daß viele „Unterthanen aus hiesigen Chur-Pfälzischen Landen" zur Auswanderung nach „Pennsylvanien oder sonstigen Amerikanischen Provintzien" verführt worden seien.

Am Ende des Siebenjährigen Krieges, den zunächst Preußen und Österreich gegeneinander geführt hatten, begann in den kurpfälzischen Gebieten erneut eine Answanderungswelle, denn nun lockte mit dem britisch gewordenen Kanada ein neues Gebiet zur Ansiedlung in der neuen Welt. Wiederum versuchte Karl Theodor dieser Emigration Einhalt zu gebieten. In mehreren Erlassen verschärfte der Kurfürst im Jahre 1764 die Auswanderungsverbote. Auch drohte er den Unbotmäßigen mit dem Entzug ihres Vermögens. Gewirkt haben damals weder Verbote noch Drohungen. Tausende von Pfälzern verließen weiterhin ihre Heimat. Sie wagten die beschwerliche, risikoreiche und oft auch teure Schiffs-Reise in die neue Welt, den Zug nach Rußland oder in die Donaugebiete, ja sogar die gefahrvolle Überfahrt nach Brasilien. Man wollte frei sein, frei von Not und Bedrückung, wollte heraus aus der Enge eines absolutistisch regierten Landes. Wagemut und Pioniergeist triumphierten über kurfürstliche Interessen und über obrigkeitliche Verbote. So kam es, daß am Beginn der Französischen Revolution, als der Absolutismus sich selbst überlebt hatte, die Pfalz weniger Einwohner zählte als hundert Jahre zuvor. Man sollte dies nicht vergessen, wenn man von der großen, glanzvollen Zeit des kurfürstlichen Hofes zu Mannheim im 18. Jahrhundert spricht.

XIX
Die importierte Revolution

Das Andenken an den Kurfürsten Karl Theodor ist bayerischen Historikern nicht besonders teuer. Sie kritisieren unter anderem, daß er sich bei seinen außenpolitischen Entscheidungen ziemlich unsicher gezeigt und immer wieder ungeschickt verhalten habe. Es wird behauptet, unter Karl Theodor wäre das Herzogtum Bayern in der zweiten Hälfte des 18. Jahrhunderts beinahe an Österreich ausgeliefert worden – sei es im Tausch gegen die habsburgisch-österreichischen Niederlande oder im Tausch gegen ein von Frankreich zurückgegebenes Elsaß. Richtig ist an dieser bayerischen Geschichtsschreibung, daß der Kurfürst aus der Linie Pfalz-Sulzbach sich seiner bayerischen Erbschaft nicht übermäßig verpflichtet fühlte. Es hätte Karl Theodor nicht allzu sehr geschmerzt, wenn er an Stelle seines bayerischen Besitzes andere, gleichwertige Ländereien erhalten und mit ihnen entweder die kurpfälzischen oder die rheinischen Territorien Jülich und Berg abgerundet hätte. Doch dies ist nur ein Teil der – historischen – Wahrheit, soweit sie die Politik des Kurfürsten Karl Theodor betrifft. Man muß ebenso bedenken, daß sich die Verhaltensweise dieses Fürsten auf eine merkwürdige Weise am Ende positiv für Bayern ausgewirkt hat. Dadurch, daß Karl Theodor die Machtverhältnisse am Beginn der Französischen Revolution falsch einschätzte – wie sich alsbald in dem Gebiet der heutigen Pfalz zeigen sollte –, trug er auch zum Entstehen eines bayerischen Königtums bei und ist so mitverantwortlich für die heutige Gestalt des Freistaates Bayern. Die Politik Karl Theodors hat im übrigen zumindest nicht verhindert, daß sich das Königreich Bayern im Jahre 1816 einen beträchtlichen Teil der ehemaligen Kurpfalz einverleiben konnte, nämlich die „rheinische Pfalz" mit dem Hauptsitz Speyer. Wenn also Karl Theodor in der beginnenden Auseinandersetzung zwischen dem revolutionären Frankreich und dem Reich die Lage falsch einschätzte, als er seine vier – jeweils getrennt regierten – Territorien Bayern, Kurpfalz, Pfalz-Neuburg und Jülich-Berg wegen der pfälzischen Nachbarschaft zu Frankreich aus einem Konflikt heraushalten wollte, dann mag dies politisch naiv gewesen sein, Bayern aber hat es am Ende genützt. Auch in diesem Falle gilt: Das Ergebnis zählt, nicht die Absicht. Insofern erscheint Kritik an Karl Theodor aus bayerischer Sicht kaum berechtigt – wohlgemerkt: aus bayerischer Sicht. Wenn jemand Grund zur Klage über die Verhaltensweise des Kurfürsten Karl Theodor gehabt hätte, dann wären dies die Freunde der alten Kurpfalz gewesen. In der Regierungszeit Karl Theodors endete unwiderruflich das älteste rheinische Kurfürstentum. Im Jahre 1801, zwei Jahre nach dem Tode des pfälzischen Wittelsbachers, hatte die Kurpfalz auch staatsrechtlich aufgehört zu existieren – faktisch war dieses Kernland des alten fränkischen Herzogtums schon in den letzten sieben Lebensjahren Karl Theodors nicht mehr als selbständiges Territorium vorhanden.

Das ist die eine Seite der pfälzischen Geschichte. Die andere, durchaus positiv einzuschätzende Veränderung, ja Umwälzung soll darüber nicht vergessen werden: das Ende der alten Kurpfalz war auch das Ende einer Zersplitterung der heutigen Pfalz in zahlreiche Territorien oder Herrschaftsgebiete, in weltliche und geistliche, reichs-ritterschaftliche und fürstliche, reichs-städtische und (soweit Landau betroffen ist) in königlich-französische. Damit begann ein ganz neues Kapitel in der Geschichte der – linksrheinischen – Pfalz, ein Kapitel, das in wesentlichen Teilen sogar bis in die Gegenwart reicht. Der Wegfall zahlreicher innerer Grenzen – darunter auch viele Zollgrenzen – ist eine der Konsequenzen, die wir für die Pfalz am Ende des 18. Jahrhunderts registrieren müssen. Nicht weniger wichtig war die Umwälzung, die das revolutionäre Frankreich der rheinischen Pfalz in ihrer inneren Verfassung aufzwang. Diese – unfreiwillig – importierte Revolution verschaffte der Pfalz über die napoleonische Zeit hinaus eine Sonderstellung unter den deutschen Territorien. Als der Wiener Kongreß über die Zukunft der in insgesamt 44 verschiedene Herrschaftsbereiche zersplitterten Pfalz entschied, besaß dieser nun königlich-bayerische Kreis oder Regierungsbezirk ein modernes ziviles Recht, basierend auf dem Code Napoleon, eine offene Gerichtsbarkeit, eine relativ unabhängige Verwaltung und ein insgesamt gerechtes Steuersystem. Außerdem durften sich die Pfälzer ebenso wie die anderen Bewohner der linksrheinischen Gebiete des Deutschen Bundes rühmen, daß sie sich vor allen anderen Deutschen in demokratischen Wahlen geübt und ihre Repräsentanten schon einmal selbst bestimmt hatten. Im pfälzischen Regierungsbezirk schlugen Demokratie und Selbstbestimmung erste Wurzeln lange bevor die anderen drei Stämme des neuen Königreiches, die Altbayern, die Franken und die Schwaben, solcher Errungenschaften teilhaftig wurden. Die Pfalz war, ideengeschichtlich betrachtet, moderner als die meisten Gebiete des Deutschen Bundes, sie war nicht nur geographisch gesehen „westlicher" als der andere Teil des bayerischen Königreiches.

Vorstoß nach Speyer

Die „Franzosenzeit" in der Pfalz, die mit dem Rückzug der napoleonischen Truppen nach der Leipziger Völkerschlacht beendet war, dauerte insgesamt mehr als zwei Jahrzehnte. Sie fing im Spätsommer des Jahres 1792 an, als österreichische und preußische Truppen gegen das revolutionäre Frankreich in den Krieg zogen, überzeugt, daß der Feldzug kurz und der Sieg sicher sein werde. Der Vorstoß in das Herz Frankreichs, den die Preußen unter dem Kommando des Herzogs von Braunschweig von der Moselregion aus unternahmen, scheiterte mit der Kanonade von Valmy in der Champagne. Man hatte den Gegner unterschätzt, wie sich schon sogleich beim Kampf um Diedenhofen zeigte. Als – entgegen den ursprünglichen strategischen Planungen – die am Oberrhein stehenden österreichischen Verbände zur Unterstützung der Mosel-Armee nach Lothringen beordert wurden, wagten die französischen Truppen einen Stoß in den Rücken der preußisch-österreichischen Verbände. Ausgangspunkt war nicht, wie man in manchen Geschichtsbüchern lesen

CODE CIVIL

DES

FRANÇAIS.

ÉDITION ORIGINALE ET SEULE OFFICIELLE.

GRAND-JUGE ET MINISTRE DE LA JUSTICE

À PARIS,

DE L'IMPRIMERIE DE LA RÉPUBLIQUE.

AN XII.—1804.

Mit dem „Code Napoleon" kam die Pfalz in den Genuß bürgerlicher Freiheiten.

440

kann, das Elsaß sondern die – französische – Festung Landau. Von dort aus marschierte der General Custine zunächst Richtung Speyer. Die Stadt öffnete den französischen Truppen am 30. September 1792 ihre Tore. Bald darauf besetzten die Franzosen große Teile der heutigen Pfalz und Rheinhessens, unter anderem das reichsstädtische Worms, und standen schließlich vor Mainz. Daß an der Grenze des kurpfälzischen Territoriums Schilder mit der Aufschrift „kurpfälzisches Neutralitätsgebiet" standen, machte auf den General Custine und seine Soldaten wenig Eindruck. Inhaltlich war dieser Hinweis im übrigen insofern zutreffend, als der Kurfürst Karl Theodor nach Kräften bemüht war, sich aus einem Krieg herauszuhalten, den Österreicher und Preußen gemeinsam gegen das revolutionäre Frankreich führten. Daß das kurpfälzische Neutralitäts-Bemühen der Pfalz und den Pfälzern am Ende kaum einen Vorteil brachte, wird man indes nicht übersehen dürfen. Im weiteren Verlauf des Krieges, in dem die Besatzungen immer wieder wechselten, hatten die Pfälzer manchmal sogar den Eindruck, die offiziell verkündete Neutralität der Kurpfalz und anderer Territorien sei eher schädlich als nützlich, denn sowohl Österreicher als auch Preußen gaben durch ihr Verhalten gegenüber der Bevölkerung mehr als einmal Anlaß zu Beschwerden. Zwischen Feindesland und Freundesland wurde kaum unterschieden. Wer neutral sein wollte, der galt beiden Seiten im Zweifel als heimlicher Feind, zumal in einem Krieg, der nicht allein als ein Machtkampf zwischen rivalisierenden Staaten begann, sondern auch als eine Art Glaubens- oder Ideenkrieg zwischen alter, ständischer Ordnung und den Herolden des Dreiklanges von Freiheit, Gleichheit und Brüderlichkeit.

Zum Verständnis dessen, was sich in der Pfalz in dieser so lange dauernden Franzosenzeit ereignet hat, sind die Anfänge des Konfliktes wichtig. Hier muß man unter anderem die engen Verflechtungen zwischen der Pfalz und dem Elsaß im Auge behalten.

Das revolutionäre Frankreich machte bald nach seinem Sieg über das alte Regime auch im Elsaß kurzen Prozeß mit den Privilegien der Grundherren und mit den Vorrechten der beiden Kirchen. Im Namen der Gleichheit und der Gerechtigkeit schaffte man die Leibeigenschaft ab und hob den Zehnten auf, den die Bauern mancherorts an die Einrichtungen der Kirche zahlen mußten. Der Staat legte seine Hand auf die Kirchengüter, die Revolutionäre verkündeten das Ende einer geistlichen Gerichtsbarkeit ebenso wie das Ende einer privaten, grundherrlichen Rechtssprechung, der sogenannten Patrimonialgerichtsbarkeit. Die Jagd-Privilegien der adeligen Herren hörten auf zu existieren. All das blieb keine rein innerfranzösische Angelegenheit; eine ganze Reihe von Reichsständen fühlte sich herausgefordert, weil sie Besitz im Elsaß hatte. Zu den Hauptbetroffenen gehörten der Herzog von Zweibrücken, der Fürst von Nassau-Leiningen und der Fürstbischof von Speyer, dessen Bistumsgrenze nicht wie heute an der Lauter endete. Daß die enteigneten oder in ihren Rechten erheblich geschmälerten Grundherren eine Entschädigung beanspruchen konnten und auch von Frankreich erhalten sollten, das war prinzipiell nicht umstritten. Über Art und Umfang der Entschädigung einigte man sich allerdings nicht. Der Kaiser, so wollten es vor allem die geistlichen Fürsten, sollte als Reichsoberhaupt die Sache der Geschädigten energisch vertreten und durchsetzen. Kaiser Leopold II. intervenierte zwar in Paris, er wollte aber nicht allzuviel riskieren. Als erfahrener Politiker wußte er vermutlich, daß nichts den französischen Revolutionären bei ihrem Kampf um allgemeine Anerkennung im eigenen Lande mehr nutzen konnte als ein Eingreifen von außen, von einem habsburgisch-österreichischen Monarchen gar, dessen Schwester Marie Antoinette die Gemahlin des entmachteten Bourbonenkönigs Ludwig XVI. war. Tatsächlich blieben die Vorstöße des Kaisers Leopold II. im Elsaß-Streit erfolglos. Aber allein die Tatsache, daß das Reichsoberhaupt für die betroffenen Reichsstände Partei ergriff, betrachteten viele Franzosen als eine unzulässige Einmischung in die souveränen Rechte des französischen Volkes. Man darf im übrigen annehmen, daß viele Elsässer über die faktische Enteignung der Grundherren und der Kirchenfürsten keineswegs empört gewesen sind. Auch in der benachbarten Pfalz hörte man damals nichts von einer allgemeinen Solidarität mit den betroffenen weltlichen und geistlichen Fürsten.

Zur gleichen Zeit bewegte und erregte die Gemüter noch eine andere Sache: die Parteinahme der preußischen und der österreichischen Monarchie für den französischen König. Da gab es eine Erklärung von Padua und dann auch eine gemeinsame preußisch-österreichische Erklärung von Pillnitz. Man wollte die immer kecker werdenden Pariser Revolutionäre mit derartigen Erklärungen vor weiteren Übergriffen auf den französischen König warnen. Die Girondisten nutzten diese öffentlichen Warnungen zu ihren Gunsten, indem sie sich zu Verteidigern der „nationalen Ehre"ernannten und um Beistand gegen die Anmaßung auswärtiger Mächte baten. Die Revolutionäre sahen das Vaterland in Gefahr. Man glaubte ihnen in diesem Falle, weil französische Emigranten in den linksrheinischen Territorien des Reiches alles taten, um eine derartige Gefährdung plausibel erscheinen zu lassen. Diese Flüchtlinge, meist Angehörige der hohen Aristokratie, verbreiteten nämlich in Deutschland nicht nur Nachrichten über die schlimme Herrschaft derjenigen, die sich selbst als „Patrioten" verstanden, sondern warben auch Soldaten. Unter anderem bemühten sich französische Emigranten bei Worms und Speyer um die Aufstellung von Regimentern, mit denen sie in den Kampf um die Wiedergewinnung ihrer alten Rechte eingreifen wollten.

Die Girondisten ihrerseits hatten es unter solchen Umständen nicht allzu schwer, in Paris und in Frankreich zu verbreiten, daß man sich nun gegen eine derartige, von Osten drohende Gefahr aktiv wehren müsse. Die Verfassung von 1791, die einen „Eroberungskrieg" ausdrücklich verbot, war da nicht länger ein Hindernis. Jetzt, so argumentierten die Anhänger des bewaffneten Kampfes, gehe es um nichts anderes als um die Verteidigung, der Krieg sei zu rechtfertigen, denn es handle sich um einen Verteidigungskrieg.

Die Aufkündigung des Friedens geschah am 20. April 1792 durch die französische Nationalversammlung. Allerdings richtete man die Erklärung nicht an das Reich und an dessen Oberhaupt, den Kaiser, sondern adressierte sie an

Österreich, genauer gesagt: an „den König von Ungarn und Böhmen" – das war im April 1792 (noch) der eher vorsichtige Kaiser Leopold II. Sein Sohn Kaiser Franz II., den die Kurfürsten am 5. Juli 1792 zum Nachfolger des verstorbenen Kaisers bestimmten, war ein Freund demonstrativer Gesten. Er ließ sich mit Bedacht am 14. Juli 1792 krönen. Die französischen Revolutionäre sollten von Anfang an wissen, daß dieser Kaiser zum Kampf entschlossen war. Franz II. hat diesen Kampf, wie man weiß, verloren. Mit ihm endete das „Heilige Römische Reich". Doch im Sommer 1792 war sich der Nachfolger Leopolds II. seines Triumphes über das revolutionäre Frankreich noch recht sicher. Der Sproß des Hauses Habsburg-Lothringen hoffte damals, daß er bald das Elsaß und damit die alten Territorien des Habsburger Geschlechtes von Frankreich zurückgewinnen könne.

Bei den preußischen Verbündeten begann man den Feldzug gegen Frankreich in der Erwartung auf eine gestärkte preußische Macht und Herrlichkeit im allgemeinen und auf eine Erweiterung des Territoriums. Zu den erhofften Gewinnen zählten Jülich und Berg, damals noch im Besitz Karl Theodors (der keinen männlichen Erben besaß), und auch Ländereien im Osten. Als Oberkommandierender der preußischen Armee tat sich der Herzog von Braunschweig am Beginn des geplanten Marsches nach Paris durch ein Manifest hervor, das er am 25. Juli 1792 in Koblenz verkündete. Dieses von einem französischen Emigranten verfaßte Dokument fällte in überheblichem Ton ein politisch-moralisches Urteil über den Kriegsgegner und trug dadurch zur Solidarisierung der Franzosen mit dem neuen Regime bei. Am Ende förderte der preußische Oberkommandierende mit seinem Manifest nichts anderes als den endgültigen Sturz Ludwigs XVI. im August 1792. Als sich dann gegen alle Erwartungen gerade in der preußischen Armee militärische Mängel bemerkbar machten – vor allem beim Nachschub –, und unter dem Einfluß des Sommerwetters auch noch die Ruhr den Vorstoß nach Nordfrankreich behinderte, da verließ den Herzog von Braunschweig bei der Kanonade von Valmy der Mut zu weiteren Taten. Er befahl am 20. September den Rückmarsch.

In jenen Tagen begann von Landau aus der Vorstoß des Generals Custine in Richtung Mainz. Der Bischof von Speyer, der sich zur Verteidigung auf Österreicher und auf französische Emigranten verlassen hatte, war machtlos gegenüber den französischen Truppen. In der Stadt Speyer, die auf eine Verteidigung nicht eingerichtet war, endeten mit dem 30. September 1792 die reichsstädtischen Rechte und Freiheiten.

Der französische General machte bei der Besetzung Speyers einen Unterschied zwischen der Stadt und ihren Bürgern auf der einen Seite und den kirchlichen Institutionen wie dem Fürstbischof, dem Domkapitel und den Klöstern auf der anderen Seite. Die kirchlichen Einrichtungen mußten hohe Kriegssteuern zahlen, die Stadt wurde – noch – geschont. Hier zeigte sich bereits recht deutlich, daß man sich nicht in einem der üblichen Kriege befand sondern in einem Wettstreit der Ideen und der gesellschaftlichen Ordnungen. Die Franzosen verteilten sogleich blau-weiß-rote Kokarden, damit sich jeder-

„Pflanzen des Freiheitsbaumes", während der Franzosenzeit überall in der Pfalz üblich; hier eine zeitgenössische Darstellung aus Speyer.

mann offen und öffentlich zu den Zielen der Revolution – zu Freiheit, Gleichheit und Brüderlichkeit – bekenne. Vor dem Speyerer Dom pflanzte man einen Freiheitsbaum. „Krieg den Palästen, Friede den Hütten" – das sollte in den von Franzosen besetzten Gebieten gelten. Im weiteren Verlauf der Kämpfe, die in der Pfalz mehrere Jahre dauerten, weil das linksrheinische Gebiet bis zum Frieden von Campo Formio zwischen den Franzosen und ihren vorwiegend österreichischen Widersachern umstritten war, mußte die Bevölkerung alsbald erfahren, wie unscharf in der Praxis die Grenze war zwischen einer „Befreiung aller Unterdrückten" und der „Unterdrückung aller Befreiten".

Kampfgebiet statt Neutralität

Der Kriegsverlauf selbst trug erheblich zu einer rasch wechselnden und oftmals verwirrenden Besatzungspolitik bei, nicht zuletzt nach der Erklärung des Reichskrieges, die der Regensburger Reichstag am 22. März 1793 beschloß. Nun war auch rechtlich jene Neutralität beendet, die sowohl die Kurpfalz als auch Pfalz-Zweibrücken anfangs für notwendig und nützlich gehalten hatten. Der Gegenstoß der Preußen und Österreicher erreichte 1793 das pfälzische Gebiet im Verlaufe des Sommers und Herbstes. Im Juli hatte die französische Besatzung in Mainz kapituliert. In einem Gefecht in der Nähe von Pirmasens blieben die Preußen am 14. September 1793 siegreich, der österreichische General Wurmser warf die Franzosen bei Weißenburg in einem recht erbitterten Kampf zurück. Dennoch mißlang den Preußen und den Österreichern ein weiterer Vormarsch; starke französische Kräfte, aus Frankreich herangeholt, verhinderten eine Ausnützung der Siege bei Pirmasens und Weißenburg. Die Österreicher beendeten die Belagerung Weißenburgs im Dezember 1793 und brachen auch die Einschließung Landaus ab. Der Sieg, den die Preußen in der fast drei Tage dauernden Schlacht bei Morlautern in der Westpfalz Ende November 1793 errungen hatten, half den Österreichern in der Südpfalz am Ende doch nichts. Von Landau und Weißenburg aus zogen sich die Österreicher über den Rhein zurück; die Preußen aber, deren Kriegsführung mit den Österreichern von Anfang an nur unzureichend abgestimmt war, hielten es für geraten, durch einen Rückzug nach Mainz jedem größeren Risiko zu entgehen.

Im April 1795 schloß Preußen in Basel einen Sonderfrieden mit Frankreich und schied damit aus dem Krieg aus. Man vereinbarte für die norddeutschen Gebiete eine Neutralität, Frankreich versprach, daß es in den Regionen, die nördlich der Demarkationslinie lagen, keine Kriegshandlungen mehr vornehmen werde. Die Konsequenz dieses Arrangements zwischen Preußen und Frankreich war eine Konzentration der Kämpfe zwischen Österreichern und Franzosen auf Süd- und Südwestdeutschland sowie, wie sich bald zeigen sollte, auf Oberitalien. Die Sicherung der Rheingrenze gehörte zu den vorrangigen Zielen der französischen Kriegsführung. So kam es denn auch nach einer längeren Kampfpause im Spätsommer 1795 zu einem erneuten Vorstoß französischer Truppen am Niederrhein. Der General Jourdans eroberte Düsseldorf, eine der vier Residenzsstädte Karl Theodors. Die kaiserlichen Truppen mußten sich bis in das Gebiet südlich der Lahn zurückziehen. Unterdessen eröffneten französische Truppen, geführt von dem General Pichegru, am Oberrhein eine Offensive. Sie zielte auf den Sitz der kurpfälzischen Regierung, die befestigte Stadt Mannheim.

Was damals geschah, ist nie in allen Details geklärt worden. Es steht nur fest, daß sich Mannheim kaum verteidigt hat und daß die Franzosen möglicherweise viel schneller in den Besitz der kurpfälzischen Hauptstadt gelangten, als sie selbst erwartet hatten. Die militärische Lage war für die Franzosen jedenfalls nicht allzu günstig, als sie ihren Vorstoß unternahmen. Im Süden stand der österreichische General Wurmser mit seinen Verbänden, im Norden der Stadt, nicht allzuweit entfernt, befand sich ein Truppenkontingent, befehligt von dem Oberkommandierenden, dem General Clerfait. Es scheint der Wille Karl Theodors gewesen zu sein, die Stadt Mannheim mit allen zur Verfügung stehenden Mitteln gegen die Franzosen zu verteidigen. Jedenfalls verfügte der Kurfürst von München aus in zwei Instruktionen (vom 3. und 12. September 1795) an die kurpfälzische Regierung in Mannheim, daß die Stadt erst dann übergeben werden dürfe, wenn es anders keine Rettung mehr gäbe. Als der französische General Pichegru am 19. September mit einer Beschießung drohte und die sofortige Übergabe der Stadt forderte, beeilten sich die Verantwortlichen – das waren der Minister Franz Albert von Oberndorf und der Gouverneur Baron von Belderbusch – mit Kapitulationsverhandlungen und unterschrieben bereits am Morgen des 20. September die entsprechende Urkunde. Die Garnison wurde nach Bayern geschickt, nachdem die kurpfälzischen Unterhändler zugesichert hatten, daß diese Truppe künftig nicht mehr eingesetzt werde. Man sprach damals von Verrat und Bestechung, weil anders schwer zu erklären war, daß sich die Mannheimer Garnison nicht gewehrt hatte, obwohl sie angesichts der nicht allzuweit entfernten kaiserlichen Verbände mit einem Entsatz hätte rechnen können. Da auch Düsseldorf ähnlich rasch in französische Hand gelangt war, kam der Verdacht auf, die Minister Karl Theodors ständen mehr auf der Seite der Franzosen als auf der Seite von Kaiser und Reich.

Bald nach der Übergabe Mannheims besiegten kaiserliche Verbände die Franzosen bei Handschuhsheim vor den Toren Heidelbergs. Bei ihrem überstürzten Rückzug suchten die Geschlagenen Schutz in Mannheim. General Wurmser rückte am 17. Oktober von Norden und Süden mit insgesamt 36 000 Mann gegen die Stadt vor. Nach heftigen Kämpfen im Vorfeld wurde Mannheim weitgehend eingeschlossen. Die Aufforderung zur Übergabe lehnte der französische Kommandant ab. Ende Oktober brachten die Franzosen, die bei Mainz eine Niederlage erlitten hatten, noch einige tausend Mann ihrer Besatzung auf die linke Rheinseite. Mit 10 000 Soldaten verteidigten sie Mannheim weiterhin. Mitte November begann die große Beschießung der Stadt. Als die Verteidiger am 22. November ihren Widerstand einstellten und kapitulierten, „glich Mannheim mehr einem Schutthaufen als einer Residenzstadt". Fast kein Haus sei mehr unbeschädigt gewesen, hat ein Chronist vermerkt. In den militärischen Statistiken des Kampfes um Mannheim ist zu lesen, daß in den Tagen der Belagerung „21 105 Schüsse getan wurden". Es waren im übrigen die Bürger, die in der belagerten Stadt den Aufstand probten und beim französischen Kommandanten schließlich die Einstellung der Kämpfe erzwangen. Noch lange wurde vergebens darüber gestritten, ob ein entschlossener Widerstand gegen die Franzosen im September 1795 die Stadt Mannheim vor jenen großen Zerstörungen bewahrt hätte, die im November bei der Rückeroberung durch die kaiserlichen Truppen entstanden sind.

Da die Kaiserlichen im Verlauf der Kämpfe um Mannheim auch die linksrheinische Schanze besetzten – ein Platz, an dem im Verlaufe des 19. Jahrhunderts die Anfänge der Stadt Ludwigshafen entstanden –, erreichte der Krieg für kurze Zeit wieder die heutige Pfalz. Die Franzosen räumten nach ihrem Rückschlag bei Mainz im November 1795 die Städte Worms und Speyer und gaben große Teile des linksrheinischen Gebietes auf. Ein überraschender Waffenstillstand, den der Kaiser Ende 1795 mit Frankreich vereinbaren ließ, schuf innerhalb der heutigen Pfalz eine Trennungslinie: die Franzosen durften Annweiler, Pirmasens, Zweibrücken und Blieskastel behalten. Die anderen Teile der Pfalz blieben von Dezember 1795 bis Mai 1796 in der Hand der Österreicher. Als diese den Waffenstillstand aufkündigten und den Kampf gegen Frankreich fortsetzten, waren die Franzosen bei einigen Gefechten in der Pfalz erfolgreich. Speyer wurde wieder französisch, die Österreicher zogen sich nach Norden bis in die Gegend von Frankenthal zurück.

Die große Auseinandersetzung hatte sich inzwischen auf die oberitalienischen Territorien verlagert. Erstmals verbreitete sich der Ruhm des Generals Napoleon Bonaparte, der in Italien die Österreicher besiegte. Das hatte zur Folge, daß die Österreicher die linke Rheinseite verließen. Nur in Mainz blieb eine Besatzung zurück. Im Frieden von Campo Formio bestätigte Österreich am 17. Oktober 1797 die bestehenden Machtverhältnisse auf der linken Seite des Rheins. In einer geheimen Zusatzvereinbarung versicherte die österreichische Verhandlungsdelegation gegenüber dem siegreichen General Napoleon Bonaparte, daß bei einer allgemeinen Friedensregelung die französischen Forderungen, den Besitz der linken Rheinseite betreffend, auch rechtlich bestätigt würden. Diese Absichtserklärung, die Österreich abgerungen wurde, betraf das ganze linke Rheinufer von Basel bis an die Nette bei Andernach, eingeschlossen den linksrheinischen Mannheimer Brückenkopf und die Festung Mainz. Ausgenommen waren nur die preußischen Besitzungen. Im Frieden von Lunéville, im Jahre 1801, wurden die – geheimen – Vereinbarungen von Campo Formio in völkerrechtlich verbindlicher Form bestätigt. Man war sich darüber einig, daß die betroffenen weltlichen Fürsten auf andere Weise, nämlich durch die Zuweisung von Territorien, zu entschädigen seien, die bis dahin unter geistlicher Herrschaft gestanden hatten. Der Kaiser, die weltlichen Fürsten und Napoleon betrachteten den geistlichen Territorialbesitz als Ausgleichs- und Reservefonds des Reiches.

Die neuen Ideen

Zwischen den Jahren 1792 und 1797 änderten sich in der heutigen Pfalz nicht allein die Herrschaftsverhältnisse, man wurde mit neuen Ideen und Idealen bekannt gemacht und erlebte speziell im sogenannten Plünderwinter 1793/94 die Schrecken des Krieges und der Fremdherrschaft auf eine so drastische Weise, daß der Glaube an die versprochene neue Ordnung rasch und nachhaltig ins Wanken geriet. Will man verstehen, wie tiefgreifend das Leben und das Denken am Ende des 18. Jahrhunderts von Frankreich her beeinflußt worden ist, dann muß man ein wenig an die Anfänge erinnern.

Das Ende des alten Regimes in Frankreich kündigte sich schon lange vor der Revolution von 1789 in der Literatur und in Aufklärungs-Schriften aller Art an. Die Regierungen in Frankreichs Nachbarregionen am Rhein registrierten mit zunehmender Besorgnis, daß der Geist der Opposition und des Aufruhrs, den die gedruckten Ideen der Aufklärer verbreiteten, nicht an den französischen Grenzen halt machte. Hauptsächlich von drei Orten aus drang die Gedankenwelt der Aufklärung in die pfälzischen Gebiete ein: von Straßburg, Weißenburg und Landau. Man wußte bei der kurpfälzischen Regierung, daß es schwierig sei, das eigene Territorium gegen die französischen Einflüsse abzusperren, aber man versuchte es dennoch. Bereits im Jahre 1788 verschärfte die kurpfälzische Regierung die Kontrolle der Zeitungen und sprach Verbote aus. Nach Ansicht der Behörden verbreiteten die Zeitungsschreiber oft nichts anderes als Gift. Nach dem 14. Juli 1789 verbot man die Einfuhr von Zeitungen und Broschüren aus Frankreich. Das war angesichts der komplizierten Grenzverläufe und der engen Nachbarschaft zu Landau und Weißenburg eine nur wenig Erfolg versprechende Maßnahme. Die kurpfälzische Regierung wußte das und ergänzte deshalb das Einfuhrverbot. Auch das Verteilen und das Vorlesen aus derartigen Druckerzeugnissen wurden mit einer Strafe bedroht. Wegen der zahlreichen Analphabeten legte man besonderen Nachdruck auf das Vorleseverbot. Noch mehr als die gedruckten Erzeugnisse mit ihren aufklärerischen und damit nach Ansicht der Behörden schon aufrührerischen Inhalten fürchteten die damals Herrschenden jene Männerbünde, die fast überall in Europa mit der Aufklärung entstanden waren und sich in der zweiten Hälfte des 18. Jahrhunderts rasch ausgebreitet hatten: die Bünde der Freimaurer und der Illuminaten. Diese mehr geheimnisvoll sich gebenden als geheimen Vereinigungen Gleichgesinnter galten als höchst verdächtige Bünde.

Die Illuminaten beunruhigten die Mächtigen allem Anschein nach fast noch mehr als die Freimaurer. Wer zu den Illuminaten gehörte, der propagierte die Anwendung der Vernunft auf das öffentliche Leben und galt deshalb auch als ein entschiedener Gegner der Kirche und der kirchlichen Institutionen. In der Kurpfalz wollte sich die Regierung noch im Jahre 1791 gegen die Illuminaten dadurch zur Wehr setzen, daß sie „Religionsspötterei und unerlaubte Kritik gegen Kirche und Staat" zum Straftatbestand machte, wobei es selbstverständlich den kurfürstlichen Behörden überlassen war, im Einzelfall zu bestimmen, welche Art des Spottes und welche Kritik unerlaubt seien. Nicht ohne Grund befürchteten die – absolutistisch – Herrschenden, daß der Geist der Aufklärung, den die Illuminaten verbreiteten, sich auch in der Verwaltung des Staatswesens einnisten und so zersetzend wirken könne, wie angewandte Vernunft nun einmal die Unvernunft zersetzt. So kam es in der Kurpfalz zur frühen Form eines Radikalen-Erlasses. Man verlangte von Bewerbern für den Staatsdienst eine Loyalitätserklärung, die durch Eid zu bekräftigen war. Wer an den Zusammenkünften der „Illuminaten" teilnahm, der verlor, falls er ertappt wurde, seine staatliche Stellung. Auf Milde konnte er allerdings dann rechnen, wenn er Anzeige erstattete und Gesinnungsfreunde denunzierte. Alle diejenigen, die sich als Verbreiter und Verteidiger der Revolutionsideale hervortaten, machten sich eines Vergehens schuldig, das man „Schwarmgeisterei" nannte.

Trotz dieser Gesinnungsschnüffelei legten die Mächtigen in den pfälzischen Territorien, speziell die kurpfälzischen Autoritäten, doch Wert auf möglichst korrekte Beziehungen zu den französischen Nachbarn. Man lebte in Furcht vor der Macht der Revolutionäre. Das zeigte sich besonders deutlich in der Flüchtlingsfrage, als nach der mißlungenen Flucht Ludwigs XVI. immer mehr Emigranten in den pfälzischen Gebieten Schutz suchten. Diese meist aristokratischen Flüchtlinge wollten sich in der Pfalz keineswegs dauerhaft niederlassen. Sie hofften auf baldige Rückkehr und setzten zumindest verbal den Kampf gegen die Revolutionäre fort, die ihnen Privilegien und Besitz genommen hatten. Im Amtsdeutsch nannte man die Aktivitäten dieser Franzosen „Umtriebe". Ihr oft anmaßendes Verhalten war für die kurpfälzische Regierung ebenso ärgerlich wie die Propagierung der Revolutionsideen durch die Freunde der Aufklärung. Die pfälzischen Ämter durften deshalb auf Weisung der Regierung Karl Theodors „den Umtrieben der Flüchtlinge" keinerlei Vorschub leisten. In der Mannheimer Residenz erwartete man von den Amtleuten in den Grenzbezirken bei Landau und Weißenburg täglich einen Lagebericht. Man fürchtete und verurteilte zwar die Revolution, aber für die französischen Revolutionäre wollte man dennoch ein guter, keineswegs ein feindlicher Nachbar sein.

Der Vormarsch des Generals Custine beendete im Jahre 1792 weitgehend die Tätigkeit der Emigranten auch in den Regionen, die sich, wie die Kurpfalz und Pfalz-Zweibrücken, aus dem Konflikt zwischen Frankreich und den konservativen Mächten Österreich und Preußen heraushalten wollten. Die französische Besatzung besaß auf dem linken deutschen Rheinufer in den „Patrioten", wie sich die Bewunderer der französischen Revolution gerne nannten, eine offen hervortretende Gruppe von Gesinnungsfreunden und Verbündeten. Einige dieser „Patrioten" waren zuvor ins nahe Straßburg ausgewichen und kamen nun in die Heimat zurück. Wie populär die Revolution und ihre Menschenrechts-Ideen am Anfang gerade bei jüngeren Intellektuellen waren, weiß man aus den Biographien einiger der großen deutschen Dichter, man denke nur an Schiller oder an Hölderlin. Daß sich Studenten mit blau-weiß-roten Kokarden schmückten, war damals eher die Regel als die Ausnahme.

Unter dem Schutz der französischen Besatzung machten die deutschen „Patrioten" Mainz zu ihrem Hauptquartier. In Mainz erschien auch eine Zeitung, geleitet von Georg Wedekind, mit dem Titel „Der Patriot". In Landau und in Speyer fanden sich Gleichgesinnte zusammen und gründeten „Jakobinerklubs" – ähnlich den Klubgründungen in Worms, Mainz und anderen linksrheinischen Städten. Als Vorbild galten jene radikalen französischen Demokraten, die sich als Angehörige der Nationalversammlung nach ihrem Versammlungsort, dem ehemaligen Kloster Saint Jacques, die „Jakobiner" nannten. Neben dem Begriff des „Patrioten" finden wir für die radikalen Demokraten in Deutschland auch andere Bezeichnungen, wie etwa „Demokraten" und „Republikaner". In der Pfalz hießen sie im allgemeinen die „Klubisten". Ob diese deutschen Jakobiner mit ihren Klubs bereits als die eigentlichen Begründer eines Parteiwesens gelten dürfen, ist umstritten. Ganz sicher waren sie Gesinnungsgemeinschaften, die politisch Einfluß nehmen wollten und auch Einfluß genommen haben. Die Sammlung der Massen gehörte durchaus zum Programm der „Klubisten" oder „Patrioten". Allerdings blieb der große Erfolg fast überall aus.

Über die Vorgänge in Speyer ist man durch eine erhalten gebliebene Mitgliederliste und einige andere Aufzeichnungen ein wenig unterrichtet. Demnach umfaßte die Speyerer Gesellschaft der Verfassungsfreunde, der „Konstitutionszirkel", 43 Personen. Davon stammten 18 aus Speyer, die anderen 25 aus der Umgebung. Diese Mitglieder nannten sich selbst „Patrioten". Die meisten waren Landwirte oder Kaufleute. Von dem Speyerer Maler Johannes Ruland, der das Aufstellen eines „Freiheitsbaumes" vor dem Dom im Bild festgehalten hat, ist zum Beispiel bekannt, daß er an Klub-Versammlungen teilnahm. Wichtig war den Speyerer „Patrioten", daß die alten Symbole von öffentlichen Gebäuden und Kirchen entfernt wurden. Neben der Reinigung und Erneuerung der Symbolik bildete die Beschäftigung mit dem Gerichtswesen und dem Strafrecht einen wichtigen Punkt in den Erörterungen der „Patrioten". Als die Franzosen das alte, stets mit drakonischen Strafen drohende Recht durch ein neues Recht ersetzten, beseitigten die „Patrioten" in Speyer zum Zeichen der Modernisierung – im Sinne der Aufklärung – den Galgen und den Lasterstein.

Während der „Franzosenzeit" kam es neben Speyer und Landau auch zu Klubgründungen in anderen Orten, so in Neustadt und Zweibrücken. Hinweise sprechen dafür, daß alle diese nachmals pfälzischen, beziehungsweise rheinhessischen Klubs – Mainz und Alzey zum Beispiel – mit Hilfe des Straßburger Klubs entstanden sind. Einige Begriffe, die uns heute noch geläufig sind, findet man erstmals bei den Klubs. So etwa den „Moderateur" – das war der Vorsitzende, der die Diskussion leitete. Man traf sich im allgemeinen wöchentlich. Jeden Monat wählte man erneut den Vorstand. Die Klubs hielten miteinander Verbindung und tauschten Redner aus. Finanziert wurde das Klubleben zunächst durch freiwillige Spenden, später durch einen monatlichen Beitrag, dessen Höhe jeder selbst bestimmte. Die Versammlungen hatten oftmals den Charakter von Bildungs-Veranstaltungen. Die Erklärung von Begriffen wie „Freiheit", „Gleichheit", „Republik", „Patriotismus" galt als wichtig. Ein allgemein beliebtes Vortrags-Thema war die „Geschichte der Revolution". Ganz im Stile der französischen Freunde lautete eine Begrüßungs- und Erkennungsformel: „Freiheit oder Tod". Das allgemeine Ziel war die Abschaffung jeglicher Fürstenherrlichkeit zugunsten einer Volksherrschaft. Man fühlte sich durch das politische Prinzip der Mitbestimmung verbunden; die Zugehörigkeit zu einem bestimmten Territorium, zu einer ethnischen Gruppe oder Rasse, die Sprache – all das sollte zweitrangig sein gegenüber der verbindenden demokratischen Idee, zu der die Verteidigung von Freiheit und Menschenwürde gehörte. „Patriotismus" wurde verstanden als Verbundenheit mit Gleichgesinnten. Was das Verhältnis zur Kirche betraf, so tut man den „Klubisten" oder „Patrioten" sicherlich nicht Unrecht, wenn man sie dem Lager der Anti-Klerikalen zurechnet. Das Wort „Pfaffenherrschaft" ging ihnen leicht über die Lippen. Stets betonten sie den Unterschied zwischen dem Christentum und dessen „Vertretern auf Erden".

Die Radikalität mancher Forderung und mancher Begriffe kann nicht darüber hinwegtäuschen, daß die „Patrioten" doch „bürgerliche Demokraten" geblieben sind. Sie verlangten zwar neben der Rechtsgleichheit auch die soziale Gleichheit oder Gleichstellung, propagierten aber keine Gütergemeinschaft. Die Angleichung der Besitzverhältnisse erhofften sie sich von einer Steuerreform, bei der eine direkte Besteuerung entsprechend der Leistungsfähigkeit den Vorrang haben sollte gegenüber den – indirekten – Steuern. Ganz entschieden verlangten die „Patrioten" eine Justizreform mit Richterwahl, Geschworenengerichten und öffentlichen Verfahren. An einigen dieser Programmpunkte der „Patrioten" oder „Klubisten", wie der Forderung nach Steuergerechtigkeit oder dem Bestehen auf einem öffentlichen Gerichtsverfahren, erkennt man, wie groß der Wandel ist, den diese radikalen Demokraten am Ende doch bewirkt haben: was damals als umstürzlerische, französische Neuerung galt, das ist längst zum Verfassungsgebot geworden.

Erste Wahlergebnisse

Am Beispiel der Stadt Speyer läßt sich zeigen, daß die „Patrioten" oder „Klubisten" bei der Bevölkerung nur wenig Resonanz erzielten. Die Speyerer entschieden sich bei den ersten Wahlen zu einem nach französischem Vorbild geschaffenen Rat der Stadt, einem Munizipalrat, für die Wiederwahl alter Ratsmitglieder und verweigerten den Kandidaten der „Klubisten" die Zustimmung. Das betraf auch den damaligen „Maire" der Stadt Speyer, Karl Ludwig Adolf Petersen. Ihn hatten die Franzosen mitgebracht und eingesetzt. Den Einwohnern von Speyer war dieser „Bürger Petersen" wohlbekannt. Er hatte nämlich in früheren Jahren das Amt eines Ratskonsulenten versehen. Man vermutete nun, daß er insgeheim den Illuminaten angehört habe. Da Petersen als Maire in Speyer, wie von der Besatzungsmacht befohlen, den Feudalismus abschaffen mußte, machte er sich bei der Enteignung der Kirchengüter nicht überall beliebt. Auch der Auftrag, neue Vermögens- und Einkommensregister als Grundlage einer anderen Art der Besteuerung anzulegen, war kein Mittel, mit dem ein Maire seine Popularität in der Stadt vergrößerte. Als Petersen sogleich auch eine Reform des Schulwesens begann, geriet er dazu noch mit lutherischen Geistlichen in Streit.

Das alles erklärt vieles, aber es erklärt, wenn man die Vorgänge in Speyer als ein Exempel für die Anfänge der Umwälzung nimmt, nicht allein, weshalb der Kandidat Petersen bei der geheimen Wahl nur 25 von 479 abgegebenen Stimmen erhielt. Es scheint, als seien diese ersten modernen Wahlen in der Pfalz, die in den meisten Orten am 24. Februar 1793 stattfanden (in Speyer und in Worms verzögerten sie sich wegen des Widerstandes der Bevölkerung), nicht nur von lokalen Ereignissen beeinflußt worden sondern auch von der allgemeinen Entwicklung. Im Frühjahr 1793 kehrte der Krieg in einige Regionen zurück, und außerdem hörte man aus Paris mancherlei Nachrichten über einen bevorstehenden Staatsbankrott der jungen Republik. Unter solchen Umständen rechneten viele Wähler sicherlich damit, daß die Herrschaft der Franzosen und der mit ihnen verbundenen Freunde der Revolution und der Konstitution nur eine Episode bleiben werde. Die Rückkehr zu den alten Machtverhältnissen schien bevorzustehen.

Die Franzosen hatten ohnedies vorsichtig operiert, als sie die Wahlen zu den kommunalen Räten mit der Wahl von Deputierten zu einem „Rheinisch-Deutschen Nationalkonvent" verbanden. Mit den kurpfälzischen Territorien war nämlich ein erheblicher Teil des linksrheinischen Gebietes von der Beteiligung an der Wahl ausgenommen. Man respektierte in diesem Falle die Neutralitätserklärung der kurpfälzischen Regierung Karl Theodors. Im nicht besetzten Herzogtum Zweibrücken, das ebenfalls seine Neutralität betont hatte, sorgten die Franzosen jedoch dafür, daß eine Wahl stattfand, obwohl auch die Neutralität dieses Territoriums rechtlich erst nach der Erklärung des Reichskrieges durch den Regensburger Reichstag am 22. März 1793 aufgehoben war.

Trotz der Bestellung durch die Volkswahl blieb die Legitimation des in Mainz tagenden Nationalkonvents höchst zweifelhaft. Fast überall hatte sich nur eine Minderheit an dieser Wahl beteiligt. Die Deputierten waren meist Jakobiner, Mitglieder des Mainzer Klubs. Auf Antrag Georg Forsters, einem bedeutenden Gelehrten und Schriftsteller, der unter den deutschen Jakobinern eine führende Rolle spielte, beschloß der Mainzer Konvent eine Unabhängigkeitserklärung für das linksrheinische Gebiet zwischen Landau und Bingen, die Trennung dieser Territorien von Kaiser und Reich, die Abschaffung aller Herrschaftsverhältnisse und aller Fürsten sowie den Anschluß an Frankreich. Eine von Forster geführte Delegation reiste nach Paris und bat den Pariser Konvent um Zustimmung zu dem Anschluß-Gesuch. Diese Zustimmung, am 30. März 1793 ausgesprochen, hatte allerdings für die Praxis nur noch einen geringen Wert, denn während der Reise der Forster'schen Delegation veränderten sich die Machtverhältnisse. Preußische Truppen belagerten nun Mainz, den Sitz des Konventes; nahezu überall waren die französischen Truppen aus dem pfälzischen und rheinhessischen Gebiet zurückgedrängt. Als Mainz am 23. Juli 1793 kapitulierte, endete auch die Mainzer Republik.

In der Pfalz hat es im März 1793 noch andere Gebietsveränderungen gegeben. Bereits im Februar ersuchten einige hessische Dörfer im Pirmasenser Gebiet um eine Angliederung an Frankreich. Der Pariser Konvent stimmte diesem Gesuch in seiner Sitzung vom 14./15. Februar 1793 zu. Einen Monat später gelang es den Franzosen, insgesamt 32 Orte in der Südpfalz ebenfalls für ein Anschlußgesuch zu gewinnen. Von nun an gehörten kurpfälzische Orte wie Billigheim, Klingenmünster, Gleiszellen, Rohrbach und Steinweiler zu Frankreich. Vom Herzogtum Zweibrücken entschieden sich unter anderem Bergzabern, Barbelroth, Niederhorbach und Winden für einen Wechsel. Essingen, ein dalbergisches Dorf, votierte ebenfalls für den Anschluß. Alle diese Orte zählten fortan zum Verwaltungsbezirk „Niederrhein" – dem „Departement Bas-Rhin". Einige Dörfer zwischen Queich und Lauter widersetzten sich dem französischen Ansinnen. Landau blieb trotz der unterschiedlichen Voten nicht länger ein isolierter Vorposten, es wurde zur Grenzfestung der Franzosen.

Später, bei der Gründung des französischen Departements Donnersberg, verlief die Grenze zwischen den Bezirken „Niederrhein" und „Donnersberg" weiterhin mitten durch die heutige Südpfalz. Das hatte mit dem Frieden von Lunéville im Jahre 1801 auch kirchenrechtliche Folgen. Das Bistum Speyer hörte linksrheinisch auf zu existieren, für die Katholiken des Departements Donnersberg war der Mainzer Bischof zuständig, die Katholiken des Departements „Niederrhein" unterstanden kirchlich allesamt dem Bischof von Straßburg.

Insgesamt war die Situation der Kirchen und der Geistlichen besonders in den ersten Jahren der Franzosenzeit alles andere als rosig. Die französischen Revolutionäre verlangten von den katholischen Priestern eine Eidesleistung. Sie sollten die im November 1790 erlassene Zivilverfassung des Klerus beschwören. Wer sich dagegen wehrte, der wurde verfolgt und bestraft. Viele kirchen- und papsttreue Kleriker in Frankreich verloren ihr Leben. Eine Gruppe geflohener elsässischer Pfarrer suchte im Jahre 1791 Schutz und Hilfe auf der pfälzischen Seite des Speyerer Bistums. In einer Erklärung begründeten die Flüchtlinge ihre Eidesverweigerung. Ihr Oberhirte, der Fürstbischof von Speyer, leitete diese Erklärung an den Reichstag weiter und bat um Abhilfe. Diese offene Parteinahme gegen die französischen Revolutionäre mußten nach dem Vorstoß der französischen Truppen im Jahre 1792 vor allem diejenigen Pfarrer büßen, die die Erklärung ihrer geflohenen elsässischen Kollegen ebenfalls unterschrieben hatten. Von ihnen verlangte man nun auch den Treueid. Im Falle einer Verweigerung reagierte die Besatzungsmacht ohne Zögern. Am 21. Oktober 1792 holten acht französische Reiter den Pfarrer von Eschbach – am Fuße der Madenburg – aus der Kirche und führten ihn als Gefangenen durch Weißenburg. Den Pfarrverweser von Münchweiler, ein Ordensgeistlicher, bestrafte man wegen Eidesverweigerung mit einer anderthalbjährigen Gefängnishaft; er verbüßte sie im fernen Besançon. Solche und ähnliche Vorgänge lösten eine regelrechte Priesterflucht aus, nachdem die Franzosen offiziell erklärt hatten, daß der 4. März 1793 der letzte Termin für eine Eidesleistung der katholischen Pfarrer sei. Der Fluchtweg führte über den Rhein. Die wenigen Pfarrer, die blieben, verbargen sich in der Nähe ihrer Gemeinden und amtierten heimlich. Vom Pfarrer von Wiesbach wurde berichtet, er habe beim Herannahen der Franzosen stets rasch einen Bauernrock angezogen. Vereinzelt sollen sich Pfarrer in der Franzosenzeit mit Hilfe der Einheimischen im Pfälzer Wald versteckt und dort zuweilen Brautpaare getraut haben.

Der schlimme Winter

In den Jahren 1793 und 1794 verwandelte sich mancher Deutsche in der Pfalz und in den anderen linksrheinischen Gebieten, aber auch in den nicht von Franzosen besetzten Territorien, von einem Freund und Bewunderer der französischen Revolution in einen Gegner Frankreichs. Mehrere Ereignisse trugen zu diesem Umschwung bei. Da war einmal die Hinrichtung des Königs und das immer schlimmer werdende Schreckensregiment der radikalen Weltverbesserer, die eine mangelnde Überzeugungskraft durch den Terror und durch das Fallbeil ersetzten. So hatte man sich die neue Zeit nicht vorgestellt, als man in den Aufklärungszirkeln über ein neues, gerechtes und humanes Strafgesetz diskutierte und sich deshalb der Gesinnungsschnüffelei einer absolutistischen Herrschaft erwehren mußte.

Die zweite, zunächst nicht erwartete Wendung, die nach der Machtübernahme durch die radikale Linke in der französischen Politik eingetreten war, betraf die Frage der Staatsziele. Begonnen hatte es damit, daß die revolutionären Führer des Pariser Konvents in Paris versprachen, sie wollten allen Völkern, die ihre Freiheit ersehnten, brüderlich zur Seite stehen und ihnen helfen. Nun aber, nach dem Beginn eines Machtkampfes mit den konservativen Staaten, mit Österreich und Preußen vor allem, entdeckte die radikale Konventsmehrheit in Paris, geleitet vom Jakobinismus, den alten Machtstaat neu und knüpfte, ohne es freilich offen zu sagen, an die Politik eines Ludwig XIV. an. Man proklamierte das Ziel der „natürlichen Grenzen" der französischen Republik. Das seien die Pyrenäen, die Alpen und der Rhein.

Was dies für die besetzten Gebiete im linksrheinischen Deutschland bedeutete, sollte sich bald in drastischer Weise zeigen. Die mit immer größer werdenden finanziellen Schwierigkeiten konfrontierten Pariser Machthaber entdeckten die besetzten linksrheinischen Territorien als Versorgungsbasis für die „Sansculotten" (die Soldaten der Revolutionsarmee, die keine Kniehosen wie die Aristokraten trugen) und als Geldquelle zur Auffüllung der Staatskasse. Der in Frankreich bestimmende „Wohlfahrtsausschuß" verfügte, daß das eroberte Land die Armee versorgen müsse. Man vergaß die ursprünglich angekündigte Bruderschaft mit den Befreiten und besann sich auf die alten, gerade in der Pfalz nur zu gut bekannten Methoden der Geldbeschaffung und der Versorgung. Die Generale hatten den Auftrag, Geld einzutreiben und die wichtigsten oder vornehmsten Bewohner der Gemeinden bis zur Bezahlung als Geiseln zu nehmen. Neben den Reichen mußten vor allem die kirchlichen Einrichtungen Kriegssteuern zahlen. Der für die Pfalz zuständige Befehlshaber ging ganz systematisch vor, indem er die Forderung nach Sachleistungen mit Geldforderungen verband. Für die Ausrüstung der Soldaten wichtige Güter wie Leder, Leinen und Tuch wurden speziell im Amt Neustadt beschlagnahmt. Das im Lambrechter Tal ansässige Gewerbe sollte mit dafür sorgen, daß das Militär 10 000 Hosen, 20 000 Hemden, sowie 10 000 Röcke oder Mäntel erhalte. Das ganze Amt Neustadt hatte außerdem nicht weniger als vier Millionen Livres innerhalb einer Woche abzuliefern, in barem Geld wohlgemerkt. In entsprechender Höhe nahm die Besatzung Eigentum als Sicherheit in Anspruch.

Fast in allen Chroniken der pfälzischen Orte findet man Details über das Vorgehen der französischen Soldaten und Behörden. So erpreßten 30 französische Soldaten am 4. Januar 1793 in Lauterecken 12 000 Livres als sogenannte Brandschatzung und nahmen drei angesehene Bürger als Geiseln nach Kaiserslautern mit. Im Wachenheimer Ratsprotokoll ist vermerkt, daß die Franzosen am Neujahrstag 1794 in die Stadt einfielen. Sie haben „alle und jede unserer Mitbürger aufs erbärmlichste mißhandelt und geplündert", notierte der Stadtschreiber. Am 2. Januar 1794 bestimmten der Kriegskommisar Beaufumé und sein Generaladjutant Delborn, daß Wachenheim 10 000 Livres Kontribution zahlen müsse. Verlangt wurden außerdem: „50 Ochsen und Kühe, 15 000 Pfund Brot, 600 Gebund Heu, 30 Logel Branntwein, 200 Pfund Zucker, 100 Ellen Blautuch und 500 Pfund Speck". Die Stadt Wachenheim mußte sich mit der Erfüllung dieser Forderung beeilen. Ablieferungstermin war der nächste Morgen, andernfalls werde man, so die Drohung der beiden Besucher, das „Städtlein in Brand stecken".

Einen französischen Kommissar namens Heyl, der in St. Martin seine Forderungen stellte – am gleichen 2. Januar 1794 wie auch in Wachenheim und anderswo – und sich durch eine mitgeführte Husarenschwadron zusätzlich Respekt verschaffte, fand der Bürgermeister Müller zunächst mit 40 Gulden ab. Doch das war nur ein bescheidener Anfang. Im Februar machten Plündertrupps Edenkoben und die ganze Umgebung unsicher. Dabei hatten sie es unter anderem auf Kirchenglocken abgesehen. Der Kommissar Heyl ließ indes in St. Martin mit sich handeln. Er verkaufte dem Bürgermeister die Kirchenglocke des Ortes für 334 Gulden und 21 Kreuzer und quittierte das Geld am 20. April 1794. – Als in jenen Tagen der Verwalter der Kropsburg und der dalbergischen Kellerei in Abwesenheit seines in preußischen Diensten stehenden Herren die Bezahlung von 7000 Gulden Brandschatzung aus Geldmangel ablehnen mußte, wurde er zusammen mit einigen Männern und Frauen als Geisel nach Landau mitgenommen. Über die Bezahlung von 37 Gulden Verpflegungskosten für die St. Martiner Geiseln existiert noch eine Quittung.

Viele erhalten gebliebene persönliche Aufzeichnungen berichten von Ausschreitungen und von Plünderungen, bei denen oft der ganze Hausrat verschwand, ohne daß dies dem offiziellen Auftrag entsprochen hätte. Es gab darüber zahlreiche heftige Beschwerden. Die Vertreter des Pariser Wohlfahrtsausschusses bei der Mosel-Armee wollten die Plünderungen unterbinden. Sie setzten durch, daß nur noch Angehörige einer „Kommission für Heeresunterhalt" im Feindesland bei der Beschaffung von Naturalleistungen und Geld tätig sein sollten. Man nannte diese Einrichtung auch „Kommission für Ausleerung", ihre Mitglieder waren die „commissaires de grippe". Sie begleiteten die Truppen bei ihrem Vormarsch und waren allseits als „Greifer" gefürchtet. Besonders berüchtigt war ein Mann namens René Legrand, der „Schrecken und Verzweiflung bis in die Hütten der Armen" verbreitete, wie es in einem Bericht des Volkskommissars Becker hieß, den die französische Regierung zur Prüfung der zahlreichen Beschwerden in die linksrheinischen Gebiete entsandt hatte. Dieser Legrand, so Becker, besitze eine geheime, von dem berühmt-berüchtigten Saint Just unterzeichnete Instruktion. Auf die Beschwerden der Ausgeraubten pflege Legrand zu antworten: „Alles ist unser. Ihr sollt nichts behalten, als die Augen zum Weinen . . .".

Bei seinen Recherchen fand der Volkskommissar Becker schnell heraus, daß manche der Ausleerungs-Kommissare kräftig in die eigene Tasche gewirtschaftet hatten, indem sie sich immer wieder Geld bezahlen ließen, ohne diese Leistungen zu quittieren und an die Staatskasse abzuführen.

Mehr als einmal entzogen sich Einwohner der heimgesuchten Orte den Schikanen und Ausplünderungen durch die Flucht über den Rhein. Für die Katholiken war das – bischöfliche – Bruchsal dabei oft ein erster Zielort. Wenn, wie es in einzelnen Fällen geschah, ein Ort oder ein Ortsteil in Flammen aufging, weil die geforderte Kontribution nicht bezahlt worden war, blieb den obdachlos Gewordenen ohnedies nichts anderes mehr als die Suche nach einer neuen Existenz.

Von allen pfälzischen Orten ist wohl die Stadt Kusel, damals zum Herzogtum Zweibrücken gehörend, am schlimmsten heimgesucht worden. Obwohl der französische Kommandant den Bürgern von Kusel Ruhe und Sicherheit versprochen hatte, erging am 26. Juli 1794 plötzlich der Befehl an alle Einwohner, sie sollten die Stadt binnen einer halben Stunde verlassen, andernfalls drohe ihnen die Todesstrafe. Die französischen Offiziere waren selbst ratlos wegen dieses Befehls und zeigten Mitleid mit den Zivilisten. Doch das nützte nichts. In Panik packte man die Habseligkeiten zusammen, die man in der kurzen Zeit finden und auf einen Wagen laden konnte und floh aus der Stadt. Am Abend war Kusel nur noch ein rauchender Trümmerhaufen. Der Konventskommissar Hentz hatte, wie sich herausstellte, die Niederbrennung veranlaßt. Der Grund für diese unverständliche Aktion war die Behauptung, in Kusel seien Wertscheine, sogenannte Assignaten, der französischen Regierung gefälscht worden. Die Strafe für eine nur behauptete, aber allem Anschein nicht bewiesene Fälschung, traf insgesamt 1300 Menschen, die ihr Obdach verloren. Der Konventskommissar Hentz, ein Mann aus der Gruppe um Robespierre, überlebte die Untat von Kusel nur noch kurze Zeit. Er wurde ebenso wie sein Mentor Robespierre ein Opfer der Schreckensjustiz jener Epoche und starb unter dem Fallbeil.

Abgesehen von derartigen Akten der Willkür wie dem Niederbrennen von Kusel und abgesehen von den Schrecken der Ausplünderung litten die Pfälzer in vielen Orten besonders darunter, daß das Hin und Her der Kämpfe zwischen Franzosen und Preußen kaum aufhörte und die Besatzung immer wieder wechselte. Die Preußen beschränkten sich bei ihrer kurzfristigen Rückkehr in der Pfalz keineswegs auf militärische Operationen. Sie machten auch Jagd auf Franzosenfreunde, auf „Patrioten", unterstützt von deren Gegnern, den „Aristokraten". Die festgenommenen „Patrioten", meist Opfer von Denunziationen, wurden oft durch Stockschläge traktiert, ein Mittel, das kaum jemals den gewünschten Gesinnungswandel bewirkt hat. Als die Franzosen zurückgekehrt waren, gehörten die Häuser geflohener Aristokraten zu den bevorzugten Objekten der Rache und der Plünderung. Später, nach der Vereinigung des Landes mit der französischen Republik, wurden einige der von den Gegnern verfolgten „Patrioten" durch ein Schmerzensgeld entschädigt. Diese finanzielle Wiedergutmachung durch „die große Mutter Republik" für ihre „gedrückten und mißhandelten Söhne" erfolgte in unterschiedlicher Höhe. Aus den Unterlagen der Stadt Dürkheim geht hervor, daß einer der Betroffenen ein Schmerzensgeld für seine fünf Jahre dauernde Vertreibung aus dem Vaterlande beantragt hatte. Ein 80 Jahre alter Greis war ein halbes Jahr eingesperrt worden und hatte an einem Tag nicht weniger als 300 Stockschläge erhalten. Nicht alle „Patrioten" überlebten übrigens die zeitweilige Rückkehr der Preußen im Jahre 1793. In den Dürkheimer Akten findet man den Namen eines Erschossenen. Ihm war, anders als einem Gesinnungsfreund, die Flucht nach Landau nicht mehr geglückt.

Neue Verwaltung – neue Symbole

Im Herbst 1794 erkannte man im Pariser Wohlfahrtsausschuß, daß die versuchte „Ausleerung" der besetzten Gebiete in mehrfacher Hinsicht ein Fehlschlag war. Vor allem das finanzielle Ergebnis enttäuschte. Als Volksrepräsentant beim Heer sollte der „Bürger" Merlin aus Diedenhofen den Schaden für Frankreich begrenzen. Merlin berief die Kommissare ab. Der Bevölkerung versprach er Sicherheit, Freiheit und Schutz des Eigentums, wenn sie loyal mit Frankreich zusammenarbeite. Auf die Abführung der Kontributionen und auf das Requirieren von Versorgungsgütern für die Armee verzichtete Merlin allerdings nicht, auch wenn er eine Beschwerdeinstanz, das „bureau des réclamations" einrichtete und ein willkürliches Handeln des Militärs unterband. Der lothringische Volksrepräsentant begann mit einer neuen Verwaltungseinteilung in zunächst 13 Bezirken (Arrondissements). Dabei herrschten wirtschaftliche Gesichtspunkte vor. Eine „Zentralstelle für Steuern und Domänen" bestimmte nun über den früheren Besitz der Kirchen, der geflüchteten Bewohner und der Landesherren, seien es Güter, Wälder oder bergbauliche Anlagen. Als Merlin eine Art Fünfer-Direktorium an die Spitze seiner Zentralverwaltung stellen wollte, meldeten sich die „Patrioten" zu Wort und verlangten eine Volkswahl dieser Verwalter und Repräsentanten. Man einigte sich schließlich auf die Einsetzung einer obersten Behörde mit Sitz in Kreuznach. Ihr sollten aus der Pfalz die Revolutionsfreunde Sturtz aus Zweibrük-ken und Moßdorf aus Grünstadt angehören; der in Speyer nicht zum Bürgermeister gewählte Petersen, ein erfahrener Verwaltungsfachmann, war als Beigeordneter vorgesehen. Die Einteilung in Bezirke reduzierte man auf sechs.

Als Merlin nach Paris zurückkehrte – ohne daß sein Plan verwirklicht worden wäre –, wurde ein Elsässer, der Straßburger Domänenbeamte Bella, zum obersten Verwaltungschef der linksrheinischen Gebiete ernannt. Gegenüber den Militärs hatte der um Recht und Ordnung bemühte Bella keinen leichten Stand. Er blieb auch nur relativ kurze Zeit im Amt.

Frankreich, das seit dem Sonderfrieden von Basel und den dort gemachten Zusagen Preußens mit einer dauerhaften Verfügung über die linksrheinischen Gebiete rechnete, änderte im Frühjahr 1797 erneut seine Besatzungspolitik. General Hoche erhielt nun als eine Art Militär- und Zivilgouverneur den Auftrag, für eine Neuordnung zu sorgen. Er tat dies, indem er zunächst die alten Verwaltungsbehörden und Gerichte wieder amtieren ließ, die Requisitionen beendete und stattdessen die Steuern erhöhte. Die Geistlichen verwalteten nun die Kirchengüter wieder selbst, mußten allerdings bestimmte Erträge abführen. Die Pfalz, ausgenommen große Teile der Südpfalz, wurde von Kreuznach oder von Zweibrücken aus verwaltet. Fünf Mitglieder zählte die Kreuznacher Bezirkskommission, darunter Petersen. Die Bezirkskommissionen führten die Aufsicht über die Justiz, die Polizei und die innere Verwaltung. Sie mußten auch dafür sorgen, daß die geforderten Finanzbeiträge zur Besatzung gerecht auf die einzelnen Ämter aufgeteilt wurden. Da Deutsche im Auftrag der Besatzungsmacht die Aufsicht über die traditionelle Verwaltung ausübten, war man sich über die weiteren französischen Absichten nicht ganz im klaren. Unter den alten Revolutionsfreunden bildeten sich zwei Gruppen: die eine Gruppe plädierte für einen Anschluß an Frankreich, die andere wollte eine sogenannte „Cisrhenanische Republik", losgelöst von Kaiser und Reich. Sie sollte nicht ein Teil der französischen Republik sein, aber unter dem Schutz des westlichen Nachbarn stehen. Die Befürworter der eigenen Republik fand man hauptsächlich in den rheinischen Bezirken, in Koblenz, Bonn und Köln. In der Pfalz, in Trier und in Aachen setzten die „Patrioten" mehr auf eine direkte Verbindung mit Frankreich. Sie glaubten, das sei wirtschaftlich vorteilhafter und verschaffe zudem mehr politischen Einfluß.

Die Zweifel klärten sich dadurch, daß im September 1797 in Paris die Freunde der „Partei der natürlichen Grenzen" durch einen Staatsstreich an die Macht gelangten und der mit Österreich am 17. Oktober 1797 geschlossene Friede von Campo Formio den Franzosen ganz offiziell die Rheingrenze in Aussicht stellte. Bereits einen Tag nach dem Inkrafttreten des französisch-österreichischen Friedensvertrages erhielt ein aus dem Elsaß stammender Richter am Pariser Kassationsgerichtshof, Franz Josef Rudler mit Namen, den Auftrag, als „Generalkommissar" die Verwaltung der besetzten linksrheinischen Territorien zu übernehmen. Sein Amtssitz war Bonn. Rudler sollte für das ganze Gebiet sogleich eine Verwaltung nach französischem Vorbild einrichten. Das bedeutete auch ein neues Steuersystem, eine Gerichtsbarkeit nach französischem Muster und die Schaffung von Verwaltungen zur Nutzung der Wälder und der Bodenschätze. Vorgesehen waren deutsch-französisch besetzte Behörden, in denen allerdings die entscheidenden Positionen den Franzosen vorbehalten blieben. Nach diesen Instruktionen begann Rudler mit einer Einteilung in Departements und Kantone. Teile der Westpfalz kamen zum „Departement Saar" mit dem Sitz in Trier, der größte Teil der Pfalz gehörte nun zum Departement Donnersberg (Mont Tonnère) mit Sitz in Mainz; die Kantone Landau, Dahn, Bergzabern, Kandel wurden als Teile des Departements Niederrhein („Bas-Rhin") weiterhin von Straßburg aus verwaltet. Auch die Kantone Annweiler und Pirmasens, von denen einzelne Gemeinden schon 1791 an das Departement Niederrhein gelangt waren, trennte man vom Hauptteil der Pfalz.

Die Verwaltung des Departements, deren Spitze aus fünf Personen bestand, drei Deutsche und zwei Franzosen, führte die Aufsicht über die Gemeinden. Der Generalkommissar bestimmte die Verwaltungsspitze. Eine Wahl wie in Frankreich war nicht vorgesehen. Unter den deutschen Verwaltern fand man „Klubisten" und auch sogenannte „Cisrhenanen", Befürworter einer eigenen, linksrheinischen Republik. Die „Klubisten" warben für den freiwilligen Anschluß an Frankreich, ganz im Sinne des Generalkommissars Rudler und der Pariser Regierung. In der Bevölkerung regte sich jedoch Widerstand. Viele erhofften sich die Rückkehr der alten Herrschaft, der weltlichen und der geistlichen Fürsten. Rudler startete eine profranzösische Aktion: die Gemeinden sollten Dankadressen einsenden. Der Erfolg war dürftig. Von insgesamt 3500 Gemeinden im linksrheinischen, von Frankreich beherrschten Gebiet erhielt Rudler nur von etwa 1000, oft kleinen Gemeinden solche Dankadressen. Die Zahl der Unterschriften erreichte bei insgesamt 1,3 Millionen Einwohnern nur 57 000.

Das Auslegen der Adressenlisten führte in vielen Gemeinden der Pfalz zu Auseinandersetzungen zwischen Befürwortern und Gegnern eines Anschlusses an Frankreich, zumal die Befürworter zugleich oft das Pflanzen eines Freiheitsbaumes empfahlen. Es wurde diskutiert und agitiert. Von Lauterecken ist überliefert, daß in den 22 Gemeinden des Kantons insgesamt 727 Personen eine Adresse unterschrieben, in der sie „aufs feierlichste erklären, daß ihr Wunsch und Wille die Vereinigung mit der französischen Republik sei". In einer der Kantonsgemeinden leistete niemand eine Unterschrift. Rudler ärgerte sich allem Anschein nach über die geringe Zustimmung zu seiner Aktion. Weil im Kanton Wolfstein nur aus fünf Gemeinden einige wenige Unterschriften zu erhalten waren, behauptete Rudler in einem Bericht an seinen Vorgesetzten, den Justizminister in Paris, „diese Einwohner sind ziemlich dumm. Sie wollen nicht unterschreiben, weil sie wissen, daß man sie nicht zwingen kann". Diesem sicherlich nicht gerade starken Argument fügte Rudler die Bemerkung hinzu: „Außerdem haben sie noch keine Vorstellung von republikanischen Prinzipien, und alle Mühen, die man sich macht, um sie darüber zu unterrichten, haben bis heute keine oder nur eine sehr geringe Wirkung erzielt".

Rechtlich war die Unterschriftenaktion ohne Bedeutung. Als die Angliederung an Frankreich vollzogen war, kam es mancherorts zu einer bemerkenswerten Reaktion: man zog da und dort nachträglich die geleistete Unterschrift zurück und entschuldigte dies mit dem Hinweis, daß man unter dem Einfluß eines Böswilligen leichtfertig gehandelt habe. Immerhin zeigen derartige Erklärungen ebenso wie die Klagen Rudlers über die Leute, die sich nicht zwingen lassen, daß das Regime nicht bedrückend gewesen sein kann. Die rechtsstaatlichen Einrichtungen der neuen Herren erweckten offenbar doch ein gewisses Vertrauen in die Meinungsfreiheit.

Im Februar 1798 hatte der Generalkommissar wiederum eine Idee, mit der er erreichen wollte, daß die Bevölkerung in den linksrheinischen Gebieten allgemein und offen ihre Sympathie mit der französischen Revolution und deren Errungenschaften bekunde. Durch ein Dekret ordnete Rudler an, daß „sowohl Manns- als Frauenspersonen" eine blau-weiß-rote Kokarde tragen sollten; wer dies nicht tue, der müsse mit einer Gefängnisstrafe von acht Tagen rechnen. Diese Strafdrohung schreckte nur eine Minderheit. Die Strafen, wenn sie überhaupt verhängt wurden, scheinen im allgemeinen milde gewesen zu sein. Ein Mann aus St. Martin, den im Juni 1799 in Neustadt zwei Gendarmen wegen des Fehlens einer Kokarde arretierten, verbrachte nicht sieben Tage, wie ihm angedroht, im Gefängnis sondern nur wenige Stunden. Auch die Anregung, überall in möglichst feierlicher Form (dazu gab es eine ausführliche Vorschrift) Freiheitsbäume zu pflanzen, stieß oftmals nur auf geringe Begeisterung. In Neustadt und Dürkheim wie auch in anderen Orten sägten Unbekannte den neu gepflanzten Baum ab. Allerdings war die Tendenz in dieser Frage in der Pfalz uneinheitlich. Von manchen Ortschaften ist bekannt, daß solche Freiheitsbäume mit einer gewissen Begeisterung gepflanzt worden seien. Allgemeine Zustimmung fand sicherlich eine Amnestie, die am 23. März 1798 verkündet wurde. Sie stellte alle „gegen die französische Republik begangenen Vergehen und Verbrechen" frei von Verfolgung.

Im Jahre 1798 mußte man sich in der Pfalz neben Kokarden und Freiheitsbäumen noch an eine andere Errungenschaft des revolutionären Frankreich gewöhnen: an den neuen Kalender. Er beseitigte die Sieben-Tage-Woche und damit auch den Sonntag und ersetzte die alte Ordnung durch ein Zehner-System. Jeder Monat hatte nun drei Dekaden und dauerte 30 Tage. Die überzähligen Tage des Jahres galten als Feiertage. Jahresbeginn war am 22. September. In der Übersetzung hießen die Monatsnamen nun „Weinmonat", „Nebelmonat" usw. Das Jahr endete mit dem „Fruchtmonat", dem Fructidor am 15. September. Sieben Feiertage wurden ebenfalls verordnet: der Neujahrstag am 22. September als „Fest der Stiftung der Republik" zum Beispiel. Das „Fest der Greise" feierte man im Hochsommer. Es fand am 10. Fructidor, am 27. August, statt. Daß die Popularität dieses republikanischen Kalenders nicht gerade überschäumend gewesen ist, läßt sich denken. Die Verlängerung der Arbeitswoche von sechs auf neun Tage hätte allein schon genügt, um die Abneigung gegen eine derartige Neuerung zu stimulieren.

Ein Hugenotte als Reformer

Vierzehn Monate nach den großen Veränderungen, die Napoleons Machtübernahme als Erster Konsul mit sich brachte, besiegelte am 9. Februar 1801
der Friedensschluß von Lunéville die völkerrechtliche Zugehörigkeit der
linksrheinischen Gebiete zu Frankreich. „Mit aller Souveränität und als Eigentum" besitze die französische Republik diese alten Reichsterritorien, las
man in dem vom Kaiser unterzeichneten Dokument. Die volle rechtliche
Gleichstellung im Innern durch das Inkraftsetzen der französischen Verfassung in diesem abgetretenen Reichsgebiet verfügte Napoleon dann am
23. September des Jahres 1802. Die Präfektur im Departement Donnersberg
lag von da an in den Händen eines Franzosen namens Jeanbon St. André, einem ehemaligen Hugenotten, der über das Studium der Theologie den Weg
zu den Jakobinern gefunden hatte und danach zum Anhänger Napoleons geworden war. Jeanbon beharrte auch unter Napoleons Staatsführung darauf,
daß die Gleichheit aller vor dem Gesetz, die unabhängige Justiz und die Freiheit des Gewissens die Grundlage der staatlichen und gesellschaftlichen
Ordnung sein müßten. Das bedeutete, daß der in Mainz residierende Statthalter Napoleons ganz im Sinne moderner Gewaltenteilung streng zwischen der
zivilen Verwaltung und einer unabhängigen Rechtssprechung unterschied.
Jeanbon teilte das Departement in vier Bezirke ein (Arrondissements), deren
Verwaltung mit Sitz in Mainz, Zweibrücken, Kaiserslautern und Speyer von
Unterpräfekten dirigiert wurde. Die früheren Kantone verloren als Verwal-
tungseinheiten an Bedeutung. Sie bildeten Wahlbezirke und bestellten den
Friedensrichter.

Die Zeitgenossen haben den im Departement Donnersberg allgewaltigen
Jeanbon in unterschiedlicher Weise charakterisiert. Man lobte ihn als einen
„Mann des Fortschritts" und als fähigen Verwalter, tadelte aber auch sein
schroffes Wesen. Es scheint, als habe sich ein von Jugend an vorhandener hu-
genottischer Missionseifer, basierend auf der Tradition des französischen Calvinismus, bei dem Präfekten Jeanbon gelegentlich bemerkbar gemacht, zumindest in der Abneigung dieses mächtigen Mannes gegen alles Katholische
und in dem Eifer, mit dem er sich für die Angleichung des Departements
Donnersberg an Frankreich, auch an französische Lebensart, einsetzte. Die
damals praktizierte Mischung von Zentralismus und Nationalismus zeigte
sich im ganzen öffentlichen Leben und in der Vorherrschaft der französischen
Sprache. Amtliche Dokumente, Urkunden mußten französisch geschrieben
sein, bei Gericht wurde in französischer Sprache – mit Dolmetscher – verhandelt.

Von den Neuerungen, die Jeanbon nach französischem Vorbild eingeführt
hat, ist einiges, nicht alles, geblieben. Wichtig war diesem Präfekten vor allem
eine moderne Justiz. Ein auf Zeit, nicht auf Lebenszeit bestellter Friedensrichter erledigte in den Kantonen als Einzelrichter die kleineren Streitigkeiten.
In Speyer, Kaiserslautern und Zweibrücken, den Bezirkshauptorten, setzte
man als nächsthöhere Instanz Zivilgerichte und Strafkammern ein. Eine wei-

tere Instanz waren die Kriminalgerichte am Sitz der jeweiligen Präfektur, also in Mainz, Trier oder Straßburg, soweit es die heutige Pfalz betraf; als Revisionsinstanz für Zivilprozesse richtete man einen Appellationsgerichtshof in Trier ein, eine Art Oberlandesgericht. Laien wirkten als Geschworene an der Rechtsprechung mit. Was heute selbstverständlich erscheint, bedeutete damals eine wichtige Neuerung: das öffentliche Verfahren, die mündliche Verhandlung.

Zu den in der Pfalz populären Errungenschaften der Franzosenzeit gehörte die Einführung des „Code civil" oder „Code Napoleon" als allgemeine Rechtsgrundlage, vergleichbar dem 1900 im Deutschen Reich in Kraft getretenen Bürgerlichen Gesetzbuch. Die Vorschriften des Code Napoleon – in einer guten und klaren Übersetzung ins Deutsche damals jedermann zugänglich – sorgten für allgemeine Rechtsgleichheit und beendeten die Zeit der Adels- und Herrschaftsrechte, den „Feudalismus" mit seinen Privilegien. Das neue Zivilrecht wurde in der napoleonischen Zeit durch Vorschriften für das Handelsrecht ergänzt. Auch ein Strafgesetzbuch sowie eine Zivil- und eine Strafprozeßordnung führte die französische Obrigkeit in den linksrheinischen Departements ein. Die neuen Gesetze und die neue Gerichtsverfassung beendeten nicht nur die von altersher bestehende Ungleichheit im Recht, sie sorgten in der Pfalz auch für eine allgemeine Rechtssicherheit, weil sie Schluß machten mit der unübersichtlichen Rechtspraxis in den zahlreichen pfälzischen Territorien.

Was die Wirtschaft betraf, so dekretierte das neue Recht die Gewerbefreiheit. Die unterschiedlichen Maßeinheiten und Gewichtssysteme verschwanden zugunsten eines metrischen Systems, das sich später überall auf dem Kontinent durchgesetzt hat. Eine feste Währung, mit Franken und Centimes, erleichterte den Handel. Der Wirtschaftsförderung diente auch der (vor allem unter militärischen Gesichtspunkten veranlaßte) Ausbau der Straßen und Verbindungswege; erinnert sei hier nur an die „Kaiserstraße", die von Mainz über Alzey und Kaiserslautern nach Metz und Paris führte.

Als französisches Territorium wurde die Pfalz auch kirchenrechtlich an Frankreich angepaßt. Für die Katholiken war nun das Konkordat verbindlich, das Napoleon mit der römischen Kurie im Jahre 1801 vereinbart hatte. In diesem Konkordat anerkannte Papst Pius VII. unter anderem die Zivilehe, außerdem stimmte er der Säkularisation zu und billigte damit den Verkauf von Kirchengütern, den die französische Besatzungsmacht in der Pfalz schon in den 90er Jahren des 18. Jahrhunderts begonnen hatte. Die Kirchen, die zum Gottesdienst nötig und noch nicht veräußert waren, sollten den Bischöfen wieder übergeben werden. Durch die Abmachungen über Grad und Umfang der Säkularisation blieben neben den Kirchen auch die Wohnungen der Pfarrer und der Bischöfe sowie die Seminargebäude im Kirchenbesitz. Anderer kirchlicher Besitz, Klöster zum Beispiel, gingen im Jahre 1802 „in den Besitz der Nation" über. In der Pfalz betraf dies unter anderem einige Kapuzinerklöster (Oggersheim, Frankenthal, Neustadt) und das Franziskanerkloster in Kaiserslautern. Auch die protestantische Kirche büßte einen Teil jenes

Grundbesitzes in der heutigen Pfalz ein, der ihr bei der Schlichtung des Religionsstreites im Jahre 1705 bestätigt und überlassen worden war. Die Geistlichen waren zum Treueid auf die Regierung verpflichtet. Den in Mainz residierenden, für das Departement Donnersberg zuständigen katholischen Bischof Colmar (ein Elsässer) hat Napoleon ernannt. Zu seinen Verdiensten gehört die Rettung des Speyerer Domes, dessen Abriß bereits geplant gewesen sein soll. Die Heiratsverbindung Napoleons mit Marie Louise von Habsburg habe, so behaupteten Zeitgenossen, dem Bischof ein wertvolles Argument gegenüber dem Kaiser Napoleon geliefert – der Mainzer Oberhirte konnte darauf hinweisen, daß König Rudolf, der Begründer des Hauses Habsburg, im Dom zu Speyer beigesetzt sei.

Die völkerrechtliche Abtrennung der linksrheinischen Territorien beendete auch die formal unter der Besatzung noch weiterbestehende Zusammengehörigkeit der kurpfälzischen Protestanten. Als oberste Kirchenbehörde amtierte für das ganze Departement Donnersberg ein Oberkonsistorium in Mainz, beaufsichtigt von dem theologisch vorgebildeten französischen Präfekten. Den organisatorischen und rechtlichen Veränderungen bei den Kirchen folgte vom Jahre 1806 an eine Reform der republikanischen Reform: die Sieben-Tage-Woche mit dem Sonntag und der ganze, von Papst Gregor eingeführte altgewohnte Kalender kamen wieder zu Ehren.

Eine Neuerung im Steuerwesen hat die Franzosenzeit ebenfalls nicht überdauert: die Türen- und Fenstersteuer. Diese Besteuerung der zur Straße oder zu einem öffentlichen Hof oder Platz weisenden Fenster hatte in manchen Fällen Konsequenzen bis in unsere Zeit: die Fenstersteuer veranlaßte in der Pfalz zum Bau von Häusern, die mit der Schmalseite an die Straße grenzen und dort oft nur ein Fenster haben. Zur damaligen Steuerreform, die insgesamt als eine sozial gerechte Maßnahme gelten konnte, gehörte die Einführung der direkten Besteuerung des Grundes und der Personen. Man löste im Jahre 1804 die alten Reallasten und Grundrenten ab, der Zehnte wurde abgeschafft und der Besitz konnte nun frei veräußert werden. Die neuen Steuern sollten dem Staat hohe Einnahmen sichern, deshalb empfand man sie als drückend. Daß ihre Höhe sich an der Leistungsfähigkeit der Besteuerten orientierte und diese Steuern deshalb gerechter waren als das alte, die Unfreiheit konservierende Grundlasten- und Abgabesystem, blieb unbestritten.

Auf der Habenseite der Reform läßt sich auch das Bemühen der französischen Verwaltung um eine Verbesserung der Landwirtschaft in der Pfalz verbuchen. Die Aufhebung der alten Jagdprivilegien führte zu einer Reduzierung des Wildes, so daß man die wegen dauernden Wildschadens brachliegenden Felder wieder bestellen konnte. Für den Bezirk Zweibrücken errechnete der dortige Unterpräfekt, daß sich auf diese Weise die ständig bebaute Fläche um ein Drittel erhöht habe. Das Trockenlegen von Sümpfen in der Rheinebene, das der französische Präfekt veranlaßte, diente ebenfalls der Gewinnung neuen, wertvollen Ackerlandes. Jeanbon verbesserte sein Ansehen ganz allgemein dadurch, daß er sich bemühte, den Bauern Erkenntnisse über eine moderne Landwirtschaft zu vermitteln.

Der Krieg, den Napoleon mit den Briten führte, wirkte sich auf die pfälzische Landwirtschaft nachhaltig aus. Die Kontinentalsperre schloß den französischen Einfluß- und Herrschaftsbereich für viele Jahre von den überseeischen Kolonien ab und damit auch von den begehrten Kolonialwaren, deren wichtigste der aus dem Zuckerrohr gewonnene Zucker war. Zur Eigenversorgung mit Zucker förderte deshalb der Präfekt Jeanbon in seinem Departement den Anbau der Zuckerrübe. Er wurde so zum Initiator eines für die Pfalz wichtigen Wirtschaftszweiges.

Auch der Tabakanbau in der Vorderpfalz erlebte durch die Kontinentalsperre einen großen Aufschwung und erwies sich mit der Einführung des Tabakmonopols zugleich als eine gute staatliche Einnahmequelle. Daß die hauptsächlich zur Kriegsfinanzierung erfundenen neuen Steuern auf Verbrauchsgüter, auf Tabak und Wein, Bier, Branntwein und Salz die Bevölkerung nicht begeistert haben, wird man nachempfinden können. Einige dieser ursprünglichen Kriegsfinanzierungs-Steuern überdauerten in zuweilen leicht veränderter Form jede Art von politischer Veränderung und folgten so – trotz ihrer damals behaupteten Zweckbindung – dem Erfahrungsgrundsatz aller Finanzverwaltungen und Steuergesetzgeber, der da lautet: „alte Steuern, die etwas bringen, sind gute Steuern".

Was die nicht endenden Kriege betraf, die der Konsul und der Kaiser Napoleon führten, so wirkten sie sich noch auf ganz andere Weise auf die Bevölkerung aus als durch neue Steuern. Die französische Verfassung sah ausdrücklich eine allgemeine Wehrpflicht vor. Mit dem Inkrafttreten dieser Verfassung begann in den linksrheinischen Departements die Aushebung der Wehrpflichtigen. Zum Dienst verpflichtet waren die 19- bis 20jährigen. Sie mußten in Napoleons großer Armee dienen, wenn sie tauglich, unverheiratet, keine Halbwaisen waren und keinen Bruder in der Armee hatten. Der Widerstand gegen die Wehrpflicht nützte wenig. Die Behörden überwanden mit Hilfe der Staatsmacht den Unwillen der Wehrpflichtigen. Nicht wenige entzogen sich dem Dienst für Frankreich dadurch, daß sie über den Rhein flohen oder sich rasch verheirateten. Wer diese beiden Möglichkeiten nicht nutzen konnte oder nicht nutzen wollte, der hatte bis zum Jahre 1808 noch die Chance, daß er durch Losentscheid Zivilist blieb, denn in den ersten Jahren gab es in der Pfalz mehr Wehrpflichtige als dem – nach Regionen aufgeschlüsselten – Bedarf der Armee entsprach. Außerdem war der Gleichheitsgrundsatz bei der Wehrpflicht an einer entscheidenden Stelle aufgehoben: man konnte sich einen Vertreter kaufen, einen sogenannten „Einsteher". Das gab reichen Leuten Gelegenheit, ihren Söhnen den Wehr- und Kriegsdienst zu ersparen.

Als Napoleon nach 1808 immer mehr Soldaten benötigte, dehnte man die Wehrpflicht auf die 18jährigen aus. Beim verlustreichen Rußlandfeldzug im Jahre 1813 schützten dann auch die Heirat oder ein körperlicher Fehler nicht mehr vor der Einberufung. Allerdings wuchs mit der Gefahr auch die Neigung, sich dem Kriegsdienst zu entziehen. Die Verwaltung versuchte, mit sogenannten „mobilen Kolonnen" der Verweigerer habhaft zu werden. Ihnen drohten harte Strafen.

Als Napoleon seine Armee in Rußland in den Untergang führte und sich in der Völkerschlacht bei Leipzig viele seiner Verbündeten im Jahre 1813 gegen den Kaiser der Franzosen wandten, verließ auch mancher Pfälzer sein – französisches – Regiment, weil er nicht gegen deutsche Landsleute kämpfen wollte. Viele Pfälzer beendeten ihre Loyalität gegenüber Napoleon allerdings erst nach dem erfolgreichen Vorstoß der Preußen und der Russen über den Rhein. Andere wiederum blieben auch in der Niederlage solange bei Napoleons Fahne, solange diese noch wehte. Diese Wehrpflichtigen aus den linksrheinischen Gebieten mögen unterschiedliche Gründe für ihr Ausharren gehabt haben. Man wird zum Beispiel nicht vergessen dürfen, daß die Offiziere der französischen Revolutionsarmee meist durchaus tüchtige und gerechte Vorgesetzte waren. Auch die Ideen, die sich im revolutionären Frankreich durchgesetzt hatten, mögen eine Bindung an die ursprüngliche Fremdherrschaft bewirkt haben. Am wichtigsten von allem aber dürfte die Faszination gewesen sein, die von dem großen Korsen auch dann noch ausging, als ihn das Kriegsglück schon verlassen hatte.

XX
Schwieriger Anfang mit Bayern

Wäre es nach dem österreichischen Staatskanzler Fürst Metternich gegangen, dann hätte nach der Niederwerfung Napoleons nicht ein Wittelsbacher die linksrheinische Pfalz erhalten, sondern der österreichische Kaiser Franz. Als man beim Wiener Kongreß über die neuen deutschen und europäischen Grenzen beriet, die nach dem Ende der Franzosenherrschaft und nach der Säkularisierung der kirchlichen Territorien – darunter auch das Hochstift Speyer – einvernehmlich festgesetzt werden sollten, da glaubte der in Koblenz geborene österreichische Staatsmann Klemens von Metternich, daß die Verhandlungen zu einer Wiederherstellung der habsburgisch-österreichischen Führungsposition im Reich genutzt werden sollten. Das Haus Habsburg, das sich selbst eine österreichische Kaiserkrone geschaffen und die Krone des Reiches im Jahre 1805 aufgegeben hatte, sollte nach Metternichs Ansicht wieder der unmittelbare Nachbar Frankreichs werden und durch einen Gebietserwerb am Oberrhein seine alte Schutz- und Herrschaftsfunktion für die Territorien des Reiches betonen.

Es hätte sicherlich nahegelegen, dabei zuerst an eine Wiedergewinnung der vorderösterreichischen Gebiete in Süddeutschland zu denken, vor allem an den Breisgau, und an eine Rückgewinnung der früher habsburgischen Territorien im Elsaß. Doch Metternich war Realist genug, um solche Überlegungen von Anfang an zu unterdrücken. Einiges von dem, was Napoleon geschaffen und was der Kaiser des Reiches im Jahre 1801 im Frieden von Lunéville in erheblichem Umfang als rechtens anerkannt hatte, wäre nur gegen den erbitterten Widerstand des badischen Großherzogs und des württembergischen Königs wieder zu gewinnen gewesen. Auch durfte man dem besiegten Frankreich keine Gelegenheit geben, bei den Neuordnungen im Reichsgebiet die Schiedsrichterrolle in einem Streit der Sieger zu übernehmen. Ein habsburgischer Anspruch auf das Elsaß hätte nach Metternichs keineswegs unbegründeter Ansicht außerdem mehr Widerstand als Zustimmung in der Bevölkerung hervorgerufen. Viele Elsässer schätzten nämlich inzwischen die Errungenschaften der Revolutionszeit und der napoleonischen Epoche, weil der Feudalismus beseitigt war und die alten Privilegien einer allgemeinen Rechtsgleichheit hatten weichen müssen. Die Zugehörigkeit zu einem großen Staat und zur französischen Nation – einer auf Demokratie begründeten Willensgemeinschaft, unabhängig von sprachlich-kulturellen Unterschieden – schien den Bewohnern der einst in zahlreiche Einzelterritorien aufgesplitterten elsässischen Region doch attraktiver als die Aussicht auf eine Zugehörigkeit zum Vielvölkerstaat Österreich-Ungarn. Um dies zu vermuten, bedurfte es keiner Volksbefragung. Die Tatsache, daß viele Elsässer sich nach 1789 gegen das bourbonische Lilienbanner und für die blau-weiß-roten Fahnen als den Symbolen der Gleichheit, der Freiheit und der Brüderlichkeit entschieden hatten, war allgemein anerkannt. So blieben in Metternichs Kalkül vor allem die linksrheinischen Teile der Kurpfalz und die anderen, von den Franzosen ihrer Selbständigkeit beraubten linksrheinischen Territorien als erstrebenswerter Zugewinn für Habsburg-Österreich. Den Mittelpunkt eines neuen, linksrheinischen Österreich hätte die alte, strategisch wichtige Festung Mainz mit Teilen des Erzstiftes bilden sollen, denn die Erbmasse von Kurmainz war ebenfalls disponibel geworden.

Aus diesem Plan, der die pfälzische Geschichte ebenso verändert hätte wie die deutsche und die deutsch-französische Geschichte, ist nichts geworden. Nicht wegen der betroffenen Pfälzer oder Mainzer – die wurden nicht gefragt – sondern wegen der anderen Zukunftsvorstellungen des Kaisers Franz von Österreich und seiner militärischen Ratgeber. Auch das neue Königreich Bayern mit dem – pfälzischen – Wittelsbacher Maximilian I. Joseph und seinem Berater Graf Montgelas stand den Intentionen des Fürsten Metternich im Wege und verhinderte, daß der Speyerer Dom als Grabstätte Rudolfs von Habsburg in habsburg-österreichischen Besitz gelangte.

Will man verstehen, weshalb die heutige Pfalz – ursprünglich noch erweitert um den östlichen Teil des heutigen Saarlandes mit Homburg – damals zum bayerischen Rheinkreis, zu „Rheinbayern" geworden ist, dann muß man zunächst an den bayerisch-österreichischen Vertrag von Ried erinnern. Dieses Dokument entstand am 8. Oktober 1813, wenige Tage vor der Leipziger Völkerschlacht. Bayern gehörte damals noch zum Lager Napoleons. Metternich wollte die Bayern aus dem Rheinbund mit Frankreich lösen. Für den Anschluß an die von Österreich geführte Allianz sicherte man dem bayerischen König zu, daß sein Besitzstand beim Friedensschluß nicht angetastet werde und daß man im Falle von Gebietsänderungen auf Kosten Bayerns für einen entsprechenden Ausgleich sorge.

Beim Wiener Kongreß, bei dem die Engländer und die Russen ein gewichtiges Wort mitredeten, erhielt Preußen vor allem mit englischer Hilfe unter anderem die zum pfälzisch-wittelsbachischen Erbe gehörenden alten Herzogtümer Jülich und Berg. Zum Ausgleich für Maximilian I. Joseph, den Erben dieser rheinischen Gebiete, bekam das Königreich Bayern die hohenzollernpreußischen Besitzungen in Franken (Ansbach etc.). Zusammen mit den Territorien des alten Kurfürstentums Trier und anderer, rheinischer Territorien war Preußen am Ende ein Staat, der bis an die Saar und an die Nahe reichte, ein direkter Nachbar Frankreichs.

Österreich verlangte beim Wiener Kongreß von Bayern die Rückgabe von Tirol und Vorarlberg. Gemäß dem Vertrag von Ried entschädigte man Bayern mit den einst fürstbischöflichen Gebieten von Würzburg und – im heutigen Unterfranken – mit Teilen von Kurmainz rund um Aschaffenburg. Die österreichischen Generale wollten von Bayern allerdings noch mehr haben als Tirol und Vorarlberg, sie wollten das bis dahin nie österreichisch gewesene Salzburger Land und das Innviertel mit Braunau. Inn und Salzach sollten künftig Bayern und Österreich trennen. Zur Kompensation und zur Erfüllung des Versprechens von Ried bot man dem bayerischen König jene linksrheinischen – pfälzischen – Gebiete an, über die bis dahin noch nicht verfügt worden war, obwohl ein erheblicher Teil von ihnen zum alten pfälzisch-wittelsbachischen Erbe gehörte. Wie Preußen, dessen neuer rheinisch-westfälischer Besitz vom alten brandenburg-preußischen Territorium durch das Königreich Hannover getrennt war, würde nach dem Tausch Salzburgs gegen die linksrheinische Pfalz auch das Königreich Bayern nicht über eine Landverbindung zu dieser Neuerwerbung am Rhein verfügen. Dieser Umstand mißfiel dem pfälzischen Wittelsbacher Maximilian I. Joseph und seinem Sohn Ludwig. Der Kronprinz vor allem wollte nicht nur den linksrheinischen Teil der alten Kurpfalz. Er legte großen Wert auf die rechtsrheinischen Gebiete mit den Städten Heidelberg und Mannheim.

In den österreichischen Planungen fand sich ebenso wie in einigen bayerischen auch der Gedanke, daß man das Königreich Bayern für Salzburg und die Inn-Salzach-Grenze unter Umständen mit Kurmainz, Frankfurt und Teilen von Fulda entschädigen könne. Es lag jedoch nahe, wenigstens Teile des einst pfälzisch-wittelsbachischen Besitzes mit Bayern zu vereinigen. Die Wünsche und Forderungen des bayerischen Königs und seines Sohnes Ludwig waren, soweit sie Heidelberg, Mannheim und die Landverbindung mit Bayern betrafen, keineswegs nur von familiengeschichtlich-sentimentalen Erwägungen bestimmt, auch wenn sich der Kronprinz gelegentlich romantischen Neigungen hingab und Gedichte über die Ruinen des Heidelberger Schlosses schrieb. König und Kronprinz, bestärkt von Beratern wie dem Grafen Montgelas, deuteten die im Rieder Vertrag gegebene Zusage Österreichs, man werde die von und mit Napoleon geschaffene Souveränität des Königreiches Bayern auch weiterhin respektieren und als Grundlage der Zusammenarbeit ansehen, recht großzügig. Im Grunde erstrebte die bayerische Politik nichts anderes als eine Führungsrolle in Süddeutschland. Neben Österreich und Preußen wollte man der dritte große Staat im Deutschen Bund sein.

Als dieser Plan beim Wiener Kongreß scheiterte, unter anderem weil Württemberg und Baden jede Schmälerung ihres bereits bestehenden Besitzes strikt ablehnten, mußte Bayern das Angebot so akzeptieren, wie es dann zunächst im Ersten Pariser Frieden vom 30. Mai 1814 festgeschrieben worden ist. In diesem nach Napoleons Übersiedlung auf die Insel Elba mit Frankreich abgeschlossenen Friedensvertrag machte man die Grenzen des Jahres 1790 zur Grundlage des Kompromisses. Landau gehörte demnach weiterhin zu Frankreich. Die großen Mächte wollten Frankreich und den wieder an die Macht gelangten Bourbonen soweit wie möglich entgegenkommen und verzichteten deshalb in diesem Friedensschluß auf Gebietsverschiebungen, von denen man einen neuerlichen Streit hätte befürchten müssen. Die französische Festung an der Queich empfand man allerdings nach dem erneut gegen Napoleon geführten Feldzug, der nach der Schlacht von Waterloo mit der Besetzung von Paris durch preußische Truppen endete, doch als störend. So wurde Landau im Zweiten Pariser Frieden vom 20. November 1815 bayerisch oder, wie es damals auch hieß: rheinbayerisch.

Die Rheingrenze, so spekulierten die Wittelsbacher in München, werde nicht allzu lange Bestand haben. Anlaß zu derartigen Erwartungen gab die

Familiensituation beim badischen Großherzog. Ihm fehlte ein erbberechtigter Nachkomme. Da König Maximilian I. Joseph in zweiter Ehe mit Friederike Wilhelmine von Baden verheiratet war, glaubten die Wittelsbacher, daß ihnen nach dem Tode des Großherzogs das badische Erbe zufallen könne. Doch daraus wurde nichts. Der badische Großherzog sorgte im Jahre 1817 dafür, daß seine aus einer sogenannten morganatischen Ehe hervorgegangenen Kinder durch Gesetz als erbberechtigt anerkannt wurden und erreichte ein Jahr später beim Aachener Kongreß sogar die internationale Anerkennung der badischen Erbregelung. Noch freilich ließ man in München nicht alle Hoffnungen fahren. Die Hofjuristen beschäftigten sich weiterhin mit Schriftsätzen, in denen das Haus Wittelsbach einen Anspruch auf die ehemals kurpfälzischen, jetzt badischen Gebiete aufrecht erhielt. Eine pfälzische, eine kurpfälzische Re-Union oder Wieder-Vereinigung haben die noch viele Jahrzehnte dauernden Schriftwechsel scharfsinniger Rechtsbeistände nicht bewirken können.

Unruhiges Rheinbayern

Die bayerische Pfalz, so urteilt Hajo Holborn in seiner „Deutschen Geschichte der Neuzeit", sei in der Zeit nach Napoleon „zur Pflanzschule des politischen Radikalismus" geworden. Da Holborn, der als deutscher Emigrant in den Vereinigten Staaten lehrte, unter „Radikalismus" eine politische Verhaltensweise versteht, die nach den Ursprüngen, nach den Wurzeln der Demokratie und der Freiheitsrechte sucht, ist sein Kommentar über die Pfalz und die Pfälzer durchaus positiv zu bewerten. Die Pfalz erfreute sich unter den Demokraten und Liberalen in der ersten Hälfte des 18. Jahrhunderts eines ausgezeichneten Rufes. Das Hambacher Fest vor allem, aber auch der Verlauf der am Ende mißglückten „Bürgerlichen Revolution" von 1848/49 trugen entscheidend zu diesem Ruf bei.

Wie kam es dazu? Welches waren die Voraussetzungen? Bei der Suche nach einer Antwort finden wir mancherlei Ursachen, die jede für sich genommen nicht besonders ins Gewicht gefallen wäre, die aber in ihrer Summierung zu einem Sonderweg der Pfalz geführt haben, einem Weg jedenfalls, der doppelt markiert war: eine ältere Wegmarke wies nach Westen in Richtung Frankreich, die neue Wegmarke wies in Richtung München-Oberbayern. Die königlich-bayerische Regierung hat nach Ansicht der meisten bayerischen Landeshistoriker damals sogleich erkannt, daß ein gemeinsames bayerisches Staatsbewußtsein nur entstehen könne, wenn man sich in München gegenüber den fränkischen und pfälzischen Neuerwerbungen mit ihrem starken protestantischen Bevölkerungsanteil und mit den verschiedenartigen Rechtstraditionen großzügig verhalte und auf eine Gleichschaltung verzichte.

Diese bayerische Version enthält eine wohlwollende und teilweise auch durchaus zutreffende Beschreibung des Tatbestandes. Richtig daran ist, daß die königlich-bayerische Regierung von Anfang an gar nicht erst versucht hat, in der Pfalz die wichtigen rechtlichen Errungenschaften der Franzosenzeit abzuschaffen und das Rad der Geschichte wieder ein Stück zurückzudrehen. So behielten die Pfälzer ihren Code Napoleon und ihre unabhängigen, mit Berufsrichtern und Laien besetzten Gerichte. Die französische Verwaltungs-Einteilung änderte sich ebenfalls nur wenig. Da und dort machte man aus zwei Kantonen ein Land-Commissariat etwa für Neustadt und Dürkheim unter der Leitung eines Land-Commissars, dem Vorläufer eines heutigen Landrates. (In den sechziger Jahren wurden aus den Land-Commissariaten die Bezirke, in unserer Zeit die Kreise.) Beim Steuersystem änderte die bayerische Regierung in der Pfalz ebenfalls nur wenig an der französischen Hinterlassenschaft. Ein Mann wie der Graf Montgelas, den man mit gutem Grund den Vater des modernen Bayern mit seiner zentralen, manche sagen: zentralistischen Verwaltung nennt, orientierte sich als Freund der Aufklärung ohnedies gerne an französischen Vorbildern und fand die pfälzische Steuererhebung erfreulich effektiv (im Sinne der königlich-bayerischen Staatskasse). Tatsächlich trug denn auch der mit seinen zunächst etwa 540 000 Einwohnern im Vergleich zu den anderen acht bayerischen Kreisen am dichtesten besiedelte Rhein-Kreis ganz erheblich zur Finanzierung jener von König Ludwig I. errichteten aufwendigen Bauten bei, die München zu einer viel bewunderten Residenzstadt gemacht haben.

Für die Pfalz brachte die Hochschätzung ihres gut funktionierenden Steuersystems keinen Gewinn. Der Münchner Zentralismus verhinderte, daß die öffentliche Hand im Rhein-Kreis in einem nennenswerten Umfang investierte, etwa durch den Bau von Straßen. Auch bei den Personalentscheidungen der Münchner Regierung fühlte man sich in der Pfalz benachteiligt. Sowohl in der Verwaltung als auch beim Militär entstand der Eindruck, daß Beamte und Offiziere aus den altbayerischen Regionen bei der Zuweisung von verantwortungsvollen Aufgaben eher berücksichtigt würden als gleichermaßen qualifizierte Pfälzer. Insgesamt fühlten sich die Pfälzer schlecht behandelt und vernachlässigt. Es verstärkte sich im Laufe der Jahre die Meinung, daß die Regierung in München den fernen pfälzischen Landesteil als eine Art Kolonie betrachte, nicht als gleichberechtigten Teil des Königreiches. Daß ähnliche Klagen über den Münchner Zentralismus auch aus den neubayerischen Kreisen in Franken zu hören waren, konnte die selbstbewußten Pfälzer, die mit der neuen territorialen Ordnung in eine doppelte Randlage geraten waren – als Grenzland im Westen des Deutschen Bundes und als vom Kernland des bayerischen Königreiches räumlich abgetrenntes Gebiet –, nur wenig trösten. Der Beitrag, den sie mit ihren Steuergeldern zum raschen Wachstum der weit entfernten Residenzstadt München leisteten (statt 30 000 Einwohnern im Jahre 1800 zählte München im Jahre 1850 schon 110 000 Einwohner) war alles andere als ein gewollter Beitrag. Die Pfälzer vermißten in der Pfalz selbst einen kulturell-geistigen Mittelpunkt. Heidelberg und Mannheim fehlten ihnen.

Die Distanz zu München hatte jedoch, wie sich bald zeigen sollte, nicht nur Nachteile. Dank der weiterhin bestehenden klaren Gewaltenteilung und einer unabhängigen Justiz, an der auch die Bürger mitwirkten, herrschte in der Pfalz trotz der einengenden Karlsbader Beschlüsse, die Metternich in seinem Kampf gegen die „Demagogen" durchgesetzt hatte, ein relativ hohes Maß von Pressefreiheit. Neben Baden und Württemberg besaß die Pfalz in den

470

zwanziger und dreißiger Jahren des letzten Jahrhunderts insofern eine Sonderstellung im Deutschen Bund. Mancher Journalist, der sich als Freund der Aufklärung und der Freiheitsrechte verstand, zog in die Pfalz. Attraktiv war dabei auch, was oft übersehen wird, die Nähe zu Frankreich, speziell zu Straßburg und zum Elsaß. Man konnte, wenn Gefahr drohte, relativ rasch dorthin ausweichen und fand jenseits der Grenze Hilfe bei Gleichgesinnten.

Betrachtet man die relativ große Zahl von Zeitungen und Zeitschriften, die damals in der Pfalz herausgegeben wurden, dann hat man den Eindruck, daß zum Erbe der Franzosenzeit ganz allgemein ein überdurchschnittlich großes Interesse an Politik und eine erhebliche Lesefreudigkeit gehört haben. Die Pfälzer, so scheint es, waren insgesamt „politischer" in jener Zeit als die Bewohner der anderen sieben bayerischen Kreise. Auch dies erklärt sich aus den Lebensumständen und Erfahrungen. Zwei Jahrzehnte lang hörte man während der Zugehörigkeit zu Frankreich von demokratischen Rechten, von der Gleichheit aller vor dem Gesetz und hatte, wenn auch in bescheidenem Umfang, Gelegenheit, durch allgemeine Wahlen mitzuentscheiden. Nun aber war mit der Zugehörigkeit zu Bayern und – im Jahre 1818 – durch eine vom König gegebene, nicht von den Vertretern des Volkes geschaffene Verfassung die alte ständische Ordnung zum Teil wiedergekehrt. Solcher Spätglanz des Absolutismus in Bayern störte die Pfälzer umso mehr, als sie im benachbarten badischen Karlsruhe beobachten konnten, daß in einem Landtag ein freies Wort möglich war.

Was indes in der Pfalz sicherlich am meisten zu einem Aufbegehren und zur Ausbreitung eines Oppositionsgeistes beitrug, das war die schwierige wirtschaftliche Lage. Die Zeiten, in denen die Pfalz mit ihren Produkten von der Kontinentalsperre profitierte, diese Zeiten endeten mit Napoleons Niederlage. Nun drückten die Einfuhren aus Kolonien auf die Preise und verminderten so zum Teil die landwirtschaftlichen Einkommen – man denke nur an den Anbau von Tabak und an die neu aufgebaute Zuckerwirtschaft. Beim Tabak und bei dem anderen, besonders wichtigen Ausfuhrprodukt der Pfalz, beim Wein, verschlechterte sich die Lage mit dem Beginn des Jahres 1830 durch die Errichtung einer Zollgrenze, die Erhebung einer sogenannten Maut, die das Königreich Bayern am Ende des Jahres 1829 im Zusammenhang mit neuen Zollverträgen in Süddeutschland beschloß. Die pfälzischen Winzer trafen die neuen Handelsbeschwernisse auch deshalb so hart, weil sie in jener Zeit mehrere schwache Weinjahrgänge verzeichneten. Die Aufruhrstimmung, die im Jahre 1832 das Hambacher Fest zur ersten großen Protestveranstaltung in Deutschland machte, muß man im übrigen auch im Zusammenhang mit der allgemeinen Verteuerung der Grundnahrungsmittel sehen, verursacht durch eine Mißernte im Jahre 1831.

Nach dem Aufschwung, den gerade die Landwirtschaft in der Pfalz während der Franzosenzeit nahm, empfand man die Rückschläge, die schon 1816/17 durch wetterbedingte Mißernten eingesetzt und sich dann vor allem im Jahre 1831 wiederholt hatten, als besonders deprimierend. Statt des erwarteten Fortschritts erlebte man einen Rückschritt.

Zu den charakteristischen Besonderheiten, die uns einen Hinweis auf die damaligen Notzeiten geben, gehören die rasch angewachsenen Forstdiebstähle. In einigen Teilen des Pfälzer Waldes breitete sich dieses Delikt so sehr aus, daß die bayerische Regierung sogar Soldaten zur Bewachung des Brenn- und Nutzholzes abkommandierte. Jeder Fünfte in der Pfalz, so liest man in einer zeitgenössischen Darstellung, habe damals durch Holzdiebstahl gegen die Gesetze verstoßen. Von der 2 000 Einwohner zählenden Gemeinde Hambach weiß man, daß im Jahre 1832 in insgesamt elf Gerichtsverhandlungen 234 Hambacher wegen Waldfrevels zu Geldstrafen und zu Schadenersatz verurteilt worden sind. Der Holzdiebstahl war freilich nicht nur ein Delikt armer Leute, denen das Geld zum Kauf von Brennholz fehlte. Hier ging es an vielen Orten auch um die Auflehnung gegen eine Obrigkeit, die alte Rechte abgeschafft oder von den Franzosen verfügte Maßnahmen bestätigt hatte. Das betraf unter anderem die waldgenossenschaftlichen Rechte bei den Haingeraiden, die nun im wesentlichen der Staat beanspruchte, und es betraf Gemeinden, die für Holz aus dem Gemeindewald einen Marktpreis verlangten, nachdem sie zuvor jedem Gemeindeangehörigen für eine bestimmte Menge Brennholz nur die anfallenden Lohnkosten berechnet hatten. Da und dort hatte man auch das Gewohnheits-Recht zum Holen von Waldstreu eingeschränkt, nicht zuletzt, um den Wald zu schonen. Die bayerischen Forstgesetze von 1816, die nun in der Pfalz galten und von der Forstverwaltung streng angewandt wurden, änderten alte Rechte und schränkten alte Gewohnheiten ein, aber sie führten nach Ansicht von Fachleuten am Ende zu einem recht positiven Ergebnis, nämlich zu einer Aufforstung und damit auf lange Sicht zu einer Rettung von großen Teilen des Pfälzer Waldes. Diese, für die Zukunft disponierende neue Forstwirtschaft war, rückschauend betrachtet, gewiß notwendig. Die in Not lebenden Bewohner der Dörfer im Pfälzer Wald und am Haardtrand sahen jedoch verständlicherweise nur, daß sie jetzt weit mehr Geld für Brennholz bezahlen sollten als früher. Für manchen war der Holzdiebstahl fast eine Existenzfrage.

Pfälzische Opposition

Von der Not waren zunehmend auch Besitzende betroffen. Überall wurden Äcker, Felder und Weinberge zwangsversteigert, weil die Eigentümer die Steuern und die Hypothekenzinsen nicht mehr bezahlen konnten. Der Geist der Opposition, der sich unter solchen Umständen in der Pfalz ausbreitete, zeigte sich recht deutlich bei den Wahlen zum Landtag von 1831, den der bayerische König einberufen hatte. Die Wahlmänner der Stände, zum Beispiel der Landeigentümer, wählten für den Rheinkreis überwiegend solche Abgeordnete, die der Regierung als Liberale oder Demokraten kritisch gegenüberstanden und dem ebenso selbstherrlichen wie bauwütigen Monarchen mißtrauten.

In Bayern regierte seit 1825 Ludwig I. Er galt als ziemlich unberechenbar und verhielt sich zuweilen „wie ein gereizter Tyrann". Seine Begeisterung für Griechenland und für den Freiheitskampf der Griechen gegen die Türken führte, wie man sich erinnert, zur Ersetzung des Buchstabens „i" durch das „y" im Namen seines Königreiches Bayern und im Namen des damaligen pfälzischen Hauptortes Speyer. Der vom Klassizismus begeisterte Ludwig I. wollte von einer Verfassungsreform zur Begrenzung königlicher Macht und Herrlichkeit nichts wissen. Allerdings war er kein „Demagogenfresser" wie andere Fürsten seiner Zeit und kein Militärfanatiker. Die Schönheit begeisterte ihn mehr als der Paradeschritt. Mit Sorge sah Ludwig I., welchen Einfluß die französische Juli-Revolution von 1830 auf ganz Europa und besonders auf die französischen Nachbarregionen ausübte. Die Aufhebung der Pressefreiheit durch Karl X. von Frankreich hatte den Sturz dieses reaktionären Monarchen bewirkt. Louis Philipp von Orléans, ein Nachkomme Liselottes von der Pfalz, begründete die Epoche des „Bürgerkönigtums" in Frankreich. Man erweiterte das Wahlrecht zugunsten der ärmeren Schichten des Bürgertums. Die Kammern erhielten das Recht zur Gesetzesinitiative. Eine neue Klasse, das Bürgertum, gewann nach der Ablösung der – zurückgekehrten Aristokratie – die Macht im Staate. Diese Juli-Revolution von 1830 begünstigte die revolutionären Bewegungen in Belgien und in Polen. Das Verlangen nach bürgerlicher Freiheit verband sich in diesen Gebieten mit dem Wunsch nach nationaler Freiheit und Selbstbestimmung.

Die liberalen Ideen, die das französische Bürgertum durchsetzte, beunruhigten Ludwig I. von Bayern als den Herren eines dynastischen Obrigkeitsstaates. Der König reagierte unter anderem mit der Verschärfung der Zensur. Große Volksfeste wie das Münchner Oktoberfest hielt man für eine besondere Gefahrenquelle. Deshalb fahndete die königlich-bayerische Polizei auf diesem Fest nach Demagogen und Verschwörern. Ohne Erfolg. Daß ein Verdacht gegenüber derartigen Volksversammlungen nicht ganz und gar unbegründet war, sollte sich später in der Pfalz zeigen. Noch freilich herrschte Ruhe, auch im linksrheinischen Bayern. Über die Volksmeinung und Volksstimmung im Rheinkreis dürfte man sich in München allerdings kaum Illusionen gemacht haben, bildeten doch die pfälzischen Vertreter im Landtag von 1831 den harten Kern der liberalen Opposition. Daran änderte auch der Umstand nichts, daß die pfälzische Opposition sich in wichtigen Fragen in zwei Lager teilte: die einen, die Gemäßigten, versuchten, der Regierung durch eine begrenzte Zusammenarbeit Kompromisse abzuringen, die anderen, die man als Radikale bezeichnen kann, bevorzugten eine grundsätzliche Gegnerschaft. Sie wollten den Umschwung dadurch erzwingen, daß sie dem obrigkeitsstaatlichen Regime die Mitarbeit verweigerten. Einordnungen und Vergleiche zu späteren Parteibildungen, Demokraten und Liberalen zum Beispiel, bieten sich zwar an, sind aber nur bedingt möglich. Die Radikalen standen jedoch sicherlich den „Klubisten" der Jakobinerzeit in der Pfalz näher als die Gemäßigten.

Die einen und die anderen pfälzischen Vertreter wurden bei ihrer Rückkehr vom Münchner Landtag im Winter 1831 und 1832 überall wie Volkshelden empfangen und in besonderen Festen gefeiert. Die Bevölkerung schätzte diese Männer, weil sie in der Hauptstadt des Königreiches pfälzischen Widerspruchsgeist demonstriert hatten. Der Jubel der Landsleute veranlaßte einige Abgeordnete und Publizisten zum Nachdenken über eine Organisation von Gleichgesinnten. Das Ergebnis solcher Überlegungen zeigte sich in Zweibrücken am 29. Januar 1832. „Deutscher Vaterlandsverein zur Unterstützung der freien Presse" hieß die Organisation, deren Initiator der Abgeordnete und Advokat Friedrich Schüler gewesen ist. Beteiligt war an der Gründung auch der Redakteur und Schriftsteller Dr. Johann Georg August Wirth, Herausgeber der „Deutschen Tribüne". Der „Preßverein" fand rasch Zulauf. In ganz kurzer Zeit entstanden in der Pfalz und in zahlreichen anderen Regionen des Deutschen Bundes insgesamt 116 Zweigvereine mit rund 5 000 Mitgliedern. Der größte Teil der Mitglieder wohnte in der Pfalz, wo es in fast allen größeren Orten zu Vereinsgründungen kam, die nichts anderes waren als die Vorform einer Parteiorganisation.

Wirth, von Hause aus Jurist, stellte dem „Preßverein" seine „Deutsche Tribüne" als Publikationsorgan zur Verfügung und begünstigte so die rasche Verbreitung der Organisations-Idee. Zu den Mitgliedern des Preßvereins zählten auch Anhänger von Dr. Philipp Jakob Siebenpfeiffer, der den „Boten aus dem Westen" herausgab. Siebenpfeiffer hatte aus politischen Gründen sein Amt als Land-Commisär in Homburg aufgegeben. Der politische Mentor des westlich-republikanisch orientierten Siebenpfeiffer war der Freiburger Staatsrechtslehrer Karl von Rotteck. Daß Siebenpfeiffer sein Blatt „Bote aus dem Westen" nannte, verwies auf einen doppelten Sinn: es erschien im westlichsten Zipfel des Königreiches Bayern und sollte das „westliche", das aufklärerische Gedankengut verbreiten.

Der Preßverein hatte unter anderem den Zweck, Druck und Vertrieb oppositioneller Schriften zu fördern und die von Zensurstrafen betroffenen Journalisten samt ihren Familien zu unterstützen. Dies mißfiel der bayerischen Obrigkeit von Anfang an. Die Behörden waren beunruhigt, weil sie erkennen mußten, daß die Resonanz des von Wirth verfaßten Gründungsaufrufes in wenigen Tagen fast ganz Deutschland und sogar die französische Hauptstadt erreichte. (In Paris bildeten deutsche Intellektuelle und deutsche Arbeiter – Gast-Arbeiter würde man sie in unserer Zeit genannt haben – einen Zweigverein, dem auch Heinrich Heine und Ludwig Börne beitraten.) Die „Deutsche Tribüne" veröffentlichte Mitgliederlisten. Wer hier genannt war, der bekannte sich freimütig zur Opposition.

Das Signal von Hambach

Offiziell war der Preßverein bereits am 1. März 1832 von der bayerischen Regierung verboten worden. Solche Vereine, hieß es in der kühnen Begründung, seien „ein direkter Eingriff in die verfassungsmäßigen Rechte der Krone, in die konstitutionellen Attribute der Stände und in die Rechte der Gesamtnation". Man behinderte die Blätter von Siebenpfeiffer und Wirth durch Zensur und durch Schikanen gegen die Druckereien; Wirth selbst mußte für kurze Zeit ins Gefängnis. Diese Eingriffe gegenüber oppositionellen Publikationen regten Siebenpfeiffer zu der Überlegung an, ob nicht Volksfeste ein geeignetes, von der Zensur nicht zu behinderndes Mittel zur Darstellung des Volkswillens und zur Verbreitung politischer Ideen sein könnten. Eine Gelegenheit zur Verwirklichung dieser Überlegungen bot sich, als die „ Neue Speyerer Zeitung" am 18. April 1832 den Aufruf eines „Neustadter Geschäftsmannes" publizierte. Darin wurde angeregt, man solle sich am 14. Jahrestag der Verkündung der bayerischen Verfassung zu einem „Konstitutionsfest" auf der „so romantisch gelegenen Hambacher Schloßruine" treffen. Eine Gruppe von Mitgliedern des Neustadter „Preßvereins" korrigierte diesen anonymen Vorschlag bald darauf durch den öffentlichen Aufruf zu einem Treffen am 27. Mai, einem Sonntag. Das Fest solle „nicht dem Errungenen, sondern dem zu Erringenden" gelten. Es solle „dem Kampf für Abschüttlung innerer und äußerer Gewalt" dienen. Erstrebt wurden „gesetzliche Freiheit und deutsche Nationalwürde". Autor dieser öffentlichen Einladung war Siebenpfeiffer. Zeitungen außerhalb der Pfalz druckten den Neustadter Aufruf nach. Flugblätter, die von Hand zu Hand gingen, warben ebenfalls für die Fest-Idee.

Den erst seit kurzem amtierenden Chef der Kreisregierung in Speyer, den Freiherrn von Andrian-Werburg beunruhigte dieser populäre Aufruf. Am 8. Mai verbot er das geplante Volks-Fest. In der Umgebung von Hambach verstärkte man die Polizei und schränkte die Bürgerrechte zeitweilig ein. Proteste ließen nicht auf sich warten. Der Verleger der „Neuen Speyerer Zeitung", Georg Friedrich Kolb, ein gemäßigter Liberaler, nannte das Verbot ungesetzlich. Der Vorstand des Preßvereins – er bezeichnete sich als Zentralkomitee – und der Neustadter Stadtrat protestierten; hunderte von Bürgern in anderen pfälzischen Städten schlossen sich den Protesten an, indem sie Unterschriftenlisten einreichten. Der Regierungspräsident korrigierte daraufhin seine Fehleinschätzung der öffentlichen Meinung in der Pfalz und hob das Verbot wieder auf. Damit hatte die Opposition eine erste Machtprobe gewonnen. „Triumpf! Das Gesetz hat gesiegt! Auf nach Hambach!", verkündete „Der Liberale im Westrich", das Blatt der Pirmasenser Radikalen.

Der Zustrom zum Fest übertrag die Erwartungen der Neustadter Veranstalter bei weitem. Die Schätzungen über die Zahl der Teilnehmer schwanken zwischen 20 000 und 30 000, angesichts der damaligen Verkehrverhältnisse eine erstaunliche Zahl. Die meisten Teilnehmer kamen aus der Umgebung und aus pfälzischen Orten, von denen aus man Hambach in einer Tagesreise mit der Pferdekutsche erreichen konnte. Für die Delegationen aus den Nachbarstaaten hatten die Organisatoren in Neustadt Quartier für mehr als 5 000 Personen bereitgestellt.

Zu den Besonderheiten des Festes gehört es, daß die Initiatoren auch „Frauen und Jungfrauen" ausdrücklich zur Teilnahme aufforderten. Zum ersten Mal in Deutschland verwirklichte man beim Hambacher Fest die Idee der Gleichberechtigung in einer politischen Diskussion.

Daß es sich nicht um eine allgemeine Volksbelustigung handeln sollte sondern um eine politische Willenskundgebung, eine Demonstration, war bereits dem von Siebenpfeiffer verfaßten Aufruf zu entnehmen. Der Verlauf des Treffens bestätigte im wesentlichen diese Absicht – auch wenn der gesellige

„Frischauf, Patrioten, den Berg hinauf!": Etwa 30 000 Männer und Frauen beteiligten sich am 27. Mai 1832 beim Hambacher Fest.

Teil mit einem gemeinsamen, freilich recht teuren Mittagessen auf der Max-burg (für 1 000 Personen) und mit abendlichen Tanzveranstaltungen in mehreren Neustadter Lokalen nicht zu kurz gekommen ist. Allerdings einigte man sich unter den Teilnehmern, die ihrerseits für die Beratung des weiteren Vorgehens Delegierte bestellten, nicht auf irgendeine gemeinsame Aktion oder auf ein Programm als Grundlage zusammengefaßter oppositioneller Forderungen. Das hätte sicherlich einer längeren und gründlicheren Vorbereitung bedurft, und dafür gab es, wenn man von den Kontakten über den Preßverein absieht, keine Organisation überörtlicher Art. Auf der Burg und auch in separaten Zusammenkünften an verschiedenen Plätzen in Neustadt hörte man von den Rednern, die sich aus eigener Initiative zu Wort meldeten – und in einigen Fällen ihre vorbereiteten Manuskripte für die geplante Publikation ablieferten – die unterschiedlichsten Ansichten.

Die verbindende Kraft des Liedes, verstanden als Kampflied, erprobte man ebenfalls bei diesem Treffen, das sich nach dem Sonntag auf dem Hambacher Schloß noch einige Tage in Neustadt fortsetzte. Nach der Melodie des Reiterliedes aus Schillers „Wallenstein" sang man zum Beispiel voller Begeisterung: „Frischauf Patrioten, den Berg hinauf!/Wir pflanzen die Freiheit/das Vaterland auf". Dieses und andere Hambacher Lieder, eigens für dieses Treffen geschrieben, waren noch lange Allgemeingut der demokratischen und liberalen Opposition in der Pfalz.

Zur inoffiziellen Symbolik der freiheitlich Gesinnten gehörte ein kräftig sprießender Männerbart. Der pfälzische Volkswitz machte daraus den Reim: „Wer will mit in Hambach tagen, der muß Bart und Schnorres tragen". Den Bedarf an offizieller Symbolik und gemeinsamen Abzeichen erfüllte man durch schwarz-rot-goldene Fahnen und durch schwarz-rot-goldene Kokarden, die man in der Pfalz als eine Art deutsche Fortsetzung der einst verordneten blau-weiß-roten Kokarden verstand. (In Frankreich hatten diese Farben das alte bourbonische Lilienbanner nach der Juli-Revolution von 1830 wieder verdrängt.) Die Burschenschaften, die von Heidelberg und von vielen anderen Universitäten nach Neustadt und Hambach gekommen waren, übernahmen diese drei Farben einst aus den Freiheitskriegen von den Lützowschen Jägern, und es ist sicher nicht falsch, wenn man das Hambacher Fest von 1832 auch als große Veranstaltung der deutschen Burschenschaften wertet. Die Burschenschafter und mit ihnen viele andere „Patrioten" begeisterten sich damals für den Freiheitskampf der Polen, den auch mehrere Redner in Hambach würdigten. Mit starkem Beifall begrüßten die Teilnehmer eine Delegation, die eine polnische Fahne mit dem weißen Adler mitgebracht hatte (in der Pfalz selbst hielten sich Polen-Flüchtlinge auf).

Eine andere, eine schwarze Fahne sorgte in Hambach für besonderes Aufsehen. Sie trug die Aufschrift: „Die Winzer müssen trauern". Getragen wurde die schwarze Fahne von Dürkheimer Winzern. Deren Sprecher, Johann Fitz, hatte sich zuvor schon im Preßverein engagiert. Nach dem Hambacher Fest gelang es Fitz und seinen Mitstreitern, in Dürkheim den Bürgermeister samt Gemeinderäten zum Rücktritt zu zwingen, weil die Stadtverwaltung nach der

Dʳ. SIEBENPFEIFFER

Singst du des Lied der Freiheit, gleich stimmet
den Völker jauchzender Chor ein.

Dr. Siebenpfeiffer

sicher wohlbegründeten Ansicht der Opposition schlecht und zum Nachteil der Steuerzahler gearbeitet hatte. Beim Wurstmarkt, ebenfalls im Jahre 1832, erinnerte ein „Wurstmarktlied" an Hambach. Eine Strophe lautete: „Wirth! Bring uns roten Wein!/Er soll ein Sinnbild sein/Vom Pfälzersinn". Keine Frage, „rot" war das Symbol der politischen Radikalität und genau so wollten es die Dürkheimer Winzer und andere Dürkheimer Bürger verstanden wissen, als sie beim herbstlichen Wurstmarkt im Jahre 1832, unterstützt von 120 Neustadter Liberalen, die mit geschmückten Wagen nach Dürkheim gekommen waren, Freiheitslieder sangen und die Freiheit hochleben ließen.

Zurück zum 27. Mai und zu den Hauptrednern des Festes. – Neben Wirth und Siebenpfeiffer blieben den Teilnehmern noch eine ganze Anzahl anderer Oppositioneller aus der Pfalz in Erinnerung, etwa der Pfarrer Hochdörffer aus Sembach, Daniel Pistor aus Bergzabern und Johann Philipp Becker aus Frankenthal.

Becker verdient deswegen besondere Beachtung, weil er, von Beruf Bürstenbinder, besonders für die Armen Partei ergriff und eine allgemeine Bürgerbewaffnung forderte, damit die Proteste und die Forderungen der Bevölkerung mit dem nötigen Nachdruck vorgetragen werden könnten. Offensichtlich bemühte sich Becker auch darum, für den Fall eines bewaffneten Zusammenstoßes mit der Staatsmacht ein wenig vorzusorgen, denn er begab sich am Abend nach Landau und sprach dort mit Unteroffizieren der bayerischen Armee in deren Unterkünften. Die meisten Oppositionellen vertrauten jedoch auf den Sieg der Argumente und Ideen. Becker verließ später seine Heimat und schuf sich in der Schweiz als Gastwirt, Weinhändler und als Zigarrenfabrikant recht erfolgreich eine neue Existenz. Er bemühte sich in der Schweiz um die Organisation der Arbeiter, beteiligte sich 1848 am badischen Aufstand und wurde schließlich ein Mitstreiter von Lassalle, Marx und Engels. Im Jahre 1864 gehörte Becker zu den Gründern der I. Internationale.

Eine besonders radikale Sprache führten beim Hambacher Fest auch der Pfarrer Hochdörffer und Daniel Pistor, damals noch Student, später ein Advokat. Ihre Kritik richtete sich gegen den Luxus und die Verschwendung an Fürstenhöfen. Die Oberen lebten auf Kosten der Masse der Untertanen, von denen man Steuern und Abgaben erpresse – so lautete die Botschaft dieser Redner. In der „offiziellen" Festbeschreibung fehlten solche kritischen Beiträge. Die Initiatoren der Veranstaltung setzten auf die Möglichkeit einer Reform und wollten trotz mancher scharfer Töne eine offene Konfrontation mit der Obrigkeit vermeiden.

Während der im badischen Lahr geborene Siebenpfeiffer, der sich im März 1832 bei einem Schwager in Haardt bei Neustadt niedergelassen hatte, auf einen Fortschritt durch allgemeine und politische Bildung vertraute, entwickelte der in Hof an der Saale geborene Wirth in seiner programmatischen Rede in Hambach die Idee von einem Deutschland, das Teil eines konföderierten, republikanischen Europa sein sollte. Nach heutigen Begriffen schwebte Wirth ein Bund europäischer Staaten vor, in dem die Polen, die Ungarn, die Italiener, die Spanier, die Franzosen mit den Deutschen gemeinsam in Freiheit leben würden. Den Deutschen Bund und die österreichisch-ungarische Doppelmonarchie hielt Wirth, dessen Volksidee stark von Herder beinflußt war, für unzeitgemäße Gebilde. Anders als bei Siebenpfeiffer, so urteilte Theodor Heuss bei seiner Hambacher Festansprache im Jahre 1932, habe auf Wirth weniger der Rationalismus als die Romantik Einfluß genommen.

Bezeichnend, aber oftmals mißverständlich interpretiert, war Wirths Meinung über den französischen Nachbarn. In Hambach äußerte sich Wirth über Frankreich, weil die aus Straßburg gekommene Delegation der „Volksfreunde" (die „Amis du peuple") in einem Aufruf an die Versammlung in deutscher und in französischer Sprache erklärt hatte: „Auch Straßburgs Patrioten sind bereit, gleich euch und mit euch mit Blut und Leben das Interesse aller, das Interesse der Freiheit zu fördern und zu bewahren". In seiner Festrede griff Wirth diese Erklärung auf. Er war überzeugt, daß der Preis für eine Hilfe aus Frankreich ein französisches linkes Rheinufer sei, auch wenn dies nicht zu den Absichten der Straßburger Volksfreunde gehöre, wie Wirth ausdrücklich versicherte. Nach Wirths Vorschlag sollte in einem politischen Glaubensbekenntnis der Satz stehen: „Kampf um unser Vaterland und unsere Freiheit muß ohne fremde Einmischung durch unsere eigene Kraft von innen heraus geführt werden, und die Patrioten müssen in dem Augenblick, wo fremde Einmischung stattfindet, die innere Opposition gegen die inneren Verräter suspendieren und das Gesamtvolk gegen den äußeren Feind zu den Waffen rufen". Da dies keineswegs das Hauptproblem und das Hauptthema des Hambacher Festes gewesen ist, blieb das Echo auf diesen Teil der Wirth'schen Rede zwiespältig.

Viele Pfälzer fühlten sich damals viel weniger von Einmischungen und Expansionswünschen der französischen Nachbarn bedrückt als von einer Politik des Königreiches Bayern und des unter dem Einfluß Metternichs stehenden Frankfurter Bundestages. Trotz mancherlei Vaterland-Rhetorik in den Hambacher Reden, die mit ihrem Pathos dem Stile der Zeit entsprachen, erwarteten viele Teilnehmer zunächst und vor allem eine Verbesserung ihrer wirtschaftlichen Lage und versprachen sich mit den Initiatoren aus dem „Preßverein" viel von der Macht einer freien Presse. Wie sehr gerade einige politische Konsequenzen in vielen Orten der Pfalz damals erhofft wurden, das zeigten die Reaktionen derjenigen, die als arme Leute nicht in der Lage gewesen waren, in Hambach dabei zu sein. Es kam an mehreren Plätzen zu Demonstrationen der Armen, auch zu dem Versuch, keine Steuern mehr zu zahlen und – zum Beispiel in Frankenthal – zu einem Angriff auf Getreidespeicher, weil der Brotpreis wegen der Teuerung so hoch war. Zusätzlich Getreideimporte in die Pfalz sorgten dann für eine gewisse Entspannung. In zahlreichen Orten – das Beispiel Dürkheim wurde schon genannt – richtete sich der Zorn der Bevölkerung gegen eine schlechte Gemeindeverwaltung, auch gegen Gemeinderäte, die nach den geltenden Gesetzen schon sehr lange, viel zu lange wie die Opposition meinte, im Amt waren. Doch wo es zu Unruhen in der Pfalz kam, hatte dies einen konkreten Anlaß, wobei zu sagen ist, daß allein die Tatsache, daß das Hambacher Fest stattfand, allem Anschein nach fast überall hohe, aber nach Lage der Dinge kaum erfüllbare Erwartungen weckte.

Insgesamt zählte man in der Pfalz rund 50 Städte und Dörfer, in denen Bewohner nach dem Hambacher Fest der Obrigkeit den Gehorsam verweigerten und die königlich-bayerischen Beamten nicht mehr respektierten. Junge Burschen etwa brachten die Polizei in Verlegenheit, weil sie Bäume herbeischleppten und in der Ortsmitte als „Freiheitsbäume" aufstellten. All diese Vorkommnisse schreckten die Behörden in München auf. Die bayerische Regierung beschloß, Härte und Entschlossenheit zu demonstrieren. Sie schickte den Fürsten Wrede, der schon in der napoleonischen Zeit als General im Kampf gegen die Tiroler Aufständischen dem Königreich Bayern gedient hatte, als Staatskommissär in die Pfalz. König Ludwig gab Wrede besondere Vollmachten und unterstellte ihm 8 500 Mann, mehr als ein Drittel der ganzen königlichen Streitmacht. Die Soldaten, von den Pfälzern als „Strafbayern" bezeichnet, sollten die Opposition einschüchtern und einem eventuellen Aufstand vorbeugen. Überall machten die Soldaten Quartier. Allein die Gemeinde Hambach mußte 100 Kavalleristen mit ihren Pferden unterbringen und verpflegen.

Im August 1832 übernahm der Regierungspräsident von Stengel die Zivilverwaltung im Rheinkreis, ein Beamter, der in dem Ruf stand, mehr von der Pfalz und den Pfälzern zu verstehen als sein unsicherer Vorgänger, der das Hambacher Treffen zuerst verboten und dann doch erlaubt hatte. Die Initiatoren des Hambacher Festes und einige der Redner wurden, soweit sie im Lande geblieben waren, festgenommen und im Juli 1833 in Landau vor Gericht gestellt. Das sogenannte Assise-Gericht, dem, entsprechend der von Frankreich eingeführten Gerichtsverfassung, Laien als Beisitzer angehörten, sprach Wirth und Siebenpfeiffer von der Hochverratsanklage frei. Die öffentliche Verhandlung, die der Münchner Stenograph Franz Xaver Gabelsberger mit seinen Mitarbeitern wortgetreu protokollierte (das Protokoll wurde gedruckt), glich wegen der Beredsamkeit der Hauptangeklagten zuweilen mehr einer Anklage gegen die Regierung als gegen die Beschuldigten. Beide, Wirth und Siebenpfeiffer, mußten sich jedoch nach dem Landauer Freispruch von Polizeigerichten jeweils eine Strafe von zwei Jahren Gefängnis wegen Beamtenbeleidigung zudiktieren lassen, die man mit Gefährdungen der öffentlichen Ordnung begründete. Wirth, den Gesinnungsfreunde aus der Haft befreien wollten, lehnte eine gewaltsame Aktion zu seinen Gunsten strikt ab. Als er nach der Haftentlassung in Bayern unter Polizeiaufsicht leben sollte, floh er nach Nancy. Die Rückkehr nach Deutschland am Beginn der 48er Revolution hat Wirth, der an Ostern 1848 in die Frankfurter Nationalversammlung gewählt wurde, nur um wenige Wochen überlebt. Er starb am 26. Juli 1848. Robert Blum hielt ihm die Leichenrede.

Siebenpfeiffer konnte mit Beckers Hilfe aus dem Gefängnis in Frankenthal in die Schweiz entfliehen. An der Universität Bern lehrte er einige Jahre als außerordentlicher Professor für Verfahrensrecht, Polizeirecht und Staatswis-

Dr. Johann Georg August Wirth, aus Hof stammender politischer Journalist, war einer der Initiatoren des Hambacher Festes.

482

senschaften. Als sich 1842 eine schwere Gehirnerkrankung zeigte, lieferte man ihn in eine Anstalt ein, in der er im Jahre 1845 starb.

Auch Pfarrer Hochdörffer ging nach dem Verbüßen seiner Polizeistrafe von zwei Jahren in die Emigration. Er kehrte im Herbst 1848 in die Heimat zurück und beteiligte sich am Kampf für einen freiheitlichen, nationalen Staat. Die Kirche verweigerte ihm die Wiedereinstellung als Pfarrer, deshalb verbrachte er die letzten Jahre seine Lebens – er starb im Januar 1851 – als Privatlehrer in Winzingen.

Das Hambacher Fest von 1832 war ein erstes großes Wetterleuchten. Es kündigte den Sturm an, der sich dann 1848/49 in der Pfalz stärker als anderswo in Deutschland, Baden ausgenommen, erheben sollte.

Die Freiheitsidee wirkt weiter

Auch nach dem Eingreifen der bayerischen Staatsgewalt blieb der pfälzische Widerspruchsgeist ungebrochen. Die Opposition, die sich im „Preß- und Vaterlandsverein" gesammelt hatte, konnte jedoch nach den Hambacher Ereignissen nicht mehr offen operieren. Man gründete im Juni 1832 ein neues Zentralkomitee dieser Organisation mit Sitz in Frankfurt. Als Delegierte aus der Pfalz wirkten Friedrich Wilhelm Knöbel, Christian Scharpff und Johann Fitz mit. Als Metternich am 28. Juni 1832 im Bundestag neue, verschärfte Einschränkungen der Versammlungs-Vereins- und Pressefreiheit durchsetzte, um eine Wiederholung von Volksfesten und Versammlungen nach Hambacher Muster künftig besser verhindern zu können, beriefen Knöbel, Scharpff und Fitz eine Versammlung in Kaiserslautern ein. Man traf sich mit einigen Dutzend Gesinnungsfreunden am 1. August. Es ging, wie der aus Dürkheim stammende Knöbel erläuterte, um „eine Vorstellung vaterländischer Bürger Rheinbayerns oder vielmehr Erklärung und Verwahrung gegen die Bundesbeschlüsse". Nachdem 38 Anwesende das von dem Abgeordneten August Culmann entworfene Dokument unterschrieben hatten, gab man es in Druck. Insgesamt schlossen sich dem Protest 1 347 Personen an, die durch ihre Unterschrift offen für die Wiederherstellung bürgerlicher Freiheiten eintraten.

Die Tatsache, daß ein Jahr darauf beim Prozeß gegen die „Hambacher" auch Scharpff und Fitz zu den Beschuldigten gehörten (Fitz mußte allerdings nicht auf die Anklagebank in Landau), zeigte, wie sehr sich die Behörden durch derartige Protest-Aktionen herausgefordert fühlten. Der Initiator des Dokumentes von Kaiserslautern, Knöbel, verlor freilich bald schon den Glauben an die Wirksamkeit von Resolutionen und Unterschriften. Er beteiligte sich im Jahre 1834 indirekt an dem mißglückten „Frankfurter Wachensturm", den einige Studenten, darunter auch Pfälzer, unternahmen und der ein allgemeines Zeichen zum Aufstand sein sollte. Wegen der Mit-Urheberschaft an einem Umsturzversuch blieb Knöbel nur noch die Flucht ins Ausland

Spannungen bei den Protestanten

Das Mißtrauen der bayerischen Behörden gegenüber den Untertanen auf der linken Seite des Rheines erstreckte sich auf die verschiedensten Bereiche, auch auf den der pfälzischen protestantischen Kirche. Die Ursache dafür lag auf der Hand, hatten sich doch viele protestantische Geistliche in der Pfalz – nicht nur der bereits erwähnte Pfarrer Hochdörffer – immer wieder als Freunde allgemeiner bürgerlicher Freiheiten zu erkennen gegeben und waren so in einen Gegensatz zu der königlich-bayerischen Staats- und Regierungspraxis geraten.

Das in Speyer amtierende Konsistorium nahm keinen Anstoß am politischen Engagement protestantischer Geistlicher. Der obersten Kirchenbehörde in München, dem Oberkonsistorium mißfiel dies. Am Beginn des Jahres 1833 glaubten die Münchner Kirchenoberen, daß die Gelegenheit zum Eingreifen in der Pfalz jetzt günstig sei. Ein Oberkirchenrat prüfte die Geschäftsführung des nebenamtlich tätigen, aus fünf Personen bestehenden Speyerer Konsistoriums. Er stellte erhebliche Nachlässigkeiten fest. Hauptverantwortlich war der Konsistorialrat Fliesen. Man versetzte ihn ins fränkische Ansbach. Ein anderer Laie, der Polizeikommissar Philipp Sieß, nahm als Mann der Ordnung Fliesens Platz ein. Doch Fliesen hatte man gar nicht in erster Linie im Visier, als man die Prüfung in Speyer vornahm. Das politisch am meisten unliebsame Ratsmitglied war der Speyerer Schulrat Butenschoen. Er machte nie ein Geheimnis aus seiner Sympathie für manche Errungenschaft der Aufklärung und der französischen Revolution. Doch in Butenschoens Geschäftsbereich gab es nichts zu beanstanden. Dennoch wurde der Schul- und Kirchenrat in Pension geschickt.

Das Verhalten und die Ansichten vieler pfälzischer Pfarrer beeinflußte die Umbesetzung der Speyerer Behörde nur wenig oder gar nicht. Die meisten protestantischen Geistlichen in der Pfalz sympathisierten nach wie vor mit den in München unerwünschten Freiheitsideen.

Neben den politischen Differenzen zwischen dem konservativen Oberkonsistorium in München, in dem die obrigkeitlich orientierten Neulutheraner den Ton angaben, und vielen pfälzischen Pfarrern und Gemeinden existierten seit der Angliederung der linksrheinischen Territorien an das Königreich Bayern auch theologische Meinungsverschiedenheiten. Sie waren, soweit sie die reformierte Mehrheit der pfälzischen Protestanten betrafen (drei Fünftel der pfälzischen Protestanten kamen aus der Tradition des Heidelberger Katechismus, zwei Fünftel waren Lutheraner), geschichtlich bedingt. Mit der Gründung einer „protestantisch-evangelisch-christlichen Kirche der Pfalz" im Jahre 1818 hatte man in Rheinbayern zwar die alten Gegensätze zumindest formal überwunden, aber nach wie vor gab es vor allem in den alten kurpfälzischen Orten die Befürchtung, daß das Münchner Oberkonsistorium eine allmähliche „Lutherisierung" betreiben wolle. Solcher Argwohn mag zum oppositionellen Verhalten mancher pfälzischen Protestanten in politischen Fragen ebenfalls beigetragen haben. Allgemeine Politik und Kirchenpolitik ließen sich ohnedies nicht säuberlich voneinander trennen, zumal die Begriffe „Gehorsam" und „Obrigkeit" sich im Verständnis des Calvinismus immer schon von der Interpretation durch ein strenges Luthertum unterschieden hatten.

Die Personalentscheidungen von 1833 für die Leitung der protestantischen Kirche in der Pfalz wurden zum allgemeinen Politikum, als die „Neue Speyerer Zeitung", herausgegeben von Georg Friedrich Kolb, den neuen, aus Bayern kommenden Vorsitzenden des Konsistoriums, Dr. Isaak Rust, immer wieder angriff. Für Rust war die Kolb'sche Zeitung nichts anderes als ein „antibiblisches Journal". Doch Kolb beschränkte sich nicht auf Attacken gegen den konservativen Geist des bayerischen Luthertums, er lag auch in publizistischer Dauerfehde mit dem Organ der nun für Rheinbayern zuständigen Diözese Speyer, dem „Christlichen Pilger". Zuweilen schoß der liberale Streiter über das Ziel hinaus und mußte Behauptungen zurücknehmen.

Die „Neue Speyerer Zeitung" blieb mit ihren polemischen Ausfällen in jenen Jahren zwischen dem Hambacher Fest und der 48er Revolution einem Ruf treu, den sie sich schon nach 1818 errungen hatte, als Kolbs Vater das Blatt verlegte. Für die bayerischen Regierungsbehörden stand die „Neue Speyerer Zeitung" von damals her in dem Ruf, sie zeichne sich „durch übelsten Geist und unanständigsten Ton" aus. Sicher ist, daß dieses Blatt unter Friedrich Georg Kolb ebenso wie manch andere pfälzische Publikation trotz einer relativ bescheidenen Auflage viel zur Stärkung der liberalen Opposition beitrug und der königlich-bayerischen Regierung deshalb zuwider war. Gerade dieser Umstand machte jedoch Kolb in Speyer und in der Pfalz populär. Bald schon wählte man den 1808 geborenen Verleger und Journalisten in den Landtag. Dort kümmerte er sich vornehmlich um die Prüfung der Finanzen und der Ausgabenpolitik und nahm die insgesamt bescheidenen Prüfungsrechte eines Abgeordneten so sachkundig wahr, daß ihn Freunde und Gegner gleichermaßen respektierten. Wie kein anderer kritisierte Kolb die finanzielle Benachteiligung der Pfalz im bayerischen Königreich.

Ursprung des Bezirktages

In der Klage über eine zu hohe Besteuerung in der Pfalz und über die ungerechte Verteilung der Staatseinnahmen waren sich die Abgeordneten aus der Pfalz im Münchner Landtag einig. Nicht immer konnten jedoch alle gewählten Pfälzer in München mitberaten. Die Regierung wandte einen Trick an, um die Präsenz der kritischen Vertreter aus der Pfalz zu verhindern: man gewährte den Beamten keinen Urlaub mehr. Das traf auch diejenigen unter den Advokaten, die als Notare eine öffentliche Aufgabe wahrnahmen. Im Jahre 1840 schloß das Ministerium Abel mit dieser Methode etwa zehn Prozent der Abgeordneten von den Beratungen aus.

Durch das Fehlen der Beamten und Notare wurde der Speyerer Abgeordnete Georg Friedrich Kolb fast zwangsläufig zu einem Hauptsprecher der Pfalz. Er schlug vor, daß man aus Gründen der Gerechtigkeit für die Pfalz eine vom rechtsrheinischen Bayern getrennte Steuerveranlagung einführen solle. Kolb ergänzte diesen Vorschlag noch durch einen bemerkenswerten Antrag: der pfälzische „Landrat", so der Abgeordnete aus Speyer, solle ein eigenes Recht zu Erhebung von Steuern erhalten. Gemeint war damit nichts anderes als eine Bezirksumlage, die zur Stärkung der Selbstverwaltung in der Pfalz gedient und das linksrheinische Bayern weniger abhängig gemacht hätte von der Münchner Zentralregierung.

Der Begriff „Landrat" verwirrt ein wenig. Hier handelte es sich um nichts anderes als um den Vorläufer, den eigentlichen Ursprung des pfälzischen Bezirkstages. Im Jahre 1800 entstand ein derartiges Gremium als Departementalrat im französischen Departement Donnersberg. Ihm gehörten als gewählte Vertreter der einzelnen Kreise eine Reihe von höchstbesteuerten Einwohnern an. Es sollten diejenigen bei der Verwendung öffentlicher Mittel mitreden, die die hohen Steuern bezahlten, so der Grundgedanke der damaligen französischen Herrschaft. Bei der Eingliederung der Pfalz ins Königreich Bayern entschied sich die bayerische Regierung neben der Übernahme des französischen Rechtssystems und der Gerichtsverfassung auch für die Fortexistenz bestimmter Verwaltungseinrichtungen die sich in der Praxis bewährt hatten, zumal sie das Zusammenwachsen der insgesamt ursprünglich 44 verschiedenen pfälzischen Herrschaftsgebiete begünstigten. So wurde im Jahre 1816 aus dem Departementalrat ein sogenannter „Landrat" für den rheinischen Kreis mit zunächst neun Mitgliedern als den Vertretern der neuen Land-Kommissariate, den späteren Bezirken.

In der Geschichte der deutschen Selbstverwaltung ist dieser unmittelbare Vorläufer des heutigen, nach der Gründung des Landes Rheinland-Pfalz als pfälzische Besonderheit wiedererstandenen Bezirkstages ein Anfang gewesen. Dieser „Landrat" stellte im Jahre 1816 nichts anderes dar als den Beginn einer eigenen Volksvertretung, eine Institution, an die im rechtsrheinischen Bayern zu jener Zeit angesichts der spätabsolutistischen Anwandlungen der ersten bayerischen Könige noch kaum jemand zu denken wagte. Die Beibehaltung eines derartigen Rates zeigt indes, wie stark nach 20 Jahren Franzosenherrschaft mit ihrer Volkswahlpraxis die Idee der Selbstvertretung und Selbstbestimmung Wurzel geschlagen hatte. Wäre dies nicht der Fall gewesen, dann hätte die bayerische Regierung diesen „Rat" kaum beibehalten. Man wollte im Jahre 1816 in München die ohnedies zu befürchtenden Spannungen zwischen der Zentralregierung und einem neubayerischen Gebiet wie der Pfalz nicht unnötigerweise provozieren. Unter dem bauwütigen Ludwig I. vergaß man dann bei der Festsetzung der Steuern und bei deren Verwendung manchen guten Vorsatz. Immerhin blieb es dabei, daß der „Landrat" befugt war, über die Aufteilung der öffentlichen Mittel auf die einzelnen Teile der Pfalz, die späteren Bezirke oder Kreise, mitzubestimmen. In Streitfragen, die dabei kaum zu vermeiden waren, sollten die Mitglieder dieses Rates schlichtend eingreifen.

Die von Kolb in der Zeit des „Vormärz" für die Pfalz vorgeschlagene besondere Umlage ist im Laufe der Zeit eingeführt worden. Der Einfluß und die Kompetenzen der pfälzischen Selbstverwaltungskörperschaft stiegen mit dem Beginn einer modernen Verkehrserschließung und einer allgemeinen Industrialisierung. Die Ferne zu München begünstigte die wachsende Bedeutung dieser besonderen pfälzischen Vertretung, die von Anfang an das Recht hatte, Einblicke in die Rechnungslegung des von München bestimmten Regierungspräsidenten zu nehmen und den staatlichen Behörden Vorschläge für den Ausbau der allgemeinen Versorgung zu machen. Das Recht zur Mitsprache erstreckte sich neben den Investitionen für Verkehr, Handel und Landwirtschaft auch auf Einrichtungen für das Unterrichtswesen, auf öffentliche Bibliotheken und auf die Denkmalpflege. An jene Anfänge einer Selbstverwaltung im Bezirk Pfalz erinnern unter anderem die seit 1820 existierende Bibliothek in Speyer, die Geschichte der seit 1857 bei Klingenmünster eingerichteten psychiatrischen Krankenanstalten (deren Vorläufer war das 1824 in Frankenthal gegründete „Irrenhaus", das aus einem im Jahre 1809 unter der Franzosenherrschaft geschaffenen Armenhaus hervorgegangen war) und, ebenfalls zu den Anfängen zählend, die Taubstummenschule in Frankenthal aus dem Jahre 1825. Nach der Reichsgründung von 1871 schuf der „Landrat der Pfalz" weitere Einrichtungen mit gemeinnützigem Charakter: die Speyerer „landwirtschaftliche Versuchsstation" und, in Kaiserslautern, die „Königliche Kreisbaugewerbe- und Handwerksschule" sowie das „Pfälzische Gewerbemuseum".

Seine erste große Krise erlebte der „Landrat der Pfalz" nach dem Hambacher Fest. Die königliche Regierung verzieh den Ratsmitgliedern anfangs nicht, daß sie gegen das ursprüngliche Verbot eines derartigen Volksfestes protestiert und sich dann in einer unmißverständlichen Sprache die Forderungen nach allgemeinen Freiheitsrechten und nach demokratischer Mitbestimmung zu eigen gemacht hatten, Forderungen, die auf eine parlamentarische Regierungsform zielten und bei einer Erfüllung die königliche Regierungsmacht entscheidend eingeschränkt hätten. Zwischen dem Sommer 1832 und der 48er Revolution durfte der Landrat seine Sitzungsprotokolle nicht mehr veröffentlichen. Die bayerische Regierung wollte verhindern, daß der Landrat in die öffentliche Diskussion eingriff und so zu einer Instanz allgemeiner Politik in der Pfalz wurde. Falls die Mitglieder dieser Institution keine Zurückhaltung übten, drohte man die Schließung der von ihnen beaufsichtigten Einrichtungen an. Die zwischen 1832 und 1848 für den Landrat der Pfalz gemachten Einschränkungen zeigen, daß die königlich-bayerische Regierung das Entstehen eines Ersatz-Parlamentes in der Pfalz befürchtet hat. Man wollte nach den Erfahrungen mit dem Hambacher Treffen allen weiteren Anfängen einer freiheitlich-demokratischen Entwicklung wehren.

Zwei Vorspiele

Ehe der erste Akt der großen Tragödie von 1848/49 begann, erlebte man im Königreich Bayern zwei ungewöhnliche Vorspiele, die beide König Ludwig I. betreffen: den Kniebeugungs-Streit und das Auftreten der Lola Montez. Über die politischen Implikationen der königlichen Privataffäre haben die bayerischen Historiker bis heute noch keine unbezweifelbaren Fakten ans Licht bringen können; was den Kniebeugungs-Streit betrifft, so gibt dieser Fall, der einige Jahre lang große Teile des Königreiches und vor allem die Pfalz beschäftigt hat, keine Rätsel mehr auf, außer daß man immer noch staunend fragen kann, weshalb ein gewiß nicht einfältiger Monarch wie Ludwig I. von

Bayern so handeln und den Widerstand vieler seiner Untertanen geradezu provozieren konnte.

Die Sache begann im Jahre 1838. Der König ordnete an, daß alle bayerischen Soldaten, gleichgültig welchen Glaubensbekenntnisses, bei Prozessionen, bei der Kirchenparade oder auf Wache in der geschlossenen Formation die Knie zu beugen hätten, wenn das Sanktissimum, das Allerheiligste, vorbeigetragen werde. Der Kriegsminister zeichnete diese von Ludwig I. höchstselbst erdachte Verordnung ab. Durch diese Kniebeugungs-Verordnung stieg der Bekanntheitsgrad des Königs in ganz Deutschland schlagartig an, denn alle nicht streng katholischen Publikationen hatten nun einen Anlaß für öffentliche Entrüstung gefunden. Das Oberkonsistorium in München, als oberste protestantische Kirchenbehörde peinlich berührt, bemühte sich vergebens um eine stillschweigende Aufhebung dieser Verordnung, die in der Pfalz sogleich an jene unseligen Streitigkeiten ähnlicher Art am Beginn des 18. Jahrhunderts erinnerte, als sich die katholischen Pfalz-Neuburger den Grimm der Protestanten zuzogen. Ludwig I. gab den Einwänden der protestantischen Kirchenoberen zunächst nur insoweit statt, als er den protestantischen und den jüdischen Landwehrmännern erlaubte, vor der Kirchenparade die Truppe zu verlassen. Beim stehenden Heer blieb es bei der königlichen Verordnung. Angesichts dieses Mangels an Einsicht beim König war eine Debatte im Landtag vorauszusehen. Sie endete in der Kammer der Abgeordneten mit einem Mehrheitsbeschluß gegen das allgemeine, militärische Kniebeugen; im Herrenhaus, der Ersten Kammer, stimmten 25 von 26 Anwesenden für den königlichen Einfall. Begründung: es handle sich nicht um eine kirchliche Sache sondern um eine militärische Formalität. Auch in Preußen, so das regierungsamtliche Argument, würden die Truppen nach der Sonntagsparade ohne Rücksicht auf die jeweilige Konfession der Soldaten in den Gottesdienst geführt. Da der leitende Minister, Karl von Abel, befürchtete, daß die Sache nach den Voten der beiden Kammern nicht zu Ende sei, verbot er den Synoden – das betraf besonders die pfälzische Landeskirche – über Eingaben in dieser Angelegenheit zu beraten und gab bekannt, daß Beschwerden, das Beugen der Knie betreffend, nicht angenommen würden. An der Tatsache, daß die königliche Verordnung fortan ein Dauerthema für Protestanten sein müßte – in der Pfalz zählte man damals einen Protestantenanteil von 55 Prozent – änderte die schneidige Mitteilung des ersten königlichen Ministers nichts. Erst 1845, sieben Jahre nach der Bekanntmachung gelang es, den König von seinem Einfall abzubringen. Der Kronprinz und Prinz Luitpold machten Ludwig I. klar, daß er wegen dieser ganz und gar nebensächlichen Dinge die Gegnerschaft eines nicht geringen Teils der Bevölkerung auf sich ziehe. Der König hob nun die Verordnung auf und gab freimütig zu, daß er keine hintergründigen und schon gar keine konfessions-politischen Absichten verfolgt habe. Er sei, so Ludwig I., von dem militärischen Schauspiel beeindruckt gewesen, das er einmal in der französischen Armee gesehen habe.

Der Fall Lola Montez erreichte einen ersten Höhepunkt im Jahre 1847, als Ludwig I. die Nobilitierung der schönen Tänzerin durchsetzen wollte und

deshalb ein Ministerium berief, das seinen Wünschen entsprach, das sogenannte „Ministerium der Morgenröte" unter Georg Ludwig von Maurer. Der
im pfälzischen Erpolzheim geborene Pfarrerssohn Maurer, dem das selbständig gewordene Griechenland sein modernes Rechtswesen verdankt, erreichte
bei Ludwig I., daß Bayern einige Forderungen der liberalen Opposition in der
Verfassungsfrage erfüllte. Dieser erste Erfolg ermutigte die Opposition mehr
als daß er sie zufriedengestellt hätte; vielen Oppositionellen gingen die Zugeständnisse nicht weit genug.

Nach kurzer Amtszeit mußte Maurer zurücktreten – nicht wegen seiner Politik, sondern weil er mit der soeben geadelten Gräfin Landsfeld, der bisherigen Lola Montez, „nicht in gesellschaftlichen Verkehr treten wollte", wie es
König Ludwig I. wünschte. Diese merkwürdige bayerische Kabinettskrise
brachte den Fürsten Öttingen-Wallerstein an die Regierung, wenige Wochen
vor dem Beginn der Revolution in Frankreich im Februar 1848.

Umschwung im März

Die Nachrichten aus Paris verbreiteten sich wie ein Lauffeuer in ganz
Deutschland. Die Republikaner unter den Oppositionellen feierten die Niederlage des Bürgerkönigs Louis Philipp und die Ausrufung einer französischen Republik. Der Übertritt der Nationalgarde ins Lager der Republikaner,
so hörte man, habe in Paris den Machtkampf entschieden. Konnten die deutschen Fürsten, die Könige, die Großherzöge und Herzöge denn weiterhin auf
die Treue ihrer Soldaten bauen? Auch in München stellte man sich am königlichen Hofe besorgt diese Frage. Eine Machtprobe, so schien es, sollte besser
vermieden werden. Die Opposition spürte Aufwind. Sie präsentierte in der
bayerischen Hauptstadt sogleich ihre Wünsche in einer sehr bestimmten
Form. In dem Katalog der Forderungen standen Pressefreiheit, Ministerverantwortlichkeit, militärischer Eid auf die Verfassung (nicht mehr auf die Person des Königs), allgemeine Volksbewaffnung (das hatte man auch schon in
Hambach gehört) und eine Volksrepräsentation als Bundesorgan in Frankfurt
anstelle jenes Bundestages, in dem die Einzelstaaten mit Regierungsbeauf-
tragten vertreten waren.

Sechzehn Jahre zuvor, beim Hambacher Fest, war die Forderung nach einem militärischen Verfassungseid anstelle des Königseides noch als hochver-
räterisches Treiben abqualifiziert worden. Nun bekräftigten viele tausend Bürger in der bayerischen Hauptstadt diese sogenannten „Märzforderungen"
durch ihre Unterschrift. Sogar einige Aristokraten, wie etwa der Fürst Karl
von Leiningen, der Präsident des Reichsrates, drangen auf eine Erfüllung der
Oppositionswünsche. Das alles traf Ludwig I. hart. Sein allgemeines Ansehen
hatte ohnedies durch die Affäre Montez gelitten, nachdem es im Januar 1848
in München zu Demonstrationen, ja zu Unruhen wegen der „Gräfin Landsfeld" gekommen war. Um einer riskanten Machtprobe auszuweichen, tat
Ludwig I. etwas, was seine Kritiker von ihm kaum erwartet hatten: er wich
zurück und versprach als erstes eine Neuwahl der beiden Kammern. Doch
das war als Zugeständnis nicht genug. Die Unruhe wuchs vielmehr. Der Fürst

von Leiningen machte sich beim König zum Sprecher der Opposition, unterstützt vom leitenden Minister, dem Fürsten von Öttingen-Wallerstein. Ludwig I. ließ sich überreden und stimmte am 6. März einer von Öttingen-Wallerstein entworfenen königlichen Proklamation zu. Das Heer, so hieß es da, werde auf die Verfassung vereidigt, die Pressezensur sei aufgehoben. Erlaubt war künftig auch die Aufstellung von Freikorps, also die allgemeine Volksbewaffnung. (Diese Ankündigung sollte im Jahre 1849 für die Pfalz zumindest rechtlich noch bedeutsam werden, als sich die Pfälzer das Recht auf Bewaffnung herausnahmen.)

Nach der königlichen Proklamation verebbte der Märzsturm in München und in Bayern. Alles schien auf einem guten Wege zur konstitutionellen Monarchie zu sein. Nach dem ersten Schreck überlegte es sich Ludwig jedoch wieder anders. Am 11. März, fünf Tage nach der Proklamation, mußte Öttingen-Wallerstein sein Amt räumen: „wegen Eigenmächtigkeit". Der König fühlte sich von seinem leitenden Minister überrumpelt. Noch ehe diese Sinnesänderung Ludwigs I. neue Komplikationen und Wirren zeitigen konnte, lieferten der preußische König und sein Sohn Prinz Wilhelm einen Beweis dafür, daß die Nachgiebigkeit des bayerischen Königs richtig und klug gewesen war. In Berlin richtete nämlich das Militär, kommandiert vom Prinzen Wilhelm, ein Blutbad unter demonstrierenden Bürgern an. Der preußische König aber, plötzlich nicht mehr Herr der Lage, mußte am Ende nachgeben. Man legte ihm die toten Demonstranten in den Hof des Charlottenburger Schlosses und ließ ihn den Hut vor seinen Opfern ziehen.

Die Ereignisse von Berlin verfehlten auch in München ihren Eindruck nicht. König Ludwig I. zog für sich die Konsequenzen. Er hielt die Einführung einer Ministerverantwortlichkeit – anstelle der königlichen Entscheidungsgewalt – für unausweichlich. Da er, wie er einen Ratgeber wissen ließ, regieren und nicht nur unterschreiben wolle, dankte Ludwig I. zugunsten seines 37 Jahre alten Sohnes Maximilian ab. Ob es neben der veränderten politischen Situation auch die Zermürbung durch die Affäre Lola Montez war, die Ludwig I. zum Aufgeben veranlaßt hat, das haben die Erforscher der Geschichte des Hauses Wittelsbach nie zuverlässig herausfinden können. Sicher ist nur, daß Ludwig I. seinen Rücktritt selbst bestimmen und sich nicht davonjagen lassen wollte.

Zwischen Reform und Revolution

Im jetzt badischen Teil des alten kurpfälzischen Gebietes zündete der aus Paris übergesprungene Funke besonders wirkungsvoll. Anteil daran hatte unter anderem der Liberale Friedrich Bassermann. Er hielt bereits am 12. Februar 1848 im Karlsruher Landtag eine Rede, in der er einen deutschen Bundesstaat nach dem Muster der Vereinigten Staaten verlangte. Diese Bassermann-Rede sei, wie der Historiker Veit Valentin in seinem großen Werk über die Revolution von 1848/49 schieb, der „Weckruf der Volksbewegung" gewesen. In Mannheim gingen die Emotionen bei einer großen Volksversammlung am 27. Februar so hoch, daß selbst Friedrich Hecker, der als Führer des miß-

glückten badischen Aufstandes später ins Ausland fliehen mußte, zur Beson-
nenheit mahnte. Die versammelten Mannheimer wollten mit ihrer Petition
sogleich nach Karlsruhe ziehen. „Das alte System wankt und zerfällt in Trümmer" las man in der Mannheimer Erklärung. Gefordert wurde: „Wohlstand,
Bildung und Freiheit für alle Klassen der Gesellschaft, ohne Unterschied der
Geburt und des Standes . . .".

In Heidelberg ereignete sich ähnliches wie in Mannheim. Der Ruf nach der
Republik ertönte allenthalben. Die Regierung in Karlsruhe wollte durch
Nachgeben in einigen Punkten –, die den bereits erwähnten Forderungen in
Mannheim entsprachen – den Aufruhr dämpfen und die Revolutionäre be-
schwichtigen. Schließlich machte die alte großherzogliche Regierung einem liberalen Ministerium unter der Leitung von Karl Mathy Platz; ein anderer
Oppositionsführer im Landtag, Karl Theodor Welcker, ging als badischer Gesandter zum Bundestag in Frankfurt. Das oberste Bundesorgan veränderte
seine Zusammensetzung in jenen Märztagen von Grund auf, denn außer Baden schickten auch andere Bundesstaaten – Württemberg zum Beispiel – Vertreter nach Frankfurt, die bisher der Opposition angehört hatten.

Mit den Erfolgen der badischen Liberalen konnte man die gewiß erstaunlichen, wenn auch zeitlich stets nachhinkenden Veränderungen in München
nicht vergleichen. Die Pfälzer, zunächst noch in der Rolle von Beobachtern,
zogen deshalb ihre eigenen Schlüsse. Graf Waldeck, der bayerische Gesandte
in Karlsruhe, schickte seiner Regierung einen vom 8. März 1848 datierten Bericht, aus dem wir erfahren, daß Ende Februar, Anfang März einige einflußreiche Pfälzer in Karlsruhe angeregt haben, die Umwälzung in Deutschland
auch zu einer Korrektur der Gebiets- und Staatsgrenzen zu nutzen und Baden
mit der Pfalz zu vereinigen. In die Öffentlichkeit gelangten die Informationen
über derartige Versuche damals allem Anschein nach nicht, denn man findet
darüber keinen Hinweis in Zeitungen. Im übrigen dürfte am 8. März 1848, bei
der Absendung des Gesandtenberichtes aus Karlsruhe, die akute Gefahr für
das Königreich Bayern schon beseitigt gewesen sein, war doch zwei Tage zuvor die von Ludwig I. alsbald bereute königliche Proklamation ergangen.
Hinter den Vorstößen der geheimnisvollen „einflußreichen Privatleute aus der
Pfalz" sind Personen zu vermuten, die die alte Kurpfalz noch nicht vergessen
hatten. Ganz so ausgeprägt wie in den dreißiger Jahren dürfte die Abneigung
der Pfälzer gegen den bayerischen Zentralismus im Jahre 1848 im übrigen
nicht mehr gewesen sein, denn die Münchner Regierung traf im Jahre 1846
eine kluge Personalentscheidung: sie ernannte zum ersten Mal seit 1816 einen
Pfälzer, Franz Alwens, zum Regierungspräsidenten in Speyer, einen Beamten,
der als Liberaler galt. Nach dem Eintreffen des Gesandtenberichtes aus Karlsruhe im März 1848 mag man sich in der Münchner Residenz zu dieser Personalentscheidung noch nachträglich beglückwünscht haben.

Noch über etwas anderes hatte der bayerische Gesandte Graf Waldeck am
8. März nach München zu berichten: über eine Versammlung von Abgeordneten aus den verschiedensten deutschen Staaten, die am 5. März auf Einladung
badischer Abgeordneter in Heidelberg stattfand. Das Heidelberger Treffen

führte zur Einberufung des sogenannten Vorparlamentes nach Frankfurt, und das Vorparlament von Frankfurt erarbeitete das dann vom Bundestag – dem obersten Organ des Deutschen Bundes – gebilligte Gesetz zur Wahl eines nationalen Parlamentes, der Frankfurter National- oder Paulkirchenversammlung.

Zur Vorbereitung der nationalen Wahlen entstand in Kaiserslautern am 9. April 1848 der pfälzische Volks- und Vaterlandsverein. Man wollte mit dieser Gründung an Hambach anknüpfen. Auf einer Liste hielt man die Namen von Männern fest, die sich bereits 1832 für eine freiheitliche Verfassung engagiert hatten. Friedrich Schüler, der in Bergzabern geborene Zweibrücker Advokat, stand auf dieser Liste, ebenso der Speyerer Georg Friedrich Kolb – im Jahre 1848 zum Bürgermeister gewählt – und August Culmann; alle drei waren Mitglieder der Abgeordnetenkammer in München gewesen oder waren es noch. Die Pfälzer wählten diese seit langem der Opposition angehörenden Vertreter in die Frankfurter Nationalversammlung. Dort schlossen sie sich der „demokratischen Linken" an, einem Club von Abgeordneten, die sich im „Deutschen Haus" trafen. Das bekannteste Mitglied der „demokratischen Linken" war der Dichter Ludwig Uhland aus Tübingen. Die äußerste Linke, eine relativ kleine Gruppe um den Philosophen Arnold Ruge, wählte als Club-Lokal übrigens das Gasthaus „Donnersberg"; es muß offen bleiben, ob die Revolutionsfreunde diese Frankfurter Wirtschaft wegen ihres Namens bevorzugt haben oder ob die Gruppe um Ruge ihr Stammlokal zur Erinnerung an das alte französiche Departement so umbenannt hat.

Die Mitglieder der „demokratischen Linken" wollten eine bundesstaatliche Ordnung mit einem Vorrang der nationalen Volksvertretung gebenüber den einzelstaatlichen Parlamenten. Gerade diese Vorschriften in der Reichsverfassung, an denen pfälzische Abgeordnete wie Kolb mitgewirkt hatten, forderten jedoch die Kritik der bayerischen Regierung heraus. Als bereits 28 Einzelstaaten der am 28. März 1849 verabschiedeten Reichsverfassung zugestimmt hatten, kam am 23. April 1849 aus München ein Nein. Der Badener Karl Mathy fuhr mit einer Vollmacht des Reichsverwesers als Beauftragter der Zentralgewalt nach München, um eine Sinnesänderung bei König Maximilian II. und der Regierung zu bewirken, er wurde jedoch nach kurzen, ergebnislosen Gesprächen nach Frankfurt zurückgeschickt. Die bayerische Regierung, so sagte der Ministerpräsident von der Pfordten zu Mathy, sähe seine Sendung als erledigt an.

Dieses Verhalten von König und Regierung rief die Freunde der Reichsverfassung in München, in Franken, in Bayerisch-Schwaben und in der Pfalz auf den Plan. Im Münchner Rathaus erreichte die Zustimmungsadresse der Märzvereine in kurzer Zeit 12 000 Unterschriften. Studenten verlangten Bewaffnung und forderten Vereidigung auf die Verfassung. Eine Gegenaktion des „Vereins für konstitutionelle Monarchie und religiöse Freiheit" fand in München nur 9 000 unterschriftswillige Bürger, 3 000 weniger als die Petition der Verfassungsfreunde. Überall in Franken und in Bayerisch-Schwaben forderten die Volksvereine eine allgemeine Volksbewaffnung.

In der fernen Pfalz lud der geschäftsführende Ausschuß der pfälzischen Volksvereine alle Abgeordneten und die Vertrauensleute für den 1. Mai zu einer „vorbereitenden Versammlung" ein. In dem Aufruf dazu las man: „Wenn die Regierung zur Rebellin geworden, werden die freien Bürger der Pfalz zu Vollstreckern der Gesetze werden". Ähnlich, allerdings nicht ganz so kräftig, klang es zuvor schon bei einer Veranstaltung der Volksvereine in Nürnberg. Am 2. Mai wählte die Volksversammlung in der Fruchthalle in Kaiserslautern einen zehn Mitglieder starken „provisorischen Landesverteidigungsausschuß" für die Pfalz. Gefordert wurde von Bayern die sofortige Anerkennung und Veröffentlichung der Reichsverfassung, andernfalls werde man selbst für den Vollzug der Verfassungsvorschriften sorgen. Der Landesausschuß fand bei vielen Pfälzern Zustimmung. Die meisten Beamten leisteten den Eid auf die Reichsverfassung. Sie seien überrumpelt worden, meinten manche Beobachter. Es scheint jedoch, als habe sich kaum jemand der allgemeinen Stimmung entziehen können. Die in anderen Teilen Bayerns zunächst nur geforderte Volksbewaffnung wurde in der Pfalz soweit verwirklicht, wie es die vorhandenen Mittel erlaubten. Aus der Germersheimer Garnison schloßen sich 500 Soldaten der neuen Herrschaft an, ebenso die Besatzung der (Ludwigshafener) Rheinschanze. Der Versuch, auch die Landauer Garnison für die Sache der Reichsverfassung und damit gegen die bayerische Staatsführung zu gewinnen, scheiterte jedoch. Der Regierungspräsident, ohnmächtig gegenüber den Ereignissen, floh von Speyer nach Germersheim zu den dortigen – königstreu gebliebenen – Truppen.

Außer den Festungen Landau und Germersheim beherrschte der „provisorische Landesverteidigungsausschuß" wenige Tage nach seiner Wahl bereits ganz Rheinbayern. Am 17. Mai trafen sich die Vertrauensmänner der pfälzischen Kantone wieder in Kaiserslautern und wählten – allerdings nur mit knapper Mehrheit – eine „provisorische Regierung" bestehend aus fünf Mitgliedern, alles bekannte, politisch aktive Männer. Das waren der Notar Joseph Martin Reichard aus Kirchheimbolanden, 1848 als Abgeordneter des fünften Wahlbezirkes gewählt, August Culmann, Dr. Hepp aus Neustadt (der Gründer der „Pollichia", der schon beim Hambacher Fest aktiv mitgewirkt hatte), Friedrich Schüler aus Zweibrücken und Georg Friedrich Kolb. Dazu kamen drei Ersatzmänner. (Schüler und Kolb nahmen an der Versammlung in Kaiserslautern nicht teil, Kolb sagte später, er habe die Wahl zum Mitglied der provisorischen Regierung nicht angenommen.) Dem Reichsverweser und der vorläufigen Regierung von Gagern teilte man die pfälzische Regierungsbildung mit, die nichts anderes bedeutete als die Trennung vom Königreich Bayern. Man wolle in der Pfalz, so hieß es „keine zinspflichtige Domäne des Hauses Wittelsbach" mehr sein. Es dürfte die Initiatoren der Rebellion ermutigt haben, daß sich die Richter in der Pfalz „neutral" erklärten, abgesehen davon, daß die meisten Verwaltungsbeamten die Vorschriften der Reichsverfassung akzeptierten. Man wolle, so hieß es in einer Erklärung der Richter, keinerlei Klagen behandeln, die aus „Anlaß der Bewegung" angestrengt würden.

Kampf im Verbund mit Baden

Mit den Entscheidungen vom 2. Mai hatten die Pfälzer ein Signal gegeben, das über den Rhein hinüberdrang. Mit einigen Tagen Verzögerung begann nun auch in Baden eine Aufstandsbewegung, als sich am 12. Mai in Offenburg nicht weniger als 30 000 Menschen versammelten und einen Landesausschuß wählten, der erreichte, daß sich die 5 000 Mann starke Rastatter Garnison mit den sogenannten Volkstruppen solidarisierte. Andere Teile der badischen Armee schlossen sich dem Aufstand ebenfalls an. Der Großherzog floh aus seinem Land und fand zunächst Schutz bei den Preußen in Ehrenbreitstein.

Nach Georg Friedrich Kolbs Meinung, die er später in seinen Erinnerungen niederlegte, war die Wahl einer provisorischen Regierung am 17. Mai in Kaiserslautern durch den Erfolg der badischen Aufstandsbewegung stimuliert. „Die Pfälzer, gewohnt die Ersten zu sein, wollten nun hinter den Badenern nicht zurückbleiben". Kolb selbst hatte freilich eine gewisse rechtliche Grundlage für das eigenmächtige Vorgehen der Pfälzer geschaffen, als er in der bayerischen Kammer der Abgeordneten die Zustimmung zur Reichsverfassung beantragte und dafür nach einigen Verzögerungsversuchen des Kammerpräsidenten eine – knappe – Mehrheit erhielt. (Der König löste daraufhin die Zweite Kammer auf.) Abgesehen von diesem zumindest politisch wichtigen Vorgang fühlten sich die rebellierenden Pfälzer auch durch die vorläufige Reichsgewalt selbst zu ihrem Handeln ermutigt. Am 5. Mai reiste der sächsische Abgeordnete Bernhard Eisenstuck als Reichskommissar in die Pfalz.

Eisenstuck, ein Advokat, gehörte zu den aktiven Mitgliedern der Nationalversammlung. Er interessierte sich vor allem für soziale Probleme und hatte in Sachsen eine Versorgungskasse der Rechtsanwälte mit einer Witwen- und Waisenkasse gegründet. Das Wohl der arbeitenden Klassen, so sagte Eisenstuck in der Nationalversammlung, sei „die wahre und große Volksfrage der Gegenwart".

Der zum Reichskommissar für die Pfalz ernannte Politiker hätte nach Meinung seiner Frankfurter Auftraggeber den pfälzischen „vorläufigen Landesverteidigungsausschuß" auf seine rein vereinsmäßigen Befugnisse beschränken sollen. Eisenstuck verstand seine Aufgabe jedoch ganz anders. Er bestätigte und legitimierte diesen Ausschuß als ein öffentliches Organ und erkannte ihm die Befugnis zu, eine Volkswehr aufzustellen. Die Vorwürfe, die Gagern als vorläufiger Regierungschef des Reiches seinem Reichskommissar deshalb machte, hinderten Eisenstuck nicht daran, auf Grund seiner Vollmacht von allen Militär- und Zivilbehörden Gehorsam zu verlangen. Nach wenigen Tagen mußte Eisenstuck sein Wirken für die „Reichsverfassung" in der Pfalz wieder einstellen. Die Frankfurter vorläufige Reichsgewalt berief ihn ab.

Die Volksbewaffnung zum Kampf für die Reichsverfassung drohte am Mangel an Waffen zu scheitern. Die neue „provisorische Regierung" wußte sich aber zu helfen. Sie schickte zwei Volksfreunde aus Kaiserslautern nach

Brüssel, die dort auf Rechnung der „provisorischen Regierung von Rheinbayern" neben zahlreichen Handfeuerwaffen auch 25 Geschütze erwarben, die man sogleich in die Pfalz schickte. Nicht alle in Belgien gekauften Waffen gelangten an ihren Bestimmungsort. Der preußische Gesandte in Brüssel erreichte, daß die Behörden in Köln aus einem Eisenbahntransport 600 Gewehre holten und beschlagnahmten, die für die Pfalz bestimmt waren.

Mit Baden schlossen die Pfälzer noch vor der Wahl ihrer provisorischen Regierung am 16. Mai einen Vertrag. Rheinbayern und Baden, so war vereinbart, sollten in militärischer Beziehung ein Land bilden. Die Badener, die beim Sturz der großherzoglichen Regierung überall wohlgefüllte Amtskassen übernommen hatten, blieben trotz dieses Vertrages zurückhaltend. Die Pfälzer erhielten nur Geld für den Kauf von sechs Kanonen, eine Anleihe wurde ihnen nicht gewährt. Die Absprachen mit Baden trugen schließlich dazu bei, daß die rasch rekrutierten pfälzischen Freiwilligenverbände da und dort auch durch badische Turner und durch Angehörige jener Legion verstärkt wurden, die zwei Pfälzer, nämlich Johann Philipp Becker und Friedrich Justus Willich, in der Schweiz und in Frankreich unter den deutschen Arbeitern und Emigranten rekrutiert hatten. Die von Willich geführten, bis zu dessen Ausweisung als „Anarchist" zuletzt in Besançon trainierten insgesamt fast 800 Legionäre waren die vermutlich am besten ausgebildete und geführte Truppe im badisch-pfälzischen Freiheitskampf.

Willich, ein Frankenthaler Advokat, der im Jahre 1831 als Repräsentant der Landeigentümer in den bayerischen Landtag gewählt worden war, galt 1849 als ein „sehr linksstehender Republikaner". Ihn begleitete bei den Kämpfen in der Pfalz der junge Friedrich Engels; aus dessen späteren Berichten wissen wir einiges über jenen Feldzug, den die Preußen im Juni 1849 ohne das Wissen und, wie man aus mancherlei Hinweisen schließen kann, auch gegen den Willen der bayerischen Regierung begannen.

Allem Anschein nach hatten die Bayern erwartet, daß ein bei Kreuznach bereitgestelltes preußisches Korps und die an der Saar stationierten Truppen das Eintreffen einer eilends in Franken aufgestellten bayerischen Streitmacht unter der Führung des Generals von Thurn und Taxis abwarteten. Der preußische Oberkommandierende, Prinz Wilhelm, (im Volksmund seit dem von ihm ausgelösten Blutbad vom März 1848 in Berlin verächtlich „Kartätschenprinz" genannt), gab jedoch von sich aus den Befehl zum Niederwerfen und Vertreiben der provisorischen rheinbayerischen Regierung. In fünf Kolonnen rückte das preußische Korps unter dem Kommando des Generals Hirschfeld zunächst sehr vorsichtig in die Pfalz vor. Die Pfälzer hatten als militärischen Führer ihrer schlecht bewaffneten, meist aus jungen, kaum ausgebildeten Leuten bestehenden Verbände einen Polen angeheuert, den General Sznayde. Zeitgenossen berichteten, dieser General habe sich bei den Mahlzeiten und in der Nachtruhe ungern stören lassen. Als eine Art Elitetruppe wirkten auf der pfälzischen Seite rheinhessische Scharfschützen mit. Sie waren den preußischen blauen Husaren und den Ulanen einigermaßen gewachsen, die meisten

anderen pfälzischen Verbände konnten jedoch gegen die regulären preußischen Truppen wenig ausrichten.

Die eher konservativ eingestellte Landbevölkerung unterstützte die pfälzischen Freiwilligen nur wenig. Mancher bürgerliche Liberale, der sich die Sache der Reichsverfassung zu eigen gemacht hatte, schreckte nun vor dem
bewaffneten Kampf gegen die preußische Armee zurück. Erschwert wurde eine auch nur halbwegs aussichtsreiche Verteidigung gegen die Preußen auch
dadurch, daß militärische Führer wie zum Beispiel der aus Köln stammende
ehemalige preußische Oberleutnant Fritz Anneke, sich in der Pfalz nicht aus-
kannten, so daß der Vorteil entfiel, den einheimische Kämpfer im allgemeinen gegenüber fremden Truppen besitzen.

Der Zahl nach waren die Revolutionäre den preußischen Truppen von Anfang an unterlegen. Man nimmt an, daß etwa 30 000 preußische Soldaten in
die Pfalz eingedrungen sind. Beim Rückzug Richtung Rhein und badisches
Ufer zählten die Freischärler bei Neustadt und Landau noch etwa 5 000
Mann. Um diesen Rückzug besser zu sichern, versuchte ein kleines Kontingent von Pfälzern unter Willichs Führung – Friedrich Engels begleitete ihn –
hinter Annweiler ein rasches Vordringen der Preußen in Richtung Rheinebene
zu verhindern. So kam es bei Rinnthal zu einem Gefecht. Die Freiwilligen,
die Willich zur Verstärkung aus Annweiler heranholte, besaßen meist gar keine Gewehre, viele waren nur mit Sensen bewaffnet. Da die Preußen unbe-
merkt von den Pfälzern die Höhen besetzt hatten, feuerten sie von oben herab
auf die im Tal anrückenden Freiwilligen. Glücklicherweise, so kann man in
Berichten über dieses Gefecht lesen, hätten die Preußen schlecht gezielt und
zunächst über die Köpfe der Pfälzer hinweg geschossen. Ob dies absichtlich
oder aus Unfähigkeit geschehen ist, weiß man nicht. Die Wirkung der preußischen Attacke war eindeutig: die Revolutionäre mußten sich ostwärts über
Annweiler bis nach Albersweiler zurückziehen. Dort befanden sich badische
Truppen, mit denen sich die Pfälzer vereinigten. Da die Preußen inzwischen
aber schon in Landau eingetroffen waren, marschierten Badener und Pfälzer
um die Festung herum in Richtung Knielinger Rheinbrücke und verweilten
zunächst in Kandel. Dorthin hatte sich, aus Kaiserslautern fliehend, auch die
provisorische Regierung begeben.

Vier Tage nach der Verkündung des Kriegszustandes in der Pfalz durch
Prinz Wilhelm von Preußen endete am 18. Juni 1849 der Feldzug in der Pfalz.
An diesem Tag überquerten die noch in der Pfalz verbliebenen badischen und
pfälzischen Verbände den Rhein. Einige tausend Pfälzer kämpften sich über
Rastatt und das südliche Baden bis an die Schweizer Grenze durch und retteten sich vor der drohenden Strafverfolgung in die Emigration. Im allgemeinen, so ist später festgestellt worden, hätten die Kämpfenden beider Seiten
die Kriegsbräuche beim pfälzischen Feldzug eingehalten. Eine schlimme Ausnahme ist uns jedoch durch ein Denkmal in Kirchheimbolanden überliefert.
Sein Text: „Den Kämpfern für die deutsche Reichsverfassung, gefallen
1849", erinnert an 17 hessische Turner. Sie wurden im Schloßgarten von
Kirchheimbolanden von preußischen Soldaten überrumpelt und einfach zu-

sammengeschossen, nachdem sie den Rückzug ihrer Kameraden nicht rechtzeitig bemerkt hatten.

Die bayerische Staatsgewalt kehrte am 21. Juni mit dem General von Thurn und Taxis in die Pfalz zurück. Da der General, dem preußischen Oberkommandierenden folgend, am 16. Juni von Oppenheim aus seinerseits für Bayern den Kriegszustand in der Pfalz erklärt hatte, machten die Truppen nun überall Jagd auf die Reste der Freischaren. Man verfolgte die Freiwilligen als „Banden"; es sei, meinte ein Beobachter, fast eine Treibjagd gewesen.

Verglichen mit den weithin Empörung auslösenden, zahlreichen standrechtlichen Erschießungen, die das preußische Militär im lange umkämpften Rastatt im Namen einer gar nicht mehr vorhandenen badischen Staatsgewalt vornahm, kamen die gefangen genommenen pfälzischen Revolutionäre einigermaßen glimpflich davon. Das – verspätete – Eingreifen der bayerischen Truppen erwies sich für die Pfälzer am Ende als ein glücklicher Umstand. Anders als in Baden gab es in der Pfalz weder Kriegsgerichte noch Standgerichte. Die Bayern ließen sich von den Preußen nicht dreinreden, als es um die „Befreiung" Rheinbayerns ging. Machten die Preußen im Badischen „kurzen Prozeß", so blieb es in der Pfalz beim traditionellen, ordentlichen Gerichtsverfahren. Gegen insgesamt 333 Personen erhob der Generalstaatsprokurator der Pfalz Anklage beim Appellationsgericht in Zweibrücken. Von ihnen befanden sich allerdings nur 163 in Gewahrsam. Neben militärischen Führern wie Fritz Anneke oder dem gebürtigen Polen Ludwig von Mieroslawski, der den badisch-pfälzischen Kampf als Oberkommandierender leitete, standen auch Namen bekannter Politiker wie Ludwig Bamberger und Friedrich Schüler auf der Liste des Anklägers, nicht zu vergessen Friedrich Justus Willich sowie der später in Amerika politisch weiter wirkende Gustav von Struve. Doch keiner von denen, die das Gericht in einem zweiten, endgültigen Urteil am 25. November 1850 zum Tode verurteilte, war anwesend. Die Hauptangeklagten hatten sich dem Verfahren noch rechtzeitig durch die Flucht ins Ausland entziehen können. Anwesende Angeklagte verurteilte man in Zweibrücken zu oft langen Freiheitsstrafen.

Das lange und nach den in Bayern geltenden Gesetzen angewandte Verfahren vor dem Zweibrücker Gericht verbesserte wegen des naheliegenden Vergleiches mit den preußischen Militärgerichtsbarkeit in Baden sogar das Ansehen der bayerischen Regierung und ihres Königs. Die zu langen Freiheitsstrafen verurteilten Pfälzer, die sich im Recht wähnten, als sie für die Reichsverfassung kämpften, mögen dies damals anders gesehen haben. Für sie und für viele ihrer unbehelligt gebliebenen Gesinnungsfreunde bedeutete die Niederlage im Freiheitskampf die Zerstörung ihrer Ideale. Viele tausend Pfälzer, die ohnedies schon in den Jahren vor Beginn der 48er Revolution unter den Folgen von Mißernten schwer gelitten hatten, zogen die Auswanderung ins freie Amerika einem Verbleiben in der Heimat vor. Ein schwerer Verlust für die Pfalz, der für die USA zum Gewinn geworden ist.

Denkmal für die Freiheitskämpfer von 1849 auf dem Friedhof von Kirchheimbolanden.

Die Pfalz, die Bayern nicht wollte

In der Zeit der Revolutionswirren stand zweimal von der Öffentlichkeit kaum oder gar nicht bemerkt, eine staatliche Neugliederung zur Debatte, die wieder einmal vor allem die Pfalz betroffen hatte. Das erste Mal entzündete sich eine solche Debatte an Bayerns Nein zur Reichsverfassung und dem dadurch ausgelösten Widerstand der Pfälzer gegen die bayerische Oberhoheit ebenso wie an dem Sturz der großherzoglich-badischen Regierung. Eine Gruppe deutscher Sozialrevolutionäre, die sich als Emigranten in Paris aufhielten und dort dem „Bund der Gerechten" angehörten, plante für den 10. Mai die Proklamation einer Rheinischen Republik. Dazu sollten Baden, die Pfalz und auch das Elsaß gehören. Von hier aus wollte man die Revolution dann weitertragen den ganzen Rhein hinab bis nach Köln und ins Bergische Land. Die französischen Behörden, die mit derartigen Plänen nichts zu tun hatten, deckten das Vorhaben auf und vereitelten weitere Aktivitäten der radikalen Emigrantengruppe.

Louis Napoleon, damals Präsident der französischen Republik, ließ aus Anlaß der badischen Ereignisse im übrigen erkennen, daß er mehr Sympathien für den verjagten Großherzog empfand als für die Revolutionäre. Als die „vorläufige Regierung" Rheinbayerns den Frankfurter Abgeordneten Schütz, einen Theologen, nach Paris schickte, wo er als „Geschäftsträger" die Interessen der Pfalz vertreten sollte – man dachte sogar an eine französische Militärhilfe gegen die Preußen –, zeigten französische Regierungsstellen dem Abgesandten aus der Pfalz die kalte Schulter. Nicht anders erging es dem aus Karlsruhe nach Paris entsandten Sozialisten Karl Blind. Die im Pariser „Bund der Gerechten" erwogene Abtretung des Elsaß war eine Utopie angesichts der von jeder französischen Regierung, gleich welcher Art und Richtung, erhobenen Forderung nach der Rheingrenze. Zwei Möglichkeiten waren dem amtlichen Frankreich beim Ausbruch des badisch-pfälzischen Bürgerkrieges gleichermaßen unheimlich: eine durch Revolution entstehende staatliche Einheit der deutschen Nachbarn und eine Anarchie. Insofern konnten sich die Preußen bei ihrem Einmarsch in die Pfalz und dem Vorstoß nach Baden darauf verlassen, daß die französische Regierung, die ihre Existenz ja der Revolution vom Februar 1848 verdankte, still halten werde.

Bestanden über die französischen Interessen nie irgendwelche Zweifel, so verhielt es sich mit den bayerischen Interessen ein wenig anders. Der Schock über die Ereignisse in der Pfalz, die Erkenntnis der eigenen Ohnmacht in einer kritischen Situation – all das wirkte nach. In den katholischen-konservativen Kreisen des Königsreiches, so berichtete im Sommer 1849 unter anderem der preußische Gesandte an seine Regierung in Berlin, halte man es für wünschenswert, die schwierige Pfalz loszuwerden. Vielleicht, so hörte man in München, könne Preußen den bayerischen Rheinkreis übernehmen. Selbstverständlich nicht ohne Kompensation. Der Ministerpräsident von der Pfordten selbst scheint recht konkret geworden zu sein, denn er erinnerte intern an das alte Versprechen, das Bayerns Kronprinz Ludwig einst von Österreich erhalten hatte, als man dem Hause Wittelsbach eine wohlwollende Beachtung der Heidelberg und Mannheim betreffenden Wünsche versprach.

Einiges von diesen Überlegungen enthüllte die angesehene Augsburger Postzeitung. Der Plan, so scheint es, war weit gediehen und im Grunde ganz einfach: man wollte ganz Baden auflösen. Württemberg sollte den badischen Süden erhalten, Bayern die alten kurpfälzischen Gebiete und dazu die fränkisch-hohenlohische – nördliche – Region des Königreiches Württemberg. Die ungeliebte Pfalz aber hätte den preußischen Besitz an Nahe und Saar ergänzt. Über den Wunsch und Willen der Betroffenen, der Pfälzer und Badener, machte sich niemand Gedanken. Sie hatten ja einen Krieg verloren, einen Bürgerkrieg, der auch ein Freiheitskrieg gewesen ist. Am Ende sorgten die preußisch-österreichische Rivalität und auch die Interessen der Nachbarstaaten, vor allem die Interressen Frankreichs, dafür, daß Baden weiterexistierte und die Grenzen der deutschen Einzelstaaten unverändert den badisch-pfälzischen Bürgerkrieg und das Jahr 1849 überdauerten.

Die Pfälzer haben sich mit der neuen, alten Situation abgefunden und sind bis zur Selbstzerstörung des Deutschen Reiches im bayerischen Staatsverband geblieben.

XXI
Das Nebenland

„Kein Land vergleichbar..." – diese Worte des pfälzischen Dichters und 48ers Konrad Krez erhielten nach der Angliederung des linksrheinischen Pfälzer Landes an Bayern im Verlaufe des 19. Jahrhunderts eine merkwürdige Bedeutung. Es zeigte sich nämlich, daß die Pfälzer nun in einem Nebenland existierten und nicht nur räumlich vom Hauptland Bayern getrennt waren. Das Hambacher Fest und der Verlauf der fehlgeschlagenen bürgerlichen Revolution von 1848/49 prägten sich als Sonderentwicklung ins Bewußtsein ein, auch bei denen, die in der Hauptstadt München über die Zukunft der Pfalz und der Pfälzer mitentschieden. Konnte man sich denn dieser, anstelle des begehrten Salzburger Landes gemachten Erbschaft aus der napoleonischen Zeit sicher sein? Diese Frage hat manche königlich-bayerische Regierung am Beginn des Industriezeitalters und der modernen Verkehrerschließung durch Eisenbahnen bewegt und zum Zaudern gegenüber pfälzischen Wünschen veranlaßt.

Es scheint, als habe man in München den Rheinkreis viele Jahre lang vor allem als ein gefährdetes Grenzland betrachtet, als eine ferne Region, in der politisch widerspenstige, nicht ganz berechenbare Untertanen lebten. So kam es denn auch zu der Merkwürdigkeit, daß die pfälzische Eisenbahnen bis zum Anfang unseres Jahrhunderts von privaten Gesellschaften betrieben wurden, also auch die Hauptlinien nicht Staatsbahnen waren wie in anderen Gebieten sondern von privaten Kapitaleignern erbaute und betriebene Eisenbahnen. Daß solch privates Engagement pfälzischer Bürger – nicht wenige der Kapitalgeber gehörten zu den großen Weinerzeugern und Weinhändlern an der Haardt – sich als gutes Geschäft erwies, mag man bei der zögernden Regierung in München nicht erwartet haben. Zufrieden waren die verantwortlichen bayerischen Minister dennoch mit sich, denn sie hatten das Königreich nach eigener Schätzung immerhin vor einem größeren finanziellen und politischen Risiko bewahrt. Bezeichnenderweise lag die Initiative zum Bau der Eisenbahn in der Pfalz und zur Erschließung dieses Gebietes für den Ost-West-Verkehr im damaligen Grenzland. Die im heute saarländischen Teil des einstigen bayerischen Rheinkreises ansässige Schwerindustrie wünschte eine günstige Verkehrsverbindung an den Rhein. Nun erst zeigten die Beamten der Münchner Regierung an einer Planung Interesse und versuchten, die sich abzeichnende Ost-West-Verbindung Wien–München–Paris über den pfälzischen Regierungssitz Speyer zu projektieren. Die Absicht schlug fehl, man mußte mit den privaten Initiatoren einen Kompromiß eingehen.

So begann dann die westliche Strecke gegenüber von Mannheim an dessen Rheinschanze und begünstigte dadurch ganz erheblich das Entstehen der Stadt Ludwigshafen mit ihrer Industrie. Speyer, der Sitz des Regierungspräsidenten, erhielt über Schifferstadt einen Anschluß an die Strecke München-Kaiserslautern-Paris. Mit Rücksicht auf den Knotenpunkt Schifferstadt und auch mit Rücksicht auf die Interessen der im Neustadter Gebiet aufblühenden Industrie folgte die neue Bahnlinie nicht dem alten Hauptverbindungsweg über Dürkheim durch das Tal der Isenach, sondern führte über Neustadt und Lambrecht nach Westen.

Einige Jahre später als in vielen anderen deutschen Territorien begann in der zweiten Hälfte des 19. Jahrhunderts in der Pfalz die Gründung größerer Industriebetriebe. Im westlichen Teil des Landes baute man die ersten größeren Fabriken in Kaiserslautern und Zweibrücken; in Pirmasens und Umgebung entstand ein Zentrum der deutschen Schuhindustrie. In der Vorderpfalz blühte in Neustadt und im Lambrechter Tal die Tuch- und Papierindustrie auf, Frankenthal entwickelte sich rasch zu einem Schwerpunkt der Metallindustrie, und in Ludwigshafen begann bereits einige Jahre vor der Gründung des Deutschen Reiches die Ansiedlung chemischer Werke. Vergleicht man diese Anfänge der pfälzischen Industrie mit anderen Regionen, so scheint es, als hätten politische Umstände die allgemeine Industrialisierung in Rheinbayern zunächst gebremst und verzögert. Zu diesen politischen Umständen dürfen wir auch die Folgen der 48er Zeit rechnen, denn einige der späteren pfälzischen Industriepioniere – man denke etwa an Albert in Frankenthal – kehrten als Streiter für Demokratie, Freiheitsrecht und allgemeinen Fortschritt erst in den sechziger Jahren aus der Emigration in ihre Heimat zurück. Bereichert mit Erfahrungen aus den westlichen Gastländern, mit Kenntnissen und neuen Ideen, sorgten diese Rückkehrer, die sich am politischen Fortschritt gehindert sahen, nun für eine rapide wirtschaftliche Entwicklung.

Bei den Wahlen zeigte sich ziemlich regelmäßig, daß im Nebenland Pfalz weiterhin andere politische Präferenzen als im bayerischen Hauptland galten. Nach 1866 und mit dem Beginn des deutsch-französischen Krieges von 1870/71 irritierten die Pfälzer ihre bayerischen Mitbürger dadurch, daß die Mehrheit der pfälzischen Abgeordneten im Münchner Landtag ganz entschieden für eine zentrale, von Preußen bestimmte Reichsgewalt eintrat, obwohl man die Preußen in der Pfalz aus den Jahren 1848—1849 nicht in allzu guter Erinnerung hatte. Im Jahre 1870 störten sich die Pfälzer nicht an einem preußischen Oberkommandierenden, dem Kronprinzen Friedrich Wilhelm, der sein Hauptquatier zuerst in Speyer und dann in Landau einrichtete. In Neustadt empfing man im deutsch-französischen Krieg den von Bismarck und Moltke begleiteten preußischen König Wilhelm mit Hochrufen, als dessen Zug auf dem Bahnhof eine halbe Stunde Aufenthalt hatte.

Als die pfälzischen Abgeordneten im bayerischen Landtag mit ihrem Votum den Ausschlag für jene großpreußische Lösung der deutschen Frage gaben, die man am 18. Januar 1871 als Fürstenbund im Spiegelsaal des Versailler Schloßes besiegelte, da glaubten und hofften diese Abgeordneten, daß die Pfalz nun nicht mehr länger Nebenland und vor allem nicht mehr Grenzland sein werde. Einer freilich in der Gruppe der pfälzischen Liberalen, der schon erwähnte Georg Friedrich Kolb, mißtraute dem plötzlich erwachten pro-preußischen Enthusiasmus seiner Gesinnungsfreunde. Genau wie ein August Bebel warnte Kolb vor einer Annexion des Elsaß und Lothringens und warnte auch eindringlich vor der Preisgabe liberaler Ideen zugunsten eines preußisch geführten, die Deutsch-Österreicher ausschließenden klein-deutschen Staates. Als ein „Unzeitgemäßer" gab Kolb damals sein Mandat auf.

Aus Kolb Aufzeichnungen erfährt man etwas von der Verbitterung dieses Mannes, der seiner Überzeugung bis zu seinem Tode im Jahre 1884 treu geblieben ist. Er hat seine Landsleute nicht mehr verstanden und sie haben ihn nicht mehr verstehen können. Als die neue Zeit preußisch-deutscher Macht und Herrlichkeit begann, da war meist vergessen, wofür die „Hambacher" und die „48er" einst stritten. Niemand wollte noch auf die einsamen Rufer hören, die, vielleicht mehr ahnend als wissend, das Unheil befürchtet haben, das ein sich nun allenthalben, nicht nur in Deutschland, ausbreitender Nationalismus gerade einem Land wie der Pfalz bringen würde.

Nachbemerkung des Autors

Über die Pfalz im Kaiserreich, im Ersten Weltkrieg, über Weimarer Republik und französische Besatzung, über die Zeit des Nationalsozialismus und die Zerstörung des Deutschen Reiches durch Hitler und die Nationalsozialisten zu berichten – all das wäre sicherlich wünschenswert, aber es müßte den Rahmen sprengen, der für diese Darstellung der „Geschichte der Pfalz" vorgegeben war. Es sollte hier gezeigt und erklärt werden, wie sehr die Pfalz in ihrer eigenen Geschichte stets dem Wandel der europäischen Geschichte unterworfen war und wie tief die historischen Wurzeln des Pfälzer Landes reichen. Nichts läßt sich dabei auf einen einfachen Nenner bringen, kein folgenreiches, einschneidendes Ereignis kann aus einer einzigen Ursache heraus gedeutet werden. Was geschehen ist, muß aus den vielfältigen Bedingungen der Zeit, in der es geschah, verstanden werden; es darf nicht an Hand von Kenntnissen und Erfahrungen beurteilt oder gar verurteilt werden, die erst *danach* zu gewinnen waren. Der Autor meint, er habe seine Aufgabe erfüllt, wenn es ihm gelungen sein sollte, dem Leser in der verwirrenden Vielfalt der Ereignisse einige Orientierungspunkte zu zeigen.

Daten zur Geschichte der Pfalz

800 v. Chr.	Keltensiedlungen in der heutigen Pfalz.
450–300 v. Chr.	Höhepunkt der keltischen Epoche; Fürstengräber von Rodenbach bei Kaiserslautern und Bad Dürkheim.
55 v. Chr.	Vordringen Caesars im Gallischen Krieg bis zum Rhein; Nemeter in der Vorderpfalz um Speyer unter römischem Einfluß. Beginn der römischen Zeit in der heutigen Pfalz.
83/84 n. Chr.	Gründung der römischen Provinz „Germania Superior" (Obergermanien) mit der Hauptstadt Mainz (Moguntiacum). Noviomagus, später Nemetis (das heutige Speyer), Hauptort einer „Civitas".
275/6	Ansturm alemannischer und fränkischer Stämme. Limes nun an die Rheingrenze zurückgenommen. Kastelle in Altrip, Speyer, Germersheim.
343	Erster Hinweis auf einen Bischof in Speyer (Jesse).
406/7	Eindringen germanischer Stämme in linksrheinisches Gebiet. (Auftakt zur Völkerwanderung). Alemannen dringen am linken Rheinufer nordwärts in die Pfalz vor.
454	Römische Herrschaft zu Ende.
496	Chlodwig, der König der Franken, in Reims nach römisch-katholischem Ritus getauft von Bischof Remigius.
Um 500	Kloster Remigiusberg bei Kusel gegründet.
506	Alemannen unterliegen den Franken (vermutlich im Oberelsaß). Franken nun in der Pfalz als Siedler (bis an die Queich-Linie) und als Herrschervolk.
614	Hilderich auf Pariser Konzil als Bischof von Speyer erwähnt.
623	Dagobert, Angehöriger des merowingischen Geschlechtes, wird Unterkönig in Austrien, dem Ost-Reich der Franken.
7./8. Jahrh.	Franken beginnen mit Einteilung in Gaue (Speyer-, Worms-, Nahe- und Bliesgau).
742	Kloster Hornbach durch den Westgoten Pirminius gegründet.
843	Teilung des — karolingischen — Frankenreiches im Vertrag von Verdun. Teile des Speyer- und Wormsgaues werden dem ostfränkischen Reichsteil unter Ludwig dem Deutschen angegliedert.
919	Der Sachsenherzog Heinrich folgt den fränkischen Königen als Heinrich I. im Ost-Reich.
987	Gründung der Benediktiner-Abtei St. Lambrecht.
1024	Der Salier Konrad als Konrad II. zum König gewählt.
1030	Konrad II. beginnt in Speyer einen neuen Dombau und gründet bei Dürkheim das Kloster Limburg.

1039	Beisetzung Konrads II. in der Krypta des noch unvollendeten Speyerer Domes. Nachfolger als König und Kaiser wird Heinrich III. Ihm folgen Heinrich IV. und Heinrich V., Enkel und Urenkel Konrads II.
1081	Erste schriftliche Erwähnung der späteren Reichsfeste Trifels.
1119	Gründung des Chorherrenstiftes Frankenthal.
1125	Der Salier Heinrich V. stirbt kinderlos.
1146	König Konrad III., ein Staufer, entscheidet sich unter dem Eindruck der von Bernhard von Clairvaux gehaltenen Predigt in Speyer am Weihnachtsfest zum Zweiten Kreuzzug.
1148	Zisterzienserkloster Eußerthal gegründet.
1156	Kaiser Friedrich Barbarossa überträgt seinem Stiefbruder Konrad das salisch-staufische Erbgut mit der „Pfalzgrafschaft bei Rhein".
1194	Der englische König Richard Löwenherz befindet sich als Gefangener Kaiser Heinrich VI. auf dem Trifels.
1214	Der Bayernherzog Ludwig I. aus dem Geschlecht der Wittelsbacher, genannt der „Kehlheimer", wird von Friedrich II. mit der Pfalzgrafschaft belehnt.
Um 1240	Dürkheim wird leiningisch und erhält Stadtrechte.
1274	Rudolf von Habsburg verleiht Landau die Stadtrechte (dem Stadtrecht von Hagenau entsprechend).
1275	Neustadt wird von Rudolf von Habsburg zur Stadt erhoben und erhält die — modifizierten — Speyerer Rechte.
1291	Rudolf von Habsburg stirbt in Speyer und wird in der Krypta des Domes beigesetzt.
1294	Speyer erhält den Rang einer von der bischöflichen Gewalt unabhängigen Reichsstadt.
1298	In der Schlacht bei Göllheim wird König Adolf von Nassau tödlich verwundet. (Die Leichname Adolfs und seines Gegners Albrecht von Habsburg ruhen seit 1309 im Speyerer Dom).
1329	Hausvertrag von Pavia regelt wegen der Trennung des Hauses Wittelsbach in eine pfälzische und in eine bayerische Linie die künftige Erbfolge.
1352	Stadtrecht für Zweibrücken durch Kaiser Karl IV.
1356	Die Goldene Bulle Kaiser Karls IV. bestätigt den hohen Rang des Pfalzgrafen bei Rhein.
1386	Gründung der Heidelberger Universität durch Kurfürst Ruprecht I.
1400	Der Großneffe Ruprechts I., Kurfürst Ruprecht III., wird als Nachfolger des abgesetzten Wenzel zum König gewählt. (König Ruprecht I.).

1410	Beim Tode König Ruprechts wird das Erbe unter die vier Söhne geteilt. Bedeutsam bleibt vor allem die von Stephan gegründete Linie Pfalz-Zweibrücken-Simmern.
1449 – 1476	Kurfürst Friedrich I., genannt der „Siegreiche", schafft die Grundlagen einer Landesverwaltung durch Ämter und Oberämter.
1504	Zerstörung des Klosters Limburg im bayerisch-pfälzischen Erbfolgekrieg durch den Grafen von Leiningen-Hardenburg.
1523	Tod des Franz von Sickingen in Landstuhl.
1525	Der Bauernkrieg endet mit der Schlacht am Hasenbühl bei Pfeddersheim.
1527	Speyer wird Sitz des Reichskammergerichtes.
1529	Reichstag zu Speyer endet mit dem „Protest" der — evangelischen — Minderheit, seitdem „Protestanten".
1563	Kurfürst Friedrich III. aus der Linie Pfalz-Simmern macht den Heidelberger Katechismus zur Grundlage der Glaubenslehre in den pfälzischen Gebieten.
1573	Stadtrechte an Frankenthal durch Johann Casimir.
1578	Als Verwalter der Oberämter Lautern und Neustadt gründet Pfalzgraf Johann Casimir in Neustadt das Casimirianum. Hier finden die vom Luthertum des Kurfürsten Ludwig VI. bedrängten Heidelberger reformierten Theologen eine neue Wirkungsstätte.
1606	Gründung der Stadt Mannheim durch Kurfürst Friedrich IV.
1613	Heirat des Kurfürsten Friedrich V. mit Elisabeth Stuart, der Enkelin Maria Stuarts und Tochter König Jakobs I. von England und Schottland.
1619	Böhmische Stände wählen Friedrich V. von der Pfalz zum König von Böhmen.
1620	Mit der Niederlage in der Schlacht am „Weißen Berg" endet das „böhmische Abenteuer" des pfälzischen Kurfürsten.
1622	Eroberung Heidelbergs durch die kaiserlichen Truppen unter General Tilly. Maximilian von Bayern erhält Kurwürde und überläßt dem Papst die berühmte „Palatina"-Bibliothek.
1632	Friedrich V., der „Winterkönig", stirbt.
1648	Der Sohn Friedrichs V. und der Elisabeth Stuart, Karl Ludwig, erhält am Ende des Dreißigjährigen Krieges eine verkleinerte Kurpfalz zurück.
1648	Im „Westfälischen Frieden" bleibt Landau zwar Reichsgebiet, wird aber als Mitglied des elsässischen Zehn-Städte-

	Bundes dem französischen König Ludwig XIV. unterstellt, der als „Reichsvogt" amtiert.
1671	Kurfürst Karl Ludwig verheiratet seine Tochter Elisabeth Charlotte („Liselotte von der Pfalz") mit Philipp, Herzog von Orléans, dem Bruder Ludwigs XIV.
1671 – 1678	Im „holländischen Krieg" werden auch pfälzische Gebiete schwer heimgesucht.
1679	Frankreich beansprucht durch Urteile von sogenannten „Reunionskammern" die Oberhoheit über einige pfälzische Gebiete.
1685	Nach dem Tode des Kurfürsten Karl Ludwig erbt Philipp Wilhelm aus der katholischen Linie Pfalz-Neuburg die kurpfälzischen Territorien.
1688 – 1697	Pfälzischer Erbfolgekrieg (Orléanscher Krieg), ausgelöst von Ludwig XIV., führt zu großen Zerstörungen in der Pfalz.
1697	Im Frieden von Rijswijk behält Ludwig XIV. Landau und Straßburg.
1688 – 1691	Festungsbau in Landau nach den Plänen Vaubans.
1701 – 1714	Spanischer Erbfolgekrieg, Landau wechselt wiederholt den Besitzer.
1705	Religionsdeklaration regelt für die Kurpfalz die Aufteilung des Kirchengutes und die — simultane — Verfügung über Kirchen.
1709	Erste große Auswanderung nach Nordamerika.
1742	Karl Theodor aus der Linie Pfalz-Sulzbach erbt die Besitzungen der Linie Pfalz-Neuburg, einschließlich der Kurpfalz.
1777	Karl Theodor erbt gemäß dem alten Hausvertrag von Padua das bayerische Herzogtum und verlegt Hauptresidenz nach München.
1789	Beginn der Französischen Revolution.
1792	Pfalz wird Kriegsschauplatz.
1793	Erste moderne Wahlen auf deutschem Boden in den linksrheinischen, von Franzosen besetzten Gebieten. Mainzer Konvent für Anschluß an Frankreich.
1798	Departement Donnersberg; Teile der Südpfalz gehören zum Departement Bas-Rhin mit Sitz in Straßburg.
1801	Friede von Lunéville bestätigt linksrheinische Territorien als französisches Staatsgebiet.
1803	Reichsdeputationshauptschluß beendet geistliche Territorialherrschaft und hebt Kurfürstentum der Pfalz auf.
1814	Erster Pariser Friede bestimmt, daß Landau mit der Queichlinie französisch bleibt.

1815	Im Zweiten Pariser Frieden muß Frankreich auf Landau und die Queichlinie verzichten.
1816	Das Königreich Bayern übernimmt die Verwaltung des neuen „bayerischen Rheinkreises". Speyer wird Sitz der Kreisregierung.
1832	Hambacher Fest für „Patrioten".
1849	Preußische Truppen besetzen Pfalz und vertreiben pfälzisch-badische Freischärler.
1870 – 1871	Deutsch-französischer Krieg und Gründung eines deutschen Kaiserreiches, dem auch das Königreich Bayern beitritt.

Ausgewählte Literatur

Albers, J. H.: König Dagobert, 1884.

Alexis, Willibald: Schattenrisse aus Süddeutschland, 1834.

Alter, Willi: Von der Konradinischen Rachtung bis zum letzten Speyerer Reichstag, in: Geschichte der Stadt Speyer, 1982.

Andreas, Willy: Deutschland vor der Reformation. Eine Zeitwende, 1932.

Andreas, Willy: Das Zeitalter Napoleons und die Erhebung der Völker, 1955.

Aretin, K. O. Freiherr von: Heiliges Römisches Reich 1776 – 1806, Reichsverfassung und Staatssouveränität (2 Bde.), 1967.

Assal, Paul: Juden im Elsaß, 1984.

Bach, Adolf: Geschichte der deutschen Sprache, o. J.

Bader, Karl Siegfried: Der deutsche Südwesten in seiner territorialstaatlichen Entwicklung, 1950.

Barroux, R.: Dagobert, Roi de France, 1938.

Bassermann-Jordan, Friedrich von: Geschichte des Weinbaus, 1923.

Baumann, Kurt: Das Hambacher Fest, 1957.

Bayern, Adalbert, Prinz von: Max. I. Joseph von Bayern. Pfalzgraf, Kurfürst und König, 1957.

Becker, Albert: Pfälzer Volkskunde, 1925.

Benz, Richard: Heidelberg. Schicksal und Geist, 1961.

Bernhard, Helmut: Speyer in der Vor- und Frühzeit, in: Geschichte der Stadt Speyer, 1982.

Berzel, Gerhard (Hrsg.): Hambacher Erinnerungen, 1981.

Berzel, Gerhard: Neustadt an der Weinstraße, 1986.

Biel, Jörg: Der Keltenfürst von Hochdorf, 1985.

Bischoff, Oskar (Hrsg.): Der Jäger aus Kurpfalz, 1982.

Bischoff, Oskar/Heinz, Karl/Rapp Alf (Hrsg.): Das Große Pfalzbuch, 1976.

Blickle, Peter: Die Revolution von 1525, 1981.

Blinn, Hans: Franz Xaver Gabelsberger und der Landauer Assisen-Prozeß, in: Schon pflanzen sie frech die Freiheitsbäume, 1982.

Bosl, Karl: Die Reichsministerialität der Salier und Staufer (2 Bde.), 1950, 1951.

Borst, Arno: Lebensformen im Mittelalter, 1978.

Borst, Otto: Alltagsleben im Mittelalter, 1983.

Braubach, Max: Von der Französischen Revolution bis zum Wiener Kongreß, in: Gebhardt, Handbuch der Deutschen Geschichte (Bd. 3), 1970.

Braudel, Fernand: Der Alltag. Sozialgeschichte des 15. – 18. Jahrhundert, 1985.

Brunner, H.-Schwerin: Grundzüge der deutschen Rechtsgeschichte, 1930.

Bühler, Johannes: Deutsche Vergangenheit (nach zeitgenössischen Quellen (7 Bde.), 1923.

Bumke, Joachim: Höfische Kunst (2 Bde.), 1986.

Büsch, Otto/Grab, Walter (Hrsg.): Die demokratische Bewegung im Mitteleuropa im ausgehenden 18. und frühen 19. Jahrhundert, 1980.

Chambon, Joseph: Der französische Protestantismus, 1938.

Collofong, Ernst/Fell, Hans (Hrsg.): 1000 Jahre Lambrecht, 1978.

Dautermann, Wilhelm/Feldmann, Georg/Klein, Walther/Zink, Ernst (Hrsg.): Bad Dürkheim. Chronik einer Salierstadt, 1978.

Decker, Albert: Die Waldgenossenschaften der Pfälzischen Haingeraiden eine Schöpfung Dagoberts I., 1949.

Dehio, Ludwig: Gleichgewicht oder Hegemonie. Betrachtungen über ein Grundproblem der Staatengeschichte, 1948.

Dickmann, F.: Der Westfälische Friede, 1965.

Döhn, H.: Kirchheimbolanden. Geschichte der Stadt, 1968.

Duby, Georges: Die Zeit der Kathedralen, 1984.

Elbe, J. von: Die Römer in Deutschland, 1977.

Elbogen, Ismar/Sterlin, Eleonore: Die Geschichte der Juden in Deutschland, 1982.

Engelsing, Rolf: Sozial- und Wirtschaftsgeschichte Deutschlands, 1983.

Ennen, E.: Die europäische Stadt des Mittelalters, 1972.

Ewig, E.: Die Rheinlande in fränkischer Zeit, in: Rheinische Geschichte (Bd. 1 und 2), 1980.

Fenske, Hans: Speyer im 19. Jahrhundert, in: Geschichte der Stadt Speyer, 1982.

Fleckenstein, Josef: Das Reich der Ottonen im 11. Jahrhundert, in: Gebhardt, Handbuch der Deutschen Geschichte (Bd. 1), 1970.

Friedensburg, Walter: Franz von Sickingen, in: Julius von Pflugk-Harttung (Hrsg.), Im Morgenrot der Reformation, 1928.

Friedensburg, Walter: Der Reichstag zu Speier. 1526, 1887.

Foerster, Cornelia: Das Hambacher Fest: Höhepunkt einer demokratischen Massenbewegung, in: Schon pflanzen sie frech die Freiheitsbäume, 1982.

Geis, Manfred: Die Weinbauern müssen trauern, in: Schon pflanzen sie frech die Freiheitsbäume, 1982.

Giano/Jordan von und Eccelstone, Thomas von: Nach Deutschland und England. Die Chronik der Minderbrüder, 1957.

Göhring, Martin: Weg und Sieg der modernen Staatsidee in Frankreich, 1946.

Grab, Walter: Ein Volk muß seine Freiheit selbst erobern, 1984.

Grundmann, Herbert: Wahlkönigtum, Territorialpolitik und Ostbewegung im 13. und 14. Jahrhundert, in: Gebhardt, Handbuch der Deutschen Geschichte (Bd. 1), 1970.

Gümbel, Th.: Die Geschichte der Protestantischen Kirche der Pfalz, 1885.

Günther, Franz: Der Dreißigjährige Krieg und das deutsche Volk, 1979.

Haas, Rudolf: Die Pfalz am Rhein, 1967.

Haller, Johannes: Tausend Jahre deutsch-französische Beziehungen, 1936.

Hampe, Karl: Das Hochmittelalter. Geschichte des Abendlandes vom 900 – 1250, 1932.

Hampe, Karl: Deutsche Kaisergeschichte in der Zeit der Salier und Staufer, 1949.

Häusser, Ludwig: Geschichte der rheinischen Pfalz nach ihren politischen, kirchlichen und literarischen Verhältnissen (2 Bde.), 1856.

Haverkamp, Alfred: Aufbruch und Gestaltung. Deutschland 1056 – 1273, 1984.

Hartwich, Wolfgang: Speyer vom 30-jährigen Krieg bis zum Ende der napoleonischen Zeit, in: Geschichte der Stadt Speyer, 1982.

Hauck, Karl: Karl Ludwig von der Pfalz, 1903.

Heinz, Karl: Pfalz mit Weinstraße, 1976.

Herzberg, Wilhelm: Das Hambacher Fest, 1982 (1908).

Herzog, Erich: Die ottonische Stadt, 1964.

Heß, Hans: Französische Expansionskriege unter Ludwig XIV. und die Pfalz, in: Pfälzische Landeskunde (Bd. 3), 1981.

Hesse, Werner: Hier Wittelsbach — hier Pfalz, 1986.

Heupel, Karl (Hrsg.): Die Pfalz auf der Suche nach sich selbst, 1983.

Heuser, E.: Der Bauernkrieg in der Pfalz, 1925.

Historischer Verein der Pfalz (Hrsg.): Geschichte der Juden in Speyer, 1981.

Hofmann, A. von: Das deutsche Land und die deutsche Geschichte (3 Bde.), 1930.

Hofmann/Stocké: Frankenthal Pfalz, 1986.

Holborn, Hajo: Deutsche Geschichte in der Neuzeit (3 Bde.), 1970.

Huch, Ricarda: Der große Krieg in Deutschland (3 Bde.), 1916.

Hubensteiner, Benno: Bayerische Geschichte, 1977.

Huizinga, J.: Herbst des Mittelalters, 1953.

Johann, Ernst: Deutschland deine Pfälzer, 1971.

Jordan, Karl: Investiturstreit und frühe Stauferzeit, in: Gebhardt, Handbuch der Deutschen Geschichte (Bd. 1), 1970.

Jung, F.: Johann Schwebel, der Reformator von Zweibrücken, 1909.

Kaiser, Karlwerner: Die Pfalz in der Vorzeit, in: Pfälzische Landeskunde (Bd. 2), 1981.

Keddigkeit, Jürgen: Mittelalterliche Stadtgründungen im pfälzischen Raum, in: Pfälzische Landeskunde (Bd. 3), 1981.

Keddigkeit, Jürgen: Die germanische Landnahme im pfälzischen Raum, in: Pfälzische Landeskunde (Bd. 2), 1981.

Kellenbenz, H.: Deutsche Wirtschaftsgeschichte (Bd. 1): Von den Anfängen bis zum Ende des 18. Jahrhunderts, 1977.

Kleßmann, Eckart (Hrsg.): Deutschland unter Napoleon in Augenzeugenberichten, 1976.

Klimm, Franz: Der Kaiserdom zu Speyer, 1953.

Köllmann, W./Marscheleck P. (Hrsg.): Bevölkerungsgeschichte, o. J.

Kraus, Andreas: Geschichte Bayerns, 1983.

Kröher, Oss: Lieder des Hambacher Festes, in: Schon pflanzen sie frech die Freiheitsbäume, 1982.

Kuhn, Axel: Linksrheinische deutsche Jakobiner, 1978.

Landkreis Neustadt/Weinstr. (Hrsg.): Hambacher Schloß. Ein Dokument der Deutschen Demokratie, 1969.

Lau D.,/Heyen F. J. (Hrsg.): Vor-Zeiten, Geschichte in Rheinland-Pfalz (Bd. 1), 1985.

Lavisse, E.: Histoire de la France, 1901.

Lehmann, E.: Der frühe deutsche Kirchenbann, 1949.

Lind, Emil: Speyer und der Protestantismus, 1929.

Löwe, Heinz: Deutschland im fränkischen Reich, in: Gebhardt, Handbuch der Deutschen Geschichte (Bd. 1), 1970.

Martin, Michael: Emigration und Nationalgüterveräußerungen im pfälzischen Teil des Departements du Bas-Rhin (Diss.), 1980.

Mathiez, Albert: Die Französische Revolution (2 Bde.), 1940.

Mayer, E.: Die Kirchengeschichte der Pfalz, 1920.

Meckes, Albert: Katholische Kirchengeschichte, 1925.

Metz, W.: Miszellen zur Gesichte der Widonen und Salier, Histor. Jahrbuch der Görres-Gesellschaft, 85, 1965.

Mühlbacher, Engelbert: Deutsche Geschichte unter den Karolingern (2 Bde.), o. J.

Nestler, Gerhard: Radikale und Konstitutionelle in Frankenthal, in: Schon pflanzen sie frech die Freiheitsbäume, 1982.

Nipperdey, Thomas: Deutsche Geschichte 1800—1866, 1983.

Nöhbauer, Hans F.: Die Wittelsbacher, 1979.

Patzke, Hans (Hrsg.): Die Grundherrschaft im späten Mittelalter, 1983.

Paul, Roland (Hrsg.): 300 Jahre Pfälzer in Amerika, 1983.

Pfälzische Landesbibliothek (Hrsg.): Speyerer Buchdruck in fünfhundert Jahren, 1981.

Probst, Hansjörg: Die Pfalz als historischer Begriff, 1984.

Pöhlmann, C.: Geschichte der Grafen von Zweibrücken aus der Zweibrücker Linie, 1938.

Ranke, L. von: Deutsche Geschichte im Zeitalter der Reformation (5 Bde.), 1924.

Ranke, L. von: Die Päpste, o. J.

Raumer, K. von: Die Zerstörung der Pfalz von 1689 im Zusammenhang mit der franz. Rheinpolitik, 1930.

Redlich, Oswald: Rudolf von Habsburg, 1903 (1965).

Remling, Franz Xaver: Die Rheinpfalz in der Revolutionszeit von 1792 bis 1798 (2 Bde.), 1865/66.

Remling, Franz Xaver: Urkundliche Geschichte der ehemaligen Abteien und Klöster im jetzigen Rheinbayern, Nachdruck 1973.

Rhenius, L.: Die Idee der natürlichen Grenzen und die Franz. Revolution 1789—1815, 1918.

Riehl, Wilh. Heinrich: Die Pfälzer, 1857 (1973).

Rödel, Volker: Die Ministerialität im Pfälzischen Raum, in: Pfälzische Landeskunde (Bd. 3), 1981.

Roller, Otto: Die Oberrheinlande in der Römerzeit, 1969.

Roller, Otto: Die Pfalz in der Römerzeit, in: Pfälzische Landeskunde (Bd. 2), 1981.

Rosenstock-Huessy: Die europäischen Revolutionen und der Charakter der Nationen, 1951.

Rothenberger, Karl-Heinz: Die politische und territoriale Entwicklung im pfälzischen Raum bis zum Ende des Mittelalters, in: Pfälzische Landeskunde (Bd. 3), 1981.

Rothley, Willi/Geis, Manfred (Hrsg.): Schon pflanzen sie frech die Freiheitsbäume, 1982.

Scheel, Heinrich: Süddeutsche Jakobiner, 1980.

Scherer, Karl (Hrsg.): Pfälzer – Palatines, 1981.

Scherer, Karl: Die Pfalz im Dreißigjährigen Krieg, in: Pfälzische Landeskunde (Bd. 3), 1981.

Scheuerbrandt, A.: Südwestdeutsche Stadttypen und Städtegruppen bis zum frühen 19. Jahrhundert, 1972.

Schirmer, A.: Göcklingen bei Landau/Pfalz, 1981.

Schreibmüller, Hermann: Pfälzer Reichsministerialen, 1911.

Schuhmacher, Karl: Siedlungs- und Kulturgeschichte der Rheinlande (Bd. 1). Die vorrömische Zeit, 1921.

Schubert, H.: Ludwig Camerarius, 1573 – 1651. Eine Biographie, 1955.

Seeling, Werner: Die Einführung der Reformation in der Pfalz, in: Pfälzische Landeskunde (Bd. 3), 1981.

Seibt, Ferdinand: Kaiser Karl IV. Ein Kaiser in Europa, 1978.

Siebel, Esther: Die Christianisierung der Pfalz. Bistümer und Klöster, in: Pfälzische Landeskunde (Bd. 3), 1981.

Sievers, Leo: Revolution in Deutschland. Geschichte der Bauernkriege, 1978.

Sievers, Leo: Juden in Deutschland, 1978.

Spindler, Max: Handbuch der bayerischen Geschichte (4 Bde.), 1967 – 1975.

Sprater, Friedrich: Die Pfalz in der Vor- und Frühzeit, 1948.

Sprater, Friedrich: Die Pfalz unter den Römern (2 Bde.), 1929/30.

Sprater/Stein: Der Trifels, 1982.

Springer, M.: Die Franzosenherrschaft in der Pfalz 1792 – 1814, 1926.

Staab, Franz: Speyer im Frankenreich, in: Geschichte der Stadt Speyer, 1982.

Stählin, K.: Geschichte Elsaß-Lothringens, 1920.

Stamer, Ludwig: 900 Jahre Speyerer Dom, 1961.

Stein, Günter: Burgen und Schlösser in der Pfalz, 1976.

Stein, Günter: Burgen und Stadtbefestigungen, Schlösser und Festungen, in: Pfälzische Landeskunde (Bd. 3), 1981.

Steinmetz, Heinrich: Das linksseitige Rheingebiet unter der Herrschaft der Franzosen 1792 – 1813 unter besonderer Berücksichtigung des Donnersbergdepartements, 1913.

Stier, Hans Erich: Deutsche Geschichte im Rahmen der Weltgeschichte, o. J.

Strich, Michael: Liselotte von Kurpfalz, 1925.

Taddey, Gerhard (Hrsg.): Lexikon der deutschen Geschichte, 1983.

Taillandier, Saint-René: Heinrich IV. von Frankreich, o. J.

Thiers, H. A.: Geschichte der franz. Revolution (5 Bde.), 1836.

Tellenbach, Gerd: Königtum und Stämme in der Werdezeit des deutschen Reiches, 1939.

Thadden, R. von/Magdelaine, M. (Hrsg.): Die Hugenotten, 1985.

Thalmann, Eva: Die Pfalz in der Zeit der französischen Revolution und unter Napoleon, in: Pfälzische Landeskunde (Bd. 3), 1981.

Toussaint, Ingo: Die Grafen von Leiningen, 1982.

Ulmann, Heinrich: Franz von Sickingen, 1872.

Valentin, Veit: Geschichte der Deutschen, 1979.

Valentin, Veit: Geschichte der deutschen Revolution 1848/49 (2 Bde.), 1977.

Voltmer, Ernst: Von der Bischofsstadt zur Reichsstadt. Speyer im Hoch- und Spätmittelalter, in: Geschichte der Stadt Speyer, 1982.

Voss, Jürgen (Hrsg.): Deutschland und die franz. Revolution, 1983.

Wahle, Ernst: Ur- und Frühgeschichte im mitteleuropäischen Raum, in: Gebhardt, Handbuch der Geschichte (Bd. 1), Stuttgart, 1970.

Weidmann, Werner: Die pfälzische Landwirtschaft zu Beginn des 19. Jahrhunderts, 1968.

Weigand, Wilh. (Hrsg.): Der Hof Ludwigs XIV., 1913.

Weindel, Philipp: Der Dom zu Speyer. Geschichtliche Beschreibung, 1972.

Wells, Colin: Das Römische Reich, 1985.

Wendel, Fritz: Geschichte der Stadt Wachenheim, 1967.

Wiehn, Erhard R.: Kaiserslautern. Leben in einer pfälzischen Stadt, 1982.

Wunder, Gerhard: Die Gemeinde Hambach um 1832, in: Schon pflanzen sie frech die Freiheitsbäume, 1982.

Ziegler, Cäcilie: St. Martin. Geschichte eines Dorfes, 1984.

Ziegler, Hans: Gendarmen und Soldaten gegen Demokraten, in: Schon pflanzen sie frech die Freiheitsbäume, 1982.

Zink, Albert: Die Pfalz – mein Heimatland, 1966.

Zink, Albert: Die Pfalz am Rhein, 1952.

Zink, Albert: Chronik der Stadt Lauterecken, 1968.

Zimmermann, W. (Hrsg. W. Blos): Großer deutscher Bauernkrieg, 1923.

Zöllner, E.: Geschichte der Franken, 1970.

Einzelbeiträge aus folgenden periodischen Publikationen:

1.) Archiv für mittelrheinische Kirchengeschichte.
2.) Mitteilungen des Historischen Vereins der Pfalz.
3.) Veröffentlichungen der pfälzischen Gesellschaft zur Förderung der Wissenschaften in Speyer.
4.) Zeitschrift für Geschichte des Oberrheins.
5.) Pfälzer Heimat.
6.) Blätter für Pfälzische Kirchengeschichte und Religiöse Volkskunde.
7.) Pfälzische Heimatblätter.
8.) Die Westmark, Monatsschrift für deutsche Kultur.
9.) Francia, Forschungen zur westeuropäischen Geschichte.

Personenregister
(Aufnahme fanden die wichtigsten Personen)

517

Ortsregister

Aachen 33, 34, 75, 86, 93, 95, 105, 109, 126, 129, 155, 177, 178, 378, 458, 469
Aalen am Kocher 432
Adrianopel 51
Aix en Provence 31
Albersweiler 389, 496
Alkmaar 176
Altlußheim 91
Altrip 15, 33, 45, 49
Alzey 153, 187, 194, 233, 238, 303, 339, 377, 397, 408, 450, 462
Amberg 198, 199, 250, 285, 333, 335, 336
Ancona 135
Andernach 447
Annweiler 122, 125, 132, 134, 136, 171f., 236, 290, 306, 310, 383, 447, 459, 496
Ansbach 467, 484
Arles 51
Arzheim 44, 175, 419
Aschaffenburg 467
Asselheim 15
Assisi 161, 162
Athen 23
Auhausen 319
Auschwitz 247
Augsburg 79, 81, 95, 113, 121, 155, 161, 163, 244, 252, 257, 269, 398

Bacharach 153, 200, 201, 230, 347
Baden-Baden 63, 406, 407
Bamberg 94, 107, 146, 386
Barmen 411
Barbelroth 453
Basel 39, 121, 164, 171, 180, 210, 215f., 259, 271, 296, 336, 445, 447, 458
Belfort 388, 389, 391
Belgrad 394
Bellheim 236
Bergzabern 33, 171, 204, 231, 233, 234f., 274, 342, 350, 380, 383, 453, 459, 479, 492
Berlin 490, 499
Bern 481
Besançon 382, 453, 495
Besigheim 247
Billigheim 204, 239, 383, 453
Bingen 40, 114, 180, 191, 377
Birkenhördt 100
Birkenfeld 423, 424
Bitsch 293, 297
Blankenburg 200
Blidenfeld 63
Blieskastel 447

Bobenheim 235
Böchingen 66, 300
Böhl 233, 236
Bonlanden 15, 136, 231, 249 (siehe auch Kirchheimbolanden)
Bonn 67, 87, 367, 405, 414, 458
Boppard 192, 204,
Bornheim 175
Braunau 467
Braunschweig 126, 156, 157, 158, 443
Breisach 324, 369, 382, 410
Brescia 193
Bretten 245, 249, 258, 406, 407
Bruchhausen 401
Bruchsal 84, 296, 297, 402, 406, 456
Brüssel 331, 336, 341, 344, 495
Brugg 190
Brumath 40
Buchau 26
Busenberg 100

Calw 155
Canossa 109, 110, 111, 113, 114, 115
Cannstatt (Bad) 98
Cambrai 382
Campo Formio 445, 447, 458
Celle 416
Cham 425
Chambord 382
Clermont 151
Cluny 93, 96, 105, 107, 113, 123, 151
Chartres 25, 62
Colmar 463
Cordoba 74, 148
Cotrone 148

Dahn 459
Dalsheim 303
Dammheim 175
Dannstadt 235
Deidesheim 95, 302, 339, 340, 408
Diedenhofen 253, 381, 439, 457
Diedesfeld 209
Dirmstein 303
Döffingen 203
Donauwörth 318
Dörrenbach 235, 239, 241
Duisburg 98
Düren 411
Dürkheim (Bad) 17, 21, 24, 41, 47, 49, 65, 89, 91f., 100, 209, 235, 237, 242, 289, 300, 350, 380, 457, 460, 470, 477, 479, 480, 502